LE SUBJECTIVISME DU DROIT DE PROPRIETE

Baudouin Pouokayel PODA

LE SUBJECTIVISME DU DROIT DE PROPRIETE

L'Harmattan

5-7, rue de l'École-polytechnique, 75005 Paris

http://www.harmattan.fr
https://www.editions-harmattan.fr

ISBN : 978-2-343-25282-7
EAN : 9782343252827

Liste des sigles et abréviations

APD: Archives de philosophie du droit
Art. : Article
Ass. plén. : Assemblée plénière de la Cour de Cassation
AUDCG : Acte uniforme OHADA relatif au droit commercial général
AUS : Acte uniforme OHADA portant organisation des sûretés
Bull. civ. : Bulletin des arrêts de la Cour de cassation française
CA : Cour d'appel
CADHP : Cour africaine des droits de l'homme et des peuples
Cass. : Cour de cassation
Cass. civ. : Chambre civile de la Cour de cassation
Cass. com. : Chambre commerciale de la Cour de cassation
Cass. crim. : Chambre criminelle de la Cour de cassation
C. Civ. : Code civil
C. const. : Conseil constitutionnel
C. envir. : Code de l'environnement
CEDH : Cour européenne des droits de l'homme
Cf. : Confer
Ch. : Chambre
Coll. : Collection
Concl. : Conclusions
Contra. : En sens contraire
C. Urb. Constr. : Code de l'urbanisme et de la construction
CPF : Code des personnes et de la famille
D. : Dalloz
DP. : Dalloz périodique
Dir. : Sous la direction de
Ed. : Edition
Eg. : Egalement
Fr. : Français
Gaz. Pal. : Gazette du Palais
GAJC : Grands arrêts de la jurisprudence civile française
GDCC : Grandes décisions du conseil constitutionnel français
Ibid. : Ibidem

Infra : Ci-dessous
I.R. : Information rapide
JCP (G) : Juris-Classeur Périodique, édition générale
JCP, éd. E. : Juris-Classeur Périodique, édition Commerce et industrie
JCP, éd. N. : Juris-Classeur Périodique, édition notariale et immobilière
J.O. : Journal officiel
L.G.D.J. : Librairie générale de droit et de jurisprudence
M. : Monsieur
Mél. : Mélanges en l'honneur de …
N° : Numéro
OAPI : Organisation africaine de la propriété intellectuelle
OHADA : Organisation pour l'harmonisation en Afrique du droit des affaires
P. : Page (s)
Préc. : Précité
Préf. : Préface
PUAM : Presses Universitaires d'Aix Marseille
PUF. : Presses universitaires de France
QCP. : Question prioritaire de constitutionnalité
RDLF : Revue des droits et libertés fondamentaux
Rec. : Recueil des décisions du Conseil constitutionnel français
Rééd. : Réédition
Req. : Chambre des requêtes
RGD : Revue générale de droit
RIDC : Revue internationale de droit comparé
RIS : Revue internationale et stratégique
RJCA : Recueil de jurisprudence de la Cour africaine des droits de l'homme et des peuples
RJE : Revue juridique de l'environnement
RTD civ. : Revue trimestrielle de droit civil
RTD com. : Revue trimestrielle de droit commercial et de droit économique
S. : Suivant(s)
Sect. : Section
Somm. : Sommaire
Spéc. : Spécialement
Supra : Ci-dessus
T. : Tome
TA. : Tribunal administratif

TGI : Tribunal de grande instance
Th. : Thèse
Trad. : Traduction
UNJF : Université numérique juridique francophone
V. : Voir
Vol. : Volume

EPIGRAPHE

« […]Ni le travail, ni le besoin en effet, ni le droit du premier occupant ne paraissent assez solides pour fonder un droit absolu et sacré de propriété privée ou même de propriété collective ou d'Etat. L'avoir réduit […] à la pure domination, met en danger, nous nous en apercevons de plus en plus, la nature de l'homme et le Cosmos […].
« Je pense que si un juriste n'oublie pas ces principes, c'est-à-dire que l'avoir est subordonné à l'unité de l'être, l'appartenance à la réalisation de l'universel et de l'esprit, il pourra objectiver et déterminer la propriété des individus, des communautés et des nations sans danger. Il sera clair, en effet, pour lui qu'on n'a pas le droit de détruire, de mutiler, de laisser inutilisée la parcelle du monde sur laquelle nous avons droit de propriété (pas plus que nous n'avons tous les droits sur notre corps). Ce qui est sacré, ce n'est pas le droit subjectif de propriété comme a voulu nous en persuader une certaine bourgeoisie, mais le cosmos et la beauté des choses et des êtres dont nous jouissons et qui nous font être ce que nous sommes, même lorsque nous n'en sommes pas en fait propriétaire »[1].

---

[1] J. PARAIN-VIAL, « La catégorie de l'avoir chez Gabriel Marcel et la notion de biens », *Archives de Philosophie de Droit*, tome. 24, *Les biens et les choses*, Sirey 1979, pages. 193-194.

INTRODUCTION GENERALE

1. Le droit est un moyen d'organisation de la vie sociale. Il peut être perçu, d'un point de vue fonctionnel, comme l'instrument juridique de mise en œuvre des choix politiques, des options économiques, des préférences sociales et des objectifs culturels d'une société à un moment donné[2]. Sous l'angle de son objet ou de ses prérogatives, il désigne généralement une réalité à double facettes. Il renvoie en effet soit au droit objectif soit au droit subjectif. Le droit objectif est l'ensemble des règles générales, impersonnelles et sanctionnées par l'Etat qui ont pour but d'organiser la vie en société et de s'appliquer à tous[3]. Le droit subjectif quant à lui est généralement défini comme « *une prérogative individuelle reconnue et sanctionnée par le Droit objectif qui permet à son titulaire de faire, d'exiger ou d'interdire quelque chose dans son propre intérêt ou, parfois dans l'intérêt d'autrui* »[4] ou encore comme « *l'attribution, par la règle de droit, d'un pouvoir d'imposer, d'exiger ou d'interdire, considéré comme utile à la personne prise à la fois comme individu et comme acteur de la vie sociale* »[5]. Ainsi entendu, le droit subjectif exprime d'abord la volonté individuelle, la liberté, le pouvoir de la personne.

2. La notion de droit subjectif est fille du subjectivisme juridique qui est une doctrine qui reconnait un rôle primordial à la volonté individuelle dans les situations juridiques. C'est « *le système faisant dériver le droit objectif, l'ensemble des règles juridiques, des droits subjectifs des individus posés a priori comme la première*

---

[2] R. LIBCHABER, *L'ordre juridique et le discours du droit. Essai sur les limites de la connaissance du droit*, Paris, LGDJ, 2013, n°114 et s., p. 142 et s.

[3] G. CORNU, (dir.), *Vocabulaire juridique*, PUF, 2007, v. Droit ; J.-L. AUBERT et E. SAVAUX, *Introduction au droit et thèmes fondamentaux du droit civil*, coll. « Université », 14e éd., Paris, Sirey, 2012, n°2, p. 2 ; P. DEUMIER, *Introduction générale au droit*, coll. « Manuel », 2e éd., Paris, L.G.D.J., 2013, n°5 et s., p. 13 et s ; S. DRUFFIN-BRICCA et L.-C. HENRY, *Introduction générale au droit*, coll. « Mémentos LMD », 7e éd., Paris, Gualino, 2013, p. 23 et s. ; R. CABRILLAC, *Introduction générale au droit*, 9e éd., Paris, Dalloz, 2011, n°2, p. 3 ; R. E. de MUNAGORRI, *Introduction générale au droit*, coll. « Champs Université », Paris, Flammarion, 2002, p. 16 ; M. FABRE-MAGNAN, *Introduction générale au droit. Cours et méthodologie*, coll. « Licence », Paris, PUF, 2009, p. 31.

[4] G. CORNU, (dir.), *Vocabulaire juridique*, *op. cit.*, v. Droit.

[5] J.-L. AUBERT et E. SAVAUX, *op. cit.*, n° 187, p. 198.

réalité juridique »[6]. Sous cette expression, on peut y voir davantage la place primordiale de la volonté du sujet dans le droit. Le Larousse définit le subjectivisme comme une « *doctrine fondant l'obligation juridique sur la volonté du sujet* »[7]. En réalité, le subjectivisme est apparu « *pour dégager les sujets de l'emprise trop forte du pouvoir politique ou de la contrainte de structures sociales* »[8]. Ses traits fondamentaux sont donc la liberté des personnes et des groupements et l'appropriation des droits. Son triomphe s'explique par des raisons d'ordre moral et économique[9].

Le subjectivisme est une émanation du nominalisme qui, d'un point de vue philosophique, constitue pour l'essentiel avec le réalisme les deux grands courants qui s'interrogent de manière générale sur la fin du droit et ce sur quoi il doit accorder sa primauté. Ces deux courants philosophiques ont eu une forte influence dans les conceptions juridiques.

3. Le réalisme est un courant philosophique qui part du postulat que le monde est fait de diverses réalités structurées et ordonnées qui reflètent l'univers[10]. Il postule que l'individu a une existence réelle, mais aussi la société et que l'un ne peut être appréhendé sans l'autre. Plus précisément, cette philosophie tend à dénier aux individus des droits dont l'exercice dépend de leur seul vouloir et opposables à la société.

Ce courant est incarné, dans l'antiquité, par Aristote pour qui le droit naturel doit épouser la variabilité de l'humain. Il ne doit pas être perçu comme une « *universalité séparée* » et tout projet d'imposer des lois universelles fait violence à la nature[11]. Sa philosophie se fonde sur le fait que l'individu, qu'il nomme « *substance première* », est un élément indissociable de la société ou

---

6 M. WALINE, *L'individualisme et le Droit*, préf. de F. MELIN-SOUCRAMANIEN, coll. « Bibliothèque Dalloz», 2e éd., Paris, Dalloz, 2007, n°113, p. 204.

7 *Le Petit Larousse illustré* 2011. V. Subjectivisme.

8 P. ROUBIER, *Droits subjectifs et situations juridiques, op. cit.*, n°3, p. 26.

9 P. ROUBIER, *préc.*, n°3, p. 26 et s.

10 M. VILLEY, *Philosophie du droit. Définitions et fins du droit. Les moyens du droit*, Paris, Dalloz, 2001, n°71, p. 99 et s.

11 J.-C. BILLIER et A. MARYOLI, *Histoire de la philosophie du droit*, coll. « U », Paris, Armand Colin, 2001, p. 64 et s.

des autres choses réelles, qu'il qualifie de « *substances secondes* »[12]. L'individu, en tant qu'animal politique par nature, est subordonné au tissu social[13]. Il s'ensuit que dans la conception de la règle de droit, Aristote estime qu'il faut tenir compte de cette réalité. La règle de droit doit alors permettre à cet ensemble structuré de pouvoir tenir harmonieusement. En outre, le maître mot de la pensée aristotélicienne est l'équité[14] qui permet, par une répartition égale, le rétablissement du droit. Il découle de cette philosophie que le bien individuel est soumis au bien collectif[15] et que les droits reconnus aux individus peuvent être limités lorsqu'ils tendent à remettre en cause l'harmonie de la société. Ainsi, le droit naturel de propriété dans la doctrine aristotélicienne n'est pas l'écho en droit moderne de l'idée de droit subjectif[16]. Cette idée d'Aristote a été reprise plus tard par Hegel.

La philosophie hégélienne, aussi réaliste, est caractérisée par une perception concrète et globale du monde et un rejet relatif de la vision nominaliste[17]. Hegel reconnait des droits subjectifs aux individus tout en proclamant que la fin du droit est la survie de l'Etat[18]. Ainsi, plus que les intérêts individuels, la finalité du droit est l'intérêt étatique, sa survie.

Les idées fortes du réalisme peuvent être également perçues chez Karl Marx. En effet, sa doctrine est singularisée par une division de la société en classes. Ces dernières sont situées au-dessus des individus. Le droit est perçu par Marx comme un instrument au service de la collectivité, plus précisément de la classe bourgeoise ou classe dominante. Il annonce le renversement de la classe dominante par le prolétariat. En ce moment, estime-t-il, le droit n'en change pas moins sa fin : il demeure un instrument au service de la collectivité,

---

[12] M. VILLEY, *Philosophie du droit. Définitions et fins du droit. Les moyens du droit*, *op. cit.*, n°71, p. 100.
[13] M. VILLEY, *préc.*, n°96, p. 124.
[14] J.-C. BILLIER et A. MARYOLI, *op. cit.*, p. 68. ; G. ROMEYER-DHERBEY, « Chose, cause et œuvre chez Aristote », *APD*, t. 24, *Les biens et les choses*, Sirey 1979, p. 129 et s.
[15] J.-C. BILLIER et A. MARYOLI, *op.cit.*, p. 67.
[16] J.-C. BILLIER et A. MARYOLI, *op. cit.*, p. 69.
[17] Cf. *Infra* n°4 et s.
[18] M. VILLEY, *Philosophie du droit. Définitions et fins du droit. Les moyens du droit*, *op. cit.*, n°96 et s., p. 124 et s. ; J.-C. BILLIER et A. MARYOLI, *op. cit.*, p. 132 et s. ; selon Hegel, le seul droit est celui construit, positif. V. à ce propos, S. GOYARD-FABRE, « La chose dans « La prose de la vie » selon Hegel », *APD*, t. 24, *Les biens et les choses*, Sirey 1979, p. 179-180.

mais cette fois-ci du prolétariat. Marx distingue les biens de production, objet d'une propriété sociale et les biens de consommation, objet d'une propriété individuelle[19]. Les biens sur lesquels l'individu peut se comporter comme bon lui semble sont réduits.

S'il y a un auteur qui est allé plus loin dans la pensée réaliste, c'est bien Auguste Comte. En effet, pour lui, l'individu nait et grandit dans un milieu par le soin de la collectivité. Il profite du travail, des inventions et des créations de personnes vivantes et surtout de celles qui sont mortes. Il a donc des devoirs envers l'humanité composée, selon lui, de « *plus de morts que de vivants* »[20]. Comte ne reconnait à l'individu que des devoirs et pas des droits, dans le sens du droit subjectif. Il est perçu comme étant le fondateur du sociologisme[21] français. Sa doctrine sert de tremplin à Emile Durkheim pour l'élaboration d'une sociologie juridique[22], à Léon Duguit pour l'affirmation de la fonction sociale du droit notamment du droit de propriété[23] et à Maurice Hauriou pour la défense de la thèse de la propriété des personnes publiques sur leur domaine public[24].

En somme, le trait particulier du réalisme réside dans la primauté accordée à la société sur l'individu. Dans la conception et l'élaboration du droit, ce courant met l'accent sur la société. Il fait prévaloir davantage les intérêts de la collectivité sur ceux de l'individu. En particulier, le droit de propriété est protégé parce qu'ayant une utilité sociale[25]. Il s'ensuit que la marge de manœuvre de

---

[19] K. STAYANOVITCH, « Les biens selon Marx », *APD*, t. 24, *Les biens et les choses*, Sirey 1979, p. 197-211.

[20] M. VILLEY, *Philosophie du droit. Définitions et fins du droit. Les moyens du droit, op. cit.*, n°101, p. 128.

[21] Le sociologisme est une *« conception qui affirme l'autonomie des faits sociaux, la nécessité d'expliquer à partir d'eux d'autres réalités telles que la morale ou la religion, et qui accorde en conséquence la primauté à la sociologie » Le Petit Larousse illustré* 2011. V. Sociologisme. Il tend à exonérer les individus de leurs responsabilités en les imputant au système.

[22] E. DURKHEIM, *Leçons de Sociologie. Physique des mœurs et du droit*, accessible sur le site Les classiques des sciences sociales. V. ég. du même auteur et sur le même site, *Le « contrat social » de ROUSSEAU* et *Alfred Fouillée, la propriété sociale et la démocratie.*

[23] L. DUGUIT, *L'Etat, le droit objectif et la loi positive*, préf. MODERNE F., coll. « Bibliothèque Dalloz », Paris, Dalloz, 1901, reéd. 2003, p. 139 et s.

[24] Y. GAUDEMET, *Traité de droit administratif. t. 2, Droit administratif des biens*, 12e éd., Paris, L.G.D.J., 2002, p. 19.

[25] L. DUGUIT, *op. cit.*, p. 206 et s.

l'individu est très réduite. Le subjectivisme semble rejeté. Comme on le voit, l'univers n'est pas conçu comme composé seulement d'individus, mais d'un ensemble de réalités structurées harmonieusement. Dans cette globalité, l'individu n'est qu'un élément qui ne doit pas faire perdre de vue les autres réalités avec lesquelles il forme un tout notamment la société. Ainsi, sa situation n'est pas appréhendée de manière isolée. Elle s'incruste dans un environnement global. Tout autre est cependant la perception du nominalisme.

4. Le nominalisme pour sa part considère qu'il n'y a de réel dans le monde que l'individu, le sujet, être singulier. En effet, selon cette doctrine philosophique, tous les autres concepts tels que la société, le citoyen, *etc.* considérés comme universels, n'existent pas en eux-mêmes. Ils ne sont que le sens ou la réalité que l'individu y met. Ce sont des instruments linguistiques permettant de désigner de manière simultanée plusieurs objets qui se ressemblent[26]. À titre illustratif, tel individu, Pierre, est unique : c'est une réalité. Or, un arbre, une société, un citoyen, une famille, chacun de ces mots peut désigner plusieurs choses à la fois : ces concepts ne sont pas des choses réelles. En conséquence, la pensée nominaliste conçoit un droit axé sur l'individu, un droit pour la satisfaction du sujet perçu comme étant la seule réalité de l'univers. Cette philosophie irrigue la pensée juridique contemporaine. Elle semble constituer avec le christianisme et l'humanisme les fondements de l'individualisme[27] et du subjectivisme juridiques[28].

---

[26] M. VILLEY, *Philosophie du droit. Définitions et fins du droit. Les moyens du droit, op. cit.*, n°71, p. 100.

[27] M. WALINE, *L'individualisme et le Droit*, préf. de F. MELIN-SOUCRAMANIEN, coll. « Bibliothèque Dalloz », 2e éd., Paris, Dalloz, 2007, n°9 et s., p. 35 et s.

[28] M. VILLEY, *Philosophie du droit. Définitions et fins du droit. Les moyens du droit, op. cit.*, n°67 et s, p. 96 et s. L'auteur note que le christianisme a contribué à détacher l'individu de la cité pour le rattacher à Dieu. Saint Augustin montre que l'individu est lié de manière incertaine et précaire à la cité et ressent son appartenance supraterrestre. Saint Thomas soutient que l'homme lui-même est une fin supérieure à la temporalité de la politique et transcende l'Etat. La vie chrétienne est une relation de chaque fidèle avec Dieu et est fait de devoirs envers le prochain. L'humanisme est un courant philosophique qui s'intéresse à l'Homme, qui l'exalte en remplacement de Dieu.

La philosophie nominaliste a des adeptes dans l'antiquité[29]. Mais, c'est à partir du XIVe siècle qu'elle fait florès. Au nombre des auteurs qui ont principalement contribué à l'épanouissement de cette philosophie, on note le franciscain Guillaume d'Occam[30], considéré comme étant l'expression la plus éloquente du nominalisme au XIVe siècle. L'originalité de sa pensée se trouve dans l'exaltation de la volonté humaine considérée comme une source de la loi. Il conçoit l'élaboration du droit à partir de l'individu[31]. Rompant avec la conception chrétienne d'un droit naturel pouvant être découverte par la raison, mais extérieur à la volonté humaine et qui lui est même supérieur, il fonde une nouvelle méthode de penser appelée « *la nouvelle voie* » et trouve dans la volonté humaine une source de création du droit. Il est, pour cette raison, celui qui a ébauché la théorie du droit subjectif[32] perçu comme un « *pouvoir naturel de l'individu sanctionné par le droit objectif* »[33].

La philosophie de Thomas Hobbes, « *fondateur de la philosophie individualiste moderne* »[34] se situe dans la même optique. Il perçoit le droit pour l'individu, seul être réel, notamment pour sa conservation[35]. En effet, pour Hobbes, contrairement à Aristote, l'homme est un être antisocial par nature. Dans l'état de nature, il vit dans une liberté absolue, dans l'égoïsme et pour son intérêt individuel. Il a droit à tout. Sur un plan collectif, cela se traduit par une situation de guerre permanente[36]. Pour y mettre fin, chaque individu, dans sa liberté absolue, va y renoncer au profit de l'Etat-Léviathan[37] pour garantir sa sécurité[38]. Pour cette raison, l'individu doit une

---

[29] M. VILLEY, *Philosophie du droit. Définitions et fins du droit. Les moyens du droit, op. cit.*, n°70, p. 99.

[30] M. VILLEY, *La formation de la pensée juridique moderne*, coll. « Quadrige », Paris, PUF, 2013, p. 220 et s.

[31] J.-C. BILLIER et A. MARYOLI, op.cit., p. 97.

[32] M. VILLEY, *La formation de la pensée juridique moderne, op. cit.*, p. 240 et s.

[33] J.-C. BILLIER et A. MARYOLI, *op.cit.*, p. 97.

[34] M. VILLEY, *Philosophie du droit. Définitions et fins du droit. Les moyens du droit, op. cit.*, n°77, p.105.

[35] T. HOBBES, *Léviathan. Traité de la matière, de la forme et du pouvoir de la république ecclésiastique et civile*, trad. TRICAUD F., coll. « Bibliothèque Dalloz », Paris, Dalloz, 2008, p. 173.

[36] T. HOBBES, *op. cit.*, p. 121 et s.

[37] Le Léviathan est un monstre évoqué dans la Bible. Hobbes symbolise la toute-puissance de l'Etat par ce monstre.

[38] T. HOBBES, *op. cit.*, p. 177.

subordination absolue et inconditionnée à l'Etat-Léviathan[39]. Mais, il convient de souligner que si Hobbes est considéré comme un fervent nominaliste, c'est parce que dans la pensée hobbienne en renonçant à leur liberté, les individus ne renoncent pas pour autant à leurs droits subjectifs qui existent depuis leur état de nature. Ces droits subsistent avec la garantie supplémentaire conférée par l'Etat chargé de les rendre effectifs en contrepartie du renoncement à la liberté absolue. L'Etat lui-même et les lois qu'il adopte sont prévus pour satisfaire les intérêts des contractants. Il en résulte que la finalité du droit sécrété par l'Etat doit tendre, avant tout, à la satisfaction des intérêts de chaque individu comme dans l'état de nature dans lequel il avait droit à tout[40]. L'Etat-Léviathan a pour rôle de rendre effectifs les droits individuels qui existaient dans l'état de nature en préservant la conservation de chaque individu. Le droit subjectif de l'état de nature est défini par Hobbes comme la liberté illimitée[41] dont dispose l'homme de tout faire pour sa propre conservation. Avec l'avènement du Léviathan, ce droit subjectif, plus qu'une liberté morale, est rendu effectif par la force réelle de l'Etat[42]. Ainsi, il se déduit de cette pensée que le droit de propriété doit tendre à reconnaitre à l'individu-sujet les plus larges pouvoirs comme ceux qu'il avait dans l'état de nature avec la protection supplémentaire de l'Etat.

On cite aussi Jeremy Bentham comme « *un nominaliste forcené ; tenant dur comme fer à ce dogme que l'univers est constitué exclusivement d'individus* »[43]. Sa particularité est d'avoir développé l'utilitarisme juridique dont il est le principal maitre. La philosophie de cette école est fondée sur la pensée que l'unique fin des activités humaines est le plaisir des individus. Le droit doit avoir cette finalité. Pour ce faire, la législation doit reconnaitre aux individus des droits qui leur permettent de maximiser leur plaisir et de réduire les peines[44].

En somme, les philosophies nominalistes admettent que l'homme est le seul être réel contrairement à la société par exemple. À ce titre, le droit doit être centré sur l'individu. Il doit accorder la primauté à la manifestation de sa volonté, de sa liberté et à la

---

[39] J.-C. BILLIER et A. MARYOLI, *op.cit.*, p. 104 et s.
[40] T. HOBBES, *op. cit.*, p. 185.
[41] T. HOBBES, *op. cit.*, p. 229 et s.
[42] T. HOBBES, *op. cit.*, p. 179 et s.
[43] M. VILLEY, *Philosophie du droit. Définitions et fins du droit. Les moyens du droit, op. cit*, n°86, p. 112.
[44] *Ibid.*

satisfaction de son plaisir. Ces philosophies rejettent l'idée de réalités supra-individuelles comme la société s'imposant à l'individu. Elles s'opposent aux philosophies réalistes qui, au contraire, conçoivent l'univers comme un ensemble structuré de réalités diverses dont l'individu et qui peuvent s'imposer à lui pour la permanence du maintien de l'harmonie d'ensemble.

5. Au regard des idées que véhiculent ces philosophies, il semble que le nominalisme connait un essor fulgurant dans la pensée juridique contemporaine. En effet, il est sans conteste à l'origine d'un droit centré sur le sujet. Il a couvé, ensuite a permis l'éclosion de la notion de droit subjectif, puis son essor dans divers domaines dont la propriété perçue comme une somme de prérogatives reconnues à son titulaire.

6. Historiquement, l'idée d'une prérogative reconnue à la personne serait apparue au XIVe siècle chez les scolastiques nominalistes et serait le fruit d'une idéologie occidentale[45]. Elle ne serait pas en effet consubstantielle à l'existence de toute société. Elle aurait ensuite évolué et aurait pris corps au XIXe siècle sous la dénomination de « *droit subjectif* »[46]. La notion de droit subjectif aurait de ce fait un caractère artificiel ou culturel et non indispensable « *au bon fonctionnement d'un système juridique* »[47]. En tout état de cause, la définition de la notion de « *droit subjectif* » laisse apparaitre des divergences. Elle ne fait pas l'unanimité.

En effet, dans la conception classique, qui a prévalu jusqu'au XIXe siècle et qui résulte des philosophies nominalistes notamment de la théorie de Hobbes, le droit subjectif est le principe même et la fin du droit[48]. Autrement dit, l'individu est le centre du droit qui traduit son affirmation face à l'Etat en lui reconnaissant des prérogatives que l'Etat est tenu de protéger. De ce fait, cette conception affirme la prééminence du droit subjectif sur le droit objectif en ce sens que les prérogatives reconnues à l'individu ne peuvent être remises en cause par les pouvoirs publics qui sont tenus de les respecter et de les

---

[45] J. CARBONNIER, *Flexible droit. Pour une sociologie du droit sans rigueur*, coll. « Anthologie du droit », 10e éd., Paris, LGDJ, 2014, p. 194.
[46] J. ROCHFELD, *op. cit.*, p. 145 ; P. DEUMIER, *op. cit*, p. 50.
[47] J. CARBONNIER, *Flexible droit. Pour une sociologie du droit sans rigueur, op. cit.*, p. 194.
[48] J.-L. AUBERT et E. SAVAUX, *op. cit.*, n°185, p. 195.

protéger. Elle milite pour l'égalité sinon la supériorité du pouvoir juridique de la volonté individuelle à celui du législateur[49]. L'excès d'individualisme et de subjectivisme qui caractérise cette notion classique a donné lieu à de nombreuses critiques tantôt radicales tantôt modérées.

La première de ces tendances est inspirée des philosophies réalistes. Elle se rattache également au mouvement de socialisation[50] qui a marqué la fin du XIXe siècle et le début du XXe siècle et dont le but est de contrôler les comportements individuels et de rechercher l'utilité sociale des actes individuels posés. Cette tendance nie donc l'existence même des droits subjectifs ou les réduit à une fonction sociale. Elle est conduite par les tenants des théories objectivistes, Duguit et Kelsen notamment, qui ne reconnaissent pas l'existence des droits subjectifs[51]. Ces théories conçoivent les prérogatives individuelles reconnues par la règle de droit comme une manière de réaliser l'intérêt général et la solidarité sociale[52], autrement dit comme une fonction sociale. L'individu est tenu de s'y conformer. Cette tendance est également soutenue, dans un sens plus nuancé, par Josserand qui reconnait l'existence des droits subjectifs, en occurrence du droit de propriété[53]. Mais, il souligne aussi que les prérogatives reconnues par la règle de droit ne peuvent s'exercer sans limite et qu'il y a abus lorsqu'il y a « *détournement du droit de sa fonction sociale [et par] manque de motif légitime* »[54]. De manière générale, cette première tendance dénonce la propension égoïste de la notion classique du droit subjectif et affirme la supériorité de la collectivité sur l'individu. Elle réfute souvent la notion même de droit subjectif et soutient que les droits sont des fonctions exercées par l'individu. Les effets de la règle de droit sont déterminés par la société et non par la volonté individuelle. La volonté ne peut que déclencher ou non l'application du droit. Lorsqu'elle décide d'obtenir la réalisation d'un résultat, la personne provoque le bénéfice de la règle de droit qui

---

[49] J.-L. AUBERT et E. SAVAUX, *op. cit.*, n°185, p. 195-196.
[50] C. COCHEZ, *La participation du droit des biens au mouvement de socialisation du droit*, th. Lille, 2013, 451 p.
[51] J. ROCHFELD, *op. cit.*, p. 183.
[52] J. ROCHFELD, *op. cit.*, p. 184.
[53] L. JOSSERAND, *De l'esprit des droits et de leur relativité. Théorie dite de l'abus des droits*, préf. D. DEROUSSIN, coll. « Bibliothèque Dalloz », 2e éd., Paris, Dalloz, 1963, rééd. 2006, n°13 et s., p. 15 et s.
[54] L. JOSSERAND, *op. cit.*, n°238 et s., p. 323 et s.

détermine la conséquence recherchée. Ce faisant, ce n'est pas sa volonté qui produit le résultat. Mais cette volonté exerce seulement la fonction que la société ou le droit objectif a prévue pour la règle concernée[55]. Il convient cependant de nuancer cette tendance parce qu'elle distingue d'une part les situations objectives dans lesquelles l'application de la règle de droit ne dépend aucunement de la volonté de l'individu comme le mariage qui déclenche du seul fait de sa conclusion un ensemble de règles impératives qui s'imposent aux époux, d'autre part les situations subjectives comme le contrat dans lequel la volonté individuelle est plus ou moins prompte à aménager les effets de la situation juridique[56].

La seconde tendance admet l'existence du droit subjectif tout en soulignant son insuffisance à rendre compte de la complétude de la réalité juridique. Elle comporte deux variantes développées respectivement par Savigny et Ihering. Pour le premier de ces deux auteurs, le droit subjectif, qui n'est pas supérieur au droit objectif, est principalement « *un pouvoir de volonté* » qui permet à son titulaire d'exercer ou non la prérogative reconnue ou d'en disposer totalement ou partiellement[57]. Mais, Ihering objecte que les personnes qui ne jouissent pas de toutes leurs facultés mentales ou dont la volonté est altérée sont pourtant titulaires de droits subjectifs. Pour lui, le droit subjectif est un « *intérêt juridiquement protégé* »[58], un intérêt matériel ou moral que le droit objectif trouve légitime de protéger[59]. On lui reproche d'exposer les droits subjectifs à l'arbitraire de l'Etat[60]. Toutefois, Dabin, qui définit le droit subjectif comme une relation « *d'appartenance-maitrise* », fait remarquer que ce risque d'arbitraire ou de despotisme dépend davantage du régime politique établi que de la définition du droit subjectif[61].

De manière globale, l'idée de volonté contenue dans la définition de Savigny a connu un succès. Roubier, par exemple, retient la distinction entre les situations objectives et celles subjectives faite

---

[55] L. DUGUIT, *op. cit.*, p. 105 et s.

[56] J.-L. AUBERT et E. SAVAUX, *op. cit.*, n° 186, p. 196.

[57] P. ROUBIER, *Droits subjectifs et situations juridiques*, préf. de D. DEROUSSIN, Coll. « Bibliothèque Dalloz », Paris, Dalloz, 2005, n°9, p. 67 et s.

[58] P. ROUBIER, *Droits subjectifs et situations juridiques, op. cit.*, n°9, p. 67.

[59] J. ROCHFELD, *op. cit.*, p. 151; M. FABRE-MAGNAN, *Introduction générale au droit. Cours et méthodologie, op. cit.*, p. 193 ;

[60] P. ROUBIER, *Droits subjectifs et situations juridiques, op. cit.*, n°9, p. 68.

[61] J. DABIN, *Le droit subjectif*, coll. « Philosophie du droit », Paris, Dalloz, 1952, p. 59 et s.

par la première tendance. Mais, il les redéfinit. Il nomme situations objectives celles dans lesquelles le droit tend à affirmer des devoirs comme en droit pénal et qualifie de situations subjectives celles dans lesquelles des droits sont reconnus[62]. À l'intérieur des situations subjectives, il fait la différence entre d'une part les libertés et autres prérogatives de la personne auxquelles elle ne peut en principe renoncer, d'autre part les droits subjectifs auxquels elle peut renoncer. Il conçoit le droit subjectif comme « *des situations régulièrement établies, soit par acte volontaire, soit par la loi, desquelles découlent principalement des prérogatives qui sont à l'avantage de leurs bénéficiaires, et auxquelles ils peuvent d'ailleurs renoncer* »[63]. Le critère déterminant du droit subjectif, pour lui, est donc la volonté libre du sujet[64].

7. Le mérite de ces critiques est d'avoir montré que le droit subjectif ne peut suffire à lui seul pour traduire toute la réalité juridique. En effet, il coexiste à côté du droit objectif. La notion classique « *abusivement simplificatrice* » ne parvient pas à mettre en lumière que le droit subjectif n'est qu'une facette de la mise en œuvre du droit objectif[65]. Carbonnier met très bien en lumière ce lien. Il écrit, en effet, que le droit a une finalité sociale et qu'à ce titre, il fait participer les personnes à sa mise en œuvre par le moyen de sa *« subjectivation [qui] est, pour le droit, un moyen de s'accomplir plus parfaitement »*, parce qu'à la vérité « *le droit est hors de l'individu, mais il est aussi dans l'individu* »[66]. Ainsi, « *si le droit [objectif] nous permet de faire quelque chose, nous avons le droit [subjectif] de le faire* »[67]. Dans le même sens, pour Libchaber les droits subjectifs ont un « *caractère autoréalisateur* » car ils résultent des revendications des individus satisfaites par l'Etat ou le droit objectif et ont pour destinataire ces mêmes individus[68].

---

[62] P. ROUBIER, *Droits subjectifs et situations juridiques, op. cit.*, n°10 et s, p. 73 et s.

[63] P. ROUBIER, *Droits subjectifs et situations juridiques, op. cit.*, n°9, p. 73.

[64] J.-L. AUBERT et E. SAVAUX, *op. cit.*, n° 186, p. 197.

[65] J.-L. AUBERT et E. SAVAUX, *op. cit.*, n° 187, p. 198.

[66] J. CARBONNIER, *Flexible droit. Pour une sociologie du droit sans rigueur, op. cit.*, p. 197.

[67] J. CARBONNIER, *préc.*, p. 193.

[68] R. LIBCHABER, *L'ordre juridique et le discours du droit. Essai sur les limites de la connaissance du droit, op. cit.*, n°245, p. 324 : « *le besoin fait signe à l'Etat, qui adopte en conséquence la règle de droit objectif en vertu de laquelle le droit*

Aujourd'hui, la majorité des auteurs admet cette dépendance du droit subjectif au droit objectif[69]. Toutefois, il convient de souligner que cette dépendance du droit subjectif au droit objectif n'est pas absolue. En effet, tous les droits subjectifs ne sont pas de même degré. Il convient de faire la distinction entre les droits subjectifs ordinaires et les droits subjectifs fondamentaux[70]. Cette subordination est plus ou moins relative selon qu'il s'agit des premiers ou des seconds. Les droits subjectifs fondamentaux bénéficient d'une protection plus grande que les droits subjectifs ordinaires. Ces derniers sont dans une dépendance presque totale du droit objectif ; alors que les droits subjectifs fondamentaux « *peuvent faire obstacle à l'application d'une règle de droit objectif qui les limiterait sans motif d'intérêt général ou de façon disproportionnée* »[71]. Il en résulte que le pouvoir de la volonté du sujet est plus ou moins grand ou protégé selon la nature du droit subjectif en cause. Il est davantage protégé lorsqu'il s'agit d'un droit subjectif fondamental. Ainsi, réalisme et nominalisme, objectivisme et subjectivisme, droit objectif et droit subjectif, s'auto-limitent-ils.

8. Parmi les droits subjectifs, on distingue aussi les droits subjectifs patrimoniaux et les droits subjectifs extrapatrimoniaux selon qu'ils sont évaluables en argent ou non. Les premiers ne peuvent pas être évalués en argent alors que les seconds ont vocation à être dans le

---

prendra corps, sur le plan positif. D'où le constat de droits qui, par l'intermédiaire de la force créatrice de la revendication individuelle, sont devenus en quelque manière un moteur de l'évolution de la règlementation ».

[69] P. DEUMIER, *op. cit.*, n°56, p. 50 ; M. FABRE-MAGNAN, *Introduction générale au droit. Cours et méthodologie, op. cit.*, p. 193 ; J. CARBONNIER, *Flexible droit. Pour une sociologie du droit sans rigueur,* coll. « Anthologie du droit », 10e éd., Paris, LGDJ, 2014, p. 193 ; P. ROUBIER, *Droits subjectifs et situations juridiques,* préf. de D. DEROUSSIN, Coll. « Bibliothèque Dalloz », Paris, Dalloz, 1963, réed. 2005, n°9, p. 73 ; J. ROCHFELD, *Les grandes notions du droit privé,* coll. « Thémis », Paris, PUF, 2011, p. 153 ; J. DABIN, *Le droit subjectif,* coll. « Philosophie du droit », Paris, Dalloz, 1952, p. 59 et s. ; R. CABRILLAC, *op. cit.*, n°3, p. 3 ; S. DRUFFIN-BRICCA et L.-C. HENRY, *op. cit.*, p. 149 ; R. E. de MUNAGORRI, *op. cit.*, p. 13 ; R. LIBCHABER, *L'ordre juridique et le discours du droit. Essai sur les limites de la connaissance du droit*, *op. cit.*, n°241 et s., p. 318 et s.

[70] Sur la distinction v. J. ROCHFELD, *op. cit., p.* 163 et s.

[71] P. DEUMIER, *op. cit.*, n°56, p. 51.

patrimoine et peuvent faire l'objet d'une évaluation pécuniaire[72]. Les droits subjectifs patrimoniaux se subdivisent en droits personnels et en droits réels, selon leur mode de réalisation.

Les droits personnels ou droits de créances créent un lien entre un créancier, sujet actif, et un débiteur, sujet passif[73]. En vertu de ce lien, le créancier a le pouvoir d'exiger du débiteur une prestation qui peut consister à donner, à faire ou à ne pas faire quelque chose. Les droits personnels mettent directement en rapport deux personnes relativement à l'objet du droit. La prestation due au créancier constitue, pour lui, l'aspect positif du lien d'obligation et est appelée créance ; celle due par le débiteur représente, pour lui, l'aspect négatif du rapport d'obligation et est appelée dette[74]. Le créancier obtient satisfaction à travers l'exécution par le débiteur de son obligation. Ainsi, les droits personnels se réalisent médiatement, c'est-à-dire par l'intermédiaire d'une personne.

Les droits réels, au contraire, confèrent à leur titulaire un pouvoir direct et immédiat sur une chose (*jus in re*)[75]. Ils s'exercent sur une chose et non à l'encontre d'une personne. Ils se caractérisent par l'existence d'un sujet et d'un objet ou d'une chose. Le sujet a un rôle actif et la chose un rôle plus ou moins passif. Ce caractère de la chose donne au sujet des pouvoirs plus ou moins étendus. Traditionnellement, l'archétype du droit réel est le droit de propriété.

9. La propriété dérive du latin *proprietas* qui est le « *caractère de ce qui appartient en propre* »[76], « *la qualité qu'à une chose d'appartenir à une personne à l'exclusion de tout autre* »[77]. Ainsi, à

---

[72] J.-L. AUBERT et E. SAVAUX, *op. cit.*, n° 201, p. 216 ; S. DRUFFIN-BRICCA et L.-C. HENRY, *op. cit.*, p. 155 ; M. FABRE-MAGNAN, *Introduction générale au droit. Cours et méthodologie, op. cit.*, p. 193.
[73] J. ROCHFELD, *op. cit.*, p. 157.
[74] J.-L. AUBERT et E. SAVAUX, *op. cit.*, n° 203, p. 220.
[75] J. ROCHFELD, *op. cit.*, p. 156 ; J.-L. AUBERT et E. SAVAUX, *op. cit.*, n° 204, p. 221 ; S. DRUFFIN-BRICCA et L.-C. HENRY, *op. cit.*, p. 159 ; M. FABRE-MAGNAN, *Introduction générale au droit. Cours et méthodologie, op. cit.*, p. 194.
[76] A.-J. ARNAUD (dir.), *Dictionnaire encyclopédique de théorie et de sociologie du droit*, coll. « Droit et société », 2e éd., Paris, LGDJ, 1993, p. 483 ; *Proprius* pour d'autres sources, mais ayant la même signification. V. à ce propos M.-H. RENAUT, *Histoire du droit privé. Personnes et biens*, coll. « Mise au point », Paris, Ellipses, 2008, p. 41.
[77] L. PFISTER, *Introduction historique au droit privé*, coll. « Que sais-je », Paris, PUF, 2004, p. 20.

l'origine, la propriété a un sens objectif désignant l'objet approprié et distinct de la maitrise ou du pouvoir exercé par le propriétaire sur la chose, lequel revêt un sens subjectif[78]. De nos jours, la propriété est un droit subjectif, un pouvoir de la personne. Dans la conception classique d'origine française, elle est définie à l'article 544 du code civil comme *«le droit de jouir et de disposer des choses de la manière la plus absolue, pourvu qu'on en fasse pas un usage prohibé par les lois ou par les règlements ».* Elle désigne une relation de droit privilégiée entre une personne et une chose. Elle se distingue de la possession qui est une relation de fait. Le droit de propriété confère le droit d'exercer une complète maitrise sur un bien. De manière traditionnelle, les prérogatives du propriétaire sont au nombre de trois : l'*usus*, le *fructus* et l'*abusus*. Le droit de propriété sur une chose confère à son titulaire le droit d'en user, d'en jouir et d'en disposer à sa manière dans le respect des lois et règlements.

Le droit d'user de la chose est le droit du propriétaire de retirer directement de son bien, pour lui-même ou pour sa famille toute l'utilité ou l'agrément qu'il procure en lui-même[79]. C'est aussi le droit de ne pas utiliser ou exploiter la chose. Le droit d'user se déduit du droit de jouir prévu à l'article 544 du code civil. Il se conçoit mieux pour les choses non consomptibles. Pour les choses consomptibles, l'usage se confond avec la disposition. De même, le droit d'user signifie aussi que c'est au propriétaire de déterminer librement l'usage qu'il entend faire de la chose objet de son droit. À cette fin, il doit pouvoir avoir accès à son bien, la liberté d'y accéder étant un accessoire du droit de propriété[80].

---

[78] L. PFISTER, « Domaine, propriété, droit de propriété. Notes sur l'évolution du vocabulaire du droit français des biens. », *Revue générale de droit*, vol. 38, n°2, 2008, p. 303-338.

[79] F. TERRE et Ph. SIMLER, *Droit civil. Les biens*, coll. « Précis », 9e éd., Paris, Dalloz, 2014, n°121 et s., p. 132 et s. ; J.-L. BERGEL, M. BRUSCHI et S. CIMAMONTI, *Traité de droit civil. Les biens,* Paris, L.G.D.J., 2000, n°81, p. 84 ; Ch. ATIAS, *Droit civil. Les biens*, 9e éd., Paris, Litec, 2007, n°99, p. 77 et s. ; Ph. MALAURIE et L. AYNES, *Les biens*, coll. « Droit civil », 3e éd., Paris, Defrenois, 2007, n°434, p. 118 ; G. CORNU, *Droit civil. Les biens*, coll. « Domat », 13e éd., Paris, Montchrestien, 2007, n°28, p. 67-68 ; N. REBOUL-MAUPIN, *Droit des biens*, coll. « HyperCours », 4e éd., Paris, Dalloz, 2012, n°231 et s., p. 169 ; M.-L. MATHIEU, *Droit civil. Les biens*, coll. « Université », 3e éd., Paris, Sirey, 2013, n°202 et s., p. 76-77 ; Y. STRICKLER, *Les biens*, coll. « Thémis Droit », Paris, PUF, 2006, n°256, p. 364-365.

[80] F. TERRE et Ph. SIMLER, *Droit civil. Les biens*, coll. « Précis », 9e éd., *op. cit.*, n°121, p. 133.

Le droit de jouir est d'une part le droit d'en tirer tous les fruits que la chose peut donner, d'autre part le droit de ne pas en jouir[81]. Il peut prendre la forme d'un acte matériel ou d'un acte juridique. Les fruits sont tout ce que la chose produit périodiquement en conservant sa substance. Les produits, au contraire, proviennent de la substance de la chose, sans périodicité, en la diminuant ou en l'épuisant. On distingue plusieurs catégories de fruits. Les fruits naturels qui se produisent spontanément sans le travail de l'homme. Ceux qui résultent du travail de l'homme sont des fruits industriels. Les fruits civils sont des revenus réguliers que le propriétaire perçoit des tiers en contrepartie de la jouissance de la chose qu'il leur a concédée.

Le droit de disposer est la prérogative du propriétaire d'accomplir discrétionnairement tous les actes juridiques ou matériels ayant pour conséquence la perte de tout ou partie de son bien[82]. Il renvoie au droit du propriétaire au capital du bien. C'est aussi sa liberté de conserver la substance de la chose[83]. En ce sens, cette prérogative particularise le droit de propriété par rapport aux autres droits réels, comme l'usufruit, pour lesquels les titulaires ont l'obligation de conserver la substance du bien. Cet attribut est le plus important du droit de propriété[84]. Il fait cependant l'objet de nombreuses restrictions[85].

10. Les prérogatives du droit de propriété confèrent les plus larges pouvoirs à son titulaire. Elles indiquent davantage la relation du propriétaire vis-à-vis de la chose, c'est-à-dire les attributs qu'il a sur son bien. Mais, ces prérogatives préfigurent également les caractères

---

[81] J.-L. BERGEL, M. BRUSCHI et S. CIMAMONTI, *op. cit.*, n°82 et 83, p. 85 et s. ; F. TERRE et Ph. SIMLER, *Droit civil. Les biens*, coll. « Précis », 9e éd., *op. cit.*, n°122 et s., p. 134 et s. ; Ch. ATIAS, *op. cit..*, n°102, p. 80-81 ; Ph. MALAURIE et L. AYNES, *op. cit.*, n°434, p. 118 ; G. CORNU, *Droit civil. Les biens, op. cit.*, n°27, p. 67 ; N. REBOUL-MAUPIN, *op. cit.*, n°233 et s., p. 171 et s. ; M.-L. MATHIEU, *Droit civil. Les biens*, coll. « Université », 3e éd., *op. cit.*, n°204 et s., p. 77-80.

[82] J.-L. BERGEL, M. BRUSCHI et S. CIMAMONTI, *op. cit.*, n°83 et s., p. 86 et s. ; F. TERRE et Ph. SIMLER, *Droit civil. Les biens*, coll. « Précis », 9e éd., *op. cit.*, n°124 et s., p. 135 et s. ; Ch. ATIAS, *op. cit..*, n°103 et 104, p. 91 et s. ; G. CORNU, *Droit civil. Les biens, op. cit.*, n°27, p. 67-68 ; N. REBOUL-MAUPIN, *op. cit.*, n°240 et s., p. 173 et s. ; M.-L. MATHIEU, *Droit civil. Les biens*, coll. « Université », 3e éd., *op. cit.*, n°206 et s., p. 78-19 ; Y. STRICKLER, *op. cit.*, n°258, p. 365 et s.

[83] Ph. MALAURIE et L. AYNES, *op. cit.*, n°433, p. 118.

[84] J. ROCHFELD, *op. cit.*, p. 275 et s.

[85] S. MILLEVILLE, *Les restrictions au droit de disposer*, th. Paris II, 2008, 684 p.

du droit de propriété qui sont au nombre de trois. Ces caractères déterminent davantage la relation entre le propriétaire et les tiers. Le droit de propriété a un caractère absolu, exclusif et une vocation à perpétuité. Ces caractères du droit de propriété le rendent plus ou moins complet.

L'absoluité est le caractère essentiel de la propriété à partir duquel découlent tous les autres. Aucun autre droit subjectif n'a ce caractère. En utilisant l'expression grammaticalement incorrecte « *la plus absolue* », les rédacteurs du code civil ont également voulu marqué la fin de la propriété divisée en domaine éminent et en domaine utile, qui a prévalu à un moment donné[86]. En vertu de son caractère absolu, le droit de propriété confère la maitrise illimitée et complète sur un bien[87]. Il exprime à la fois la liberté et la puissance totale du propriétaire sur la chose[88]. Le propriétaire peut tout faire de son bien. Sa liberté d'agir est le principe[89]. La propriété a vocation à réunir toutes ses utilités entre les mains du propriétaire et elle n'est pas un élément d'un autre droit. Toutefois, le caractère absolu du droit de propriété ne signifie pas que ce droit ne peut pas faire l'objet de limitations ou qu'il peut s'exercer de manière irresponsable. Bien au contraire, il connait de nombreuses limitations[90]. Seulement, elles sont strictement encadrées.

L'exclusivité est un corollaire de l'absolutisme du droit de propriété. Elle est propre à tous les droits réels et non pas seulement au droit de propriété[91]. Elle signifie que le propriétaire bénéficie seul

---

[86] Cf. *Infra* n°183 et s.

[87] F. TERRE et Ph. SIMLER, *Droit civil. Les biens*, coll. « Précis », 9e éd., op. cit., n°141, p. 147-148 ; W. DROSS, *Droit des biens*, coll. « Domat. Droit privé », Paris, Montchrestien, 2012, n°7, p. 20 ; Ph. MALAURIE et L. AYNES, *op. cit.*, n°458, p. 130-131 ; Ch. ATIAS, *Droit civil. Les biens*, 9e éd., op. cit., n°111 et s., p. 88 et s ; J.-L. BERGEL, M. BRUSCHI et S. CIMAMONTI, *op. cit.*, n°93 et s., p. 97 et s. ; G. CORNU, *Droit civil. Les biens, op. cit.*, n°29, p. 71 ; N. REBOUL-MAUPIN, *op. cit.*, n°248 et s., p. 176-177 ; M.-L. MATHIEU, *Droit civil. Les biens*, coll. « Université », 3e éd., *op. cit.*, n°218 et s., p. 82 et s.

[88] J. ROCHFELD, *op. cit.*, p. 275.

[89] M. DE VAREILLES-SOMMIERES, « La définition et la notion juridique de la propriété », *RTD Civ. 1905*, p. 443-495.

[90] M. PLANIOL et G. RIPERT, *Traité pratique de droit civil français, Les biens*, t. III, 2e éd., par M. PICARD, Paris, L.G.D.J., 1952, n°211, p. 220.

[91] W. DROSS, *Droit des biens, op. cit.*, n°42, p. 46 ; J.-L. BERGEL, M. BRUSCHI et S. CIMAMONTI, op. cit., n°95, p. 99.

de toutes les prérogatives du bien[92]. Il en est le seul maitre. Il peut à ce titre l'exploiter comme bon lui semble et interdire tout empiètement[93] fait par les tiers sans autorisation sur l'objet de sa propriété sans avoir à justifier de l'existence ou non d'un préjudice quelconque. L'exclusivité du droit de propriété le rend inviolable[94]. Cette inviolabilité est protégée aussi bien contre les personnes privées que contre le pouvoir administratif. Ce qui a conduit à ériger le juge judiciaire comme le gardien de la propriété privée. D'une manière générale, l'exclusivité du droit de propriété semble justifier ses résistances à l'intérêt général[95] comme par exemple en matière d'expropriation. Toutefois, selon l'article 545 du code civil, l'exclusivité du droit de propriété ne fait pas obstacle à une expropriation pour cause d'utilité publique moyennant une juste et préalable indemnité. Ce caractère ne fait pas également obstacle à ce que la propriété soit indivise[96] ou affectée d'une condition suspensive ou résolutoire[97] ou encore démembrée[98].

Le caractère perpétuel ou la vocation à perpétuité du droit de propriété n'apparait pas à l'article 544 du code civil. La doctrine le décrit comme un dérivé du caractère absolu[99]. Il correspond au fait que le droit de propriété a vocation à durer autant que la chose sur

---

[92] M. PLANIOL et G. RIPERT, *op. cit.*, n°212, p. 220-221 ; F. TERRE et Ph. SIMLER, *Droit civil. Les biens*, coll. « Précis », 9e éd., *op. cit.*, n°143 et s., p. 149 et s. ; J.-L. BERGEL, M. BRUSCHI et S. CIMAMONTI, *op. cit.*, n°95 et 96, p. 99 et s. ; Ph. MALAURIE et L. AYNES, *op. cit.*, n°456, p. 130 ; Ch. ATIAS, *op. cit.*., n°118, p. 95-96 ; J. ROCHFELD, *op. cit.*, p. 280 ; G. CORNU, *Droit civil. Les biens, op. cit.*, n°30 et s., p. 71 et s. ; N. REBOUL-MAUPIN, *op. cit.*, n°258 et s., p. 181 et s. ; M.-L. MATHIEU, *Droit civil. Les biens*, coll. « Université », 3e éd., *op. cit.*, n°209 et s., p. 79-80 ; Y. STRICKLER, *op. cit.*, n° 259, p. 366-367.

[93] Civ. fr. 17 mai 2018, n°16-15.992, *RTD Civ.* 2018, p. 708 et s., obs. W. DROSS. « Propriété et proportionnalité : nouveaux épisodes », note sous Civ. fr. 1re, 21 décembre 2017, n°16-25.469 ; Civ. fr. 1re, 21 décembre 2017, n°15-21.403, *RTD Civ.* 2017, p. 158-163.

[94] Ch. ATIAS, *op. cit.*., n°119 et s., p. 96-97 ; J.-L. BERGEL, M. BRUSCHI et S. CIMAMONTI, *op. cit.*, n°95, p. 99.

[95] G. MERLAND, *L'intérêt général dans la jurisprudence du conseil constitutionnel*, préf. D. ROUSSEAU, coll. « Bibliothèque constitutionnelle et de science politique », Paris, LGDJ, 2004, p. 156-164.

[96] J.-L. BERGEL, M. BRUSCHI et S. CIMAMONTI, *op. cit.*, n°96, p. 100-101.

[97] F. TERRE et Ph. SIMLER, *Droit civil. Les biens*, coll. « Précis », 9e éd., *op. cit.*, n°145 et s., p. 151 et s. ;

[98] Ph. MALAURIE et L. AYNES, *op. cit.*, n°457, p. 130.

[99] J. ROCHFELD, *op. cit.*, p. 278.

laquelle il porte[100]. La propriété survit à son titulaire et se transmet par succession contrairement à certains droits réels comme l'usufruit qui est un droit viager. La propriété est imprescriptible et ne se s'éteint pas par le non usage. Son existence n'est pas conditionnée à son exercice. Aucune obligation d'affecter la propriété à une fonction ou à une finalité ou même d'exercer son droit de propriété ne pèse, en principe, sur le propriétaire. En conséquence, même en n'exerçant pas les prérogatives liées à son droit, il conserve sa propriété.

11. En bref, les caractères et les attributs du droit de propriété révèlent que la propriété est l'état d'une chose, elle n'est pas une chose. Ils mettent en exergue le rôle fondamental qu'y occupent le sujet propriétaire, sa liberté, sa volonté et leur protection. Non seulement, le sujet se trouve au centre du droit subjectif de propriété, mais encore sa liberté et sa volonté la gouvernent de la manière « *la plus absolue* ». Cette propriété n'étant pas finalisée, elle participe donc de fort belle manière à l'expression de la liberté individuelle et de la personnalité du sujet. Ces caractères et attributs du droit de propriété se justifient sans doute par la raison fondamentale que la propriété parait consubstantielle à l'existence humaine[101]. Le droit à la propriété semble s'imposer comme une donnée nécessaire à la vie

---

[100] M. PLANIOL et G. RIPERT, *op. cit.*, n°213, p. 222-223 ; F. TERRE et Ph. SIMLER, *Droit civil. Les biens*, coll. « Précis », 9e éd., *op. cit.*, n°148 et s., p. 154 et s. ; J. ROCHFELD, *op. cit.*, p. 279 ; Ch. ATIAS, *op. cit..*, n°122 et s., p. 96 et s. ; J.-L. BERGEL, M. BRUSCHI et S. CIMAMONTI, *op. cit.*, n°97 et s., p. 101 et s. ; Ph. MALAURIE et L. AYNES, *op. cit.*, n°461 et s., p. 132 et s ; G. CORNU, *Droit civil. Les biens, op. cit.*, n°32, p. 76 et s. ; N. REBOUL-MAUPIN, *op. cit.*, n°253 et s., p. 178 et s. ; M.-L. MATHIEU, *Droit civil. Les biens*, coll. « Université », 3e éd., *op. cit.*, n°212 et s., p. 80 et s. ; Y. STRICKLER, *op. cit.*, n°259, p. 367 et s.

[101] Dans ses *Ecrits et discours juridiques et politiques*, Coll. des publications du Centre de Philosophie du Droit, Aix-en-Provence, PUAM, 1988, p.112-113, J.-M. E. PORTALIS écrivait : « *si nous découvrons le berceau des nations, nous demeurerons convaincus qu'il y a des propriétaires depuis qu'il y a des hommes. Le sauvage n'est-il pas maitre des fruits qu'il a cueillis pour sa nourriture, de la fourrure ou du feuillage dont il se couvre pour se prémunir contre les injures de l'air, de l'arme qu'il porte pour sa défense, et de l'espace dans lequel il construit sa modeste chaumière ? On trouve, dans tous les temps et partout, des traces du droit individuel de propriété... En un mot, c'est la propriété qui a fondé les sociétés humaines. C'est elle qui a vivifié, étendu, agrandi notre propre existence. C'est par elle que l'industrie de l'homme, cet esprit de mouvement et de vie qui anime tout, a été portée sur les eaux, et a fait éclore sous divers climats tous les germes de richesse et de puissance* ».

sociale, comme un droit fondamental. En outre, il suscite l'effort personnel, la concurrence et le travail. Il induit la possibilité d'une satisfaction à l'infini des désirs personnels. Il libère les potentiels individuels en accroissant corrélativement le bien-être de la société tout entière. La propriété serait ainsi une source de vertu[102]. Elle se présente en conséquence comme un droit fondamental et un moyen appréciable d'organisation de la vie en société.

12. Toutefois, si la propriété est incontestablement un fait social, sa place et son rôle au sein de la société varient selon les lieux et les époques. Il en est de même de son essence et de sa finalité. Si la conception française contemporaine de la propriété dont ont hérité de nombreux pays africains francophones semble auréoler le sujet, il n'en a pas toujours été ainsi aussi bien dans l'histoire de la propriété en France que dans les traditions africaines.

En effet, les débats philosophiques et juridiques, ci-dessus exposés, ne sont pas que théoriques. Ils ont aussi eu un impact dans la vie pratique. Au fil des âges et des terroirs, ils ont imprégné et enrichi la vie quotidienne sur le plan juridique, notamment le droit de propriété. En effet, l'histoire de la propriété nous enseigne que cette notion était au centre de l'organisation sociale et contrebalancée entre les intérêts individuels et ceux de la société. En fonction des époques et des contrées, la place du sujet et celle de la collectivité en vertu de la propriété, les droits et obligations corrélatifs sont différents. Un bref retour historique permet de comprendre la force des idées contenues dans le code civil et l'image que ce code se fait du droit de propriété et de son titulaire. Il permet aussi à travers le droit comparé de comprendre la diversité des conceptions du droit de propriété. Il convient de s'appesantir sur l'évolution historique aussi bien en Occident plus particulièrement en France qu'en Afrique singulièrement dans les pays francophones comme le Burkina Faso.

---

[102] R. BEAUCHARD, « La propriété : fondement matériel de la vertu civique américaine », M. BOUDOT et D. VEILLON (dir.), *Les propriétés*, Poitiers, Presses universitaires juridiques de Poitiers, Paris, L.G.D.J., 2016, p. 35-47. V. dans un sens contraire la célèbre phrase de PROUDHON : « *la propriété, c'est le vol !* », P.-J. PROUDHON, *Qu'est-ce que la propriété ?,* 1ère éd. 1840, accessible sur le site Les classiques des sciences sociales, spéc. p. 12, et P.-J. PROUDHON, *Théorie de la propriété*, 1ère éd. 1862, accessible sur le site Les classiques des sciences sociales,, spéc. p. 5.

13. En occident, on peut observer trois périodes : l'antiquité, le moyen âge et la période de l'adoption du code civil.

Dans l'antiquité romaine, la propriété était une maitrise désignée par le mot *mancipium* ou celui de *dominium* qui en pratique est devenu synonyme de *proprietas*[103]. Le statut de la personne avait une incidence sur la propriété. En effet, on distinguait les citoyens romains et les autres. Ces derniers étaient constitués des femmes et des étrangers[104]. Le *jus civile* ou droit civil s'appliquait uniquement aux Romains ; tandis que le *jus gentium* ou le droit des gens régissait à la fois les Romains et les étrangers notamment les Pérégrins[105]. La propriété des citoyens romains était appelée la propriété quiritaire ou *dominium ex jure quiritium*. Elle exprimait une *plena in re potestas*, une puissance exercée par le *paterfamilias* ou chef de famille. Le droit civil romain ne donne pourtant pas une définition de la propriété. Décrivant la propriété, il confond la chose et la maitrise corporelle de la chose[106]. La propriété romaine était individuelle, absolue[107] et perpétuelle[108]. Elle était exemptée de l'impôt foncier. Le droit privé était très formaliste et la propriété était acquise suivant l'un des procédés de la *jus civile*[109]. Mais ce formalisme n'était pas toujours respecté. La sanction qui a prévalu, dans un premier temps, était la nullité de l'aliénation d'un bien faite en violation de la *jus civile*. Cette sanction était sévère si bien que le formalisme, qui en était le fondement, a été atténué par l'admission du consensualisme. La conséquence de cette tolérance a été l'abandon du prononcé systématique de la nullité. Seulement, lorsque la procédure était irrégulière, la propriété était qualifiée de prétorienne ou bonitaire car

---

[103] J.-F. BREGI, *Droit romain. Les biens et la propriété*, coll. « Universités », Paris, Ellipses, 2009, n°152, p. 67.

[104] M. HUMBERT, *Institutions politiques et sociales de l'Antiquité*, coll. « Précis », 9e éd., Paris, Dalloz, 2007, n°17 et s., p. 8 et s.

[105] M. HUMBERT, *op. cit.*, n°34, p. 19.

[106] M.-H. RENAUT, *op. cit.*, p. 42 et s.

[107] Certaines limites étaient cependant apportées aux prérogatives du propriétaire dans l'intérêt privé des voisins ou dans l'intérêt public général. V. M.-H. RENAUT, *op. cit.*, p. 42. Le droit romain classique n'était pas un droit absolu, il signifiait « *la juste part* » pour M. VILLEY, *La formation de la pensée juridique moderne, op. cit.*, p. 244 et s.

[108] F. OLIVIER-MARTIN, *Histoire du droit français. Des origines à la Révolution*, Paris, CNRS, 2010, n°55, p. 94.

[109] J.-F. BREGI, *op. cit.*, n°155 et s., p. 69 et s.

elle émanait de l'édit du préteur[110] qui avait pouvoir de protéger certaines situations de fait[111]. Les titulaires de la propriété quiritaire et de la propriété prétorienne étaient les particuliers. Mais, il existait en outre, la propriété provinciale ou propriété d'Etat. Cette propriété appartenait au domaine public et était le fruit des conquêtes[112]. Par ailleurs, à côté des propriétés quiritaire et prétorienne prévues exclusivement pour les romains, il existait également la propriété pérégrine, celle des pérégrins ; c'est-à-dire des étrangers. Elle était une propriété de fait et n'était pas reconnue par le droit romain sauf lorsqu'elle concernait le citoyen d'un Etat ayant conclu avec Rome un traité en ce sens. Régie par la *jus gentium*, elle n'était pas opposable à un romain[113]. Les subtilités de ces différentes formes de propriété conjuguées à des périodes de troubles et de difficultés économiques[114] ont conduit au Bas-Empire, sous Justinien, à une rationalisation, à une synthèse de la propriété mettant en exergue sa fonction sociale[115]. Dès lors, le droit romain ne connaissait plus qu'une seule notion de propriété valable pour tous les habitants et pour tous les biens : le *dominium* ou *proprietas*[116].

Au moyen âge, le christianisme a marqué de son empreinte le droit des biens et y a fait prévaloir l'intérêt des familles[117]. L'idée que le pouvoir de l'homme sur la terre n'existe que par délégation divine faisait obstacle, en matière immobilière, à la *plena proprietas,* droit réel de disposer de la chose qui n'existait que dans les conceptions doctrinales[118]. À cette période, la propriété s'est décomposée[119]. On a assisté à l'avènement de la propriété collective ou simultanée pour les immeubles et à la propriété individuelle et absolue pour les meubles. La condition des terres exprimait la dépendance à la féodalité. En effet, on distinguait les alleux et les tenures. Les alleux étaient des

---

[110] J.-M. CARBASSE, *Histoire du droit*, coll. « Que sais-je », Paris, PUF, 2008, p. 14 et s. ; M. HUMBERT, *op. cit.*, n°491 et s., p. 410 et s.
[111] J.-F. BREGI, *op. cit.*, n°235 et s., p. 100 et s.
[112] M. HUMBERT, *op. cit.*, n°315 et s., p. 262 et s.
[113] J.-F. BREGI, *op. cit.*, n°262-263, p. 108.
[114] M. HUMBERT, *op. cit.*, n°385 et s., p. 331 et s.
[115] J.-F. BREGI, *op. cit.*, n°264 et s., p. 108 et s.
[116] M.-H. RENAUT, *op. cit.*, p. 45.
[117] F. OLIVIER-MARTIN, *op. cit.*, n°129 et s., p. 209 et s. ; J.-L. BERGEL, M. BRUSCHI et S. CIMAMONTI, *op. cit.*, n°64, p. 63.
[118] J.-L. BERGEL, M. BRUSCHI et S. CIMAMONTI, *op. cit.*, n°64, p. 63.
[119] A. CASTALDO, *Introduction historique au droit*, coll. « Précis », 3e éd, Paris, Dalloz, 2006, n°551, p. 187-188.

terres libres sur lesquelles une propriété du type romain, c'est-à-dire une propriété absolue, était possible[120]. Ils disparaissaient en France coutumière en vertu de la maxime selon laquelle « *nulle terre sans seigneur* »[121] et devenaient la réserve du seigneur[122]. Les tenures, au contraire, étaient des terres sur lesquelles les avantages de la propriété étaient partagés entre deux personnes à savoir le seigneur ou concédant et le vassal ou tenancier[123]. Elles se développaient et gagnaient du terrain. Ces tenures prenaient des formes variées représentant les différentes manières de jouir d'une terre. Elles étaient accordées par le seigneur avec charges. Ces tenures étaient de deux sortes : le fief et la censive[124].

Après la Renaissance, dans l'ancien Régime, il y a eu des progrès économiques et un raffinement de la civilisation[125]. Sur le plan philosophique, c'est le triomphe de l'humanisme[126]. On observe un renouveau de la pensée juridique. En effet, l'idée de droit naturel est désormais au centre de toute la réflexion juridique. Elle a entrainé le développement de l'Ecole de droit naturel dont les auteurs les plus influents étaient Grotius, Pufendorf, Locke, Hobbes *etc*. Cette école rejette l'idée médiévale selon laquelle les biens appartiennent à Dieu et que l'homme n'en a que la jouissance[127]. Elle enseigne, au contraire, le droit naturel de l'homme à la liberté, à l'égalité et à la propriété. Elle précise que le droit naturel de l'homme à l'appropriation implique une suppression des tenures et des fiefs[128]. À partir de cette philosophie, l'individualisme s'affirme de plus en plus. Il imprime à la propriété un caractère individuel, subjectif et naturel[129]. Le droit de disposer librement apparait alors comme un élément essentiel de la propriété. Les tenures subsistent, mais elles sont de plus en plus contestées dans leur principe et fragilisées dans

---

[120] F. OLIVIER-MARTIN, *op. cit.*, n°190 et s., p. 292 et s.

[121] M.-H. RENAUT, *op. cit.*, p. 105.

[122] E. GASPARINI et E. GOJOSSO, *Introduction historique au Droit et Histoire des Institutions*, coll. « Master », 5e éd., Paris, Gualino, 2013, n°91, p. 91.

[123] E. GASPARINI et E. GOJOSSO, *op. cit.*, n°93 et s., p. 92 et s.

[124] Cf. *Infra* n°183 et s.

[125] B. BASDEVANT-GAUDEMET et J. GAUDEMET, *op. cit.*,, n°151, p. 159-160.

[126] M. VILLEY, *La formation de la pensée juridique moderne, op. cit.*, p. 371 et s.

[127] J.-L. BERGEL, M. BRUSCHI et S. CIMAMONTI, *op. cit.*, n°65, p. 65.

[128] S. SOLEIL, *Introduction historique aux institutions. IV-XVIIIe siècle*, coll. « Champs Université », 2e éd., Paris, Flammarion, 2002, p. 185.

[129] J.-L. BERGEL, M. BRUSCHI et S. CIMAMONTI, *op. cit.*, n°65, p. 65.

leur fonctionnement[130]. Inadaptées à la réalité sociale marquée par le capitalisme et l'individualisme, la propriété divisée en domaine utile et en domaine éminent est dénoncée comme une entrave à la propriété individuelle. Elle disparait peu à peu au profit de la propriété exclusive[131]. Mais en réalité, c'est le domaine éminent qui disparait en libérant le domaine utile de toute charge. Le propriétaire du domaine utile est ainsi de plus en plus perçu comme étant le véritable propriétaire, un propriétaire complet ayant tous pouvoirs sur la terre et tenu envers personne[132]. Ainsi, l'ancien régime était donc une période au cours de laquelle on a assisté à une renaissance du droit romain[133] notamment de la *plena proprietas*, à l'unité de la législation et à l'influence des auteurs comme Domat, Bourjon, Pothier[134]. Mais, M. Villey fait remarquer que cette renaissance s'est également accompagnée d'une dénaturation du droit romain. Pour lui, en effet, le droit romain n'était pas un droit aussi absolu et individuel[135]. En tout état de cause, de multiples facteurs notamment la contestation idéologique, l'opposition parlementaire et l'échec des tentatives de réforme ont conduit à la crise de l'ancien régime ouvrant ainsi la voie à la quête d'un nouveau régime[136].

En 1789, la Révolution française éclate. Les vestiges de l'ancien régime tels la monarchie absolue, le respect des droits divins et des lois du royaume sont fortement contestés. Les auteurs comme Montesquieu et Rousseau insistent sur l'élaboration d'une loi et surtout sur son caractère général[137]. Dès le 26 août 1789, la Déclaration des droits de l'homme et du citoyen posait déjà les postulats de la conception française de la propriété. En effet, son article 2 dispose que « *le but de toute association politique est la conservation des droits naturels et imprescriptibles de l'homme. Ces droits sont la liberté, la propriété, la sûreté et la résistance à*

---

130 A. CASTALDO, *op. cit.*, n°1194 et s., p. 405 et s.

131 B. BASDEVANT-GAUDEMET et J. GAUDEMET, *op. cit.*, n°316 et s., p. 282-283 ; J.-L. BERGEL, M. BRUSCHI et S. CIMAMONTI, *op. cit.*, n°65, p. 65 ; F. OLIVIER-MARTIN, *op. cit.*, n°481 et s., p. 702 et s. ; M.-H. RENAUT, *op. cit.*, p.107 et s.

132 A. CASTALDO, *op. cit.*, n°1229, p. 416.

133 E. GASPARINI et E. GOJOSSO, *op. cit.*, n°181 et s., p. 170 et s.

134 A. CASTALDO, *op. cit.*, n°1140 et s., p. 385 et s.

135 M. VILLEY, *La formation de la pensée juridique moderne, op. cit.*, p. 479 et s.

136 E. GASPARINI et E. GOJOSSO, *op. cit.*, n°379 et s., p. 304 et s.

137 B. BASDEVANT-GAUDEMET et J. GAUDEMET, *op. cit.*, n°400 et s., p. 339 et s. ; E. GASPARINI et E. GOJOSSO, *op. cit.*, n°450 et s., p.360 et s.

l'oppression ». Son article 17 ajoute également que « *la propriété étant un droit inviolable et sacré, nul ne peut en être privé, si ce n'est lorsque la nécessité publique, légalement constatée, l'exige évidemment, et sous la condition d'une juste et préalable indemnité* ». Pendant la période intermédiaire entre la Révolution et l'adoption du code civil, la propriété était donc un droit individuel[138]. Toutefois, certaines limitations importantes héritées de l'ancien droit comme les droits d'usage et les communaux subsistaient[139]. La volonté générale militait pour une propriété pleine, entière et libérée de toute charge. L'intérêt général notamment celui des nombreux paysans en dépendait. Or, la loi était également perçue comme l'émanation de cette volonté générale[140]. C'est pourquoi le rationalisme juridique[141] et le légicentrisme caractérisent cette période. Ils ont eu pour conséquence l'effacement des sources concurrentes à la loi à savoir les coutumes, le droit romain, la jurisprudence et le règlement[142]. La codification a pris de l'ampleur[143]. C'est dans ce contexte que le Code civil a été adopté en 1804. Il porte en lui les traces du droit romain, du droit coutumier, de l'ancien droit et du droit intermédiaire[144]. Il est une œuvre de transaction et de compromis davantage fondé sur la raison que sur un équilibre quantitatif entre ses diverses sources d'inspiration[145].

Fruit de la liberté et de l'individualisme qui ont marqué le droit révolutionnaire[146], la propriété du code civil de 1804 est privée et

---

[138] M.-H. RENAUT, *op. cit.*, p. 152.

[139] B. BASDEVANT-GAUDEMET et J. GAUDEMET, *op. cit.*, n°426 et s., p. 358-359.

[140] N. HANOUILLE, *Intérêt particulier et intérêt général à l'époque des Lumières*, th. Montpellier III, 2012, 542 p.

[141] M. VILLEY, *La formation de la pensée juridique moderne, op. cit.*, p. 513 et s.

[142] E. GASPARINI et E. GOJOSSO, *op. cit.*, n°453 et s., p. 362 et s.

[143] B. BASDEVANT-GAUDEMET et J. GAUDEMET, *op. cit.*, n°440 et s., p. 368 et s. ; E. GASPARINI et E. GOJOSSO, *op. cit.*, n°457 et s., p. 364 et s ; J.-M. CARBASSE, *op. cit.*, p. 99 et s.

[144] J.-M. E. PORTALIS, *Discours préliminaire du premier projet de Code civil*, préf. M. MASSENET, coll. « Voix de la cité », Bordeaux, éd. Confluences, 2004, 78 p., accessible sur le site Les classiques des sciences sociales ; B. BASDEVANT-GAUDEMET et J. GAUDEMET, *op. cit.*, n°459 et s., p. 383 et s. ; E. GASPARINI et E. GOJOSSO, *op. cit.*, n°466 et s., p. 367 et s. ;

[145] B. BASDEVANT-GAUDEMET et J. GAUDEMET, *op. cit.*, n°468 et s., p. 387 et s.

[146] J.-M. E. PORTALIS, *Discours préliminaire du premier projet de Code civil, op. cit.*, p. 12 et s.

individuelle. Mais en plus, à la différence de la période intermédiaire, elle est conçue à la fois comme un droit absolu, exclusif, perpétuel et un pilier essentiel de la société[147]. Elle est reconnue par la Constitution comme telle et par la Déclaration universelle des droits de l'homme de 1948, ce qui lui donne également une assise internationale.

14. L'examen du droit comparé européen montre que la conception française de la propriété n'est pas européenne. En effet, certaines conceptions limitent très explicitement le pouvoir de la volonté et la liberté du propriétaire. Ainsi, près d'un siècle après le code civil français, l'article 903 du code civil allemand ne reconnaissait pas explicitement le caractère absolu du droit de propriété. Cet article prévoyait que « *dans la mesure où la loi ou les droits des tiers ne s'y opposent pas, le propriétaire d'une chose a la faculté d'user de celle-ci comme bon lui semble et d'empêcher toute ingérence d'autrui* » [148]. La constitution Weimar de 1919 en son article 153 affirmait « *la propriété oblige* »[149]. Ce texte impose au propriétaire d'exercer son droit conformément à la nature de la chose et de respecter l'intérêt général de la société. Le code civil suisse accorde une place de choix à la propriété collective ou copropriété[150]. En U.R.S.S., il existait trois régimes de propriété à savoir la propriété étatique, la propriété coopérative et la propriété personnelle[151] sans compter la relativité de la propriété dans la *common law*[152] dans certains pays comme l'Angleterre.

15. La situation en Afrique présente également des particularités surtout en matière immobilière. De manière générale, dans le droit coutumier africain, les meubles font l'objet d'appropriation privée. En matière immobilière, en dépit de la situation quelque fois disparate d'une région à l'autre, d'un point de vue global, la propriété privée sur la terre n'existait pratiquement pas. Il y prévalait plutôt une conception coutumière de la propriété

---

[147] J. CARBONNIER, *Flexible droit. Pour une sociologie du droit sans rigueur, op. cit.*, p. 345 et s. ; B. BASDEVANT-GAUDEMET et J. GAUDEMET, *op. cit.*, n°476, p. 395-396.

[148] J.-L. BERGEL, M. BRUSCHI et S. CIMAMONTI, *op. cit.*, n°68, p. 70.

[149] *Ibid.*

[150] *Ibid.*

[151] J.-L. BERGEL, M. BRUSCHI et S. CIMAMONTI, *op. cit.*, n°69, p. 71 et s.

[152] Cf. *Infra*. n°303 et s.

caractérisée par la collectivité, la sacralité et l'inaliénabilité[153]. En effet, il était admis que « *la terre appartient à une grande famille dont beaucoup de membres sont morts, quelques-uns sont vivants, et dont le plus grand nombre est encore à naitre* »[154]. L'individu n'avait pas un droit de propriété privée sur la terre. La propriété villageoise visait à assurer la cohésion du groupe, sa survie, l'attachement à la terre ancestrale et la continuité du culte des ancêtres[155]. Il existait cependant certaines particularités. Ainsi, il a été observé qu'un droit de propriété individuel existait à Madagascar si bien que le concept de propriété en droit foncier malgache est différent de celui africain, et, sur ce plan, proche du concept romain. Toutefois, « *le droit individuel de propriété [malgache] diffère du droit de type romain en ce qu'il n'a pas un caractère absolu et exclusif. Il ne peut exister en dehors des structures sociales traditionnelles qui en limitent l'exercice* »[156]. En tout état de cause, la survie de la collectivité semble prévaloir sur l'intérêt de chaque individu sans autre forme de procédure. Le subjectivisme du droit de propriété était très peu marqué. Historiquement, ce constat parait avoir jalonné les différentes époques jusqu'à la colonisation où les premiers types de propriété privée individuelle ont commencé à apparaitre. De manière plus précise, au regard des recherches des historiens notamment, on peut observer plusieurs périodes : la période précoloniale, la période coloniale et la période postcoloniale.

La période de l'antiquité était marquée par la propriété collective de la terre et l'absence de propriété privée. En effet, « *il n'y a ni appropriation privée ni attribution privée, donc pas de fief. Le sol est un bien communautaire inaliénable* »[157]. Entre le VIIe et le XIe siècle, la même conception de la propriété subsistait. Toutefois, le commerce s'était développé dans certaines contrées notamment au Maghreb avec pour conséquence générale « *l'éclatement des structures sociales fondées sur la parenté et l'ethnie, au profit d'un nouvel ordre social fondé sur la propriété des moyens de*

---

153 O. T. ELIAS, *La nature du droit coutumier africain*, Trad. DECOULFLE ET DESSAU, Dakar, Présence africaine, 1961, p. 183 et s. ; R. RARIJAONA, *Le concept de propriété en droit foncier de Madagascar*, préf. J. CARBONNIER, Paris, Cujas, 1967, spéc. 1ère partie p. 25-179.

154 O. T. ELIAS, *op. cit.*, p. 183.

155 R. RARIJAONA, *op. cit.*, p. 35.

156 R. RARIJAONA, *op. cit.*, p. 44.

157 J. KI-ZERBO, (dir.), *Histoire générale de l'Afrique. Méthodologie et préhistoire africaine*, Vol. I, Paris, UNESCO, 1980, p. 783.

production »[158] de la terre. Du XIIe au XIVe siècle, « *le fait primordial à considérer pour l'Afrique noire est que la propriété privée de la terre n'a pas été la base de l'évolution sociale et économique, comme ce fut le cas en Europe. En Afrique noire, avant que l'économie monétaire ne s'impose, la terre a été considérée comme un bien indivis de la collectivité* »[159]. Ni le développement du commerce et de l'économie, ni la succession des empereurs et des rois n'ont véritablement eu un impact sur cette conception de la propriété puissamment ancrée dans les mœurs. « *Si le fondement de l'économie était l'agriculture et l'élevage, nulle part, la propriété privée ne s'était généralisée ; le droit éminent appartenait à la communauté* »[160]. La période allant du XVIe au XVIIIe siècle était caractérisée de manière générale par l'absence de propriété privée de la terre. La terre n'était pas perçue comme une source de revenus. « *La propriété de type européen, soit le droit d'user et de disposer des biens et même des personnes (c'est-à-dire des esclaves), n'existait pratiquement pas. Ceux qui s'appropriaient ou transmettaient une parcelle de terrain ou une zone de chasse, de pêche ou de cueillette ne se prévalaient que d'un droit de jouissance qui excluait la spéculation lucrative ou le droit de vente* »[161].

Le début du XIXe siècle est aussi marqué par l'absence de propriété privée individuelle sur le sol[162]. Vers la fin de ce siècle, avec le début de la colonisation, on observe la création d'une bourgeoisie blanche et du droit de propriété privée sur la terre. En Algérie par exemple, « *la nouvelle législation foncière (le décret d'Ollivier de 1870 et surtout la loi du 26 juillet 1873) établit le principe de la propriété privée et du libre transfert des terres aux colons* »[163]. Durant la période coloniale, l'introduction de cultures spéculatives en Afrique occidentale française a eu pour conséquences la création de structures pour en organiser la commercialisation et « *pour garantir les opérations de production à court et à moyen terme tout en favorisant*

---

[158] M. EL FASI et I. HRBECK, (dir.), *Histoire générale de l'Afrique. Afrique du VIIe au XIe siècle*, Vol. III, Paris, UNESCO, 1990, p. 793.
[159] D. T. NIANE, (dir.), *Histoire générale de l'Afrique. Afrique du XIIe au XVIe siècle*, Vol. IV, Paris, UNESCO, 1985, p. 736.
[160] D. T. NIANE, (dir.), *préc.*, p. 737.
[161] B. A. OGOT, (dir.), *Histoire générale de l'Afrique. Afrique du XVIe au XVIIIe siècle*, Vol. V, Paris, UNESCO, 1999, p. 47.
[162] A. J. F. AJAYI, (dir.), *Histoire générale de l'Afrique. Afrique du XIXe jusque vers les années 1880*, Vol. VI, Paris, UNESCO, 1996, p. 34.
[163] A. J. F. AJAYI, (dir.), *préc.*, p. 553.

le passage à la propriété privée puisque seuls pouvaient en bénéficier les paysans ressortissant d'une collectivité légalement reconnue (société de prévoyance, association agricole, etc.) et détenteurs de biens immatriculés à titre personnel — et non de patrimoines familiaux »[164]. Il s'ensuit que *« l'individualisme fut aussi favorisé en Afrique par le concept de propriété privée introduit par le capitalisme occidental* »[165]. De manière générale, cet individualisme s'est accentué par le modèle d'éducation occidental.[166].

Ainsi, en Afrique noire, notamment dans les pays francophones dont le Burkina Faso, la conception française de la propriété y a été transférée durant la colonisation et léguée aux moments des indépendances. Elle est de droit positif et y demeure, sans être dépouillé de ses fondements idéologiques originels, quand bien même les raisons qui ont fondé en France l'adoption de cette conception n'ont pas prévalu dans ce contexte. Il en résulte que nonobstant la conception privée adoptée marquée de subjectivisme et inadaptée au contexte, des forces conservatrices ont permis au droit coutumier de propriété d'être toléré et de continuer à régir les rapports sociaux surtout dans les zones rurales[167].

16. Au regard de ce qui précède, plusieurs conceptions de la propriété sont donc possibles. Les modèles de propriété diffèrent en fonction des évolutions et des nécessités sociétales. La propriété peut être conçue comme un droit absolu ou relatif, exclusif ou collectif *etc.* La conception française accorde une place de choix au propriétaire. Ce dernier est souverain vis-à-vis de son bien. Cette conception s'appréhende mieux dans son contexte. Elle fait suite en effet à la Révolution française de 1789. À cette époque, les idées de liberté individuelle, d'égalité, *etc.*, prônées aboutissaient à placer l'individu au centre de tout.

L'étude du subjectivisme du droit de propriété privée prévu par le code civil a la particularité d'avoir pour objet l'analyse les prérogatives du propriétaire et sa place face aux enjeux de la société. En effet, les attributs et les caractères du droit de propriété contribuent

---

164 A. A. BOAHEN, (dir.), *Histoire générale de l'Afrique. L'Afrique sous domination coloniale*, 1880-1935, Vol. VII, Paris, UNESCO, 1996, p. 393.
165 A. A. MAZRUI, et C. WONDJI, (dir.), *Histoire générale de l'Afrique. L'Afrique depuis 1935*, Vol. VIII., Paris, UNESCO, 1998, p. 596.
166 A. A. MAZRUI et Ch. WONDJI, (dir.), *préc.*, p. 710-711.
167 R. RARIJAONA, *op. cit.*, p. 101 et s.

à amplifier le subjectivisme de ce droit en « tentant » de l'abandonner aux seules valeurs qui résultent de la perception du monde du propriétaire. À ce sujet, Trigeaud écrivait que la propriété est «*l'expression de la subjectivité au sens le plus philosophiquement transcendantaliste [...]. Le droit de propriété s'est alors chargé de diverses connotations qui tiennent toutes à un pouvoir d'action attribué à la nature de l'homme sous l'aspect de sa raison, et il est l'interprète de la liberté morale qui lui est propre* »[168]. Ce subjectivisme aigu ne semble pas, *a priori*, l'inviter expressément à découvrir les valeurs qui sont immanentes au monde et à s'autolimiter.

Sans doute que l'exercice du droit de propriété à l'instar des droits subjectifs exige, dans certaines hypothèses notamment lorsqu'il s'agit d'un acte de disposition, une capacité d'exercice laquelle renvoie à l'idée d'un sujet majeur et conscient. Mais cette idée de responsabilité sous entendue dans l'exigence de la capacité du sujet est limitée en ce sens qu'elle ne concerne que certains actes du propriétaire. Elle parait, à elle seule, insuffisante d'où les multiplications des limitations au droit de propriété.

Déjà dès le lendemain de son adoption et ce, jusqu'à nos jours, cette conception de la propriété notamment son caractère absolu, est en butte à l'évolution de la société. En effet, elle s'accommode mal avec l'intérêt général, qui connait un développement de plus en plus large, et certains droits fondamentaux, eux aussi en plein essor, qui pourtant doivent aussi exister à côté du droit de propriété. La conception de la propriété du code civil est trop abstraite et fondamentale[169]. Elle semble être en conflit avec les évolutions sociales. La force des revendications sociales a de plus en plus tendance à donner naissance à de nouveaux droits fondamentaux au profit des personnes physiques et morales, et parfois des devoirs envers d'autres êtres non humains comme les animaux, et qui contrastent avec ceux du propriétaire. En effet, l'idée que se faisaient les rédacteurs de l'article 544 du code civil de son caractère absolu et individualiste, les plus larges pouvoirs sur son bien qu'ils associaient à

---

[168] J.-M. TRIGEAUD, *Personne, droit et existence*, éd. Bière, 2009, p. 121, cité par A. DUPEND, *L'argument jusnaturaliste en droit privé patrimonial français*, th. Bordeaux, 2014, p. 143.

[169] Ch. ATIAS, *Droit des biens, op. cit.*, n°91, p. 72 : « *S'il venait à être admis que la notion de droit subjectif est trop fondamentale pour pouvoir être juridique, il deviendrait possible de renouveler la théorie de la propriété. Il y a bien longtemps que s'y mêlent un absolu abstrait et une situation concrète* ».

la qualité de propriétaire et corrélativement l'absence ou le peu d'influence d'un « *propriétaire éminent* » qu'ils s'évertuaient à sanctuariser par un subjectivisme très poussé du droit de propriété, paraissent incompatibles ou en tout cas en butte à certaines préoccupations d'intérêt général apparues postérieurement. Si les rédacteurs ont prévu une réserve à l'article 544 du code civil constituée par les lois et règlements, il n'en demeure pas moins qu'aussi bien la lettre que l'esprit du texte entendaient affirmer un subjectivisme très fort et une religion de la souveraineté d'une propriété libre de toute charge aussi bien dans ses conditions d'exercice que dans ses finalités. Les limitations au droit de propriété ne pouvaient alors qu'avoir un caractère très marginal.

Pourtant, le constat le plus curieux est que ces limitations[170] se sont multipliées de manière très prodigieuse et semblent reléguer le propriétaire et sa volonté au second plan. La tendance parait donc être à la remise en cause de la subjectivation du droit de propriété par sa socialisation[171]. Ce phénomène est lié au développement de l'industrialisation et de la production, à la multiplication des groupements de personnes et de capitaux, aux mutations dans le domaine du crédit, de l'interventionnisme de l'Etat[172] notamment en matière d'urbanisme, aux préoccupations environnementales et aux transformations sociales. Il a eu pour conséquence l'essor prodigieux de la propriété collective, surtout en matière immobilière, sous l'impulsion des pouvoirs publics, du développement du crédit et du progrès social[173]. De même, il a entrainé la fréquence de l'intervention de l'Etat, par le biais des expropriations et des nationalisations des propriétés individuelles[174]. Par ailleurs, la jurisprudence n'est pas en reste, elle a admis que l'exercice du droit de propriété peut être abusif et excéder les inconvénients normaux de voisinage[175]. L'intérêt général pose donc de plus en plus des restrictions à la conception révolutionnaire d'une propriété très subjectiviste et individuelle. La

[170] M. ROLAIN, *Les limitations au droit de propriété en matière immobilière*, th. Nice, 2015, 595 p. ; S. MILLEVILLE, *Les restrictions au droit de disposer*, *op. cit*, 684 p.

[171] C. COCHEZ, *La participation du droit des biens au mouvement de socialisation du droit*, th. Lille, 2013, 451 p.

[172] J.-L. BERGEL, M. BRUSCHI et S. CIMAMONTI, *op. cit.*, n°67, p. 67 et s.

[173] *Ibid.*

[174] *Ibid.*

[175] *Ibid.*

multiplication des restrictions à la notion de propriété opère un recul de cette notion. Elle altère le subjectivisme du droit de propriété à travers l'altération de ses caractères absolu et exclusif. Cette tendance parait avoir un écho particulier pour les pays africains francophones comme le Burkina Faso. En fait, à l'analyse historique, elle semble résonner comme un « *aller-retour* » dans ces pays.

En outre, on observe une dématérialisation croissante des objets de propriété. Des modèles de propriété aux caractéristiques particulières telle la propriété sûreté, la propriété littéraire et artistique, la propriété industrielle ou la propriété commerciale sont apparues. Sans oublier l'appréhension par le droit de propriété des nouvelles technologies telles que les créations informatiques ou les éléments et produits du corps humain notamment du « *matériel génétique* » lequel s'accommode mal avec le caractère patrimonial du droit de propriété[176].

Par ailleurs, le droit de propriété présente certes un caractère fondamental, mais il doit s'harmoniser avec d'autres droits fondamentaux comme le droit au logement, la dignité de la personne humaine, la liberté du commerce et de l'industrie, la liberté d'expression, la liberté de création etc. Ce nécessaire équilibre entre le droit de propriété et ces libertés et droits fondamentaux[177] s'illustre notamment dans les propriétés intellectuelles.

17. Le droit de propriété a fait l'objet de nombreuses études. Mais, à notre connaissance, il n'existe pas encore une thèse ou un sujet d'étude assez récent faisant la synthèse de ces différentes

---

176 *Ibid.*

177 Il faut noter que « *les droits et libertés fondamentaux sont, en premier lieu, protégés contre le pouvoir exécutif mais aussi contre le pouvoir législatif ; alors que les libertés publiques-au sens du droit français classique- sont essentiellement protégés contre le pouvoir exécutif... En deuxième lieu, les droits fondamentaux sont garantis en vertu non seulement de la loi mais surtout de la constitution ou des textes internationaux ou supranationaux. En troisième lieu, la protection des droits fondamentaux nécessite, pour être assurée contre les pouvoirs exécutif et législatif, en application des textes constitutionnels (ou internationaux), qu'en soient chargés, non plus seulement les juges ordinaires, mais aussi les juges constitutionnels et même les juges internationaux* ». L. FAVOREU, « Universalité des droits fondamentaux et diversité culturelle », *L'effectivité des droits fondamentaux dans les pays de la communauté francophone*, Colloque international de l'île Maurice, 29 septembre- 1er octobre 1993, éd. Aupelf-Uref, 1994, p. 48 cité par F. TERRE, « Sur la notion de droits et libertés fondamentaux », R. CABRILLAC, (dir.) *Libertés et droits fondamentaux*, 21e éd., Paris, Dalloz, 2015, n°17, p. 6.

contributions et surtout qui aborde la question du droit de propriété sous l'angle du subjectivisme. Le droit dit-on est le moyen juridique de mise en œuvre des choix politiques, économiques, sociaux, culturels *etc.* à un moment donné. En ce sens, il est appelé à s'adapter aux évolutions et aux choix de la société. Il n'est pas une œuvre *ex-nihilo*. Dans cette perspective, les transformations sociales postérieures au code civil de 1804 ont montré les limites de la conception classique de la propriété à saisir celles-ci et le nécessaire équilibre à trouver à la lumière de l'intérêt général et des droits fondamentaux.

Face à cette situation, des réponses éparses ont été apportées soit par la jurisprudence, en matière par exemple de la théorie des troubles anormaux du voisinage ; soit par le législateur ou la doctrine en matière de propriété sûreté, de propriété littéraire et artistique, de propriété industrielle ou de propriété commerciale *etc.* Il en résulte une extension de la notion de propriété à l'origine d'une diversité de celle-ci et de son régime juridique. De même, on aperçoit que cette extension s'accompagne d'une réduction des prérogatives attachées au droit de propriété notamment en matière immobilière. Il est aisé de constater que les lois et règlements encadrant l'exercice du droit de propriété se sont multipliés limitant son caractère absolu. Au Burkina Faso, ces lois sont nombreuses et certaines sont récentes. On peut citer à titre d'exemples : la loi n°048-2019/AN portant protection de la propriété littéraire et artistique, la loi n°025-2018/AN portant code pénal, la loi n°009-2018/AN portant expropriation pour cause d'utilité publique et indemnisation des personnes affectées par les aménagements et projets d'utilité publique et d'intérêt général, la loi n°103-2015/CNT portant bail d'habitation privée au Burkina Faso, la loi n°006-2013/AN portant code de l'environnement au Burkina Faso, la loi n°24-2007/AN portant protection du patrimoine culturel, la loi n° 017-2006/AN portant code de l'urbanisme et de la construction au Burkina Faso, la loi n°022-2005/AN portant code de l'hygiène publique, la loi n°23/94/ADP portant code de la santé publique, *etc.*

18. Quelles sont les effets que toutes ces évolutions ont pu avoir sur la liberté du propriétaire ? La réponse à cette question n'est pas évidente. En effet, les caractères du subjectivisme du droit de propriété sont divers. Certains comme le caractère absolu ont trait à sa mise en œuvre, d'autres comme les caractères fondamental, réel ou personnel à son principe. Ces caractères n'évoluent pas dans le même sens, puisque le droit de propriété semble toucher des objets nouveaux alors que l'étendue des prérogatives qu'il confère semble s'altérer. Le droit de propriété parait donc gagner en quantité et perdre en qualité. Il convient alors plus précisément de se demander : quelles sont les conséquences de ces évolutions sur le caractère absolu du droit de propriété dans sa mise en œuvre ? Affectent-elles l'exercice du droit de propriété ? Orientent-elles sa finalité ? Ensuite, que reste-t-il de la liberté du propriétaire ? Au-délà de sa mise en œuvre, le principe même de la liberté du propriétaire est-il remis en cause au point de n'être qu'une exception ? Est-il maintenu dans la relation entre le propriétaire et la chose ? Survit-il dans la relation entre le propriétaire et les autres ?

19. Ainsi, au plan théorique, il convient de s'assurer d'une plus grande unité de la notion de propriété afin de s'accommoder des diverses applications souvent perçues comme une remise en cause des prérogatives de celle-ci. Le contexte, en effet, a changé. De profondes mutations se sont opérées dans la société. De nouveaux biens ont été créés[178]. Toutes ces évolutions semblent ne pas nécessairement se laisser saisir par la notion de propriété telle que perçue par le législateur de 1804. Cette situation engendre divers régimes de propriété (propriété mobilière et immobilière, propriété corporelle et incorporelle *etc.*) quand elle ne rend pas difficile l'utilisation même de la notion de propriété à certains biens, valeurs, matières ou objets comme le corps humain ou ses organes. Dès lors, la recherche d'une définition de la propriété essayant de faire la synthèse de ces différentes évolutions est de nature à apporter plus de clarté, de transparence et peut-être d'unité à la notion.

Au plan pratique, la propriété privée individualiste rend parfois difficile ou complexe la réalisation d'ouvrages d'intérêt général. Or, l'intérêt général connait une extension de son champ d'action dans le droit de propriété. Les profondes transformations sociales qui apparaissent appellent des modes adaptés d'organisation de la vie en société à travers la règlementation du droit de propriété. Il en résulte qu'il convient de trouver le point d'équilibre d'une nécessaire articulation entre le subjectivisme du droit de propriété et cet intérêt

[178] M. JULIENNE, « Premières vues sur les crypto-actifs », L. LEVENEUR (dir.), *Les « nouveaux » biens. Nouvelles qualifications ou nouveaux régimes* ?, Coll. « Thèmes & Commentaires », Paris, Dalloz, 2020, p. 109-124.

général. Il en est de même entre le droit de propriété et les droits fondamentaux ; ou encore entre les caractères réel et exclusif traditionnels du droit de propriété et le caractère immatériel de certains nouveaux biens.

20. Notre méthodologie consistera à faire ressortir, en tenant compte de l'histoire, l'analyse qui est faite de la propriété depuis le code civil. Cette analyse semble *a priori* laisser apparaitre un recul de la souveraineté qui était reconnue au propriétaire. En sens inverse, on remarque que la propriété s'est emparée de nouveaux biens inexistants à l'époque du code civil. À côté de la méthode historique, celle comparative ne sera pas en reste quand on sait que la conception de la propriété étudiée est celle qui est propre au système français dont ont hérité de nombreux pays africains comme le Burkina Faso. Cela dit, cette étude est faite esentiellement à la lumière du droit burkinabè. Toutefois, le recours au droit comparé permettra par moment de mieux comprendre l'encadrement du droit de propriété.

21. Nous mènerons cette étude en analysant dans une première partie, sous l'angle historique et comparé, l'altération progressive du subjectivisme du droit de propriété notamment dans ses conditions d'exercice et sa finalité (1ère partie). En effet, cette altération progressive est perceptible dans la mise en œuvre du droit de propriété à travers la démultiplication des limitations au droit de propriété tant en matière mobilière qu'en matière immobilière. Ces limitations ne semblent pas neutres puisqu'elles peuvent s'analyser en réalité comme des moyens pour orienter la finalité du droit de propriété.

Ensuite, cette altération progressive du subjectivisme du droit de propriété permet de se demander, dans une seconde partie, si, au-delà de sa mise en œuvre, le droit de propriété n'est pas atteint dans son essence ou son principe même (2nde partie). Autrement dit, il s'agira de savoir ce qui reste de la liberté du propriétaire. Cette liberté peut-elle toujours être vue comme un principe ou est-elle si altérée au point de n'en devenir qu'une exception ? Est-elle maintenue ? Survit-elle à cette altération progressive? Ou s'est-elle étendue ? La préoccupation peut paraitre assez osée, mais l'étendue des limitations à la mise en œuvre du droit de propriété semble bien l'autoriser.

PARTIE I

L'ALTERATION PROGRESSIVE DU SUBJECTIVISME DU DROIT DE PROPRIETE DANS SA MISE EN ŒUVRE

22. Le phénomène d'altération se rencontre dans divers domaines du droit. Il traduit son dynamisme et son adaptation aux changements sociaux. L'altération se caractérise par une dégradation, une modification de bien en mal d'une situation. Relativement au subjectivisme du droit de propriété, l'altération induit une diminution des pouvoirs du propriétaire, une réduction de l'influence de sa volonté, une restriction de sa liberté et de ses prérogatives sur le bien. Cette altération peut s'opérer soit par une limitation des biens pouvant faire l'objet d'une appropriation individuelle soit par un encadrement de la mise en œuvre des droits nés de l'acquisition de la propriété.

23. La mise en œuvre du droit de propriété est l'emploi ou l'usage auquel le propriétaire destine le bien qui en est l'objet. Elle a donc trait à l'emploi des prérogatives et des attributs du droit de propriété. Cette mise en œuvre laisse apparaitre l'image d'un propriétaire dégradé et contrôlé. Elle ne reflète plus celle qu'avaient les rédacteurs du Code civil, en réaction à la propriété féodale. En effet, la conception du Code civil convient mieux à l'individu isolé. Elle cadre mal dans la relation aux autres personnes. Ainsi, l'esprit d'individualisme du droit de propriété, sur lequel repose en partie son subjectivisme absolu, s'est progressivement dégradé au profit d'une socialisation[179]. Cette évolution concerne l'ensemble du droit[180]. Elle n'est pas propre au droit de propriété même si la propriété, en particulier, et le droit des biens, en général, jouent un grand rôle dans ce mouvement de socialisation[181].

---

[179] J. ROCHFELD, *op. cit.*, p. 282 et s.

[180] R. SAVATIER, *Les métamorphoses économiques et sociales du droit civil d'aujourd'hui*, 3ème éd., Paris, Dalloz, 1964, p. 304 et s.

[181] C. COCHEZ, *La participation du droit des biens au mouvement de socialisation du droit*, th. Lille, 2015, 451 p.

24. Cette socialisation correspond à l'avènement de nouvelles valeurs prises en compte par divers registres normatifs[182] dont le droit. Le discours du droit véhicule ces valeurs et ambitionne, par son caractère coercitif, d'orienter efficacement les comportements de ses sujets autour d'elles. Ces valeurs aboutissent à la socialisation du droit ; donc à placer le bien-être de la société au centre des préoccupations du droit en réduisant, au beson, les prérogatives de l'individu.

25. Ainsi, sur le droit de propriété en particulier, ces valeurs, qui apparaissent souvent comme supérieures à la liberté du propriétaire, aboutissent à une altération du subjectivisme de son droit. Cette altération se manifeste par des limitations à l'exercice du droit de propriété (titre I).

Ces limitations elles-mêmes ne sont pas neutres. Elles se révèlent être de véritables moyens permettant, en réalité, d'orienter la finalité du droit de propriété par la prise en compte de plus en plus accrue d'autres intérêts tant privés que publics (titre II).

---

[182] Sur ces registres normatifs v. R. LIBCHABER, *L'ordre juridique et le discours du droit. Essai sur les limites de la connaissance du droit*, *op. cit.*, n°97 et s., p. 119 et s.

TITRE I

L'ALTERATION PROGRESSIVE DU SUBJECTIVISME PAR LA MULTIPLICATION DES LIMITATIONS A L'EXERCICE DU DROIT DE PROPRIETE

26. Si la propriété est une nécessité pour l'Homme, c'est bien parce qu'elle est un canal d'expression de sa personnalité, un prolongement de cette personnalité. Elle est un droit qui lui confère non seulement de nombreux et durables pouvoirs, mais aussi une bonne marge d'expression de sa liberté. Ces bienfaits du droit de propriété se concrétisent au moyen de son exercice. Exercer le droit de propriété, c'est le mettre en usage, en faire un usage ; l'usage ici étant entendu de manière large et aussi dans son aspect positif tout comme dans son aspect négatif. C'est alors plus précisément la liberté de mettre en œuvre ou non l'*usus*, le *fructus* et l'*abusus*.

27. La liberté d'agir du propriétaire étant le principe[183], le subjectivisme du droit de propriété épouse les mêmes contours qu'elle. Il est plus ou moins large selon que cette liberté est étendue ou restreinte. Les limitations à l'exercice du droit de propriété sont donc celles qui ont pour conséquence de restreindre ou diminuer cette liberté. En mettant ces limites, le droit veut sans doute orienter le propriétaire vers certains résultats. En lieu et place de sa vision, de son appréciation ou de sa subjectivité, ces limitations lui substituent une orientation. Elles réduisent ou altèrent de ce fait le subjectivisme de son droit. Ces limitations peuvent concerner aussi bien l'*usus* et le *fructus* que l'*abusus*. Elles touchent donc toutes les prérogatives du droit de propriété.

28. Les limitations à l'exercice du droit de propriété frappent également tous types de biens[184]. Pour mieux apprécier ces

---

[183] M. DE VAREILLES-SOMMIERES, « La définition et la notion juridique de la propriété », *RTD Civ.* 1905, n°1, p. 444.

[184] La notion de bien revêt deux sens : le bien peut être entendu comme une chose mais aussi comme un droit. v. L. LEVENEUR, « Propos introductifs », L.

limitations, il convient alors de regrouper ces biens en catégories. À cet effet, plusieurs classifications sont proposées par la doctrine. Mais la classification fondamentale ou *summa divisio* des biens distingue les biens immeubles et les biens meubles. Elle est fondée sur la valeur. En fait, en vertu de l'adage romain *res mobilis, res vilis*[185], les biens immeubles étaient considérés comme des biens de grande valeur contrairement aux biens meubles perçus comme étant de moindre valeur. Depuis, ce raisonnement parait fragile eu égard à l'apparition de nouveaux biens mobiliers[186] de grande valeur tels que les valeurs mobilières, le fonds de commerce, les propriétés intellectuelles *etc*. Toutefois, cette *summa divisio* des biens conserve encore quelques utilités. Elle est toujours prégnante dans la classification des biens[187]. C'est donc autour d'elle que s'organisera notre analyse.

Ainsi, nous examinerons dans un premier chapitre l'altération du subjectivisme du droit de propriété par les limitations à son exercice en matière mobilière (chapitre I), puis dans un second chapitre ces limitations en matière immobilière (chapitre II).

LEVENEUR (dir.), *Les « nouveaux » biens. Nouvelles qualifications ou nouveaux régimes* ?, Coll. « Thèmes & Commentaires », Paris, Dalloz, 2020, n°6 et s., p. 2-3.

[185] H. ROLAND et L. BOYER, *Adages du droit français*, 4e éd., Paris, Litec, 1998, n°397, p. 796.

[186] F. TERRE, « Variation de sociologie juridique sur les biens », *APD*, t. 24, *Les biens et les choses*, Sirey 1979, p. 19 et s.

[187] Art. 516 du Code civil « *Tous les biens sont meubles ou immeubles* ».

CHAPITRE I

L'ALTERATION PROGRESSIVE DU SUBJECTIVISME PAR L'ACCROISSEMENT DES LIMITATIONS A L'EXERCICE DU DROIT DE PROPRIETE EN MATIERE MOBILIERE

29. La conception de la propriété du Code civil confère une très grande liberté au propriétaire et protège l'usage très subjectif qu'il fait de son droit[188]. Cette perception s'est néanmoins progressivement chargée de réalisme. La liberté et les pouvoirs abstraits du propriétaire se sont heurtés à la réalité concrète. En effet, l'abstraction trop fondamentale de la notion classique de propriété, d'un point de vue théorique, est susceptible de télescoper les manifestations de la liberté des tiers, propriétaires ou non. Il a été remarqué que cette subjectivité trop fondamentale est commode pour l'individu isolé[189] tel Robinson sur son île. Or, la propriété est un lien social[190]. Elle fait face aux réalités et exigences de la vie concrète qui semblent l'en imprégner. De ce constat, il va sans dire que l'exercice du droit de propriété est appelé à connaitre de nombreuses limitations.

30. Ces limitations se constatent en matière mobilière dans une proportion moins importante qu'en matière immobilière[191]. Les catégories de meubles sont définies à l'article 527 du Code civil qui

---

[188] C'est le cas par exemple lorsque la jurisprudence va jusqu'à interdire l'utilisation de l'image de son bien : Affaire dite du « café Gondrée », Cass. fr. 1re civ., 10 mars 1999, *Bull. civ.* I, n°87. L'arrêt affirme que « *le propriétaire a seul le droit d'exploiter son bien sous quelque forme que ce soit* ». Antérieurement, certaines Cours d'appel avaient retenu la même solution : CA Metz, 26 novembre 1992, *D.* 1994, Somm. 161, obs. A. Robert ; CA Paris, 12 avril 1995, *JCP* 1997, II, 22806, note Combrez. La solution a ensuite été tempérée lorsque la photographie faite sans autorisation visait seulement à informer le public : CA Paris, 31 mars 2000, *D.* 2001, p. 770 ; puis, elle a été abandonnée depuis l'arrêt « Hôtel Girancourd » : Cass. fr. ass. plén., 7 mai 2004, *Bull. civ.* n°810 où il est affirmé le principe selon lequel le propriétaire d'une chose ne dispose pas d'un droit exclusif sur l'image de cette chose. Mais, il peut s'opposer à l'utilisation de cette image par un tiers s'il établit l'existence d'un trouble anormal : Cass. fr. 1re civ. 28 juin 2012, *Bull. civ.* n°10-28716.

[189] J. ROCHFELD, *op. cit.*, p. 281 et s.

[190] M. FABRE-MAGNAN, « Propriété, patrimoine et lien social », *RTD Civ.*, 1997, n°3, p. 585.

[191] Cf. *Infra* chapitre suivant.

distingue les meubles par nature[192] et les meubles par détermination de la loi[193]. À ces deux catégories principales, la jurisprudence a ajouté une troisième : celle des meubles par anticipation constitués des biens immeubles fictivement traités par les particuliers comme des meubles non pas en raison de leur nature actuelle, mais de leur existence future[194]. Ces trois catégories peuvent être judicieusement classées suivant leur nature corporelle ou incorporelle. Cette distinction est d'autant plus commode que la tendance est à la dématérialisation des richesses[195] et que la majorité des biens nouveaux apparus sont des meubles immatériels. Les biens corporels sont ceux qui ont un corpus contrairement aux biens incorporels. Au IIe siècle, Gaïus distinguait deux types de choses : les *res corporales* ou choses corporelles qui sont des biens corporels pouvant être appréhendées, et les *res incorporales* ou choses incorporelles qui sont « *des relations de droit permettant [...] de maitriser les choses sans exercer la propriété* »[196]. Les grands juristes romains, pour leur part, ont fait la distinction entre les choses corporelles ou incorporelles et les droits. Le droit romain a admis les servitudes, l'usufruit, les créances *etc.* comme étant des choses incorporelles. Selon le droit romain, le droit de propriété serait perçu comme un pouvoir sur la chose corporelle ou incorporelle[197]. Il ne serait ni total ni illimité[198]. Au moyen âge, Bartole affirmait que la

---

192 Art. 528 du C. Civ. « *Sont meubles par leur nature, les corps qui peuvent se transporter d'un lieu à un autre, soit qu'ils se meuvent par eux-mêmes, comme les animaux, soit qu'ils ne puissent changer de place que par l'effet d'une force étrangère, comme les choses inanimées* ».

193 Art. 529 du C. Civ. « *Sont meubles par la détermination de la loi les obligations et actions qui ont pour objet des sommes exigibles ou des effets mobiliers, les actions ou intérêts dans les compagnies de finance, de commerce ou d'industrie, encore que des immeubles dépendant de ces entreprises appartiennent aux compagnies. Ces actions ou intérêts sont réputés meubles à l'égard de chaque associé seulement, tant que dure la société.*
Sont aussi meubles par la détermination de la loi, les rentes perpétuelles ».

194 F. TERRE et Ph. SIMLER, *Droit civil. Les biens*, 9e éd., *op. cit.*, n°39, p. 48.

195 F. ZENATI, « Le droit des biens dans l'œuvre du doyen SAVATIER », Faculté de Droit et des sciences sociales de Poitiers, *L'évolution contemporaine du droit des biens*, t. 19, Paris, PUF, 1991, p. 19.

196 R.-M. RAMPELBERG, « Pérennité et évolution des *res incorporales* après le droit romain », *APD*, t. 43, *Le droit et l'immatériel*, Sirey, 1999, p. 36 ; S. AMATO, « « Rien qui soit » : présences juridiques de l'immatériel », *APD*, t. 43, *Le droit et l'immatériel*, Sirey, 1999, p. 48.

197 F. ZENATI, « L'immatériel et les choses », *op. cit.*, p. 85.

198 R.-M. RAMPELBERG, *op. cit.*, p. 37.

propriété est « *le droit de disposer d'une chose corporelle sous réserve de ce que la loi prohibe* »[199]. Paradoxalement, il semble que cet auteur a joué un rôle décisif dans l'application de la propriété aux choses incorporelles en avançant l'idée que tout type de droit sur une chose peut faire l'objet de propriété[200]. Les juristes du XVIe au XVIIIe siècles établissaient une différence entre la *proprietas*, chose corporelle et le *dominium*, droit ou pouvoir sur un bien[201]. Le Code civil qualifie tantôt la propriété de droit tantôt de chose[202]. La difficulté pour le droit de propriété de saisir les biens immatériels viendrait de sa définition par le Code civil à partir du triptyque *usus*, *fructus* et *abusus*[203].

Ainsi, il y a lieu d'envisager les limitations à l'exercice du droit de propriété des biens meubles incorporels (section II), après l'étude de celles relatives aux meubles corporels (section I).

Section 1- Les limitations à l'exercice du droit de propriété sur les meubles corporels

31. Les meubles corporels sont ceux qui ont une matière, un corpus. Le code civil les classe en deux catégories : les choses inanimées et les animaux. Les premières ne peuvent se déplacer d'un lieu à un autre que par l'effet d'une force étrangère. Les seconds sont des êtres vivants non humains qui peuvent se mouvoir par eux-mêmes.

Dans l'ordre social, en dehors des mécanismes généraux de la responsabilité contractuelle ou délictuelle[204], les limitations à l'exercice du droit de propriété sur les choses inanimées ne présentent pas de particularité. Par contre, les limitations à l'exercice du droit de propriété sur les animaux sont plus discutées. Elles se fondent sur l'éthique d'un point de vue moral (§1) et aboutissent à l'adoption d'un statut protecteur du bien-être animal (§2).

---

[199] F. ZENATI, « L'immatériel et les choses », *op. cit.*, p. 86.
[200] R.-M. RAMPELBERG, *op. cit.*, p. 38.
[201] R.-M. RAMPELBERG, *op. cit.*, p. 40.
[202] R.-M. RAMPELBERG, *op. cit.*, p. 41.
[203] D. GUTMANN, « Du matériel à l'immatériel dans le droit des biens. Les ressources du langage juridique », *APD*, t. 43, *Le droit et l'immatériel*, Sirey, 1999, p. 72.
[204] R. RODIERE (dir.), *La responsabilité délictuelle dans la jurisprudence*, Paris, Librairies Techniques, 1978, V. Chapitre V. « La responsabilité du fait des animaux », par B. BABLET, p. 199-239.

§1- L'origine éthique des limitations

32. L'éthique est un mot qui vient du grec *ethos* et qui signifie ce qui est relatif aux mœurs. Cicéron l'a traduit par le néologisme *mores*, à l'origine de la morale, pour exprimer la même chose[205]. Ethique et morale ont donc la même signification. L'éthique vise à réguler les comportements. Comme le droit avec lequel elle entretient des liens privilégiés aussi bien au plan interne qu'international[206], l'éthique a pour fin d'établir la justice. Parmi les conceptions les plus courantes de la justice, il y a celle selon laquelle « *à chacun selon ses besoins* »[207]. Ce principe requiert à la fois que celui qui ne peut satisfaire ses propres besoins bénéficie de la charité, mais aussi que celui qui peut le faire lui-même ne soit pas porter à des exagérations ou des abus. En ce sens, « *le principe suprême de la morale est de ne pas infliger de la souffrance sans nécessité* »[208]. Toute souffrance inutile heurte la sensibilité et banalise la violence. En vertu de ce principe, l'exercice du droit de propriété sur l'animal a été remis en question. La difficulté avec le jugement moral cependant, c'est qu'il « *n'a nul besoin de fondement* »[209]. Ce qui explique la variabilité de l'appréciation morale de la souffrance animale (B) même si l'existence de cette souffrance est certaine (A).

A- La certitude de la souffrance animale

33. L'animal a parfois été considéré comme une « *machine vivante à aptitude multiple* »[210]. Les besoins de l'homme mais aussi

---

[205] Ph. LE TOURNEAU, « Le droit et l'éthique », *Droit et technique* : Mél. X. LINANT DE BELLEFONDS, Paris, Litec, 2007, p. 292.

[206] P.-M. DUPUY, « Bioéthique et droit international. Elaboration progressive d'un cadre juridique pour la définition d'une morale universelle », *Droit et technique* : Mél. X. LINANT DE BELLEFONDS, Paris, Litec, 2007, p. 167 et s.

[207] C. PERELMAN, *Ethique et droit*, Bruxelles, éd. de l'Université de Bruxelles, 1990, p. 19. L'auteur énumère six conceptions : A chacun la même chose ; A chacun selon ses mérites ; A chacun selon ses œuvres ; A chacun selon ses besoins ; A chacun selon son rang ; A chacun selon ce que la loi lui attribue. Il relève immédiatement le caractère inconciliable de toutes ces conceptions d'où la difficulté de définir la notion de justice.

[208] C. PERELMAN, *op. cit.*, p. 348.

[209] C. PERELMAN, *op. cit.*, p. 346.

[210] C. et R. LARRERE, « L'animal, machine à produire : la rupture du contrat domestique », F. BURGAT et R. DANTZER (dir.), *Les animaux d'élevage ont-ils droit au bien-être ?*, Paris, INRA, 2001, p. 9.

ses caprices ont souvent conduit à une exploitation intensive de l'animal et à le dissocier de son environnement. Il a été utilisé comme un être insensible à la douleur, soumis à l'utilité et à la volonté de l'homme parce que différent du genre humain. L'idée « *d'une soumission absolue des animaux à notre pouvoir ou à nos caprices est relativement commune* »[211]. À cet effet, la zootechnie[212] a été mise à contribution d'un élevage industriel et intensif « *intrinsèquement porteur de violence envers l'animal* »[213]. Ce système, uniquement inscrit dans la vision économique et marchande, conduit à la construction d'une représentation technique de l'animal hors du vivant sensible. Il favorise alors une séparation ontologique entre l'homme et l'animal qui se traduit par l'absence de compassion ou d'empathie.

34. Cette tendance à la perception de l'animal comme un être insensible est par contre critiquée sur le fondement des impératifs moraux. Si la situation parait négligeable en Afrique et singulièrement au Burkina Faso du fait de l'élevage traditionnel et de l'évolution des animaux dans leur biotope naturel, elle présente cependant une dimension particulière en Europe notamment. En effet, avant le XVIIIe, la banalisation de certaines pulsions violentes était réelle à travers notamment la chasse, les combats de coqs ou de chiens, les mauvais traitements de bêtes de somme[214]. Elle a été dénoncée au début du XVIIIe siècle, en Angleterre et plus tard en France. Cette situation a impulsé la prise de conscience d'une sensibilité de l'animal en particulier et a contribué au progrès de la civilisation des mœurs en général[215]. De même, les besoins de l'après-guerre ont abouti à des modes de production industrielle au mépris du bien-être animal.

35. Paradoxalement, c'est au sein de la communauté de chercheurs que les premières réactions contre certaines expériences faites sur les animaux ont été décriées[216]. Ces derniers, ayant compris

---

211 C. et R. LARRERE, *op. cit.* p. 18.

212 Etude des races domestiques, de leur reproduction, de leur élevage, notamment en vue d'améliorer leur rendement

213 J. PORCHER, « Le travail dans l'élevage industriel des porcs. Souffrance des animaux, souffrance des hommes », F. BURGAT et R. DANTZER (dir.), *Les animaux d'élevage ont-ils droit au bien-être ?*, Paris, INRA, 2001, p. 46.

214 C. et R. LARRERE, *op. cit.* p. 15.

215 *Ibid.*

216 C. et R. LARRERE, *op. cit.*, p. 10.

comment fonctionnait la machine animale, trouvaient certaines manipulations insupportables. Ce sentiment était également vécu par les travailleurs du système d'élevage industriel au regard des méthodes de travail qui leur étaient imposées et des souffrances qui en résultaient pour les animaux[217]. La protection des animaux est alors progressivement apparue comme un objectif moralement légitime. Des associations de protection des animaux ont ainsi été créées afin « *moins de discuter le principe de l'exploitation des animaux que d'en adoucir les modalités* »[218].

36. Dans cette quête, certains obstacles se sont posées comme la notion même de bien-être de l'animal. Il s'agit d'une notion à première vue assez floue qui concerne à la fois la santé, les capacités d'adaptation et le monde subjectif de l'animal. Elle peut être définie comme « *un état de bonne santé physique et mentale, caractérisé par l'absence de maladie, de stress, de douleur et d'inconfort* »[219]. L'idée est de mettre l'animal dans un état où il se sent le mieux à l'aise, en harmonie, en privilégiant l'aspect physiologique[220]. Abondant dans le même sens, la Fédération anglaise des associations de protection animale a adopté la règle dite des « *cinq libertés* » qui déterminent les circonstances favorables au bien-être animal. Il s'agit de l'absence de maladie, de l'absence de faim et de soif, de l'absence de stress, de l'absence de peur et de la possibilité d'exprimer les comportements propres à son espèce[221].

37. La science a été mise à contribution afin d'établir scientifiquement l'existence de la sensibilité de l'animal et l'évaluation de ses sentiments. Les données scientifiques disponibles affirment irréfutablement la recherche d'un bien être chez l'animal et

---

[217] J. PORCHER, *op. cit.*, p. 48.

[218] F. BURGAT « Les revendications des associations de protection des animaux d'élevage », F. BURGAT et R. DANTZER (dir.), *Les animaux d'élevage ont-ils droit au bien-être ?*, Paris, INRA, 2001, p. 66.

[219] R. DANTZER, « Comment les recherches sur la biologie du bien-être animal se sont-elles construites ? », F. BURGAT et R. DANTZER (dir.), *Les animaux d'élevage ont-ils droit au bien-être ?*, Paris, INRA, 2001, p. 86.

[220] F. BURGAT, « Bien-être animal : la réponse des scientifiques », F. BURGAT et R. DANTZER (dir.), *Les animaux d'élevage ont-ils droit au bien-être ?*, Paris, INRA, 2001, p. 107 ; R. DANTZER, *op. cit.*, p. 86.

[221] R. DANTZER, *op. cit.*, p. 86 ; F. BURGAT, « Bien-être animal : la réponse des scientifiques », *op. cit.*, p. 107.

sa sensibilité à la souffrance aussi bien physique que mentale. Ces données ont fondé le consensus dans la communauté scientifique que le bien-être animal couvre les aspects pathologiques, comportementaux et physiologiques[222]. Il est établi, par exemple, que le fait pour l'animal de vivre dans un milieu adapté à son espèce a peu d'effet sur l'homéostasie, matériau sur lequel s'exercent les pressions extérieures dans la vie biologique. C'est cette substance que régule la constance du milieu intérieur. Lorsque la pression qui s'exerce sur l'organisme est trop forte, il enclenche la réaction au stress par la mobilisation de l'axe hypothalamo-hypophyso-cortucosurrénalienne et du système nerveux orthosympathique : il s'agit de la théorie du stress de Selye[223]. On peut aussi citer la théorie du *copying* de Lazarus et Folkman selon laquelle les contraintes du milieu environnant impactent les représentations mentales de l'individu et l'amènent à mettre en place des stratégies face à la situation[224]. Ces représentations peuvent être à l'origine de stress.

Par ailleurs, il semble établi que « *les animaux sont parfaitement capables de ressentir des émotions par anticipation*»[225] ; mais contrairement à l'homme auraient des difficultés à prendre de la distance et les exprimer dans le regard de l'autre. L'appréciation du bien-être de l'animal ne se mesure donc pas seulement à l'absence de blessure physique ou de diminution de ses capacités zootechniques, elle prend aussi en compte le comportement de l'animal. Lorsque l'animal vit dans un milieu qui n'est pas adapté à son espèce, il développe des comportements anormaux sous forme de stéréotypie. Chaque animal a un besoin comportemental qui est générateur de mal être lorsqu'il n'est pas exprimé[226].

38. Au total, l'existence d'un monde animal est donc certaine. Elle résulte de l'observation empirique des réalités pour les réalistes. Toutefois, la preuve scientifique de la sensibilité de l'animal permet de prendre conscience de sa spécificité en vue de sa défense

---

[222] R. DANTZER, *op. cit.*, p. 86 ; pour certains, même s'ils ne nient pas l'importance des aspects comportementaux, les performances zootechniques sont nécessaires et suffisants : F. BURGAT, « Bien-être animal : la réponse des scientifiques », *op. cit.*, p. 117 et s.

[223] R. DANTZER, *op. cit.*, p. 88.

[224] R. DANTZER, *op. cit.*, p. 89.

[225] R. DANTZER, *op. cit.*, p. 90.

[226] R. DANTZER, *op. cit*, p. 94 et s.

rationnelle. Car en effet, *« De là découle des problèmes éthiques : si les animaux ne sont pas de simples machines à produire dépourvues de sensibilité à la douleur physique et à la souffrance psychique, et s'ils ont un monde, la manière dont ils sont traités importe et n'est donc pas indifférente »*[227].

Cependant, si d'un point de vue éthique, la sensibilité de l'animal interdit que lui soit infligée certaines souffrances, il reste qu'il pourvoit à certains besoins de l'homme et a une valeur économique. Il y a donc une hiérarchie à établir entre les nécessités ou les besoins de l'homme et l'utilité de la protection du bien-être animal.

B- La variabilité de l'appréciation morale de la souffrance animale

39. C'est un véritable dilemme que de reconnaitre d'une part l'utilité de l'animal dans certains usages domestiques et le besoin de l'homme en nourriture carnée, et d'autre part de défendre le bien-être de l'animal. Deux tendances peuvent être avancées. La première consiste à rester indifférent face à cette souffrance ; la seconde à la prendre en compte dans l'exploitation de l'animal.

La première position très subjective peut consister à ignorer la souffrance de l'animal face aux besoins de l'homme. En effet, l'homme ayant la qualité de « *maitre et possesseur de la nature* » selon la formule purement cartésienne de Descartes, il en résulte qu'il a tous pouvoirs sur l'animal. De même, d'un point de vue économique, la protection du bien-être animal parait inutile face aux besoins importants de l'homme en nourriture. Il peut aussi sembler choquant de se soucier du bien-être animal alors que certaines personnes humaines souffrent. Ce serait un mépris du genre humain au profit de l'animal. La priorité doit être accordée à l'espèce humaine. Attribuer à l'animal les caractères humains comme le propose l'anthropomorphisme[228] peut être perçu comme une forme

---

[227] F. BURGAT, « Bien-être animal : la réponse des scientifiques », *op. cit.*, p. 105

[228] Selon F. ARMENGAUD, « L'anthropomorphisme : vraie question ou faux débat ? », F. BURGAT et R. DANTZER (dir.), *Les animaux d'élevage ont-ils droit au bien-être ?*, Paris, INRA, 2001, p. 169, « *On appelle anthropomorphisme croire que les besoins des animaux et leurs souffrances sont semblables aux nôtres, de même « forme », aussi grandes, de même intensité et de motivation identique. Qu'ils méritent et doivent être pris exhaustivement en considération au même titre que les nôtres* ».

d' « animalisation » de l'humain, une comparaison injurieuse. Il parait également incompréhensible voire contradictoire d'admettre d'une part que l'homme peut tuer l'animal pour ses besoins en nourriture carnée notamment et d'interdire d'autre part les souffrances causées aux animaux, la mort pouvant être appréhendée comme la forme suprême de la souffrance et des sévices. La promotion de la protection du bien-être animal pourrait alors apparaitre comme un sentimentalisme de bonne conscience. En conclusion, même s'il est certain que l'animal est sensible à la douleur et à la souffrance, au regard de toutes ces raisons, la promotion de son bien-être parait contraire à l'éthique. La primauté doit être accordée à l'homme. Les besoins de l'animal viennent ensuite. Ce principe moral explique pourquoi la situation de l'animal domestique, notamment, est souvent liée au bien-être de son propriétaire.

La seconde voie plus objective repose sur le postulat que les désirs de l'homme sont très subjectifs. Ils sont divers et variés. Ils ne sont pas homogènes. Il en existe de bons comme de mauvais. Faut-il donc les faire prévaloir, tous, sur un besoin minimum de bien-être de l'animal, être vivant et sensible ? Tout d'abord, selon le christianisme, Dieu a créé l'homme à son image. L'homme est la première des créatures. En vertu de la tradition chrétienne, « *l'homme n'est que l'intendant d'une nature qu'il n'a pas faite. Gérant de la nature, il en est le garant. Il doit rendre compte* »[229] de ce qu'il en fait, en occurrence des animaux. Il a le devoir d'être bienveillant envers eux. L'animal ne peut être assimilé à un rocher. Il a une sensibilité dont le respect préserve l'affectivité et le bien-être mental de l'homme lui-même[230]. Les mauvais traitements et les souffrances infligés à l'animal, surtout lorsqu'ils sont commis en public, heurtent la sensibilité humaine parce que l'homme se met à leur place et les partage aussi. Le sentiment humain n'est donc pas indifférent au traitement de l'animal. La susceptibilité d'avoir participé à des mauvais traitements causés aux animaux a conduit certains consommateurs à militer pour que figure sur les produits carnés l'étiquette « bien-être animal »[231]. En outre, l'utilité de l'animal fait naitre souvent un lien affectif entre lui et l'homme. Il présente une utilité, en dehors de sa consommation comme nourriture par exemple,

[229] C. et R. LARRERE, *op. cit.*, p. 13-14.
[230] J. PORCHER, *op. cit.*, p. 46 et s.
[231] F. BURGAT, « Bien-être animal : la réponse des scientifiques », *op. cit.*, p. 113.

en aidant l'homme parfois dans ses activités. C'est le cas des animaux de compagnie ou de service tel le chien. En retour, c'est un devoir moral pour l'homme de contribuer à leur bien-être. La domestication de ces animaux est bien la preuve de leur adaptation sociale, de leur place à côté de l'homme. Toute violence inutile ou tout traitement cruel envers eux est susceptible de choquer les sentiments et de banaliser la violence. Sans donc remettre en cause l'exploitation de l'animal par l'homme, ce dernier peut bien améliorer son rapport à l'animal en tant qu'être vivant et sensible.

40. A cette fin, l'utilitarisme[232] peut être d'un secours pour cette seconde voie. Il se présente sous plusieurs variantes dont les classiques sont les éthiques arétaïques, les éthiques déontologiques et les éthiques conséquentialistes[233]. Les éthiques arétaïques mettent l'accent sur la valeur morale inhérente de l'agent en ce qu'il a su développer parfaitement ses capacités naturelles en agissant de manière appropriée dans diverses circonstances afin d'épanouir son humanité[234]. Il s'agit de l'agent vertueux ou sage. Les éthiques déontologiques mettent en exergue, dans la valeur, les caractéristiques intrinsèques de l'action elle-même soit parce qu'elle est conforme à un comportement divin soit parce qu'elle peut être érigée en loi[235]. Les éthiques conséquentialistes préfèrent tirer la valeur de l'action de sa contribution à certains états du monde considérés comme bons ou désirables, de sa contribution au Bien ou à un meilleur état du monde[236]. L'affinité entre cette notion éthique qu'est l'utilitarisme et la question de l'animal ressort parfaitement de l'affirmation de BENTHAM selon laquelle « *Les Français ont déjà découvert que la noirceur de la peau ne constitue pas une raison justifiant qu'un être humain soit abandonné sans recours possible aux caprices de quelqu'un qui le tourmente. Un jour viendra peut-être où on*

---

232 Selon Jean-Y. GOFFI, « L'utilitarisme, les droits et le bien-être animal », F. BURGAT et R. DANTZER (dir.), *Les animaux d'élevage ont-ils droit au bien-être ?*, Paris, INRA, 2001, p. 157 : « *Cette expression désigne les théories éthiques selon lesquelles une action est moralement juste si, et seulement si, elle est conforme au principe d'utilité, c'est-à-dire si son accomplissement produit plus de plaisir, de bonheur ou de satisfaction de préférences que l'accomplissement de n'importe quelle autre action* ».

233 *Ibid.*

234 *Ibid.*

235 *Ibid.*

236 J.-Y. GOFFI, *op. cit.*, p. 157-158.

reconnaitra que le nombre de pattes, la pilosité de la peau ou la terminaison de l'os sacrum sont des raisons également insuffisantes pour abandonner un être sensible ou même sort. Y a-t-il autre chose qui pourrait déterminer la ligne infranchissable ? Peut-être est-ce la faculté de raisonner, ou bien encore la faculté de discourir ? Mais, un chien, ou un cheval adulte, est au-delà de toute comparaison possible, un être plus rationnel, et aussi plus apte à la conversation, qu'un nouveau-né d'un jour, d'une semaine ou même d'un mois. Mais à supposer même qu'il en soit autrement, que s'ensuivrait-il ? La question n'est pas : peuvent-ils raisonner ? Ni : peuvent-ils parler ? Mais : peuvent-ils souffrir ? »[237]. La souffrance animale étant susceptible d'être causée du fait de l'agir humain, l'action de l'homme doit en tenir compte. Il s'ensuit qu'en vertu de l'utilitarisme conséquent l'action moralement obligatoire est celle qui prend, d'abord, en compte les intérêts de toutes les parties concernées, et qui, ensuite, procure le maximum d'utilité[238].

41. D'une manière globale, la nécessité pour l'homme de vivre en harmonie avec la nature devient de plus en plus une préoccupation générale. Elle est perceptible aussi bien dans le mouvement de recherche du bien-être des animaux que dans le domaine agricole où les produits-bio sont de plus en plus préférés. La morale est donc un fondement qui justifie que, pour être en paix avec sa conscience et réfuter la violence gratuite, le propriétaire limite certains usages subjectifs de son droit de propriété sur l'animal.

L'éthique est un ordre normatif non contraignant en ce sens qu'il ne peut être fait recours à la force publique pour en sanctionner le non-respect. Mais progressivement, ces principes moraux, à effet limitatif sur l'exercice du droit de propriété sur les animaux, ont plus ou moins changé de nature pour se traduire dans le droit.

§2- La traduction légale des limitations d'inspiration éthique

42. Les interpellations et les mouvements de sensibilisation des défenseurs du bien-être animal ont plus ou moins eu un écho favorable. Inspiré par ces sources réelles, le droit s'est quelque peu

---

[237] J. BENTHAM, *An Introduction to the Principles of Morals and Legislation*, Londres, University of London-The Athlone Press, p. 283 cité par Jean-Y. GOFFI, *op. cit.*, p. 158.
[238] J.-Y. GOFFI, *op. cit.*, p. 161.

montré sensible à la douleur de l'animal et à son bien-être. En effet, percevant traditionnellement l'animal comme une chose (A) à l'image de tout autre chose et soumise à ce titre au droit subjectif de son propriétaire, le discours du droit sur lui a un peu varié dans le sens d'une prise en compte de la particularité de cet être vivant sensible et d'une limitation de l'exercice du droit subjectif de propriété à son égard (B).

A- Le statut traditionnel de l'animal dans le droit positif

43. Dans notre droit positif, l'animal est une chose. À l'état sauvage et libre, il est *res nullius*, une chose sans maitre. Il peut être approprié lorsqu'il n'est pas dans une propriété privée ou attribué à l'Etat. Il constitue un bien meuble corporel. Cependant, il est un immeuble par destination lorsqu'il est affecté au service et à l'exploitation d'un immeuble tels les animaux attachés à la culture, les pigeons des colombiers, les lapins des garennes, les poissons des étangs[239] ou lorsque le propriétaire a eu l'intention de l'immobiliser[240].

44. Le propriétaire d'un animal dispose du droit absolu d'en jouir, d'en user et d'en disposer, sous réserve des lois et règlements. Il ne pourrait en être autrement puisque notre droit repartit la totalité de l'univers en deux catégories : les personnes, sujets de droit et les choses, objets de droit[241]. Parmi les personnes[242], on distingue les personnes physiques, êtres humains et les personnes morales, groupements de personnes ou de biens « *pourvu d'une possibilité d'expression collective pour la défense d'intérêts licites, dignes, par suite, d'être juridiquement reconnus et protégés* »[243]. Le code civil classe non seulement l'animal dans la catégorie des choses ; mais en

[239] Art. 524 du Code civil.

[240] J. SECHIER-DECHEVRENS, *Essai sur la notion d'immobilisation par destination,* th. Lyon III, 2005, n°148 et s., p. 155 et s.

[241] F. MARCHADIER, « L'animal, objet de propriété ? », M. BOUDOT et D. VEILLON (dir.), *Les propriétés*, Poitiers, Presses universitaires juridiques de Poitiers, Paris, L.G.D.J., 2016, p. 87.

[242] A. BENABENT, « La personne », *Droit et grands enjeux du monde contemporain*, Paris, La documentation française, 2012, p. 61-65.

[243] Cass. fr. 2e civ., 28 janvier 1954 : *D.* 1954, p. 217, note G. LEVASSEUR : « *La personnalité civile n'est pas une création de la loi ; elle appartient, en principe, à tout groupement pourvu d'une possibilité d'expression collective pour la défense d'intérêts licites, dignes, par suite, d'être juridiquement reconnus et protégés* ».

plus, il ne tient pas compte de sa nature particulière au sein des choses. Or, en droit la qualification entraine l'application d'un régime juridique bien précis à telle enseigne qu'en qualifiant l'animal de meuble corporel, on est porté à appliquer le régime juridique de cette catégorie de bien même si la conscience de limiter le droit de propriété sur lui peut exister d'un point de vue moral[244]. Il en résulte que traditionnellement l'exercice du droit de propriété sur l'animal peut être exercé comme sur tout autre chose sous réserve des lois et règlements. Toutefois, en dehors du code civil, il existe certes des dispositions légales qui prévoient certaines mesures allant dans le sens du bien-être de l'animal, mais elles se retrouvent dans divers textes et n'affirment ni clairement qu'il doit être classé en dehors de la catégorie des choses, ni son appartenance à la catégorie des personnes. Tout semble résulter de l'absence d'un régime juridique cohérent de l'animal[245].

45. La jurisprudence française a eu l'occasion de rappeler l'appartenance de l'animal à la catégorie de chose et l'absence en conséquence d'une limitation particulière résultant de sa qualité d'être vivant et sensible à l'occasion de l'exercice du droit de propriété de son propriétaire en dépit de l'existence de certaines dispositions législatives allant dans le sens contraire[246].

Il en a été ainsi, tout d'abord, dans l'affaire du chien Félix[247]. En effet, un propriétaire a voulu enterrer son chien dans le caveau familial. À cette fin, il avait obtenu du maire un permis d'inhumer. S'étant aperçu par la suite que ce permis lui avait été accordé hâtivement et de manière illégale, le maire avait ordonné à travers un arrêté individuel l'exhumation de l'animal. Le propriétaire avait alors saisi le tribunal administratif d'un recours en annulation de cet arrêté individuel. Ce recours a été rejeté au motif que la législation funéraire maintient la distinction entre l'homme et l'animal. Autrement dit, le permis d'inhumer est seulement réservé pour les personnes physiques et non pour les animaux si bien qu'il ne devait pas être délivré un permis d'inhumer un animal.

---

[244] Cf. *Supra* n°87.

[245] A. DUPEND, *L'argument jusnaturaliste en droit privé patrimonial français*, th. Bordeaux, 2014, n°143, p. 128-129.

[246] Cf. *Infra* n°47 et s.

[247] TA Bordeaux, 22 novembre 1961, *D.* 1962. 159, S. 1962. 248, *JCP* 1961.II.12407 concl. M. E. P. LUCE.

Ensuite, dans la procédure du divorce, la jurisprudence a aussi considéré l'animal comme une chose en rappelant que les règles relatives à l'attribution de la garde de l'enfant, au droit de visite et d'hébergement ne sont pas applicables à l'animal en ces termes : « *la Cour qui statue au titre des mesures provisoires telles qu'elles sont définies à l'article 254 du Code civil, (...) n'a pas à règlementer, s'agissant d'un chien, des droits de visite et d'hébergement imaginés par une référence abusive à la législation sur l'enfance* » [248] ou encore qu'il « *n'appartient pas au juge du divorce de se prononcer sur la garde des animaux domestiques ou de règlementer un droit de visite et d'hébergement* » de l'animal[249]. En effet, relativement à la garde de l'enfant, le juge statue en référence à l'intérêt de celui-ci[250]. La garde est donc confiée au parent avec lequel le juge considère que son intérêt sera le plus protégé et un droit de visite et d'hébergement est accordé au parent non gardien pour recevoir souvent l'enfant chez lui pour des visites de quelques heures pendant une matinée ou une soirée sans qu'il n'y passe pas la nuit, soit pour un hébergement pendant la moitié des vacances scolaires par exemple. Dans les cas d'espèce, il ressort qu'il ne doit pas être statué sur la garde de l'animal comme il est d'usage pour les enfants, en assimilant donc l'animal à une personne. Au contraire la jurisprudence milite pour une distinction entre la personne et l'animal et en s'opposant à leur assimilation. Plus précisément elle estime que la question de l'animal doit être traitée comme il est d'usage pour les biens.

Dans d'autres décisions encore, la jurisprudence a estimé que la propriété d'un animal ne se perdait pas par manque d'affection. Dans la célèbre affaire du chien Jojo[251], une dame avait sollicité la garde du chien et des dommages et intérêts au cas où son ex-mari, possesseur du chien, n'en serait plus en possession. Se fondant sur la demande subsidiaire de dommages et intérêts, la cour d'appel a cru y déceler un manque d'affection pour le chien et a octroyé des dommages et intérêts en lieu et place de la propriété du chien, lequel

---

[248] CA Paris, 11 janvier 1983, *Gaz. Palais*. 1983.II.412 obs. A. DORSNER-DOLIVET et A. SCEMAMA.

[249] CA Paris, 24ème ch. Sect. A, 22 mars 2006, *jurisdata* n°2006-327188.

[250] Art. 3 de la Convention relative aux droits des enfants ; art. 402, 515 et s. du CPF.

[251] Cass. fr. civ. 1ère, 8 octobre 1980, *JCP* 1981.II.19536, *D.* 1981 J. p. 361 note A. COURET.

était encore en possession de l'ex-mari. L'arrêt a été cassé pour dénaturation des conclusions de l'ex-épouse.

Dans une seconde affaire semblable[252], le propriétaire d'un chien s'en était séparé pendant quatre (04) ans. L'ayant recueilli en très mauvais état, les appelants lui ont accordé tous les soins indispensables à son bien-être. Lorsque le propriétaire a voulu le récupérer, ils se sont opposé au motif qu'ils étaient plus aptes à prendre soin de lui et qu'en tant qu'être vivant et sensible son bien-être serait primordial. La Cour d'appel de Paris a rappelé que l'animal est un objet mobilier corporel et a ordonné sa remise à l'intimé dont le droit de propriété n'était pas contesté, confirmant ainsi le jugement.

46. En réalité, toutes ces affaires dans lesquelles la jurisprudence a assimilé l'animal à une chose sont celles qui étaient caractérisées par une tendance subjectiviste exagérée à comparer l'animal à l'homme ou un excès d'anthropomorphisme. En effet, dans une autre affaire, la jurisprudence a tenu compte de la qualité d'être vivant et sensible de l'animal, mais seulement pour octroyer des dommages et intérêts moraux, pour indemniser le préjudice moral subi par le propriétaire d'un chien en raison de la perte de l'animal. Ce fut le cas dans la célébrissime affaire Lunus[253]. Cet arrêt était peut-être annonciateur. En tout cas, il a contribué à l'élaboration d'un statut juridique de l'animal fondée sur sa qualité d'être vivant et sensible et qui à ce titre constitue une limite au subjectivisme absolu du droit de propriété. Sur le fondement également de cette particularité de l'animal et pour assurer sa plus grande protection et donc une plus grande limite à l'exercice du droit de propriété, l'idée d'un statut particulier est désormais avancée pour l'animal.

B- L'idée d'un nouveau statut de l'animal

47. Les développements précédents correspondent bien à la situation du droit positif du Burkina Faso. En effet, le Code civil traite

---

[252] Arrêt Voigt-Glover c/ Malecki, CA Paris cité par F. MARCHADIER, « L'animal, objet de propriété ? », *op. cit.*, p. 90-91.

[253] Cass. fr. civ. 1ère, 16 janvier 1962, *Bull. civ.*, II. n°33 ; *Sirey* 1962 p. 281 C-I. FOULON-PIGANIOL, *D.* 19662 p. 199 note R. RODIERE, *JCP* 1962.II.12557 note P. ESMEIN ; *RTD Civ.* 1962, p. 316 obs. A. TUNC. Dans le même sens TGI Caen, 30 octobre 1962, *Gaz. Pal.* 1962.1.118, D. 1963, p. 92 ; *JCP* 1962.II.12954 ; *RTD Civ.* 1963, p. 93 obs. A. TUNC.

l'animal comme une chose corporelle. Sa qualité d'être vivant et sensible n'est pas prise en compte par le Code civil.

En revanche, certains textes visent à le protéger directement parfois même contre son propriétaire. C'est le cas de l'article 622-13 du Code pénal[254] qui prévoit que : « *Est puni d'une peine d'emprisonnement de un an à dix ans et d'une amende de un million (1 000 000) à trois millions (3 000 000) de francs CFA, quiconque empoisonne des animaux domestiques, apprivoisés ou tenus en captivité ou des poissons dans des étangs, lacs, rivières, viviers ou réservoirs* ». La disposition suivante l'article 622-14 précise que : « *Quiconque tue sans nécessité, l'un des animaux mentionnés à l'article 622-13 ci-dessus est puni : - d'une peine d'emprisonnement de deux mois à six mois et d'une amende de deux cent cinquante mille (250 000) à six cent mille (600 000) francs CFA, si le délit a été commis dans les bâtiments, enclos et dépendances ou sur les terres dont le maître de l'animal tué était propriétaire, locataire ou fermier ; - d'une peine d'emprisonnement de deux mois à quatre mois et d'une amende de deux cent cinquante mille (250 000) à six cent mille (600 000) francs CFA, s'il a été commis dans les lieux dont le coupable était propriétaire, locataire ou fermier ; -d'une peine d'emprisonnement de deux mois à trois mois et d'une amende de deux cent cinquante mille (250 000) à six cent mille (600 000) francs CFA, s'il a été commis en tout autre lieu. Le maximum de la peine est toujours prononcé en cas de violation de clôture*»[255].

En outre, l'article 76 du Code forestier dispose que « *les animaux sauvages doivent être traités avec le respect dû par l'homme à la nature ; aucune souffrance ni aucune destruction ne doit leur être infligée sans nécessité* ». Cette disposition concerne aussi bien les animaux sauvages vivant en liberté à l'état sauvage que ceux en captivité, dans les ranchs par exemple, et objets d'un droit de propriété. Et puisqu'il s'agit d'animaux sauvages, on en déduit, *a fortiori*, que les animaux domestiques sont également protégés contre

---

[254] Loi n°025-2018/AN du 31 mai 2018 portant Code pénal.

[255] On peut aussi citer l'art. 357-1 du Code pénal qui, à travers l'animal, protège l'environnement : « *Est puni d'une peine d'emprisonnement de six mois à cinq ans et d'une amende de deux cent cinquante mille (250 000) à trois millions (3 000 000) de francs CFA, quiconque a, par inattention, imprudence ou négligence porté atteinte à la santé de l'homme, des animaux, des plantes en altérant soit l'équilibre du milieu naturel, soit les qualités essentielles du sol, de l'eau ou de l'air* ».

l'exercice purement subjectif du droit de propriété. Les articles 107[256] et 108[257] du Code forestier partent encore plus loin puisqu'ils classent les animaux en seulement deux catégories : les espèces intégralement protégées et celles qui le sont partiellement. Toutes les espèces animales bénéficient d'un minimum de protection, soit elles le sont intégralement soit elles le sont partiellement. La qualité d'être vivant et sensible de l'animal est donc prise en compte par le droit burkinabè.

48. Il en résulte que les limitations à l'exercice du droit de propriété sur l'animal peuvent résulter des convictions éthiques du propriétaire, mais aussi des dispositions légales. La sensibilité de l'animal constitue un frein à la subjectivité absolue du propriétaire. Cependant, cette prise en compte de la sensibilité de l'animal résulte de dispositions éparses qui n'ont pas pour ambition de modifier sa catégorie juridique de bien meuble corporel. Sans doute, l'état des mœurs et les convictions religieuses constituent encore des ressorts suffisants si bien que la maltraitance de l'animal sans nécessité est susceptible de susciter une réprobation générale. Ce bon sens commun largement partagé ne semble pas nécessiter l'intervention du législateur pour une plus grande prise en compte de cette spécificité de l'animal.

A titre de droit comparé, en France, par exemple, la loi Grammont de 1850 visait à protéger la sensibilité humaine face aux mauvais traitements infligés aux animaux[258]. Elle punissait donc de tels actes mais seulement lorsqu'ils étaient commis en public. L'article 9 de la loi de 1976 prévoit que : « *tout animal étant un être sensible doit être placé par son propriétaire dans des conditions compatibles avec les impératifs biologiques de son espèce* ». L'animal est ainsi protégé pour lui-même, éventuellement même contre son propriétaire qui ne peut plus exercer son droit de propriété de manière absolue. La subjectivité de l'exercice de ce droit est réduite. En outre, l'article 521-1 du Code pénal français dispose que : « *le fait, sans nécessité,*

---

[256] Art. 107 du Code forestier : « *Les espèces fauniques sont classées en deux catégories : les espèces intégralement protégées et les espèces partiellement protégées* ».

[257] Art. 108 du Code forestier : « *Les animaux relevant de la catégorie des espèces intégralement protégées font l'objet d'une inscription sur une liste de protection dite liste A. Les animaux de la catégorie des espèces partiellement protégées font l'objet d'une inscription sur une liste de protection dite liste B* ».

[258] R. D. de SAINT MARC, « Les animaux ont-ils des droits », *Faune sauvage*, n°292, 3ème trimestre 2011, p. 39.

publiquement ou non, d'exercer des sévices graves ou de commettre des actes de cruauté envers un animal domestique, ou apprivoisé, ou tenu en captivité, est puni de deux ans d'emprisonnement et de 30 000 euros d'amende». Cet article figure désormais dans le livre relatif aux autres crimes et délits et non plus dans celui consacré aux infractions contre les biens ni dans celui réservé aux infractions contre les personnes ; toute chose qui fait penser que l'animal s'il n'est pas expressément considéré comme une personne humaine, n'est pas non plus totalement assimilé à une chose. Par-dessus le marché, l'article L. 214-1 du Code rural et de la pêche maritime français « *lie la propriété à la sensibilité. Et d'une manière générale, l'animal protégé est l'animal approprié ou détenu par l'homme* »[259]. Il interdit les mauvais traitements, certaines techniques de mise à mort ou expérimentales, ou encore certains spectacles. Par ailleurs, plus récemment à la suite de la réforme du code civil français, l'article 515-14 reconnait l'animal comme un être doué de sensibilité[260] si bien qu'il doit être protégé pour lui-même. Or, protéger l'animal pour lui-même ne peut qu'entrainer une limitation ou une érosion de la subjectivité dans l'exercice du droit de propriété[261]. D'une part, le respect de cette sensibilité prohibe les mauvais traitements et les souffrances ou à tout le moins les réduit au strict minimum lors des opérations de transport, de pacage, d'abattage ou d'expérience. D'autre part, il oblige le propriétaire à placer l'animal dans les conditions compatibles avec les impératifs biologiques de son espèce. La qualité d'être sensible prend le pas sur la valeur patrimoniale ou économique de l'animal[262]. La sensibilité de l'animal modifie progressivement les règles relatives à l'exercice du droit de propriété. Elle définit des limites à ce droit qui n'est plus aussi absolu et illimité. Ainsi, il a été proposé l'ajout d'un nouvel alinéa à l'article 544 du Code civil français énonçant que : « *La propriété des animaux est limitée par les dispositions qui lui sont propres, et notamment celles des articles L. 214-1 à L. 214-25 du*

[259] F. MARCHADIER, « L'animal, objet de propriété ? », *op. cit.*, p. 92.

[260] F. MARCHADIER, *préc.*, p. 93.

[261] *Ibid.*

[262] Dans cette optique, l'article R112-2 du Code des procédures civiles français d'exécution dispose que « *pour l'application du 5° de l'article L.112-2, sont insaisissables comme étant nécessaires à la vie et au travail du débiteur saisi et de sa famille : (...) 14° Les animaux d'appartement ou de garde ; 15° Les animaux destinés à la subsistance du saisi ainsi que les denrées nécessaires à leur élevage (...)* ».

Code rural »[263]. En outre, l'idée de l'institution d'un permis de détention de l'animal est aussi avancée afin de mieux contrôler cette détention[264]. Au demeurant, la reconnaissance de la sensibilité conduit également à penser que la propriété de l'animal est finalisée et qu'en cas d'inobservation des obligations de prendre soin de lui ou de l'entretenir, la déchéance du droit pourrait être prononcée[265]. De ce fait, la propriété ne serait plus perpétuelle.

49. La traduction en termes juridiques de la sensibilité animale relance un débat sur la réification de l'animal. Est-il une personne ou une chose[266] ? En effet, la reconnaissance expresse par le droit de la sensibilité animale signifie qu'il est différent de la chose. Alors, on peut s'interroger s'il continue d'appartenir à l'une des deux catégories du droit à savoir les personnes et les choses ou s'il constitue une nouvelle catégorie.

En France, Suzanne Antoine a proposé dans son rapport sur le régime juridique de l'animal du 10 mai 2005 l'adoption d'une législation propre à l'animal. De même, l'article 641 a, alinéa 1er du Code civil suisse prévoit clairement que les animaux ne sont pas compris dans la catégorie des choses même si une bonne partie de la législation relative aux choses s'applique à eux. En effet, cette disposition énonce que : « *Les animaux ne sont pas des choses. Sauf disposition contraire, les dispositions s'appliquant aux choses sont également valables pour les animaux* »[267]. Par ailleurs, la Déclaration universelle des droits de l'animal, proclamation sans aucune portée juridique, précise à son article 9 que « *la personnalité juridique de l'animal et ses droits doivent être reconnus par la loi* ». Dans cet ordre d'idées, l'Inde a reconnu aux dauphins le statut de personne non humaine « *ce qui a pour conséquence l'interdiction de les priver de liberté pour le seul agrément de l'homme ainsi que de construire des aquariums* »[268].

---

263 Y. STRICKLER, *op. cit.*, p. 107.

264 F. MARCHADIER, « L'animal, objet de propriété ? », *op. cit.*, p. 94-95.

265 F. MARCHADIER, « L'animal, objet de propriété ? », *op. cit.*, p. 96.

266 F. BURGAT, A. GARAPON, M.-A. HERMITTE, « L'animal sujet de droit? », F. BURGAT et R. DANTZER (dir.), *Les animaux d'élevage ont-ils droit au bien-être ?*, Paris, INRA, 2001, p. 134-147.

267 Y. STRICKLER, *op. cit.*, p. 109.

268 F. MARCHADIER, « L'animal, objet de propriété ? », *op. cit.*, p. 99.

50. Au regard de la sensibilité de l'animal, il est admissible de prendre des dispositions afin de le protéger. Lui reconnaitre la qualité d'être protégé est compréhensible. À cet effet, l'exercice du droit de propriété peut être limité. Mais de là à vouloir lui reconnaitre la personnalité juridique, il y a un pas qu'il faudrait se garder de franchir pour plusieurs raisons.

Tout d'abord, la reconnaissance de la personnalité morale est fondée certes sur la fiction, mais une fiction utile visant en occurrence à instituer un support pour l'acquisition d'un patrimoine et la direction d'initiatives déterminées ayant une utilité économique et sociale[269]. Or, ce support peut être difficilement constitué par l'individualité de chaque animal[270].

Ensuite, si l'objectif est de protéger l'animal, il n'est pas nécessaire de lui reconnaitre des droits vis-à-vis de l'homme. Il suffit d'affirmer les devoirs de l'homme à son égard, la corrélation entre droits et devoirs n'étant pas nécessaire. L'homme a par exemple le devoir de protéger certains monuments historiques, mais cela ne signifie pas que ces monuments ont des droits[271].

Par ailleurs, en droit, il est difficile de concevoir des droits sans des obligations[272]. Même les mineurs et les majeurs incapables répondent civilement de leur faute et de leurs comportements délictueux[273]. Or, on ne voit pas comment ce pourrait être le cas pour l'animal, à moins que ce soit par le biais d'une représentation byzantine et sans nécessité.

Enfin, les animaux semblent être encore appelés à faire l'objet de commerce juridique. Or, il est aussi plausible que « *tant que les animaux feront l'objet de commerce juridique, on voit mal comment la qualification de bien pourrait être bannie, ce qui n'est pas exclusif, bien évidemment, de protection particulières* »[274].

51. Au total, le subjectivisme du droit de propriété est quelque peu altéré par les limites morales et juridiques lors de son exercice sur l'animal. Du fait, de la sensibilité de cet être, l'absolutisme du droit de propriété subit une certaine érosion. Cette

---

[269] X. BIOY, "Le droit à la personnalité juridique", *RDLF* 2012, chron. n°12 (www.revuedlf.com).

[270] R. D. de SAINT MARC, *op. cit.*, p. 40.

[271] *Ibid.*

[272] F. BURGAT, A. GARAPON, M.-A. HERMITTE, *op. cit.*, p. 139 et s.

[273] R. D. de SAINT MARC, *op. cit.*, p. 40.

[274] Ph. SIMLER, « Propos conclusifs », L. LEVENEUR (dir.), *op. cit.*, p. 127.

sensibilité altère également les prérogatives de la propriété que sont l'*usus*, le *fructus* et l'*abusus*. Leur mise en œuvre est contrariée par l'obligation de respecter cette sensibilité. Elle ne dépend plus seulement de la subjectivité du propriétaire.

Des limitations se manifestent également dans l'exercice du droit de propriété sur les biens meubles incorporels. Ces biens diffèrent des meubles corporels. Ils se caractérisent par le fait qu'ils n'ont pas de corpus.

Section 2- Les limitations à l'exercice du droit de propriété sur les meubles incorporels

52. De nos jours, la dématérialisation des biens suscite l'intérêt de plusieurs disciplines juridiques[275]. Elle est une source de richesse[276], mais aussi elle peut apparaitre comme une source d'insécurité[277]. Elle intéresse particulièrement le droit des biens. À ce titre, on observe que l'importance des biens incorporels a connu une ascension fulgurante[278]. Du point de vue de la matérialité, contrairement aux biens corporels, les biens incorporels sont des richesses immatérielles ou encore des droits intellectuels[279]. Ils sont divers. On distingue les propriétés intellectuelles constituées des droits de propriété littéraire et artistique et des droits de propriété

---

[275] J. BOSSAN, « Les infractions contre les biens immatériels », BOUDOT M. et VEILLON D. (dir.), *op. cit.*, p. 189-196 ; D. ROCHARD, « La propriété agricole : la terre, le matériel et l'immatériel », BOUDOT M. et VEILLON D. (dir.), *op. cit.*, p. 217-230.

[276] F. REYE, « Les propriétés immatérielles de l'entreprise », BOUDOT M. et VEILLON D. (dir.), *op. cit.*, , 2016, p. 307-316 ; J. DIFFO TCHUNKAM, « La dématérialisation au service de l'attractivité économique du droit OHADA : enjeux économiques et défis sécuritaires », *De l'esprit du droit africain*, Mél. P. G. POUGOUE, éd. CREDIJ, 2014, p. 225-244.

[277] J. HUET, « Preuve et sécurité juridique en cause dans l'immatériel », *APD*, t. 43, *Le droit et l'immatériel*, *op. cit.*, p. 163-166 ; H. RUIZ FABRI, « Immatériel, territorialité et Etat », *APD*, t. 43, *Le droit et l'immatériel*, *op. cit.*, p. 187-212 ; G. VERMELLE, « L'immatériel et la répression », *APD*, t. 43, *Le droit et l'immatériel*, *op. cit.*, p. 213-223 ; W. CAPELLER, « Un net pas très net. Réflexions sur la criminalité virtuelle », *APD*, t. 43, *Le droit et l'immatériel*, *op. cit.*, p. 167-185.

[278] B. CHATEAU, « L'évolution de la propriété littéraire et artistique », Faculté de Droit et des sciences sociales de Poitiers, *L'évolution contemporaine du droit des biens*, t. 19, Paris, PUF, 1991, p. 167-180 ; P. CATALA, « Exposé de synthèse », Faculté de Droit et des sciences sociales de Poitiers, *op. cit.*, p. 181-190.

[279] Ph. MALAURIE et L. AYNES, *op. cit.*, n°204 et s., p. 57 et s.

industrielle, mais aussi le fonds de commerce, les valeurs mobilières, les créances, *etc*.

Nous nous focaliserons sur les propriétés intellectuelles. En effet, le fonds de commerce est composé d'éléments disparates dont les propriétés intellectuelles et les biens meubles corporels. L'élément qui le caractérise est la clientèle attirée le plus souvent par des procédés qui relèvent des propriétés intellectuelles. Les valeurs mobilières et les créances sont des droits qui ont un débiteur déterminé si bien que leur étude est souvent liée à celle des droits personnels[280] même si une partie de la doctrine a tendance à voir dans ces biens des objets de propriété[281] ; alors que les propriétés intellectuelles sont opposables à tous et n'ont pas de débiteur déterminé[282]. Les propriétés incorporelles portent sur des créations d'œuvres, des inventions, des savoir-faire *etc*. Ils ne sont pas directement liés à un corpus. Ils récompensent plutôt l'esprit de créativité, d'inventivité, le génie intellectuel. C'est pourquoi on les appelle les propriétés intellectuelles. L'analyse de leurs caractéristiques révèle une conception particulière de la propriété, mais surtout une conception dans laquelle le subjectivisme du propriétaire est encore plus réduit.

Pour mieux appréhender les limitations à l'exercice du droit de propriété sur ces biens, il convient de déterminer d'abord leurs causes (§1) avant de préciser leurs manifestations techniques (§2).

§ 1- Les causes des limitations

53. Il s'agit des raisons qui expliquent l'altération du subjectivisme du droit de propriété sur les biens intellectuels. Elles puisent leur source dans les spécificités (A) de ces biens et la nécessité d'articuler les prérogatives des propriétés intellectuelles avec l'intérêt général et certains droits fondamentaux. En effet, ces biens intellectuels ont une nature juridique complexe, mais aussi ils ont la particularité d'intervenir de préférence dans le domaine du commerce où le principe est la liberté (B).

A- Les spécificités structurales des biens intellectuels

54. Du point de vue de la matière, les créations intellectuelles sont des biens immatériels. Les choses corporelles ou

---

[280] Cf. *Infra* n° 402 et s. pour la question de la propriété des créances.
[281] *Ibid*.
[282] Ph. MALAURIE et L. AYNES, *op. cit*., n°225, p. 79.

matérielles sont celles qui ont un corpus ; tandis que les choses incorporelles ou immatérielles sont celles qui n'ont pas de corpus. L'admission de la notion de « créations intellectuelles » montre bien que la réalité juridique relève du construit et pas seulement du donné[283]. En effet, le droit saisit les choses mêmes nouvelles que la société considère comme des valeurs ou des biens, qu'elles soient corporelles ou incorporelles. Les biens immatériels ne sont pas nécessairement synonymes de biens virtuels. Dans un sens aristotélicien, la virtualité a trait au futur et permet d'anticiper les choses à venir[284]. Dans un sens platonicien, elle est relative à l'espace et au monde des idées[285]. C'est seulement dans ce second sens que la virtualité renvoie à l'immatérialité. Si l'existence de l'immatériel[286] est quasi consubstantielle à la naissance du droit[287], il semble que c'est surtout de nos jours que les biens immatériels constituent une source de richesse importante, « *la plus précieuse des ressources économiques* »[288]. Les biens immatériels ont connu un développement fulgurant[289].

Sous l'angle de leur contenu, certains biens intellectuels, en occurrence ceux objets du droit d'auteur, se caractérisent par le fait qu'ils confèrent à la fois des prérogatives patrimoniales et des prérogatives morales. Toutes ces spécificités font que leur nature juridique est discutée.

55. Les biens immatériels sont nombreux et hétérogènes. Pour ce qui concerne les propriétés intellectuelles, elles sont en pleine expansion et se subdivisent en deux grands groupes[290] : d'une part, la propriété littéraire et artistique qui traite du droit d'auteur et des droits voisins, d'autre part, la propriété industrielle qui englobe la marque, le brevet, les obtentions végétales, les dessins et modèles *etc.* Elles

---

283 V. PETEV, « Virtualité et construction de la réalité sociale et juridique », *APD*, t. 43, *Le droit et l'immatériel*, Sirey, 1999, p. 27-34.

284 M.-A. FRISON-ROCHE, « L'immatériel à travers la virtualité », *APD*, t. 43, *op. cit.*, p. 142.

285 M.-A. FRISON-ROCHE, « L'immatériel à travers la virtualité », *op. cit.*, p. 146.

286 P. CATALA, « L'immatériel et la propriété », *APD*, t. 43, *op. cit.*, p. 61-63.

287 F. ZENATI, « L'immatériel et les choses », *APD*, t. 43, *op. cit.*, p. 80.

288 P. TABATONI, « L'incorporel comme ressource économique. Propos introductifs », *APD*, t. 43, *op. cit.*, p. 149.

289 P. CATALA, « Exposé de synthèse » *op. cit*, p. 181-190.

290 J.-M. BRUGUIERE, *Droit des propriétés intellectuelles*, coll. « Mise au point », Paris, Ellipses, 2005, p. 16.

représentent un potentiel, une capacité spécifique, un savoir-faire[291]. Les propriétés intellectuelles peuvent avoir une fonction technique comme les brevets, esthétique comme les dessins et modèles, évocatrice telles les marques ou encore communicatrice à l'image des bases de données. Elles ont également une autonomie vis-à-vis de la matière[292].

56. Les propriétés intellectuelles donnent droit à des prérogatives patrimoniales. En effet, pour encourager la création et l'innovation, il parait utile de trouver un mécanisme pour permettre aux créateurs et inventeurs de tirer profit de leurs œuvres. Ce mécanisme opère sous la forme d'une réservation économique ou d'un monopole d'exploitation temporaire reconnu à l'inventeur ou au créateur. Tous les droits de propriété intellectuelle confèrent ces prérogatives patrimoniales. Sous cette appellation, on entend toutes les prérogatives « *qui permettent au créateur de retirer les utilités économiques de sa création : la vendre, la louer, la mettre en gage, l'apporter en société...* »[293]. Ces prérogatives ont un caractère cessible, prescriptible et temporaire[294].

Dans la propriété littéraire et artistique[295] regie au Burkina Faso par la loi n°048-2019/AN portant protection de la propriété littéraire et artistique, le droit d'auteur[296], par exemple, contient trois prérogatives patrimoniales : le droit de reproduction, le droit de

---

[291] P. TABATONI, *op. cit.*, p. 150 et s.

[292] Art. 6 *in fine* de la loi n°048-2019/AN portant protection de la propriété littéraire et artistique « *La propriété incorporelle [...] est indépendante de la propriété de l'objet matériel* » ; W. DROSS, *Droit des biens, op. cit.*, n°441 et s., p. 364 et s.

[293] J.-M. BRUGUIERE, *Droit des propriétés intellectuelles*, *op. cit.*, p. 84-85.

[294] J.-M. BRUGUIERE, *préc.*, p. 85.

[295] B. CHATEAU, *op. cit.*, p. 167-180.

[296] Art. 3 de la loi n°048-2019/AN portant protection de la propriété littéraire et artistique : « *Le droit d'auteur comporte des attributs d'ordre moral ainsi que des attributs d'ordre patrimonial, qui sont déterminés par la présente loi.*
Tout auteur bénéficie des droits prévus par la présente loi sur son œuvre littéraire ou artistique originale. L'auteur jouit sur son œuvre, du seul fait de sa création, d'un droit de propriété incorporelle exclusif et opposable à tous, appelé "droit d'auteur". » ; J.-M. BRUGUIERE, « Le propriétaire. L'exemple du droit d'auteur », *Droit et grands enjeux du monde contemporain*, Paris, La documentation française, 2012, p. 83-92.

représentation[297] et le droit de suite. La reproduction de l'œuvre s'effectue par le moyen d'un support tel que la remise d'une copie ; tandis que la représentation se réalise par la communication directe de l'œuvre comme la diffusion de l'œuvre à la télévision par exemple[298]. Toute reproduction ou représentation par un tiers nécessite l'autorisation de l'auteur. Le droit de suite est le droit inaliénable pour l'auteur d'une œuvre ou ses ayant droits de participer au produit des ventes successives de l'œuvre originale après sa cession[299].

Dans la propriété industrielle, l'Accord de Bangui révisé le 14 décembre 2015 et entré en vigueur le 14 novembre 2020[300] prévoit pour le titulaire d'un brevet, par exemple, un monopole d'exploitation[301]. Il peut donc user et jouir, en tirer toute la valeur

---

[297] Art. 18 de la loi n°048-2019/AN portant protection de la propriété littéraire et artistique : « *L'auteur d'une œuvre de l'esprit jouit sur son œuvre de droits patrimoniaux exclusifs dont les prérogatives lui permettent de faire ou d'autoriser :*
- la reproduction de son œuvre ;
- l'adaptation, la traduction ou toute autre transformation de son œuvre ;
- la représentation, l'exécution publique ou la communication au public de son œuvre y compris la mise à la disposition du public de son œuvre de manière que chacun puisse y avoir accès de l'endroit et au moment qu'il choisit de manière individualisée ;
- l'importation des exemplaires de son œuvre ;
- la distribution des exemplaires de son œuvre au public par la vente ou par tout autre transfert de propriété ou par location ou prêt public ; ce droit est épuisé par la première vente ou tout autre transfert de propriété des exemplaires par l'auteur ou avec son consentement dans l'espace de l'Union économique et monétaire ouest africaine (UEMOA)».

[298] J.-M. BRUGUIERE, *Droit des propriétés intellectuelles*, *op. cit.*, p. 86.

[299] Art. 20 de la loi n°048-2019/AN portant protection de la propriété littéraire et artistique : « *Les auteurs d'œuvres graphiques et plastiques ont, nonobstant toute cession de l'œuvre originale, un droit inaliénable de participation au produit de toute vente de cette œuvre faite aux enchères publiques ou par l'intermédiaire d'un commerçant. Ce droit dénommé « droit de suite » persiste au profit des héritiers ou légataires après le décès de l'auteur.*
Ce droit, dont le taux est fixé par décret, est constitué d'un prélèvement sur le produit de la vente de chaque œuvre, sans aucune déduction à la base».

[300] Il convient de préciser qu'à la même date sont entrées en vigueur les Annexes VI, VII, VIII et X. En attendant, l'entrée en vigueur des autres annexes, la présente étude y fait référence.

[301] L'article 6 de l'Annexe I relative aux brevets d'invention de l'Accord portant révision de l'accord de Bangui du 02 mars 1977 instituant une organisation africaine de la propriété intellectuelle dispose que : « *1) Sous les conditions et dans les limites fixées par la présente Annexe, le brevet confère à son titulaire le droit exclusif d'exploiter l'invention brevetée.*

économique[302]. Pour protéger son monopole légal ou sa réserve patrimoniale contre les atteintes de tiers, le titulaire dispose d'une action en contrefaçon qui lui permet de leur interdire toute exploitation du brevet[303].

57. En outre, concernant spécifiquement le droit d'auteur, il confère des prérogatives morales. En effet, cette création intellectuelle a un lien intime avec la personnalité de son auteur. L'usage qui est fait de la création peut trahir cette personnalité ou l'amour-propre de l'auteur. C'est ce qui justifie que l'auteur bénéficie de prérogatives pour protéger les aspects extrapatrimoniaux de son œuvre ou de son invention. Les prérogatives morales sont donc celles « *qui permettent au créateur de défendre sa personnalité* »[304]. Il s'agit du droit de

---

2) Sous les conditions et dans les limites fixées par la présente Annexe, le titulaire du brevet a le droit d'interdire à toute personne l'exploitation de l'invention brevetée.

3) Aux fins de la présente Annexe, on entend par « exploitation » d'une invention brevetée l'un quelconque des actes suivants :

a) lorsque le brevet a été délivré pour un produit :

i) *fabriquer, importer, offrir en vente, vendre et utiliser le produit ;*

ii) *détenir ce produit aux fins de l'offrir en vente, de le vendre ou de l'utiliser ;*

b) lorsque le brevet a été délivré pour un procédé :

i) employer le procédé ;

ii) accomplir les actes mentionnés au sous alinéa a) à l'égard d'un produit résultant directement de l'emploi du procédé.

4) Le titulaire du brevet a aussi le droit de :

a) *céder, ou de transmettre par voie successorale son brevet ;*

b) *conclure d'autres contrats.*

5) L'étendue de la protection conférée par le brevet est déterminée par les revendications. Toutefois, la description et les dessins servent à interpréter les revendications.

6) Si l'objet du brevet porte sur un procédé, la protection conférée par le brevet s'étend aux produits obtenus par ce procédé.»

302 A. JONHSON-ANSAH, *L'épuisement des droits de propriété industrielle dans l'espace O.A.P.I. (Organisation africaine de propriété intellectuelle)*, th. Strasbourg, 2013, n°34 et s., p. 42 et s.

303 L'article 6 et s. de l'Annexe I relative aux brevets d'invention de l'Accord portant révision de l'Accord de Bangui précité ; H. GAUMONT-PRAT, *Droit de la propriété industrielle*, coll. « Objectif Droit », 2e éd., Paris, Litec, 2009, n°218, p. 93 et s.

304 J.-M. BRUGUIERE, *Droit des propriétés intellectuelles*, *op. cit.*, p. 88.

divulgation, du droit de repentir et de retrait, du droit de paternité, du droit au respect de l'œuvre[305].

D'abord, le droit de divulgation est la faculté pour l'auteur de décider de livrer son œuvre au public ou non. Dans la célèbre affaire Whistler[306] qui fonde cette prérogative, un peintre avait refusé de livrer un tableau qu'il avait achevé, en dépit d'un engagement contraire. La Cour de cassation française avait jugé ce refus conforme au droit de divulgation et l'avait fait prévaloir sur le respect de l'engagement pris.

Ensuite, le droit de repentir et de retrait se définit comme le pouvoir pour l'auteur de retirer son œuvre du circuit économique pour y apporter des modifications.

Puis, le droit de paternité est la prérogative pour l'auteur de décider soit de donner son nom à l'œuvre soit de lui donner un pseudonyme soit encore de recourir à l'anonymat et d'en exiger le respect.

Enfin, le droit au respect de l'œuvre est le pouvoir du créateur d'exiger le respect d'une « *certaine intégrité de l'œuvre* »[307] notamment à l'occasion des adaptations et des représentations.

58. Au regard notamment du droit d'auteur constitué de droits de deux natures, la doctrine a analysé les droits intellectuels de plusieurs manières. La première consiste à voir dans ces droits un contrat social[308] en vertu duquel le créateur, l'auteur apporte sa création à la collectivité qui en contrepartie lui reconnait un monopole d'exploitation. Cette analyse renvoie à la théorie du contrat social de Rousseau. Or, cette théorie se fonde sur un postulat qui n'a jamais

---

[305] Art. 11 de la loi n°048-2019/AN portant protection de la propriété littéraire et artistique : « *L'auteur jouit sur son œuvre d'un droit moral dont les prérogatives sont notamment :*
- le droit de divulguer son œuvre, de déterminer le procédé et les conditions de cette divulgation ;
- le droit de revendiquer la paternité de son œuvre ;
- le droit au respect de son œuvre ;
- le droit de retrait ou de repentir.
Le droit moral est attaché à la personne de l'auteur. Il est perpétuel, inaliénable, imprescriptible et insaisissable. Il est transmissible à cause de mort aux héritiers de l'auteur et son exercice peut être conféré à un tiers en vertu de dispositions testamentaires».

[306] Cass. fr. civ. 14 mars 2000, *D. P.*, 1900, 1, p. 487, note PLANIOL.

[307] J.-M. BRUGUIERE, *Droit des propriétés intellectuelles*, *op. cit.*, p. 91.

[308] J.-M. BRUGUIERE, *Droit des propriétés intellectuelles*, *op. cit.*, p. 102.

existé en réalité. Elle ne correspond pas non plus à la définition du contrat qui suppose un échange de consentements. En conséquence, ce fondement ne parait pas pertinent.

Certains ont fondé leur approche sous l'angle des prérogatives morales du droit d'auteur pour soutenir que c'est un droit de la personnalité. À ce propos, la Cour de cassation française[309] a eu à l'affirmer, *a contrario*, en ces termes : « *le droit moral de l'auteur d'œuvres littéraires est seulement celui de faire respecter soit l'intégrité de ses œuvres, soit son nom et sa qualité en tant qu'auteur de celles-ci, mais qu'il est entièrement étranger à la défense des autres droits de la personnalité protégés par la loi* ». Cette analyse n'est pas non plus convaincante puisqu'elle se fonde uniquement sur les droits moraux sans prendre en considération les droits patrimoniaux qui eux non seulement semblent mieux se prêter à l'appropriation, mais aussi correspondent au motif principal, de nature économique, de la reconnaissance légale de ces droits. De plus, les prérogatives morales ne sont reconnues de manière textuelle que dans le droit d'auteur et non dans les autres propriétés intellectuelles.

D'autres se sont appesantis sur la finalité et non sur l'objet des droits intellectuels. Ils estiment que les droits intellectuels visent à conquérir et à conserver une clientèle. De ce fait, ils les qualifient de droits de la clientèle ou de monopole. L'auteur de cette théorie est Roubier. Il écrivait en effet que : « *les droits que nous étudions ont pour but de fixer certaines positions au profit de leurs titulaires, que les maisons concurrentes devront respecter. C'est pour cela que nous proposons d'appeler ces droits : droits de clientèle* »[310]. Cette approche semble être confortée à travers la régulation des droits intellectuels par le droit de la concurrence et de la consommation[311]. Mais, elle ne parait pas en phase avec la vision du législateur qui les qualifie lui-même de propriétés[312] nonobstant les différences fondamentales que ces droits intellectuels ont par rapport à la propriété corporelle.

---

309 Cass. fr. civ. 1re, 10 mars 1993, *JCP*. 1993, II, 22161, note J. RAYARD.

310 P. ROUBIER, « Droits intellectuels et droits de la clientèle », *RTD Civ.* 1935, p. 285.

311 J.-M. BRUGUIERE, *Droit des propriétés intellectuelles*, *op. cit.*, p. 104.

312 Ce parti pris du législateur ressort clairement dans l'intitulé des textes : Accord portant révision de l'accord de Bangui du 02 mars 1977 instituant une organisation Africaine de la propriété intellectuelle et la loi n°048-2019/AN portant protection de la propriété littéraire et artistique.

59. Le rattachement des droits intellectuels à la personne qui les a créés et leur caractère exclusif opposable à tous rendent difficile leur classification dans l'une des catégories entre les droits réels et les droits personnels[313]. En effet, plus précisément le droit d'auteur est teinté de personnalité puisqu'il confère à la fois des prérogatives patrimoniales et morales. Il en résulte que les considérations de la personnalité de l'auteur commandent certaines limites dans l'exercice du droit de propriété sur cette création. Cela dit la coexistence de prérogatives patrimoniales et morales dans le droit d'auteur peut justifier que les prérogatives du propriétaire soient différentes. Elles sont appelées à être limitées, lorsqu'elles s'exercent sur une « chose teintée de personnalité » à la différence de celles qui portent sur une « chose non teintée de personnalité », c'est-à-dire une chose corporelle.

Dans cet ordre d'idées, d'une manière générale, le caractère immatériel des biens incorporels les rend difficile à la maitrise et à la possession. Or, cette maitrise matérielle semble unir davantage le propriétaire à la chose en lui permettant d'exercer ses pouvoirs de fait ou sa toute-puissance directement sur la chose. De ce point de vue, on peut constater que les pouvoirs du propriétaire sur ces biens immatériels sont encore plus réduits.

Ainsi, si on admet selon le mot du législateur que ces créations intellectuelles sont des biens objets de propriété, on peut affirmer que cette qualification donnée par le législateur lui-même et le régime juridique qui acompagne cette qualification révèlent une autre vision de la propriété moins subjectiviste. Assurément, les difficultés liées aux spécificités structurales des créations intellectuelles, en occurrence le droit d'auteur, peuvent justifier les limitations à l'exercice du droit de propriété sur ces biens. À cela, on peut ajouter aussi le fait que la reconnaissance légale et le régime juridique des créations intellectuelles vise certaines finalités à la différence de la propriété corporelle. Ces finalités conduisent à ôter à la propriété intellectuelle certains caractères qui profitent à la propriété corporelle.

B- Les finalités du régime juridique des biens intellectuels

60. Le régime juridique des biens intellectuels concilient plusieurs impératifs quelque peu contradictoires. D'un point de vue dynamique, il vise à protéger le créateur de l'œuvre et à inciter à

---

[313] Y. STRICKLER, *op. cit.*, n°63, p. 101.

l'innovation, donc à préserver l'intérêt général. D'un point de vue statique, il veille à la protection de la liberté de création, de la libre concurrence et de la liberté du commerce et de l'industrie, protégeant ainsi certains droits fondamentaux.

Tout d'abord, les propriétés intellectuelles ont le mérite de créer une valeur supplémentaire susceptible de profiter à l'ensemble de la collectivité[314]. Leur reconnaissance légale a pour but de stimuler ou de dynamiser l'innovation. En effet, cette reconnaissance est subordonnée à certaines conditions comme l'originalité dans la propriété littéraire et artistique[315] et la nouveauté susceptible d'une application industrielle dans la propriété industrielle[316]. La réservation économique qui est accordée au créateur, sous forme d'un monopole légal d'exploitation, est une sorte de récompense et d'encouragement de la société à son égard. Elle lui permet également de pouvoir vivre de sa création. Elle vise, en outre, à inciter tout citoyen ou individu à la création, à apporter une valeur supplémentaire à la société ; car l'innovation technique est à la base du développement du secteur industriel et un facteur de la croissance économique[317].

En outre, le second mérite de la reconnaissance légale des créations intellectuelles est qu'au-delà de la stimulation et de la protection de la création ou de l'innovation, elle accorde une protection à la valeur économique que cette création engendre. En rappel, la nature incorporelle des créations intellectuelles s'accommode mal des mêmes prérogatives que la propriété de type corporel[318]. En effet, les propriétés intellectuelles acquièrent de la valeur par leur divulgation ou leur partage. Si la valeur de la propriété corporelle est incorporée dans la corporéité de la chose, celle de la

---

[314] Ph. GAUDRAT, « La structure juridique des propriétés intellectuelles », in BOUDOT M. et VEILLON D. (dir.), *Les propriétés*, Poitiers, Presses universitaires juridiques de Poitiers, Paris, L.G.D.J., 2016, p. 176.

[315] Art. 7 de la loi n°048-2019/an portant protection de la propriété littéraire et artistique : « *La présente loi protège les œuvres de l'esprit qui sont des créations intellectuelles originales dans le domaine littéraire et artistique telles que [...]* »

[316] Selon l'art. 2 de l'Annexe I de l'Accord de Bangui du 02 mars 1977 instituant une organisation Africaine de la propriété intellectuelle, Acte révisé du 14 décembre 2015 : « *1) Peut faire l'objet d'un brevet d'invention (ci-après dénommé brevet) l'invention nouvelle, impliquant une activité inventive et susceptible d'application industrielle* ».

[317] H. GAUMONT-PRAT, *Droit de la propriété industrielle*, *op. cit*, n°15, p. 8.

[318] Ph. GAUDRAT, « La structure juridique des propriétés intellectuelles », *op. cit.*, p. 176.

propriété intellectuelle est différente de celle de son support. Dans ce dernier cas, la propriété du support matériel est distincte de la propriété intellectuelle du créateur[319]. De même, l'objet de la propriété intellectuelle est facilement exploitable par sa reproduction, alors que l'exploitation de la valeur de l'objet d'une propriété corporelle est généralement subordonnée à la maitrise juridique ou matérielle ou encore à la possession de la chose ce qui rend difficile son exploitation économique sans autorisation par un tiers et assure mieux la protection et le contrôle du bien par le propriétaire. Dans la propriété intellectuelle, en revanche, la protection est organisée autour de la réservation économique de la création. Le moyen pour le créateur de tirer profit de cette réservation économique est l'exploitation de son œuvre. Toute personne peut utiliser la création. Toutefois l'utilisation à des fins économiques est le monopole du créateur qui doit pouvoir vivre de sa création. Cette finalité des propriétés intellectuelles permet de comprendre que l'objet de cette réservation ou de ce monopole légal d'exploitation n'est pas tant la création elle-même que sa valeur économique et ses revendications[320].

61. Cependant, les droits exclusifs reconnus au créateur ou à l'inventeur, sous forme de monopole, peuvent se révéler être un frein à la libre concurrence[321], la liberté du commerce ou à la mise en valeur des créations ou des inventions[322].

En effet, à l'origine, le principe de la liberté du commerce et de l'industrie trouve son fondement dans la négation des monopoles et la suppression des castes et des corporations fermées. À cet effet, l'article 7 du décret d'Allarde des 2-17 mars 1791 prévoyait : « *il sera libre à toute personne de faire tel négoce ou d'exercer telle profession, art ou métier qu'elle trouve bon* »[323]. Le modèle économique libéral contemporain, caractérisé par la liberté du marché,

---

[319] M. VIVANT (dir.), *Les créations immatérielles et le droit*, coll. « Le droit en question », Paris, Ellipses, 1997, p. 13.

[320] Ph. GAUDRAT, « La structure juridique des propriétés intellectuelles », *op. cit.*, p. 180.

[321] G. DECOCQ, « Abus de droit de la propriété intellectuelle et abus de position dominante », *Droit et technique* : Mél. X. LINANT DE BELLEFONDS, Paris, Litec, 2007, p. 143-159.

[322] T. LEMIEUX, « L'équilibre du droit d'auteur à la lumière des droits fondamentaux », *Revue des droits et libertés fondamentaux 2018* chron. n°10.

[323] D. FERRIER, « La liberté du commerce et de l'industrie », R. CABRILLAC, (dir.), *Libertés et droits fondamentaux*, 21e éd., Paris, Dalloz, 2015, n°1091, p. 861.

repose sur le principe de la liberté du commerce et de l'industrie[324]. Ce principe comprend les libertés d'entreprendre et d'exploiter et la liberté de la concurrence[325]. La liberté d'entreprendre est la possibilité pour toute personne physique ou morale de créer ou d'acquérir une entreprise de son choix. Cette personne peut, ensuite, en vertu de la liberté d'exploiter, gérer l'entreprise à sa guise. Et pour se prémunir contre les perturbations du libre jeu de l'offre et de la demande du marché, elle peut invoquer la liberté de la concurrence. Or, le monopole reconnu au créateur ou à l'inventeur semble en conflit avec la liberté du commerce et de l'industrie puisqu'il abolit toute concurrence. En effet, l'efficacité des droits exclusifs dont le créateur ou l'inventeur dispose est assurée par l'action en contrefaçon ; sorte d'action en revendication, qui lui permet d'interdire toute exploitation économique faite sans son autorisation. Mais, il est admis que cette liberté du commerce et de l'industrie connait des limitations tant légales motivées par l'intérêt public que conventionnelles[326]. Le monopole de la propriété intellectuelle parait faire partie des limitations légales. Toutefois, ce fondement n'est pas à l'abri des critiques tendant à y voir une réminiscence des monopoles supprimés par la Révolution[327].

62. A vrai dire, si l'on veut mettre en exergue la légitimité de protéger l'acte créatif et le labeur du créateur, il semble encore plus judicieux de fonder la protection de la propriété intellectuelle sur la protection de la liberté de création, une autre liberté fondamentale[328]. La liberté de créer est une liberté spécifique et un sous-ensemble de la liberté d'expression[329]. Ces deux libertés peuvent prêter à confusion. Elles sont cependant distinctes. En effet, de manière générale, la liberté d'expression consiste en la possibilité d'exprimer librement ses

---

[324] Ph. GAUDRAT, « La structure juridique des propriétés intellectuelles », *op. cit.*, p. 183.

[325] D. FERRIER, « La liberté du commerce et de l'industrie », *op. cit.*, n°1099 et s. p. 864 et s.

[326] D. FERRIER, « La liberté du commerce et de l'industrie », *op. cit.*, n°1107 et s. p. 868 et s.

[327] R. SAVATIER, *Les métamorphoses économiques et sociales du droit civil d'aujourd'hui*, 3e éd., Paris, Dalloz, 1964, n°308 et s., p. 368 et s.

[328] F. TERRE, « Sur la notion de droits et libertés fondamentaux », R. CABRILLAC, (dir.), *Libertés et droits fondamentaux*, 21e éd., *op. cit.*, p. 3-6.

[329] D. COHEN, « La liberté de créer », R. CABRILLAC, (dir.), *Libertés et droits fondamentaux*, 21e éd., *op. cit.*, n°659 et s., p. 562 et s.

pensées et ses opinions[330]. Elle implique une potentialité de diffusion. Par contre, la liberté de créer est effective indépendamment de la possibilité de diffusion, quoique cette possibilité soit importante pour la divulgation et le succès de l'œuvre. Elle permet à l'auteur d'exprimer sa capacité créatrice, son activité féconde[331]. C'est ce labeur qui est protégé à travers la propriété intellectuelle. Autrement dit, si la liberté d'expression a vocation à être un véhicule des idées qui ne sont pas protégeables, la liberté de créer à vocation à garantir l'expression des talents créateurs et du génie inventif[332]. Cette garantie se manifeste sous la forme du monopole reconnu au créateur[333]. En ce sens, l'article 27 de la Déclaration universelle des droits de l'Homme proclame que : « *Chacun a droit à la protection de ses intérêts moraux et matériels découlant de toute production scientifique, littéraire ou artistique dont il est l'auteur* ». Envisagés sous cet angle, les droits exclusifs reconnus au créateur sont une garantie de la liberté de créer. Dans la même orbite, la liberté de créer se rapproche de ce fait de la liberté de travail, « *source originaire de toutes les propriétés* »[334].

63. Ainsi, les spécificités structurales des propriétés intellectuelles appellent des spécificités conceptuelles relatives à l'organisation des prérogatives de leur titulaire. À ces spécificités s'ajoute la nécessité de protéger certaines libertés fondamentales. Ces dernières, qui relèvent de l'intérêt général, renvoient au réalisme juridique, théorie opposée au nominalisme juridique, chantre de l'individualisme et du subjectivisme juridiques[335]. Il s'ensuit que les manifestations de ces spécificités structurales et de ces libertés fondamentales sont caractérisées par des limitations à l'exercice du droit de propriété, tel que conçu en 1804, avec le souci de prendre en compte l'intérêt général de la société. Elles sont marquées par une

---

[330] P. WACHSMANN, « La liberté d'expression », R. CABRILLAC, (dir.), *Libertés et droits fondamentaux*, 21e éd., *op. cit.*, n°600 et s., p. 494 et s.
[331] D. COHEN, « La liberté de créer », *op. cit*, n°659 et s., p. 562 et s.
[332] I. PIGNARD, *La liberté de création*, th. Nice Sophia-Antipolis, 2013, n°181, p. 144.
[333] A. LALLEMENT, *Travail, création et propriétés*, th. Poitiers, 2012, n°124, p. 169 ; V. BONNIN, « Travail et propriété », BOUDOT M. et VEILLON D. (dir.), *op. cit*, p. 157-171.
[334] A. SMITH cité par P.Y. VERKINDT, « La liberté du travail », CABRILLAC R., (dir.), *Libertés et droits fondamentaux*, 21e éd., *op. cit.*, n°1148, p. 903.
[335] Cf. *Supra* n°21 et s.

altération du subjectivisme de la propriété, en occurrence dans la propriété littéraire et artistique et dans la propriété industrielle.

§ 2- Les manifestations techniques des limitations

64. Les limitations au droit de propriété intellectuelle se manifestent techniquement d'une part, par des atteintes au caractère absolu que l'article 544 du Code civil attribue à la propriété (A) ; d'autre part, par les remises en cause de la perpétuité généralement attachée à la propriété (B).

A- Les atteintes à l'absolutisme

65. Les droits exclusifs reconnus à l'auteur d'une création ou d'une invention ont pour finalité la protection de la valeur économique de cette œuvre. En effet, en raison de la forme immatérielle de l'œuvre, la protection de la propriété de type corporel s'accommode mal. Si le support matériel de la création est librement accessible, le contenu intellectuel est protégé[336]. Toute exploitation économique de l'œuvre exige une autorisation de l'auteur. Cette protection est rendue efficace par l'ouverture d'une action en contrefaçon ou en concurrence déloyale. L'objectif est de récompenser le créateur ou l'inventeur.

Dans le même temps, la préoccupation de protéger certaines libertés fondamentales apparait légitime. Le contenu des prérogatives des propriétés intellectuelles s'efforce de concilier ces impératifs : stimuler l'innovation, attribuer une juste récompense au créateur ou à l'inventeur et assurer l'effectivité de certaines libertés fondamentales. Cette ligne directrice du législateur renvoie à la conciliation entre nominalisme et réalisme juridiques. Le souci de conciliation entre les droits légitimes de l'auteur d'une création ou d'une invention et la protection de l'intérêt de la société est marqué par une consécration de nombreuses limitations aux droits de l'auteur et de l'inventeur.

Ainsi, dans le droit d'auteur[337], lorsque l'œuvre a été licitement divulguée, l'auteur ne peut interdire la parodie, le pastiche, la caricature, les représentations privées et gratuites effectuées exclusivement dans un cercle de famille, les copies ou reproductions strictement réservées à l'usage privé du copiste et non destinées à une

---

[336] M. VIVANT (dir.), *Les créations immatérielles et le droit*, *op. cit.*, p. 13.
[337] Art. 22 et s. de la loi n°048-2019/AN portant protection de la propriété littéraire et artistique.

utilisation collective[338], l'importation d'un exemplaire d'une œuvre par une personne physique, à des fins personnelles, *etc.*

En outre, dans les mêmes circonstances[339], c'est-à-dire lorsque l'œuvre a été licitement divulguée, l'auteur ne peut interdire, sous réserve que soient indiqués clairement le nom de l'auteur et la source, les analyses et courtes citations justifiées par le caractère critique, polémique, pédagogique, scientifique ou d'information de l'œuvre à laquelle elles sont incorporées. Il ne peut non plus interdire les revues de presse ou la reproduction et la diffusion, même intégrale, par la voie de presse ou de télédiffusion, à titre d'information d'actualité, des articles d'actualité politique, sociale, économique ou religieuse, des discours destinés au public prononcés dans les assemblées politiques, administratives, judiciaires ou académiques, des sermons, conférences, allocutions et autres œuvres de même nature ; ou encore, l'utilisation des œuvres littéraires ou artistiques à titre d'illustration de l'enseignement par le moyen de publication, d'émission de radiodiffusion ou d'enregistrement sonores ou visuels, à condition qu'une telle utilisation ne soit pas abusive et qu'elle soit dénuée de tout caractère lucratif.

Toujours selon l'article 25 de cette loi[340], le propriétaire d'un exemplaire d'un programme d'ordinateur peut, sans l'autorisation de ce dernier et sans paiement d'une rémunération séparée, réaliser un exemplaire ou l'adaptation de ce programme à condition que cet exemplaire ou cette adaptation soit nécessaire à l'utilisation du programme d'ordinateur à des fins pour lesquelles le programme a été obtenu ou nécessaire à des fins d'archivage et pour remplacer l'exemplaire licitement détenu dans le cas où celui-ci serait perdu, détruit ou rendu inutilisable.

Par ailleurs, l'article 26[341] prévoit des dérogations aux droits de l'auteur au profit d'un organisme de radiodiffusion, qui peut, sans autorisation et sans paiement d'une rémunération séparée, réaliser un

---

[338]A l'exception, selon l'article 22 de la loi n°048-2019/AN portant protection de la propriété littéraire et artistique, des copies des œuvres d'art et d'architecture destinées à être utilisées pour des fins identiques à celles pour lesquelles l'œuvre originale a été créée, de la reproduction en totalité ou d'une partie importante de bases de données et de la reproduction de programmes d'ordinateur sous réserve des dispositions de l'article 23 de la même loi ;

[339] Art. 23 de la loi n°048-2019/AN portant protection de la propriété littéraire et artistique

[340] La loi n°048-2019/AN portant protection de la propriété littéraire et artistique.

[341] *Ibid.*

enregistrement éphémère par ses propres moyens et pour ses propres émissions d'une œuvre qu'il a le droit de radiodiffuser. Mais, l'organisme de radiodiffusion doit détruire cet enregistrement dans les six mois suivant sa réalisation, à moins qu'un accord pour une période plus longue n'ait été passé avec l'auteur de l'œuvre ainsi enregistrée. Toutefois, sans un tel accord, un exemplaire unique de cet enregistrement peut être gardé à des fins exclusives de conservation d'archives.

Enfin, l'article 27[342] dispose qu'il est permis de reproduire, de radiodiffuser ou de communiquer par câble au public une image d'une œuvre d'architecture, d'une œuvre des beaux-arts, d'une œuvre photographique ou d'une œuvre des arts appliqués située en permanence dans un endroit ouvert au public, sauf si l'image de l'œuvre est le sujet principal d'une telle reproduction ou communication et si elle est utilisée à des fins commerciales[343].

Dans la propriété industrielle, l'article 7 de l'Annexe I relative aux brevets d'invention de l'Acte du 14 décembre 2015 portant révision de l'accord de Bangui énonce des limitations aux droits conférés par le certificat d'enregistrement du modèle d'utilité. Ces limitations ont trait aux actes relatifs à des objets mis dans le commerce sur le territoire d'un État membre par le titulaire du modèle d'utilité ou avec son consentement ; à l'utilisation d'objets à bord d'aéronefs, de véhicules terrestres ou de navires étrangers qui pénètrent temporairement ou accidentellement dans l'espace aérien, sur le territoire ou dans les eaux des États membres ; aux actes relatifs à un modèle d'utilité enregistré, accomplis à des fins expérimentales dans le cadre de la recherche scientifique et technique ; aux études et

---

342 *Ibid.*

343 A titre de droit comparé, en France, la solution a évolué comme suit : Affaire dite du « café Gondrée », Cass. fr. 1re civ., 10 mars 1999, *Bull. civ.* I, n°87, l'arrêt affirme que « *le propriétaire a seul le droit d'exploiter son bien sous quelque forme que ce soit* ». Antérieurement, certaines Cours d'appel avaient retenu la même solution : CA Metz, 26 novembre 1992, *D.* 1994, Somm. 161, obs. A. Robert ; CA Paris, 12 avril 1995, *JCP* 1997, II, 22806, note Combrez. La solution a ensuite été tempérée lorsque la photographie faite sans autorisation visait seulement à informer le public : CA Paris, 31 mars 2000, *D.* 2001, p. 770 ; puis, elle a été abandonnée depuis l'arrêt « Hôtel Girancourd » : Cass. fr. ass. plén., 7 mai 2004, *Bull. civ.* n°810 où il est affirmé le principe selon lequel le propriétaire d'une chose ne dispose pas d'un droit exclusif sur l'image de cette chose. Mais, il peut s'opposer à l'utilisation de cette image par un tiers s'il établit l'existence d'un trouble anormal : Cass. fr. 1re civ. 28 juin 2012, *Bull. civ.* n°10-28716.

essais requis en vue de l'obtention d'une autorisation de mise sur le marché pour un médicament, ainsi qu'aux actes nécessaires à leur réalisation et à l'obtention de l'autorisation et aux actes effectués par toute personne qui, de bonne foi à la date du dépôt de la demande ou, lorsqu'une priorité est revendiquée, à la date de la priorité de la demande sur la base de laquelle le brevet est enregistré sur le territoire d'un État membre, était en possession de l'invention. Toutefois, dans ce dernier cas, le droit du possesseur ne peut être transmis qu'avec le fonds de commerce, l'entreprise ou la partie de l'entreprise auquel il est rattaché.

66. En plus des limitations expréssément prévues par la loi, les spécificités des créations intellectuelles constituent des facteurs intrinsèques qui conduisent à l'encadrement de l'étendue des attributs du droit de propriété classique lorsqu'on veut les appliquer aux propriétés intellectuelles. En effet, traditionnellement, il est admis que le droit de propriété est composé de l'*usus*, du *fructus* et de l'*abusus*.

S'agissant de l'*usus*, dans la propriété intellectuelle, il est exercé par tous les propriétaires du support matériel[344]. Il n'est pas propre au créateur. Mais, il s'agit là de l'usage intellectuel. En réalité, l'usage économique est exclusivement réservé au titulaire des droits intellectuels[345]. Cette distinction entre le droit d'utilisation intellectuelle et le droit d'utilisation économique résulte des spécificités de la propriété intellectuelle.

Concernant le *fructus*, il consiste à tirer les utilités économiques directement ou indirectement. Ce droit est l'élément central de la propriété intellectuelle. Il est exclusivement exercé par le titulaire du monopole. Il trouve son fondement dans la réservation économique privative permettant à celui-ci de tirer les fruits du bien incorporel. Selon le code civil, ces fruits sont soit naturels, soit industriels, soit encore civils. Spécifiquement, dans la propriété intellectuelle, le droit de jouissance se manifeste par les actes de mise en circulation ou d'exploitation du bien[346] comme la signature d'un contrat d'édition ou de licence ou encore de concession exclusive[347]. Il

[344] A. JONHSON-ANSAH, *op. cit.*, n°35, p. 32 et s. L'analyse de l'auteur est relative à la propriété industrielle. Mais, elle est également valable pour le droit d'auteur.
[345] J.-M. BRUGUIERE, *Droit des propriétés intellectuelles*, *op. cit.*, p. 104.
[346] A. JONHSON-ANSAH, *op. cit.*, n°36 et s., p. 44 et s.
[347] M. VIVANT (dir.), *Les créations immatérielles et le droit*, *op. cit.*, p. 24-25.

faut toutefois noter que, dans la propriété industrielle, ce droit de jouissance peut être affecté par l'attribution de licences de droit, obligatoires ou d'office[348] pour des motifs d'intérêt général tels que la santé, l'économie ou la défense nationale[349].

Quant à l'*abusus*, il se réalise par des actes qui ont pour effet de vider la substance du droit d'exploitation ou de la diminuer. Son exercice se concrétise par la signature d'un contrat de cession souvent précédé d'un contrat de communication de savoir-faire[350].

Ainsi, les attributs classiques de la propriété subissent de nombreuses limitations comme susmentionnées dans les propriétés intellectuelles qui altèrent le subjectivisme de la conception de la propriété que donne l'article 544 du Code civil. Cette altération se constate également dans la durée des droits de propriété intellectuelle.

B- Les atteintes à la vocation à perpétuité

67. Normalement la propriété est un droit perpétuel[351]. En effet, de par sa nature, le droit de propriété n'est pas affecté par une durée légale susceptible de le faire disparaitre. Son caractère perpétuel est un corollaire de ses caractères absolu et exclusif. Il contribue à leur prolongement et à leur conservation dans le temps. Il garantit au titulaire de la propriété un droit sur les services actuels de la chose, mais aussi un droit sur les services futurs de la chose. De ce fait, si la chose est consomptible, c'est-à-dire si elle est se détruit par l'usage, comme c'est le cas le plus souvent des biens mobiliers, le droit de propriété disparait pour absence d'objet. La disparition de la chose entraine donc la disparition du droit. Par contre, lorsque le droit de propriété a pour objet une chose non consomptible, qui résiste à l'usage, à l'instar généralement des immeubles, le caractère perpétuel trouve tout son sens puisque théoriquement il donne au propriétaire un

---

348 Art. 42, 49 et s. de l'Annexe I relative aux brevets d'invention de l'Acte du 14 décembre 2015 portant révision de l'accord de Bangui ; G. RIPERT et R. ROBLOT, *Traité de droit commercial*, 18e éd, Paris, L.G.D.J., Louis VOGEL, t. 2, vol. 1, 2001, n°665, p. 508-509.

349 Art. 42, 49 et s. de l'Annexe I relative aux brevets d'invention de l'Acte du 14 décembre 2015 portant révision de l'accord de Bangui J.-M. BRUGUIERE, *Droit des propriétés intellectuelles*, *op. cit.*, p. 108.

350 M. VIVANT (dir.), *Les créations immatérielles et le droit*, *op. cit.*, p. 25.

351 M. PLANIOL et G. RIPERT, *Traité pratique de droit civil français*, *Les biens*, t. III, 2e éd., par M. PICARD, Paris, L.G.D.J., 1952, n°213, p. 223.

droit aux services de la chose « *jusqu'à la fin du monde* »[352]. C'est cette réalité que les jurisconsultes romains traduisaient par « *perpetuum jus : la propriété est le droit général aux services perpétuels de la chose* [...] *le droit ou l'arrière-droit à tous les services de la chose*»[353]. En ce sens, les droits de jouissance temporaire ou *ad tempus jus* ne sont pas des droits de propriété. Ils prennent la qualification d'usufruit, d'emphytéose, *etc*.

68. De ce qui précède, il résulte que la perpétuité du droit de propriété n'est rien d'autre que sa vocation à durer autant que la chose sur laquelle il porte, autant que son objet. Le droit disparait en même temps que son objet. Du vivant du titulaire, il peut être transmis à une autre personne à la suite d'une transmission de la chose elle-même. Dans ce cas, c'est ce dernier qui continuera à tirer tous les services futurs ou perpétuels de la chose. À la mort du titulaire, la chose est transmise à ses héritiers ou légataires. Ainsi, en principe, tant que la chose existe, le droit de propriété ne s'éteint pas : il se transmet[354].

69. La perpétuité du droit de propriété signifie également que ce droit ne se perd pas par le non usage et que l'action en revendication est imprescriptible. En droit français, où la situation se présente de la même manière, ce principe découle d'un arrêt[355] de la Chambre des requêtes rendu à l'occasion d'une affaire dans laquelle un propriétaire qui s'était abstenu d'exercer son droit de propriété durant plus de trente ans, le revendiquait contre un tiers qui ne remplissait pas les conditions de la possession utile[356] et de bonne foi et qui lui opposait l'article 2262 du code civil selon lequel toutes les actions tant réelles que personnelles se prescrivent par trente (30) ans.

---

[352] M. DE VAREILLES-SOMMIERES, « La définition et la notion juridique de la propriété », *RTD Civ*. 1905, n°22, p. 46.
[353] M. DE VAREILLES-SOMMIERES, *op. cit*., n°22 et 23, p 46.
[354] F. TERRE et Ph. SIMLER, *Droit civil. Les biens*, coll. « Précis », 9e éd., Paris, Dalloz, 2014, n°148 et s, p. 154 et s. Contra : W. DROSS, *Droit des biens*, coll. « Domat. Droit privé », Paris, Montchrestien, 2012, n°78 et s., p. 75 et s. L'auteur considère l'usufruit comme une propriété temporaire. W. DROSS, « L'abusus peut-il être démembré ? Toulouse-Lautrec, Renoir, Giacometti et les autres… », note sous Civ. fr. 1re, 27 septembre 2017, n°16-14.196, *RTD Civ*. 2017, p. 153-158.
[355] Req. 12 juillet 1905, *D*. 1907. 1, p. 141, rapport du conseiller Potier ; S. 1907, 1, 273, note Wahl.
[356] Art. 2229 du C. civ. Pour pouvoir prescrire : « *Il faut une possession continue et non interrompue, paisible, publique, non équivoque à titre de propriétaire* ».

La Haute juridiction avait répondu que la propriété ne se perd pas par le non-usage. Cette solution a été consacrée, en France, par la loi 17 juin 2008.

70. La dérogation qui peut être trouvée à la perpétuité du droit de propriété est l'hypothèse dans laquelle le droit du titulaire cesse au bout d'un certain temps. Autrement dit, la chose continue d'exister sans que le titulaire antérieur ne puisse continuer à se prévaloir d'un quelconque droit de propriété sur elle. Le bien tombe dans le domaine de la collectivité. Personne ne peut désormais se prévaloir d'un droit de propriété individuelle sur le même bien. La durée des propriétés intellectuelles illustre bien cette dérogation[357].

En effet, dans le droit d'auteur, la protection des droits se fait sur une durée précise à l'expiration de laquelle, les droits patrimoniaux sur l'œuvre tombent dans le domaine de la collectivité. Autrement dit, les droits de reproduction et de représentation, même pour un usage public, ne sont plus le monopole de l'auteur ou de ses ayants droits. La durée de protection varie selon les œuvres. Ainsi, concernant les droits patrimoniaux sur une œuvre de l'esprit[358], ils sont, en principe protégés durant la vie de l'auteur et soixante-dix (70) ans après sa mort. Néanmoins, l'expiration de la protection des droits patrimoniaux laisse survivre la protection des droits moraux de l'auteur. À cet effet, l'organisme professionnel de gestion collective[359] est légalement habilité à faire respecter les droits moraux des auteurs. S'agissant de l'œuvre de collaboration[360], la protection des droits patrimoniaux s'opère durant la vie du dernier auteur survivant et soixante-dix (70) ans après sa mort. Quant à l'œuvre publiée de manière anonyme ou sous un pseudonyme[361], la protection des droits patrimoniaux dure jusqu'à l'expiration d'une période de soixante-dix (70) ans à compter de la fin de l'année civile où une telle œuvre a été publiée licitement pour la première fois. Il faut préciser qu'à défaut d'une publication intervenue dans les soixante-dix (70) ans à partir de la réalisation de cette œuvre, la protection des droits patrimoniaux

---

357 F. TERRE et Ph. SIMLER, *Droit civil. Les biens*, coll. « Précis », 9e éd., Paris, Dalloz, 2014, n°150, p. 256.

358 Art. 39 de la loi 048-2019/AN portant protection de la propriété littéraire et artistique au Burkina Faso.

359 Au Burkina Faso, le Bureau Burkinabè des Droits d'Auteurs (B.B.D.A.).

360 Art. 40 de la loi 048-2019/AN portant protection de la propriété littéraire et artistique au Burkina Faso.

361 Art. 41 de la loi précitée.

dure soixante-dix (70) ans à compter de la fin de l'année civile où une telle œuvre a été licitement rendue accessible au public. À défaut d'une publication ou d'une mise à disposition de l'œuvre à partir de la réalisation de cette œuvre, la protection des droits patrimoniaux dure soixante-dix (70) ans à compter de l'année civile de cette réalisation. Toutefois, si avant l'expiration de ces périodes, l'identité de l'auteur est révélée ou ne laisse aucun doute, la protection s'opère de la même manière que dans l'œuvre de collaboration. Relativement à l'œuvre collective, l'œuvre audiovisuelle ou radiophonique[362], la protection des droits patrimoniaux dure jusqu'à l'expiration d'une période de soixante-dix (70) ans à compter de la fin de l'année civile où une telle œuvre a été publiée licitement pour la première fois. À défaut d'une publication intervenue dans les soixante-dix (70) ans à partir de la réalisation de cette œuvre, la protection des droits patrimoniaux dure soixante-dix (70) ans à compter de la fin de l'année civile où une telle œuvre a été rendue accessible au public. À défaut encore d'une publication ou d'une mise à disposition de l'œuvre à partir de la réalisation de cette œuvre, la protection des droits patrimoniaux dure soixante-dix (70) ans à compter de l'année civile de cette réalisation. Enfin, par rapport à l'œuvre des arts appliqués[363], la protection des droits patrimoniaux dure jusqu'à l'expiration d'une période de trente (30) ans à partir de la date de réalisation de cette œuvre. Tous ces délais expirent à la fin de l'année civile au cours de laquelle ils arrivent normalement à terme[364]. Toutefois, comme on peut le constater les atteintes à la perpétuité ne touchent que les prérogatives patrimoniales. Elles ne touchent pas aux prérogatives morales du droit d'auteur[365]. De ce fait, les atteintes à la perpétuité ne sont donc que partielles.

Dans la propriété industrielle, aux termes de l'article 8 de l'Annexe I relative aux brevets d'invention de l'Acte du 14 décembre 2015 portant révision de l'accord de Bangui, « *Le brevet expire au terme de la 20ème année civile à compter de la date de dépôt de la demande, sous réserve des dispositions des articles 30 et 44*[366] ». Au-

---

[362] Art. 42 de la loi précitée.

[363] Art. 43 de la loi précitée.

[364] Art. 44 de la loi précitée.

[365] Cf. *Infra*. n°585 et s.

[366] Art. 30 : « *Les certificats d'addition prennent fin avec le brevet principal. Toutefois, la nullité du brevet principal n'entraîne pas, de plein droit, la nullité du ou des certificats d'addition correspondants ; et, même dans le cas où par*

delà de cette période, le brevet entre dans le domaine de la collectivité, toute personne peut l'utiliser, le commercialiser sans l'autorisation de l'inventeur.

71. L'affectation d'une durée à la protection est à la fois un moyen et une fin. Elle constitue un moyen pour encourager l'innovation, parce qu'elle incite l'inventeur à persévérer dans ses efforts pour trouver meilleure invention. En effet, au bout d'un certain temps l'invention protégée pourrait être obsolète. Elle constitue une fin parce même si l'inventeur n'est plus motivé pour améliorer son œuvre, la durée de protection semble suffisante pour lui permettre de rentabiliser ses efforts et vivre de son œuvre.

72. Au total, le caractère perpétuel du droit de propriété, qui signifie que le droit de propriété dure autant que la chose sur laquelle il porte[367], trouve une exception dans les propriétés intellectuelles. Cette exception est totale dans la propriété industrielle et partielle dans la propriété littéraire et artistique. Cette exception parait légitime au regard des utilisations ou exploitations simultanées dont la propriété intellectuelle est susceptible. En outre, la durée des droits parait raisonnable pour permettre au créateur ou à l'inventeur de tirer suffisamment profit de son œuvre. Si l'on ajoute que le plus souvent l'œuvre s'appuie sur l'état des sciences et techniques ou sur des

---

application des dispositions de l'article 46.3) la nullité absolue a été prononcée, le ou les certificats d'addition peuvent survivre au brevet principal jusqu'à l'expiration de la durée normale de ce dernier, moyennant la continuation du paiement des annuités qui seraient dues si ledit brevet n'avait pas été annulé ».

Art. 44 : « *1) Est déchu de tous ses droits le breveté qui n'a pas acquitté son annuité à la date anniversaire du dépôt de sa demande de brevet.*

2) L'intéressé bénéficie toutefois d'un délai de six (06) mois pour effectuer valablement le paiement de son annuité. Dans ce cas, il doit verser, en outre, une taxe supplémentaire.

3) Sont considérés comme valables les versements effectués en complément d'annuités ou de taxes supplémentaires dans le délai de six (06) mois susvisé.

4) *Sont également considérés comme valables les versements effectués au titre des annuités et taxes supplémentaires échues et relatives à une demande de brevet résultant soit de la transformation d'une demande de certificat d'addition conformément à l'article 31, soit de la division d'une demande de brevet conformément 27, alinéa 3) , à condition que ces paiements aient lieu dans un délai de six (06) mois à compter de la demande de transformation ou du dépôt des demandes résultant de la division* »

[367] Req. 12 juillet 1905, *D*. 1907. 1, 141, rapport du conseiller Potier ; S. 1907, 1, 273, note Wahl.

connaissances antérieures acquises grâce à la société, le compromis trouvé entre les intérêts du créateur ou de l'inventeur et ceux de la collectivité, au moyen de l'affectation d'une durée de protection des droits, semble judicieux.

CONCLUSION DU CHAPITRE 1

73. Au terme de l'étude des limitations à l'exercice du droit de propriété sur les biens meubles, il est aisé d'affirmer que ces limitations altèrent le subjectivisme de ce droit. En effet, que ce soit sur les biens meubles corporels comme sur ceux incorporels, l'exercice du droit de propriété fait face à des limitations qui se manifestent par un encadrement de la subjectivité du propriétaire.

74. Concernant les biens meubles corporels, on distingue les meubles corporels inanimés et les meubles corporels animés, c'est-à-dire les animaux[368]. L'analyse s'est focalisée sur les limitations à l'exercice du droit de propriété sur les animaux. Ce choix a été dicté par le fait que les limitations à l'exercice du droit de propriété sur les animaux constituent une particularité ; celles portant sur les meubles inanimés étant gouvernées par les principes généraux de la responsabilité. Le constat qui se dégage est que ces limitations sont fondées sur la qualité d'être vivant et sensible de l'animal. De même, l'ampleur des limitations suffit à penser que l'animal n'est pas une chose. Toutefois, son régime juridique est beaucoup plus proche de celui des choses que des personnes. L'animal n'a pas de personnalité juridique en droit positif.

75. S'agissant des biens meubles incorporels, leur examen s'est attablé sur les biens intellectuels, en occurrence les droits de propriété littéraire et artistique et les droits de propriété industrielle. Le droit d'auteur, en occurrence, a la singularité de conférer des droits patrimoniaux et des droits moraux. Il obéit ainsi à une spécificité linguistique[369]. En outre, la règlementation de ces biens intellectuels est fondée sur un compromis entre la dynamisation de l'innovation, l'encouragement de l'inventeur ou du créateur et la préservation de

[368] Art. 528 du Code civil.
[369] F. POLLAUD-DULIAN, « Le langage du droit d'auteur français », *Droit et technique* : Mél. X. LINANT DE BELLEFONDS, Paris, Litec, 2007, p. 413-426.

certaines libertés fondamentales. L'analyse a permis de se convaincre que ces biens peuvent faire l'objet d'un droit de propriété. Du reste, le législateur lui-même qualifie ces biens de propriété. L'exercice du droit de propriété sur ces biens est non seulement limité par de nombreuses exceptions, mais aussi par l'affectation d'une durée déterminée aux droits patrimoniaux. Il y a lieu d'affirmer que le droit de propriété s'est adapté à ces nouveaux biens immatériels[370] au prix de nombreuses limitations qui réduisent le subjectivisme du propriétaire dans l'exercice de son droit de propriété. Mieux ces limitations s'inscrivent dans une conceptualisation nouvelle du droit de propriété. Cette conceptualisation elle-même s'inscrit dans le mouvement de socialisation du droit en général[371] et du droit des biens en particulier[372]. Elle est donc perceptible aussi en matière immobilière.

---

[370] P. CAYE, « La condition immatérielle du monde et la question du droit », *APD*, t. 43, *Le droit et l'immatériel*, Sirey, 1999, p. 225 et s.

[371] R. SAVATIER, *Les métamorphoses économiques et sociales du droit civil d'aujourd'hui*, *op. cit.*, p. 304 et s.

[372] C. COCHEZ, *op. cit.*, p. 219 et s.

CHAPITRE II

L'ALTERATION PROGRESSIVE DU SUBJECTIVISME PAR L'ACCROISSEMENT DES LIMITATIONS A L'EXERCICE DU DROIT DE PROPRIETE EN MATIERE IMMOBILIERE

76. L'article 517 du Code civil dispose que les biens sont immeubles soit par leur nature, soit par leur destination, soit par l'objet auquel ils s'appliquent. Concernant les immeubles par nature, ils sont caractérisés par leur fixité au sol[373]. S'agissant des immeubles par destination, ce sont des meubles que la loi répute immeubles en raison du fait qu'ils sont attachés à un fonds par le propriétaire du fonds, pour son service, son exploitation, son utilité ou son ornement[374]. Pour que cette qualification soit opérante, il faut que des conditions objectives[375] et subjectives[376] soient réunies. Quant aux immeubles par l'objet auquel ils s'appliquent[377], il s'agit des droits réels immobiliers, des créances immobilières et des actions immobilières[378].

77. Avant l'adoption du Code civil, la doctrine d'inspiration romaniste concevait l'immeuble comme un bien corporel et n'admettait pas la catégorie des immeubles par l'objet auquel ils

[373] F. TERRE et Ph. SIMLER, *Droit civil. Les biens*, 9e éd., *op. cit*, n°33, p. 40-41.

[374] M. GIRER, *Droit des biens*, UNJF, 2011, support n°1, p. 9. Il existe deux types d'immeubles par destination : les biens affectés au fonds à perpétuelle demeure et ceux affectés au service et à l'exploitation du fonds.

[375] Il faut un bien meuble par nature, un bien immeuble par nature, que les deux appartiennent au même propriétaire et un rapport de destination entre le meuble et l'immeuble : F. TERRE et Ph. SIMLER, *Droit civil. Les biens*, coll. « Précis », 9e éd., *op. cit.*, n°34, p. 42 ; M. GIRER, *op. cit.*, , support n°1, p. 10.

[376] Il parait judicieux de tenir compte notamment l'intention ou la volonté du propriétaire : J. SECHIER-DECHEVRENS, *Essai sur la notion d'immobilisation par destination,* th. Lyon III, 2005, n°148 et s., p. 155 et s.

[377] Ils sont formés par l'usufruit des choses immobilières, les servitudes ou services fonciers et des actions qui tendent à revendiquer un immeuble : Y. STRICKLER, *op. cit.*, n°41 et s., p. 65 et s.

[378] F. TERRE et Ph. SIMLER, *Droit civil. Les biens*, 9e éd., *op. cit.*, n°38, p. 47.

s'appliquent[379]. En effet, elle considérait la propriété comme « *une technique de domination de la nature* »[380]. Par contre, la doctrine de l'époque médiévale voyait dans la propriété « *une technique d'humilité de l'individu devant Dieu et devant l'ordre social* »[381]. C'est ainsi que « *deux familles de pensée s'affrontent. Notre droit des biens ne s'est jamais relevé de ce rude conflit* »[382]. La philosophie du droit naturel du XVe siècle fondée sur l'individualisme et la liberté s'est traduite dans le Code civil par la consécration d'une conception absolue de la propriété, du moins d'un point de vue théorique.

78. Les immeubles constituent encore des éléments importants du patrimoine des personnes. Leur rôle dans l'organisation sociale n'est pas négligeable. Ils confèrent une sécurité juridique. Ils ont une « *dimension quasi mystique* »[383]. La recherche d'un équilibre entre les intérêts du propriétaire immobilier et ceux de la collectivité est une quête continue.

79. Cette évolution s'est traduite par une altération progressive du subjectivisme du droit de propriété qui s'est opérée par l'affirmation de limitations à son exercice en matière immobilière. Ces limitations ont d'abord été le fait de dispositions législatives et règlementaires (Section I). Ces dernières se sont toutefois révélées insuffisantes si bien qu'il est revenu à la jurisprudence de combler les faiblesses de la loi entendue au sens large (Section II).

Section 1-Les limitations légales à la liberté du propriétaire de l'immeuble

80. Le subjectivisme du droit de propriété sur l'immeuble est aujourd'hui mis à rude épreuve. De nombreuses limitations d'origine légale imposent des frontières objectives au libre exercice des prérogatives du droit de propriété. L'altération du subjectivisme de la propriété réduit voire emprisonne la liberté du propriétaire aussi bien

---

379 A.-M. PATAULT, « Regard historique sur l'évolution du droit des biens. Histoire de l'immeuble corporel », Faculté de Droit et des sciences sociales de Poitiers, *op. cit.*, p. 3 et s.
380 A.-M. PATAULT, *op. cit*., p. 8.
381 *Ibid.* Cette doctrine est imprégnée des considérations religieuses militait pour une propriété-jouissance.
382 *Ibid.*
383 Y. STRICKLER, *op. cit*., n°52, p. 91.

dans la disposition (B) de son droit sur l'immeuble que dans son usage et sa jouissance (A).

§ 1-Les limitations à la liberté du propriétaire d'user et de jouir de l'immeuble

81. Le droit de jouissance ou *fructus* consiste à tirer profit ou non du bien, à recueillir les fruits de la chose. On distingue les fruits naturels, les fruits industriels et les fruits civils. Le droit d'user ou *usus* est la faculté du propriétaire d'utiliser son bien. Les limitations au droit d'usage et de jouissance en matière immobilière concernent les hypothèses dans lesquelles le propriétaire est limité dans sa liberté d'utiliser ou de tirer les fruits de son bien. Elles découlent tantôt des règles relatives à la sauvegarde du patrimoine naturel et du patrimoine culturel (B), tantôt des dispositions ayant trait au droit de l'urbanisme et à la location immobilière (A).

A- Les limitations résultant des règles relatives au droit de l'urbanisme et à la location immobilière

82. Il s'agit des règles édictées dans le domaine de l'urbanisme ou de la location immobilière qui limitent la liberté d'usage ou de jouissance du bien par le propriétaire. Il convient d'examiner successivement les dispositions relatives au droit de l'urbanisme notamment celles issues des aménagements au droit de construire (1) et celles qui touchent à la location immobilière (2).

1) Les limitations issues des aménagements au droit de construire

83. Les limitations à la liberté de jouissance de l'immeuble sont plus importantes en droit de l'urbanisme[384]. Ce droit peut être défini comme « *l'ensemble des règles, procédures, techniques et institutions qui contribuent à la réglementation, l'aménagement et au contrôle de l'utilisation du sol et de l'espace, conformément aux exigences de l'intérêt général (...)*»[385]. Il confère de nombreuses

---

[384] F. TERRE et Ph. SIMLER, *Droit civil. Les biens*, coll. « Précis », 9e éd., *op. cit.*, n°369 et s., p. 307 et s.

[385] B. DROBENKO, *Droit de l'urbanisme*, cité par J. MAKOWIAK, *Droit de l'urbanisme*, UNJF, 2011, support n°1, p. 2.

prérogatives de puissance publique aux personnes chargées de son opérationnalisation. Ces pouvoirs visent une finalité d'intérêt général liée à la politique du logement[386]. Ils peuvent contrecarrer les intérêts particuliers des propriétaires fonciers. Ils créent souvent une inégalité entre ces derniers notamment lorsque les obligations relatives à l'usage et à la jouissance du terrain imposées aux propriétaires varient en fonction du lieu de situation de leur immeuble. De même, les préjudices que ces pouvoirs engendrent sont rarement indemnisables[387]. Les limitations à la jouissance de l'immeuble peuvent prendre plusieurs formes.

84. Tout d'abord, le code de l'urbanisme et de la construction oblige le propriétaire ou le constructeur d'un terrain situé dans une zone urbaine aménagée à demander une autorisation avant d'élever ses constructions. Il doit obtenir un permis de construire[388]. Ce permis est aussi exigé pour toute construction en zone non aménagée d'établissements destinés à recevoir du public et de maisons d'habitation dont la surface de plancher hors d'œuvre dépasse cent cinquante mètres carrés et pour les travaux exécutés sur les constructions existantes, lorsqu'ils ont pour effet d'en changer la destination, de modifier leur aspect extérieur ou leur volume, leur structure ou de créer des niveaux supplémentaires. Cette obligation s'impose à l'Etat et à ses démembrements, aux collectivités territoriales, aux concessionnaires de services publics et aux personnes privées[389].

En outre, le propriétaire ou le constructeur est tenu de recourir à des personnes qualifiées pour établir son projet et ses caractéristiques techniques. En effet, le projet architectural de la construction doit être établi avec le concours d'un bureau d'études d'architecture ou d'un architecte agréé, et/ou du service technique chargé de la construction territorialement compétent[390]. De même, les

---

[386] D. TOMASSIN, « L'évolution de la propriété immobilière », Faculté de Droit et des sciences sociales de Poitiers, *L'évolution contemporaine du droit des biens*, t. 19, Paris, PUF, 1991, p. 48 et s.

[387] W. DROSS, *Droit des biens*, coll. « Domat. Droit privé », Paris, Montchrestien, 2012, n°71, p. 67.

[388] Art. 190 de la loi n° 017-2006/AN portant code de l'urbanisme et de la construction au Burkina Faso.

[389] *Ibid.*

[390] Art. 29 C. Urb. Constr.

études techniques du projet doivent faire appel à un bureau d'études d'ingénierie ou à un ingénieur agréé, et/ou au service technique chargé de la construction territorialement compétent[391].

Par ailleurs, les constructions doivent remplir certaines caractéristiques tenant à la sécurité et à la santé. Selon l'article 25 du Code de l'urbanisme et de la construction, les bâtiments à usage d'habitation doivent être construits de telle sorte que la moitié au moins des pièces habitables comporte une ouverture sur une façade exposée aux vents dominants. En tout état de cause, la construction doit prévoir des ouvertures pour un éclairage et une ventilation naturels.

Aussi, l'utilisation de la surface attribuée est-elle organisée de sorte à ce que les aménagements n'incommodent pas les propriétés mitoyennes ou l'utilisation de la voie publique. De ce fait, tout bâtiment à usage d'habitation doit être situé à une distance d'au moins un mètre par rapport au mur mitoyen. Cette distance est de trois mètres par rapport au mur donnant sur la voie publique[392].

Par-dessus le marché, la forme et l'esthétique ne sont pas abandonnées à la liberté du propriétaire ou du constructeur. En effet, l'article 28 du Code de l'urbanisme et de la construction dispose que « *les aspects extérieurs des constructions doivent être conformes aux règles d'harmonie, tant du point de vue des dimensions que du point de vue des couleurs ou revêtements et à la création ou à la conservation de perspectives urbaines conformément au Plan d'occupation des sols* ».

Enfin, la démolition des constructions est subordonnée en principe à l'obtention d'un permis de démolir[393] qui indique les dispositions pratiques à prendre compte tenu de la nature de l'ouvrage, de sa situation et de l'impact de sa démolition sur l'environnement[394]. Elle n'est pas totalement libre.

2) Les limitations dérivant de la règlementation relative aux baux immobiliers

85. L'usage ou la jouissance du propriétaire immobilier se trouve limitée par la règlementation des baux en matière civile et en

---

[391] Art. 30 C. Urb. Constr.
[392] Art. 26 C. Urb. Constr.
[393] Art. 209 C. Urb. Constr.
[394] Art. 210 C. Urb. Constr.

matière commerciale. En temps de crise, les réquisitions[395] affectent également ces prérogatives du propriétaire.

86. Le propriétaire d'un immeuble peut tirer profit de son bien en le mettant en location. Les baux immobiliers sont de nature diverse[396]. En contrepartie de la détention de l'immeuble, le locataire ou preneur verse des loyers au propriétaire ou bailleur. Le bail est un contrat à titre onéreux[397]. Le loyer est donc un élément essentiel du contrat. En outre, selon le droit commun, ce contrat de bail ou location immobilière est régi par la liberté contractuelle. Il en est ainsi, en principe, de la détermination du loyer et sa révision[398]. Pour que la qualification de bail soit valablement retenue, il est indispensable que le loyer soit sérieux[399]. Ces loyers sont des revenus civils déterminés par le bailleur selon la loi de l'offre ou de la demande qui prévaut en régime libéral.

Toutefois, les autorités publiques sont intervenues de plus en plus pour réglementer la fixation du loyer. Cette intervention n'est pas en elle-même une limite à la liberté du propriétaire. C'est le fait qu'elle soit opérée en faveur du locataire ou preneur en altérant les prérogatives du droit de propriété du bailleur, en occurrence sa liberté de jouissance, en faveur d'un équilibre entre son droit de propriété et le droit au logement[400], qui est assez illustratif. Cette intervention introduit une dose d'objectivisme dans la jouissance de l'immeuble par son propriétaire. Elle réduit en conséquence le subjectivisme du propriétaire sur l'immeuble tant en matière civile qu'en matière commerciale.

---

[395] Art. 5 de la loi n°012-2014/AN portant loi d'orientation relative à la prévention et à la gestion des risques, des crises humanitaires et des catastrophes.

[396] F. C. DUTILLEUL et Ph. DELEBECQUE, *Contrats civils et commerciaux*, 11e éd., Paris, Dalloz, 2019, n°453 et s., p. 407 et s.

[397] F. M. SAWADOGO et O. BOUGOUMA, *Contrats spéciaux*, Ouagadougou, Maison du droit, 2015, p. 97-98 ; Ch. LARROUMET, *Droit civil. Les obligations. Le contrat*, t. 3, 5e éd., Paris, Economica, 2003, n°189 et s., p. 163.

[398] Art. 1134 du C. civ. ; J. GHESTIN, Ch. JAMIN et M. BILLIAU, *Traité de droit civil. Les effets du contrat*, 3e éd., Paris, L.G.D.J., 2001, n°294 et s., p. 359 et s.

[399] J. HUET, *Traité de droit civil. Les principaux contrats spéciaux*, 2e éd., Paris, L.G.D.J., 2001, n°21106, p. 681.

[400] Ch. ALBIGES, « Le droit au logement », R. CABRILLAC, (dir.) *Libertés et droits fondamentaux*, 21e éd., Paris, Dalloz, 2015, n°1298, p. 996.

87. En matière civile, le besoin de logement et les excès des propriétaires immobiliers ont conduit le législateur à réglementer le bail à usage d'habitation. Dans cette optique, la loi n°103-2015/CNT portant bail d'habitation privée au Burkina Faso, qui régit les rapports entre bailleurs et locataires dans le cadre du bail d'habitation privée[401], organise le mode de fixation du loyer à partir de critères objectifs. En effet, l'article 6 de ladite loi dispose que « *Le montant du loyer est fixé en tenant compte de la valeur locative annuelle plafonnée à sept pour cent de l'estimation du coût de réalisation de l'immeuble à louer. Un référentiel des valeurs des coûts de réalisation est arrêté et révisé tous les trois ans par le ministère en charge de l'habitat. Le locataire peut requérir du tribunal, en cas de dépassement du plafond du loyer, de fixer une indemnisation correspondante au préjudice subi* ». Il en résulte que la fixation du prix ne relève pas de la volonté discrétionnaire du bailleur. La jouissance des revenus de l'immeuble est déterminée par des éléments objectifs. En cas de conflit, les juridictions statuent en référence à ces critères objectifs[402].

88. En matière commerciale, le loyer du bail commercial est fixé librement par les parties. Il en est de même de sa révision. Toutefois, en cas de désaccord, le nouveau loyer est fixé par la juridiction compétente en tenant compte de la situation des locaux, de leur superficie, de l'état de vétusté, du prix des loyers commerciaux couramment pratiqués dans le voisinage pour des locaux similaires[403]. Ainsi, la liberté du propriétaire est encadrée dans la fixation du loyer. Mieux, à l'expiration du bail, le preneur dispose d'un droit au renouvellement. Le bailleur ne peut s'opposer au renouvellement du bail que dans des conditions bien déterminées, sous peine d'avoir à payer au preneur une indemnité d'éviction[404]. Au regard de l'importance de ce droit pour le preneur et corrélativement de la réduction du subjectivisme du bailleur, certains auteurs y ont vu une

---

[401] Art. 1 et 2 de la loi n°103-2015/CNT portant bail d'habitation privée au Burkina Faso.

[402] Art. 7 de la loi n°103-2015/CNT portant bail d'habitation privée au Burkina Faso.

[403] Art. 117 de l'AUDCG ; S. TOE, *Droit commercial général, sociétés commerciales et G.I.E.*, coll. « précis de droit burkinabè », 1re éd., Ouagadougou, Maison du droit, 2014, p. 135 ; G. RIPERT et R. ROBLOT, *Traité de droit commercial*, 18e éd, Paris, L.G.D.J., Louis VOGEL, t. 2, vol. 1, 2001, n°593 et s., p. 493 et s.

[404] Art. 123 et s. de l'AUDCG.

sorte de « *propriété commerciale* »[405]. Toutefois, l'expression parait inexacte car le preneur est seulement propriétaire de son fonds[406] et non du local dans lequel il exerce. Simple détenteur, il n'a qu'un droit personnel contre le bailleur[407] ; même si dans ce cas ce droit personnel réduit fortement les prérogatives du bailleur notamment sa liberté d'usage et de jouissance de l'immeuble. On peut enfin noter en faveur de la règlementation du prix du loyer que le preneur contribue à valoriser l'immeuble par son activité[408].

89. Par ailleurs, en temps de crise, le droit de l'Administration « grossit »[409]. En effet, en cas de risques, de crises humanitaires ou de catastrophes *« lorsque les moyens publics s'avèrent insuffisants au regard des besoins et que les biens privés ne peuvent être obtenus d'une autre manière à des conditions acceptables et rapides, les autorités administratives compétentes peuvent se procurer, par voie de réquisition, auprès de toute personne physique ou morale, tout ou partie des biens et services exigés par les circonstances, moyennant une indemnité compensatrice »*[410]. La loi n° 012-2014/AN portant loi d'orientation relative à la prévention et à la gestion des risques, des crises humanitaires et des catastrophes définit la réquisition comme « *le droit conféré à une autorité publique, moyennant indemnisation, de contraindre les particuliers à lui accorder l'usage de leurs biens et services pour l'exécution d'une mission d'intérêt général dans le cadre de la prévention et la gestion d'un risque ou d'une catastrophe* »[411]. Ainsi, on distingue la réquisition de personnes et la réquisition de biens.

Concernant la réquisition de personnes, elle est une opération de l'Administration, en temps de crise, par laquelle elle impose à une personne physique ou morale, de droit privé ou public, l'accomplissement de certaines prestations en vue de satisfaire un

---

405 G. RIPERT, R. ROBLOT et L. VOGEL, *op. cit.*, n°599, p. 445.

406 A. CHAMOULAUD-TRAPIERS, *Droit des affaires*, coll. « lexifac Droit », 2e éd., Limoges, Ed. Bréal, 2007, p. 152.

407 G. RIPERT, R. ROBLOT et L. VOGEL, *op. cit.*, n°600, p. 446.

408 A. WAHL, « La propriété commerciale », *RTD Civ.* 1921, p. 691 et s.

409 M. PLANIOL et G. RIPERT, *Traité pratique de droit civil français*, *Les biens*, t. III, 2e éd., par M. PICARD, Paris, L.G.D.J., 1952, n°347, p. 344.

410 Art. 45 de la loi n° 012-2014/AN portant loi d'orientation relative à la prévention et à la gestion des risques, des crises humanitaires et des catastrophes.

411 Art. 5.

objectif d'intérêt général[412]. Elle peut être individuelle ou collective[413]. Elle vise à obtenir l'accomplissement de certains services par les particuliers. Elle a des fondements juridiques quelque peu différents selon qu'il s'agit des personnes régies par le droit public[414] ou de personnes régies par le droit privé[415].

S'agissant de la réquisition de biens, il existe la réquisition d'usage et la réquisition de propriété. La première a pour objet l'usage temporaire de l'immeuble ; tandis que la seconde a pour but l'acquisition de la propriété mobilière. Selon la nature immobilière ou mobilière du bien, la réquisition s'apparente soit à un louage forcé soit à une vente forcée[416]. La réquisition d'usage vise souvent à satisfaire le droit au logement de l'habitant. Elle peut se réaliser à l'encontre de la liberté d'user du propriétaire[417]. Elle se fonde sur le principe de la dignité de la personne humaine et constitue un objectif à valeur constitutionnelle notamment en France. En effet, le Conseil constitutionnel français, dans une décision du 19 janvier 1995, a estimé que « *constitue un objectif à valeur constitutionnelle, la possibilité pour toute personne de disposer d'un logement décent en tant qu'elle prolonge le principe de la dignité de la personne humaine* »[418]. Sur ce fondement, les droits des occupants d'immeubles ont été accrus au détriment de la liberté du propriétaire[419]. Ainsi, pour

---

[412] F. TERRE et Ph. SIMLER, *Droit civil. Les biens*, coll. « Précis », 9e éd., *op. cit.*, n°506, p. 398.

[413] Art. 46 de la loi n° 012-2014/AN portant loi d'orientation relative à la prévention et à la gestion des risques, des crises humanitaires et des catastrophes.

[414] Loi 045-60/AN portant règlementation du droit de grève des fonctionnaires et agents de l'Etat, décret n°2005-322/PRES/PM/MFPRE/MFB du 15 juin 2005 portant conditions de réquisition des agents de la fonction publique, décret n°2005-025/PRES/PM/SECU/MATD/DEF/MJ du 31 janvier 2005 portant organisation du maintien de l'ordre au Burkina Faso.

[415] Art. 384 du Code du travail du Burkina-Faso «*En vue d'assurer un service minimum, l'autorité administrative compétente peut, à tout moment, procéder à la réquisition des travailleurs des entreprises privées et des services et établissements publics qui occupent des emplois indispensables à la sécurité des personnes et des biens, au maintien de l'ordre public, à la continuité du service public ou à la satisfaction des besoins essentiels de la communauté* » ; arrêté n°2009-022 MTSS/SG/DGT/DER déterminant les emplois réquisitionnés et les conditions et modalités de réquisition en cas de grève.

[416] F. TERRE et Ph. SIMLER, *préc.*, n°507, p. 399.

[417] Ch. ALBIGES, « Le droit au logement », R. CABRILLAC, (dir.) *Libertés et droits fondamentaux*, 21e éd., Paris, Dalloz, 2015, n°1298, p. 996.

[418] P. CROCQ, *préc.*, n°982, p. 682.

[419] P. CROCQ, *préc.*, n°984 et s., p. 654 et s.

satisfaire les besoins de logements, le législateur a autorisé les réquisitions des logements vacants et des expropriations. Il a en outre amendé le régime des expulsions tant à l'égard des occupants détenteurs d'un titre de jouissance que des occupants sans droit. En principe, l'expulsion des premiers ne peut intervenir entre le 1er novembre et le 15 mars pour tenir compte de leur dignité en lien avec les conditions climatiques qui prévalent en ce moment-là. Pour les squatters, ils peuvent obtenir du juge, un délai pour l'expulsion dans certaines conditions.

Lorsque l'Administration désire passer de la réquisition d'usage d'un immeuble à la réquisition de propriété, elle doit procéder par une expropriation. Dans tous les cas, la réquisition donne droit à une indemnité au profit du propriétaire. Toutefois, cette indemnité n'est pas préalable[420] à la différence de l'expropriation.

90. Toutes ces mesures en matière d'urbanisme et de location d'immeuble empiètent sur la liberté et les prérogatives du propriétaire. Motivées par un but d'intérêt général, elles remodèlent ou reconstruisent progressivement le statut du propriétaire qui se détache de plus en plus de l'idée très subjective de la propriété conçue en 1804 pour se rapprocher d'une conception empreinte d'objectivisme. Les mesures relatives à la sauvegarde du patrimoine naturel et culturel participent aussi de ce mouvement.

B- Les limitations découlant des règles liées à la sauvegarde du patrimoine naturel et culturel

91. Les prérogatives du propriétaire d'un immeuble sont également souvent limitées par des exigences environnementales (1) ou culturelles (2). En effet, le code de l'environnement, le code de la santé publique, le code de l'hygiène publique et la loi portant protection du patrimoine culturel notamment sont autant de lois qui contiennent de nombreuses dispositions limitant la liberté d'usage et de jouissance du propriétaire d'un immeuble.

1) Les limitations dictées par les exigences environnementales et l'hygiène publique

92. L'article 552 du Code civil prévoit que : « *La propriété du sol emporte la propriété du dessus et du dessous. Le propriétaire*

[420] F. TERRE et Ph. SIMLER, *Droit civil. Les biens*, coll. « Précis », 9e éd., *op. cit.*, n°507, p. 399.

peut faire au-dessus toutes les plantations et constructions qu'il juge à propos, sauf les exceptions établies au titre des servitudes ou services fonciers. Il peut faire au-dessous toutes les constructions et fouilles qu'il jugera à propos, et tirer de ces fouilles tous les produits qu'elles peuvent fournir, sauf les modifications résultant des lois et règlements relatifs aux mines, et des lois et règlements de police ». Les limites prévues par cette disposition sont les servitudes[421] ou services fonciers définis aux articles 637 et suivants du même Code. Il peut s'agir par exemple d'une servitude de passage de piétons grevant des propriétés privées[422]. La servitude sert à régler les problèmes liés aux relations entre plusieurs propriétaires différents[423]. Il y a aussi les lois ou règlements de police ou ceux relatifs aux mines. À côté de ces exceptions traditionnelles, de nouvelles exigences sont apparues limitant davantage la liberté du propriétaire d'un immeuble.

93. En effet, il est un constat aujourd'hui que l'environnement est menacé par le réchauffement climatique, la qualité de l'eau, la pollution de l'air, des sols, les organismes génétiquement modifiés, les produits chimiques, l'augmentation des déchets, les catastrophes naturelles, l'érosion de la biodiversité *etc.*[424] La préoccupation environnementale est un intérêt public. Cependant, elle n'est pas sans conséquence sur le droit de propriété surtout en matière immobilière. En réalité, elle impose une solidarité accrue entre tous les usagers de la nature ou de l'environnement[425]. Ainsi, le droit de l'environnement[426] prévoit des obligations de plus en plus nombreuses liées à la préservation du patrimoine naturel[427] et qui ont

---

[421] Art. 637 *C. civ.* : « *Une servitude est une charge imposée sur un héritage pour l'usage et l'utilité d'un héritage appartenant à un autre propriétaire* ».

[422] N. REBOUL-MAUPIN, *Droit des biens*, coll. « HyperCours », 4e éd., Paris, Dalloz, 2012, n°384 et s., p. 274.

[423] J. PEYRET, « L'évolution du droit des servitudes », Faculté de Droit et des sciences sociales de Poitiers, *L'évolution contemporaine du droit des biens*, *op. cit.*, p. 78 et s.

[424] A. GARANE et V. ZAKANE, *Droit de l'environnement burkinabè*, Ouagadougou, coll, « Précis de droit burkinabè », Presses africaines, 2008, n°113 et s., p. 43 et s. ; S. MALJEAN-DUBOIS, *Droit de l'environnement*, UNJF, 2011, support n°1, p. 6.

[425] J. GUDEFIN, *Le statut juridique de l'eau à l'épreuve des exigences environnementales*, th. Lyon III, 2013, p. 389 et s.

[426] V. Loi n°006-2013/AN du 02 avril 2013 portant Code de l'environnement au Burkina Faso.

[427] A. GARANE et V. ZAKANE, *op.cit.*, n°1110 et s., p. 385 et s.

pour conséquence de réduire la subjectivité du propriétaire de l'immeuble en altérant sa liberté de jouissance.

94. En premier lieu, le propriétaire d'un immeuble ou d'un établissement industriel doit veiller à se munir d'un avis lorsque la jouissance de son bien est susceptible d'avoir des effets sensibles sur l'environnement[428]. L'avis est accordé après une étude d'impact environnemental. La jouissance de son bien ne doit pas avoir des inconvénients graves ni pour le voisinage ni pour la santé publique. Le cas échéant, étant donné que «*Toute personne a le droit à un environnement sain. À cette fin, elle peut porter plainte devant les autorités administratives ou judiciaires compétentes afin de faire cesser les nuisances générées par les activités qui troublent la tranquillité, portent atteinte à la sécurité ou à la salubrité publique [...]* »[429].

95. En deuxième lieu, le propriétaire est tenu de jouir de son immeuble ou de son établissement industriel de manière à éviter les pollutions de l'atmosphère et les odeurs qui incommodent la population, compromettent la santé, la sécurité publique, ou nuisent à la production agricole et animale, à la conservation des constructions et monuments ou au caractère des sites. En effet, aux termes de l'article 37 du Code de l'environnement « *Toute exploitation industrielle, minière, agricole ou artisanale et en général, le fonctionnement de tout établissement se fait de sorte à éviter les atteintes nuisibles ou incommodantes à l'environnement* ». En conséquence, « *Lorsque l'installation, la construction, l'exploitation ou le fonctionnement d'un établissement industriel, artisanal, agricole ou de toute entreprise ou activité ou de tout engin, présentent pour le voisinage, la santé et la sécurité publiques, des dangers ou des inconvénients graves, l'autorité publique territorialement compétente, sur décision administrative, ordonne la fermeture de l'établissement ou de l'entreprise ou la suspension de l'activité sans préjudice des sanctions pénales applicables* »[430]. Dans le même sens, l'article 9 du Code de l'hygiène publique prescrit qu' « *Il est interdit de poser des actes susceptibles de porter atteinte à l'hygiène publique* ». Son article 16 dispose qu'« *Il est interdit de construire des puits perdus,*

---

[428] Art. 25 C. envir.
[429] Art. 5 C. envir.
[430] Art. 46 C. envir.

des puisards, des fosses septiques ou tout autre ouvrage d'assainissement individuel en dehors de la parcelle, sauf dérogation spéciale des autorités communales compétentes ». Quant à l'article 30, il énonce que « *Tout propriétaire d'habitation doit pourvoir son habitation de système d'évacuation et de traitement des eaux usées ménagères et des excréta conformément à la réglementation en vigueur en matière d'autorisation de construire. [...] Ces systèmes doivent être fonctionnels et hygiéniquement entretenus* ». Par ailleurs, le Code de la santé publique également prévoit de nombreuses dispositions favorables à l'environnement, à l'hygiène et à la santé publique susceptibles de limiter la liberté du propriétaire immobilier dans la jouissance de son bien comme l'obligation de construire « *de manière à conduire directement et souterrainement les eaux pluviales, ménagères et industrielles ainsi que les matières de vidange* »[431].

En conséquence, les exigences environnementales, l'hygiène et la santé publiques constituent des limites à la jouissance du droit de propriété en matière immobilière.

2) Les limitations commandées par les exigences culturelles

96. Le patrimoine culturel est l'ensemble des moyens matériels ou immatériels par lesquels se traduit la culture d'un peuple[432]. Il est un élément de l'environnement au sens large[433]. Le patrimoine culturel est une source de la mémoire collective. Il implique l'idée d'une transmission de génération en génération. En plus des biens qui le composent, il constitue en quelque sorte l'âme d'un groupe ou d'une communauté. Il permet de comprendre l'identité d'un peuple. Le patrimoine culturel comprend des biens culturels matériels et immatériels qui peuvent également être meubles ou immeubles. Aux termes de l'article 3 de la loi n° 024-2007/AN portant protection du patrimoine culturel au Burkina Faso « *on entend par patrimoine culturel, l'ensemble des biens culturels, naturels, meubles, immeubles, immatériels, publics ou privés, religieux ou profanes dont*

---

[431] Art. 50 du Code de la santé publique : « *Dans toutes les agglomérations pourvues de réseaux d'égouts, toute construction nouvelle dans une rue où existera l'égout devra être disposée de manière à conduire directement et souterrainement les eaux pluviales, ménagères et industrielles ainsi que les matières de vidange* ».

[432] X. PERROT, *La restitution internationale des biens culturels aux XIXe et XXe siècles. Espace d'origine, intégrité et droit*, th. Limoges, 2005, p. 5.

[433] A. GARANE et V. ZAKANE, *op.cit.*, n°13, p. 5.

la préservation ou la conservation présente un intérêt historique, artistique, scientifique, légendaire ou pittoresque ». L'article 4 précise que « *on entend par : [...] patrimoine culturel meuble, les biens meubles qui peuvent être déplacés sans dommage pour eux-mêmes et pour leur environnement ; [...] patrimoine culturel immeuble, les biens qui, soit par nature, soit par destination, ne peuvent être déplacés sans dommage pour eux-mêmes et pour leur environnement. [...] Entrent notamment dans cette catégorie les monuments et les sites ainsi que les stations ou gisements anciens, les biens archéologiques, historiques, les biens ethnologiques, les ensembles architecturaux, les oeuvres d'art immeubles, les collections et spécimens rares de zoologie, de botanique, de minéralogie et les objets présentant un intérêt paléontologique* ».

97. L'appropriation individuelle de chacun de ces biens peut être un obstacle à l'intérêt collectif qui justifie leur protection. C'est pourquoi cette protection est assurée parfois par les autorités publiques[434]. À cet effet, l'article 5 de la loi précitée souligne que « *La protection et la sauvegarde du patrimoine culturel sont assurées par l'Etat et ses démembrements et dans une certaine mesure par les populations locales concernées* ».

L'hypothèse à considérer ici est celle dans laquelle ce patrimoine à un caractère immobilier ou se retrouve dans le sous-sol. Pour le cas des ressources minières, le législateur a tranché en les excluant de l'appropriation individuelle. Elles constituent un patrimoine commun de la nation. En conséquence, et conformément à l'article 552 du Code civil[435] et aux dispositions spéciales du Code minier, elles n'appartiennent pas au propriétaire du terrain par voie d'accession même si leur découverte résulte d'une fouille faite par lui. Elles sont la propriété de l'Etat.

---

[434] F. MARCHADIER, « L'appropriation publique des vestiges archéologiques et la Convention européenne de sauvegarde des droits de l'homme », M. BOUDOT et D. VEILLON (dir.), *Les propriétés*, Poitiers, Presses universitaires juridiques de Poitiers, Paris, L.G.D.J., 2016, p. 141.

[435] Art. 552 du Code civil « *La propriété du sol emporte la propriété du dessus et du dessous. Le propriétaire peut faire au-dessus toutes les plantations et constructions qu'il juge à propos, sauf les exceptions établies au titre des servitudes ou services fonciers. Il peut faire au-dessous toutes les constructions et fouilles qu'il jugera à propos, et tirer de ces fouilles tous les produits qu'elles peuvent fournir, sauf les modifications résultant des lois et règlements relatifs aux mines, et des lois et règlements de police* ».

98. Il en est autrement pour les vestiges des fouilles archéologiques. Certes, pour les biens culturels résultant de cette fouille, ils sont encore susceptibles d'appropriation privée. Ainsi, lorsque les vestiges archéologiques, comme les grottes, sont découverts sur la propriété immobilière d'autrui, ils appartiennent, en vertu du droit commun[436] de l'accession[437] au propriétaire du fonds sous lequel ils étaient enfouis. Ces biens ont soit un caractère mobilier en application de l'article 712 du Code civil[438] relatif à l'accession[439] mobilière soit un caractère immobilier en vertu de l'article 552 du même code traitant de l'accession immobilière[440]. Certes, l'article 552 précité prévoit une présomption de propriété et non un droit de propriété. Il reste que cette présomption est difficilement contestable[441].

99. Cependant, face à leur objectif de protection du patrimoine culturel, les autorités publiques ont deux grandes options pour surmonter l'appropriation des découvertes des fouilles archéologiques par voie d'accession immobilière par le propriétaire du terrain où sont effectuées ces fouilles.

La première catégorie d'options est de nature unilatérale. Elle peut consister à règlementer les fouilles sur un terrain même faisant l'objet d'un droit de propriété. C'est ce qu'énonce l'article 37 de la loi portant protection du patrimoine culturel. En effet, selon cette disposition « *Les fouilles ou sondages à l'effet de recherche de monuments ou d'objets pouvant intéresser la préhistoire, l'histoire, l'art ou l'archéologie sur tout le territoire national sont soumis à une autorisation préalable* ». Une autre option de nature unilatérale peut consister aussi à prendre des dispositions spéciales pour interdire toute appropriation individuelle sur ces découvertes à l'instar des

---

[436] *Ibid.*

[437] W. DROSS, *Le mécanisme de l'accession. Eléments pour une théorie de la revendication en valeur*, th. Nancy II, 2000, n°211 et s., p. 211 et s.

[438] Art. 716 du C. civ. : « *La propriété d'un trésor appartient à celui qui le trouve dans son propre fonds: si le trésor est trouvé dans le fonds d'autrui, il appartient pour moitié à celui qui l'a découvert, et pour l'autre moitié au propriétaire du fonds. Le trésor est toute chose cachée ou enfouie sur laquelle personne ne peut justifier sa propriété, et qui est découverte par le pur effet du hasard* ».

[439] M. PLANIOL et G. RIPERT, *Traité pratique de droit civil français*, *Les biens*, t. III, 2e éd., par M. PICARD, Paris, L.G.D.J., 1952, n°256, p. 257 et s.

[440] F. MARCHADIER, « L'appropriation publique des vestiges archéologiques et la Convention européenne de sauvegarde des droits de l'homme », *op. cit.*, p. 132.

[441] F. MARCHADIER, *préc.*, p. 134.

découvertes des richesses minières. Dans cette hypothèse, l'Etat réduit l'assiette de l'exercice du droit de jouissance du propriétaire. La liberté de tirer profit du sous-sol devient alors limitée aussi bien lorsqu'il s'agit des ressources minières que lorsque sont en cause les vestiges archéologiques. Dans cette dernière hypothèse, ces vestiges constituent une limite supplémentaire à la liberté de jouissance du propriétaire du terrain[442].

Les autres options unilatérales ne sont pas directement liées à la liberté de jouissance. En effet, les autorités publiques peuvent aussi procéder à l'appropriation des terrains où sont effectués ces recherches ou les vestiges découverts, par voie d'expropriation pour cause d'utilité publique. Dans cette situation, l'atteinte touche plutôt le droit de disposer[443]. En ce sens l'article 26 de la loi portant protection du patrimoine culturel dispose que « *L'Etat peut exproprier, dans les formes prévues par la législation en la matière pour cause d'utilité publique, des immeubles classés ainsi que des immeubles dont l'acquisition est nécessaire pour isoler, dégager ou assainir un bien culturel* ». Les autorités peuvent aussi prévoir de laisser l'immeuble classé comme patrimoine culturel entre les mains du propriétaire tout en lui exigeant des mesures de protection. C'est ce que prévoit l'article 14 de la loi précitée notamment à l'occasion de la vente d'un tel bien en ces termes : « *L'aliénation totale ou partielle d'un immeuble inscrit est libre, sous réserve que l'acte de vente ou de donation fasse expressément état de la mesure de protection et des servitudes qui s'attachent au bien et qu'une copie certifiée conforme soit transmise au service chargé de la protection du patrimoine culturel* ». En conséquence, l'article 15 dispose que « *Tout acte de vente ou de donation qui se ferait au mépris de l'article 14 ci-dessus, est nul et de nul effet* ».

La deuxième catégorie d'option peut être de nature contractuelle. Dans cette hypothèse, les autorités publiques acquièrent le bien des mains du propriétaire du lieu où les vestiges ont été

---

[442] F. TERRE et Ph. SIMLER, *Droit civil. Les biens*, coll. « Précis », 9e éd., Paris, Dalloz, 2014, n°356 et s., p. 297 et s. et n°421, p.339-340 ; F. MARCHADIER, « L'appropriation publique des vestiges archéologiques et la Convention européenne de sauvegarde des droits de l'homme », *op. cit.*, p. 129-144.

[443] Cf. *Infra* n°101 et s.

découverts. Cette opération est régie alors par la liberté contractuelle[444] et ne constitue pas une limitation au droit de propriété.

100. Ainsi, il est aisé de constater que l'intérêt général constitue un critère qui gagne de plus en plus de terrain en droit des biens. Toutes les fois où le droit de propriété se trouve en conflit avec lui, ce droit est conduit à se « dégonfler » à son profit. Ce constat est conforme au bon sens. Toutefois, il parait trahir l'esprit de l'article 544 du code civil et du contexte de son élaboration. En réalité, à travers ces diverses limitations, les autorités publiques continuent d'exercer une sorte de droit éminent sur le droit de propriété. Or, c'est justement ce que la Révolution française de 1789 entendait supprimer en faisant de la propriété le droit le « *plus absolu* », gage de la liberté absolue du propriétaire. Il s'ensuit que ces limitations réduisent de plus en plus la subjectivité dans l'exercice du droit de propriété en la plaçant au second ou en arrière-plan de l'intérêt général. Cette défiguration du modèle propriétaire de 1804 peut encore être constatée dans la multiplication des limitations à la disposition du droit de propriété.

§ 2- Les limitations à la liberté du propriétaire de disposer de l'immeuble

101. L'article 537 du Code civil énonce que : « *Les particuliers ont la libre disposition des biens qui leur appartiennent, sous les modifications établies par les lois. Les biens qui n'appartiennent pas à des particuliers sont administrés et ne peuvent être aliénés que dans les formes et suivant les règles qui leur sont particulières* ». À l'encontre de cette disposition, pour des motifs divers, les limitations à la libre disposition se sont démultipliées. Elles sont nombreuses et variées[445]. Dans certains cas, ces limitations à la libre disposition d'un bien peuvent résulter d'une manifestation de volonté ou avoir pour but de protéger le propriétaire. Il en est ainsi des clauses d'inaliénabilité ou d'insaisissabilité[446]. Dans ce cas, ces restrictions ne sont pas véritablement une limite à la liberté du

---

[444] M.-L. MATHIEU, « La liberté contractuelle », R. CABRILLAC, (dir.) *Libertés et droits fondamentaux*, 21e éd., Paris, Dalloz, 2015, n°1051 et s., p. 837 et s.

[445] M.-L. MATHIEU, *Droit civil. Les biens*, coll. « Université », 3e éd., *op. cit.*, n°207, p. 78.

[446] S. MILLEVILLE, *Les restrictions au droit de disposer*, *op. cit.*, n°1 et s., p. 39 et s.

propriétaire. Elles sont plutôt conformes à sa volonté ou à son intérêt. Dans d'autres cas, ces restrictions résultent des décisions de justice qui prononcent la confiscation en répression de la commission de certaines infractions. Dans d'autres situations encore, ces limitations s'opèrent à l'encontre de la volonté ou de la liberté du propriétaire, en dehors de toute faute ou sans avoir vocation à protéger directement le propriétaire, et généralement de manière unilatérale par les autorités exécutives. Ce sont ces dernières hypothèses qui nous intéressent. Parmi celles-ci, certaines comme le droit de préemption et l'autorisation ou l'interdiction de détruire aménagent seulement, sans la remettre véritablement en cause, la liberté de disposition du propriétaire et apparaissent comme des atteintes minimes à la liberté de disposer (B), d'autres par contre telles l'expropriation et la nationalisation affectent gravement la volonté du propriétaire et se présentent comme des atteintes graves à cette liberté (A).

A- Les limitations graves à la liberté de disposer du propriétaire

102. Il s'agit essentiellement de l'expropriation (1) et de la nationalisation (2). Il s'agit de mesures qui portent une atteinte grave à la propriété si bien qu'en vertu du caractère fondamental du droit de propriété, elles sont encadrées[447].

1) L'expropriation

103. Aux termes de l'article 545 du Code civil : « *Nul ne peut être contraint de céder sa propriété, si ce n'est pour cause d'utilité publique, et moyennant une juste et préalable indemnité* ». Cette disposition consacre le principe de l'inviolabilité de la propriété. Elle admet, dans le même temps, à titre d'exception, l'expropriation pour cause d'utilité publique. Cette exception est applicable seulement en matière immobilière[448]. Il convient aussi de remarquer que l'article 545 suscité atténue les conditions énoncées à l'article 17 de la Déclaration française des droits de l'homme qui évoque « *la nécessité publique* », notion plus exigeante que « *l'utilité publique* »[449].

---

[447] Cf. *Infra* Chapitre I du titre II de la Partie II.

[448] M. PLANIOL et G. RIPERT, *Traité pratique de droit civil français*, *Les biens*, t. III, 2e éd., par M. PICARD, Paris, L.G.D.J., 1952, n°340, p. 337.

[449] F. TERRE et Ph. SIMLER, *Droit civil. Les biens*, coll. « Précis », 9e éd., Paris, Dalloz, 2014, n°500, p. 392.

L'expropriation pour cause d'utilité publique est régie par la loi n°009-2018/AN du 3 mai 2018 portant expropriation pour cause d'utilité publique et indemnisation des personnes affectées par les aménagements et projets d'utilité publique et d'intérêt général.

104. L'expropriation a pour but de permettre aux autorités publiques d'acquérir les biens indispensables à la satisfaction de l'intérêt public. Elle concilie cet intérêt et l'intérêt privé des propriétaires. En effet, la loi prévoit d'une part le respect d'une procédure, d'autre part une « *juste et préalable indemnité* ». Sous l'expression juste et préalable indemnité, la loi entend « *la réparation intégrale du préjudice direct, matériel, moral et certain causé par la privation du droit de propriété avant toute expropriation* »[450]. Cette indemnisation intervient au cours de la procédure d'expropriation, mais avant le transfert de propriété. La procédure d'expropriation se déroule en plusieurs étapes. Certaines sont administratives, d'autres judiciaires. La première étape est administrative. Il s'agit de la déclaration de l'intention d'aliéner[451] qui consiste pour l'autorité expropriante en une déclaration de réaliser un projet d'utilité publique indiquant l'objet, le but, l'emprise, la durée, les avantages et le coût estimatif du projet. Cette déclaration doit être publiée[452]. La deuxième étape est aussi administrative. Elle est relative à l'enquête d'utilité publique[453] qui consiste à déterminer les zones et les personnes affectées par le projet[454]. La troisième étape est judiciaire. Elle a trait à la déclaration d'utilité publique[455]. Elle a pour objet la prise de possession et l'indemnisation des personnes expropriées. Elle fait intervenir le juge de l'expropriation pour les éventuels recours. C'est enfin le jugement d'expropriation qui clôt la procédure[456].

---

[450] Art. 6 de la loi préc.

[451] Art. 10 de la loi n°009-2018/AN du 3 mai 2018 portant expropriation pour cause d'utilité publique et indemnisation des personnes affectées par les aménagements et projets d'utilité publique et d'intérêt général au Burkina Faso.

[452] Art. 11 de la loi préc.

[453] Art. 12 et 13 de la loi préc..

[454] F. TERRE et Ph. SIMLER, *Droit civil. Les biens*, coll. « Précis », 9e éd., *op. cit.*, n°503, p. 395.

[455] Art. 14 et s. la loi n°009-2018/AN du 3 mai 2018 portant expropriation pour cause d'utilité publique et indemnisation des personnes affectées par les aménagements et projets d'utilité publique et d'intérêt général au Burkina Faso.

[456] Art. 40 de la loi préc.

105. L'expropriation constitue une atteinte à la liberté de disposer du propriétaire en ce sens qu'elle organise une perte forcée de la propriété au profit de l'Administration. Si dans l'esprit du législateur de 1804, elle devait constituer une exception résiduelle, il faut admettre aujourd'hui que l'expropriation pour cause d'utilité publique est courante et concerne des domaines divers et variés voire indéfinis. À titre illustratif, l'article 2 de la loi précitée dispose que les domaines de l'expropriation pour cause d'utilité publique sont les infrastructures de transport notamment les routes, la voirie urbaine, les chemins de fer, les aérogares ; les travaux et aménagements urbains, agricoles, forestiers, pastoraux, fonciers ou miniers ; les travaux militaires ; la conservation de la nature ; la protection de sites ou de monuments historiques ; les aménagements hydrauliques ; les installations de production et de distribution d'énergie ; les infrastructures sociales et culturelles ; l'installation de services publics ; la création ou l'entretien de biens ou ouvrages d'usage public ; les travaux d'assainissement ; les travaux et aménagements piscicoles ; toute opération destinée à satisfaire ou préserver l'intérêt général.

106. En outre, l'indemnisation proposée est parfois dérisoire. En fait, il n'est pas rare également que la presse[457] face l'écho de difficultés d'avancement ou de démarrage d'activités d'utilité publique en raison de manifestations ou d'oppositions des personnes affectées par le projet réclamant une « *juste et préalable indemnité* ». Toute chose qui permet de soutenir que l'expropriation réalise souvent une perte forcée de la propriété sans toujours une indemnisation conséquente. Ce qui constitue une atteinte supplémentaire à la liberté de disposer du propriétaire.

2) La nationalisation

107. La nationalisation est aussi une technique par laquelle les autorités publiques acquièrent contre la volonté du propriétaire des établissements industriels et/ou commerciaux[458]. Elle s'opère par une

---

[457] V. le quotidien *Sidwaya* du 03 mai 2018.

[458] M. PLANIOL et G. RIPERT, *Traité pratique de droit civil français*, *Les biens*, t. III, 2e éd., par M. PICARD, Paris, L.G.D.J., 1952, n°350 bis, p. 347.

loi[459]. Elle concerne les secteurs stratégiques de l'économie nationale ou celles présentant un caractère de monopole. L'idée générale qui l'inspire est que « *toute activité qui est directement utile à la nation doit être assurée par elle-même, tant du point de vue de la propriété qu'à celui de la gestion et des bénéfices* »[460].

108. Trois types de raisons peuvent la justifier[461]. La première catégorie de raisons est d'ordre politique et permet de mettre l'Etat à l'abri de la puissance économique détenue par une entreprise stratégique en situation de monopole entre les mains d'une personne privée. La deuxième raison est d'ordre social et a pour but de mettre de tels secteurs au service seulement de l'intérêt général. La troisième est de nature économique et permet de contrôler, de planifier et d'assurer la continuité du service.

109. La nationalisation doit respecter le caractère fondamental de la propriété[462], de la liberté d'entreprendre, du principe d'égalité *etc.*[463] Elle opère transfert de propriété à l'Etat moyennant une indemnité au profit du propriétaire. Selon le Conseil constitutionnel français, cette indemnisation doit être juste. En effet, juge-t-il, à propos de la nationalisation de plusieurs sociétés entreprises par l'Etat français, que « *les actionnaires des sociétés visées par la loi de nationalisation ont droit à la compensation du préjudice subi par eux, évalué au jour du transfert de propriété, abstraction faite de l'influence que la perspective de la nationalisation a pu exercer sur la valeur de leurs titres* » [464]. En outre, la fixation de l'indemnité est en principe préalable au transfert de propriété, même si le versement effectif est souvent postérieur[465].

---

[459] Art. 101 de la *Constitution* « *La loi fixe les règles concernant [...] les nationalisations d'entreprises et les transferts de propriété d'entreprises du secteur public au secteur privé* ».

[460] F. TERRE et Ph. SIMLER, *Droit civil. Les biens*, coll. « Précis », 9e éd., *op. cit.*, n°508, p. 399.

[461] *Ibid.*

[462] Cf. *Infra* n°330 et s.

[463] F. TERRE et Ph. SIMLER, *Droit civil. Les biens*, coll. « Précis », 9e éd., *op. cit.*, n°508, p. 400.

[464] Cons. Const. Fr. 16 janvier 1982, *JCP* 1982, II, 19788, note N. Quoc Vinh et C. Franck ; *GDDC* n°31.

[465] F. TERRE et Ph. SIMLER, *Droit civil. Les biens*, coll. « Précis », 9e éd., *op. cit.*, n°510, p. 401.

Les atteintes à la libre disposition de l'immeuble se rencontrent encore dans d'autres situations moins graves.

B- Les limitations minimes à la liberté de disposer

110. Deux types de limitations minimes au droit de disposer peuvent être énumérés à savoir d'une part le droit de préemption (1), d'autre part l'autorisation ou l'interdiction de détruire (2).

1) Le droit de préemption

111. Aux termes de l'article 2 du Code de l'urbanisme, le droit de préemption est « *le droit reconnu à l'Etat ou aux collectivités territoriales d'acquérir, en cas d'aliénation, la propriété d'un ou de plusieurs immeubles ou de droits réels immobiliers, par préférence à tout autre acquéreur* ». Les zones soumises à l'exercice du droit de préemption sont déterminées par l'autorité publique sur la base des prescriptions des documents d'urbanisme[466]. Il s'ensuit que toute personne voulant aliéner un immeuble ou des droits réels immobiliers, à l'intérieur du périmètre de préemption, a l'obligation au préalable de procéder à une déclaration d'intention d'aliéner auprès du service chargé des domaines territorialement compétent[467]. L'autorité publique dispose d'un délai de deux mois pour l'exercice de son droit de préemption[468]. Passé ce délai, le propriétaire recouvre sa liberté de choix du cocontractant.

112. Le droit de préemption est non seulement une atteinte à la liberté contractuelle[469] ; mais aussi une limite minime à la libre disposition du droit de propriété sur l'immeuble[470]. En effet, l'exercice du droit de préemption postule que le propriétaire vendeur a déjà pris sa décision de vendre. Seulement, il n'est pas libre de choisir son cocontractant immédiatement, avant d'avoir procéder à une déclaration d'intention d'aliéner auprès du service chargé des

---

466 Art. 86 du C. Urb. Constr.

467 Art. 87 du C. Urb. Constr.

468 Art. 89 du C. Urb. Constr.

469 M.-L. MATHIEU, « La liberté contractuelle », *op. cit.*, n°1070 et s., p. 848 et s. ; Ch. LARROUMET, *Droit civil. Les obligations. Le contrat*, *op. cit.*, n°133, p. 112 et s.

470 M. ROLAIN, *Les limitations au droit de propriété en matière immobilière*, *op. cit.*, n°148, p. 104.

domaines territorialement compétent pour permettre à l'Administration d'exercer son droit de préemption.

113. La nature juridique de ce droit de préemption dépend de celle de la déclaration d'intention d'aliéner[471]. Si cette intention s'analyse en une offre même forcée faite par le propriétaire à l'administration, alors le droit de préemption est un droit prioritaire précontractuel accordé à l'autorité publique. Par contre, si la déclaration d'intention d'aliéner est analysée comme une information de l'administration d'une rencontre de volontés entre le propriétaire et un acquéreur, alors le droit de préemption peut être analysé comme un droit de substitution reconnu à l'autorité publique.

Au regard des dispositions de l'article 89 du Code de l'urbanisme et de la construction qui dispose que : « *Les acquisitions faites par voie de préemption ne peuvent faire l'objet d'aucune cession en l'état* », il semble que le simple échange de consentement ne suffit pas à transférer la propriété de l'immeuble du vendeur à l'acheteur. Cette disposition déroge à l'article 1583 du Code civil[472] qui prévoit le principe du transfert *solo consensus* de la propriété. Certes, le législateur ne précise pas les formalités ou les actes à accomplir avant le transfert de propriété. Toutefois, il semble que le paiement du prix doit être préalable à l'instar de ce qui prévaut pour l'expropriation.

Si le simple échange de consentement ne suffit pas, il en découle qu'en cas de revente du bien, l'administration, qui n'a pas encore acquis la propriété, ne peut pas obtenir sa substitution à l'acquéreur. En revanche, elle peut demander la nullité de cette seconde vente car toute vente opérée en violation du droit de préemption ouvre droit à l'autorité publique d'une action en nullité[473]. De même, si la substitution n'est pas possible, la déclaration d'intention d'aliéner doit être analysée comme une offre faite à l'autorité publique de sorte que le droit de préemption revêt, en conséquence, la nature d'un droit prioritaire précontractuel accordé à l'autorité publique.

---

[471] M. ROLAIN, *préc.*, n°149, p. 105.

[472] Art. 1583 C. civ. : la vente « *est parfaite entre les parties, et la propriété est acquise de droit à l'acheteur à l'égard du vendeur, dès qu'on est convenu de la chose et du prix, quoique la chose n'ait pas encore été livrée ni le prix payé* ».

[473] Ch. LARROUMET, *Droit civil. Les obligations. Le contrat*, *op. cit.*, n°547, p. 556.

114. Une autre atteinte qui peut se révéler à l'occasion de l'exercice du droit de préemption est la détermination du prix de vente de l'immeuble[474]. En effet, l'autorité publique n'est pas tenue d'accepter le prix proposé par le propriétaire vendeur. Elle peut lui substituer son propre prix d'achat. Dans ce cas, c'est le juge de l'expropriation qui demeure compétent pour régler les litiges.

115. Ainsi, le droit de préemption, en ce qu'il oblige le propriétaire à soumettre d'abord son intention d'aliéner à l'Administration, constitue une entrave, quoique minime, à la liberté de disposer du propriétaire de l'immeuble. Il en est de même de l'autorisation et de l'interdiction de détruire.

2) L'autorisation et l'interdiction de détruire

116. La disposition matérielle est une prérogative du droit de propriété dont la mise en œuvre est en principe appréciée en toute liberté par le propriétaire. Toutefois, dans certains cas, la loi contraint le propriétaire qui voudrait détruire son immeuble à le conserver ou à requérir une autorisation préalable. Il s'agit d'une hypothèse inverse de l'expropriation et de la nationalisation, hypothèses dans lesquelles la loi contraint le propriétaire qui veut conserver son bien à le céder. Les exemples d'interdiction de détruire sont fondés sur l'intérêt général historique ou architectural. Ainsi, le Code de l'urbanisme et de la construction[475] dispose que : « *Les travaux de démolition ou de restauration à effectuer sur des immeubles classés monuments historiques sont obligatoirement soumis à autorisation préalable du service chargé du patrimoine culturel territorialement compétent, avant le démarrage effectif desdits travaux* ». Le Code de l'environnement[476] abonde dans le même sens en énonçant que : « *Les sites et les paysages présentant un intérêt scientifique, économique, culturel, historique ou touristique particulier sont conservés, classés, aménagés et mis en valeur.* ». Ce texte prévoit des sanctions pénales[477].

---

[474] M. ROLAIN, *Les limitations au droit de propriété en matière immobilière*, *op. cit.*, n°152, p. 106.

[475] Art. 140.

[476] Art. 91.

[477] Art. 140 C. envir. : « *Les peines prévues à l'article 139 ci-dessus sont applicables à quiconque détruit des aménagements paysagers, détériore des*

117. Toutes ces limitations sont essentiellement d'origine légale. Elles constituent de ce fait des frontières objectives au libre exercice du droit de propriété. Ces limitations altèrent les prérogatives du propriétaire que sont le droit d'user, le droit de jouir et le droit de disposer de la chose. Elles restreignent sa liberté dans la mise en œuvre de ces prérogatives sur son immeuble.

118. En outre, la multiplication des limitations objectives autorise à affirmer que ce mouvement de restrictions se développe dans un seul sens à l'encontre du droit de propriété et au profit dc l'intérêt général. La liberté du propriétaire ne semble pas opposable à l'intérêt général. Ses prérogatives n'apparaissent plus que comme le périmètre non encore investi par l'intérêt général. Cet intérêt général n'a presque pas de limite au détriment du droit de propriété. Il est plausible d'affirmer que les prérogatives du droit de propriété ne sont que ce qui demeure lorsque l'intérêt général n'y est pas encore « passé » ou intervenu, voire une concession de l'intérêt général. La liberté du propriétaire est donc en lambeaux, laminée de toute part par les limitations à l'exercice de ses prérogatives. Les formes et contenus de l'*usus*, du *fructus* et de l'*abusus* paraissent configurés par l'intérêt général. En conséquence, il est indéniable que le subjectivisme du droit de propriété en prend un coup au bénéfice de l'objectivisme ou du réalisme juridiques.

En plus des limitations légales à la liberté du propriétaire, il existe également des limitations à l'exercice du droit de propriété d'origine jurisprudentielle.

Section 2- Les limitations jurisprudentielles à la souveraineté du propriétaire de l'immeuble

119. Si les limites légales à la liberté du propriétaire sont le fait des lois ou des règlements, les limites jurisprudentielles sont l'œuvre de la jurisprudence. En effet, très tôt, quelques décennies

---

monuments ou porte atteinte à l'intégrité d'un paysage classé ou d'un site aménagé ».

Article 139 C. envir. « *Est puni d'un emprisonnement de six mois à un an et d'une amende de trois cent mille (300 000) à un million (1 000 000) de francs ou de l'une de ces deux peines seulement, quiconque occupe à d'autres fins et sans autorisation dûment délivrée, un espace public réservé à des aménagements urbains* ».

après 1804[478], face à l'insuffisance des dispositions législatives et règlementaires, la jurisprudence a forgé des principes ayant pour but de mettre une certaine retenue dans l'exercice du droit de propriété en matière immobilière, et de favoriser le bon déroulement des relations de voisinage. À cet effet, elle a d'abord dégagé la théorie de l'abus de droit (A). Mais cette théorie s'est révélée impuissante à régir certains comportements du propriétaire. Pour y remédier, elle a alors eu recours au principe du trouble anormal de voisinage (B).

§ 1- La théorie de l'abus de droit de propriété

120. La théorie de l'abus de droit tend à l'affirmation d'une fonction sociale du droit de propriété (A) qui semble en conflit avec sa conception individualiste (B). Autrement dit, elle tend à objectiver l'exercice du droit de propriété alors que le caractère absolu tend à l'affirmation d'une liberté subjective du propriétaire. Elle apporte ainsi une limite à cette conception subjective.

A- La tendance objectiviste de la théorie de l'abus de droit de propriété

121. Il n'y a de juridique que dans une société humaine organisée. Il en est de même pour le droit de propriété[479]. Tout droit trouve son sens et sa mesure dans l'organisation des rapports sociaux. En ce sens, le droit est l'instrument juridique de mise en œuvre des choix politiques, des options économiques, des préférences sociales et des objectifs culturels d'une société à un moment donné[480]. Il n'est pas une œuvre *ex-nihilo*. Tout droit est *causé*, il a une cause. Sous cet angle, le droit a aussi une fin qui s'inscrit dans le cadre d'un meilleur vivre-ensemble. L'autonomie de la volonté et le subjectivisme juridique ont pour étalon de mesure le bon ordre social. Duguit va encore plus loin en relativisant de manière catégorique le pouvoir de la volonté. Il écrivait ainsi que : « *Le vouloir humain, pas plus en matière juridique que dans les autres domaines, ne peut avoir d'autre*

---

[478] CA Colmar, 02 mai 1855, *DP* 1956, 2, p. 9 ; Affaire Clément Bayard : Req.. fr. 03 août 1915, *DP* 1917, 1, p. 78.

[479] M. FABRE-MAGNAN, « Propriété, patrimoine et lien social », *RTD Civ.*, 1997, n°3 et s., p. 585 et s.

[480] R. LIBCHABER, *L'ordre juridique et le discours du droit. Essai sur les limites de la connaissance du droit*, *op. cit.*, n°114 et s., p. 142 et s.

objet direct, immédiat qu'un mouvement corporel du sujet. Si un effet extérieur se produit, ce n'est pas la volonté de l'homme qui en est la cause efficiente, cet effet se produit conformément à une loi naturelle qui attache un certain effet à un mouvement corporel voulu par le sujet. Cela est vrai dans le monde de la physique, cela est aussi vrai dans le monde juridique. À la manifestation extérieure de cette énergie, le droit objectif peut rattacher certains effets... cet effet de droit n'est point produit par la volonté du sujet... Puisque le sujet ne peut déclencher par sa volonté qu'un mouvement corporel propre, ce n'est pas, ce ne peut pas être sa volonté qui engendre un effet de droit, qui donne ouverture à une voie de droit. L'effet de droit n'a donc pas pour cause efficiente la volonté, et la théorie célèbre, dite théorie de la volonté, s'effondre tout entière »[481].

122. Le but d'organisation des rapports sociaux assigné à la loi exige une autolimitation réciproque dans l'exercice des prérogatives reconnues par elle toutes les fois que cela est nécessaire. L'esprit de la règle de droit n'est pas étranger à l'idée de la solidarité sociale[482] et de pacification des rapports de voisinage. Tout titulaire d'une prérogative reconnue par la loi doit l'exercer en ayant à l'esprit que le législateur n'a pas entendu que celle-ci soit exercée pour nuire à autrui. Le principe et les limites du droit ont une visée fonctionnelle. Il s'ensuit que « *On abuse de son droit quand, restant dans ses limites, on vise un but différent de celui qu'a eu en vue le législateur* »[483]. Le pouvoir agir juridiquement protégé cesse lorsque le droit est détourné de son objectif économique ou social. Ainsi, « *le droit cesse où l'abus commence, et il ne peut pas y avoir usage abusif d'un droit quelconque, parce qu'un même acte ne peut pas être tout à la fois conforme et contraire au droit* »[484].

123. Le respect de l'esprit de la loi permet d'éviter que par des moyens juridiquement reconnus comme normaux, le titulaire d'un

---

[481] L. DUGUIT, *Traité de droit constitutionnel*, t. 1, p. 337 cité par M. WALINE, *L'individualisme et le Droit*, préf. de F. MELIN-SOUCRAMANIEN, coll. « Bibliothèque Dalloz », 2e éd., Paris, Dalloz, 2007, n°113, p. 205.

[482] L. DUGUIT, *L'Etat, le droit objectif et la loi positive*, préf. MODERNE F., coll. « Bibliothèque Dalloz », Paris, Dalloz, 1901, reéd. 2003, p. 23 et s.

[483] J. CHARMONT, « L'abus de droit », *RTD Civ. 1902*, t. 1, p. 114.

[484] M. PLANIOL cité par J. CHARMONT, *préc.*, p. 115 ; W. DROSS, *Droit des biens*, *op. cit.*, n°76, p. 73 ; G. CORNU, *Droit civil. Les biens*, *op. cit.*, n°38, p. 88.

droit en vienne à vouloir prétendre à des fins inadmissibles[485]. L'abus de droit postule que le moyen utilisé ou le droit exercé est *a priori* objectivement reconnu, c'est seulement le mobile qui inspire son exercice qui est socialement inacceptable. Le droit est exercé exclusivement comme un instrument pour nuire à autrui. La manière de l'exercer ne correspond pas aux prévisions du législateur. Il y a donc dans la constitution de l'abus de droit une grande part de subjectivité qui est contraire au bon ordre social et qui caricature l'esprit de la loi. Pour faire face au mauvais usage du droit de propriété, de nombreuses dispositions légales réglementent l'exercice du droit de propriété en fixant des limites objectives d'ordre quantitatif et des sanctions correspondantes[486]. Toutefois, la théorie de l'abus de droit repose essentiellement sur des critères subjectifs d'ordre qualificatif[487] que les juridictions apprécient au cas par cas[488].

124. Selon Carbonnier : « *Sous sa forme la plus générale, la théorie de l'abus des droits revient à dire que l'exercice d'un droit n'est pas permis, et constitue une faute, quand il ne peut avoir d'autre but que de causer à autrui un dommage. Dans son application à la propriété foncière, elle signifie que le propriétaire commet une faute lorsque, tout en se cantonnant dans les limites matérielles de sa souveraineté sur le fonds, le dessus et le dessous, il accomplit un acte qui ne peut avoir d'autre objet que de nuire à un voisin* »[489]. Les éléments constitutifs de l'abus de droit sont au nombre de quatre[490]. On les retrouve dans les premières décisions consacrant cette théorie[491]. Il faut tout d'abord un dommage causé à un voisin. Il faut

---

485 L. JOSSERAND, *De l'esprit des droits et de leur relativité. Théorie dite de l'abus des droits*, préf. D. DEROUSSIN, coll. « Bibliothèque Dalloz », 2e éd., Paris, Dalloz, 1963, rééd. 2006, n°21, p. 25.

486 Cf. *Supra* Chapitre I de ce titre et section I de ce chapitre.

487 L. JOSSERAND, *op. cit.*, n°16, p. 21 ; W. DROSS, *Droit des biens*, *op. cit.*, n°76, p. 73.

488 CA Colmar, 02 mai 1855, *DP* 1956, 2, p. 9 ; Affaire Clément Bayard : Req.. fr. 03 août 1915, *DP* 1917, 1, p. 78.

489 J. CARBONNIER, *Droit civil. Les biens*, coll. « Thémis », t. 3, 18e éd., Paris, PUF, 1998, n°167, p. 259 ; M. PLANIOL et G. RIPERT, *Traité pratique de droit civil français*, *Les biens*, t. III, 2e éd., par M. PICARD, Paris, L.G.D.J., 1952, n°458, p. 452 ; F. TERRE et Ph. SIMLER, *Droit civil. Les biens*, coll. « Précis », 9e éd., *op. cit.*, n°320, p. 269.

490 J. CARBONNIER, *Droit civil. Les biens*, *op. cit.*. n°167, p. 260.

491 CA Colmar, 02 mai 1855, *DP* 1956, 2, p. 9 ; Affaire Clément Bayard : Req.. fr. 03 août 1915, *DP* 1917, 1, p. 78.

ensuite que ce dommage ait été causé par l'exercice d'une des prérogatives du droit de propriété sur un immeuble à savoir l'*usus*, le *fructus* et l'*abusus*. Puis, il faut que le droit ait été exercé dans la seule intention de nuire à autrui. Une simple imprudence ou négligence ne suffit pas. Le dommage doit avoir été causé intentionnellement au voisin par un esprit de malice. Enfin, il faut que l'acte ne présente aucun intérêt sérieux et légitime pour le propriétaire[492]. En d'autres termes, le propriétaire utilise son bien sans aucune utilité pour lui-même. Ce critère est l'élément le plus caractéristique de l'abus de droit. Il permet de déterminer ou de déduire le mobile ou l'intention du propriétaire, laquelle en pratique reste difficile à établir.

125. Quelques exemples d'abus de droit en matière de propriété immobilière méritent d'être cités. En premier lieu, dans l'affaire jugée par la Cour d'appel de Colmar, il s'agissait d'un propriétaire qui avait fait édifier sur sa maison une fausse cheminée sans utilité pour lui, uniquement à dessein d'enlever la lumière à un autre immeuble[493].

En deuxième lieu, dans l'affaire Clément Bayard[494], ce dernier était passionné de ballons dirigeables qu'il construisait dans son hangar. Pour les faire décoller, il avait besoin d'un grand espace. À cet effet, il était obligé de les faire passer sur le terrain de son voisin, M. Coquerel. Mécontent de cette activité du voisin, celui-ci avait alors construit sur son terrain des socles de bois sur lesquels il avait monté des tiges de fer de deux à trois mètres dans le seul but de crever ces ballons. M. Clément Bayard avait alors saisi les tribunaux, faisant remarquer que son voisin n'utilisait son droit de propriété que dans l'unique fin de lui nuire et que cette utilisation était anormale. La Cour de cassation française, sur le fondement notamment des articles 544, 552 et 1382 du Code civil, avait retenu ce raisonnement et avait condamné le voisin. Elle a souligné que le voisin n'utilisait les attributs de son droit de propriété que dans la seule fin de nuire à un tiers et sans aucune utilité pour sa propriété. Mais, il n'est pas aussi

492 L. JOSSERAND, *op. cit.*, n°20, p. 24.

493 CA Colmar, 02 mai 1855, *DP* 1956, 2, p. 9. Cet arrêt a été le point de départ de la théorie de l'abus de droit de propriété immobilière. La décision sanctionne le voisin qui construit sur son toit une fausse cheminée, en face et presque contre la fenêtre de son voisin, lui enlevant la quasi-totalité du jour.

494 Affaire Coquerel /Clément Bayard : Civ. fr, 3 août 1915 ; *GAJC* 11e éd., n°62 ; *D*. 1917, 1, 79 ; *Sirey* 1920, I, p. 300.

exclu que dans cette espèce, l'objectif final du voisin soit moins de crever les ballons de M. Bayard que de le contraindre à acquérir sa propriété au prix le plus fort[495].

En troisième lieu, on peut encore citer l'exemple d'un rideau de fougères placé devant une fenêtre dans l'intention de nuire à son voisin[496].

Enfin, pour une illustration plus récente[497], pour réaliser des travaux sur le toit de sa maison, un propriétaire avait besoin d'installer un échafaudage sur le terrain de sa voisine pour une durée de trois semaines. Il faut préciser qu'en effet, le maire de la commune refusait l'installation d'une nacelle sur la voie publique et toute autre solution aurait un coût disproportionné au regard de la valeur des travaux à effectuer. La Cour de cassation française a décidé que la propriétaire voisine commettrait un abus de droit si elle s'opposait à l'installation de cet échafaudage confirmant ainsi l'arrêt d'appel.

126. La sanction de l'abus de droit est fondée sur la responsabilité civile délictuelle prévue à l'article 1382 du Code civil[498]. Sa mise en œuvre exige donc l'existence d'un dommage, d'une faute et d'un lien de causalité. La réparation consiste à l'attribution de dommages et intérêts pour le préjudice subi et à la remise en état, c'est-à-dire par la destruction de l'ouvrage réalisé dans un esprit de malice.

127. Il faut enfin préciser que l'abus du droit de propriété est différent de la défense du droit de propriété. La défense du droit de propriété ne peut dégénérer en abus[499]. Dans l'abus du droit de propriété, c'est le propriétaire qui outrepasse les limites subjectives de son droit[500] ; tandis que dans la défense du droit de propriété, c'est un

---

[495] L. JOSSERAND, *op. cit.*, n°23, p. 29.

[496] Civ. fr. 1ère, 20 janvier 1964, *JCP éd. G.* 1965, II, 14035, note B. Oppetit ; *D.* 1964, juris. p. 518 ; *RTD. Civ.* 1965, p. 165, obs. R. Rodière : « *l'exercice du droit de propriété, qui a pour limite la satisfaction d'un intérêt sérieux et légitime, ne saurait autoriser l'accomplissement d'actes malveillants, ne se justifiant par aucune utilité et portant préjudice à autrui* ».

[497] Civ. fr. 3e, 15 février 2012, n°10-22899, *D.* 2012, p. 680.

[498] Art. 1382 C. civ. : « *Tout fait quelconque de l'homme, qui cause à autrui un dommage, oblige celui par la faute duquel il est arrivé à le réparer* ».

[499] Cass. fr. 3e civ., 7 juin 1990, n°88-16277; *Bull. civ.* III, n°140; *RTD. Civ.* 1991, p. 562, obs. F. ZENATI.

[500] W. DROSS, *Droit des biens*, *op. cit.*, n°76, p. 73 ;

tiers qui porte atteinte à sa propriété à travers des actes tel un empiètement[501].

B- L'articulation de la théorie de l'abus de droit avec la conception individualiste du droit de propriété

128. Le caractère absolu et fondamental du droit de propriété offre au propriétaire la souveraineté dans l'exercice de son droit. Il ne semble pas *a priori* lui imposer d'autres limites que celles objectives prévues par le législateur à travers les lois et règlements. Comment pourrait-il en être autrement ? D'autant plus que la propriété est perçue comme un droit réel[502], un droit qui s'exerce sur une chose. La relation entre le propriétaire actif et la chose passive ne peut être qu'un rapport de domination absolue. Elle ne parait pas, en outre, pouvoir être préjudiciable à autrui. En effet, dans la conception du Code civil « *le propriétaire est un souverain qui retranché dans sa chose comme dans une forteresse, agit à sa guise, discrétionnairement, sans qu'on puisse lui demander compte de ses actes et moins encore des mobiles qui les lui ont inspirés* »[503]. Ces pleins pouvoirs, *plena in re potestas*, solennellement reconnus comme un droit naturel, imprescriptible, inviolable et sacré de l'homme au même titre que la liberté, la sûreté et la résistance à l'oppression[504], confèrent au propriétaire une volonté souveraine dans l'exercice de son droit comme un despote. Ces pouvoirs paraissent incompatibles avec l'exercice d'une fonction sociale prédéterminée. La seule limite à sa volonté parait être … sa volonté. Le caractère absolu semble être un fait justificatif ou une permission de la loi pour la liberté du propriétaire sous réserve des lois et règlements. Certes, de l'extérieur le droit de propriété connait des limitations objectives constituées par les lois et règlements, mais de l'intérieur aucune limite n'est *a priori*

---

[501] W. DROSS, « Empiètement et abus de droit : de la propriété à la responsabilité », note sous Civ. fr. 3e, 14 janvier 2016, n°14-24.703, *RTD Civ.* 2016, p. 410-413.

[502] W. DROSS, « Une approche structurale de la propriété », *RTD Civ.*, 2012, p. 419 et s. ; J.-L. BERGEL, M. BRUSCHI et S. CIMAMONTI, *op. cit.*, n°103, p. 109 et s. ; J. CARBONNIER, *Droit civil. Les biens*, coll. « Thémis », t. 3, 18e éd., Paris, PUF, 1998, n°38, p. 63 ; M. PLANIOL et G. RIPERT, *Traité pratique de droit civil français, Les biens*, t. III, 2e éd., par M. PICARD, Paris, L.G.D.J., 1952, n°40, p. 45 et s. ; F. TERRE et Ph. SIMLER, *Droit civil. Les biens*, coll. « Précis », 9e éd., *op. cit.*, n°47, p. 59.

[503] L. JOSSERAND, *op. cit.*, n°13, p. 15.

[504] Art. 2 et 7 de la *Déclaration française des droits de l'homme et du citoyen.*

fixée. Mieux tout semble permis puisque le propriétaire est autorisé à user, jouir et disposer de sa chose de la manière « *la plus absolue* ». Par l'usage de ce superlatif grammaticalement incorrect, on y voit difficilement une limite interne au droit de propriété. Il s'agit sans doute d'une imprécision législative que la jurisprudence a vite et bien faite de corriger.

129. En dépit des termes littéraux de l'article 544 du code civil, il faut écarter toute conception intégriste de l'absolutisme du droit de propriété[505]. En effet, l'exercice du droit de propriété, comme de tout droit, doit être inspiré par le bon sens et inscrite dans la perspective d'un meilleur vivre-ensemble. Ce serait caricaturer la mesure de la souveraineté du propriétaire que la loi lui reconnait voire la contredire que de penser autrement. Sinon, nous prévient Ihering, le propriétaire « *établira sur son fonds une écorcherie empestant l'air environnant, un puits renfermant des substances qui empoisonnent la terre du voisin, une fabrique dont l'exploitation ébranle le sol et fait crouler les maisons avoisinantes, dont la fumée tue la végétation aux alentours, ou dont la chaleur intense empêche tout séjour à proximité ; il creusera joignant la limite un trou profond qui fera crouler le mur du voisin, etc. En faisant tout cela, il reste rigoureusement dans les limites de sa propriété* »[506].

130. Il est donc évident que la vie sociale serait impossible si chaque propriétaire devait exercer son droit de propriété de la sorte. « *Summum jus, summa injuria : l'exercice d'un droit poussé à l'extrême peut constituer une extrême injustice* »[507]. C'est pourquoi il est nécessaire de reconnaitre à l'absolutisme du droit de propriété un caractère fonctionnel fondé sur une limite interne à son droit et qui consiste pour lui à l'exercer comme bon lui semble tout en veillant à ne pas l'utiliser exclusivement dans le but de nuire à autrui. Il ne s'agit pas non plus d'exercer ce droit pour plaire à autrui ou dans un but social prédéterminé. Il s'agit d'un usage conforme à sa volonté et respectueux à la fois des lois, des règlements et du voisinage. Il s'agit d'un « absolutisme raisonnable ». L'image du propriétaire qu'il faut

---

[505] J.-L. BERGEL, M. BRUSCHI et S. CIMAMONTI, *op. cit.*, n°103, p. 112.
[506] IHERING, *Œuvres choisies*, trad. De Meulenaëre, t. II, p. 112 et s. cité par L. JOSSERAND, *op. cit.*, n°14, p. 16.
[507] J.-L. BERGEL, M. BRUSCHI et S. CIMAMONTI, *op. cit.*, n°106, p. 112.

avoir c'est celui d'un bon père de famille ou mieux d'un bon voisin, d'un voisin raisonnable, d'un propriétaire raisonnable.

131. En effet, la raison et la conscience sont présupposées devoir habiter le propriétaire dans l'exercice de son droit. Cest ce qui justifie les incapacités d'exercice. Il en résulte que les juridictions considèrent qu'il commet une faute consciente ou un délit[508] lorsqu'il l'exerce exclusivement dans l'intention de nuire ou par esprit de malice ou encore sans intérêt sérieux et légitime pour lui-même. Ce n'est donc pas le respect d'une fin déterminée et précise qui est assigné au droit de propriété. Ce qui est sanctionné, c'est la violation de la conscience de ne pas l'exercer dans l'unique but de nuire à autrui. C'est cela qui constitue une faute. Le fondement direct et immédiat de l'abus de droit de propriété est la faute commise par le propriétaire dans l'exercice de son droit. La recherche du meilleur vivre-ensemble, bien que réelle ou certaine, n'est qu'une finalité lointaine. En effet, ce critère est très arbitraire et ne confère pas une sécurité juridique[509]. C'est donc à juste titre que l'abus du droit de propriété est sanctionné sur le fondement de la responsabilité délictuelle, en occurrence, l'article 1382 du Code civil. En conséquence, c'est sur le droit commun de la responsabilité que repose la théorie de l'abus de droit de propriété.

Cependant, ce fondement s'est révélé impuissant pour sanctionner d'autres types de comportement du propriétaire de l'immeuble. Les juridictions ont alors eu recours à la théorie du trouble anormal de voisinage.

§ 2- La théorie des troubles anormaux de voisinage

132. Les activités économiques et sociales génèrent souvent des nuisances, des odeurs ou des pollutions à l'environnement immédiat voire éloigné. Les auteurs de ces troubles mènent pourtant généralement des activités licites et sans intention de nuire aux voisins. Corrélativement, ces activités causent une gêne d'une gravité plus ou moins importante aux voisins et diminuent en quelque sorte la valeur de leur propriété ou de leur bien. Au regard de l'utilité de ces activités, la théorie de l'abus de droit de propriété n'est pas opérante

---

[508] L. JOSSERAND, *op. cit.*, n°16, p. 20.
[509] J.-L. BERGEL, M. BRUSCHI et S. CIMAMONTI, *op. cit.*, n°106, p. 113.

bien que celles-ci causent une gêne aux propriétés voisines. Pour réparer ce trouble causé au voisinage, les juridictions ont eu recours à la théorie des troubles anormaux de voisinage. D'origine jurisprudentielle, cette théorie s'applique exclusivement à la propriété foncière[510]. Elle a un fondement autonome du droit commun de la responsabilité (A) et sanctionne un comportement suivant des critères différents de la théorie de l'abus de droit (B).

A-Le fondement de la théorie des troubles anormaux de voisinage : vers une responsabilité objective

133. Initialement, la théorie des troubles anormaux de voisinage était fondée sur le droit commun de la responsabilité délictuelle[511]. Elle avait le même fondement que la théorie de l'abus de droit. Toutefois, la mise en œuvre de la responsabilité délictuelle nécessite l'établissement d'un dommage, d'une faute et d'un lien de causalité. Si la preuve du dommage était aisée à apporter, celle de la faute ne l'était cependant pas. Dans l'hypothèse de l'abus de droit de propriété, l'intention de nuire du propriétaire suffit à caractériser l'existence d'une faute. Par contre, la théorie des troubles anormaux part du postulat que le propriétaire ou l'auteur du trouble exerce une activité licite et utile ; seulement, les frais ou les troubles que cette activité engendre sont « lourds » à supporter pour les voisins. L'attitude de l'auteur du trouble est inspirée par un intérêt sérieux et légitime pour lui-même. Il n'y a donc pas de faute ; la faute étant la violation d'une obligation préexistante. Il en résulte que l'absence d'une faute justifiait mal le recours au droit commun de la responsabilité civile délictuelle fondée sur l'article 1382 du Code civil. Ainsi, au regard de l'absence de faute, la nécessité de trouver un autre fondement pour sanctionner ces troubles non fautifs causant d'énormes désagréments aux voisins s'est imposée.

134. Progressivement, la jurisprudence a abandonné le recours à l'article 1382 du Code civil pour sanctionner les troubles anormaux de voisinage. Mais en dehors de la responsabilité civile délictuelle fondée sur l'existence d'une faute, y avait-il un autre fondement

---

[510] M. GIRER, *op. cit.*, support n°3, p. 10.

[511] Civ. fr. 3ème, 4 février 1971, *Bull. civ. III* n°78 et 80 ; *G.A.J.C.* n°74-75 ; *JCP éd. G.* 1971, II, 16781, note R. LINDON : le propriétaire ne peut pas causer à autrui un « *dommage dépassant les inconvénients normaux du voisinage* ».

textuel pour sanctionner ce genre de trouble ? Quel est donc le fondement réel de ce principe selon lequel nul ne doit causer à autrui un trouble anormal de voisinage ?

De prime abord, il existe certes des servitudes ; mais, il n'existe pas explicitement un texte légal qui prévoit une obligation légale de ne pas nuire au voisinage. Il n'y a donc en principe aucun « *devoir générique de ne pas nuire aux voisins* »[512]. Au contraire, toute personne est autorisée à exercer des activités licites conformément aux principes constitutionnels de la liberté du commerce et de l'industrie et de la liberté d'entreprendre. Or, ces activités licites peuvent créer quelques troubles aux voisins.

Ensuite, s'il est vrai que les troubles anormaux de voisinage mettent en relation deux fonds et concernent directement le droit des biens, de plus en plus ce rapport intéresse aussi d'autres disciplines comme le droit de l'environnement ou celui de l'urbanisme. Or, les textes relatifs à ces matières militent pour le droit de chacun à la sécurité et à une certaine qualité de vie[513] si bien que chaque voisin doit garantir ce droit à l'autre. Il reste toutefois que ces dispositions sont inopérantes pour justifier la théorie des troubles anormaux de voisinage puisque l'auteur du trouble peut respecter tous les règlements relatifs à l'environnement ou autre ; mais il n'en serait pas moins responsable si le trouble persiste[514].

De ce fait, la théorie des troubles anormaux de voisinage semble trouver un fondement dans la théorie de la garantie. Cependant, ce fondement est beaucoup exigeant pour en faire une application générale car le voisinage est naturellement appelé à supporter certains troubles quotidiennement ; c'est seulement lorsque ceux-ci prennent une dimension particulière ou anormale qu'ils deviennent intolérables. De manière générale, ce fondement n'inspire ni la jurisprudence ni la doctrine du fait de sa complexité[515].

Par ailleurs, on peut aussi penser à la théorie des risques. En vertu de celle-ci, celui qui tire profit d'une activité doit en supporter les risques. Cette théorie est d'ordre objectif[516] et permet d'engager la responsabilité sans faute de l'auteur du trouble. En effet, il parait

[512] J. CARBONNIER, *Droit civil. Les biens*, *op. cit.*, n°172, p. 266.
[513] Cf. *Supra* n°82 et s.
[514] J. CARBONNIER, *Droit civil. Les biens*, *op. cit.*, n°168, p. 261-262.
[515] F. M. SAWADOGO et D. W. KABRE, *Théorie générale des obligations*, Ouagadougou, Maison du droit, 2015, p. 35.
[516] L. JOSSERAND, *op. cit.*, n°16., p. 21.

injuste que des troubles anormaux soient supportés par le voisinage ; alors que non seulement ils résultent de l'activité d'un auteur connu, mais encore par leur réalisation ce dernier en tire du profit. Cette théorie parait la plus apte à fonder la sanction des troubles anormaux de voisinage. Toutefois, il a été remarqué que « *la responsabilité fondée sur le risque est exceptionnelle [en droit français] et requerrait un texte* »[517] puisque la faute est la violation d'une obligation préexistante.

L'idée de modération dans l'exercice du droit a aussi été avancée en ce sens que « *Quiconque n'use pas de sa propriété dans les conditions habituelles de son époque et de la situation de son immeuble doit réparer le dommage qu'il cause, car, en faisant de sa propriété un usage exceptionnel, il a détruit l'équilibre qui existait entre les fonds voisins* »[518]. Assurément, « *l'idée d'une mesure nécessaire en toutes choses mériterait bien de devenir davantage une idée juridique, mais qu'y a-t-il de démesuré à installer une usine ou un théâtre dans une ville ? Il faut avouer que souvent la faute est impalpable, et des arrêts déclarent qu'elle n'était pas nécessaire* »[519].

En définitive, la jurisprudence s'est résolue à poser un principe général de droit selon lequel : « *nul ne doit causer à autrui un trouble anormal de voisinage* »[520]. Il s'agit d'une création jurisprudentielle « *indépendante du droit commun de la responsabilité civile qu'il s'agisse de la responsabilité pour faute, de la responsabilité sans faute du fait des choses que l'on a sous sa garde ou des personnes dont on doit répondre ou encore de la responsabilité du fait des produits défectueux* »[521]. On pourrait affirmer que ce principe général repose sur la coutume.

Ainsi, la mise en œuvre de la théorie des troubles anormaux de voisinage est indépendante des autres régimes de responsabilité civile[522]. Elle n'est pas conditionnée par l'existence d'une faute[523] mais par la violation d'un principe général de droit selon lequel nul ne

---

[517] J. CARBONNIER, *Droit civil. Les biens*, *op. cit.*, n°172, p. 266.

[518] M. PLANIOL et G. RIPERT, *Traité pratique de droit civil français*, *Les biens*, t. III, 2e éd., par M. PICARD, Paris, L.G.D.J., 1952, n°471, p. 464.

[519] J. CARBONNIER, *Droit civil. Les biens*, *op. cit.*, n°172, p. 267.

[520] Cass. civ. fr. 2ème, 19 novembre 1986, *Bull. civ. II,* n°172.

[521] M. GIRER, *op. cit.,*, support n°3, p. 10.

[522] Civ. fr. 2ème, 20 juin 1990, *Bull. civ. II* n°140.

[523] Civ. fr. 2ème, 23 octobre 2003, *Bull. civ. II* n°318 ; *D.* 2004, somm. p. 2467, obs. Brigitte MALLET-BRICOUT ;

doit causer un trouble anormal de voisinage. Il s'agit d'une responsabilité objective[524] qui entretient des liens de plus en plus étroits avec la responsabilité civile[525]. Cependant, ce lien entre le droit des biens et le droit de la responsabilité civile semble engendrer des divergences quant à la prescription de l'action pour troubles anormaux de voisinage[526] : cette action est tantôt considérée comme une action en responsabilité, tantôt comme une action réelle immobilière.

135. La théorie des troubles anormaux de voisinage constitue une limite jurisprudentielle à l'absolutisme du droit de propriété en matière immobilière[527]. Elle est spécifique à cette matière puisqu'elle ne s'applique pas en matière mobilière. Cette théorie des troubles anormaux de voisinage modère la souveraineté du propriétaire par la prise en compte d'un certain réalisme à l'occasion de l'exercice de ce droit sur l'immeuble : l'exercice de ce droit ne doit pas causer des troubles anormaux au voisinage.

Ainsi, le fondement de la théorie des troubles anormaux de voisinage a donc été initialement la responsabilité civile délictuelle fondée sur l'article 1382 du Code civil. Par la suite, la jurisprudence l'a progressivement fondée sur un principe général de droit. Dans l'élaboration du fondement de cette théorie, la jurisprudence a aussi dégagé ses critères et les sanctions applicables.

B-Les critères et la sanction des troubles anormaux de voisinage

136. La mise en œuvre de la théorie des troubles anormaux de voisinage exige des précisions sur la notion de voisinage et le caractère du trouble.

---

[524] F. TERRE et Ph. SIMLER, *Droit civil. Les biens*, coll. « Précis », 9e éd., *op. cit.*, n°328, p. 276.

[525] W. DROSS, « La théorie des troubles anormaux de voisinage a-t-elle encore quelque chose à voir avec le droit des biens ? » note sous Civ. fr. 3e, 8 novembre 2018, n°17-24.333, *RTD Civ.* 2019, p. 140-144

[526] W. DROSS, « La prescription de l'action pour troubles anormaux de voisinage : divergences de la Cour de cassation », note sous Civ. fr. 2e, 13 septembre 2018, 17-22.474, *RTD Civ.* 2018, p. 948-952

[527] Civ. fr. 2ème, 23 octobre 2003, *JCP éd. G.* 2004, I, 125, note H. PERINET-MARQUET : « *le droit de propriété, tel que défini par l'article 544 du code civil et protégé par l'article 1er du 1er protocole additionnel à la convention européenne des droits de l'homme, est limité par le principe selon lequel nul ne doit causer à autrui un trouble anormal de voisinage ; (...) cette restriction ne constitue pas une atteinte disproportionnée au droit protégé par la convention précitée* ».

137. Concernant le voisinage, la jurisprudence a recours à une conception large[528]. En effet, toute la zone affectée par le trouble, et pas seulement le voisinage immédiat, est considérée comme celle du dommage. Les propriétés immobilières protégées par la théorie des troubles anormaux sont toutes celles touchées par ceux-ci. Elles ne se limitent donc pas aux voisins immédiats. Il suffit seulement que le trouble soit certain[529].

En outre, la qualité de l'auteur du trouble semble indifférente[530]. Le trouble est en effet sanctionné dès qu'il émane d'une propriété foncière. Il importe peu qu'il soit le fait du propriétaire du fonds, d'un copropriétaire[531], du locataire de l'immeuble[532] ou encore de l'entrepreneur[533] qui effectue des travaux sur le fonds du propriétaire voisin dit alors « *voisin occasionnel* »[534]. De même, la jurisprudence prend en compte le fait de l'auteur direct à l'origine du bruit ou de la pollution, mais aussi celui de l'auteur indirect. Ainsi, à titre illustratif, un propriétaire d'un appartement donné en location a été condamné à réparer le dommage résultant d'un trouble de voisinage créé par son locataire, bien qu'il ait mis son locataire en demeure de cesser les nuisances[535]. Le propriétaire peut aussi être condamné solidairement avec l'entrepreneur qui réalise des travaux sur son fonds[536].

De plus, la qualité de la victime du trouble parait également indifférente[537]. Cette qualité peut être reconnue aussi bien au propriétaire qu'au locataire ou au simple occupant. De ce fait, la victime peut également être indirecte puisqu'il n'est pas nécessaire que le propriétaire réside sur le fonds et subisse personnellement les troubles pour agir sur le fondement de la théorie du trouble anormal de

---

528 M. GIRER, *op. cit.,*, support n°3, p. 11.
529 *Ibid.*
530 *Ibid.*
531 Cass. civ. fr. 3ème, 20 février 1973, *RTD Civ.* 1974, p. 610, obs. G. DURRY.
532 Cass. civ. fr. 2ème, 19 février 2009, *Bull. civ. II* n°56 ; *JCP éd. G.* 2009, II, 10053, note O. SALATI.
533 Cass. civ. fr. 3ème, 21 mai 2008, *D.* 2008, 1550 ; Civ. fr. 20 octobre 1971, D. 1972, p. 414.
534 F. TERRE et Ph. SIMLER, *Droit civil. Les biens*, coll. « Précis », 9e éd., *op. cit.*, n°325, p. 273 ; M. GIRER, *op. cit.,* support n°3, p. 11.
535 Civ. fr. 3ème, 17 avril 1996, *Bull. civ. III* n°108 ; *JCP éd. G.* 1996, I, 3972, n°7, obs. H. PERINET-MARQUET ; *RTD Civ.* 1996, p. 638, obs. P. JOURDAIN.
536 Civ. fr. 3ème, 11 mai 2000, *D.* 2001, somm. p. 2231, obs. P. JOURDAIN.
537 M. GIRER, *op. cit.,*, support n°3, p. 12.

voisinage. L'action pour la réparation du trouble est ouverte à toute victime, quel que soit son titre d'occupation[538].

138. S'agissant du caractère du trouble, s'il est certain qu'il doit être anormal, l'anormalité reste difficile à appréhender. La réponse à la question de savoir à partir de quand commence l'anormalité n'est pas toujours évidente. Ce, d'autant plus que chacun est tenu de supporter les troubles normaux de voisinage sans pouvoir demander indemnisation. L'anormalité est une question de fait qui relève de l'appréciation souveraine des juges de fond. Elle est appréciée *in concreto* par la jurisprudence en fonction des circonstances concrètes et non *in abstracto* en référence à une norme abstraite de conduite[539]. À cet effet, les juridictions ont recours à deux critères cumulatifs[540]. Le premier est celui de la fréquence de la nuisance. Cette fréquence est caractérisée lorsqu'il y a une certaine répétition du trouble[541] qui peut être un bruit, une privation d'ensoleillement[542], *etc*. Le trouble anormal de voisinage « *est un dommage continu* [543]» ou encore « *Il doit s'agir de troubles durables, persistants, ou se produisant à intervalles réguliers, mais pas forcément permanents* »[544].

Le second critère est celui de la gravité du trouble. Il est apprécié selon les circonstances concrètes de temps et de lieu[545]. Ainsi, pour un bruit, il s'agira de savoir s'il se produit le jour ou la nuit, en ville ou en campagne ; pour une pollution en zone industrielle ou en zone résidentielle, *etc.*[546]

139. Comme pour l'abus de droit, la sanction des troubles anormaux de voisinage se fait par une réparation en nature ou par équivalent. La réparation en nature consiste pour les juridictions à ordonner des travaux pour réparer les troubles, ou à faire cesser les

---

538 Civ. fr. 2ème, 17 mars 2005, *Bull. civ. II* n°73 ; *D*. 2005, I.R., p. 917.
539 M. GIRER, *op. cit.,*, support n°3, p. 13.
540 *Ibid.*
541 Civ. fr. 2ème, 5 février 2004, *Bull. civ. II* n°49 ; *D*. 2004, somm. p. 2468, obs. N. REBOUL-MAUPIN.
542 Civ. fr. 3ème, 14 janvier 2004, *Bull. civ. III* n°9 ; *D*. 2004, juris. p.2410, obs. B. MALLET-BRICOUT.
543 J. CARBONNIER, *Droit civil. Les biens*, *op. cit.*, n°168, p. 261.
544 M. GIRER, *op. cit.,*, support n°3, p. 13.
545 *Ibid.*
546 *Ibid.*

activités dommageables ou encore à ordonner la démolition. Elle se rapproche plus du principe de la réparation intégrale[547].

La réparation par équivalent s'opère par l'octroi de dommages et intérêts soit lorsque la réparation en nature n'est pas possible, par exemple dans l'hypothèse où l'établissement responsable du trouble fonctionne en vertu d'une autorisation administrative[548] ou lorsque cette démolition ou la cessation de l'activité est hors de proportion avec le dommage constaté ; soit lorsque la réparation en nature est insuffisante.

140. Dans la pratique, les juridictions prennent également en compte le critère de la « pré-occupation » ou de l'occupation antérieure qu'elles considèrent comme une cause d'exonération spécifique. Le trouble n'est plus anormal lorsque la victime s'est mise en situation de la subir en venant s'installer à proximité de la source des nuisances. En effet, « *Pour la jurisprudence, lorsque l'activité potentiellement nuisible s'exerce et se poursuit conformément aux lois et règlements et qu'elle préexiste à l'installation de la victime, elle ne constitue pas un trouble anormal de voisinage : celui qui vient s'installer dans une zone créatrice de nuisances sait à quoi il s'expose* »[549]. Ainsi, en est-il des nuisances provoquées par une scierie déjà en activité pour les nouveaux propriétaires qui viennent s'installer près d'elle[550].

La destination d'une zone peut aussi être déterminée par les documents d'urbanisme ou être d'origine coutumière. Dans la première hypothèse, le Conseil constitutionnel français considère que cette exonération spécifique est conforme à la constitution[551]. Il a ainsi validé la constitutionnalité de l'article L.112-16[552] du Code de la

[547] J. CARBONNIER, *Droit civil. Les biens*, *op. cit.*, n°169, p. 261.

[548] Civ. fr. 1re, 15 mai 2001, *Bull. civ.* I, n°135 ; F. TERRE et Ph. SIMLER, *Droit civil. Les biens*, coll. « Précis », 9e éd., *op. cit.*, n°329, p. 277.

[549] M. GIRER, *op. cit.,*, support n°3, p. 15.

[550] Civ. fr. 3ème, 27 avril 2000, *Bull. civ. III* n°92.

[551] Cons. const., fr. 8 avril 2011, n°2011-116 Q.P.C.

[552] L'article en question dispose que « *les dommages causés aux occupants d'un bâtiment par des nuisances dues à des activités agricoles, industrielles, artisanales ou commerciales n'entrainent pas droit à réparation lorsque le permis de construire afférent au bâtiment exposé à ces nuisances a été demandé ou l'acte authentique constatant l'aliénation ou la prise à bail établi postérieurement à des activités les occasionnant, dès lors que ces activités s'exercent en conformité avec les dispositions législatives en vigueur et qu'elles se sont poursuivies dans les mêmes conditions* ».

construction et de l'habitation français relatif à la théorie de la pré-occupation. Dans la seconde, on estime généralement que « *La pré-occupation collective détermine l'usage du quartier, la mesure coutumière de ce que doivent supporter les habitants du lieu* »[553].

141. Par ailleurs, de plus en plus inspirées par les règles du droit de l'urbanisme ou de l'environnement, les juridictions semblent créer progressivement une nouvelle limite au droit de propriété surtout en matière immobilière. Il s'agit du principe de précaution[554]. En vertu du Code de l'environnement, c'est lc principe « *selon lequel lorsque les conséquences d'une activité sont inconnues ou même lorsque leur survenance est incertaine, des mesures de précaution doivent être prises. Celles-ci peuvent selon le cas, consister en l'interdiction de l'activité tant que la preuve de l'absence d'effets dommageables n'a pas été rapportée* »[555]. Il est également prévu par le Code de l'environnement français. Pour que le principe de précaution puisse être retenu, quatre conditions doivent être réunies : un risque de dommage, une incertitude scientifique pesant sur sa réalisation, la gravité du dommage encouru et le caractère irréversible du dommage encouru. Ainsi, « *Après l'abus et l'excès, c'est le danger potentiel qui viendrait limiter l'usage du droit de propriété*»[556]. Dans l'espèce, les juges ont estimé qu'il n'y avait pas de risque avéré ni même suspecté car l'expert avait formellement exclu tout risque de pollution des eaux.

CONCLUSION DU CHAPITRE II

142. Toute somme considérée, il est incontestable que l'exercice du droit de propriété en matière immobilière subit de sérieuses limitations. Le subjectivisme du propriétaire s'amenuise comme peau de chagrin.

143. En effet, concernant la liberté du propriétaire dans l'usage, la jouissance et la disposition, il est clairement ressorti que ces prérogatives sont de plus en plus conquises par un objectivisme, un réalisme qui freine les *desiderata* du propriétaire : ce dernier ne

---

[553] J. CARBONNIER, *Droit civil. Les biens*, *op. cit.*, n°175, p. 269.
[554] F. TERRE et Ph. SIMLER, *Droit civil. Les biens*, coll. « Précis », 9e éd., *op. cit.*, n°330 et s., p. 278 et s.
[555] Art. 9.
[556] N. REBOUL-MAUPIN, note sous Civ. fr. 3e, 3 mars 2010, *D.* 2010, p. 2187.

peut pas utiliser l'immeuble comme bon lui semble, en jouir comme il veut ou en disposer à sa guise. La réserve de l'article 544 du Code civil relative aux lois et règlements qui limitent le droit de propriété est exploitée à fond. Il en résulte une prolifération législative de plus en plus croissante. Ainsi, en est-il des nombreuses dispositions légales comme celles relatives au Code de l'urbanisme et de la construction, au Code de l'environnement, au Code de l'hygiène publique, au Code de la santé publique, à la loi portant protection du patrimoine culturel, à la loi n°103-2015/CNT portant bail d'habitation privée ou celles relatives au bail professionnel[557], à la récente loi n°009-2018/AN du 3 mai 2018 portant expropriation pour cause d'utilité publique et indemnisation des personnes affectées par les aménagements et projets d'utilité publique et d'intérêt général, qui trouvent leur champ d'application dans le périmètre du subjectivisme du propriétaire dont elles s'approprient une bonne partie, l'altérant de ce fait.

144. En outre, à côté de ces limitations objectives émanant essentiellement de la loi, la jurisprudence s'est aussi invitée pour soutenir l'effort d'objectivisme ou de réalisme dans l'exercice du droit de propriété foncière en accompagnant le législateur dans son objectif de modération ou de socialisation du droit de propriété. Son rôle a également porté sur l'atténuation de la souveraineté du propriétaire notamment le caractère absolu de la propriété en matière immobilière. La jurisprudence a altéré cette souverainété d'une part en relevant la responsabilité du propriétaire à partir de l'article 1382 du Code civil, quand il exerce son droit dans le seul but de nuire à autrui. Il s'agit bien de la théorie de l'abus de droit qui trouve à s'aplliquer, il faut le souligner, aussi bien en matière mobilière qu'en matière immobilière. D'autre part, elle est allée plus loin en soulignant encore sa responsabilité lorsque dans cet exercice, il cause un trouble anormal de voisinage bien qu'il n'y ait commis aucune faute. Il s'agit alors de la responsabilité objective du propriétaire foncier, spécifique à la matière immobilière.

145. Il n'y a donc aucun doute que l'objectivisme et le réalisme, qui se manifestent par les nombreuses limitations dans l'exercice du droit de propriété en matière immobilière, ne peuvent être perçus que comme des altérations du subjectivisme.

---

[557] Art. 101 et s. de l'AUDCG.

CONCLUSION DU TITRE I

146. En résumé, il est loisible d'affirmer que le subjectivisme du droit de propriété est altéré par moult limitations à l'occasion de son exercice par le propriétaire. Ce constat s'impose de manière éloquente aussi bien en matière mobilière qu'en matière immobilière.

147. En matière mobilière, concernant les meubles corporels comme les animaux, de nombreuses dispositions en matière pénale et environnementale contraignent le propriétaire à ne pas exercer son droit de propriété sur eux d'une manière qui porte atteinte à leur qualité d'être vivant et sensible[558]. De même, s'agissant des meubles incorporels, des dispositions relatives à la propriété intellectuelle imposent au propriétaire un nombre considérable de limites dans l'exercice du droit de propriété sur les œuvres de l'esprit. Les droits reconnus au créateur d'une telle œuvre visent à lui réserver la valeur économique durant une période déterminée. Il existe néanmoins de nombreuses limitations, inspirées de la nature incorporelle de ces biens, qui ont essentiellement trait à l'usage privé et à la durée d'exercice des droits. La spécificité qui ressort au niveau de l'exercice du droit de propriété sur ces biens est l'atteinte au caractère perpétuel des prérogatives patrimoniales du droit de propriété.

148. En matière immobilière, la volonté du propriétaire est contrariée au moment de l'exercice de son droit à deux niveaux. En premier lieu, cette volonté fait face à de nombreuses frontières objectives. En effet, des dispositions légales en nombre de plus en plus croissant limitent sa liberté tant dans l'usage et la jouissance que dans la disposition de l'immeuble. Il s'agit par exemple des dispositions légales qui se rapportent à l'urbanisme, aux règles environnementales, à l'expropriation *etc.* En second lieu, la jurisprudence modère la souveraineté du propriétaire à travers des limites apportées au caractère absolu de son droit. Ces limites se ramènent à la théorie de l'abus de droit de propriété fondée sur

---

[558] A. CHEYNET DE BEAUPRE, *Droit des biens*, coll. « Dyna Sup'droit », Paris, Vuibert, 2011, n°187, p. 102 et s.

l'article 1382 du Code civil et à la théorie des troubles anormaux de voisinage élaborée comme une responsabilité objective.

149. Toutes ces limitations induisent de plus en plus d'objectivisme et de réalisme dans l'exercice du droit de propriété en altérant corrélativement le subjectivisme absolu de la volonté que les termes et le contexte de l'article 544 du Code civil semblaient promouvoir. Ce faisant, selon un auteur, la multiplication des obstacles aux pouvoirs traditionnels du propriétaire et corrélativement la diminution progressive des attributs de la propriété concourent à faire des prérogatives du droit de propriété moins une « *mise* » qu'une « *prétention* »[559]. Enfin, toutes ces limitations ne sont-elles pas des moyens visant, en réalité, à orienter l'exercice du droit de propriété vers une finalité ?

---

[559] A.-J. ARNAUD, « Le droit français des biens entre jeu et providence », *APD*, t. 24, *Les biens et les choses*, Sirey 1979, p. 213-234.

TITRE II

L'ALTERATION PROGRESSIVE DU SUBJECTIVISME PAR L'ORIENTATION ACCRUE DE LA FINALITE DU DROIT DE PROPRIETE

150. Si on admet, de manière générale, que le droit n'est pas une œuvre *ex-nihilo*[560], qu'il est un moyen d'organisation de la vie sociale, l'instrument juridique de mise en œuvre des choix politiques, des options économiques, des préférences sociales et des objectifs culturels d'une société à un moment donné[561], il est alors aisé d'affirmer qu'il a une orientation. Dans cette optique, les limitations apportées à l'exercice du droit de propriété semblent s'inscrire dans un objectif général de socialisation. Elles renvoient à une idée ou une valeur de plus en plus infuse dans la mise en œuvre du droit de propriété. Il ne fait aucun doute que ces limitations sont le fait du droit objectif et sont portées vers une direction ou une tendance moins subjectiviste du droit de propriété. Le droit objectif socialise le droit de propriété au moment de sa mise en œuvre au moyen de restrictions. Ces limitations sont les moyens d'intégration des tiers[562] et de « *moralisation* [563]» de la vie sociale dans l'exercice du droit de propriété. Cette objectivisation ou socialisation du droit de propriété se réalise par le biais de l'instrumentalisation de sa mise en œuvre[564] et la prise en compte de certaines valeurs, de certains intérêts tant privés que publics.

151. La socialisation du droit de propriété opère un processus de limitation du subjectivisme du droit de propriété en ce sens qu'elle ajoute une volonté objective supérieure à celle subjective

---

[560] Ch. ATIAS et D. LINOTTE, « Le mythe de l'adaptation du droit au fait, » *D.* 1977, chron. p. 251 et s.

[561] R. LIBCHABER, *L'ordre juridique et le discours du droit. Essai sur les limites de la connaissance du droit*, *op. cit.*, n°114 et s., p. 142 et s.

[562] J. ROCHFELD, *op. cit.*, p. 283 et s.

[563] J. CARBONNIER, *Flexible droit. Pour une sociologie du droit sans rigueur, op. cit.*, p. 320.

[564] G. BZOWSKI, *L'instrumentalisation fiscale du droit de propriété*, th. Panthéon-Assas, 2011, 564 p.

du propriétaire dans la mise en œuvre de ce droit. Il en découle que le processus de socialisation du droit de propriété se réalise au détriment du subjectivisme de ce droit en prenant en compte d'autres intérêts tant privés que publics.

152. Il convient de rappeler que le droit de propriété en vigueur au Burkina Faso est un héritage de la colonisation. Or, cette conception porte en elle une charge idéologique, philosophique, historique et politique qui réflète l'histoire et la philosophie politique de la France. Cela dit, il faut aussi souligner que les Etats africains avaient un concept de propriété qui est bien différent. Il nous semble donc plus judicieux d'analyser l'orientation sociale de ce droit de propriété dans le temps en prenant en compte le contexte de son élaboration, les sources réelles qui l'ont inspiré. Sous cet angle, la conception du droit de propriété en 1804 parait avoir été si fondamentale et théorique que très vite, elle s'est heurtée à la réalité sociale. Comme l'a souligné ATIAS, « *S'il venait à être admis que la notion de droit subjectif est trop fondamentale pour pouvoir être juridique, il deviendrait possible de renouveler la théorie de la propriété. Il y a bien longtemps que s'y mêlent un absolu abstrait et une situation concrète* »[565]. En effet, la notion juridique de propriété[566] ne peut ignorer la réalité sociale, laquelle parvient à « *teinter la propriété de certains biens de finalités sociales particulières* »[567]. Il est donc plausible que le processus d'adaptation du droit de propriété à cette réalité ou socialisation se caractérise par plus d'objectivisme dans la mise en œuvre de ce droit.

153. Ainsi, grâce au phénomène de socialisation, la mise en œuvre du droit de propriété est de plus en plus orientée vers une finalité générale. Ce processus est constant dans le temps (Chapitre I).

Il se manifeste aussi dans l'espace et revêt une signification particulière surtout pour les pays francophones dont le Burkina Faso qui ont hérité de la colonisation d'une tradition juridique et d'un système judiciaire d'inspiration française (Chapitre II).

---

[565] Ch. ATIAS, *Droit des biens*, *op. cit.*, n°91, p. 72.

[566] *Ibid.* L'auteur précise que l'idée de propriété est différente de la notion juridique de propriété. Elle « *se prête aux spéculations intellectuelles [et] favorise la réflexion abstraite détachée de toute réalité historique, psychologie ou sociale* ».

[567] M. BOUDOT, « Les représentations concurrentes de la propriété en droit civil français », M. BOUDOT et D. VEILLON (dir.), *Les propriétés*, *op. cit.*, p. 21.

CHAPITRE I

L'ALTERATION DU SUBJECTIVISME PAR L'ORIENTATION SOCIALE DU DROIT DE PROPRIETE DANS LE TEMPS

154. Le droit évolue en même temps que la société. Les défis auxquels la société doit faire face constituent les sources réelles du droit très souvent reléguées au second plan au profit des sources formelles. Or, en principe c'est le « *législateur réel, sociologique* » qui inspire le « *législateur formel, juridique* »[568]. Pour bien comprendre le contenu et la portée réelle des dispositions formelles, il est donc impératif de bien connaitre les raisons et le contexte socio-politique qui les ont motivés[569]. De là s'explique également le fait que les dispositions formelles soient amenées à s'adapter en fonction des évolutions et du contexte sociologiques. De ce fait, les autorités qui élaborent les sources formelles doivent veiller à ce qu'elles répondent aux réalités du moment : l'efficacité de la règle de droit est subordonnée à son efficience, c'est-à-dire sa capacité à bien cerner le fait social qu'elle ambitionne de réglementer.

155. Sur ce plan, certes, la jurisprudence joue un rôle supplétif en cas d'insuffisance des autorités législatives et exécutives. Mais, cette tâche est plus ou moins complexe selon la dextérité du législateur à bien appréhender la réalité. En fait, d'une part, il n'est pas exclu que dès sa conception la loi porte aussi en elle-même les germes de son inefficacité pour avoir mal appréhendé la réalité sociale. D'autre part, l'imprécision de la loi peut donner lieu à de multiples interprétations.

156. La doctrine semble ne pas trop s'attarder sur les enjeux politiques notamment lorsqu'ils remettent en cause le consensus dogmatique sur l'absolutisme du droit de propriété. Ce consensus

---

[568] J. CARBONNIER, *Sociologie juridique*, 2ème éd, Paris, Quadrige, 2004, p. 335.
[569] V. CHAMPEIL-DESPLATS, «Droits et/ou normes. Les droits et libertés par-delà les énoncés : significations et structures normatives», *RDLF* 2019 chron. n°24 (www.revuedlf.com).

semble lui-même fondé sur le consensus politique résultant de la Révolution de 1789[570]. Or, à l'analyse de cette réalité, de ces enjeux ou encore de ces sources réelles, on observe que, dans le temps, la portée de l'absolutisme du droit de propriété au moment même de sa conception tel que présenté par le positivisme juridique mérite d'être relativisée (Section I).

La réalité sociale étant évolutive, la complexité des rapports horizontaux ou personnels imposés par les enjeux qui se sont au fur et à mesure présentés et ceux contemporains amplifie l'altération du caractère absolu du droit de propriété (Section II).

Section 1- L'orientation sociale du droit de propriété au moment de l'adoption du code civil

157. L'expression « *la plus absolue* » utilisée à l'article 544 du Code civil de 1804 pour décrire la propriété a tendance à créer dans l'imaginaire l'idée d'un droit despotique ou tyrannique[571]. Dès lors, faire ressortir l'orientation sociale du droit de propriété à cette époque exige d'abord de relativiser la portée de l'absolutisme du droit de propriété ainsi présenté. À cet effet, l'analyse des impératifs politiques de cette période historique apparait d'un grand secours (§ 1). En effet, elle permet de se convaincre que ces impératifs ne sauraient sérieusement avoir pour effet de faire de la propriété un droit antisocial ou despotique (§ 2).

§ 1- L'absolutisme du droit de propriété, expression dévoyée des impératifs politiques d'une période historique

158. La définition du droit de propriété à l'article 544 du Code civil et plus précisément l'utilisation de l'expression « *la plus absolue* » peut faire croire, qu'en comparaison ou au détriment des idées socialisantes, la propriété individualiste était la valeur la plus recherchée parmi les impératifs politiques de l'époque par rapport à certaines valeurs socialisantes. Bien au contraire, les idées socialisantes demeuraient présentes à l'époque de l'élaboration du

---

570 J.-P. CHAZAL, « La propriété : dogme ou instrument politique, ou comment la doctrine s'interdit de penser le réel », *RTD Civ.*, 2014, p. 771.

571 A. CHEYNET DE BEAUPRE, *Droit des biens*, coll. « Dyna Sup'droit », Paris, Vuibert, 2011, n°113, p. 65.

Code civil. Mieux, de toutes les idées révolutionnaires qui ont inspiré le législateur de 1804, en occurrence, les rédacteurs du Code civil, on retrouve au centre des idées socialisantes en occurrence la lutte pour l'égalité des droits (A). Oui, en effet, « *Ce que la nation [française] a fait en 89 pour la liberté et la propriété n'a été qu'une conséquence et un accessoire de ce qu'elle a fait pour acquérir l'égalité des droit* »[572]. Ainsi, la liberté et la propriété ne viennent que comme accessoires à cette lutte pour l'égalité (B).

A- La recherche de l'égalité, impératif politique primordial

159. Contrairement à la révolution américaine qui avait pour objectif l'obtention de la liberté, l'idée phare de la révolution française semblait être la recherche de l'égalité. En effet, la Déclaration d'indépendance américaine de 1776 déclare, en premier lieu, que les « *hommes sont créés égaux, sont doués par leur créateur de droits inaliénables ; parmi ces droits se trouvent la vie, la liberté et la recherche du bonheur* ». Pour la situer dans son contexte, il convient de préciser que cette Déclaration marque la rupture avec la colonisation britannique et la couronne anglaise. En vertu de cette Déclaration, le système politique américain s'est construit principalement sur le postulat fondamental de la liberté individuelle[573]. La Déclaration parle davantage de recherche du bonheur que de bonheur. Cette recherche est associée à la liberté individuelle. Ce bonheur est individuel et la somme des bonheurs privés représente le bonheur collectif. « *Le couple conceptuel fondamental semble donc être ici celui du bonheur et de la liberté* »[574].

En France, l'article 1er de la Déclaration des droits de l'homme et du citoyen de 1793[575] proclame que « *le but de la société est le bonheur commun* ». On peut ainsi remarquer que « *Historiquement, dans le cours même de la Révolution française, cette référence au*

---

[572] P.-L. ROEDERER, *L'Esprit de la Révolution de 1789*, Paris, 1831, p. 10 cité par M. ROLAIN, *Les limitations au droit de propriété en matière immobilière*, *op. cit*, p. 137.
[573] J.-C. BILLIER et A. MARYOLI, *op.cit.*, p. 123.
[574] *Ibid.*
[575] Il s'agit de l'*Acte constitutionnel du 24 juin 1793* à ne pas confondre avec la *Déclaration des droits de l'homme et du citoyen de 1789*.

« bonheur commun » dans la Déclaration des droits de l'homme correspond sans doute à un infléchissement des idées révolutionnaires, passant de l'idée d'une protection des libertés à la volonté de réaliser avant tout un bonheur collectif. Le couple conceptuel tend donc ici à être plutôt celui du bonheur et de l'égalité »[576].

En outre, la Déclaration française essaie de concilier l'homme naturel et l'homme politique alors que la Déclaration américaine fait implicitement recours à l'homme naturel. En effet, pour la Déclaration américaine, l'homme a été créé et tient ses droits naturels et inaliénables de son Créateur. En revanche, la Déclaration française, sans rejeter l'idée que l'homme est une créature de Dieu, s'efforce d'avoir une conception rationaliste de la liberté[577] et considère que les droits inaliénables de l'homme sont déterminés par lui-même. Dans la hiérarchie des droits, « *La Déclaration d'indépendance américaine prolonge la pensée de Locke. Pour celui-ci et pour la tradition libérale, les droits fondamentaux de l'individu sont avant tout la vie, la liberté, la propriété de son propre corps ainsi que des produits du travail de son corps. Les Déclarations françaises accordent plus d'importance à l'égalité aux côtés de la liberté* »[578].

160. Cette comparaison n'est pas que théorique au regard des conséquences produites dans leur évolution. En effet, fondée sur le primat de la liberté individuelle, la conception américaine appréhende les libertés fondamentales comme des « *droits-libertés* » ou « *freedom from* »[579] ce qui implique la non-intervention de l'Etat. Au contraire, dans la conception française le postulat fondamental de l'égalité implique une intervention étatique d'où la prolifération des « *droits créances* ». La Déclaration américaine considère ces droits et libertés comme relevant de sa sphère privée et se méfie de toute intervention étatique ; tandis que la Déclaration française, ne les percevant pas comme des « *droits de* » mais plutôt comme « *des droits à* », espère

---

[576] J.-C. BILLIER et A. MARYOLI, *op.cit.*, p. 123.

[577] R. SEVE, « Les libertés et droits fondamentaux et la philosophie », R. CABRILLAC, M.-A. FRISON-ROCHE et Th. REVET, (dir.) *Libertés et droits fondamentaux*, 6e éd., Paris, Dalloz, 2000, n°53, p. 29 ; J.-C. BILLIER et A. MARYOLI, *op.cit.*, p. 124.

[578] J.-C. BILLIER et A. MARYOLI, *op.cit.*, p. 125.

[579] *Ibid.*

toujours l'implication de la collectivité pour la réalisation du bonheur privé[580].

L'observation minutieuse permet de constater que le système politique d'inspiration américaine fondé essentiellement sur la liberté se caractérise par un rôle social moindre de l'Etat et une faible revendication sociale en comparaison du système politique d'inspiration française marqué par une régularité des revendications sociales. Les effets de cette différence de conception ou de hiérarchie semblent, de ce fait, toujours d'actualité. L'une est plus concrète et pragmatique alors que l'autre est abstraite et théorique.

161. Il faut relever, par ailleurs, que jusqu'au XVIIIe siècle, le droit français était beaucoup inspirée de sources romaines. Or, le droit romain se singularisait par une inégalité entre les citoyens romains et les autres individus constitués des femmes et des étrangers[581]. La *proprietas* romaine[582] et plus généralement la *jus civile* s'appliquait uniquement aux Romains et le *jus gentium* ou le droit des gens à la fois aux Romains et aux étrangers notamment aux Pérégrins[583]. Pendant la Révolution française, la recherche de l'égalité a eu pour conséquence qu' « *on étend donc à tous les hommes le principe du droit civil romain, assurant la liberté à tout possesseur de biens* »[584].

162. De manière générale, « *Le sens de la Révolution française de 1789 et du Code civil de 1804 a [...] fait l'objet d'interprétations discutables. Le caractère « sacré » du droit de propriété énoncé dès la première heure révolutionnaire en 1789 a été présenté comme la signature de l'individualisme triomphant, ce qui n'est manifestement pas établi* »[585]. En effet, ces textes se sont inspirés

---

[580] *Ibid.*

[581] M. HUMBERT, *Institutions politiques et sociales de l'Antiquité*, coll. « Précis », 9e éd., Paris, Dalloz, 2007, n°17 et s., p. 8 et s.

[582] J.-F. BREGI, *Droit romain. Les biens et la propriété*, coll. « Universités », Paris, Ellipses, 2009, n°152, p. 67.

[583] M. HUMBERT, *op. cit.*, n°34, p. 19.

[584] B. GROETHUYSEN, *Philosophie de la Révolution française*, Gallimard, 1956, réed. Coll. « Tel », p. 238-239 cité par J.-C. BILLIER et A. MARYOLI, *op.cit.*, p. 131.

[585] L. MILLET, « Mieux comprendre la fonction sociale du droit de propriété : un enjeu pédagogique », A. CHAIGNEAU (dir.), *Fonctions de la propriété et commun. Regards comparatistes*, Droit comparé et européen, Vol. 27, Paris, Société de législation comparée, 2016, p. 73.

des idées chrétiennes et des auteurs comme Locke, Rousseau, Portalis *etc.* Ces sources considèrent l'homme comme un être sociable et attachent une grande importance au bien commun[586]. Elles sont, au contraire, imperméables à l'idée d'un droit de propriété purement individualiste. Il en résulte que l'interprétation du caractère absolu du droit de propriété souvent faite par la doctrine est inexacte parce que dénuée de tout fondement philosophique, théologique, historique ou anthropologique[587]. Cette présentation ressemble parfois à une légende[588]. En réalité, la société précède la propriété si bien que l'appropriation privative constitue « *un évènement de nature sociale, à la dignité secondaire* »[589].

163. Ainsi, la Révolution française avait pour but le bonheur commun. À cet effet, elle attachait plus d'importance à l'égalité qu'à la liberté et à la propriété. Il semble alors certain que le Code civil qui en est résulté ne soit pas étranger à cette primauté hiérarchique accordée à l'égalité. Cette égalité est aussi comprise comme un objectif nécessitant l'intervention étatique pour sa réalisation. Elle a alors ici une valeur socialisante. En conséquence, cette conception fondée sur l'objectif fondamental primordial d'égalité nécessite d'admettre que la liberté et la propriété peuvent céder devant le bonheur commun. En effet, *« Ce n'est qu'après la limitation primordiale de la loi de la Cité, qui définit la légitimité de l'usage d'un bien considéré à un moment donné (précision légale de la fonction sociale), que l'on peut ensuite envisager dans ce périmètre*

---

586 L. MILLET, *Contribution à l'étude des fonctions sociale et écologique du droit de propriété : enquête sur le caractère sacré de ce droit énoncé dans la Déclaration des droits de l'homme et du citoyen du 26 août 1789*, *op. cit.*, n°247 et s., p. 253 et s.

587 L. MILLET, « Mieux comprendre la fonction sociale du droit de propriété : un enjeu pédagogique », *op. cit.* p. 71.

588 L. MILLET, *Contribution à l'étude des fonctions sociale et écologique du droit de propriété : enquête sur le caractère sacré de ce droit énoncé dans la Déclaration des droits de l'homme et du citoyen du 26 août 1789*, *op. cit.*, n°344, p. 364.

589 R. LIBCHABER, « La propriété, droit fondamental », R. CABRILLAC, (dir.) *Libertés et droits fondamentaux*, 21e éd., Paris, Dalloz, 2015, n°1021, p. 812. L'auteur cite aussi au même endroit B. CONSTANT, *Principes de politique*, Hachette 1997, coll. « Pluriel », p. 176 : « *La propriété n'est point antérieure à la société ; car sans l'association, qui lui donne une garantie, elle ne serait que le droit du premier occupant, en d'autres mots, le droit de la force, c'est-à-dire un droit qui n'en serait pas un. La propriété n'est point indépendante de la société, car un état social, à la vérité très misérable, peut être conçu sans propriété, tandis qu'on ne peut imaginer de propriété sans état social* ».

prédéfini un droit « absolu » du propriétaire »[590]. L'égalité constitue donc un fondement pertinent pour conférer une valeur socialisante au droit de propriété en limitant la liberté du propriétaire. Toutefois, l'égalité et le bonheur commun, en tant que primat fondamental, ont besoin de se réaliser de pair avec et le couple liberté-propriété.

B- La liberté et la propriété, accessoires de la recherche de l'égalité

164. A côté de l'égalité, la liberté et la propriété faisaient bien sûr partie des impératifs politiques de la fin du XVIIIe siècle et du début du XIXe, période de conception et d'élaboration du Code civil. En effet, les courants politiques et philosophiques de l'époque étaient dominés par ces idées. Toutefois ces idées semblaient secondaires ou accessoires à la lutte pour l'égalité.

165. Il faut avoir à l'idée que le régime des libertés dans l'ancienne France était imparfait. L'ancienne France ne connaissait pas les valeurs d'égalité, de liberté et de propriété individuelles au sens où elles sont comprises aujourd'hui. Elle était caractérisée par l'inégalité des sujets et l'existence de droits féodaux[591]. En effet, « *La liberté individuelle conçue comme un droit opposable au roi était étrangère à l'ancien régime. En ce sens on peut dire qu'il n'existait pas de liberté d'aller et de venir, pas davantage de liberté de conscience ou de culte, que la liberté d'expression était limitée et surveillée, que le droit de propriété privé lui-même n'était pas garanti et que la liberté de travail et celle du commerce n'étaient qu'imparfaitement reconnues. On en conclut un peu vite que la Révolution a inventé la Liberté* »[592].

La Déclaration des droits de l'homme et du citoyen de 1789 a consacré l'égalité des citoyens et la libre propriété individuelle. Il

---

[590] L. MILLET, « Mieux comprendre la fonction sociale du droit de propriété : un enjeu pédagogique », *op. cit.*, 2016, p. 84.

[591] J.-L. GAZZANIGA, « La dimension historique des libertés et droits fondamentaux », R. CABRILLAC, M.-A. FRISON-ROCHE et Th. REVET, (dir.) *Libertés et droits fondamentaux*, 6e éd., Paris, Dalloz, 2000, n°20, p. 11 ; Ph. SEGUR, « La dimension historique des libertés et droits fondamentaux », CABRILLAC R., (dir.) *Libertés et droits fondamentaux*, 21e éd., Paris, Dalloz, 2015, n°20, p. 8.

[592] J.-L. GAZZANIGA, *op. cit.*, n°21, p. 12.

semble cependant que la particularité de cette Déclaration réside dans le caractère individuel des droits reconnus. En effet, ces droits existaient bien avant, mais ils avaient un caractère collectif puisqu'avant 1789 on admettait que « *les droits comme les libertés appartiennent à la collectivité et ne sont pas des prérogatives individuelles* »[593]. La liberté et la propriété étaient une réalité, mais elles avaient un aspect collectif[594]. « *L'homme seul n'est rien, il n'a pas de droit* »[595] disait-on.

En outre, les droits et libertés étaient caractérisés par leur caractère inégalitaire. On peut noter plus précisément que : « *Ces libertés sont inégalitaires, ce sont des privilèges qui déterminent le statut de l'individu. Mais cette inégalité est limitée parce qu'elle est vécue à chaque échelon de l'organisation sociale, par le groupe tout entier* »[596]. C'est cette inégalité qui a naturellement été la cause des frustrations et le ferment principal de la Révolution, prélude à la Déclaration et au Code civil.

Il faut souligner, par ailleurs que ces droits et libertés de l'ancien régime étaient d'essence coutumière. Ces coutumes étaient d'origine diverse[597]. De même, les sujets étaient sous l'autorité du roi souverain en son royaume. Tous ces éléments étaient de nature à créer davantage d'inégalité.

Ainsi, l'ancien régime était donc marqué par l'existence réelle d'un ensemble de droits et de libertés ayant un caractère à la fois coutumier, collectif et inégalitaire.

166. Toutefois, il était caractérisé par un réalisme fondé sur la prise en compte de la collectivité dans la conception du droit en lieu et place de l'individu. On comprend alors que dans la rêverie rationnelle de Rousseau c'est au sein d'un communisme primitif qu'est apparu l'individualisme et la propriété privée. En effet, dans la seconde partie de son *Discours sur l'origine et les fondements de l'inégalité parmi*

---

593 J.-L. GAZZANIGA, *op.cit.*, n°22, p. 12.
594 Ph. SEGUR, « La dimension historique des libertés et droits fondamentaux », CABRILLAC R., (dir.) *Libertés et droits fondamentaux*, 21e éd., Paris, Dalloz, 2015, n°28, p. 12.
595 J.-L. GAZZANIGA, *op.cit.*, n°23, p. 13.
596 *Ibid.*
597 J.-L. GAZZANIGA, *op. cit.*, n°20, p. 11.

les hommes[598], il écrit « *le premier qui, ayant enclos un terrain, s'avisa de dire : Ceci est à moi, et trouva des gens assez simples pour le croire, fut le vrai fondateur de la société civile. Que de crimes, de guerres, de meurtres, que de misères et d'horreurs n'eût point épargnés au genre humain celui qui, arrachant les pieux ou comblant le fossé, eût crié à ses semblables : Gardez-vous d'écouter cet imposteur ; vous êtes perdus, si vous oubliez que les fruits sont à tous, et que la terre n'est à personne ! Mais il y a grande apparence qu'alors les choses en étaient déjà venues au point de ne pouvoir plus durer comme elles étaient ; car cette idée de propriété, dépendant de beaucoup d'idées antérieures qui n'ont pu naitre que successivement, ne se forma pas tout d'un coup dans l'esprit humain. Il fallut faire bien des progrès, acquérir bien de l'industrie et des lumières, les transmettre et les augmenter d'âge en âge, avant que d'arriver à ce dernier terme de l'état de nature*».[599]

167. Il convient de souligner que la Révolution, puis la Déclaration et le Code civil, ne pouvaient avoir pour objectif de créer des droits et libertés. Ils avaient pour ambition de les parfaire, plus précisément de s'attaquer au caractère inégalitaire, collectif et coutumier de ces droits et libertés qui existaient déjà dans l'ancien régime. Ainsi, à l'inégalité a été opposée l'égalité, à la diversité des coutumes l'unité de la loi, à la collectivité l'individu, aux droits féodaux la propriété libre[600].

168. Malheureusement, la Déclaration française a été trop théorique et abstraite. En effet, en comparaison des déclarations d'inspiration anglo-saxonne[601] « *essentiellement pragmatiques, la déclaration française est idéologique, elle énonce des principes abstraits* »[602]. Cette abstraction se perçoit dans l'énoncé souvent trop fondamental de ses dispositions. Il en est ainsi dans le Code civil à

---

598 J.-J. ROUSSEAU, *Discours sur l'origine et les fondements de l'inégalité parmi les hommes*, éd. électronique accessible sur le site Les classiques des sciences sociales, p. 37.

599 Mais, il revient à LOCKE d'avoir posé des fondements plus rationnels au droit de propriété. Pour lui, c'est le travail qui justifie l'appropriation privée. V. en ce sens R. LIBCHABER, « La propriété, droit fondamental », *op. cit.*, n°1027, p. 815.

600 J.-L. GAZZANIGA, *op. cit.*, n°20, p. 11.

601 Il s'agit de la grande Charte de 1215, l'Habeas Corpus act de 1679 et la Déclaration américaine d'indépendance de 1776.

602 J.-L. GAZZANIGA, *op. cit.*, n°35, p. 18.

travers, par exemple l'expression « *la plus absolue* » à l'article 544 du Code civil. La ferme volonté de marquer ou de traduire le rejet de l'ordre ancien a conduit, sous la plume de philosophes et autres littéraires, à des dispositions théoriques, trop ambitieuses pour cerner la réalité sociale.

169. C'est ainsi que l'objectif de créer le bonheur commun, plus d'égalité à travers la proclamation des libertés et propriété individuelles a conduit à des dispositions dont la lettre est susceptible de trahir l'esprit. Peut-être que les rédacteurs de la Déclaration et du Code civil ne l'ignoraient pas[603]. Seulement osaient-ils croire que de la fermeté des dispositions, les esprits en seraient marqués et que le cours de l'histoire s'accélérait-il. Et de ce point de vue la formulation du droit de propriété a pu apporter une bonne part de subjectivisme dans sa conception. Quitte donc à recadrer les excès qu'elle peut produire à travers les lois, règlements, jurisprudence, le pragmatisme et le réalisme de la vie sociale *etc*.

170. A partir de l'évolution historique, il apparait que l'esprit principal qui a inspiré la déclaration et le Code civil est le couple bonheur-égalité. Ce primat fondamental revêt une valeur hautement socialisante. Il est imprégné de réalisme et d'objectivisme. La liberté et la propriété ne sont que l'accessoire de ce postulat premier. Il est alors incongru que ces dernières puissent sortir leur plein effet en dehors du périmètre du couple bonheur-égalité[604]. C'est seulement à l'intérieur et conformément à celui-ci que la liberté et la propriété doivent s'exercer en ce qu'elles sont des moyens pour l'ajuster à chaque individu.

171. A vrai dire, l'égalité, la liberté, la propriété, les droits de l'homme en général n'ont pas toujours de significations naturelles. Ces significations « *sont en partie floues, le sens naturel n'étant que ce qui semble normal à la majorité ou à une partie influente de la population* »[605]. C'est pourquoi pour comprendre leur portée réelle, il

---

[603] A. CHEYNET DE BEAUPRE, *op. cit.*, n°114, p. 65.

[604] Dans le même sens : L. MILLET, « Mieux comprendre la fonction sociale du droit de propriété : un enjeu pédagogique », *op. cit.*, 2016, p. 84.

[605] R. SEVE, « Les libertés et droits fondamentaux et la philosophie », R. CABRILLAC, M.-A. FRISON-ROCHE et Th. REVET, (dir.) *Libertés et droits fondamentaux*, 6e éd, *op.cit.*, n°63, p. 33.

parait plus juste de se référer aux impératifs politiques ou aux faits sociaux qui les ont inspirés. Il résulte de l'analyse historique qu'au regard des impératifs politiques et sociaux qui ont été à l'origine de l'absolutisme du droit de propriété, ce droit n'a pas une fin purement subjective. Même si la doctrine de la fin du XIXe siècle était tentée de voir toutes les restrictions aux pouvoirs du propriétaire comme contraires à la nature de son droit[606]. Cette vision était non seulement contraire à l'article 544 qui réservait les prohibitions légales et réglementaires, mais aussi à la nature des choses. En effet, « *Un propriétaire, un bien ne sont jamais isolés ; toute propriété se heurte à d'autres propriétés, à d'autres libertés qui la limitent inévitablement. Cette conception relève, tout au plus, de l'idéal philosophique ; elle n'a jamais été de droit positif. Juridiquement, la propriété ne se définit qu'assortie de limites, de bornes, de restrictions* »[607]. Pour cette raison, présenter l'absolutisme du droit de propriété comme une fin purement subjective, c'est dévoyer les impératifs politiques qui l'ont fondé à savoir le bonheur commun et l'égalité. « *Réduire la propriété à un droit subjectif crée par le législateur révolutionnaire, c'est en préparer la dénaturation* »[608].

172. La liberté individuelle et la propriété absolue sont des accessoires du bonheur commun et de l'égalité. Rechercher l'égalité pure, c'est poser les jalons d'un Etat autoritaire ; vouloir instituer une liberté et une propriété absolues est une illusion. Il convient donc de trouver un juste milieu entre ces différents objectifs. Sinon, l'association bonheur-égalité ou le binôme égalité-liberté ou encore égalité-propriété peuvent paraitre contradictoires. C'est pourquoi « *les hommes du XVIIIe siècle ont essayé des stratégies différentes. Certaines n'ont été peut-être que verbales. Par exemple, ils ont ajouté à la liberté qui pouvait être un leurre, et à l'égalité que les faits ne confirmaient pas, un troisième terme qui est presque une qualification affective : fraternité. Entre les enfants du même père la fraternité est un lien reconnu par le code et peut même être acide, s'ils ne sont pas d'accord. Mais entre des hommes qui n'ont pas la même origine familiale, le mot fraternité est un appel à l'amour, et l'amour est un chemin sûr vers l'égalité dans le bonheur, si non mon bonheur ne se*

---

606 Ch. ATIAS, *Droit des biens, op. cit* n°111. p. 88.

607 *Ibid.*

608 Ch. ATIAS, *Droit des biens, op. cit.*, n°104. p. 84.

dissocie plus de celui de la personne que j'aime »[609]. L'idée de fraternité appelle celle de la solidarité. Et « *la solidarité est le prolongement nécessaire de l'égalité matérielle. Elle est au fondement de l'accomplissement d'une égalité réelle* »[610].

173. Les impératifs politiques de la fin du XVIIIe siècle et du début du XIXe siècle sont fondés pour une part essentielle sur des valeurs socialisantes qui contrecarrent le subjectivisme pur ou l'absolutisme du droit de propriété. L'examen du contexte politique d'élaboration de la Déclaration et du Code civil est donc d'une grande utilité. Il a permis de révéler que la liberté et la volonté du propriétaire étaient encadrées. Quiconque n'arrive pas à prendre en compte ce contexte « *du droit de propriété, au motif que la chose serait entendue comme le sacre de l'individu-Roi, s'autorise de raconter des fables. Les constituants de 1789, comme les auteurs du Code civil de 1804, se professaient majoritairement comme des catholiques, pétris de références théologiques et nourris d'auteurs eux-mêmes pétris des mêmes références, et délibéraient bien avant que l'on envisage une séparation de l'Eglise et de l'Etat. Sur ce point, la pédagogie du droit de propriété ne peut faire l'économie de l'histoire des idées [...]. La lecture de leur œuvre est édifiante, tous ont en partage une culture théologique de subordination du droit de propriété au bien commun, jusqu'ici occulté dans l'enseignement du droit de propriété* »[611]. Il en résulte que « *plus qu'un mythe, la figure du propriétaire souverain constitue une idole [...], c'est-à-dire une illusion ou un simulacre qui, par une mise en scène surestimant l'autorité de la tradition, fait obstacle à l'ouverture de l'esprit, à des idées nouvelles et à la compréhension du monde. Comme toute idole, elle a des pouvoirs magiques dans l'esprit de ceux qui y croient. Elle produit ainsi un effet performatif sur la structure symbolique de la vie sociale, et donc, en dernière instance, sur la réalité juridique. Elle interdit de s'attaquer aux inégalités de richesses et aux usages antisociaux des*

[609] C. ROSSO, « L'égalité du bonheur et le bonheur de l'égalité dans la pensée française du dix-huitième siècle », *Studies on Voltaire and the eighteenth century*, vol. CLV, Oxford, 1976 cité par J.-C. BILLIER et A. MARYOLI, *op.cit.*, p. 131-132.

[610] C. COCHEZ, *op. cit.*, p. 145.

[611] L. MILLET, « Mieux comprendre la fonction sociale du droit de propriété : un enjeu pédagogique », *op. cit.*, p. 82-83.

choses appropriées »[612]. Dross conclut que « *le risque [est] alors de perdre de vue le sens profond de ce texte qui est de soumettre la propriété privée à l'intérêt général, en tenant le droit public pour seul vecteur de son expression* »[613].

174. Ce sont aussi ces impératifs qui ont conduit, sur le plan foncier, à la suppression du double domaine si bien que cette suppression ne saurait signifier une reconnaissance de l'absolutisme pur du droit de propriété.

§ 2-L'absolutisme du droit de propriété, expression quelque peu dévoyée des impératifs fonciers d'une période historique

175. L'absolutisme du droit de propriété proclamé par le Code civil à son article 544 n'a jamais signifié que ce droit pouvait s'exercer sans un contrôle social. En effet, la recherche primordiale de l'égalité s'accommodait mal de certaines formes de propriété faisant coexister un seigneur, propriétaire éminent ou direct et un vassal, propriétaire utile (B). Mais, si la suppression du double domaine ou domaine divisé en matière foncière est une conséquence importante de la lutte pour l'égalité des droits, il faut également souligner que cette suppression ne signifiait pas que l'exercice du droit de propriété était désormais hors du contrôle social, surtout qu'elle s'est opérée dans un contexte où les solidarités traditionnelles étaient encore fortes et incompatibles avec l'exercice d'une propriété très subjective (A).

A- L'ancrage social des solidarités traditionnelles sur la terre

176. Des formes de solidarités traditionnelles ont existé au moment de l'adoption du Code civil et ont plus ou moins perduré. Elles ont existé bien avant même l'ancien droit. En effet, « *La société médiévale est une société traditionnelle où l'individu est enserré dans un réseau de solidarités très fortes. La terre est le support de ces solidarités qui se manifestent par les maitrises simultanées et*

---

[612] J.-P. CHAZAL, « Le propriétaire souverain : archéologie d'une idole doctrinale », *RTD Civ.* 2020, p. 2.

[613] W. DROSS, « Que l'article 544 du code civil nous dit-il de la propriété ? », *RTD Civ.* 2015, p. 29.

combinées entre elles […]. Dans la société médiévale, les solidarités traditionnelles se manifestent surtout aux niveaux élémentaires de la vie sociale et ont engendré des systèmes coutumiers de protection des intérêts communautaires sur le sol. Ces systèmes font prévaloir les intérêts du groupe sur ceux de l'individu dans l'appropriation et l'exploitation des terres et des ressources foncières »[614].

De plus, il faut rappeler que « *l'ancien droit coutumier reposait sur une organisation sociale foncièrement holiste : l'individu est la partie d'un tout : la famille, le groupe des parents, la communauté villageoise, le corps de métier etc.* »[615]. La société était organisée en plusieurs états ou classes. On distinguait les esclaves et les serfs, les roturiers, les privilégiés composés des clercs et des nobles[616]. La cellule élémentaire de la société était la famille et non l'individu[617]. Des techniques permettaient d'assurer une maitrise foncière du lignage. Mais le droit des biens tendait de plus en plus à être favorable à l'individu.

177. La plus ancienne des techniques de solidarité est la *laudatio parentum*[618]. Elle date du IXe siècle. En effet, il convient de souligner qu'à l'époque lorsqu'une donation de terre était faite à l'église, les parents proches ou éloignés du donateur pouvaient l'ignorer. Cette donation pouvait susciter alors de nombreuses contestations. Pour y mettre un terme et assurer la sauvegarde des solidarités traditionnelles, les autorités ecclésiastiques ont imposé que ce type de donation soit subordonné à l'autorisation écrite de tous les parents du donateur.

178. Mais la technique de la *laudatio parentum* était lourde et compliquée à concrétiser. En effet, elle était paralysée si un seul parent était oublié ou avait refusé. Or, au même moment, l'économie marchande se développait timidement. La technique du contrat de vente se perfectionnait également. C'est pourquoi dès le XIIIe siècle, la *laudatio parentum* a disparu. En lieu et place, il a été proposé l'offre aux parents. En vertu de cette nouvelle technique, la disposition

---

614 J. POUMAREDE, *Histoire du droit privé : la propriété, UNJF, 2011*, leçon 6, p. 5.
615 J. POUMAREDE, *op. cit.*, leçon 6, p. 2.
616 F. OLIVIER-MARTIN, *op. cit.*, n°474 et s., p. 691 et s.
617 A. CASTALDO, *op. cit.*, n°1207, p. 409.
618 J. POUMAREDE, *op. cit.*, leçon 6, p. 6.

d'une terre, en occurrence la vente, par pauvreté ou nécessité, était subordonnée à une offre préalable faite aux parents. Il s'agit ainsi d'une limite à la liberté de disposer. Le refus d'acquisition du bien privait les parents du droit de contester la vente ultérieurement à l'acquéreur étranger au lignage[619].

179. Puis, vers le XIIIe siècle, il était permis de vendre ses biens « propres » sans nécessairement invoquer la pauvreté ou la nécessité. En revanche, les coutumes admettaient le retrait lignager permettant aux parents du vendeur d'exercer un droit de retrait pendant une année sur les biens « propres » issus d'une succession directe ou collatérale[620]. Passé ce délai, la vente devenait définitive. La mise en œuvre du retrait lignager exigeait l'existence d'une formalité de publicité de la vente. Elle s'opérait en contrepartie d'une somme versée par le retrayant à l'acheteur ou, si le bien avait déjà été vendu, au sous-acquéreur. Cette sorte de droit de préemption[621] concernait seulement la vente et non la donation entre vifs[622].

D'une manière générale, le retrait tel quel s'est maintenu dans la pratique coutumière dans la majeure partie de la France jusqu'à la Révolution[623]. Mais au XVIIIe siècle, des idées individualistes inspiraient des critiques qui s'élevaient de plus en plus dans le milieu des économistes notamment des physiocrates. Ces derniers *« influencés par des idées anglaises, condamnent les entraves des biens, certains cahiers des doléances de 1789 réclameront la suppression du retrait lignager [...]. L'assemblée constituante a suivi cette opinion et par une loi du 17 juillet 1790 a prononcé l'abolition du retrait [...]. Le code civil a longtemps gardé quelques traces de l'institution (art. 841), sous la forme du retrait successoral qui permet à un cohéritier de reprendre la part cédée à un non-successible par un autre cohéritier, moyennant le remboursement du prix de la cession. Cet article a été abrogé par l'article 17 de la loi n°76-1286 du 31 déc. 1976 »*[624].

---

619 J. POUMAREDE, *op. cit.*, leçon 6, p. 7.

620 J. POUMAREDE, *op. cit.*, leçon 6, p. 8 ; A. CASTALDO, *op. cit.*, n°1233, p. 417.

621 A. CASTALDO, *op. cit.*, n°1231, p. 417.

622 J. POUMAREDE, *op. cit.*, leçon 6, p. 8.

623 A. CASTALDO, *op. cit.*, n°1232, p. 417.

624 J. POUMAREDE, *op. cit.*, leçon 6, p. 8-9.

180. En outre, la domination féodo-seigneuriale a créé la conscience d'une plus grande solidarité entre les villageois. Ces derniers collectaient les redevances collectivement avant de les verser au seigneur[625]. De même, « *la maitrise foncière de la communauté villageoise s'exprimait de deux manières, par une exploitation collective des terres vacantes en friches et des forêts (les communaux) et par l'imposition de contraintes collectives sur les terres cultivées (assolement et vaine pâture)* »[626]. De ce fait, certaines choses comme les forêts, les landes, les marais, les maquis, les terres en friches, les prairies, les pâturages *etc*. n'étaient pas l'objet d'une appropriation individuelle. Elles se prêtaient plutôt à un usage collectif. Elles étaient pour cette raison appelées les communaux, *res communes*[627].

181. En plus des communaux, terres en friches, forêts *etc*., la communauté villageoise exprimait sa solidarité également sur les terres cultivées et exploitées par l'établissement de servitudes collectives[628] et de vaine pâture[629]. En effet, durant l'ancien régime, des servitudes collectives existaient. Elles étaient relatives à la mitoyenneté, aux ouvertures etc. « *Ces règles se sont retrouvées dans le Code Napoléon aux articles 674 à 677 et sont toujours en application* »[630]. De même, la vaine pâture, qui est le droit qu'ont les habitants d'une même commune de faire paitre leurs bestiaux librement sur les champs de toute personne après les récoltes et jusqu'à l'ensemencement[631], s'inscrit dans l'esprit du droit coutumier qui est « *étranger à l'idée d'appropriation exclusive et favorable à une répartition des utilités des biens fonciers entre de multiples ayant-droit. On pourrait même parler ici de jouissance saisonnière, l'usage des choses pouvant ainsi se découper en tranches temporelles des premiers labours à la moisson- appropriation des agriculteurs, puis glanage des pauvres et vaine pâture pour les propriétaires d'animaux* »[632].

---

[625] J. POUMAREDE, *op. cit.*, leçon 6, p. 16.
[626] *Ibid.*
[627] *Ibid.*
[628] J. POUMAREDE, *op. cit.*, leçon 6, p. 18-19.
[629] F. TERRE et Ph. SIMLER, *Droit civil. Les biens*, coll. « Précis », 9e éd., *op. cit.*, n°284, p. 246 et s.
[630] J. POUMAREDE, *op. cit.*, leçon 6, p. 19.
[631] F. TERRE et Ph. SIMLER, *Droit civil. Les biens*, coll. « Précis », 9e éd., *op. cit.*, n°284, p. 246 et s.
[632] J. POUMAREDE, *op. cit.*, leçon 6, p. 19.

182. Ces solidarités traditionnelles, de plus en plus, altérées coexistaient avec le régime féodo-seigneurial dont les droits étaient également de plus en plus fortement contestés.

B- Le sens de la suppression juridique du domaine divisé

183. Le caractère absolu de la propriété signifie d'abord qu'elle ne dérive pas d'un autre droit, plus précisément parce qu'il consacre la disparition du domaine éminent transmis au titulaire du domaine utile[633]. Il ne saurait signifier un droit exclusivement soumis à la volonté et à la liberté du propriétaire. La suppression juridique du domaine divisé traduit également le souci des révolutionnaires de séparer la propriété de la souveraineté politique. « *Ce serait donc un contre-sens historique que de leur prêter la volonté d'instituer le propriétaire en souverain sur la chose* »[634].

184. En effet, dans l'histoire française du droit de propriété, la propriété foncière a connu une forme simple et complète, avant de connaitre des formes complexes, puis de revenir à la forme simple et complète[635]. La propriété simple et complète a existé au début de l'Empire romain, à la fin de l'Empire romain et depuis la Révolution de 1789. En fait, durant l'Empire romain, par l'effet des conquêtes, la propriété véritable, le *dominium ex jure Quiritium*, pratiquée en principe en Italie, existait à côté d'une propriété spéciale, les *fonds provinciaux*. Ces deux formes de propriété ont coexisté jusqu'à l'époque de Justinien, époque à laquelle cette différence a disparu[636]. Une nouvelle distinction est apparue progressivement par l'effet des tenures et des locations perpétuelles. Son existence est consubstantielle à celle de la société féodale, qui a vu le jour autour de l'an mil. Cette société ne reposait pas sur le concept romain de propriété. En rappel, la *proprietas* romaine[637] était individuelle,

---

[633] Ch. ATIAS, *Droit des biens, op. cit.*, n°115. p. 94.

[634] J.-P. CHAZAL, « Le propriétaire souverain : archéologie d'une idole doctrinale », *op.cit.*, p. 11.

[635] M. PLANIOL et G. RIPERT, *op. cit.*, n°3, p. 4.

[636] *Ibid.*

[637] J.-F. BREGI, *op. cit.*, n°152, p. 67.

absolue[638], exclusive[639] et perpétuelle[640]. Cette nouvelle distinction a perduré jusqu'à la fin du XVIIIe siècle[641].

185. Dès les temps barbares (VIe-XIe siècles), le régime de la terre a commencé à se modifier. Deux types de propriété ont vu progressivement le jour : celle du tenancier ou vassal et celle du concédant ou seigneur. En effet, la plupart des contrats transféraient au preneur des biens-fonds d'autrui un droit perpétuel. La conséquence qui en résultait était que ces biens n'étaient pas possédés de leur propriétaire, le concédant, mais étaient plutôt entre les mains du tenancier. Ces tenures prenaient des formes variées représentant les différentes manières de jouir d'une terre. Elles étaient accordées par le seigneur avec charges. Les deux principaux genres de ces contrats ou tenures ou encore concessions étaient le fief et la censive. Le fief était une tenure concédée à charge pour le tenancier ou le vassal, normalement un soldat, de rendre des services nobles au seigneur ou concédant[642]. Sous condition de respecter ses charges, le vassal n'était pas pleinement propriétaire, mais il jouissait largement de son fief en l'utilisant et en percevant les fruits. À ses débuts, le fief était accordé à titre viager[643]. Il n'était ni dans le patrimoine du vassal ni transmissible à sa mort. Toutefois, cette patrimonialité s'est réalisée par étapes rendant ainsi possible l'hérédité et l'aliénabilité du fief[644]. La censive, quant à elle, était une tenure concédée à un tenancier, normalement un cultivateur, à charge de redevances ou de services roturiers[645]. La charge caractéristique du tenancier consistait donc au

---

638 J. POUMAREDE, *op. cit.*, leçon 4, p. 15. Certaines limites étaient cependant apportées aux prérogatives du propriétaire dans l'intérêt privé des voisins ou dans l'intérêt public général. Voir M.-H. RENAUT, *op. cit.*, p. 42. Le droit romain classique n'était pas un droit absolu, il signifiait « la juste part » pour M. VILLEY, *La formation de la pensée juridique moderne, op. cit.*, p. 244 et s.

639 D. VEILLON, « Approche historique de la propriété : la théorie du double domaine », M. BOUDOT et D. VEILLON (dir.), *Les propriétés, op. cit.*, p. 9.

640 F. OLIVIER-MARTIN, *op. cit.*, n°55, p. 94.

641 M. PLANIOL et G. RIPERT, *op. cit.*, n°3, p. 4.

642 F. OLIVIER-MARTIN, *op. cit.*, n°192 et s., p. 294 et s. Il existe plusieurs variantes de fiefs : le fief noble, le fief-fonction etc. Les charges du tenancier consistaient à rendre foi, hommage et services nobles au concédant.

643 E. GASPARINI et E. GOJOSSO, *op. cit.*, n°103., p. 99-100.

644 F. OLIVIER-MARTIN, *op. cit.*, n°195 et s., p. 299 et s. ; E. GASPARINI et E. GOJOSSO, *op. cit.*, n°103, p. 99-100.

645 F. OLIVIER-MARTIN, *op. cit.*, n°197 et s., p. 302 et s. Pour cette raison, elle est parfois appelée le fief roturier.

paiement annuel d'un cens soit en argent soit en nature. La patrimonialité de la censive n'avait pas soulevée de difficulté[646] contrairement à celle du fief.

186. Chacune de ces manières ou de ces droits de jouir faisait l'objet d'une propriété. En effet, pour l'italien Bartole « *Quiconque a un droit est dit propriétaire de son droit* »[647]. Les tenures laissaient donc apparaitre la coexistence de plusieurs formes de propriétés. Le domaine éminent ou direct ou encore le *dominium directum* était la propriété du seigneur ; le domaine utile ou *dominium utile* était celle du vassal ou du censitaire. C'est la théorie du double domaine ou domaine divisé[648]. Elle a été élaborée par les glossateurs au début du XIIIe siècle pour expliquer la propriété féodale [649]. Elle a été accueillie par les coutumes de la France au XVIe siècle et constitue depuis le fondement de tous les exposés méthodiques de la propriété féodale[650].

187. En vertu de ces contrats, le seigneur conservait la propriété, mais ne tenait pas la terre. Le tenancier la tenait, mais il n'en avait pas la propriété. Il avait seulement un droit de jouissance sur les biens-fonds d'autrui. Avec le temps, au regard de l'étendue et de la perpétuité de son droit, on s'est mis à considérer que le tenancier était également propriétaire à sa manière, même s'il avait des droits de nature différente de celle du seigneur. On a baptisé alors sa tenue de propriété ou *dominium utile* et on a appelé la propriété du concédant *dominium directum.* Ainsi, deux propriétés coexistaient pour une même chose sans indivision[651].

188. Pour expliquer cette situation, le droit coutumier utilisait l'expression « *saisine* »[652]. Cette notion exprime une jouissance

---

[646] F. OLIVIER-MARTIN, *op. cit.*, n°198, p. 304.
[647] J.-L. BERGEL, M. BRUSCHI et S. CIMAMONTI, *op. cit.*, n°64, p. 63.
[648] D. VEILLON, « Approche historique de la propriété : la théorie du double domaine », *op.cit.*, p. 9-19.
[649] F. OLIVIER-MARTIN, *op. cit.*, n°481, p. 702.
[650] B. BASDEVANT-GAUDEMET et J. GAUDEMET, *Introduction historique au droit. XIII-XXe siècle*, coll. « Manuel », 3e éd., Paris, L.G.D.J., 2010, n°274 et s., p. 255 et s. ; F. OLIVIER-MARTIN, *op. cit.*, n°481, p. 702 ; E. GASPARINI et E. GOJOSSO, *op. cit.*, n°163 et s., p. 160 et s.
[651] *Ibid.*
[652] J. POUMAREDE, *Histoire du droit privé : la propriété*, UNJF, 2011, leçon 8, p. 2.

durable, acceptée comme telle par la collectivité, qu'une personne a sur une chose[653]. Elle traduit davantage la possibilité qu'a une personne de tirer profit d'une chose qu'une maitrise absolue[654]. Elle correspond aux nécessités de l'époque où l'essentiel résidait davantage dans la possibilité de l'usage et de la jouissance de la chose que dans la disposition[655]. La théorie du double domaine semble s'apparenter à la situation de l'usufruitier et du nu-propriétaire, mais elle s'en distingue en ce que l'usufruit est un droit viager alors que le droit du propriétaire du domaine direct ou du vassal a rapidement acquis les caractères de vénalité et d'hérédité[656]. Cette théorie a pu pénétrer le royaume de France et a connu sa consécration au XVIe siècle lors de la rédaction des coutumes[657].

189. L'ancrage de la transformation du droit du vassal en un droit de propriété a opéré un processus inverse sur le droit du seigneur. En effet, parce qu'il tenait tous les avantages réels de la propriété, le tenancier était considéré comme étant le véritable propriétaire. Cette conception a opéré du même coup une sorte d'expropriation du seigneur[658]. Son droit est apparu progressivement comme une simple servitude ou une quasi servitude, une charge sur le terrain d'autrui[659]. Cette charge n'était pas que théorique. Elle se traduisait dans la réalité par le paiement de redevances au seigneur. Cette relation féodo-vassalique était plus pesante sur le fief que sur les tenures roturières[660]. Les redevances constituaient un moyen de pression sur le vassal.

190. De plus, le seigneur avait un droit de retrait féodal qu'il pouvait exercer lors d'une mutation de son fief[661], c'est-à-dire en cas de vente par le vassal, en se substituant à un acheteur et en lui remboursant le prix et les frais. Quant au contraire, le seigneur acceptait l'acquéreur comme nouveau vassal, il le faisait moyennant le

---

653 D. VEILLON, *op. cit.*, p. 9.
654 J. POUMAREDE, *op. cit.*, leçon 8, p. 2.
655 D. VEILLON, *op. cit.*, p. 9.
656 D. VEILLON, *préc.*, p. 10 ; F. OLIVIER-MARTIN, *op. cit.*, n°195 et s., p. 299 et s. ; E. GASPARINI et E. GOJOSSO, *op. cit.*, n°103., p. 99-100.
657 D. VEILLON, *op. cit.*, p. 11.
658 M. PLANIOL et G. RIPERT, *op. cit.*, n°4, p. 5.
659 D. VEILLON, *op. cit.*, p. 12 ; M. PLANIOL et G. RIPERT, *op. cit.*, n°4, p. 5.
660 D. VEILLON, *op. cit.*, p. 13.
661 J. POUMAREDE, *op. cit.*, leçon 7, p. 9 et s.

versement par celui-ci d'une somme équivalente au 1/5e du prix de vente, d'où le nom de quint[662]. « *En dehors de la vente, tout changement de vassal à la suite d'une succession par voie collatérale, d'une donation ou encore du mariage de l'héritière du fief, est frappé d'une taxe appelée rachat ou relief représentant pas moins d'une année de revenus que le seigneur perçoit, à son choix, en nature ou en argent et dont le montant sera évalué par les experts. Mais, le seigneur possède également la faculté de résider en la demeure du vassal pendant un an afin de recueillir lui-même les fruits du fief. En outre, les nombreux roturiers propriétaires d'une tenure noble sont tenus d'en verser une année de revenus au roi tous les vingt ans au titre du franc-fief* »[663].

191. Ces charges étaient perçues comme une gêne pour la propriété du tenancier. Ce qui explique qu'elles étaient critiquées et leur suppression réclamée par les paysans. Dans ce contexte, la jurisprudence s'est montrée favorable au propriétaire du domaine utile en lui reconnaissant de nouveaux droits supposés être les prérogatives du seigneur. Ainsi, elle a admis que le seigneur ne peut interdire au vassal de fouiller dans la terre « *aussi avant que bon lui semble, soit pour en tirer de la marne, de l'ardoise, de la pierre ou autre chose semblable, quoique le seigneur alléguât que l'héritage en étant détérioré, s'il était vendu, les droits seigneuriaux en seraient diminués* »[664].

De même, certains auteurs comme Boncerf, auteur de la célèbre brochure au titre très évocateur *Inconvénients des droits féodaux*, ou le physiocrate Clicquot-Blervache auteur de l'ouvrage *Mémoire sur les moyens d'améliorer en France la condition des laboureurs, des journaliers, des hommes de peine vivant dans les campagnes, et celle de leurs femmes et de leurs enfants*, contribueront au mouvement de contestation des droits féodaux et plus généralement des privilèges[665].

192. Cette lutte pour l'égalité a, sans conteste, constitué un des ferments de la Révolution de 1789. Toutefois, avant cette date,

---

[662] D. VEILLON, *op. cit.*, p. 13.
[663] *Ibid.*
[664] Arrêt rendu le 14 février 1648 par le Parlement de Paris à son audience de la Grand'Chambre, cité par D. VEILLON *op. cit.*, p. 14.
[665] D. VEILLON, *op. cit.*, p. 17 et s.

l'idée que la propriété appartenait au tenancier était déjà fortement ancrée dans les esprits. L'apport de la Révolution est d'avoir effectivement supprimé les tenures et les redevances de toute nature qui grevaient la terre lors de la séance de l'Assemblée constituante du 04 août, à l'issue de laquelle les représentants des classes et des corporations renonçaient à leurs privilèges ou à ceux de leurs commettants. En exécution de cette résolution, de nombreux décrets ont été adoptés marquant ainsi la disparition de la propriété féodale[666].

193. De nos jours, les taxes immobilières paraissent s'apparenter aux droits féodaux du seigneur. Quoique l'analyse paraisse saisissante, il semble qu'il ne faudrait pas confondre les rapports entre le seigneur et le vassal qui relèvent du registre des relations privées interpersonnelles et celles entre le propriétaire immobilier et l'Etat, par lesquelles l'Etat exerce sa souveraineté sur toute l'étendue de son territoire, qui rentrent dans le registre politique[667].

194. Il convient donc de faire une nuance entre la suppression du double domaine et l'absolutisme du droit de propriété. Cette abolition signifie seulement que le droit de propriété ne dérive pas lui-même d'un autre droit[668]. Bien que cette suppression implique une plus grande liberté du propriétaire en mettant fin aux droits concurrents sur une même chose, elle n'est pas un gage à l'exercice absolument subjectif du droit de propriété. En effet, il se dégage de ce qui précède que l'absolutisme du droit de propriété tel qu'énoncé en 1804, trop fondamental et théorique, cadrait imparfaitement avec les réalités politiques et sociales de la fin du XVIIIe et du début du XIXe siècles. Ces réalités étaient fondées sur le réalisme et l'objectivisme. Elles suffisent pour comprendre la raison d'être des limitations[669] tant d'origine légale que de source jurisprudentielle qui ont été très tôt imposées à l'idée d'un droit pouvant être exercé de la « *manière la plus absolue* » ; toute chose que les termes de l'article 544 du Code civil semblaient impliquer.

---

[666] M. PLANIOL et G. RIPERT, *Traité pratique de droit civil français*, *Les biens*, t. III, 2e éd., par M. PICARD, *op. cit.*, n°4, p. 6.
[667] L. MILLET, « Mieux comprendre la fonction sociale du droit de propriété : un enjeu pédagogique », *op. cit.*, p. 74.
[668] J. POUMAREDE, *op. cit.*, leçon 9, p. 6.
[669] Cf. *Supra* Titre I.

195. En définitive, la socialisation du droit de propriété s'imposait donc concomitamment à l'adoption du Code civil parce qu'il y a été exprimé en des termes susceptibles de créer l'imaginaire d'un propriétaire tyrannique ou despotique, d'un subjectivisme sans borne en opposition aux réalités sociales, au réalisme. Cette socialisation s'est accrue avec les enjeux contemporains.

Section 2- L'orientation sociale accrue du droit de propriété à l'époque contemporaine

196. L'individualisme du droit de propriété est de plus en plus altéré. Sa critique a conduit certains Etats communistes à opter pour un régime de propriété étatique-socialiste. Mais dès la fin du XXe siècle, l'échec de ces propositions plus ou moins abolitionnistes du droit privé de propriété était patent[670]. Ces tentatives n'ont cependant pas porté un coup de frein à la critique de l'individualisme du droit de propriété. En effet, son contrôle social a été de plus en plus accru à travers de nombreuses limitations ou restrictions à son exercice. Ces dernières ne sont pas énoncées *ex nihilo*. À l'intérieur de l'objectivisme, elles constituent des valeurs fondamentales et un instrument de gouvernance et d'orientation du droit de propriété. Ainsi, en ce sens, l'article 15 de la Constitution prévoit que : « *Le droit de propriété est garanti. Il ne saurait être exercé contrairement à l'utilité sociale de manière à porter préjudice à la sûreté, à la liberté, à l'existence ou à la propriété d'autrui [...]* ».

197. Ces limitations sont à l'origine d'une nouvelle forme d'appropriation sous une gouvernance sociale à savoir les propriétés instrumentales[671] qui consistent à transférer certains avantages juridiques ou socio-économiques du droit de propriété à des tiers. Ce faisant, l'objectif recherché par ces limitations, en occurrence la protection ou la promotion de certaines valeurs fondamentales ou d'intérêt général, apparait comme une valeur qui prime sur les prérogatives du propriétaire. Ces valeurs se sont accrues (§ 2) entrainant une orientation sociale plus accrue du droit de propriété.

---

[670] A. CHAIGNEAU, « La fonction des communs en droit contemporain. Une introduction », A. CHAIGNEAU (dir.), *op. cit.*, p. 9.

[671] M. ROLAIN, « Les mécanismes de la propriété instrumentale ou comment repenser le droit de propriété par ses limitations », A. CHAIGNEAU (dir.), *op. cit.*, p. 89.

Cette orientation accrue se réalise par les restrictions au droit de propriété, lesquelles constituent des moyens de renforcement progressif de l'idée de communauté. En effet, si le droit est un instrument de mise en œuvre des options d'une communauté, l'exemple de l'évolution du droit de propriété montre qu'il est avant tout un lien social. L'individualisme du droit de propriété révolutionnaire faisait expressément écran à son ancrage social. Cependant, cet ancrage est depuis longtemps progressivement renforcé à travers notamment la création d'une communauté d'intérêt renvoyant à l'idée de l'intérêt général, expression très significative de la primauté de l'intérêt commun (§ 1).

§ 1- Le renforcement progressif de l'idée de communauté

198. « *La vie en société serait impossible si la souveraineté de l'Etat se heurtait à la souveraineté de chaque propriétaire*»[672] notamment foncier. En effet, les autorités publiques ont en charge d'assurer ou de contrôler la mise en œuvre du service public. Cependant, leur action publique peut se heurter aux prérogatives des propriétaires. Partant de ce constat très pertinent du conflit entre les intérêts de l'action ou du service publics et ceux des propriétaires, les autorités publiques se voient dans l'obligation d'opérer une remise en cause des prérogatives des propriétaires en vue de faire prévaloir la souveraineté de l'Etat et les nécessités de l'action publique. Cet objectif n'est évidemment pas sans conséquence sur le droit de propriété. Il se concrétise, en fait, par des limitations et restrictions au droit de propriété. Celles-ci sont faites soit dans l'intérêt privé soit dans l'intérêt général[673]. Celles fondées sur l'intérêt général semblent les plus emblématiques et les plus nombreuses surtout en matière immobilière. Ce faisant les autorités publiques créent au-delà des intérêts individuels ou particuliers, une communauté d'intérêts qui contrecarre le subjectivisme du propriétaire. Cependant, cette communauté d'intérêts n'est pas statique : elle est dynamique et

---

[672] Y. GUYON, « Le droit de propriété devant la Cour de cassation et le Conseil constitutionnel », Actes du colloque des 9 et 10 décembre 1994, *La Cour de cassation et la Constitution de la République*, PUAM, 1995, p. 173 cité par G. MERLAND, *L'intérêt général dans la jurisprudence du conseil constitutionnel*, préf. D. ROUSSEAU, coll. « Bibliothèque constitutionnelle et de science politique », Paris, LGDJ, 2004, p. 157.

[673] M. GIRER, *op. cit.*, support n°3, p. 3.

évolutive. Ainsi, l'observation fait ressortir que d'une communauté d'intérêts restreinte et plus protectrice du droit de propriété (A), la notion s'est élargie au détriment de ce droit (B).

A- D'une communauté d'intérêts restreinte ...

199. L'idée de création d'une communauté d'intérêts qui transcende le subjectivisme du propriétaire prend le plus souvent plusieurs appellations sans que l'on sache si elles sont ou non synonymes. Elle apparait ainsi tantôt sous l'expression « nécessité publique », tantôt « utilité publique », tantôt encore « intérêt général ». Ainsi, l'article 15 de la Constitution proclame : « *Le droit de propriété est garanti. [...] Il ne peut y être porté atteinte que dans les cas de nécessité publique constatés dans les formes légales. Nul ne saurait être privé de sa jouissance si ce n'est pour cause d'utilité publique et sous la condition d'une juste indemnisation fixée conformément à la loi. Cette indemnisation doit être préalable à l'expropriation sauf cas d'urgence ou de force majeure* ».

200. De manière générale, les expressions « nécessité publique », « utilité publique » et « intérêt général » renvoient à une même idée de bien commun en opposition à l'intérêt particulier ou individuel[674]. Elles évoquent des objectifs de même nature qui ont vocation à profiter au plus grand nombre. En effet, la vie sociale se déroule souvent sur un tronc des intérêts communs. Le bien-être individuel tient et se réalise parfois à partir d'un tronc commun enraciné dans des intérêts collectifs. Corrélativement, asseoir ou concrétiser des intérêts collectifs passe souvent par des sacrifices imposés à certains membres de la communauté. C'est le cas notamment en matière de privation du droit de propriété, à travers la nationalisation ou l'expropriation, mais aussi dans une moindre mesure dans l'hypothèse de simples limitations au droit de propriété.

201. Certes, en 1789, les auteurs de la Déclaration des droits de l'homme et du citoyen concevaient la propriété comme un droit « *inviolable et sacré* ». Mais, ils concédaient que le propriétaire puisse être privé de son droit lorsque « *la nécessité publique légalement constatée* » le commandait. Il ressort de ce texte que les limitations au

---

[674] G. MERLAND, *op. cit.*, p. 160.

droit de propriété, droit inviolable et sacré, doivent être fondées sur la nécessité publique. La nécessité publique est une notion plus restrictive que les notions voisines d'utilité publique et d'intérêt général. En effet, selon le Petit Larousse, la nécessité est le « *caractère de ce qui est nécessaire ; [...] qui correspond à un besoin fondamental ; dont on ne peut guère ou dont on ne peut pas se passer* ». Appliquée au droit de propriété, elle suppose que les limitations voulues ou envisagées du droit de propriété doivent être une exigence absolue « *dont on ne peut se passer* ». Dans cette acception, la nécessité publique se comprend comme ce qui ne peut pas ne pas être. Elle correspond au plus haut degré d'exigence pouvant justifier des atteintes au droit de propriété. Cette exigence de la nécessité publique se justifie par le contexte philosophique et idéologique de l'époque caractérisé par le succès de l'humanisme, l'apologie de la liberté individuelle et de l'individualisme[675]. Les atteintes au droit de propriété semblaient très redoutées par les auteurs de la Déclaration des droits de l'homme et du citoyen. Ils n'ont fait de concession que dans les cas très limitatifs constitués par la nécessité publique. Le Conseil constitutionnel français s'y réfère dans les cas d'atteintes graves au droit de propriété. Ainsi, la nécessité publique est requise par le Conseil constitutionnel français à l'occasion des privations de propriété, en occurrence lors du contrôle des lois sur la nationalisation[676]. Il s'agit donc d'une exigence qui s'impose au législateur. Ce qui signifie que la référence à la nécessité publique doit avoir pour assise une norme de valeur constitutionnelle. Ainsi, « *On peut considérer que la nécessité publique correspond à un intérêt général constitutionnellement défini* »[677].

202. En outre, dès 1804, l'article 545 du Code civil affirmait que « *nul ne peut être contraint de céder sa propriété, si ce n'est pour cause d'utilité publique, et moyennant une juste et préalable indemnité* ». En effet, l'utilité publique est une notion moins contraignante que la nécessité publique à laquelle la Déclaration se

---

675 M. WALINE, *L'individualisme et le Droit*, *op. cit.*, n°9 et s., p. 35 et s ; M. VILLEY, *Philosophie du droit. Définitions et fins du droit. Les moyens du droit, op. cit.*, n°67 et s, p. ; M. VILLEY, *La formation de la pensée juridique moderne, op. cit.*, p. 371 et s.

676 G. MERLAND, *op. cit.*, p. 161.

677 G. MERLAND, *op. cit.*, p. 162.

referait pour concéder des atteintes au droit de propriété[678]. Mais elle est plus exigeante que l'intérêt général. Le Petit Larousse définit « l'utilité publique » comme un *« intérêt général au nom duquel l'Administration confère un avantage (reconnaissance d'utilité publique) ou impose une sujétion (servitude d'utilité publique, expropriation pour cause d'utilité publique)* ». Au Burkina Faso, la loi n°009-2018/AN du 3 mai 2018 portant expropriation pour cause d'utilité publique et indemnisation des personnes affectées définit l'utilité publique comme « *la déclaration de l'autorité publique par laquelle une opération est reconnue comme présentant un intérêt pour la communauté* »[679]. D'un point de vue idéologique, la référence de l'article 545 du Code civil à l'utilité publique en lieu et place de la nécessité publique, quelques années seulement après 1789, correspond à un infléchissement des valeurs, en occurrence de l'individualisme, qui s'est produit dans le cours même de la Révolution française[680]. Ainsi, l'utilité publique est une notion qui sert à réaliser certains objectifs d'intérêt général, mais elle est moins exigeante que la nécessité publique.

203. De manière générale, dans la tradition juridique d'inspiration française, la notion d'utilité publique est liée à une formule consacrée en matière notamment d' « *expropriation pour cause d'utilité publique* »[681]. Il faut préciser qu'à l'origine, l'expropriation ne pouvait avoir d'autre but que l'utilité publique. Toutefois, cette notion d'utilité publique était entendue de manière restrictive comme la constitution du domaine public ou un travail public[682]. En effet, le contexte était marqué par réalisation d'importants travaux de voirie. La notion d'utilité publique était également subordonnée à la notion organique de service public qui suppose la présence d'une personne publique. Mais, progressivement, la notion s'est étendue[683] pour aboutir à l'idée selon laquelle

---

678 F. TERRE et Ph. SIMLER, *Droit civil. Les biens*, coll. « Précis », 9e éd., *op. cit.*, p. 392.

679 Art. 7 de la loi n°009-2018/AN du 3 mai 2018 portant expropriation pour cause d'utilité publique et indemnisation des personnes affectées au Burkina Faso.

680 J.-C. BILLIER et A. MARYOLI, *op.cit.*, p. 123.

681 G. MERLAND, *op. cit.*, p. 160.

682 Y. GAUDEMET, *Traité de droit administratif. t. 2, Droit administratif des biens*, *op. cit.*, n°603 bis, p. 298.

683 H. SAUGEZ, *L'affectation des biens à l'utilité publique : Contribution à la théorie générale du domaine public*, th. Orléans, 2012, p. 115 et s.

« *l'expropriation est justifiée lorsque l'opération projetée présente un intérêt général [...] Cette notion d'intérêt général n'est pas forcément liée à des concepts tels que ceux de domaine public, de travail public ou de service public* »[684]. Autrement dit, non seulement l'expropriation s'est étendue au bénéfice de personnes privées, mais aussi elle s'est ouverte pour de simples travaux d'intérêt général plutôt que d'utilité publique. Cette extension à l'intérêt général ouvre plus de possibilités pour les limitations et les restrictions au droit de propriété. Le conseil constitutionnel français semble s'inscrire dans l'allègement des conditions de la privation de propriété. Dans sa décision n°89-256 DC du 25 juillet 1989, pour la premièrc fois, il se prononçait sur le régime juridique de l'expropriation suivant la procédure particulière « d'extrême urgence »[685]. Il optait pour le critère de l'utilité publique en lieu et place de la nécessité publique. Plus précisément, il déclarait à l'occasion que « *la loi ne peut autoriser l'expropriation d'immeubles ou de droits réels immobiliers que pour la réalisation d'une opération dont l'utilité publique est légalement constatée* »[686].

204. Cependant, cette référence à la notion d'utilité publique en lieu et place de la nécessité publique n'emporte pas précision de la valeur de l'assise normative de la notion d'utilité publique. En effet, si la nécessité publique exige la référence à une norme de valeur constitutionnelle et s'impose comme telle au législateur et aux autorités publiques, la valeur de la norme devant constituer l'utilité publique n'est pas très évidente. L'usage de la notion en droit administratif laisse entrevoir qu'elle est aussi plastique que l'intérêt général en ce qu'elle ne s'applique pas seulement aux privations qui sont les atteintes les plus graves au droit de propriété, mais elle est aussi utilisée pour justifier les simples restrictions administratives du droit de propriété[687]. Ce constat tend à établir que l'utilité publique peut être définie par le législateur et qu'elle ne doit pas nécessairement avoir une assise constitutionnelle.

Toutefois, il est utile de relever que « *la motivation du juge constitutionnel fournit plusieurs indices laissant entrevoir un rapprochement de la notion d'utilité publique avec celle de la*

---

[684] Y. GAUDEMET, *Traité de droit administratif. t. 2, Droit administratif des biens*, *op. cit.*, n°604, p. 298.
[685] G. MERLAND, *op. cit.*, p. 162.
[686] C. const. Fr., n°89-256 DC du 25 juillet 1989, *Rec.*, p. 53.
[687] G. MERLAND, *op. cit.*, p. 163.

nécessité publique »[688]. En effet, d'une part, le Conseil constitutionnel français, plus précisément, se réfère à l'« *utilité publique légalement constatée* » si bien qu'on en déduit que « *ce qui doit être constaté par le législateur ne peut être défini par lui. L'utilité publique transcende ainsi l'auteur de la loi. Elle s'impose à lui comme n'importe quelle norme constitutionnelle* »[689]. D'autre part, le juge constitutionnel requiert du législateur qu'il fonde l'expropriation sur des « *motifs impérieux d'intérêt général* » ce qui ressemble bien à un « *motif de valeur constitutionnelle qui ne dit pas son nom* »[690].

Le recours à la Convention européenne des droits de l'homme peut être d'une certaine utilité. En effet, cette Convention opère une distinction entre « *l'utilité publique qui justifie la privation de propriété et l'intérêt général qui justifie la réglementation de l'usage des biens* »[691]. Aussi, le juge de Strasbourg laisse-t-il le soin au législateur de déterminer le contenu de l'utilité publique tout en l'encadrant et en sanctionnant le contenu donné par le législateur à l'utilité publique lorsqu'il « *se révèle manifestement dépourvu de base raisonnable* »[692]. En définitive, on peut dire que « *l'utilité publique n'est pas la nécessité publique en ce sens que des normes législatives peuvent l'exprimer ; mais ce n'est pas un intérêt général quelconque : cet intérêt doit revêtir une importance significative* »[693].

205. Ainsi, de la nécessité publique en 1789 ayant une valeur constitutionnelle, on en est arrivé à l'utilité publique dès 1804 pouvant être exprimée simplement par une norme législative. D'une notion plus exigeante, on en est parvenu à une notion moins restrictive des atteintes au droit de propriété. La nécessité publique limite l'action des autorités publiques en ce qu'elle restreint les possibilités d'atteinte au droit de propriété en durcissant les conditions. L'utilité publique l'est encore moins.

Mais, le processus ne s'est pas arrêté à l'utilité publique. Il s'est poursuivi avec une notion encore moins contraignante à savoir l'intérêt général.

---

688 *Ibid.*
689 *Ibid.*
690 G. MERLAND, *op. cit.*, p. 164.
691 *Ibid.*
692 CEDH, 21 février 1986, James et autres c/Royaume-Uni, Série A, n°98 cité par G. MERLAND, *op. cit.*, p. 164.
693 G. MERLAND, *op. cit.*, p. 164.

B- ...à une communauté d'intérêt élargie

206. L'article 544 du Code civil énonce que le droit de propriété peut être limité par la loi ou par les règlements. Cela dit, les auteurs du Code civil avaient à l'idée la nécessité de prévoir ou créer une communauté d'intérêts transcendant les intérêts individuels des propriétaires. La création de cette communauté trouve son fondement légal dans la réserve prévue audit article selon lequel l'usage de la propriété peut être limité par les lois et règlements. Depuis lors, ces lois et règlements se sont multipliés et, corrélativement avec eux, les limitations au droit de propriété. Ces restrictions ont en commun l'idée d'intérêt général.

207. La notion d'intérêt général parait renvoyer à l'idée de création d'une communauté d'intérêts pour réduire ou contrecarrer le subjectivisme du propriétaire. Mais si la notion semblait avoir été prévue pour une utilisation exceptionnelle ou limitative eu égard à la philosophie qui semblait prévaloir à l'époque, elle a acquis aujourd'hui une force et une étendue que ne pouvaient soupçonner les rédacteurs du Code civil. En effet, l'intérêt général fait l'objet aujourd'hui d'un recours régulier de la part des autorités publiques pour justifier les atteintes au droit de propriété. Sur ce fondement, les limitations et restrictions au droit de propriété se sont multipliées surtout en matière immobilière si bien que la consultation d'un manuel de droit de l'urbanisme et de la construction[694], permet de constater l'épanouissement de ce droit au détriment du droit de propriété et la multiplication des atteintes à ce dernier fondée sur l'intérêt général de l'environnement, de l'urbanisme, de la protection du patrimoine culturel, de l'écologie, de la santé publique, de l'hygiène publique *etc.* Il s'agit des limites relatives soit à la jouissance des biens soit à leur conservation.

208. Mais si la notion d'intérêt général est beaucoup utilisée, on en donne très peu la définition. L'idée vague à laquelle elle renvoie semble suffire. Or, une définition de la notion s'avère indispensable pour éviter de la confondre avec ses notions voisines que sont la nécessité publique et l'utilité publique. Dans cette optique, l'intérêt général peut être cerné à travers différents angles.

---

[694] M. GIRER, *op. cit.*, support n°3, p. 2.

D'un point de vue volontariste, l'intérêt général peut s'entendre comme l'expression de la volonté générale qui donne pouvoir aux autorités publiques, à l'Etat notamment, la légitimité dans son action publique. Elle ne se confond pas avec la somme des intérêts particuliers[695]. Selon cette conception d'inspiration rousseauiste, l'intérêt général renvoie à la volonté générale et fonde la légitimité de la loi.

En outre, la notion d'intérêt général semble également pouvoir être appréhendée sous un angle finaliste. En effet, l'intérêt général est défini par la loi n°009-2018/AN du 3 mai 2018 comme « *la finalité des actions, projets ou aménagements entrepris par l'Etat ou la collectivité territoriale qui présentent une valeur ou une utilité pour l'ensemble de la communauté considérée* »[696]. Dans la même veine, pour le Conseil d'Etat français, l'intérêt général est une notion qui a une finalité politique de transcender la recherche du profit économique et personnel dictée par l'économie capitaliste, de le réguler et le corriger. Il écrit à cet effet dans son rapport que « *l'intérêt général semble être une notion juridique et politique, bien davantage qu'économique. [...] Elle tend à montrer que seule l'autonomie du politique, dans le cadre d'une économie de marché dont l'efficacité n'est pas contestée, garantit la poursuite de l'intérêt général* »[697]. De même, le Conseil constitutionnel français inscrit la notion d'intérêt général dans un but finaliste. Ainsi, il a pu remarquer que « *postérieurement à 1789 et jusqu'à nos jours, les finalités et les conditions d'exercice du droit de propriété ont subi une évolution caractérisée [...] par des limitations exigées par l'intérêt général* »[698].

209. Cependant toutes ces définitions n'indiquent pas avec précision aussi bien la norme qui peut porter l'intérêt général et subséquemment les autorités publiques à qui il s'impose. Ce, d'autant plus que les notions d'intérêt général et d'utilité publique sont parfois utilisées comme synonymes. En effet, en matière d'expropriation, par

---

[695] N. HANOUILLE, *Intérêt particulier et intérêt général à l'époque des Lumières*, th. Montpellier III, 2012, p. 256 et s. ; H. SAUGEZ, *op. cit.*, p. 46.

[696] Art. 7 de la loi n°009-2018/AN du 3 mai 2018 portant expropriation pour cause d'utilité publique et indemnisation des personnes affectées au Burkina Faso.

[697] H. SAUGEZ, *op. cit.*, p. 46.

[698] C. const. Fr., n°81-132 du 16 janvier 1982, Rec., p. 18 ; *D.* 1983, 169 note L. HAMON, *JCP* 1982, II, 19 788 note Nguyen Quoc Vinh et Franck ; Gaz. Pal. 1982, 1, 67, note A. PIEDELIEVRE et J. DUPICHOT.

exemple, il n'est pas rare que le Conseil d'Etat français la déclare régulière lorsqu'il constate que « *l'opération projetée présente un intérêt général* »[699]. Concernant la valeur de la norme qui peut exprimer l'intérêt général, il va de soi que les normes de valeur constitutionnelle ou législative puissent le faire. En effet, ces normes sont respectivement aptes à définir la nécessité publique et l'utilité publique. Par un raisonnement *a fortiori*, on peut en déduire qu'elles peuvent également être le fondement de l'intérêt général. Reste maintenant à savoir si les règlements peuvent le faire. *A priori*, rien ne s'y oppose puisque l'article 544 du Code civil reconnait les prérogatives du droit de propriété « *pourvu qu'on n'en fasse pas un usage prohibé par les lois ou par les règlements* ». Il en résulte que le règlement peut organiser la mise en œuvre ou l'exercice du droit de propriété. Toutefois, le règlement est assujetti au respect des normes qui lui sont supérieures notamment les normes de valeur législative et constitutionnelle. À cet effet, le domaine matériel du règlement ne saurait couvrir la privation de propriété. Dans le domaine du droit de propriété, le règlement traite en réalité des simples restrictions administratives dans l'usage des biens. Corrélativement, les autorités administratives sont compétentes pour adopter des actes de valeur règlementaire. Mais, il convient encore de souligner que leur champ d'action est très limité. Il ne couvre que les atteintes très minimes au droit de propriété. Le pouvoir exécutif n'intervient que lorsqu'il s'agit de réglementer l'usage des biens et non lorsqu'il est question de privation du droit de propriété.

210. Ainsi, au regard de tous ces développements, il convient d'appréhender l'intérêt général sous l'angle finaliste. À cet effet, il parait judicieux de définir l'intérêt général comme une notion fonctionnelle ou « *la finalité des actions, projets ou aménagements entrepris par l'Etat ou la collectivité territoriale qui présentent une valeur ou une utilité pour l'ensemble de la communauté considérée* »[700] dont le contenu est laissé à l'appréciation des autorités publiques et soumis au contrôle du juge. Il est une notion moins contraignante que la nécessité publique et l'utilité publique quoique ces notions renvoient à cette idée.

---

[699] Y. GAUDEMET, *Traité de droit administratif. t. 2, Droit administratif des biens*, *op. cit.*, n°607, p. 300.

[700] Art. 7 de la loi n°009-2018/AN du 3 mai 2018 portant expropriation pour cause d'utilité publique et indemnisation des personnes affectées au Burkina Faso.

211. En bref, l'analyse fait ressortir une évolution de la notion restrictive de la nécessité publique vers une notion plus large de l'intérêt général. Ce qui a fait dit à un auteur que « *Quand à la conception restrictive de la nécessité publique se substitue, à compter du XIX*e *siècle, un intérêt général entendu de manière de plus en plus large, les limitations au droit de propriété se multiplient, annonçant son déclin* »[701]. En effet, la Déclaration des droits de l'homme et du citoyen et le Code civil subordonnent les limitations au droit de propriété respectivement à «la nécessité publique » ou à « l'utilité publique ». L'intérêt général ne ressort pas explicitement de ces textes. Les règlements prévus par le Code civil semblent donc être ceux qui sont pris en exécution des lois qui intéressent le droit de propriété. Dans cet ordre d'idées, les auteurs de la Déclaration et du Code civil semblent avoir accordé une plus grande place à la réalisation de l'intérêt individuel par la préférence portée à l'individualisme et subséquemment au subjectivisme et la place de second rang concédée à l'intérêt général. À cet effet, le choix des expressions n'est pas neutre. En effet, les termes « nécessité publique », « utilité publique » et « intérêt général » ne correspondent pas à des valeurs idéologiques de même degré[702]. En conséquence, ils n'expriment pas des exigences de même degré. L'évolution se présente comme une courbe descendante de l'individualisme et du subjectivisme vers le collectivisme et l'objectivisme.

Les efforts de l'ancrage social du droit de propriété, entrepris depuis l'affirmation formelle d'une part des prérogatives de ce droit qui sont le droit d'user, le droit de jouir et de percevoir les fruits, le droit de disposer, d'autre part de ses caractères que sont l'absolutisme, l'exclusivisme et la perpétuité, ne se résument pas seulement à la création et à l'extension *ex-nihilo* d'une communauté d'intérêts. Ils sont l'expression d'une préeminence de certaines valeurs fondamentales ou d'intérêt général qui s'articulent avec l'altération du subjectivisme du droit de propriété et à cet effet l'orientent.

---

[701] G. MERLAND, *op. cit.*, p. 157.

[702] M. WALINE, *op. cit.*, n°9 et s., p. 35 et s ; M. VILLEY, *Philosophie du droit. Définitions et fins du droit. Les moyens du droit, op. cit.*, n°67 et s, p. ; M. VILLEY, *La formation de la pensée juridique moderne, op. cit.*, p. 371 et s.

§ 2- La primauté de certaines valeurs fondamentales ou d'intérêt général

212. Certaines restrictions au droit de propriété sont l'expression d'une orientation du droit de propriété dans le sens de la prise en compte d'autres valeurs fondamentales ou d'intérêt général. Elles sont aussi, sous un certain angle, le reflet des rapports entre le citoyen et le souverain et sont fondées sur la nécessaire participation du citoyen aux charges publiques sur un principe égalitaire. Cette gouvernance sociale du droit de propriété se manifeste à travers l'articulation de son subjectivisme d'une part avec des valeurs socio-économiques fondamentales (A), d'autre part avec des impératifs environnementaux (B) qui se sont accrus à l'époque comptemporaine.

A- La primauté de certaines valeurs socio-économiques fondamentales

213. D'un point de vue socio-économique, l'exercice du droit de propriété est contrebalancé par le poids de certaines valeurs fondamentales ou d'intérêt général. Mieux ces valeurs parviennent à s'imposer aux prérogatives du propriétaire et à réduire le subjectivisme de son droit. Elles se traduisent par des limitations au droit de propriété. Ces restrictions tant en matière mobilière qu'en matière immobilière sont généralement orientées d'une part vers la protection de la dignité de la personne humaine (1), d'autre part, vers la sauvegarde de l'économie (2).

1) La protection de la dignité de la personne humaine

214. L'être est supérieur à l'avoir. L'objectif de protection de la dignité de la personne humaine conduit alors à la faire prévaloir sur le droit de propriété. Ce principe de dignité de la personne humaine[703] étend ses racines dans divers domaines du droit. Dans le droit de la propriété, il commande que le propriétaire utilise son bien pour son bien-être. L'exercice de son droit ne doit pas être orienté contre l'atteinte au bien-être des autres ni avoir pour objet la personne humaine. La protection de la dignité humaine justifie que des

[703] M.-L. PAVIA, « La dignité de la personne humaine », R. CABRILLAC, M.-A. FRISON-ROCHE et Th. REVET, (dir.) *Libertés et droits fondamentaux*, 6e éd., *op.cit.*, n°190 et, p. 121 et s.

restrictions soient imposées au propriétaire ou que certains avantages de la propriété soient transférés aux tiers tels le locataire d'une maison à usage d'habitation à qui des droits peuvent être reconnus sur l'immeuble contre l'avis du bailleur. De plus, en vertu de ce principe le logement peut être réquisitionné pour les personnes sans-abri[704]. Cela dit, la protection de la personne humaine prime sur le droit de propriété. Cette protection découle également des limitations à l'exercice du droit de propriété sur les animaux, les autres biens corporels ou incorporels meubles, l'abus de droit, les troubles anormaux de voisinage *etc*. Ainsi, la sensibilité de la personne humaine est protégée à travers les limitations à l'exercice du droit de propriété sur les animaux, sa liberté de se cultiver, d'entreprendre ou de créer à travers les limitations aux droits de propriété sur les créations intellectuelles, la jouissance de sa propriété à travers l'abus de droit, la protection de sa santé, de son logement et de son cadre de vie à travers les troubles anormaux de voisinage et d'autres limitations en matière immobilière[705].

215. Ces limitations, en créant des interdictions ou des obligations à l'encontre du propriétaire, orientent ou canalisent la finalité de son droit pour le rendre plus sociable à travers par exemple la protection de la personne humaine. Le droit pénal et le droit de la responsabilité civile viennent à la rescousse pour renforcer l'efficacité de ces restrictions. À titre illustratif, le premier par exemple incrimine certains comportements du propriétaire envers l'animal[706]. Le second permet d'engager la responsabilité civile délictuelle[707] du propriétaire du fait de la chose qu'il a sous sa garde[708], du fait de son animal[709] ou encore du fait de la ruine de son bâtiment[710].

---

[704] Ch. ALBIGES, « Le droit au logement », R. CABRILLAC, (dir.) *Libertés et droits fondamentaux*, 21e éd., *op.cit.*, n°1302, p. 998.
[705] Cf. *Supra* Titre I de cette partie.
[706] Cf. *Supra* n°47 et s.
[707] Ph. DELEBECQUE, *La responsabilité civile : le délit et le quasi-délit*, UNJF, 2011, leçons n°9 et 10.
[708] Art. 1384 *C. civ.*
[709] Art. 1385 *C. civ.*
[710] Art. 1386 *C. civ.*

216. « *Ce qui est « humain » n'est pas banal. Ce qui est humain est sacré et c'est à ce titre qu'il est digne de respect* »[711]. En effet, il se déduit également de toutes ces règles que l'inviolabilité et l'indisponibilité de la personne humaine sont protégées contre le droit de propriété et lui sont même supérieures.

Concernant l'inviolabilité du corps humain, elle signifie qu'il ne peut être porté atteinte au corps humain sans le consentement de la victime ou, dans certains cas, nonobstant son consentement[712]. Il va sans dire que l'exercice du droit de propriété ne doit pas porter atteinte à l'inviolabilité du corps humain. Il en résulte que l'exercice du droit de propriété doit naturellement être fait dans le respect de cette inviolabilité. C'est pourquoi, non seulement toute atteinte anormale telle que les homicides[713], coups et blessures, violences[714] tortures et actes de barbarie[715], est punie ; mais surtout lorsqu'elle est commise au moyen d'un bien, elle peut entrainer une confiscation de ce bien au profit de l'Etat[716]. Cette confiscation est spéciale lorsqu'elle porte sur un bien déterminé et générale lorsqu'elle porte sur tout ou partie du patrimoine[717]. Ce principe de l'inviolabilité du corps humain connait cependant des dérogations fondées sur l'intérêt général ou un intérêt médical[718].

S'agissant du principe de l'indisponibilité du corps humain, il indique que le corps humain est hors du commerce juridique ou « *ne peut pas changer de propriétaire* »[719] ; il ne peut pas faire l'objet de convention[720]. Les tribunaux l'ont forgé[721] en se fondant sur les

[711] X. LABEE, « Le corps humain, ses organes et ses produits, source renouvelée de convoitise », L. LEVENEUR (dir.), *Les « nouveaux » biens. Nouvelles qualifications ou nouveaux régimes* ?, Coll. « Thèmes & Commentaires », Paris, Dalloz, 2020, p. 73.

[712] R. CABRILLAC, « Le corps humain », R. CABRILLAC, (dir.) *Libertés et droits fondamentaux*, 21e éd., Paris, Dalloz, 2015, n°314 et s., p. 209 et s.

[713] Art. 512-11 à Art. 512-15 C. pén.

[714] Art. 512-18 à Art. 512-26 C. pén.

[715] Art. 512-1 à Art. 512-4 C. pén.

[716] Art. 512-43 C. pén.

[717] F. TERRE et Ph. SIMLER, *Droit civil. Les biens*, coll. « Précis », 9e éd., *op. cit.*, n°512, p. 402.

[718] X. LABEE, « Le corps humain, ses organes et ses produits, source renouvelée de convoitise », *op. cit.*, p. 65 et s. ; R. CABRILLAC, « Le corps humain », *op. cit.*, n°317 et s., p. 211 et s.

[719] X. LABEE, « Le corps humain, ses organes et ses produits, source renouvelée de convoitise », *op. cit.*, p. 67.

[720] R. CABRILLAC, « Le corps humain », *op. cit.*, n°321 et s., p. 214 et s.

articles 6[722], 1128[723], 1131[724] et 1133[725] du Code civil. Le principe de l'indisponibilité du corps humain apparait directement « *comme une limite à la liberté fondamentale de disposer de soi-même ou à la liberté contractuelle* [726]».

217. La protection de la dignité humaine se présente aussi indirectement comme une limite à l'étendue de l'objet du droit de propriété en ce sens que le droit de propriété lui est inférieur. En effet, il est loisible de souscrire à ce raisonnement de Marie-Luce Pavia : « *étant données la nature et la valeur fondamentales de la dignité, doit-on admettre que les droits qui lui sont liés prévalent sur les autres droits comme le droit de propriété ou la libre expression des idées et des opinions ? Sans doute, on l'a vu, les premiers prévalent sur les seconds et, en ce sens, il existe une hiérarchie entre les droits de l'homme. Mais cela est avancé avec prudence, car les droits ne sont pas enfermés dans un univers clos, purement formel comme le présuppose le positivisme juridique ou relevant directement d'un ordre métajuridique comme le présuppose le courant du droit naturel* » [727]. Si donc l'on admet avec prudence que le principe de la dignité humaine est supérieur au droit de propriété, on peut alors affirmer que le droit de propriété ne saurait avoir pour objet la personne humaine. En conséquence de ce principe, est interdite toute aliénation totale du corps, d'un de ses organes, produits ou éléments. L'esclavage et la traite d'êtres humains sont incriminés[728]. Ce principe de la dignité peut également être perçu comme une ingérence justifiée dans l'exercice du droit à l'autodétermination de la personne sur son

---

[721] *Ibid.*

[722] Art. 6 du C. civ. : « *On ne peut déroger par des conventions particulières, aux lois qui intéressent l'ordre public et les bonnes mœurs* »

[723] Art. 1128 C. civ. « *Il n'y a que les choses qui sont dans le commerce qui puissent être l'objet des conventions* »

[724] Art. 1131 C. civ. « *L'obligation sans cause, ou sur une fausse cause, ou sur une cause illicite, ne peut avoir aucun effet* ».

[725] Art. 1133 C. civ. « *La cause est illicite quand elle est prohibée par la loi, quand elle est contraire aux bonnes mœurs ou à l'ordre public* ».

[726] R. CABRILLAC, « Le corps humain », *op. cit.*, n°321 et s., p. 214 et s.

[727] M.-L. PAVIA, « La dignité de la personne humaine », *op. cit.*, n°204, p. 138.

[728] Article 511-1 C. pén.

corps[729]. Toutefois, ce principe subit des dérogations concernant l'aliénation d'un organe, d'un produit ou d'un élément du corps humain[730]. Ces dérogations sont strictement encadrées. Au Burkina Faso, par exemple, cette circulation est soumise à des conditions strictes. Elles nécessitent un consentement renforcé, un intérêt médical, l'anonymat et sont subordonnées à la gratuité[731].

218. On peut enfin rattacher à la dignité de la personne humaine, énoncée comme principe supérieur au droit de propriété, l'état de nécessité[732]. C'est au célèbre « bon juge Magnaud» que l'on attribue ce fait justificatif d'origine prétorienne dans la matière pénale où la loi est d'interprétation stricte ! Ainsi, en 1898, il avait relaxé une femme qui avait volé un pain pour nourrir son enfant. Mais, il convient de souligner qu'il l'avait fait en se fondant sur la contrainte morale. En principe, la contrainte doit être externe à l'individu pour être opérant comme fait justificatif ; ce qui n'était pas strictement le cas en l'espèce. En appel, la «femme Ménard » fut également relaxée, seulement le motif avait varié, il était fondé sur le défaut d'intention coupable. Ces notions étaient alors utilisées faute de mieux. « *Il fallut attendre le milieu du XXe siècle pour qu'une notion autonome soit consacrée par un arrêt Lesage de la Cour de Cassation, nouveau concept fondé sur la situation objective de conflits de valeurs plutôt que sur l'état d'esprit du délinquant* »[733]. Ainsi, pour la Haute Cour, ce n'était ni la contrainte qui en l'espèce n'était pas externe au délinquant mais lui était plutôt interne, ni le défaut d'intention coupable qui dans le cas d'espèce existait bien, mais plutôt deux valeurs objectives qui s'affrontaient à savoir la dignité de la personne humaine prise en tenaille par la faim et le droit de propriété de la victime. Il se déduit de ce fondement que la valeur de la personne humaine est supérieure à

---

729 S.-M. FERRIE, «Le droit à l'autodétermination de la personne humaine. Essai en faveur du renouvellement des pouvoirs de la personne sur son corps», *RDLF* 2016, chron. n°10 (www.revuedlf.com).

730 R. CABRILLAC, « Le corps humain », *op. cit.*, n°323 et s., p. 215 et s..

731 V. La loi n°038-2020/AN du 18 décembre 2020 relative au don, au prélèvement, à la transplantation et aux greffes d'organes, de tissus et de cellules humains.

732 Art. 132-3 C. pén. : « *N'est pas pénalement responsable la personne qui, face à un danger actuel ou imminent qui menace elle-même, autrui ou un bien, accomplit un acte nécessaire à la sauvegarde de la personne ou du bien, sauf s'il y a disproportion entre les moyens employés et la gravité de la menace* ».

733 B. AUBERT, L. LETURMY et M. MASSE, *Droit pénal général*, UNJF, 2011, *Leçon n°* 8, p. 23.

l'atteinte à la propriété et cette supériorité se révèle dans des circonstances bien établies comme l'état de nécessité.

219. En résumé, l'éthique constitue un fondement pour bâtir le principe de la supériorité de la dignité de la personne humaine sur le droit de propriété. Toutefois, la portée des normes éthiques empruntées par le droit est à relativiser selon les facteurs de temps et de lieu. En ce sens, il est aisé d'affirmer avec Marie-Luce Pavia que : « *Sur le plan éthique, la dignité a [...] une validité absolument générale. Mais en même temps, lorsque le droit positif s'en saisit, elle subit un processus d'historicisation dans une société donnée et à un moment déterminé. Cette combinaison des deux niveaux d'analyse permet alors de penser que le fondement de la normativité du droit ne réside pas, d'une part, dans sa forme pure et, d'autre part, dans sa seule fonctionnalité. Et c'est ce mouvement des rapports juridiques et sociaux, au sein duquel bien sûr le juge a un rôle très actif et déterminant, qui relativise l'absolutisme des droits, tout en les nourrissant de sens* »[734].

En plus de la diginité de la personne humaine, les impératifs économiques peuvent aussi conduire à relativiser l'absolutisme du droit de propriété en l'orientant vers la protection de l'économie.

2) Le développement de l'économie

220. Si au plan juridique la propriété privée individuelle est proclamée, au plan économique cette appropriation privée individuelle est quasi-inexistante : la valeur économique de la propriété est très rarement l'objet d'une appropriation individuelle. En effet, les activités économiques ou professionnelles sont faites de relations complexes touchant à l'intérêt général lequel constitue le principe et la fin de l'Administration ou des personnes publiques. Ces dernières prennent des mesures dans le but de sauvegarder les intérêts collectifs. Mais, il arrive souvent que ces mesures portent atteinte au droit de propriété.

221. Tout d'abord, les activités économiques conduisent parfois le commerçant ou le professionnel à prendre à bail un local pour l'exercice de ses activités. Il s'agit de la conclusion du bail

---

[734] M.-L. PAVIA, « La dignité de la personne humaine », *op. cit.*, n°204, p. 139.

professionnel[735]. Ce bail crée des droits personnels entre le bailleur et le preneur. L'exercice de l'activité commerciale, industrielle, artisanale ou toute autre activité professionnelle contribue à apporter une plus-value au local pris à bail[736]. En plus du versement des loyers, le preneur apporte de la valeur à l'immeuble du bailleur par son exploitation. En contrepartie, le preneur dispose de droits plus ou moins importants sur l'immeuble qui s'apparentent à des droits réels. Au nombre de ces droits, il bénéficie d'un droit au renouvellement du bail et d'un droit à la déspécialisation.

Le droit au renouvellement du bail est le droit du preneur qui justifie avoir exploité durant une période de deux ans au moins les locaux ou immeubles et leurs dépendances en y menant une activité commerciale, industrielle, artisanale ou toute autre activité professionnelle conformément aux stipulations du bail ou à défaut d'obtenir une indemnité d'éviction[737].

La déspécialisation peut être partielle ou totale. La déspécialisation partielle est le fait pour le preneur d'adjoindre à son activité des activités connexes ou complémentaires relevant d'un même domaine que celui prévu au contrat de bail. Elle ne nécessite pas l'accord du bailleur. Seulement, le preneur doit l'en informer et il peut s'y opposer pour des motifs graves. Lorsqu'au contraire, le preneur envisage de changer l'activité prévue au contrat de bail, il s'agit d'une déspécialisation totale pour laquelle l'accord préalable et exprès du bailleur est obligatoire[738].

Ces différentes mesures transfèrent certains avantages du bailleur au preneur et créent de ce fait une forme d'appropriation du preneur, une propriété instrumentale à côté du droit de propriété du bailleur[739].

---

[735] Art. 103 AUDCG

[736] M. ROLAIN, « Les mécanismes de la propriété instrumentale ou comment repenser le droit de propriété par ses limitations », *op. cit.*, p. 96.

[737] Art. 123 AUDCG

[738] Art. 113 AUDCG

[739] M. ROLAIN, « Les mécanismes de la propriété instrumentale ou comment repenser le droit de propriété par ses limitations », *op. cit.*, p. 96 ; M. ROLAIN, *Les limitations au droit de propriété en matière immobilière*, *op. cit.*, n°267 et s., p. 181 et s. L'auteur précise dans sa thèse qu'en France le droit au renouvellement du bail et la déspécialisation sont complétés par la loi Pinel qui prévoit un droit de préemption au profit du preneur.

222. Le bail professionnel est protégé même en cas de difficultés économiques de l'entreprise au détriment des prérogatives du bailleur. En effet, l'article 97 alinéa 1 de l'Acte uniforme portant procédures collectives d'apurement du passif dispose que : « *Nonobstant toute disposition légale ou toute clause contractuelle, aucune indivisibilité, résiliation ou résolution du bail des immeubles affectés à l'activité professionnelle du débiteur, y compris les locaux qui, dépendant de ces immeubles, servent à l'habitation du débiteur ou de sa famille ne peut résulter du seul fait de l'ouverture du redressement judiciaire ou de la liquidation des biens* ». L'alinéa 2 du même article précise que : « *Les articles 108 alinéa 2 et 109 ci-dessous ne sont pas applicables au bail des immeubles affectés à l'activité professionnelle du débiteur, y compris les locaux qui, dépendant de ces immeubles, servent à l'habitation du débiteur ou de sa famille* ». Cela dit, les difficultés de l'entreprise ne constituent pas un motif de résiliation du bail à usage professionnel. Il s'agit d'une exception pour ce bail puisqu'en vertu de l'article 109 de l'Acte uniforme portant procédures collectives d'apurement du passif, la résiliation de plein droit doit être constatée par le juge commissaire pour les contrats à exécution successive à défaut de paiement d'une échéance. Ainsi, bien qu'il soit un contrat à exécution successive, le bail à usage professionnel ne fait pas l'objet d'une résiliation de plein droit du seul fait des difficultés de l'entreprise.

Le bail étant un contrat à titre onéreux, le bailleur remplit son obligation en mettant l'immeuble à la disposition du preneur et en se gardant de perturber sa jouissance. En contrepartie, le preneur se doit d'honorer ses loyers et autres charges locatives. Mais, le preneur en difficultés financières bénéficie de faveurs. Le bailleur, propriétaire de l'immeuble, aura à subir le non-paiement du preneur qui bénéficie, en principe, du maintien de tous ses droits relatifs au bail et mieux à son renouvellement même étant en cours de règlement préventif, de redressement judiciaire ou de liquidation des biens. Sa situation « *en cours des procédures collectives est des plus déconcertantes* »[740].

A titre de droit comparé, en droit français, antérieurement à l'adoption de la loi du 25 janvier 1985, la Cour de cassation jugeait qu'après l'ouverture d'une procédure de règlement judiciaire ou de

[740] J. KOM, « Le droit au bail à usage professionnel d'une entreprise en difficulté : une application en droit OHADA », *De l'esprit du droit africain*, Mél. P. G. POUGOUE, éd. CREDIJ, 2014, p. 406.

liquidation des biens, le bailleur avait la possibilité de signifier un commandement au preneur de payer les loyers dus antérieurement à l'ouverture de la procédure afin de faire constater la résiliation de plein droit du bail[741]. Mais, la situation a beaucoup évolué depuis l'adoption de la loi du 25 janvier 1985 dont l'article 38 alinéa 1er prévoit que « *le bailleur ne peut introduire ou poursuivre une action en résiliation du bail pour défaut de paiement des loyers que s'il s'agit de loyers échus depuis plus de trois mois après le jugement d'ouverture du redressement judiciaire* ».

Ainsi, la sauvegarde de l'entreprise en difficulté apparait comme un objectif socio-économique susceptible de s'imposer au propriétaire de l'immeuble ou même d'un bien meuble[742].

223. En outre, d'une manière générale, l'impossibilité et l'inefficacité de l'appropriation économique individuelle deviennent de plus en plus une évidence notamment en matière immobilière. En effet, le manque de réalisme et l'excès d'individualisme sont susceptibles de conduire à un *« paradoxe selon lequel les stratégies rationnelles individuelles conduisent à des résultats irrationnels sur le plan collectif [ce qui] semble défier la loi fondamentale en la capacité d'êtres humains rationnels à atteindre des résultats rationnels* »[743]. En d'autres termes l'utilisation d'un bien par le seul propriétaire, guidé par ses seuls intérêts, ne permet pas toujours de tirer de ce bien tout son potentiel économique. Les prérogatives du propriétaire peuvent le conduire à laisser le bien à l'abandon ou à en tirer une utilité moindre au regard de son potentiel, alors que ce même bien est susceptible d'avoir une utilité pour autrui ou pour la collectivité. Il y a donc en quelque sorte comme une perte au niveau global. Le subjectivisme est

---

[741] J. KOM, *op. cit.*, p. 408.

[742] W. DROSS, « Propriétaire *versus* créanciers sociaux : où est l'équilibre » note sous Com. fr., 3 avril 2019, n°18-11.247, *RTD Civ.* 2019, p. 617-622 ; Com. fr. 3 avril 2019, n°18-11-247, *D.* 2019. 758 ; *ibid.* 1801, obs. N. REBOUL-MAUPIN et Y. STRYCKLER. Dans cette décision, les hauts magistrats décident « *que ne constitue pas, en conséquence, une charge excessive pour le propriétaire l'obligation de se plier à la discipline collective générale inhérente à toute procédure de sauvegarde, redressement ou liquidation judiciaires, en faisant connaitre sa position quant au sort de son bien dans les conditions prévues par la loi et en jouissant des garanties procédurales qu'elle lui assure quant à la possibilité d'agir en revendication dans un délai de forclusion de courte durée mais qui ne court pas contre celui qui est dans l'impossibilité d'agir* ».

[743] E. OSTROM, *Gouvernance des biens communs. Pour une nouvelle approche des ressources naturelles*, coll. « Planète en jeu », Bruxelles, éd. De Boeck, 2010, p. 17.

donc susceptible de conduire à une utilisation peu rationnelle du droit de propriété au regard des enjeux plus grands ou importants. Dans ce cas, le droit de propriété peut judicieusement s'articuler avec ces enjeux sociaux et économiques. D'où la nécessité d'intégration des tiers[744] dans la gestion des biens en vue de leur utilisation rationnelle.

224. Par ailleurs, l'inefficacité de l'appropriation économique individuelle justifie les avancées dans l'instrumentalisation du droit de propriété ou de sa valeur. En effet, la participation du droit de propriété à l'objectif d'efficacité économique des biens, plus qu'hier, est aujourd'hui une réalité[745]. En phase avec le processus de socialisation qu'il subit, le droit de propriété se prête de plus en plus aux nécessités économiques. À titre illustratif, la propriété est aujourd'hui susceptible d'être l'objet d'une sûreté, en occurrence la réserve de propriété. Comment alors comprendre qu'un droit absolu soit soumis à la garantie d'une « simple » obligation ? Mais paradoxalement, la réponse se trouve dans ce caractère absolu qui permet au propriétaire de soumettre le bien sur lequel son droit porte à cette garantie. Il n'y aurait atteinte à ce subjectivisme que si l'affectation de la propriété à la garantie de l'obligation est imposée au propriétaire. De ce fait, l'inefficacité de l'appropriation économique individuelle se rencontre dans les hypothèses où les autorités publiques imposent des charges aux propriétaires dans une visée économique comme c'est le cas pour le bail commercial[746] ou pour les procédures collectives.

225. L'impossibilité de l'appropriation économique individuelle s'observe surtout à travers la manipulation très subtile qu'en fait le droit fiscal. En effet, les autorités publiques ne sont pas indifférentes aux potentialités économiques du droit de propriété surtout en matière immobilière. À travers le droit fiscal[747], elles indiquent la part de la collectivité dans le droit de propriété privée. En vertu de cet instrument, le droit de propriété privée est plus ou moins

---

[744] J. ROCHFELD, *op. cit.*, p. 283 et s.

[745] C. COCHEZ, *op. cit.*, p. 143 et s.

[746] V. aussi M. ROLAIN, « Les mécanismes de la propriété instrumentale ou comment repenser le droit de propriété par ses limitations », *op. cit.*, p. 96 ; M. ROLAIN, *Les limitations au droit de propriété en matière immobilière*, *op. cit.*, n°267 et s., p. 181 et s.

[747] V. notamment la loi n°058-2017/AN portant Code général des impôts du Burkina Faso.

manipulable selon que la part fixée pour la collectivité est plus ou moins importante. Sous cet angle, le droit fiscal joue un rôle important dans le mouvement de socialisation du droit de propriété. Cette participation du droit fiscal à la gouvernance sociale du droit de propriété s'opèrent à travers les impôts qui frappent le droit de propriété soit par sa manipulation par déconstruction[748] ou par déconstruction de sa valeur[749], soit par son affectation horizontale ou verticale[750] en tenant compte du lieu de situation du bien et des impératifs du moment[751].

226. Ainsi, le droit de propriété, en matière immobilière notamment, subit constamment des contraintes économiques susceptibles de faire participer des tiers à son potentiel économique en articulant les prérogatives ou le subjectivisme du propriétaire avec l'intérêt économique du bien pour la collectivité. Il s'ensuit que le but poursuivi à savoir la protection ou la promotion de l'économie, apparait comme une valeur qui prime sur le droit de propriété.

Les impératifs environnementaux appellent également une nécessaire articulation avec le droit de propriété.

B- La primauté de certains impératifs environnementaux

227. L'environnement est un patrimoine commun aux générations présentes et futures. Il doit être géré avec précaution aussi bien pour permettre aux générations présentes de vivre dans un cadre de vie sain que pour léguer à celles à venir un milieu où il fait bon vivre. La protection du cadre de vie et la conservation de la nature

---

[748] G. BZOWSKI, *op. cit.*, p. 53 et s. Il s'agit de la fiscalisation des démembrements du droit de propriété que sont l'usufruit et la nue-propriété. V. Art. 121, 252, 257, 274, 399, 405 et s. de la loi n°058-2017/AN portant Code général des impôts du Burkina Faso

[749] G. BZOWSKI, *op. cit.*, p. 153 et s. C'est le cas de notamment de la fiscalisation des parts sociales et des titres sociaux. V. Art. 169 et s., 173 et s., 175 et s., de la loi n°058-2017/AN portant Code général des impôts du Burkina Faso.

[750] G. BZOWSKI, *op. cit.*, p. 237 et s. L'affectation horizontale correspond à la fiducie et l'affectation verticale à la transmission de tout ou partie du patrimoine à une personne physique ou à une personne morale.V. Art. 444 et s., 469 et s. de la loi n°058-2017/AN portant Code général des impôts du Burkina Faso.

[751] G. BZOWSKI, *op. cit.*, p. 408 et s.

constituent une préoccupation majeure[752] avec laquelle le droit de propriété doit s'adapter ou s'articuler. En effet, le droit de propriété trouve dans l'environnement notamment les ressources naturelles des éléments de son enrichissement[753], mais aussi, en tant qu'il constitue un bien commun, une source de limitation. Dans ce dernier cas, la théorie des troubles anormaux de voisinage, « *ancêtre historique de la responsabilité environnementale* »[754], participe de cet objectif lorsqu'elle sanctionne les nuisances et pollutions. Il en est de même des obligations de dépollution ou de compensation qui peuvent être prévues par le législateur[755]. Cette articulation peut également se faire au moyen des servitudes (1) ou au contraire à partir d'autres systèmes sociaux de gestion des choses, en occurrence la théorie des communs (2). Dans l'un et l'autre cas, la gouvernance sociale du droit de propriété se révèle par la prééminence de la nécessaire sauvegarde de l'environnement sur l'individualisme et le subjectivisme.

1) La réalité des servitudes environnementales

228. L'article 637 du Code civil définit la servitude comme « *une charge imposée sur un héritage pour l'usage et l'utilité d'un héritage appartenant à un autre propriétaire* ». D'un point de vue historique, le droit romain distinguait les servitudes personnelles et les servitudes réelles. Il considérait l'usufruit, l'usage et l'habitation comme des servitudes personnelles et les services fonciers établis entre deux fonds comme des servitudes réelles[756]. Désormais, en vertu de l'article précité du Code civil, les servitudes désignent les services fonciers entre deux fonds.

---

[752] A. GARANE et V. ZAKANE, *op. cit.*, n°113 et s., p. 43 et s. ; S. MALJEAN-DUBOIS, *op. cit.*, support n°1, p. 6.

[753] J.-Ch. GALLOUX, « Les ressources naturelles appropriées : l'exemple du vivant breveté », L. LEVENEUR (dir.), *Les « nouveaux » biens. Nouvelles qualifications ou nouveaux régimes* ?, Coll. « Thèmes & Commentaires », Paris, Dalloz, 2020, p. 93-100. ; Ch. HUGLO, « Les ressources naturelles valorisées : l'exemple des quotas d'émission de gaz à effet de serre », L. LEVENEUR (dir.), *Les « nouveaux » biens. Nouvelles qualifications ou nouveaux régimes* ?, *op. cit.*, p. 101-108

[754] B. GRIMONPREZ, « La fonction environnementale de la propriété », *RTD Civ.*, 2015, p. 542.

[755] M. HAUTEREAU-BOUTONNET, « Le modèle du « commun » pour l'environnement : regard vers les droits étrangers », A. CHAIGNEAU (dir.), *Fonctions de la propriété et commun. Regards comparatistes*, *op. cit.*, p. 119 et s.

[756] J.-L. BERGEL, M. BRUSCHI et S. CIMAMONTI, *op. cit.*, n°299, p. 303.

229. Conformément à cet article 637 du code civil, l'existence d'une servitude exige la réunion de trois éléments. Il faut d'abord une charge pesant sur un immeuble appelé le fonds servant. Cette charge se caractérise par une « *amputation des droits du propriétaire du fonds servant* » à laquelle répond « *un droit, de nature réelle dans le patrimoine du propriétaire du fonds dominant* »[757]. Cette charge est imposée à un fonds au profit d'un autre fonds et non au profit d'une autre personne. C'est en cela que la servitude est un droit réel ou un démembrement du droit de propriété et non un droit personnel. Les contraintes que subit le propriétaire du fonds servant sont inhérentes à sa qualité de propriétaire et non à sa personne. Il a seulement une obligation passive de supporter, mais il n'a pas d'obligation positive ou de faire[758]. Il faut également souligner que le fonds servant dont il est question ne peut être qu'un immeuble par nature, plus précisément un bâtiment construit ou un terrain non bâti. Les autres types d'immeubles sont exclus[759].

Ensuite, la servitude est établie au profit d'un autre immeuble appelé le fonds dominant. C'est le fonds qui profite corrélativement de l'amputation des droits du propriétaire du fonds servant. Du fait de la servitude, les prérogatives attachées à ce fonds s'accroissent et excèdent ce que confère le seul droit de propriété[760].

Enfin, la servitude nécessite l'existence de deux fonds appartenant à des propriétaires différents. La définition que donne l'article 637 du Code civil de la servitude postule une dualité de propriétaires entiers et exclusifs[761]. Cette condition est confirmée par la déduction qu'en tire l'article 705 du même Code selon lequel : « *Toute servitude est éteinte lorsque le fonds à qui elle est due, et celui qui la doit, sont réunis dans la même main* ».

---

[757] F. TERRE et Ph. SIMLER, *Droit civil. Les biens*, coll. « Précis », 9e éd., *op. cit.*, n°868, p. 771.

[758] F. TERRE et Ph. SIMLER, *préc.*, n°868, p. 771.

[759] Art. 687 C. civ. « *Les servitudes sont établies ou pour l'usage des bâtiments, ou pour celui des fonds de terre. Celles de la première espèce s'appellent urbaines, soit que les bâtiments auxquels elles sont dues soient situés à la ville ou à la campagne. Celles de la seconde espèce se nomment rurales* ».

[760] F. TERRE et Ph. SIMLER, *Droit civil. Les biens*, coll. « Précis », 9e éd., *op. cit.*, n°869, p. 773.

[761] Il en résulte que dans les hypothèses d'indivision ou de copropriété la servitude peut être constituée. Voir F. TERRE et Ph. SIMLER, *préc.*, n°870, p. 773.

230. Le Code civil prévoit trois sources de servitudes : les servitudes naturelles, les servitudes légales et les servitudes conventionnelles[762]. D'abord, les servitudes conventionnelles résultent d'un accord de volonté entre deux propriétaires. Elles sont conformes au principe de la liberté contractuelle et aux prérogatives du droit de propriété. Par contre, les « *servitudes légales constituent des restrictions générales au droit de propriété et des charges qui grèvent de plein droit les immeubles indépendamment de la volonté de leurs propriétaires* »[763]. Enfin, les servitudes naturelles sont aussi issues de la loi ; mais leur particularité est de dériver de la situation géographique des immeubles. Ces dernières rentrent donc dans la catégorie des servitudes légales. En tout état de cause, toutes les servitudes répondent à un besoin d'optimiser l'utilité de certains biens en affectant à leur service d'autres biens.

231. La servitude a quatre caractères[764]. En premier lieu, elle a un caractère immobilier. Elle grève un immeuble au profit d'un autre immeuble. Mieux, il faut rappeler que tous les immeubles ne sont pas concernés. Ceux dont il s'agit sont les terrains non bâtis et les bâtiments érigés sur ces terrains[765]. Les arbres et les autres types d'immeubles sont exclus. La servitude revêt elle-même la nature d'un droit réel immobilier[766].

En deuxième lieu, la servitude a un caractère accessoire au fonds dominant. Elle se transmet en même temps que ce fonds et profite à tout titulaire de droit réel sur ce bien. Corrélativement, elle s'impose à tout titulaire de droit réel sur le fonds servant à condition, pour la servitude constituée par un titre, que les règles de la publicité foncière soient respectées[767].

---

[762] Art. 639 C. civ. « *Elle dérive ou de la situation naturelle des lieux, ou des obligations imposées par la loi, ou des conventions entre les propriétaires* ».

[763] J.-L. BERGEL, M. BRUSCHI et S. CIMAMONTI, *op. cit.*, n°301, p. 305.

[764] F. TERRE et Ph. SIMLER, *Droit civil. Les biens*, coll. « Précis », 9e éd., *op. cit.*, n°871, p. 774.

[765] Art. 687 C. civ. « *Les servitudes sont établies ou pour l'usage des bâtiments, ou pour celui des fonds de terre. Celles de la première espèce s'appellent urbaines, soit que les bâtiments auxquels elles sont dues soient situés à la ville ou à la campagne. Celles de la seconde espèce se nomment rurales* ».

[766] F. TERRE et Ph. SIMLER, *Droit civil. Les biens*, coll. « Précis », 9e éd., *op. cit.*, n°872, p. 775.

[767] F. TERRE et Ph. SIMLER, *préc.*., *op. cit.*, n°873, p. 775.

En troisième lieu, la servitude a un caractère perpétuel. Etant accessoire à la propriété, il va de soi que la servitude soit perpétuelle comme la propriété elle-même. Elle a vocation à servir le fonds dominant autant que ce fonds existe. Mais la volonté des parties peut créer des servitudes temporaires ou mettre un terme à celles qui ont vocation à la perpétuité d'une part, et certains évènements, comme le non-usage trentenaire, peuvent provoquer leur extinction d'autre part[768].

En quatrième lieu, la servitude a un caractère indivisible. Elle vaut pour tout le fonds dominant et s'exerce dans son intégralité sur le fonds servant si bien qu'en cas d'indivision du fonds dominant, elle peut être exercée par tous les indivisaires avant le partage. Dans l'hypothèse inverse, elle s'impose à tous les indivisaires du fonds servant. La gestion de la servitude requiert le consentement de tous les indivisaires. De même, l'extinction de la servitude ne peut valoir que pour tous les indivisaires[769]. Après le partage, l'indivisibilité vaut également de la même façon pour toutes les parts qui en résultent[770]. La situation se présente presque suivant les mêmes règles en cas de copropriété[771].

232. Traditionnellement, on rencontrait les servitudes surtout en milieu rural, mais les servitudes légales n'ont cessé de se développer en milieu urbain sous l'impulsion des règles d'urbanisme, de l'environnement et de l'aménagement du territoire[772]. Selon l'article 649 du Code civil[773], les servitudes légales sont d'utilité privée lorsqu'elles sont établies dans l'intérêt des particuliers ou d'utilité publique quand elles profitent à une personne publique. En

---

[768] F. TERRE et Ph. SIMLER, *préc.*, n°874, p. 775.

[769] Art. 709 C. civ. « *Si l'héritage en faveur duquel la servitude est établie appartient à plusieurs par indivis, la jouissance de l'un empêche la prescription à l'égard de tous* ».

[770] Art. 700 C. civ. « *Si l'héritage pour lequel la servitude a été établie vient à être divisé, la servitude reste due pour chaque portion, sans néanmoins que la condition du fonds assujetti soit aggravée. Ainsi, par exemple, s'il s'agit d'un droit de passage, tous les copropriétaires seront obligés de l'exercer par le même endroit* ».

[771] Art. 710 C. civ. « *Si parmi les copropriétaires, il s'en trouve un contre lequel la prescription n'ait pu courir, comme un mineur, il aura conservé le droit de tous les autres* ».

[772] J.-L. BERGEL, M. BRUSCHI et S. CIMAMONTI, *op. cit.*, n°301, p. 305.

[773] Art. 649 C. civ. « *Les servitudes établies par la loi ont pour objet l'utilité publique ou communale, ou l'utilité des particuliers* ».

milieu urbain, parmi les servitudes légales d'utilité publique, on trouve les servitudes environnementales qui sont motivées par l'intérêt général de protection de l'environnement.

233. Les servitudes environnementales sont celles que subi un fonds immobilier au profit de l'environnement. Elles sont nombreuses et touchent à tous les aspects de l'environnement. Elles peuvent être classées en plusieurs catégories. De manière générale, on peut admettre que *« la qualification de servitude d'environnement englobe trois catégories de servitudes : les servitudes d'urbanisme, les servitudes domaniales et les servitudes d'utilité publique »*[774].

Concernant les servitudes d'urbanisme, elles « *sont des charges résultant de la réglementation de l'urbanisme, se traduisant par des limitations à l'exercice du droit de propriété qui pèsent sur une propriété immobilière dans un but d'aménagement de l'espace urbain* »[775]. Elles ont la particularité de n'intervenir que dans le cadre de l'aménagement de l'espace urbain.

S'agissant des servitudes domaniales, elles « *sont des servitudes administratives au sens strict [qui] existent au profit de dépendances domaniales déterminées ; on y retrouve, comme pour les servitudes de droit privé, l'existence d'un fond dominant et d'un fond servant, généralement voisin, qui supporte la servitude* »[776]. Ce sont les véritables servitudes au sens du droit civil en ce qu'il existe une dualité de fonds et de propriétaires : un fonds dominant constitué par un domaine public comme un cours d'eau ou une voie publique et un fonds servant formé par les fonds riverains sur lesquels pèsent des charges réelles « *au profit de la conservation et de la meilleure utilisation du domaine public* »[777].

Quant aux servitudes d'utilité publique, elles « *sont des servitudes administratives extérieures à la réglementation d'urbanisme, mais affectant les conditions d'utilisation des sols et qui grèvent une propriété en raison de son emplacement ou de son*

---

[774] M. ROLAIN, *Les limitations au droit de propriété en matière immobilière*, *op. cit.*, n°164 et s., p. 113.
[775] J.-L. BERGEL, M. BRUSCHI et S. CIMAMONTI, *op. cit.*, n°389, p. 390.
[776] Y. GAUDEMET, *Traité de droit administratif. t. 2, Droit administratif des biens*, *op. cit.*, n°468, p. 236.
[777] *Ibid.*

élévation, au profit des collectivités publiques »[778]. Elles partagent leurs caractères avec les servitudes d'urbanisme.

Telles que définies, les servitudes d'utilité publique semblent se distinguer des servitudes d'urbanisme seulement par leur objet ; alors que par leurs effets toutes ces servitudes ont pour but de satisfaire l'intérêt général. C'est pourquoi, toutes les servitudes environnementales y compris les servitudes domaniales, peuvent être qualifiées de servitudes d'utilité publique[779] ou de servitudes administratives[780].

En définitive, pour mettre l'accent sur la gouvernance sociale du droit de propriété à travers l'édiction de règles protectrices de l'environnement, il faut retenir sous l'appellation de servitudes environnementales celles qui tendent à protéger et à conserver le cadre de vie ou l'environnement, peu importe leur origine. Certains droits étrangers mettent également l'accent sur cette finalité[781].

234. De ce point de vue, le droit de l'urbanisme semble être le lieu le plus fécond où se multiplient ces règles. En effet, ce droit entretient des liens de plus en plus forts avec le droit de l'environnement. « *Ces deux droits se sont combinés pour augmenter les prérogatives de puissance publique au détriment de la souveraineté du propriétaire* »[782]. Le droit de l'urbanisme allie l'aménagement des villes et des agglomérations avec le respect de l'environnement. Il en résulte que si l'on veut trouver des règles

---

[778] J.-L. BERGEL, M. BRUSCHI et S. CIMAMONTI, *op. cit.*, n°392, p. 393.

[779] F. TERRE et Ph. SIMLER, *Droit civil. Les biens*, coll. « Précis », 9e éd., *op. cit.*, n°340 et s., p. 286 et s.

[780] Y. GAUDEMET, *Traité de droit administratif. t. 2, Droit administratif des biens*, *op. cit.*, p. 235 et s..

[781] En droit américain, la servitude environnementale est définie comme « *un droit réel sur un bien foncier qui impose des limites ou des obligations expresses, dont les objectifs comprennent la rétention ou la protection des valeurs naturelles, panoramiques ou des espaces ouverts de la propriété ; l'assurance de sa disponibilité à des fins d'utilisation agricole, forestière, récréative ou d'espace couvert ; la protection des ressources naturelles, le maintien ou l'amélioration de la qualité de l'air ou de l'eau ainsi que la protection de l'aspect historique, architectural, archéologique ou culturel de la propriété* » : M. HAUTEREAU-BOUTONNET, « Le modèle du « commun » pour l'environnement : regard vers les droits étrangers », *op. cit.* p. 114.

[782] M. ROLAIN, *Les limitations au droit de propriété en matière immobilière*, *op. cit.*, n°165, p. 114.

assurant la préservation du cadre de vie, c'est bien dans les servitudes d'urbanisme qu'il faut aller les chercher.

235. Les servitudes d'urbanisme résultent des règles générales et des plans d'urbanisme, en occurrence du plan d'occupation des sols[783] et ont pour but d'harmoniser l'utilisation de l'espace et d'assurer le respect des règles d'hygiène et d'esthétique[784]. Elles ont un caractère d'ordre public[785] et la spécificité d'être établies dans l'intérêt général de l'urbanisme. En conséquence elles ne profitent pas à un immeuble déterminé mais à l'intérêt général. Elles sont aussi caractérisées par l'absence d'un fonds dominant, à telle enseigne que leur nature de servitude est parfois remise en cause pour n'y voir que la qualification de charges réelles[786]. Il a également été avancé, pour justifier la qualification de servitude, l'idée que ces charges réelles produisent en définitive le même effet sur le fonds servant que les servitudes[787]. Toutefois, il est plus plausible d'admettre que ces

---

[783] Art. 2 C. urb. Constr.

[784] Art. 69 C. urb. Constr. « *Le Plan d'occupation des sols s'applique sur l'intégralité du territoire communal.*
A ce titre, il doit : - déterminer par zone ou partie de zone, l'affectation des sols selon l'usage principal qui doit en être fait ou la nature des activités dominantes qui peuvent y être exercées ; - fixer pour chaque zone ou partie de zone, en fonction des particularités, les règles d'utilisation du sol et la nature des constructions autorisées ; -fixer les règles concernant l'aspect extérieur des constructions, leurs dimensions et l'aménagement de leurs abords ; -préciser le tracé et les caractéristiques des voies de circulation à conserver, à modifier ou à créer, y compris les carrefours et les embranchements ; - déterminer les zones de protection des sites touristiques et culturels, ainsi que les monuments historiques, les zones de sauvegarde, les sites naturels ayant fait l'objet d'une réglementation de protection, de sauvegarde ou de mise en valeur, ainsi que des zones devant être conservées eu égard à leurs spécificités ; - déterminer les emplacements réservés aux équipements collectifs, aux installations d'accueil et d'hébergement d'intérêt général, conformément à la grille d'équipements en vigueur ; - localiser dans la zone urbaine les terrains inconstructibles ».

[785] Art. 70 C. urb. Constr. « *Les règles et servitudes définies par le Plan d'occupation des sols ne peuvent faire l'objet d'aucune dérogation, à l'exception des adaptations mineures rendues nécessaires par la nature du sol, la configuration des parcelles ou le caractère des constructions avoisinantes* ».

[786] J.-L. BERGEL, M. BRUSCHI et S. CIMAMONTI, *op. cit.*, n°389, p. 390.

[787] F. TERRE et Ph. SIMLER, *Droit civil. Les biens*, coll. « Précis », 9e éd., *op. cit.*, n°342, p. 288 : « *les limitations apportées à l'exploitation d'une propriété privée pour permettre une bonne utilisation d'un bien dépendant du domaine public ressemblent, quant au fonds servant, à des servitudes* ».

charges constituent des servitudes au sens du droit administratif qui comporte des caractères originaux[788]. Ainsi, tout comme la propriété publique comporte des particularités[789] par rapport à la propriété privée, les servitudes administratives présentent des singularités par rapport à leur homonyme du droit civil.

236. Les servitudes d'urbanisme sont essentiellement déterminées par le plan d'occupation des sols qui est un document élaboré par chaque commune urbaine[790] et qui, potentiellement, est susceptible de créer des limitations à l'exercice du droit de propriété en matière immobilière. Ce plan règlemente l'architecture, le type de construction, la hauteur *etc*. Les servitudes d'urbanisme créent de nombreuses limitations relatives à la possibilité de nouvelles constructions ou à l'extension des constructions existantes, imposent la nature des constructions en fonction des zones, déterminent leur hauteur ou leur architecture[791]. Elles connaissent un développement contemporain prodigieux, ce qui a pour conséquence directe une érosion du subjectivisme du propriétaire.

237. A côté du plan d'occupation des sols qui peut varier d'une commune urbaine à une autre[792], le Code de l'urbanisme et de la construction prévoit également certaines servitudes d'urbanisme. Ainsi, il énonce que l'implantation des bâtiments à l'intérieur des parcelles doit être faite de manière à faciliter l'intervention des services de secours[793], les bâtiments à usage d'habitation doivent être implantés de telle sorte que la moitié au moins des pièces habitables comporte une ouverture sur une façade exposée aux vents

---

[788] Y. GAUDEMET, *Traité de droit administratif. t. 2, Droit administratif des biens*, *op. cit*., n°470, p. 238 ; F. TERRE et Ph. SIMLER, *Droit civil. Les biens*, coll. « Précis », 9e éd., *op. cit*., n°346, p. 291.

[789] Y. GAUDEMET, *Traité de droit administratif. t. 2, Droit administratif des biens*, *op. cit*., n°7 et s., p. 15 et s. v. eg. *Infra*. n°353 et s.

[790] Art. 75 C. urb. Constr.

[791] F. TERRE et Ph. SIMLER, *Droit civil. Les biens*, coll. « Précis », 9e éd., *op. cit*., n°342, p. 288.

[792] Toutefois, selon l'article 18 du C. urb. Constr. « *Toutes les communes urbaines sont tenues de disposer d'un Schéma directeur d'aménagement et d'urbanisme et d'un Plan d'occupation des sols conformes aux schémas provincial, régional et national d'aménagement du territoire* ».

[793] Art. 24 C. urb. Constr.

dominants[794], un recul minimum d'un mètre doit être observé par rapport au mur mitoyen pour toute implantation de bâtiment à usage d'habitation et de trois mètres par rapport au mur donnant sur la voie publique[795], les aspects extérieurs des constructions doivent être conformes aux règles d'harmonie, tant du point de vue des dimensions que du point de vue des couleurs ou revêtements et à la création ou à la conservation de perspectives urbaines conformément au Plan d'occupation des sols[796].

238. Ainsi, ces servitudes environnementales, en ce qu'elles orientent l'usage des biens fonciers pouvant être objets de propriété, attestent bien de la gouvernance sociale du droit de propriété ou une prééminence du réalisme et de l'objectivisme sur l'individualisme et le subjectivisme du propriétaire. Cette prééminence est aussi affirmée par l'idée des communs.

2) La persistance des communs

239. Certaines choses comme l'air, l'eau, la nature, les forêts, le soleil *etc.* sont plus ou moins communes à tous. L'utilité publique de ces choses conduit tantôt à exclure tout régime d'appropriation sur elles ou à leur appropriation publique à travers l'expropriation, par exemple. Dans l'un ou l'autre cas, le régime de ces choses entretient un lien avec la propriété et les ressources naturelles ou l'environnement. L'interdiction ou la limitation prononcée ou prévue contre un usager[797] ou au contraire l'usage excessif effectué par lui sur ces choses communes peut avoir des conséquences néfastes ou bénéfiques, selon les cas, sur l'étendue ou la source de sa propriété. Cela dit, il peut s'avérer indispensable de protéger les choses communes. Les dispositions prises en ce sens peuvent avoir des effets sur la propriété individuelle. D'une manière générale, les dispositions prises dans le sens de la protection des choses communes ou les modèles de protection ont un lien avec la préservation de l'environnement. En effet, « *l'usage actuel de l'environnement, qu'il soit ou non approprié, nuit aux intérêts collectifs, extrapatrimoniaux mais aussi patrimoniaux qui lui sont attachés et, in fine, manifeste les*

---

[794] Art. 25 C. urb. Constr.
[795] Art. 26 C. urb. Constr.
[796] Art. 28 C. urb. Constr.
[797] A titre illustratif, le principe du pollueur-payeur et préleveur-payeur.

faiblesses des qualifications de choses communes et les dangers du paradigme de la propriété individuelle inapte à les protéger. L'on comprend que, sous l'impulsion de la doctrine, émergent les modèles de « communs » s'appuyant sur les catégories nouvelles ou renouvelées de choses communes, patrimoine commun, milieu, biens communs, transpropriation ou droit de propriété conciliable avec l'utilité de la chose pour autrui. Autrement dit, par ces modèles, il s'agit de construire l'environnement comme un « commun » statut protecteur des utilités collectives qu'il procure »[798].

240. Il faut souligner que dans l'ancien droit français, il existait le système des communaux. En effet, certaines choses comme les forêts, les landes, les marais, les maquis, les terres en friches, les prairies, les pâturages *etc.* ne faisaient pas l'objet d'une appropriation individuelle. Elles se prêtaient plutôt à un usage collectif. Ces communaux ont laissé quelques traces dans le Code civil. Ainsi, à côté de l'article 537 du Code civil qui prévoit que : « *Les particuliers ont la libre disposition des biens qui leur appartiennent, sous les modifications établies par les lois. Les biens qui n'appartiennent pas à des particuliers sont administrés et ne peuvent être aliénés que dans les formes et suivant les règles qui leur sont particulières* », l'article 542 du même Code dispose que : « *Les biens communaux sont ceux à la propriété ou au produit desquels les habitants d'une ou plusieurs communes ont un droit acquis* ».

241. De nos jours, l'expression de « communs » semble la plus usitée[799]. Les traits sous lesquels ces communs se dévoilent semblent avoir pris des formes nouvelles en comparaison des communaux sous l'ancien droit français. En effet, cette appellation parait être à même de désigner les ressources qui font l'objet d'un usage collectif peu importe qu'il s'agisse des choses inappropriables ou de biens faisant l'objet de propriété. Elle semble pouvoir concerner toutes les choses. Mais c'est surtout dans la gestion des ressources

---

798 M. HAUTEREAU-BOUTONNET, « Le modèle du « commun » pour l'environnement : regard vers les droits étrangers », *op. cit*., p. 109.

799 A. CHAIGNEAU (dir.), *Fonctions de la propriété et commun. Regards comparatistes, op. cit.* ; E. OSTROM, *Gouvernance des biens communs. Pour une nouvelle approche des ressources naturelles, op.cit* ; F. GIRARD, «Communs et droits fondamentaux : la catégorie naissante des droits bioculturels», *RDLF* 2019 chron. n°28 (www.revuedlf.com).

naturelles et de l'environnement qu'on la rencontre le plus. L'accent parait davantage être mis sur le caractère collectif de l'usage pour tenter d'élaborer des systèmes de gouvernance des choses ayant une utilité commune. En raison de ce caractère collectif de l'usage de ces ressources, leur gestion est organisée par des systèmes sociaux faisant participer la collectivité. Ainsi, cette dernière est instituée comme intendante[800] de ces ressources communes. De même, cette intendance se manifeste par des modes de gestion réalisant une interdépendance entre les droits culturels et le respect de la biodiversité[801].

242. Ces communs ou " *commons* " en anglais ont des spécificités qui les distinguent de bien de notions proches. En effet, les communs sont des biens partagés par une communauté. Mais, ils ne sont ni des propriétés collectives ni une simple juxtaposition de droits réels sur une chose[802]. Ils diffèrent à la fois de l'indivision et de la copropriété. En effet, alors que nul ne peut être contraint à rester dans l'indivision et que le partage est de droit[803] à telle enseigne que chacun des indivisaires peut demander sa part en nature ou en équivalent, au contraire dans le régime des communs « *il n'existe pas de droit individuel de disposer du commun, seul le partage de ses produits en vue de leur consommation se fait selon les usages locaux* »[804]. La différence est la même avec la copropriété[805]. En effet, le copropriétaire peut aliéner sa quote-part, tandis que l'usager des communs n'a qu'un droit d'usage sur la chose d'utilité commune. Le bien objet des communs ne peut pas faire l'objet de partage en propriété[806]. Ainsi, « *Ces commons ne sont pas des propriétés*

---

800 F. GIRARD, «Communs et droits fondamentaux : la catégorie naissante des droits bioculturels», *op. cit*, n°15 et s.

801 K. S. BAVIKATTE, *Stewarding the Earth: rethinking property and the emergence of biocultural rights*, Oxford University Press, New Delhi, 2014, p. 116 et s.; F. GIRARD, «Communs et droits fondamentaux : la catégorie naissante des droits bioculturels», *op. cit*, n°15 et s.

802 A. CHAIGNEAU, « Une propriété affectée au commun », A. CHAIGNEAU (dir.), *Fonctions de la propriété et commun. Regards comparatistes*, *op. cit.*, p. 58.

803 Art. 812 du CPF : « *En l'absence d'une convention expresse et sauf dispositions légales particulières, nul ne peut être contraint à demeurer dans l'indivision et le partage peut toujours être provoqué* ».

804 A. CHAIGNEAU, « Une propriété affectée au commun », *op. cit.*, p. 61.

805 *Ibid.*

806 M. BOURJOL, *Les biens communaux*, coll. « Décentralisation et développement », Paris, LGDJ, 1989, n°258 et s., p. 175 et s.

collectives au sens de l'indivision ou de copropriété, mais l'idée de collectivité est bien présente. Il s'agit plutôt de communautés organisées pour et par la gestion d'une ressource commune ; de communautés ayant pour finalité la gouvernance d'un territoire et d'une communauté humaine dont l'avenir est suspendu à la pérennisation d'une activité assurant sa prospérité. [...Ils] sont moins des biens que des systèmes sociaux »[807] qui veillent à la gestion et à la répartition des richesses objets de l'usage collectif.

243. En outre, les communs ont la spécificité de faire coexister parallèlement aux droits d'usage des devoirs ou des obligations en nature comme les obligations d'entretien[808]. En plus, ils sont à la disposition des usagers qui les utilisent selon leurs besoins. Il n'y a pas de part prédéterminée pour chaque usager. Les communs sont indivisibles et inaliénables. « *Le caractère impartageable, indivisible du commun assure sa survivance dans le temps et place ainsi les biens concernés dans une échelle de temps dépassant les destins individuels pour se situer à celle de la communauté* »[809].

244. Analysant la gouvernance des biens communs, Elinor Ostrom, dans son ouvrage au titre très évocateur[810], part de l'idée que les trois modèles fréquemment utilisés pour apporter des solutions au problème de la gestion des ressources communes ne sont pas satisfaisants. Le premier de ces modèles est « *la tragédie des biens communs* » qui « *symbolise la dégradation de l'environnement à laquelle il faut s'attendre dès le moment où plusieurs individus utilisent en commun une ressource limitée* »[811]. Citant au passage Aristote[812], elle prend l'exemple d'un pâturage en accès libre qui, selon elle, est susceptible d'inciter chaque éleveur à y conduire autant d'animaux qu'il peut ; toute chose qui aboutirait à la destruction de la ressource commune. Le deuxième modèle est le « *dilemme du*

---

807 A. CHAIGNEAU, « Une propriété affectée au commun », *op. cit.*, p. 57.
808 *Ibid.*
809 *Ibid.*
810 E. OSTROM, *Gouvernance des biens communs. Pour une nouvelle approche des ressources naturelles*, coll. « Planète en jeu », Bruxelles, éd. De Boeck, 2010.
811 E. OSTROM, *op. cit.*, p. 14.
812 « *Ce qui est commun au plus grand nombre fait l'objet des soins les moins attentifs. L'homme prend le plus grand soin de ce qui lui est propre, il a tendance à négliger ce qui lui est commun* », Aristote, *La politique*, livre II, Chapitre 3 cité par E. OSTROM, *op. cit.*, p. 15.

prisonnier » qui, dans le même exemple aurait pour conséquence une perte pour chacun des éleveurs à défaut de communication entre eux[813]. Le troisième est « *la logique de l'action collective* » qui « *repose largement sur le principe qu'un individu qui ne peut être exclu de la jouissance des bénéfices d'un bien collectif, une fois que le bien est produit, n'est guère incité à contribuer volontairement à la fourniture de ce bien* »[814].

Selon l'auteure, en effet, pour corriger les inconvénients de ces modèles, ni l'intervention exclusive de l'Etat, ni la privatisation comme seul moyen ne sont en mesure de donner des résultats satisfaisants[815]. Elle propose alors comme solution alternative un modèle « *dans lequel les éleveurs eux-mêmes peuvent conclure des accords contraignants en vue de s'engager dans une stratégie coopérative qu'ils élaboreront eux-mêmes* »[816]. À partir de l'exemple des éleveurs, l'auteure présente une approche institutionnelle de l'auto-organisation et de l'auto-gouvernance dans les situations de ressources communes[817].

245. A cet effet, dans la dynamique du droit, le contrat de droit public ou de droit privé se présente comme un outil de coopération avec les pouvoirs publics ou entre les détenteurs des droits individuels afin de mettre en œuvre des accords environnementaux pour assurer la préservation des biens des territoires naturels et plus généralement des biens d'intérêt collectif[818].

Cette préservation peut également s'opérer par l'affectation des biens à une finalité précise, « *technique sur laquelle s'est construite toute la propriété domaniale puis la propriété publique* »[819]. Dans ce cadre, lorsque cette affectation est d'origine légale, les techniques sont diverses et susceptibles de prendre la forme des restrictions à l'usage, à la jouissance ou à la disposition d'un bien ou cibler le groupe bénéficiaire par une affectation réelle comme dans l'hypothèse des servitudes. Mais, cette affectation peut être d'origine conventionnelle et se combiner ainsi avec la contractualisation. Dans

---

[813] E. OSTROM, *op. cit.*, p. 17.
[814] E. OSTROM, *op. cit.*, 19.
[815] E. OSTROM, *op. cit.*, 22 et s.
[816] E. OSTROM, *op. cit.*, 28.
[817] E. OSTROM, *op. cit.*, p. 43 et s.
[818] A. CHAIGNEAU, « Une propriété affectée au commun », *op. cit.*, p. 64.
[819] *Ibid.*

cette dernière hypothèse, on trouve la volonté et la liberté du propriétaire au premier rang ce qui constitue une manifestation du subjectivisme grâce auquel il peut harmoniser la relation qui existe entre son droit de propriété et les biens d'intérêt collectif en déterminant la destination de la chose. À titre illustratif, cette possibilité se remarque dans la servitude conventionnelle, la fiducie *etc.*[820]

Enfin, la gouvernance des communs peut se réaliser par la technique de représentation à travers la fiction de la création d'une personne morale[821]. Toutefois, certains auteurs soulignent « *les distorsions fréquentes entre l'objet social initial, l'intention des associés, des actionnaires et celle des administrateurs ou des mandataires sociaux* »[822].

246. De ce fait, la gouvernance des biens communs conduit à articuler les droits subjectifs individuels et la protection des biens d'intérêt collectif[823]. En effet, la théorie des communs insinue l'idée d'une conciliation, d'un équilibre entre les droits individuels et ceux collectifs. Elle vise à intégrer dans la conscience du propriétaire le droit pour la communauté de vivre dans un environnement équilibré. Et partant, elle invite le propriétaire à jouir des prérogatives de son droit en tenant compte des impératifs d'une protection des biens et des ressources communes. En un mot, elle articule le subjectivisme du propriétaire et les enjeux environnementaux. Ainsi, le véritable enjeu des communs est « *moins de redéfinir les droits des propriétaires que de penser autrement la gouvernance de la propriété, des biens, et de formuler des règles acceptables et pérennes de gestion de ressources conformément à l'intérêt de cercles larges d'individus dont l'avenir en dépend* »[824].

247. A titre de droit comparé, les enjeux environnementaux sont au centre des préoccupations dans de nombreuses législations. L'orientation environnementale ou écologique du droit de propriété

---

[820] A. CHAIGNEAU, *préc.*, p. 65.
[821] A. CHAIGNEAU, *préc.*, p. 66.
[822] *Ibid.*
[823] A. CHAIGNEAU, *préc.*, p. 63.
[824] A. CHAIGNEAU, « Une propriété affectée au commun », *op. cit.*, p. 67.

est indéniable[825]. Certaines législations semblent beaucoup plus avancées. C'est le cas du Brésil où « *la fonction sociale de la propriété est prévue dans plusieurs articles de la constitution fédérale (CF) brésilienne de 1988 et découle de l'influence du droit allemand, en particulier de la Constitution de Weimar, selon laquelle déjà, « la propriété oblige ». Ce principe conditionne l'exercice du droit de propriété (droit d'user, de jouir et de disposer du bien) à l'exigence de la protection de l'environnement et des droits sociaux. Il exprime l'idée d'une conciliation des droits individuels et collectifs par l'intégration du droit de vivre dans un environnement équilibré, en tenant compte de ses différentes conditions sociales* »[826].

De même, la Cour européenne des droits de l'homme semble être dans la même dynamique. En effet, dans son arrêt du 27 novembre 2007 (Hamer contre Belgique), elle a pu déclarer que «*des impératifs économiques et même certains droits fondamentaux comme le droit de propriété ne devraient pas se voir accorder la primauté face à des considérations relatives à l'environnement* »[827].

En définitive, ces limitations au droit de propriété servent « *à orienter l'usage de la propriété en tenant compte d'impératifs environnementaux, sociaux et économiques [et constituent] un fondement important pour intégrer des intérêts publics et privés dans sa réglementation. Le propriétaire doit respecter des règles spécifiques définissant la manière dont il peut mettre en œuvre son droit* »[828].

CONCLUSION DU CHAPITRE I

248. En somme, l'orientation sociale du droit de propriété dans le temps peut s'observer à deux moments. D'abord, durant la période qui a prévalu jusqu'à l'adoption du Code civil, on remarque que des idées socialisantes prévalaient sur le plan socio-politique. Ces

---

[825] L. MILLET, « Mieux comprendre la fonction sociale du droit de propriété : un enjeu pédagogique », *op. cit.*, p. 76 et s.

[826] C. COSTA De OLIVEIRA et G. GARCIA B. LIMA, « La mise en œuvre des obligations environnementales dans les propriétés privées au Brésil », A. CHAIGNEAU (dir.), *Fonctions de la propriété et commun. Regards comparatistes*, *op. cit.*, p. 130.

[827] CEDH, 27 nov. 2007 : Hamer c/ Belgique, req. n° 21861/03 cité par B. GRIMONPREZ, *op. cit.*, p. 541.

[828] C. COSTA De OLIVEIRA et G. GARCIA B. LIMA, *op. cit.*, p. 131.

valeurs sociales découlaient d'un lacis de solidarités traditionnelles d'origine coutumière qui plaçaient la collectivité ou le groupe au-dessus de l'individu. Toutefois, les relations sociales étaient caractérisées par une forte inégalité qui se traduisait sur le plan de la propriété immobilière par une double propriété : celle éminente du seigneur et celle directe du vassal. En vertu de ce double domaine, le vassal était tenu de verser une redevance au seigneur. Cet état de fait constituait bien évidemment une charge pour la propriété directe. Sa contestation trouvera son expression la plus achevée à l'occasion de la Révolution de 1789 qui supprima tous les privilèges. L'idée maitresse de cette lutte est sans conteste l'égalité des citoyens. Viennent ensuite, accessoirement, la liberté et la propriété. La conception de la propriété qui en est résultée en 1804 est certes davantage individualiste plutôt que collective. Mais elle demeure un droit social avant d'être individuel ; en ce sens que c'est la société qui le définit, lui fixe ses limites et le garantit avant que l'individu puisse en jouir comme bon lui semble. Ainsi, le subjectivisme de ce droit est délimité par l'objectivisme.

249. Ensuite, cet objectivisme gagne de plus en plus de terrain au détriment du subjectivisme. Cette propension de l'objectivisme est la résultante des nécessités sociales. Ces dernières sont de deux ordres principalement. D'une part, l'intérêt général est de plus en plus élargi. D'autre part, les impératifs socio-économiques marquent leur supériorité sur le droit de propriété en faisant prévaloir par exemple la dignité humaine ou le développement économique sur les prérogatives ou le subjectivisme du propriétaire. De même, le droit de l'environnement est en plein développement. Or, ce droit ne peut se développer qu'au détriment du droit de propriété. En effet, l'objet du droit de l'environnement est la protection et la conservation de l'environnement ; alors que le droit de propriété vise l'utilisation des ressources. À travers les servitudes d'urbanisme ou la théorie des communs, les préoccupations environnementales parviennent à encadrer ou mieux à orienter le droit de propriété.

250. La prise en compte de tous ces objectifs se manifeste sous la forme de limitations et restrictions au droit de propriété. Ces limitations prennent de l'ampleur au fil du temps. Elles sont des instruments au service de la gouvernance sociale du droit de propriété dans le temps et un témoin de l'altération du subjectivisme de ce droit.

Elles rappellent également la nécessaire adaptation du droit aux enjeux politiques, économiques, sociales etc. Ainsi, « *en tant que notion, la propriété gagne à être conçue comme un instrument politique, au sens où, d'une part, elle structure les relations entre les personnes dans la cité et d'autre part, elle procède de choix d'organisation des pouvoirs et de répartition des richesses. Par ailleurs, seule une théorie sociale de la propriété peut sérieusement rendre compte de cette réalité sociale qu'est le phénomène d'appropriation* »[829].

251. Cette orientation sociale du droit de propriété se produit aussi dans l'espace. Ce critère spatial est un élément qui vient attester de la nécessité ou du bien-fondé de l'altération du subjectivisme du droit de propriété. En effet, observer l'existence de cette orientation sociale du droit de propriété dans d'autres concepts ou d'autres ordres juridiques permet de mieux comprendre et accepter l'altération du subjectivisme du droit de propriété dans son propre ordre juridique. En d'autres termes, cette altération semble s'imposer à toutes les sociétés ; le primat de l'objectivisme sur le subjectivisme est le lot commun de plusieurs sociétés.

---

[829] J.-P. CHAZAL, « La propriété : dogme ou instrument politique, ou comment la doctrine s'interdit de penser le réel », *op.cit.*, p. 787-788.

CHAPITRE II

L'ALTERATION DU SUBJECTIVISME DU DROIT DE PROPRIETE DANS L'ESPACE, TEMOIN DU CARACTERE QUASI-UNIVERSEL DE SON ORIENTATION SOCIALE

252. L'analyse historique[830] et celle du droit comparé nous enseignent que si le fait de s'approprier est un phénomène naturel, la forme de l'appropriation est un phénomène culturel[831]. Sous l'angle de la forme de l'appropriation, « *La propriété est une institution sociale, et non un droit naturel. [...]: il n'y a rien de moins universel que le système de la propriété exclusive. Partout c'est la loi qui fonde et définit les contours du droit de propriété. Il n'existe donc pas une propriété idéale, universelle [...]* »[832]. Dans cet ordre d'idées, l'archétype de la propriété de droit positif prévue à l'article 544 du Code civil est une émanation de la culture philosophique et juridique française nourrie de « *la pensée rationaliste et individualiste [qui] modifie profondément les rapports de l'homme au monde. Emancipé de la nature, l'homme la regarde à présent, de haut, comme un objet d'appropriation* »[833]. Or, ce modèle de propriété, on l'a vu, au regard du contexte de son adoption[834], n'est pas aussi absolu que cet article pourrait laisser croire et subit, du reste, de nombreuses limitations. Cette réalité traduit son orientation sociale. Cette orientation sociale, lorsqu'on se réfère au droit comparé, est également bien présente dans le droit de propriété. Ce constat conduit alors à se questionner : l'orientation sociale du droit de propriété n'a-telle pas un caractère quasi-universel ?

---

830 J.-M. E. PORTALIS, *Ecrits et discours juridiques et politiques*, *op. cit.*, p.112-113.

831 J.-L. BERGEL, M. BRUSCHI et S. CIMAMONTI, *op. cit.*, n°68 et s., p. 70 et s.

832 B. GRIMONPREZ, *op. cit.*, p. 542.

833 B. GRIMONPREZ, *op. cit.*, p. 539.

834 Cf. *Supra*. Section I du chap. I de ce titre.

253. L'intérêt de cette étude, à travers l'examen du droit comparé, est de permettre de comprendre que le droit de propriété, comme tout droit, a une orientation sociale dans laquelle s'inscrit en réalité l'altération du subjectivisme du droit de propriété d'inspiration française et de montrer une fois de plus le bien-fondé de cette altération. En d'autres termes, il s'agit de monter que le subjectivisme absolu du droit de propriété constitue de moins en moins une « *exception culturelle française* »[835].

254. Pour ce faire, un accent sera mis sur le concept coutumier africain de propriété[836] qui existait bien avant l'introduction du concept de droit positif et d'inspiration française. Certes, le droit a une vocation dynamique et évolutive. Cependant, les altérations du modèle imposé, puis maintenu après les indépendances montrent les insuffisances de celui-ci (section I).

L'observation d'autres concepts de propriété, au-delà même du concept coutumier africain, laisse apparaitre de nombreuses restrictions et limitations à la liberté du propriétaire par la prise en compte d'autres intérêts tant publics que privés et donc une forte orientation sociale (section II).

Section 1- L'orientation sociale accrue du concept coutumier de propriété africain

255. Parler d'un droit africain est très risqué tant des différences sont perceptibles d'un Etat à un autre, ou d'une région à

---

[835] L. MILLET, « Mieux comprendre la fonction sociale du droit de propriété : un enjeu pédagogique », *op. cit.*, p. 76. L'auteur note que « *Le déni de la fonction sociale du droit de propriété dans l'hexagone s'est doublé d'un déni de la même fonction sociale à l'étranger et, lorsque cette reconnaissance étrangère paraissait difficilement dissimulable au public français, d'une prétendue exception culturelle française* ».

[836] Certes, par le qualificatif « africain », il est suffisamment clair qu'il ne s'agit pas précisément du droit burkinabè, mais d'un concept qui semblait partagé par un bon nombre de pays africains. Sous cet angle, il est donc aisé de parler de droit comparé. Cependant, dans la mesure où il est possible que sous l'appelation concept coutumier « africain » de propriété, le droit burkinabè s'y retrouve, il faut alors avoir à l'esprit que le critère de sa classification dans la catégorie de droit comparé est quelque peu spécifique ici voire arbitraire puisqu'il concerne en réalité d'autres concepts de propriété étrangers à l'histoire, à la philosophie et à l'idéologie de la conception française de la propriété.

une autre. En revanche, dans un sens fonctionnel, on peut définir les droits africains « *comme étant l'ensemble des normes et institutions qui assurent la régulation et la justice sociales, le traitement et la prévention des conflits, la protection de la dignité humaine et la légitimation interne et externe des pouvoirs dans les sociétés africaines [...]*»[837]. L'expression plurielle « *droits africains* » correspond aux traits communs généraux qui se dégagent de l'analyse d'une diversité de situations pas nécessairement identiques ou homogènes.

256. Concernant plus spécifiquement le concept de propriété, il faut souligner d'emblée qu'il n'existe pas un modèle identique applicable à l'Afrique. La situation ne se présente pas exactement de la même manière d'une contrée à une autre. Le droit étant un instrument de mise en œuvre des divers choix d'un peuple, il épouse donc les spécificités de ces choix qui varient d'une zone à une autre. Mais, au-delà des particularités, il ressort aussi certains traits communs du concept de propriété africain sur lesquels il convient de s'appesantir. Dans cette optique, il faut rappeler que, de manière générale, c'est sous la colonisation que le modèle de propriété de droit positif, de type occidental, a été introduit dans la plupart des pays africains francophones. Avant cette introduction, ces pays avaient un concept de propriété d'origine coutumière caractérisé par l'importance de la collectivité[838] (§ 1) ce qui assurait davantage une articulation entre ce concept et les intérêts de la communauté (§ 2). Ces traits caractéristiques, empreints d'objectivisme et de réalisme, montrent que l'orientation sociale du droit de propriété y est plus affirmée.

§ 1- L'importance de l'idée de communauté dans le droit coutumier en Afrique

257. Tout le dilemme de la propriété semble résider dans la complexité réelle des rapports d'appartenance de l'homme. Il appartient à un groupe social en même temps qu'il aspire à une relative liberté dans sa relation aux choses. Pour mieux comprendre l'esprit de sa relation aux choses, il convient de mieux comprendre

---

[837] J. D. BOUKONGOU, « L'esprit des droits africains », *De l'esprit du droit africain*, Mél. P. G. POUGOUE, éd. CREDIJ, 2014, p. 165.

[838] K. NIKIEMA, *Droit des biens et droit foncier*, coll. « Précis de droit burkinabè », Ouagadougou, Presses africaines, 2008, n°270 et s., p. 170 et s.

d'abord la nature de sa relation aux personnes. En effet, l'importance de la place accordée à la collectivité dans la société détermine la nature du rapport aux choses. Ce d'autant plus que ces deux rapports se déroulent dans un même environnement et s'interpénètrent de ce fait. Tradionnellement, en Afrique, comme ailleurs, l'individu appartient à un groupe social. Mais, contrairement à l'occident, l'emprise du groupe est plus forte sur l'individu (A). Il s'ensuit que sa relation aux choses est notoirement, expressément et principalement subjuguée à l'obligation de solidarité au groupe (B).

A- L'importance de l'idée de communauté dans la relation aux personnes

258. Les liens entre l'individu et la communauté sont très forts dans l'Afrique traditionnelle. L'individu entretient des rapports très forts avec les structures sociales. En effet, l'organisation sociale est fondée autour des intérêts de la communauté. L'individu occupe une place secondaire par rapport au groupe. Cette forme de relation entre les membres et la communauté assure une sécurité à tous, sous l'autorité d'un leader incarné par le roi, le chef, le plus ancien ou l'ainé en fonction de la communauté considérée (village, clan, tribu, famille *etc.*) et selon les coutumes locales. Les décisions prises au niveau de la communauté ont une très forte emprise sur chacun de ses membres.

259. Le sentiment d'obligation de se conformer à ces décisions est forgé par la communauté elle-même à travers sa fonction d'éducation[839]. « *Chaque génération a pour fonction, entre autres, d'assurer la transmission des coutumes* »[840]. Cette transmission peut s'acquérir soit par des initiations, soit de manière empirique par l'observation de la vie communautaire. « *C'est par ce système d'éducation par imprégnation que les membres apprennent à réagir aux expériences de la même manière que leurs ainés* »[841]. Ce moyen

---

[839] R. RARIJAONA, *Le concept de propriété en droit foncier de Madagascar*, préf. J. CARBONNIER, Paris, Cujas, 1967, p. 104. Il convient de souligner de prime abord que l'étude de l'auteur est consacrée à Madagascar si bien ce ne sont que les aspects qui transcendent ce seul pays et qui paraissent être le lot commun de nombreux pays africains francophones qui seront pris en compte.
[840] *Ibid.*
[841] *Ibid.*

permet non seulement à la règle de perdurer en dépit de l'oralité[842], mais aussi à la communauté de maintenir dans la durée sa structure hiérarchisée.

260. En plus du rôle général de la communauté, la proximité de la famille immédiate et notamment du chef de famille confère également à la cellule familiale « *une fonction de valorisation des traditions au niveau de la famille* »[843]. Son rôle est plus accru en ce que la violation des coutumes donne lieu à des sanctions qui peuvent être collectives. En d'autres termes, il peut s'agir de sanctions qui touchent toute la communauté familiale et non le seul individu qui a violé la règle[844]. Le poids de cette responsabilité accroit la fonction de la cellule familiale comme cadre privilégié de transmission des savoirs et des valeurs sociales.

261. Ce mode d'organisation et de transmission de la communauté est d'une efficacité certaine et durable pour le maintien des structures sociales. En effet, elle a permis à la conception coutumière des choses, en occurrence au droit de propriété, fondée sur l'emprise de la communauté de continuer à régir les rapports sociaux longtemps après l'introduction parfois brutale de concepts étrangers au moyen des actions culturelle, économique ou législative. Il n'est pas rare jusqu'à nos jours de constater la force des coutumes dans les relations sociales africaines. Les facteurs comme l'importance des liens entre les membres et la communauté, la fonction d'éducation de la communauté et celle de valorisation des traditions au niveau de la famille continuent à perpétuer la conception coutumière des choses[845].

262. Pour mieux assurer le respect des us et coutumes, un ensemble de sanctions existe. Ces sanctions sont de plusieurs ordres ; et entre autres, elles « *doivent permettre le maintien de la cohésion du groupe* »[846]. On note l'existence de sanctions subjectives ou psychologiques et les sanctions objectives à visée réprobatrice telle

---

[842] A. CISSE, « Pour une approche plurale du droit africain », *De l'esprit du droit africain*, *op.cit.*, p. 6.
[843] R. RARIJAONA, *op. cit.*, p. 104.
[844] R. RARIJAONA, *op. cit.*, p. 105.
[845] R. RARIJAONA, *op. cit.*, p. 102 et s.
[846] R. RARIJAONA, *op. cit.*, p. 111.

que la déconsidération, réparatrice telle que l'amende et éliminatrice telle que le rejet[847].

263. Il convient de préciser que les cultures juridiques négro-africaines sont marquées par la prédisposition à dénouer des litiges[848]. Ce qui prime c'est davantage la recherche de la cohésion du groupe que la sanction des fautifs. « *Cette posture épistémologique s'exprime à travers une subtile combinaison entre le rationnel et le relationnel* [...]. *Le premier emprunte au registre de la rationalité discursive, cognitive pour définir les instances habilitées tandis que le second se nourrit de la rationalité intuitive et de l'intelligence émotionnelle au service de l'encadrement relationnel.* » [849]. Dans la résolution des conflits, par exemple, le système de médiation-conciliation qui prévaut a pour conséquence que « *le chef ne décide jamais seul, qu'il s'agisse de rendre la justice ou de prendre n'importe quelle décision concernant la communauté qu'il dirige, il est tenu à une obligation de concertation* »[850]. Ainsi, l'emprise de la communauté et son rôle dans la régulation des comportements individuels sont très expressifs[851], même si les droits et devoirs des membres varient en fonction du type d'organisation et du degré de cohésion sociale[852].

264. De même, l'emprise de la communauté préserve une relative liberté pour ses membres. *A priori*, « *Lorsque nous examinons ce qui se passe en Afrique, nous nous heurtons à une erreur très répandue à savoir que tous les membres, sans exception, d'une société donnée ne relèvent que d'un seul statut : le statut générique du clan ou de la tribu* »[853]. Ce qui n'est pas exact. En effet, le clan ou la tribu n'efface pas les individus. Les membres de la communauté jouissent d'une relative liberté individuelle en ce que le périmètre de cette liberté est déterminé par la communauté. L'organisation sociale réserve une place non négligeable à la liberté individuelle, laquelle

---

[847] R. RARIJAONA, *op. cit.*, p. 110 et s.
[848] A. CISSE, *op. cit.*, p. 9.
[849] *Ibid.*
[850] A. CISSE, *op. cit.*, p. 10.
[851] R. RARIJAONA, *op. cit.*, p. 103-104.
[852] O. T. ELIAS, *La nature du droit coutumier africain, Trad. DECOULFLE ET DESSAU, Dakar, Présence africaine, 1961*, p. 104.
[853] O. T. ELIAS, *op.cit.*, p. 101.

permet l'expression de l'individualité et de la personnalité des membres.

265. En tout état de cause, « *il est intéressant de souligner combien le groupe réussit à acquérir une emprise totale sur les consciences individuelles. L'éducation par imprégnation dispensée aux membres, soit dans le cadre de la communauté villageoise, soit dans le cadre du groupe familial, occupe ici une place prépondérante. Tous les actes auxquels participe l'individu doivent lui inculquer les sanctions auxquelles il s'expose. Il n'est donc pas étonnant si les sanctions du droit coutumier sont mieux respectées que celles du droit civil ou du droit pénal moderne* »[854]. En effet, c'est la société qui était l'interprète des valeurs et qui en assurait le contrôle. La liberté et la volonté de l'individu trouvaient leur expression dans ce cadre prédéfini. Ce cadre découlait lui-même des besoins de la communauté. Les règles coutumières, qui étaient le reflet des réalités sociales, étaient déterminées par les anciens et les sages. De ce fait, elles n'étaient pas figées et pouvaient évoluer dans le temps. Les membres ne faisaient pas que suivre les règles qu'elles trouvaient sans discernement[855]. Ils pouvaient l'adapter. Ainsi, en définitive, il convient de retenir que dans les « *sociétés africaines tout au moins, il ne saurait être question d'unité de clan, de communisme primitif ou de responsabilité du groupe. L'individu, membre du groupe est, en dernière analyse, le protagoniste principal, bien qu'il ne soit pas aussi indépendant de ses pareils que s'il vivait dans une société occidentale non collectiviste* »[856].

B- L'importance de l'idée de communauté dans la relation aux choses

266. Les traits généraux et communs du concept de propriété en droit coutumier africain sont l'inaliénabilité, la sacralité et le caractère collectif de la titularité des droits[857]. En effet, les biens immeubles sont inaliénables et circulent à l'intérieur des familles, transmis de générations en générations. Toutefois, les biens meubles

[854] R. RARIJAONA, *op. cit.*, p. 111.
[855] O. T. ELIAS, *op. cit.*, p. 111 et s.
[856] O. T. ELIAS, *op. cit.*, p. 111.
[857] O. T. ELIAS, *op. cit.*, p. 183 et s. ; R. RARIJAONA, *op. cit.*, spéc. 1ère partie p. 25-179.

font le plus souvent l'objet d'une propriété individuelle à l'exception de certains biens sacrés. Les droits d'usage sont collectifs car ils sont exercés par tous les membres de la communauté. Cette inaliénabilité se justifie par le mode de vie des populations essentiellement agricoles. D'où le caractère affectif qui existe entre l'homme et la terre. La survie de la communauté dépend en grande partie de l'existence de terrains exploitables et de la conjugaison des efforts, de la solidarité.

En plus de l'inaliénabilité, la sacralité[858], fondée sur des mythes rationnels[859], renforce les liens affectif et mystique entre les membres de la communauté et la terre surtout lorsqu'il s'agit de la terre ancestrale ou du tombeau familial[860]. Au regard de ces aspects mythiques et religieux du droit coutumier de propriété, on peut affirmer avec Rarijaona « *qu'en Afrique et à Madagascar, le droit coutumier de propriété se définit par une sorte d'alliance entre l'homme et la terre, objet du droit. Il en résulte une personnalisation de cette terre sur laquelle porte le droit de propriété. La conséquence est que le droit africain ou malgache de la terre se rapproche davantage du droit des personnes que du droit des biens. En raison de cette alliance de l'homme à sa terre, on s'éloigne de la conception occidentale du droit de propriété qui implique une supériorité du sujet sur l'objet du droit. Dans la conception africaine et malgache, une telle inégalité ne se retrouve point* »[861]. De ce fait, il n'existe pas véritablement une grande différence entre l'esprit qui prédomine les relations aux choses et celui qui préside aux relations interpersonnelles. Autant les relations interpersonnelles sont fondées sur le respect de la communauté et des anciens ou des ainés, autant les relations aux choses sont inspirées par la primauté et la sauvegarde de l'intérêt collectif. Les rapports aux choses semblent donc épouser les traits dominants de ceux qui existent entre les personnes. Il n'existe pas un véritable hiatus entre l'esprit qui gouverne les rapports des membres envers la communauté et celui qui guide les relations aux

---

858 G. A. KOUASSIGAN, « Objet et évolution des droits fonciers coutumiers », G. A. KOUASSIGAN (dir.), *Encyclopédie juridique d'Afrique, t. 5 « Droit des biens »*, Abidjan, Dakar, Lomé, NEA, 1982, p. 30 ; A. CISSE, *op. cit.*, 4.

859 Cette rationalité trouve sa justification dans le fait que ces mythes ont pour but d'inculquer des valeurs et ne sont pas sans rapport avec les besoins de la communauté.

860 R. RARIJAONA, *op. cit.*, p. 33.

861 R. RARIJAONA, *op. cit.*, p. 34.

choses. Cet esprit est très caractéristique des communautés africaines traditionnelles. Il est sans conteste collectiviste. Si l'on veut le ranger parmi l'un des courants philosophiques, sans doute que ce concept coutumier appartient au réalisme, doctrine qui considère l'homme comme un élément de la nature avec laquelle il doit cohabiter harmonieusement[862].

267. En outre, cet esprit collectiviste du concept coutumier africain de propriété a un caractère notoire, exprès et principal.

Concernant le caractère notoire, il se fonde sur le mode de transmission, d'information ou de publicité de cet esprit. En rappel, cet esprit collectiviste est inculqué par l'éducation, l'initiation ou par le déroulement régulier de la vie communautaire. Il est renforcé par le rôle accru que joue la cellule familiale dans la transmission des savoirs et des valeurs. Par la force des traditions et de l'éducation qui accordent une place privilégiée aux intérêts collectifs, les membres de la communauté grandissent avec cette conscience qui est connue de tous. L'orientation collectiviste de l'usage des biens, notamment des immeubles, est puissamment ancrée dans les mœurs. Elle est une expérience vécue par tous. En comparaison du modèle de propriété d'origine occidentale, il est aisé de remarquer que cet esprit collectiviste ne résulte pas de règles écrites, mais elle est connue de tous de manière empirique[863].

S'agissant du caractère exprès, corollaire du caractère notoire, il signifie que dans le concept coutumier africain, les limitations sont expressément internes au droit de propriété ; tandis que dans le concept d'inspiration française, c'est l'individualisme qui est expressément affirmé. L'esprit collectiviste ne se déduit pas implicitement d'une autre règle. Cet esprit est vécu au quotidien par les membres de la collectivité qui se sentent liés par une communauté de destin. Il est l'expression réelle et quotidienne de la vie en communauté. La solidarité sociale est très forte. Tous les évènements qui concernent un des membres sont presque l'affaire de la communauté qui s'implique fortement. La solidarité et l'esprit communautaire prévalent également dans l'usage des biens. Les terres, notamment, sont exploitées par des communautés familiales.

---

[862] M. VILLEY, *Philosophie du droit. Définitions et fins du droit. Les moyens du droit*, *op. cit.*, n°71, p. 99 et s.
[863] R. RARIJAONA, *op. cit.*, p. 111.

Toutefois, il est possible qu'un lopin de terre soit exploité à titre individuel par un membre de la communauté. Mais, ce genre d'exploitation se combine à une participation du bénéficiaire de l'exploitation individuelle à l'exploitation familiale. De même, ce type d'exploitation individuelle a généralement un caractère marginal[864].

Quant au caractère principal de l'esprit collectiviste qui anime le concept coutumier de propriété africain, il faut dire qu'il est le reflet de ce que cet esprit collectiviste découle en premier lieu et directement de ce concept à telle enseigne que la réalisation de l'intérêt communautaire ne nécessite pas le respect d'une procédure particulière comme l'expropriation. Cet esprit est le principe et l'individualisme a une place subsidiaire. Les communautés « dépossédées » sont assurées, grâce à la solidarité, d'avoir un lopin pour continuer à mener leurs activités et se nourrir. C'est là toute la différence avec le concept d'inspiration occidentale. Dans le concept coutumier africain de propriété, la communauté est placée en avant ; alors que dans le concept d'inspiration française, c'est l'individu qui occupe la première place.

268. Ces caractères de l'esprit collectiviste du concept coutumier africain de propriété le différencient nettement du modèle d'inspiration française. Ces différences ne sont pas sans conséquences. En effet, dans le modèle coutumier africain, la responsabilité des membres est plus grande vis-à-vis de la communauté et de l'environnement lors de l'usage des biens. Les limitations à l'usage des biens sont inhérentes au concept de la propriété qui n'est pas absolu ni expressément, ni formellement ni principalement comme c'est le cas dans le modèle d'inspiration française. La prise en compte des intérêts de la collectivité est plus significative sans autre forme de procédure. Ainsi, à titre illustratif, la réalisation d'ouvrages ou d'activités d'intérêt général semble théoriquement plus aisée ; les membres de la communauté étant mus par la solidarité, ayant en esprit l'intérêt général et se considérant comme ayant une communauté de destin. De ce fait, la protection de certaines valeurs communes comme la dignité de la personne humaine prise en tant que membre d'un groupe social, la sauvegarde des intérêts socio-économiques ou environnementaux, en d'autres termes les objectifs pour lesquels le

---

864 R. RARIJAONA, *op. cit.*, p. 39.

droit positif de propriété supporte des limitations ou des restrictions paraissent théoriquement plus faciles à réaliser.

269. En outre, l'attention des membres vis-à-vis de la communauté est plus grande dans l'exercice des droits d'usage sur les biens. Ils sont auto disciplinés. C'est dans un « *esprit de discipline collective que s'exécutent tous les actes de mise en valeur des territoires* »[865]. Au contraire, l'esprit individualiste et capitaliste sur lequel se fonde le droit de propriété d'origine française et de droit positif conduit à l'accumulation et l'accaparement des propriétés immobilières. Le concept coutumier de propriété a régi les sociétés africaines depuis l'antiquité jusqu'à la colonisation[866].

270. Cependant, le modèle propriétaire coutumier africain semble conférer peu de sécurité juridique, se prêter mal à l'organisation de l'espace en face d'une démographie galopante et à l'économie capitaliste. C'est du reste l'une des raisons qui a conduit la colonisation à introduire le modèle propriétaire de droit positif et d'inspiration française à travers le système de l'immatriculation quand bien même ce « *système d'enregistrement, imaginé [...] pour assurer la sécurité des transactions immobilières nécessaire au développement capitaliste, fut rejeté en France par la mobilisation d'intérêts en principe contradictoires (noblesse terrienne, capitaines d'industrie, petits propriétaires fonciers) réunis sous la bannière du conservatisme et de l'immobilisme* »[867]. En effet, pendant la période coloniale, l'introduction de cultures spéculatives en Afrique occidentale française a eu pour conséquences la création de structures pour en organiser la commercialisation et « *pour garantir les opérations de production à court et à moyen terme tout en favorisant le passage à la propriété privée puisque seuls pouvaient en bénéficier les paysans ressortissant d'une collectivité légalement reconnue (société de prévoyance, association agricole, etc.) et détenteurs de biens immatriculés à titre personnel — et non de patrimoines*

---

[865] *Ibid.*

[866] Cf. *Supra* n°15 et s.

[867] E. Le ROY, « Les objectifs de la colonisation française ou belge », G. A. KOUASSIGAN (dir.), *Encyclopédie juridique d'Afrique, t. 5 « Droit des biens »*, Abidjan, Dakar, Lomé, NEA, 1982, p. 85.

familiaux »[868]. Il s'ensuit que « *l'individualisme fut aussi favorisé en Afrique par le concept de propriété privée introduit par le capitalisme occidental* »[869]. Cet individualisme s'est également construit par le modèle d'éducation occidental qui « *avait marginalisé tous les systèmes précoloniaux d'éducation. Ce modèle privilégiait la connaissance des langues européennes par rapport à celle de l'arabe ou d'autres langues africaines et devint l'un des facteurs de formation des classes sociales, tendant à séparer l'élite instruite à l'occidentale des masses souvent considérées avec mépris comme « analphabètes » ou « illettrées », et ce en dépit de la grande virtuosité verbale des cultures orales due notamment aux caractéristiques tonales des langues africaines. Pour les régimes coloniaux, l'éducation occidentale était devenue une arme puissante d'acculturation ; elle façonnait les esprits de l'élite qu'elle formait, lui faisant désirer certains aspects de la culture européenne — vêtements, cuisine, lois, modes de gouvernement et biens d'importation. Par l'éducation occidentale, renforcée par les lois coloniales sur le mariage, l'héritage et la propriété foncière, ainsi que par la règle chrétienne de la monogamie, on détournait l'élite instruite du modèle communautaire des sociétés africaines traditionnelles pour lui proposer un nouveau modèle fondé sur l'individualisme, la famille nucléaire, la propriété privée et l'accumulation de biens. Cette élite instruite commençait à moins bien connaître et à ne plus guère apprécier l'histoire de l'Afrique, ses idées religieuses, ses habitudes vestimentaires, sa cuisine, son art, sa musique, ses modes de vie en général, en recul dans les grands centres urbains mais toujours prédominants dans les régions rurales* »[870].

En réalité, le modèle propriétaire d'inspiration française introduit en Afrique francophone visait essentiellement à préserver les intérêts économiques et la domination du colon. Il reste que le concept coutumier de propriété africain assurait mieux une articulation entre les intérêts du propriétaire et ceux de la communauté.

---

[868] A. A. BOAHEN, (dir.), *Histoire générale de l'Afrique. L'Afrique sous domination coloniale*, 1880-1935, Vol. VII, Paris, UNESCO, 1996, p. 393.

[869] A. A. MAZRUI et Ch. WONDJI, (dir.), *Histoire générale de l'Afrique. L'Afrique depuis 1935*, Vol. VIII, Paris, UNESCO, 1998, p. 596.

[870] A. A. MAZRUI et Ch. WONDJI, (dir.), *préc.*, p. 710-711.

§ 2-Les techniques d'expression de la primauté des intérêts collectifs dans le concept coutumier de propriété

271. Rome distinguait les biens de peu de valeur ou biens meubles et les biens de grande valeur ou biens immeubles. Le droit romain admettait la propriété privée tant sur les biens meubles que sur les immeubles. Toutefois, il organisait un régime juridique différent pour les meubles et les immeubles. Cette *summa divisio* des biens semble avoir résisté à l'épreuve du temps. Elle est en effet de droit positif[871]. À l'instar du droit romain, dans le concept africain de propriété, la distinction entre les meubles et les immeubles est également faite. En revanche, à la différence du droit romain, l'articulation des intérêts du propriétaire et ceux de la collectivité ne se limite pas à l'organisation d'un régime juridique de l'appropriation privée ouvert à tous les biens, mais différent du point de vue des règles applicables pour les meubles et pour les immeubles. Elle est assurée un peu en amont d'une part par la technique de la reconnaissance de la propriété privée individuelle sur les biens de peu de valeur ou meubles (A) ; d'autre part par la technique de la non reconnaissance ou de l'inexistence de la propriété privée individuelle sur les biens de grande valeur ou immeubles (B).

A- L'existence de la propriété privée individuelle en matière mobilière

272. L'aspiration à la liberté dans l'usage des biens est dans la nature humaine. Elle est une quête légitime en ce qu'elle offre l'occasion à l'Homme de se réaliser et d'exprimer sa personnalité. Elle génère de l'énergie, libère les potentialités et crée aussi l'excellence par la possibilité qu'elle donne d'acquérir pour son profit personnel. Cette aspiration universelle est une réalité dans le concept africain de propriété, notamment en ce qui concerne l'appropriation individuelle des biens meubles. En effet, dans ce concept, l'articulation des intérêts de la communauté et celle de l'individu aboutit à la reconnaissance de la propriété privée individuelle sur les biens meubles à l'exclusion des biens immeubles. La liberté et la volonté de l'individu sur les biens s'expriment mieux sur les meubles. Ainsi, il est admis que « *La sagesse africaine considère les meubles et*

[871] Art. 516 C. civ. « *Tous les biens sont meubles ou immeubles* ».

biens personnels d'une toute autre manière que la terre. Ce sont là des objets dont les hommes ont besoin dans leur existence sociale, sur lesquels ils doivent exercer des droits sans partage, à la différence de ceux qu'ils peuvent avoir sur la terre, où les considérations de famille et de groupe social sont elles aussi importantes »[872].

273. Le principal type de meuble qui semble exister est le meuble corporel par nature. Contrairement, à la terre qui n'est pas infinie et qui de ce fait est partagée par la communauté, le bien meuble peut être obtenu presque à l'infini par le travail personnel. L'appropriation individuelle de ces meubles est raisonnable dès lors qu'elle est le fruit d'un travail individuel et ne constitue pas nécessairement un bien vital pour la survie de la communauté à l'exemple de la terre. Cependant, certains biens mobiliers corporels comme les biens sacrés et certaines récoltes sont exclus de l'appropriation individuelle en raison du fait qu'ils sont des biens de subsistance pour toute la famille ou la communauté. Ainsi, une fois les besoins fondamentaux de la communauté assurés chaque individu demeure libre d'obtenir ses biens personnels. Le droit absolu qu'il détient sur les biens meubles est justifié par le fait qu'il ne s'agit pas de biens fondamentaux à la survie de la communauté comme les récoltes ou les biens sacrés. L'absence de principe d'obligation de partage des utilités de ces meubles apparait comme une invite à l'effort personnel. Toutefois, il convient de rappeler que cette invite apparait après avoir contribué à assurer les besoins vitaux de l'ensemble de la famille ou de la communauté, en occurrence à travers la mise en valeur et l'exploitation des terres.

274. L'appropriation individuelle des meubles se traduit par l'exercice de droits privatifs sur eux. En effet, le propriétaire des biens meubles a les différentes prérogatives du droit de propriété d'inspiration française : *l'usus*, le *fructus* et l'*abusus*.

Tout d'abord, il peut en user lui-même comme bon lui semble suivant la nature du bien dans le respect des coutumes.

Ensuite, il peut aussi en tirer profit. À ce titre, il lui est loisible de le prêter, le remettre en dépôt, le louer ou encore le donner en gage[873]. Cette manière de tirer profit de la chose traduit la distinction

---

[872] O. T. ELIAS, *op. cit.*, p. 188.
[873] O. T. ELIAS, *op. cit.*, p. 191.

nette en droit coutumier africain entre le concept de détention précaire et celui de propriété. En effet, la possession est une relation de fait alors que la détention est une relation de droit à l'instar de la propriété. Toutefois, la détention est précaire alors que la propriété a vocation à la perpétuité[874]. Dans le concept coutumier africain de propriété, cette distinction entre la propriété et la détention est révélée à l'occasion des locations. Lorsqu'elles ont lieu, « *Le droit africain reconnait incontestablement que la propriété des objets ainsi transférés demeure dans les mains de celui qui opère le transfert, et que celui à qui il s'adresse en a seulement la possession précaire* »[875]. De ce fait, si « *Le droit africain reconnait au locataire une possession distincte du droit de propriété détenu par le propriétaire de l'objet lui-même* »[876], cela signifie clairement que les concepts de propriété et de détention existent bel et bien distinctement en droit africain. La chose peut être entre les mains d'un tiers qui le détient en vertu d'une convention et le droit de propriété demeuré dans le patrimoine du propriétaire.

Il en est de même pour le vol qui est sévèrement puni[877]. Ce qui permet d'affirmer qu'une distinction existe également entre la possession et le droit de propriété. Si le vol n'est pas découvert le voleur exerce les droits d'un possesseur de mauvaise foi sur la chose au contraire de celui qui les ramasse et qui cherche le propriétaire en vain. Ainsi, les concepts de possession, de détention et de propriété sont connus du droit coutumier africain.

Enfin, le propriétaire de biens meubles peut en disposer soit matériellement soit juridiquement. La disposition matérielle se réalise par la destruction physique de la chose. Il s'agit d'une option peu courante qui ne concerne que les biens qui ne présentent aucune utilité voire dangereux tant pour le propriétaire que pour l'un des membres de sa famille. Par contre, la disposition juridique est courante. Elle s'opère par l'aliénation juridique du bien soit à titre gratuit soit à titre onéreux. Les ventes se déroulent généralement dans les marchés.

---

874 M. PLANIOL et G. RIPERT, *op. cit.*, n°158, p. 175.

875 O. T. ELIAS, *op. cit.*, p. 191. Il semble que du fait de la traduction de l'ouvrage de l'anglais, certains termes ne correspondent pas exactement aux concepts juridiques du système juridique romano-germanique. En effet, l'idée de l'auteur, c'est que le droit africain fait la distinction entre les droits de jouissance temporaires, droits personnels, comme la détention précaire, et la propriété.

876 O. T. ELIAS, *op. cit.*, p. 192.

877 O. T. ELIAS, *op. cit.*, p. 190.

275. Cependant, un problème de preuve peut se poser en cas de conflit eu égard au fait que le droit coutumier africain est d'origine coutumière et n'est pas écrit. La preuve se fait en principe par tous moyens. Mais le procédé généralement usité est le témoignage. En tout état de cause, le recours au sacré n'est pas exclu. Il se manifeste par l'invocation du châtiment des ancêtres, toute chose qui suscite la bonne foi des parties.

276. Par ailleurs, l'appropriation individuelle des meubles a un caractère absolu, exclusif et perpétuel[878]. Ainsi, le propriétaire exerce son droit comme bon lui semble. Mais l'absoluité de son droit s'exerce dans un contexte où l'individualisme n'est pas la chose la mieux partagée ce qui conduit le propriétaire à un exercice raisonnable et responsable.

Il en est de même de l'exclusivité du droit qui ne saurait être aussi ferme dans un contexte marqué par la collaboration, la solidarité et l'emprise de la cellule familiale. Elle s'interprète en tenant compte de ce contexte.

Le caractère perpétuel de la propriété des biens meubles est également une réalité[879]. Les droits du titulaire s'exercent toute sa vie durant et ne disparaissent que par disparition de la chose. La perpétuité se manifeste, à l'occasion du décès du propriétaire, par la transmission de son droit à ses héritiers selon les coutumes. Il en est de même des droits personnels nés de conventions conclues entre le propriétaire et un tiers. « *Les dettes sont, de même que les biens loués ou donnés en gage, recouvrables par le créancier, et imprescriptibles. Elles lient le plus souvent les enfants du débiteur à la mort de celui-ci. Le droit coutumier exige seulement qu'elles fassent l'objet d'une preuve précise de leur consistance. Mais on peut penser que dans ce domaine comme dans celui de la possession, l'institution d'une prescription serait également souhaitable* »[880].

277. Pour l'essentiel, les biens meubles font l'objet d'une appropriation individuelle et les droits qui s'exercent sur ces biens sont comparables à ceux issus du modèle de propriété d'inspiration française. Cette appropriation confère l'*usus*, le *fructus* et l'*abusus*.

---

[878] O. T. ELIAS, *op. cit.*, p. 188.
[879] O. T. ELIAS, *op. cit.*, p. 189.
[880] O. T. ELIAS, *op. cit.*, p. 190.

Elle a un caractère absolu, exclusif et perpétuel. Mais, il faut toujours avoir à l'idée que ces droits s'exercent dans un contexte social fait de solidarités traditionnelles ce qui contient l'exercice des droits dans des limites moins subjectivistes. La situation pourrait être comparée à ce qui prévalait aux lendemains de la Révolution française où le contexte était également caractérisé par l'existence réelle d'un lacis de droits et d'obligations qui s'accommodaient mal avec le sacre formel de l'individu-roi[881]. C'est ce contexte qui a conduit très tôt la jurisprudence, dans son rôle de corriger les lacunes du législateur[882], puis le législateur lui-même, à l'affirmation de limites plus ou moins importantes au subjectivisme formel et absolu proclamé par la Déclaration des droits et le Code civil. Cependant, la différence avec le modèle de droit positif d'inspiration française semble plus grande relativement aux biens immeubles.

B- L'inexistence de la propriété privée individuelle en matière immobilière

278. Dans le concept coutumier africain de propriété, la matière immobilière a trait essentiellement au domaine foncier, à la terre qui est l'archétype de l'immeuble par nature. En effet, la distinction issue du Code civil entre les immeubles par nature, les immeubles par l'objet auxquels ils s'appliquent et les immeubles par destination[883] ne semble pas être faite dans le concept africain de propriété.

279. En outre, l'appropriation de la terre est fondée sur une idéologie particulière. En effet, l'idée communément admise en matière foncière dans le concept coutumier africain de propriété est que « *la terre appartient à une grande famille dont beaucoup de membres sont morts, quelques-uns sont vivants, et dont le plus grand nombre est encore à naitre* »[884]. La propriété de la terre est dite « *corporative* »[885] ou « *collective* »[886]. Ainsi, la propriété privée

---

[881] Cf. *Supra*. n°175 et s.

[882] J.-C. BECANE et M. COURDEC, *La loi*, coll. « Méthodes du droit », Paris, Dalloz, 1994, p. 41

[883] Art. 517 C. civ. « *Les biens sont immeubles ou par leur nature, ou par leur destination, ou par l'objet auquel ils s'appliquent* ».

[884] O. T. ELIAS, *op. cit.*, p. 183.

[885] *Ibid.*

individuelle sur la terre est quasi-inexistante. La communauté familiale ou villageoise est en principe titulaire des droits de propriété sur la terre. L'individu n'a pas un droit de propriété privée sur elle. La propriété collective du village ou de la famille vise à assurer la cohésion du groupe, sa survie, l'attachement à la terre ancestrale et la continuité du culte des ancêtres[887].

Il existe néanmoins certaines particularités en fonction des contrées. Par exemple, il a été observé qu'un droit de propriété individuel sur la terre existait à Madagascar si bien que le concept coutumier de propriété en droit foncier malgache est différent de celui africain, et, sur ce plan, proche du concept romain. En revanche, même dans ces rares exceptions, « *le droit individuel de propriété diffère du droit de type romain en ce qu'il n'a pas un caractère absolu et exclusif. Il ne peut exister en dehors des structures sociales traditionnelles qui en limitent l'exercice* »[888]. Il est alors évident que la survie de la collectivité semble prévaloir sur l'intérêt de chaque individu sans autre forme de procédure. Autrement dit, dans le concept coutumier africain de propriété, le subjectivisme du droit de propriété est très peu marqué en matière immobilière.

280. Par-dessus le marché, dans le concept coutumier africain de propriété, au-delà de la collectivité des droits, la propriété foncière est inaliénable[889]. En d'autres termes, dans ce concept, la propriété foncière collective n'est pas conçue greffée d'un droit de disposition. Bien au contraire, elle est privée ou amputée d'un « *droit de disposition inconditionnelle* »[890]. « *Le principe d'inaliénabilité est destiné à sauvegarder l'intégrité du patrimoine foncier et à en assurer le maintien dans la famille et sa transmission aux générations futures* »[891]. Il s'agit d'une caractéristique essentielle qui la distingue du concept positiviste du Code civil d'inspiration française. En rappel, ce dernier modèle est fondé sur une conception unique de la propriété qui donne droit à trois attributs qui peuvent être individuels à savoir le

---

[886] R. RARIJAONA, *op. cit.*, p. 34.
[887] R. RARIJAONA, *op. cit.*, p. 35.
[888] R. RARIJAONA, *op. cit.*, p. 44.
[889] K. NIKIEMA, *Droit des biens et droit foncier*, *op. cit.*, n°272 et s., p. 172 et s.
[890] O. T. ELIAS, *op. cit.*, p. 186.
[891] G. A. KOUASSIGAN, « La nature juridique des droits fonciers coutumiers », G. A. KOUASSIGAN (dir.), *Encyclopédie juridique d'Afrique, t. 5 « Droit des biens »*, Abidjan, Dakar, Lomé, NEA, 1982, p. 50 ;

droit d'user ou *usus*, le droit de jouir ou *fructus* et le droit de disposer ou *abusus*. Mieux, le droit individuel de disposer est perçu comme le droit le plus caractéristique de la propriété[892]. Ce modèle unique a ensuite vocation à appréhender aussi bien des biens meubles que des biens immeubles.

Au contraire, dans le concept coutumier africain, on distingue deux conceptions aux structures différentes selon la nature de la chose : d'une part, la structure des biens meubles qui est faite de l'*usus*, du *fructus* et de l'*abusus* qui peuvent être individuels ou collectifs ; d'autre part, celle de la terre qui est composée de l'*usus* et du *fructus* exercés par les membres de la collectivité individuellement ou en groupe. Il n'existe pas d'*abusus* ou de droit de disposition individuel et inconditionnel de la terre.

281. En revanche, dans le concept coutumier africain de propriété foncière, l'usage et la jouissance individuels sur la terre ont une consistance plus étendue. En effet, non seulement, l'usage et la jouissance ont un caractère perpétuel ; mais encore, l'individu « *n'est ni un locataire, ni un détenteur précaire, ni même comme on le prétend souvent, un usufruitier. Il ne paie rien à personne, et ne doit de comptes qu'à lui-même, ce qui fait de son droit quelque chose de très différent de ce qu'était par exemple l'usufruit en droit romain* »[893]. Il faut préciser que l'usufruit a un caractère viager, c'est-à-dire qu'il a vocation à durer et à s'éteindre à la mort de l'usufruitier. Or, si l'usufruit a un caractère viager, les droits d'usage et de jouissance sur la terre dans le concept coutumier africain de propriété ont vocation à la perpétuité : ils se transmettent à la mort des bénéficiaires à leurs héritiers. Il en résulte que la nature de l'usage et de la jouissance individuels est originale. Certes, elle se rapproche de l'usufruit du droit français. Mais elle s'en distingue par le fait que l'usufruit y a en principe un caractère viager pour les personnes physiques [894] ; tandis que dans le concept coutumier africain, la propriété foncière collective confère à chacun des membres de la communauté non seulement un droit d'usage et de jouissance, mais

---

[892] J. ROCHFELD, *op. cit.*, p. 275 et s.
[893] O. T. ELIAS, *op. cit.*, p. 186.
[894] Art. 617 C. civ. : « *L'usufruit s'éteint : - par la mort naturelle et par la mort civile de l'usufruitier* ; [...] »

aussi un droit inaliénable à la substance de la chose[895], qui se transmettent à ses héritiers.

282. La situation se rapproche également de l'indivision en ce que le droit de propriété appartient à une collectivité. La conception de l'indivision dans la tradition juridique d'inspiration française est toujours inspirée de l'idéologie individualiste qui a prévalu à la conception de la propriété elle-même. Il en résulte que la propriété collective y est perçue comme une situation anormale donc temporaire à laquelle il convient de mettre fin rapidement pour revenir à la situation normale qu'est la propriété individuelle. En conséquence, le droit au partage est un principe cardinal de l'indivision[896]. Or, la nature des droits sur la terre dans le concept coutumier africain de propriété se distingue bien de l'indivision puisque la collectivité qui exploite la terre n'a pas de personnalité morale qui la rendrait propriétaire unique de la terre et surtout le partage ne peut pas être provoqué comme cela est de principe dans l'indivision. Ainsi, la nature des droits individuels sur la terre dans le concept coutumier africain de propriété diffère de celle qui résulte de l'indivision[897].

283. Par ailleurs, tout comme pour les biens meubles, il convient de souligner que le concept coutumier africain de propriété opère la distinction de la propriété, de la détention et de la possession en matière foncière. Assurément, l'oralité qui prévaut dans les sociétés traditionnelles africaines a pour conséquence que la propriété ne s'établit pas par un titre. Toutefois, la propriété collective de la communauté n'entraine pas nécessairement une prise de possession de la terre par ses membres. La maitrise juridique de la terre est indépendante de sa maitrise matérielle. « *Il semble que le droit exercé sur la terre soit indépendant de l'exercice d'une activité effective (corpus) ou même d'une intention de posséder (animus). De même, il importe peu que le groupe social propriétaire de la terre s'en serve ou non, aussi longtemps que son droit est reconnu par les autres*

---

[895] Toute chose qui va à l'encontre de la notion d'usufruit dans lequel l'usufruitier n'a pas droit à la substance de la chose laquelle appartient au nu propriétaire : Art. 578 C. civ. « *L'usufruit est le droit de jouir des choses dont un autre a la propriété, comme le propriétaire lui-même, mais à la charge d'en conserver la substance* ».

[896] Art. 812 du CPF : « *En l'absence d'une convention expresse et sauf dispositions légales particulières, nul ne peut être contraint à demeurer dans l'indivision et le partage peut toujours être provoqué* ».

[897] R. RARIJAONA, *op. cit.*, p. 42.

groupes »[898]. En effet, selon certaines coutumes, il peut arriver qu'une terre laissée par une communauté soit mise en valeur par une autre communauté qui en garde la possession sans que celle-ci ne résulte d'une convention, le prêt par exemple. Dans cette hypothèse, la communauté qui exploite la terre exerce un pouvoir ou une maitrise de fait sur la terre. Il s'agit en occurrence de la possession. Toujours en fonction des coutumes, cette possession peut aboutir à l'acquisition de la propriété en vertu d'une « *règle très générale qui veut que l'abandon d'une terre sans raisons valables pour une période qui varie de 3 à 7 ans emporte disparition des droits autrefois exercés par le possesseur original. De même, la possession paisible et ininterrompue d'une terre par une personne vaut présomption de l'abandon de celle-ci à son profit par le propriétaire antérieur* »[899]. Ainsi, l'acquisition par prescription exige un abandon caractérisé par la réunion de conditions cumulatives tenant d'une part à l'absence de maitrise matérielle ou d'exploitation par le véritable propriétaire, d'autre part à la durée et aux caractères paisible et ininterrompue de la possession.

Dans une autre hypothèse et selon les coutumes, la communauté peut prêter sa terre à une autre famille qui en a la détention et qui l'exploite sans prétendre à la propriété. Cette hypothèse postule l'existence d'un accord entre deux communautés, d'un acte juridique. La communauté bénéficiaire exerce donc un pouvoir de droit sur la terre, en occurrence une détention. Dans ce cas, « *le droit coutumier africain n'admet pas la prescription acquisitive en tant que règle de droit* » si bien que le droit de propriété de la communauté prêteuse est imprescriptible. La communauté bénéficiaire ne peut prétendre à la propriété quelle que soit la durée.

284. Sur le plan de la preuve, le concept coutumier africain de propriété fait beaucoup référence au témoignage et au sacré[900]. Il comporte quelques faiblesses qui peuvent susciter des tensions sociales. En effet, des problèmes peuvent se poser lorsque la situation perdure. « *La conséquence est qu'en fait, au bout de la deuxième ou troisième génération, quand tous les témoins de la transaction*

---

[898] O. T. ELIAS, *op. cit.*, p. 184.

[899] O. T. ELIAS, *op. cit.*, p. 188.

[900] E. Le ROY, « Les modes d'acquisition et les preuves des droits fonciers coutumiers », G. A. KOUASSIGAN (dir.), *Encyclopédie juridique d'Afrique, t. 5 « Droit des biens »*, Abidjan, Dakar, Lomé, NEA, 1982, p. 79.

originelle sont morts, des contestations ne manquent pas de s'élever sur la nature de celle-ci »[901].

285. En tout état de cause, l'exercice des droits d'usage et de jouissance des membres de la collectivité est enserré dans le moule des rapports sociaux où l'individualisme dans son acception occidentale est presqu'inconnue. Il est limité par la volonté exprimée des ancêtres ou par la volonté des membres de la famille[902]. Historiquement, si l'on en juge par les recherches des historiens, ce constat a jalonné les différentes époques depuis l'antiquité africaine jusqu'à la colonisation où les premiers types de propriété privée individuelle ont commencé à apparaitre[903]. Ainsi, en Afrique noire, notamment dans les pays francophones dont le Burkina Faso, la conception française de la propriété y a été transposée durant la colonisation et léguée aux moments des indépendances[904]. Elle est de droit positif et y demeure quand bien même les raisons qui ont fondé en France l'adoption de cette conception n'ont pas prévalu dans le contexte africain. Il en découle que jusqu'à nos jours, nonobstant la conception privée adoptée empreinte de subjectivisme et inadaptée au contexte, des forces conservatrices permettent au droit coutumier de propriété d'être toléré et de continuer à régir les rapports sociaux surtout en zones rurales[905].

Toutefois, l'évolution des droits fonciers coutumiers trouvent aussi leurs causes dans des facteurs internes liés à la transformation progressive du droit de culture en un droit de propriété et pas seulement dans des causes externes[906]. En effet, plus la famille s'agrandit, plus les liens sociaux se distendent et l'idée d'individualisation des terres se développe en opposition à la communauté tout entière.

286. En revanche, l'importance de l'idée de communauté, des valeurs culturelles et l'inexistence de la propriété privée individuelle immobilière semble relativement aujourd'hui perduré dans le droit positif notamment dans jurisprudence de la CADHP. En effet, dans

---

901 O. T. ELIAS, *op. cit.*, p. 187.

902 R. RARIJAONA, *op. cit.*, p. 42.

903 Cf. *Supra* n°270.

904 K. NIKIEMA, *op. cit.*, n°280 et s., p. 176 et s

905 R. RARIJAONA, *op. cit.*, p. 101 et s.

906 G. A. KOUASSIGAN, « Objet et évolution des droits fonciers coutumiers », *op. cit.* p. 34-35.

une décision récente[907], elle a implicitement admis et protégé le droit de propriété d'une communauté autochtone en même temps que ses droits culturels. Il ressort de cette espèce que la Commission africaine des droits de l'homme et des peuples a introduit une instance contre la République du Kenya en alléguant des violations graves et massives de droits de l'homme pourtant garantis par la Charte africaine des droits de l'homme et des peuples. Dans sa requête introduite au nom de la communauté Ogiek du complexe forestier de Mau, la Commission africaine des droits de l'homme et des peuples relève que les Ogiek sont un groupe ethnique minoritaire qui habitent le Grand complexe forestier de Mau et que malgré la reconnaissance quasi universelle du fait que ces derniers sont tributaires de la forêt de Mau pour leur subsistance traditionnelle et qu'elle est la source de leur identité religieuse, le gouvernement du Kenya a, en octobre 2009, par l'intermédiaire du Service des Forêts, donné aux Ogiek et aux autres habitants de la forêt de Mau, un préavis d'expulsion de trente (30) jours, exigeant leur déguerpissement de la forêt, au motif que celle-ci constitue une zone de captage d'eau et qu'en tout état de cause, elle fait partie intégrante du domaine de l'État, en vertu de la section 4 de la loi régissant les terres domaniales. La Commission africaine des droits de l'homme et des peuples fondait sa requête sur le fait que la mise en œuvre de l'avis d'expulsion émis par le gouvernement kényan aurait des répercussions à long terme sur la survie politique, sociale et économique de la communauté Ogiek étant donné que leur expulsion aurait pour effet la destruction de leurs moyens de subsistance, de leur mode de vie, de leur culture, de leur religion et de leur identité, ce qui constitue une violation grave et massive des droits consacrés aux articles 1, 2, 4, 14, 17, 21 et 22 de la Charte africaine des droits de l'homme et des peuples. Elle demandait à la Cour d'enjoindre à l'Etat du Kenya entre autres de reconnaître le droit des Ogiek sur leurs terres ancestrales et de leur délivrer un titre de propriété en bonne et due forme, de revoir la législation en vue d'autoriser la propriété foncière collective et de payer une compensation à la communauté pour le préjudice qu'elle a subi du fait de la perte de ses biens, de l'absence de développement, de l'aliénation de ses ressources naturelles et de la liberté de pratiquer sa religion et sa culture. Dans sa décision sur les mesures provisoires datée du 15 mars 2013, la CADHP a estimé

[907] CADHP, 15 mars 2013, Commission africaine des droits de l'homme et des peuples c. Kenya, *RJCA* Vol. 1 (2006-2016), p. 200 et s.

« *qu'il existe une situation d'extrême gravité et d'urgence et un risque de dommages irréparables à la communauté Ogiek en raison de la violation des droits qui lui sont garantis par la Charte, notamment : la jouissance de leurs droits culturels et à la protection de leurs valeurs traditionnelles, en vertu des articles 2, 17 [...] de la Charte ; [...] le droit à la propriété, en vertu de l'article 14* » de la même Charte. Ainsi, elle a, au titre des mesures provisoires, ordonné que l'Etat kényan « *s'abstienne de tout acte ou de toute action susceptible de préjuger irrémédiablement de la requête principale devant la Cour, jusqu'à ce que la Cour ait statué sur ladite requête* »[908]. Dans sa décision sur le fond rendue le 26 mai 2017, la Cour a conclu que le Kenya avait violé les dispositions de la Charte suscitées y compris l'article 14 relatif au droit de propriété. Elle a ainsi reconnu les droits fonciers des Ogiek du Kenya.

287. Enfin, la tentative du modèle d'inspiration française d'affirmer l'ancrage social du droit de propriété à travers les nombreuses restrictions démontre bien que la transposition, puis le maintien de ce modèle tel quel dans les pays africains francophones en particulier, n'a pas été, sous cet angle, un choix judicieux, puisque l'effort dans le sens de l'objectivisme du modèle d'inspiration française vise à réaffirmer une idée capitale qui prévalait déjà dans le concept coutumier africain de propriété à savoir la primauté des intérêts collectifs.

Si, incontestablement, le concept d'inspiration française a perdu une bonne part de son subjectivisme, il est indéniable que cet effort dans le sens de l'objectivisme se traduit par la prise en compte des intérêts de la communauté et d'autres intérêts privés, valeurs qui paraissent mieux exprimées dans le concept coutumier africain. Il en est de même d'autres concepts de propriété étrangers.

Section 2- L'orientation sociale accrue d'autres concepts de propriété

288. A l'instar du concept coutumier de propriété africain, l'analyse du droit de propriété dans d'autres systèmes juridiques permet également de se convaincre que la conception absolue originelle de la propriété d'inspiration française et de droit positif

[908] CADHP, 15 mars 2013, Commission africaine des droits de l'homme et des peuples c. Kenya, *RJCA* Vol. 1 (2006-2016), p. 200 et s.

parait trop abstraite et fondamentale[909] ce qui justifie son orientation sociale de plus en plus accrue. C'est cette conception originelle qui laisse aussi apparaitre les lois et règlements pris face aux défis concrets de la vie en société comme une altération du subjectivisme du droit de propriété lorsque ces mesures ont pour effet de remettre en cause cette absoluité. Par contre, à la différence de la philosophie ou de l'idéologie sur laquelle se fonde ce concept de propriété, on trouve dans d'autres systèmes juridiques, outre le concept coutumier de propriété africain, des conceptions de la propriété dont l'essence parait beaucoup plus expressive de leur orientation sociale ; c'est-à-dire que dans l'organisation des prérogatives du propriétaire, ces concepts admettent davantage la protection d'autres intérêts tant privés que publics sur la chose. En effet, dans ces concepts, il n'existe pas à l'origine cette idée d'« *absolu abstrait* »[910] surtout en matière de propriété immobilière. L'intérêt de l'examen de ces concepts de propriété demeure identique à celui de l'examen du concept coutumier de propriété africain : il permet de mieux comprendre le bien-fondé de l'orientation sociale accrue du concept originel de propriété d'inspiration française et de droit positif. Il en est ainsi d'une part du concept de propriété en droits chinois et japonais (§ 1) d'autre part, en *common law* et en droit européen (§ 2).

§ 1- L'orientation sociale des concepts chinois et japonais de propriété

289. Les concepts chinois et japonais notamment en matière de propriété immobilière, se caractérisent par une orientation sociale plus affichée que dans le concept d'inspiration française. D'une part, le concept de propriété en droit chinois et son évolution laissent apparaitre la volonté manifeste des autorités politiques d'instrumentaliser ce concept comme un moyen important de réalisation de certains intérêts collectifs relatifs au développement économique et social (A). D'autre part, le droit japonais des biens accorde une place de choix à la volonté individuelle et à la citoyenneté pour la sauvegarde des intérêts collectifs, en occurrence, en matière environnementale (B).

[909] Ch. ATIAS, *Droit des biens, op. cit.*, n°91, p. 72.
[910] *Ibid.*

A- La primauté des intérêts collectifs dans le concept chinois de propriété

290. Le concept de propriété en vigueur en Chine a connu une évolution et une adaptation récentes. Même si le concept de propriété privée individuelle date des années 1980, plusieurs grandes périodes peuvent en effet être distinguées dans l'évolution et l'adaptation de ce concept : d'abord la période avant 1949 qui est caractérisée par la colonisation et par l'existence du concept de propriété d'inspiration romano-germanique, ensuite la période entre 1949 et 1980 qui se particularise par la création de la République populaire de Chine et l'absence d'un concept de propriété privée des moyens de production, puis la période depuis 1980 qui consacre la réapparition du concept de propriété et sa protection sous l'effet conjugué de l'ouverture de la Chine et du droit international[911]. Ainsi, en « *République Populaire de Chine, le droit de propriété est réapparu dans les années 1980 après une période trentenaire d'anéantissement presque complet. [...] Fortement protégée par les codes impériaux et développée sur des fondements romano-germaniques par le Code civil de 1930, d'inspiration française, la propriété perd son importance après la création de la République Populaire de Chine en 1949*»[912].

291. De cette évolution historique, on observe que le concept de propriété chinois a été fortement idéologiquement marqué notamment par la révolution consécutive à la création de la République populaire de Chine. En effet, contrairement aux révolutionnaires français, en Chine « *L'un des principaux objectifs idéologiques de cette révolution était d'abolir la propriété privée des moyens de production* » [913]. Sous cet angle, les révolutionnaires français et chinois avaient des conceptions totalement opposées du droit à la propriété et de sa protection puisque l'un des principaux objectifs idéologiques de la révolution française était la consécration du droit à la propriété et la protection de la propriété privée absolue

---

[911] B. LI, *La protection de la propriété en chine : transformation du droit interne et influence du droit international*, th. Paris I Panthéon-Sorbonne, 2009, n°352 et s., p. 374 et s.

[912] Y. LAN et H.-G. HERRMANN, « Un nouveau concept de propriété en République populaire de Chine ? », *RIDC*, Vol. 49 n°3, Juillet-septembre 1997, n°1, p. 593.

[913] *Ibid.*

par la suppression du principe du domaine divisé[914]. Cette conception française s'est traduite dès le 26 août 1789 dans la Déclaration des droits de l'homme et du citoyen notamment en ses articles 2[915] et 17[916]. Cette abolition par la révolution chinoise du concept de la propriété privée des moyens de production a duré une trentaine d'années. Durant cette période, « *Par conséquent, la propriété perdit sa place dans le système juridique et économique chinois. Dans les litiges entre unités de production ou entre particuliers, le droit des biens ne pouvait être évoqué de manière pertinente dès lors que des moyens de production étaient en cause. Dans un certain nombre de directives administratives, le droit de propriété et la détention furent utilisés de manière interchangeable pour décrire le titre des entreprises sur leurs actifs ou des paysans sur leur lopin privé* »[917].

A la différence aussi des Etats africains francophones comme le Burkina Faso à leur indépendance, on constate qu'à la proclamation de la République populaire de Chine le 1er octobre 1949, ce pays a très vite totalement marqué une rupture en abolissant le concept de propriété résultant de la phase d'expansion coloniale des pays occidentaux et du régime impérial chinois en redéfinissant progressivement un concept de propriété conforme à ses options sociales et économiques. Ainsi, « *La Chine s'est dotée, à partir de 1979, sous la direction de Deng Xiaoping, d'un droit économique moderne. Afin d'élaborer sa législation, elle a souvent soigneusement examiné et pris modèle sur les droits étrangers, qu'ils soient de tradition de droit civil ou de common law, d'origine occidentale ou asiatique, d'inspiration marxiste ou capitaliste. Ceux-ci sont ensuite dépouillés de leurs fondements originels et adaptés à la réalité et au contexte chinois* »[918].

292. Dans cet ordre d'idées, après avoir été aboli dans les années 1950, le concept de propriété est réapparu dans les années

---

914 Cf. *Supra* n°175 et s.

915 « *le but de toute association politique est la conservation des droits naturels et imprescriptibles de l'homme. Ces droits sont la liberté, la propriété, la sûreté et la résistance à l'oppression* ».

916 « *la propriété étant un droit inviolable et sacré, nul ne peut en être privé, si ce n'est lorsque la nécessité publique, légalement constatée, l'exige évidemment, et sous la condition d'une juste et préalable indemnité* ».

917 Y. LAN et H.-G. HERRMANN, *op. cit.*, n°1, p. 593-594.

918 J.-F. ADELLE, E. MERIL, « L'évolution récente du droit chinois : ouverture ou protectionnisme ? », *RIS*, 2011, Vol. 1 n°81, p. 140.

1980 dans le cadre de la réforme du système économique entreprise depuis les années 1970 pour une économie socialiste de marché. En ce sens, la Constitution fut adoptée en 1982, puis plus spécifiquement en matière de propriété les *Principes généraux du droit civil.* Cette constitution ne reconnait pas en principe la propriété privée individuelle des moyens de production. En effet, elle proclame en son article 6, alinéa 1er que : « *[L]e régime économique socialiste de la République populaire de Chine a pour base la propriété socialiste publique des moyens de production, c'est-à-dire la propriété du peuple tout entier et la propriété collective des masses laborieuses* »[919]. Néanmoins, dans le cadre de la réforme économique entreprise, les *Principes généraux du droit civil* de 1986 reconnaissent une place, quoique négligeable, à la propriété privée puisqu'ils font la distinction entre la propriété d'Etat, la propriété collective et la propriété privée. Dans un contexte où le droit de propriété a été aboli, cette évolution peut être perçue comme une étape importe relative à la réapparition du concept de propriété privée individuelle étant donné qu'« *il fallait non seulement reconstruire le droit des biens mais réinventer la notion de propriété même. Un pas important fut accompli par l'adoption, en 1986, des « Principes généraux du droit civil », dont un sous-titre est consacré au droit de propriété. [...] Ce texte définit le droit de propriété dans ses composantes classiques de l'usus, fructus et abusus. Il énonce trois catégories de titulaires de ce droit : l'Etat, les organisations collectives, les personnes physiques* »[920]. Ce texte distingue ainsi la propriété d'Etat, la propriété collective et la propriété privée.

293. Depuis cette reconnaissance de la propriété privée, la part importante accordée par le droit chinois de la propriété aux intérêts collectifs plutôt qu'au subjectivisme s'aperçoit d'une part dans le fait que la Constitution de 1982 ne garantit pas l'inviolabilité des biens privés puisqu'il a fallu attendre la révision constitutionnelle de 1999 pour que cette inviolabilité soit reconnue[921], d'autre part dans la désignation des biens relevant de chacune de ces propriétés.

D'abord, en vertu de la Constitution de 1982 et des *Principes généraux de droit civil* de 1986, concernant la propriété d'Etat, son

---

[919] B. LI, « La propriété en Chine : évolution et adaptation », *Petites affiches*, 04 janvier 2012 n° 3, p. 5.

[920] Y. LAN et H.-G. HERRMANN, *op. cit.*, n°2, p. 594.

[921] B. LI, « La propriété en Chine : évolution et adaptation », *op. cit.*, n° 3, p. 5.

domaine est assez vaste[922]. De même, en raison de la place réduite accordée à la propriété privée, les droits d'usage sont en lieu et place reconnus et encadrés. « *Deux lois, adoptées la même année que les Principes généraux du droit civil, instaurent le principe de la séparation d'un droit de propriété et d'un droit d'usage sur les terrains et les ressources minières* »[923]. S'agissant de la propriété collective, « *Il faut d'abord souligner que la propriété collective en Chine se différencie de la notion qui est la sienne en droit français. [...] La propriété collective en droit chinois est l'expression juridique du régime économique basé sur l'appropriation publique des moyens de production. Alors qu'en droit français l'individu est le propriétaire de sa part privative dans le cadre d'une propriété collective, les dispositions législatives en droit chinois sont plus ambiguës.* »[924]. La différence notable avec la copropriété du droit français réside donc notamment dans ce que les membres n'ont pas de part privative dont ils peuvent disposer. Ils « *ne sont pas propriétaires indivis, pas plus pour les entités économiques collectives ou les comités de villageois [...,] n'ont que la qualité de représentants dans l'exercice du droit de propriété collective* »[925]. Cette propriété collective comprenait selon la Constitution de 1982 diverses choses[926]. Quant à la propriété privée, son domaine était réduit[927].

Ensuite, dans le cadre de l'ouverture progressive de son économie, une révision constitutionnelle est intervenue en 1999, puis en 2004. Dans la même lancée et « *avide de reconnaissance*

[922] Cette propriété comprenait essentiellement « *les terrains urbains, les ressources minières, les eaux et forêts, les bancs de sable et de vase, ainsi que les autres ressources naturelles définies comme telles par la loi* » : Y. LAN et H.-G. HERRMANN, *op. cit.*, n°2, p. 594.

[923] *Ibid.*

[924] B. LI, « La propriété en Chine : évolution et adaptation », *op. cit.*, n° 3, p. 5.

[925] *Ibid.*

[926] Ce sont « *les terrains à la campagne et dans les banlieues des villes sauf ceux qui, selon la loi, sont propriété d'État. Par ailleurs, les forêts, les terres montagneuses, les prairies, les terres non cultivées et les bancs de sable et de vase peuvent relever de la propriété collective en vertu de la loi. Les biens des organisations économiques collectives, tels que les bâtiments, les réservoirs et les installations diverses appartenant à une structure collective sont en propriété collective* » : Y. LAN et H.-G. HERRMANN, *op. cit.*, n°2, p. 594.

[927] Elle comprenait « *les revenus individuels, les logements, l'épargne, les articles d'usage courant, les objets d'art, les moyens de production dont les personnes physiques peuvent être légalement propriétaires ainsi que d'autres biens légalement acquis* » : Y. LAN et H.-G. HERRMANN, *op. cit.*, n°2, p. 594.

internationale, la Chine a ratifié de nombreux traités et conventions internationaux. Son adhésion en 2001 à l'Organisation mondiale du commerce a amplifié ce mouvement »[928]. Au cours des années 2000, la propriété a connu une évolution en Chine suite à cette adhésion. En effet, elle s'est traduite par un effort d'intégration de certaines dispositions plus protectrices du droit de propriété privée. Ainsi, une loi sur les droits réels est entrée en vigueur le 1er octobre 2007. Cette loi apporte des modifications dans le sens d'une meilleure protection du droit de propriété sur une chose défini à l'article 71 « *comme étant le droit de la posséder, de l'utiliser, d'en disposer et d'en percevoir les fruits* »[929]. Cette évolution s'étend aussi au domaine du droit d'auteur[930] et plus généralement de la propriété intellectuelle[931]. Toutes ces évolutions traduisent un souci de renforcer la protection du droit de propriété privée.

Cependant, elles connaissent des limites liées aux options économiques et sociales chinoises qui reposent essentiellement sur une grande préférence pour la préservation des biens publics et des intérêts collectifs, lesquels semblent puissamment ancrés dans la culture chinoise. En effet, « *La révision constitutionnelle proclamant l'inviolabilité des biens privés et la promulgation de la loi sur les droits réels marquent le progrès du droit chinois dans la protection de la propriété privée. Cependant, un examen sur le concept de propriété révèle comment ce dernier s'adapte à la politique, et par conséquent, invite à nuancer les avancées législatives de la Chine en quête de la légalité au regard notamment de la limite de l'instrumentalisation du droit. [...] Pour des raisons politiques, économiques et idéologiques, le législateur chinois a toujours le souci de sauvegarder les biens publics, en les considérant comme des garants de la légitimité du régime politique. Ce lien consubstantiel entre la propriété publique et la légitimité politique se traduit juridiquement par la coexistence de trois catégories bien distinctes de propriétés où désormais la propriété privée des individus a sa place aux côtés de la propriété d'État et de la propriété collective [...]. Par ailleurs, les droits d'usage*

---

928 J.-F. ADELLE, E. MERIL, *op. cit.*, p. 141.

929 B. LI, *La protection de la propriété en chine : transformation du droit interne et influence du droit international*, *op. cit.*, n°140, p. 159.

930 W. ZOU et L. LU, « La protection du droit d'auteur en Chine », *Les cahiers de la propriété intellectuelle*, Vol. 25, n°2, 2013, p. 793-801.

931 Z. BINGZHI et Z. YUANHUANG, « La contrefaçon en droit chinois de la propriété intellectuelle », *RIDC*, Vol. 59 n°2, 2007, p. 361-382, Trad. R. JUNMIN.

sont façonnés et réglementés afin que l'affectation à l'intérêt général soit prédominante tout en rendant l'exercice de ces droits de mieux en mieux adaptés aux nouvelles politiques économiques du Gouvernement »[932]. C'est ainsi que les biens objets de la propriété d'Etat sont encore largement définis[933]. Les prérogatives des membres de la propriété collective ont également fait l'objet de davantage de précision par la loi sur les droits réels. Toutefois, on note qu'« *elle n'a pas pour autant abouti à reconnaître le statut de propriétaire aux membres de la collectivité. De la même manière, pour les biens de propriété collective dans les agglomérations urbaines, la loi prévoit dans son article 61 que la collectivité exerce les droits de posséder, d'utiliser ces biens, d'en tirer le profit et d'en disposer. La loi sur les droits réels ne prévoit aucun droit dont peuvent disposer les membres des entités collectives.[...] Il s'agit donc d'une « ambiguïté institutionnelle voulue » par l'autorité chinoise qui tente de maintenir l'équilibre entre l'arrière-plan historique et le besoin contemporain de croissance économique et de stabilité sociale dans la distribution de la propriété conçue non pas comme un droit absolu et exclusif, mais comme « un faisceau de droits »*»[934]. Il n'existe donc aucun droit individuel de disposition des membres de la propriété collective à telle enseigne que cette notion est assez originale en droit chinois et se rapproche du concept coutumier de propriété africain notamment en ce qui concerne l'inexistence de la propriété privée individuelle immobilière[935]. Par ailleurs, c'est surtout la propriété privée individuelle qui connait des avancées notables dans la législation chinoise. En effet, « *La loi sur les droits réels cherche à moderniser la propriété privée dans sa définition, mais aussi dans sa forme. Elle reprend les dispositions des Principes généraux du droit civil en y ajoutant les moyens de production, les investissements et leur rapport. Reconnaître comme objet d'une propriété privée les moyens de production est une avancée remarquable, dans la mesure où le droit*

[932] B. LI, « La propriété en Chine : évolution et adaptation », *op. cit.*, n° 3, p. 5.

[933] Ils concernent notamment « *les mines, les eaux courantes, les zones maritimes, les animaux sauvages et les espèces végétales en tant que composantes des ressources biologiques, l'espace hertzien, les patrimoines culturels, les biens à usage de défense nationale, les infrastructures telles que les chemins de fer, les routes et les installations de télécommunication et celles d'approvisionnement d'électricité et de gaz* » : B. LI, « La propriété en Chine : évolution et adaptation », *op. cit.*, n° 3, p. 5.

[934] *Ibid.*

[935] Cf. *Supra.* n°278 et s.

chinois artificiellement distinguait les moyens de production des matériels de consommation et corrélativement, insistait fermement sur le principe selon lequel tous les moyens de production sont de propriété publique »[936].

De même, les biens objets de la propriété ont aussi été étendus par la reconnaissance de la copropriété des immeubles bâtis et de la propriété privée des parties privatives. En effet, « *La loi sur les droits réels établit pour la première fois en droit chinois le régime de copropriété sur les immeubles bâtis qui correspond dans une large mesure à la copropriété en droit français. Elle précise que les propriétaires d'un immeuble ont le droit de propriété sur les parties privatives, jouissent des prérogatives de la collectivité des copropriétaires sur les parties communes et assument les charges correspondantes* »[937].

294. En définitive, il existe certes une tendance remarquable de reconnaissance et de protection du droit de propriété privée en Chine à l'instar de la propriété publique. Toutefois, cette tendance semble beaucoup freinée par le fait que l'orientation sociale du droit de propriété est manifeste et toujours caractérisée par une primauté très prononcée des intérêts collectifs exprimés par les politiques gouvernementales notamment en matière immobilière, à telle enseigne que cette tendance « *n'a qu'une valeur symbolique du fait notamment que la propriété publique du sol demeure le principe fondamental en droit chinois. Par conséquent, les droits d'usage ne bénéficient pas de traitement égal à la propriété publique du sol, d'autant plus qu'ils sont subordonnés aux diverses réglementations concrétisant les politiques gouvernementales* »[938]. Cette primauté très prononcée des intérêts collectifs, au détriment bien sûr du subjectivisme, reste sans conteste la trame de fond du droit chinois des biens en général et de la propriété en particulier, nonobstant de nombreuses dispositions formelles dans le sens d'une amélioration et d'une protection de la propriété privé, en comparaison du concept d'inspiration française. C'est cette primauté qui permet également de constater que « *Tandis que l'inviolabilité des biens privés est constitutionnellement proclamée, la protection des biens publics demeure une priorité*

[936] B. LI, « La propriété en Chine : évolution et adaptation », *op. cit.*, n° 3, p. 5.
[937] *Ibid.*
[938] *Ibid.*

fondamentale du droit chinois. La coexistence de la propriété privée avec la propriété d'État et la propriété collective ainsi que la création des droits d'usage, démontrent la volonté d'adapter le régime juridique des droits réels à la situation particulière de la Chine »[939]. Cet esprit du droit chinois apparait aussi dans le droit japonais mais sous une autre forme.

B- L'importance de la citoyenneté dans le concept japonais de propriété

295. Le droit de propriété est un droit fondamental pour l'homme. En réalité, l'aspiration à la propriété est un objectif réel pour le genre humain au regard essentiellement de l'étendue des prérogatives qu'elle confère. Au japon, le droit de propriété jouit d'une protection constitutionnelle et parait de ce fait avoir un caractère fondamental. « *Le droit de propriété brille au firmament juridique, et constitue un des piliers de la société japonaise. [...] Cependant, cela ne signifie pas que la propriété ne puisse pas être l'objet de restrictions au nom de l'intérêt public* »[940]. Il est frappant pourtant de constater, nonobstant cette consécration constitutionnelle, « *la faiblesse de la notion de propriété individuelle au Japon* »[941]. Cette situation semble s'expliquer à la fois par l'histoire de ce pays mais aussi plus ou moins par « *l'épanouissement très précoce de diverses formes de personne morale*»[942]. En outre, en matière foncière cette situation s'explique davantage par le fait que « *Surtout à partir du milieu des années 80, il y a une tendance très nette à la déréglementation* »[943] ce qui a occasionné une organisation de la propriété foncière notamment dans le domaine de l'urbanisme et de la protection environnementale par les propriétaires fonciers eux-mêmes. Cette particularité en droit japonais des biens illustre bien la possibilité des propriétaires d'instrumentaliser le subjectivisme de leur droit en vue de la satisfaction d'intérêts collectifs.

---

939 *Ibid.*

940 Y. KATZUMI, « Une notion à la japonaise de la propriété foncière », *RIDC*, Vol. 51 n°3, Juillet-septembre 1999. p. 435.

941 H. SUMITAKA, « Notion de propriété traits caractéristiques en droit japonais », *RIDC*, Vol. 51 n°3, Juillet-septembre 1999, p. 450.

942 H. SUMITAKA, *op. cit.*, p. 450 et s.

943 KATZUMI, *op. cit.*, p. 437.

296. En effet, pour l'épanouissement réciproque entre propriétaires et pour l'harmonisation de leurs prérogatives avec la vie en communauté, les propriétaires peuvent conclure des conventions en ce sens. En d'autres termes, la prise en compte des intérêts collectifs dans l'usage du droit de propriété peut aussi être l'affaire des propriétaires eux-mêmes. En effet, le combat pour les droits fondamentaux va de pair avec l'éthique et la collaboration individuelle. Ce combat ne peut aboutir à l'exercice harmonieux des droits réciproques que si individuellement les titulaires des droits allient l'exercice de leurs droits à leur citoyenneté. En conséquence, la protection des intérêts collectifs et droits fondamentaux n'incombe pas aux seuls pouvoirs publics. Bien au contraire, elle peut être mise en œuvre par les titulaires de droits mêmes fondamentaux eux-mêmes. En réalité, « *cette lutte [pour les droits de l'homme ou les droits fondamentaux], si on la fait dépendre de la volonté d'on ne sait quel Etat-providence, d'un Conseil de sécurité intergouvernemental ou d'un pouvoir économique ou religieux quelconque, a uniquement une valeur incantatoire. Le combat pour les droits de l'homme relève de quelque chose de plus profond. C'est avant tout un défi éthique fondamental. Il touche dans ce qui est le plus précieux dans l'être humain : sa dignité individuelle et collective* »[944]. Ainsi, en vertu de la liberté contractuelle, les propriétaires peuvent harmoniser l'exercice de leurs droits dans le respect de certaines valeurs collectives.

297. A cet effet, la liberté contractuelle[945] offre la possibilité aux propriétaires de conclure des contrats pour s'autolimiter dans l'exercice de leur droit. La protection des intérêts collectifs est ici l'affaire des propriétaires eux-mêmes. Elle est alors une manifestation du subjectivisme de leur droit en vue de s'autolimiter.

Au japon, ce type de convention intervient surtout dans le domaine de l'environnement. Il contient généralement des clauses favorables à une utilisation de la propriété respectueuse de l'environnement et des tiers. Connus sous le vocable générique de « *contrats environnementaux* », ces contrats sont organisés dans certains pays par le législateur « *pour réduire la pollution ou veiller à*

---

[944] S. REVET, B. MARTIN et B. VERFAILLIE, *op. cit.*, p. 12.

[945] M.-L. MATHIEU, « La liberté contractuelle », R. CABRILLAC, (dir.) *Libertés et droits fondamentaux*, 21e éd., *op.cit.*, n°1051 et s., p. 837 et s.

la qualité de vie des personnes »[946]. Ces contrats peuvent inspirer les pays de tradition juridique française.

298. De manière générale, il convient de souligner de prime abord que « *Au Japon, il n'existe pas véritablement de droit de l'urbanisme déterminant les utilisations des sols. Règne ici un grand libéralisme qui face au recul de l'Etat, a incité le législateur à offrir des droits aux propriétaires. Le phénomène urbain de densification au Japon s'est alors accompagné d'une instrumentalisation du droit de propriété en faveur de la protection de l'environnement. Le rôle du propriétaire l'a emporté sur celui de l'Etat* »[947]. De même, il n'existe pas non plus de règlementation environnementale[948]. Pour pallier ces insuffisances, les propriétaires peuvent conclure plusieurs types de conventions pour exercer de manière responsable leur droit.

Premièrement, ils peuvent conclure des « *conventions de lutte contre la pollution* ». Ce sont des conventions qui ont pour objet de mettre à la charge des propriétaires pollueurs des obligations environnementales pour prévenir la pollution[949]. Elles sont conclues entre les entreprises qui s'installent dans une localité et les habitants ou associations d'habitants. Deuxièmement, les propriétaires peuvent aussi conclure des « *conventions de voisinage* ». Il s'agit pour eux de s'entendre « *mutuellement, par contrat, pour restreindre l'exercice de leur droit de propriété et user de leur bien approprié dans une finalité environnementale* »[950]. Troisièmement, ils peuvent encore conclure une « *convention de construction* ». Elle « *est conclue entre propriétaires d'une zone concernée en vue de maintenir et de favoriser l'environnement résidentiel [...] et à exercer leur droit de propriété en tenant compte de l'emplacement, la structure, la destination, la forme ou le dessin de la construction située dans la zone* »[951]. Quatrièmement, on peut également citer la « *convention d'espace vert* » qui a pour objet de « *préserver la nature dans des zones urbanisées. Dans ce type de convention, les propriétaires s'entendent surtout sur les espèces d'arbres à conserver ou à*

---

[946] M. HAUTEREAU-BOUTONNET, « Le modèle du « commun » pour l'environnement : regard vers les droits étrangers », *op. cit.*, p. 110.
[947] M. HAUTEREAU-BOUTONNET, *op. cit.*, p. 111.
[948] M. HAUTEREAU-BOUTONNET, *op. cit.*, p. 110.
[949] *Ibid.*
[950] M. HAUTEREAU-BOUTONNET, *op. cit.*, p. 111.
[951] *Ibid.*

planter »[952]. Cinquièmement, les propriétaires peuvent enfin conclure une « *convention de paysage urbain* » qui « *permet d'ajouter dans les conventions des obligations plus spécifiques relatives à la qualité du voisinage, du point de vue de l'esthétique, telle l'interdiction de panneaux publicitaires* »[953].

En rappel, ces conventions sont courantes au Japon en raison de l'absence d'une véritable réglementation dans le domaine de l'environnement et de l'urbanisme. Elles permettent aux propriétaires de conjuguer leur droit avec une citoyenneté responsable. Elles constituent un bel exemple d'auto-limitation des propriétaires eux-mêmes en vue d'atteindre un bien-être collectif. Il s'agit en effet, « *comme le reconnait le juge japonais en droit de la responsabilité, de mettre en application le droit à une certaine qualité de vie* »[954].

Il existe aussi au Canada des conventions similaires appelées « *ententes sur les répercussions et les avantages [...] conclues entre les entreprises exploitantes et les communautés locales, elles ont pour but de protéger les intérêts de ces dernières tout en leur permettant de retirer profit de l'exploitation [. Elles prévoient] des obligations économiques, sociales mais aussi environnementales respectueuses de la qualité et du mode de vie des habitants* »[955].

299. Ces conventions ont certes le mérite d'assurer un exercice raisonable du droit de propriété. Cependant, elles créent des obligations personnelles[956] et exigent l'unanimité des propriétaires de la zone concernée si bien que leur formation et leur mise en œuvre ne sont pas aisées surtout lorsqu'on les analyse par rapport au contexte qui est le nôtre. En effet, elles exigent un sens élevé de responsabilité citoyenne. Etant donné que ces conventions exigent l'unanimité[957], elles sont plus faciles à mettre en œuvre dans des localités de peu de propriétaires. Par contre, elles seront plus difficiles à expérimenter dans des zones qui ont déjà un fort taux d'urbanisation. En outre, au regard de la nature personnelle des obligations que ces conventions créent, on en déduit qu'en cas de cession de propriété, le nouvel acquéreur n'est pas lié par ces conventions si elles ont été conclues par

[952] *Ibid.*
[953] M. HAUTEREAU-BOUTONNET, *op. cit.*, p. 111-112
[954] M. HAUTEREAU-BOUTONNET, *op. cit.*, p. 112.
[955] M. HAUTEREAU-BOUTONNET, *op. cit.*, p. 113.
[956] *Ibid.*
[957] *Ibid.*

le vendeur en vertu du principe de la relativité des conventions. Mais cette difficulté est surmontable puisque les vendeurs successifs de l'immeuble peuvent conditionner la vente aux acquéreurs successifs à l'acceptation du respect des obligations déjà contractées. Par ailleurs, l'opération est plus aisée lorsqu'il s'agit d'un promoteur immobilier. En fait, ce dernier peut prévoir une convention type pour chaque acquéreur des lots qu'il met en vente.

300. Ces types de conventions sont également envisageables dans les systèmes juridiques qui partagent le concept de propriété d'inspiration française comme le Burkina Faso. Ces conventions peuvent opportunément combler les faiblesses de la législation dans l'utilisation du droit de propriété surtout dans les localités où les habitants sont peu nombreux. Mais, elles paraitraient inopportunes dans le concept coutumier africain de propriété qui est consubstantiellement empreint de solidarité et qui accorde déjà un grand intérêt pour la préservation des intérêts collectifs. Il parait toutefois judicieux de lier les caractéristiques de ce concept coutumier de propriété au contexte dans lequel il existait. Ce contexte était marqué par la constitution de la société en clans ou en tribus composés de personnes peu nombreuses. À telle enseigne qu'il va de soi que le problème de la rareté des terres ne se posait pas avec acuité.

301. A côté de ces conventions qui créent des obligations personnelles, il est aussi intéressant de souligner que le propriétaire demeure libre de créer des servitudes ou obligations réelles sur son bien immobilier[958]. Il s'agit des servitudes établies par le fait de l'homme. En effet, aux termes de l'article 686 alinéa 1 du Code civil « *Il est permis aux propriétaires d'établir sur leurs propriétés, ou en faveur de leurs propriétés, telles servitudes que bon leur semble, pourvu néanmoins que les services établis ne soient imposés ni à la personne, ni en faveur de la personne, mais seulement à un fonds et pour un fonds, et pourvu que ces services n'aient d'ailleurs rien de contraire à l'ordre public* ». Les servitudes établies par le fait de l'homme offrent au propriétaire d'ouvrir l'accès de son bien immobilier à d'autres biens immeubles. Toutefois, la servitude crée seulement des obligations de ne pas faire. Elle n'engendre pas des

[958] Cf. *Supra* n°228 et s.

obligations positives. Cela a pour conséquence qu'elle ne permet pas une gestion dynamique des biens[959].

En plus des expériences chinoise et japonaise, l'analyse du droit de propriété dans la *common law* et en droit européen permet de se convaince du caractère quasi-universel de son orientation sociale.

§ 2- L'orientation sociale du concept de propriété dans la *common law* et en droit européen

302. Dans la *common law*, le droit de propriété se caractérise par sa relativité. En effet, ce système de droit a une approche très différente de la propriété, laquelle admet une pluralité d'intérêts particuliers sur un même bien. Le droit de propriété parait divisible, alors que dans la conception du droit civil ou plus précisément d'inspiration française la propriété a été voulue en principe indivisible depuis la fin du système féodal des tenures. Cette relativité fait que dans la *common law*, la conception de l'absoluité de la propriété est fondamentalement différente (A). Certaines caractéristiques de la *common law* semblent inspirer le droit européen. De même, la fonction sociale du droit de propriété est très nettement affirmée précisément par la Cour de justice de l'Union européenne (B).

A- La consécration d'intérêts multiples sur une même chose dans la *common law*

303. Le terme *common law* d'origine anglaise est susceptible de plusieurs acceptions. Il désigne aussi bien le droit issu de la pratique des juridictions en comparaison de la législation, la jurisprudence, que le droit applicable. En effet, « *A l'origine, ce mot signifie le droit tel qu'il est administré par les cours royales siégeant à Westminster et plus particulièrement en français jusqu'en 1650. Cette commune ley se nomme ainsi pour différencier ce droit des différents systèmes juridiques existant dans le royaume, surtout au nord où les barons ont toujours droit de haute et basse justice et appliquent un droit directement issu des coutumes féodales et du droit anglo-saxon. Ce droit issu de la common law des cours royales sera le seul droit commun à tout le royaume d'Angleterre du Moyen Age à la Renaissance, époque où il s'imposera définitivement. […]En anglais*

---

[959] M. HAUTEREAU-BOUTONNET, *op. cit.*, p. 116.

juridique moderne, l'expression common law signifie une partie du droit par rapport à l'equity (jurisprudence du chancelier) et à la législation. Cette branche du droit (common law) est directement issue des cours historiques de common law. Mais le terme signifie aussi jurisprudence ; par exemple, on dira qu'une infraction est de common law pour dire qu'elle n'a pas été prévue par un texte de loi mais qualifiée ainsi au cours des siècles par les différents arrêts. Cette désignation signifie enfin le droit positif, le droit applicable »[960]. Ainsi, la *common law* est essentiellement issu de la pratique des tribunaux alors que le droit civil est beaucoup écrit et codifié[961]. Ce système de droit entretient des liens privilégiés avec la langue anglaise. Il est issu de l'Angleterre. Au moment de l'appartenance du Royaume uni à l'Union européenne dans un passé récent, il va sans dire que le droit communautaire du fait de sa primauté était de nature à faire fléchir la *common law* dans ce pays ; en tout cas pour tout ce que ce système a de contraire. Tout comme aussi, en un sens complémentaire, on peut dire la *common law* a aussi eu l'occasion d'influer sur le droit communautaire, ce droit devant être le fruit d'un compromis entre les différents Etats parties à l'Union européenne. Toutefois, la volonté affichée du Royaume uni de quitter l'Union européenne ouvre des perspectives d'un nouvel épanouissement de la *common law* dans ce pays. En tout état de cause, la *common law* est aussi appliqué dans de nombreux pays comme les Etats unis, le Canada, la Nouvelle-Zélande, l'Australie et l'Afrique du Sud[962]. Il constitue l'un des grands systèmes de droit existant dans le monde.

304. En droit des biens (*law of property*), la *common law* fait la distinction entre la matière mobilière (*personal property*) et la matière immobilière (*real property*). Il faut préciser de prime abord qu' « *En common law, la classification fondamentale de « biens réels » et « biens personnels » ne tient [...] pas de la nature du bien, mais provient des règles de procédure qui s'étaient multipliées et qui avaient beaucoup d'importance en Angleterre, au Moyen âge* »[963]. En

---

960 J. A. BULLIER, *La common law*, coll. « Connaissance du droit », 3e éd., Paris, Dalloz, 2012, p. 1-2.

961 J. BLONDEEL, « La Common Law et le droit civil », *RIDC*, Vol. 3 n°4, Octobre-décembre 1951, p. 585-598.

962 J. A. BULLIER, *op. cit.*, p. 11 et s.

963 A. BOUDREAU-OUELLET, « Aspects conceptuels et juridiques du « droit de propriété» », *RGD*, Vol. 21, n°1, mars 1990, p. 173.

effet, « *Si la qualification que l'on fait des biens ne dépend pas de la nature propre des biens, elle dépend étroitement de l'histoire du droit anglais. Le bien qui donnait le droit d'intenter une action réelle, et d'obtenir un recours réel, c'est-à-dire le retour du bien, a fini par être qualifié de « bien réel »* »[964]. Dans l'histoire, c'était essentiellement le cas des immeubles[965].

Surtout pour le juriste habitué au langage et aux concepts du droit civil, le système de la *common law* se singularise par sa complexité, notamment en matière immobilière. Tout comme dans la plupart des systèmes de droit, la situation est un peu différente en matière mobilière puisque « *l'on constate sans problème une propriété absolue et exclusive dans les biens personnels, les biens réels restent sujets à la doctrine de tenure, d'origine féodale*»[966]. En réalité, en matière immobilière, cette complexité s'explique par le fait que la *common law* « *cherche à atteindre des buts complexes* »[967]. Ces buts poursuivis révèlent une manière assez originale de construire et d'organiser des liens interpersonnels ou plus précisément des droits assez riches sur les biens. D'abord, cette complexité se fonde sur le fait que le premier but recherché « *est de pourvoir à ce que plusieurs personnes puissent jouir successivement de l'immeuble* »[968]. À titre illustratif, empruntons l'exemple qui suit : « *Supposez [...] que je sois le propriétaire (pour utiliser pour le moment un terme qui n'est pas celui du droit anglais) du domaine Cornélien, que je donne à bail à Jean pour dix ans ; peu après, je meurs, et par mon testament je donne ce domaine Cornélien (dont Jean continuera de jouir pendant le reste de ses dix ans) à ma femme pour sa vie, et après sa mort à mon fils pour sa vie, et finalement peut-être à mon College à Oxford. Il y a alors Jean, ma femme, mon fils, et mon College, qui ont des droits successifs* »[969]. Le deuxième objectif recherché est que « *ces plusieurs personnes puissent simultanément et immédiatement aliéner*

---

964 A. BOUDREAU-OUELLET, *op. cit.*, p. 174.
965 *Ibid.*
966 A. BOUDREAU-OUELLET, *op. cit.*, p. 175 ; v. ég. O. OESTERLE, *Comparaison de la notion et de la protection de la propriété des biens meubles en France et en Angleterre,* Master de droit européen comparé, Paris Panthéon-Assas, 2014, 121 p.
967 B. NICHOLAS, « Le langage des biens dans la Common law », *APD*, t. 24, *Les biens et les choses*, Sirey 1979, p. 58.
968 B. NICHOLAS, *op. cit.*, p. 58.
969 *Ibid.*

leurs droits »[970] puisque « *On reconnaît depuis longtemps que celui qui détient en tenure franche bénéficie du pouvoir inhérent d'aliéner librement son intérêt dans le bien* »[971]. Le troisième but que la *common law* cherche à atteindre est « *qu'il y ait toujours et à chaque moment quelqu'un qui puisse aliéner le domaine Cornélien lui-même sans affecter les droits également aliénables de Jean, ma femme, mon fils et mon College* »[972]. Du fait de cette complexité, la propriété dans la *common law* contraste quelque peu avec le droit civil.

305. En vérité, l'analyse du concept de propriété en *common law* permet de constater qu'il a conservé la structure conceptuelle de la propriété du système féodal, à la différence de la propriété du droit civil. En effet, il convient de rappeler que dans ce système, qui était similaire à celui qui existait en France, la propriété était divisée : il existait un domaine utile qui appartenait au vassal et un domaine éminent qui appartenait au seigneur. Les droits du vassal sur la terre prenaient la forme de tenures[973]. Il y avait donc un domaine utile ou propriété utile et un domaine éminent ou propriété éminente. La révolution française a consacré l'unification du concept de propriété par la suppression du domaine éminent. En Angleterre, par contre, cette unification ne s'est pas produite si bien que la fragmentation des droits de propriété a persisté. Il en résulte qu' « *En théorie, le seul propriétaire des terres est la couronne. L'individu ne peut jouir que d'une tenure, et l'étendue de cette tenure se définit en estates* »[974]. Toutefois, « *le droit de la couronne n'a de conséquences pratiques que dans le cas très rare où le tenant in fee simple meurt sans héritiers* »[975]. On distingue donc plusieurs types de tenures ou « propriétés utiles » ou encore *estates* qui indiquent une division de la propriété dans le temps ou dans le contenu.

Dans le temps, « *Mis à part la couronne, le propriétaire dans le sens romaniste, c'est-à-dire celui dont les droits survivront à tous les autres droits, est celui qui a un estate in fee simple absolute, ou*

---

970 *Ibid.*
971 A. BOUDREAU-OUELLET, *op. cit.*, p. 175.
972 B. NICHOLAS, *op. cit.*, p. 58.
973 Cf. *Supra*. n°183 et s.
974 B. NICHOLAS, *op. cit.*, p. 60 ; A. BOUDREAU-OUELLET, *op. cit.*, p. 175 : « en *common law, le seul vrai propriétaire du sol est la Couronne. L'individu tient ses droits de la Couronne à titre de tenant* ».
975 B. NICHOLAS, *op. cit.*, p. 61.

plus exactement, qui tient les terres for an estate in fee simple. Le mot fee signifie que l'estate est transmissible aux héritiers et le simple indique qu'il est transmissible sans limite. Et finalement le fee simple est absolute parce qu'il n'est sujet à aucune condition, suspensive ou résolutoire. Le fee simple se distingue du fee tail (c'est-à-dire « taillé ») qui ne peut descendre qu'aux héritiers en ligne directe. À défaut d'un tel héritier, les terres reviendront à celui qui a l'estate in fee simple, c'est-à-dire à celui qui a d'abord crée l'estate in fee tail, ou plus probablement à ses héritiers, qui jouissent entre temps d'une reversion, ou plus exactement d'un estate in fee simple in reversion, par contraste avec un estate in fee simple in possession. […] Mais il peut y avoir deux autres estates, d'abord l'estate for life ou life estate, qui est ni comme le fee simple, en principe perpétuel, ni comme l'estate tail, capable de perpétuité. Le life estate ne dure que pour la vie du titulaire. Et finalement il y a le leasehold estate, dont jouit le tenant à bail »[976].

De plus, la *common law*, et c'est la troisième raison de sa complexité, admet « *qu'il y ait toujours et à chaque instant quelqu'un qui puisse aliéner le domaine dans lequel tous les estates existent, c'est-à-dire qui puisse aliéner le fee simple absolute in possession. Car il va de soi que tant l'intérêt privé que l'intérêt public requiert qu'il soit possible de pourvoir à ce que les biens ne soient pas gelés. Le droit assure ce résultat en utilisant un autre aspect de la divisibilité de la propriété, la division entre les droits qui existent in law et ceux qui existent in equity* »[977]. Par conséquent, « *La doctrine des domaines permet, en common law, la fragmentation successive dans le temps des droits de tenure par rapport aux biens-fonds. Ce concept permet la division des droits de tenure en intérêts présents et en intérêts futurs* »[978].

Par ailleurs, en plus de la division temporelle de la propriété, la *common law* permet une division du contenu des *estates*. En effet, elle organise une division entre la gestion et la jouissance des biens[979]. Cette division « *se fait à travers l'institution du trust qui permet que le pouvoir de gestion soit séparé du droit de jouissance des revenus* »[980].

---

[976] B. NICHOLAS, *op. cit.*, p. 60-61.
[977] B. NICHOLAS, *op. cit.*, p. 62.
[978] A. BOUDREAU-OUELLET, *op. cit.*, p. 175.
[979] A. BOUDREAU-OUELLET, *op. cit.*, p. 179 et s.
[980] B. NICHOLAS, *op. cit.*, p. 63.

Enfin, « *Cette division de contenu à travers le trust se combine avec la division temporelle à travers la doctrine des estates de la manière suivante. Si je veux, comme auparavant, donner le domaine Cornélien d'abord à ma femme pour sa vie et puis à mon fils pour sa vie et puis à mon College, je constituerai ma femme le trustee du fee simple. Elle a alors the legal estate, mais on trust pour lui-même [Sic] pour sa vie et ensuite pour mon fils, etc. Elle est titulaire non seulement du legal estate, c'est à dire du pouvoir de gestion, mais aussi d'un intérêt in equity sur le plan temporel. En plus, elle a le pouvoir de vendre le fee simple et de le convertir en n'importe quelle espèce de bien, ce qui veut dire que les intérêts sur le plan temporel qui appartiennent à elle et à mon fils et à mon College s'attachent non pas au domaine Cornélien mais à un fund, un fonds, d'un contenu qui peut fluctuer d'un moment à l'autre, et qui peut ne consister qu'en de l'argent, c'est-à-dire en une créance. C'est ainsi que le langage des biens, en partant de la chose corporelle, le domaine Cornélien, parvient enfin à une chose purement abstraite, the fund, dans lequel peuvent exister des intérêts simultanés mais successifs* »[981].

Ainsi, « *Ce n'est pas seulement que l'on définit le droit de propriété différemment en common law qu'on le fait dans le Code civil, c'est que toute l'approche que l'on adopte vis-à-vis de l'élaboration et même de l'étude des règles relatives aux droits de propriété est très différente. Par exemple, on ne parle même pas de « propriété » de biens réels en common law. Étant donné que le système féodal n'a jamais reconnu la propriété absolue des terres en faveur des individus, et que plusieurs règles fondamentales de ce système restent en vigueur et sont pertinentes aujourd'hui, il n'existe en common law aucune théorie de « propriété » des biens réels. En common law, plutôt que de faire l'étude d'une théorie de la propriété, on s'attardera à l'analyse des règles qui régissent les différents droits, privilèges et pouvoirs qui sont compris dans le droit de propriété. Le droit de propriété est donc conçu comme un ensemble de droits multiples. On n'est pas, techniquement du moins, propriétaire d'une parcelle de terre ; mais on la « tient» de la Couronne, ce qui vient à dire qu'on est propriétaire d'un « intérêt » dans le bien, plutôt que du bien lui-même* »[982].

---

[981] B. NICHOLAS, *op. cit.*, p. 63.
[982] A. BOUDREAU-OUELLET, *op. cit.*, p. 167.

306. Cette fragmentation ou absence d'unification du concept de propriété dans la *common law* a des effets théoriques importants. En effet, « *les concepts de bien et de propriété dans les deux systèmes sont tout à fait différents. Pour le droit romain, la propriété est unique et indivisible ; de sorte, en effet, que la chose et la propriété de la chose sont habituellement identifiées. Le juriste romain qui parle d'acquérir une chose corporelle devait à la rigueur parler d'acquérir la propriété de la chose. Par contraste, pour le Common lawyer, la propriété est librement divisible (je ne parle que de la Real Property), et l'on ne peut pas assimiler la chose à la propriété de la chose. On peut aliéner non pas le domaine Cornélien, mais seulement un estate dans le domaine Cornélien* »[983].

Il en découle, tout abord, que cette absence d'unification du concept de propriété dans la *common law* est synonyme de la divisibilité de la propriété, alors que dans le droit civil la propriété est conçue comme étant indivisible. En effet, « *la théorie de la propriété en droit civil apparaît doublement unitaire par rapport au concept de propriété en common law. D'une part, une même notion de propriété s'applique à l'ensemble des biens meubles ou immeubles et, d'autre part, la propriété est classiquement analysée comme un droit absolu, unitaire et indivisible. Au contraire, en common law, il est usuel de distinguer la propriété en matière de biens réels (real property) et de biens personnels (personal property). De plus, en ce qui concerne les biens réels, où les efforts doctrinaux de théorisation sont les plus importants, il est couramment admis qu'il n'y a pas de propriété privée absolue, puisque toute propriété, ou plutôt tout domaine ou tout intérêt propriétaire, est dérivé de la Couronne* »[984]

Par suite, il faut admettre que la conception de l'absoluité ou non de la propriété est susceptible également de connaitre des divergences selon que la propriété est conçue comme étant divisible ou au contraire comme indivisible. En effet, il est plus aisé de parler de l'absoluité lorsque la propriété est conçue comme étant indivisible que quant elle est définie comme étant divisible. Dans cette dernière hypothèse, il convient de constater sa relativité. Les avatars de la propriété divisible dans le droit civil paraissent être l'usufruit et la nue-propriété. Or, il faut bien convenir que les rapports entre

---

[983] B. NICHOLAS, *op. cit.*, p. 62.

[984] Y. EMERICH, « Regard civiliste sur le droit des biens de la common law : pour une conception transsystémique de la propriété », *RGD*, 2008, vol. 38, n°2, p. 343-344.

l'usufruitier et le nu propriétaire sont empreints d'obligations quoique réelles[985] qui contrastent avec la situation d'une propriété non « divisée » ou non démembrée.

En outre, cette conception de la propriété dans la *common law*, notamment en matière immobilière explique la divergence qu'il y a avec le droit civil dans la définition de la notion de bien. En effet, dans la *common law* toutes les tenures ou *estates*, qui sont en réalité des droits, sont considérées comme des biens et sont aliénables. C'est la deuxième raison de la complexité de la *common law* citée plus haut. Pourtant, dans le droit civil, pendant longtemps, la notion de bien a entretenu un lien très intime non seulement avec la notion de propriété, mais aussi avec les notions de chose et de corporéité. En fait, sous l'appellation de biens, on entendait « *toutes les choses qui, pouvant procurer à l'homme une certaine utilité, sont susceptibles d'appropriation privée* »[986]. Aujourd'hui, aussi bien les choses que les droits sont quasi-unanimement considérés comme des biens, les critères essentiels étant leur patrimonialité et leur cessibilité[987]. Sur ce plan, la *common law* semble avoir beaucoup inspiré le droit civil. On comprend dès lors aisément que dans la même orbite elle continue d'inspirer les juristes de droit civil en faveur d'une autre conception beaucoup plus économique ou personnaliste[988] de la propriété ou encore pour une « *conception transsytémique de la propriété* »[989].

307. Cela dit, la conception de la propriété dans la *common law* permet une gestion certes complexe pour le juriste de droit civil, mais dynamique des biens. En effet, la divisibilité de la propriété ou la *doctrine of estates* permet « *la division de la propriété sur le plan temporel* »[990]. Ainsi, dans l'exemple emprunté plus haut, dans la *common law*, Jean, ma femme, mes enfants, mon Collège peuvent aliéner leur *estate*. Alors qu'en droit civil, du fait de l'idée de l'indivisibilité de la propriété, il faudrait un contrat de bail conclu avec Jean, la constitution d'un usufruit pour ma femme et la propriété indivisible reviendrait à mes enfants. Pour qu'il en soit autrement, il

---

[985] Cf. *Infra* n°461 et s.

[986] G. BAUDRY-LACANTINERIE, *Précis de droit civil*, Paris, Sirey, 1922, n°1269.

[987] Cf. *Infra* n°356 et s.

[988] Cf. *Infra* n°402 et s.

[989] Y. EMERICH, *op. cit.*, p. 339–377.

[990] B. NICHOLAS, *op. cit.*, p. 63.

aurait fallu une clause de substitution fidéicommissaire[991]. Cette clause a fait l'objet d'une prohibition de principe en France. Elle était seulement admise en raison d'un intérêt familial en faveur des petits-enfants du donateur ou testateur, ou des enfants de ses frères et sœurs. Suite à la réforme successorale de 2006, l'article 1048 dispose que « *Une libéralité peut être grevée d'une charge comportant l'obligation pour le donataire ou le légataire de conserver les biens ou droits qui en sont l'objet et de les transmettre, à son décès, à un second gratifié, désigné dans l'acte* ». L'article 1051 précise toutefois que « *Le second gratifié ne peut être soumis à l'obligation de conserver et de transmettre. Si la charge a été stipulée au-delà du premier degré, elle demeure valable mais pour le premier degré seulement* ». Les solutions de droit civil étant généralement semblables en France et dans les pays francophones, en l'absence d'une telle intervention législative, on peut en déduire que la prohibition demeure le principe au Burkina Faso.

308. Cette philosophie de la propriété en *common law*, qui tire son fondement de la survivance de la structure conceptuelle féodale, est originale et bien différente de la conception d'inspiration française en ce qu'elle ambitionne sans conteste d'organiser des intérêts qui sont simultanés sur les immeubles avec la possibilité de les aliéner. En effet, « *La common law, sans doute moins marquée par l'influence du subjectivisme juridique et par la théorie du droit réel, semble proposer une forme de contre-modèle à la propriété civiliste, davantage détaché d'une conception matérialiste de la chose et offrant ainsi à la propriété un champ d'application plus large* »[992]. En d'autres termes, originellement, la *common law* cherche à règlementer des intérêts multiples, divergents ou concurrents sur les immeubles notamment. Il est alors logique de déduire que cette philosophie ne peut s'accommoder de la conception de l'absoluité que donne le droit civil des biens. Ainsi, par la prise en compte des divers intérêts personnels, la propriété est perçue comme un ensemble d'intérêts particuliers interpersonnels sur une chose. En un mot, elle est relative, alors dans le droit civil elle est absolue. Cette relativité de la propriété

---

[991] La substitution fidéicommissaire ou libéralité graduelle est une clause par laquelle le disposant charge la personne gratifiée de conserver toute sa vie durant des biens ou droits qu'il lui a donnés ou légués en vue de les transmettre, à son décès, à une autre personne désignée par lui.
[992] Y. EMERICH, *op. cit.*, p. 344.

dans la *common law* semble inspirer le droit européen qui, du reste, reconnait une fonction sociale au droit de propriété.

B- L'affirmation de la fonction sociale de la propriété en droit européen

309. Le droit européen doit relever le défi de transcender les différentes conceptions de la propriété qui existent dans les différents Etats parties. En effet, il a vocation à s'appliquer à un ensemble de pays qui n'ont pas toujours les mêmes traditions juridiques.

Par exemple, en droit allemand l'article 153 de la constitution Weimar de 1919 proclamait solennellement « *la propriété oblige* »[993]. De même, l'article 903 du Code civil allemand dispose que : « *Le propriétaire d'une chose peut exclure autrui de toute emprise selon la procédure requise, lorsque la loi ou un droit d'un tiers ne s'y opposent pas. Le propriétaire d'un animal doit respecter les dispositions spécifiques relatives à la protection des animaux dans l'exercice de ses droits* ». Il a été démontré, par suite, que le droit allemand assujettit le propriétaire à des obligations et que « *la fonction sociale de la propriété découle de l'obligation constitutionnelle de prise en compte de ses incidences sur la société (article 14 alinéa 2 de la loi fondamentale). Elle a connu des applications de plus en plus importantes tant dans la jurisprudence que dans la doctrine* »[994].

Au Royaume uni, le système de la *common law* admet une conception extensive de la notion de bien et conçoit le droit de propriété comme un droit relatif[995].

En France, l'article 17 de la Déclaration des droits de l'homme et du citoyen proclame que : « *la propriété étant un droit inviolable et sacré, nul ne peut en être privé, si ce n'est lorsque la nécessité publique, légalement constatée, l'exige évidemment, et sous la condition d'une juste et préalable indemnité* ». Quant à l'article 544 du Code civil, il dispose que : « *La propriété est le droit de jouir et disposer des choses de la manière la plus absolue, pourvu qu'on n'en fasse pas un usage prohibé par les lois ou par les règlements* ». Ces deux textes constituent les fondements de la conception d'inspiration juridique française du droit de propriété. À l'analyse, ils conçoivent la propriété assortie de

---

[993] J.-L. BERGEL, M. BRUSCHI et S. CIMAMONTI, *op. cit.*, n°68, p. 70.
[994] J. LOWITZSCH, *op. cit.*, p. 172.
[995] Cf. *Supra* n°303 et s.

limites : la nécessité publique dans la Déclaration et de manière plus générale les lois et règlements dans le Code civil. Certes, l'article 17 de la Déclaration des droits de l'homme et du citoyen est relatif à la privation de propriété et l'article 544 du Code civil à l'usage du droit de propriété. Toutefois, le Code civil également n'ignore pas l'hypothèse de la privation puisque après avoir défini le droit de propriété, il prévoit également à l'article suivant que : « *Nul ne peut être contraint de céder sa propriété, si ce n'est pour cause d'utilité publique, et moyennant une juste et préalable indemnité* »[996]. En conséquence, il est vraisemblable que le droit de propriété contient des limites qui lui sont internes. Néanmoins, si l'on en juge précisément par les caractères « *inviolable et sacré* » ou « *absolu* » dont ces textes auréolent le droit de propriété ajoutés au contexte de leur élaboration, il devient loisible d'affirmer que les limites internes du droit de propriété, au sens de ces textes, avaient une vocation marginale face au subjectivisme inviolable, sacré et absolu du propriétaire. Par contre, l'évolution semble démontrer que les limitations à ce subjectivisme se sont multipliées de manière considérable. Ces restrictions sont si nombreuses surtout en matière immobilière[997] qu'il est permis de parler de l'impossibilité d'une propriété absolue. En effet, le droit de propriété n'est plus ce que sa pureté originelle reflétait. Tous ses attributs à savoir l'*usus*, le *fructus* et l'*abusus* ont été écornés. L'absoluité du droit s'est dégradée au fil du temps à telle enseigne qu'il est devenu aisé de constater sa relativisation. Evidemment, l'évolution constante démontre que cette absoluité du droit de propriété n'est qu'une aspiration bien loin de la réalité. Cependant, la définition solennelle du droit de propriété ne la présente pas comme une simple aspiration. Elle le fait sous le charme d'une prétention, mieux d'un droit subjectif conférant la toute-puissance au propriétaire. L'écoulement du temps ayant éprouvé la légitimité de cette définition solennelle, le législateur lui-même aidé en cela, voire devancé, par le juge ont progressivement entrepris de raisonner le propriétaire, de tempérer l'usage de ses prérogatives en élaborant et en décidant de nombreuses restrictions au subjectivisme de son droit. Ainsi, bien que ces quelques conceptions du droit de propriété ne soient pas exhaustives de l'ensemble des différentes approches du droit de propriété, elles résument certaines divergences que le droit européen doit transcender.

---

[996] Art. 545 C. civ.

[997] Cf. *Supra* chapitre II du titre I ; v. ég. M. ROLAIN, *Les limitations au droit de propriété en matière immobilière*, *op. cit.*, 595 p.

310. effet, un certain nombre d'instruments juridiques définissent les grandes orientations communes. En matière du droit de propriété, il s'agit tout d'abord du Protocole n°1 à la Convention européenne des droits de l'Homme qui garantit le droit à la propriété. En effet, il dispose que « *Toute personne physique ou morale a droit au respect de ses biens. Nul ne peut être privé de sa propriété que pour cause d'utilité publique et dans les conditions prévues par la loi et les principes généraux du droit international. [...] Les dispositions précédentes ne portent pas atteinte au droit que possèdent les Etats de mettre en vigueur les lois qu'ils jugent nécessaires pour réglementer l'usage des biens conformément à l'intérêt général ou pour assurer le paiement des impôts ou d'autres contributions ou des amendes* »[998]. Dans le même sens, la Charte des droits fondamentaux de l'Union européenne proclame que « *Toute personne a le droit de jouir de la propriété des biens qu'elle a acquis légalement, de les utiliser, d'en disposer et de les léguer. Nul ne peut être privé de sa propriété, si ce n'est pour cause d'utilité publique, dans des cas et conditions prévus par une loi et moyennant en temps utile une juste indemnité pour sa perte. L'usage des biens peut être réglementé par la loi dans la mesure nécessaire à l'intérêt général* »[999].

Sans doute, l'adoption de ces instruments est le fruit d'un compromis. En effet, en raison de la divergence des traditions et des conceptions juridiques, chaque Etat craint souvent les bouleversements pouvant découler d'une conception de la propriété qui s'éloigne trop de ses traditions. C'est ainsi que l'article 1er du Protocole additionnel n°1 à Convention européenne des droits de l'homme « *résulte d'un compromis. Le Royaume-Uni et la Suède, en particulier, ont craint que consacrer le droit de propriété dans la Convention ne limite trop la possibilité pour les Etats de mettre en œuvre des programmes de nationalisation des industries à des fins politiques et sociales* »[1000]. Cette crainte du Royaume uni se comprend aisément au regard de la relativité de la conception de la propriété dans la *common law*[1001].

311. Le rôle d'unification du droit incombe à la Cour européenne des droits de l'homme et à la Cour de justice de l'Union européenne. En matière de propriété, la Cour de Strasbourg a tendance à consacrer les notions de bien et de propriété qui ont cours dans la

---

[998] Art. 1.
[999] Art. 17.
[1000] D. FALLON, *op. cit.*, p. 54.
[1001] Cf. *Supra* n°303 et s.

Common law. En effet, elle étend la notion de bien et semble également étendre les objets de propriété[1002].

La Cour de justice de l'Union européenne, anciennement Cour de justice des communautés européennes, va plus loin en affirmant clairement la fonction sociale du droit de propriété[1003]. En effet, invitée à se prononcer sur la portée d'un règlement du Conseil des communautés européennes en matière laitière, elle a décidé qu'« *il est de jurisprudence établie que les droits fondamentaux et plus particulièrement le droit de propriété n'apparaissent pas comme des prérogatives absolues mais doivent être pris en considération par rapport à leur fonction dans la société. Il s'ensuit que ces restrictions répondent effectivement à des objectifs d'intérêt général poursuivis par la Communauté et ne constituent pas, au regard du but poursuivi, une intervention démesurée et intolérable qui porterait atteinte à la substance même du droit garanti* »[1004]. On voit bien qu'elle se réfère à « *une jurisprudence bien établie* » ce qui signifie que cette fonction sociale est constamment rappelée. Cette fonction ressort effectivement d'un nombre considérable de ses décisions[1005]. Ainsi, ces juridictions jouent un rôle important dans l'orientation sociale du droit de propriété notamment en France.

312. Il se déduit de ces décisions que le droit de propriété a beau être un droit fondamental[1006] ou un droit de l'homme, il n'est étranger à la dignité humaine. Il reste avant tout un fait social. Or, dans une communauté d'êtres humains les libertés se côtoient et s'autolimitent. Du reste, l'effectivité des droits fondamentaux ou des droits de homme requiert un effort et la solidarité de tous [1007] y compris du propriétaire puisqu'ils sont mis en œuvre au sein d'une communauté d'êtres humains et visent principalement à protéger la dignité de chacun

[1002] Cf. *Infra* n°356 et s.

[1003] L. MILLET, « Mieux comprendre la fonction sociale du droit de propriété : un enjeu pédagogique », *op. cit.*, p. 77 et s.

[1004]CJCE 22 octobre 1991, Georg von Deetzen Contre Haoptzollant Oldenburg, aff. C.-44/89, *Rec.* I.5119 cité par F. TERRE et Ph. SIMLER, *prec.*, n°117, p. 129-130.

[1005] L. MILLET, « Mieux comprendre la fonction sociale du droit de propriété : un enjeu pédagogique », *op. cit.*, p. 77 et s.

[1006] R. LIBCHABER, « La propriété, droit fondamental », *op. cit.*, n°1021 et s., p. 811 et s.

[1007] S. REVET, B. MARTIN et B. VERFAILLIE, *Droits de l'homme et responsabilité*, Casablanca, Ed. Tarik, Paris, Ed. Charles Léopold Payer, 2007, p. 97 et s.

d'eux. De ce fait, l'affirmation de la fonction sociale du droit de propriété par les juridictions européennes indiquent que la recherche du bien-être du propriétaire ou l'exercice de ses prérogatives doit se conjuguer avec d'autres intérêts tant publics que privés. Cette collaboration s'opère par l'affirmation d'un devoir de solidarité du propriétaire[1008]. Elle consiste à lui faire supporter l'accès des tiers à son bien. C'est le cas en matière de logement. Dans cette optique, l'article 1er de la loi française dite *Besson* de 1990 indiquait déjà expressément que « *le droit au logement constitue un devoir pour l'ensemble de la Nation* »[1009]. Ce devoir de solidarité du bailleur est encore rappelé pour permettre de loger les sans-abri[1010]. S'inscrivant dans la même dynamique, le Conseil constitutionnel français décide que le droit à un logement social constitue un objectif à valeur constitutionnelle sur le fondement de la dignité de la personne humaine[1011]. Ainsi, en matière de logement, la « collaboration » du propriétaire est fondée sur le principe de la dignité humaine. La primauté de ce principe vise à orienter le bailleur dans l'usage de son droit en faisant prévaloir des valeurs objectives sur le caractère subjectiviste de ses prérogatives. Assurément, cette collaboration, qui suppose de lui faire comprendre la primauté de certaines valeurs sur son subjectivisme, passe ici par l'imposition de la dignité de la personne humaine comme valeur supérieure[1012]. En matière immobilière, ce phénomène de « collaboration » ne se limite pas seulement à la protection de la dignité de la personne humaine, il se manifeste aussi sur le plan économique par la prééminence des impératifs de sauvegarde d'une entreprise en difficulté, par exemple, sur les prérogatives du bailleur[1013].

313. De manière générale, cette idée de solidarité est bien présente dans toutes les limitations au droit de propriété tant en matière

---

1008 M. ROLAIN, « Les mécanismes de la propriété instrumentale ou comment repenser le droit de propriété par ses limitations », *op. cit.*, p. 99.

1009 Cité par M. ROLAIN, « Les mécanismes de la propriété instrumentale ou comment repenser le droit de propriété par ses limitations », *op. cit.*, p. 99.

1010 Ch. ALBIGES, « Le droit au logement », R. CABRILLAC, (dir.) *Libertés et droits fondamentaux*, 21e éd., Paris, Dalloz, 2015, n°1301 et s., p. 998 et s.

1011 C. const. Fr., décision n°94-359 DC du 19 janvier 1995, JO fr. du 21 janvier 1995, p. 1166.

1012 Il en est cependant autrement en cas d'occupation sans titre : C. Const. Fr., 30 septembre 2011, QPC 2011-169. S. MILLEVILLE, «L'article 544 du Code civil est conforme à la Constitution : Ouf !? », *RDLF* 2011, chron. n°02 (www.revuedlf.com)

1013 J. KOM, *op. cit*, p. 405 et s.

mobilière qu'en matière immobilière[1014]. Elle fait inexorablement écho à la pensée réaliste de Duguit selon laquelle la solidarité est une règle de conduite indispensable à toute société. Il écrit en effet que : *« La doctrine de la solidarité ne commande pas ; elle constate qu'en fait les hommes sont solidaires les uns des autres, c'est-à-dire ont des besoins communs qu'ils ne peuvent satisfaire qu'en commun, qu'ils ont des aptitudes différentes et des besoins divers qu'ils ne peuvent satisfaire que par un échange de mutuels services. La conséquence en est que, si l'homme veut vivre, il ne peut vivre qu'en agissant conformément à la loi de la solidarité. La solidarité n'est pas une règle de conduite, elle est un fait, le fait fondamental de toute société. Elle n'est pas un impératif pour l'homme ; mais, si l'homme veut vivre, comme il ne peut vivre qu'en société, il doit conformer ses actes à la solidarité sociale »*[1015].

314. Il est incontestable que ce réalisme prend progressivement le pas dans le domaine très subjectiviste du droit de propriété dans la conception française. Une affirmation objective très explicite, dans la tradition juridique française, de l'idée que « *la propriété oblige* »[1016] comme le proclamait solennellement l'article 153 de la constitution Weimar de 1919, aurait sans doute eu le mérite de tempérer davantage les prétentions et aspirations des propriétaires. En effet, c'est un secret de polichinelle que de souligner que le droit de propriété est au cœur de tout le droit des biens. Il occupe une place non négligeable dans le droit tout court. Il se trouve au centre de nombreux rapports et transactions quotidiens si bien que ce qui parait superficiel dans la formulation de ce droit agit profondément aussi bien dans la vie des individus que dans la tendance individualiste de la communauté. Ce réalisme, qui parait avoir manqué de consistance chez les rédacteurs des textes fondateurs du droit de propriété dans la tradition juridique française, convaincus voire éblouis qu'ils étaient des idées individualistes, reprend ses droits au regard de l'évolution sociale et sous l'influence des juridictions. Et cette reprise se manifeste sous la forme constante de piqûre de rappel législatif et jurisprudentiel au propriétaire de ce que le subjectivisme que les textes fondateurs de son droit ont prévu était en réalité allié à ses devoirs[1017] ancrés dans la solidarité.

[1014] Cf. *Supra* Titre I.

[1015] L. DUGUIT, *L'Etat, le droit objectif et la loi positive*, *op. cit.*, p. 24.

[1016] J.-L. BERGEL, M. BRUSCHI et S. CIMAMONTI, *op. cit.*, n°68, p. 70.

[1017] J. LOWITZSCH, « Pour une fonction de durabilité dérivée de la fonction sociale de la propriété- l'exemple allemand », A. CHAIGNEAU (dir.), *op.cit.*, p. 172 et s.

CONCLUSION DU CHAPITRE II

315. Toute somme considérée, l'orientation sociale du droit de propriété dans l'espace est bien réelle. En effet, il ressort de l'analyse du concept coutumier africain de propriété que le subjectivisme du droit de propriété est très faible en comparaison de la notion positiviste d'inspiration française. Si dans ce dernier modèle, il existe une définition de base de la propriété qui a vocation à régir invariablement aussi bien les biens meubles que les biens immeubles, on distingue dans le concept coutumier africain deux structures de propriété : une propriété individuelle qui ne peut avoir pour objet qu'une chose mobilière et une propriété collective qui peut porter sur une chose mobilière ou immobilière. La propriété privée individuelle a un objet unique qu'est la chose mobilière ; alors que la propriété collective peut porter sur tout type de bien. En d'autres termes, l'objet du droit de propriété individuel est moins large que l'objet du droit de propriété collective. Plus clairement, la propriété privée individuelle sur la terre n'existe pratiquement pas. En conséquence, le champ concédé à l'individualisme et au subjectivisme est plus petit que celui couvert par le collectivisme.

316. De plus, il ressort de l'exemple d'autres droits étrangers, outre le concept coutumier africain, que cette invite à la solidarité est beaucoup plus manifeste et que l'orientation sociale du droit de propriété, entendue comme l'altération du subjectivisme par la prise en compte d'autres intérêts tant privés que publics, est une réalité quasi-universelle en ce sens qu'on la retrouve dans divers droits étrangers notamment en droit chinois et japonais, en *common law* et en droit européen. Ainsi, le recours au droit comparé permet de mieux comprendre, dans le cadre de l'harmonie de la vie sociale, le bien-fondé de l'altération du subjectivisme du droit de propriété que l'on constate dans la notion positiviste d'inspiration française. « *Pour cela, il ne faut plus voir dans la propriété un droit subjectif qui isole le propriétaire et sa chose du reste du monde, mais comme une situation dans laquelle des droits et des devoirs sont attribués aux individus après un arbitrage politique entre leurs intérêts contradictoires en fonction de l'équilibre social souhaité* »[1018].

[1018] J.-P. CHAZAL, « La propriété : dogme ou instrument politique, ou comment la doctrine s'interdit de penser le réel », *op.cit.*, p. 792-793.

CONCLUSION DU TITRE II

317. L'orientation sociale progressive du droit de propriété est une constante. Cette gouvernance sociale se justifie par la volonté voire la nécessité de faire valoir certains intérêts tant privés que publics autres que ceux du propriétaire. La hiérarchie des valeurs qui a existé au moment de l'adoption des textes fondateurs de la propriété s'est modifiée. Cette modification dénote de la relativité du droit, de sa flexibilité et de son adaptation à un contexte social bien précis. Il s'ensuit que la détermination du contenu du droit de propriété doit se faire en rapport avec son contexte. Autrement dit, « *Le recours au droit de propriété est utile dès lors que l'on considère ce droit non pas comme déterminant en substance des prérogatives mais simplement comme un droit défini selon les impératifs d'une période historique. Dans toutes les communautés de droit, la propriété est un déterminant-clé de leurs structures économiques, sociales* »[1019]. Dans cette vision, l'analyse du droit de propriété dans le temps démontre la variation de son contenu. D'une conception dualiste enserrée dans un réseau de droits et d'obligations durant le bas-empire en tout cas avant 1789, le droit de propriété a été conçu par les Révolutionnaires comme un droit très individualiste dont l'exercice et la finalité sont presque soumis à la volonté du propriétaire. Ensuite, les limitations de cette liberté se sont multipliées en altérant le périmètre du subjectivisme du propriétaire. Aujourd'hui, cette liberté absolue n'est qu'une aspiration formelle. Dans la réalité, elle ne peut jamais être absolue.

318. Cette vérité n'est pas seulement perceptible dans l'évolution du droit de propriété d'inspiration française, elle est en réalité, à un plus haut degré encore, le lot commun de nombre de droits étrangers. Quelle conclusion en tirer alors ? Sinon que la mise en œuvre du droit de propriété a quasi-universellement une orientation sociale. Certes, « *L'évolution contemporaine des idées prouve que le destin du droit de la propriété dépend du destin des idéologies* »[1020]. C'est du reste la vocation de tout droit en général. Et le droit de

---

[1019] J. LOWITZSCH, *op. cit.*, p. 177.

[1020] G. A. KOUASSIGAN, « La nature juridique des droits fonciers coutumiers », *op. cit.* p. 51.

propriété n'échappe pas à cette logique. Le subjectivisme du propriétaire peut ainsi varier en fonction de l'idéologie ou de la philosophie qui prévaut. Mais, sa mise en œuvre a toujours une orientation sociale. En définitive, le droit de propriété conserve la qualité de droit le plus subjectif, toutefois il convient d'admettre que le subjectivisme qui l'habite s'est suffisamment altéré par l'orientation sociale progressive de sa finalité.

CONCLUSION DE LA PREMIERE PARTIE

319. L'altération du subjectivisme du droit de propriété est remarquable dans sa mise en œuvre. En premier lieu, cette altération du subjectivisme est perceptible dans l'exercice du droit de propriété tant en matière mobilière qu'en matière immobilière. En effet, « *Les lois et règlements dont l'article 544 dispose qu'ils peuvent affecter la liberté d'exercice du droit de propriété n'ont cessé de croître sous l'effet des mutations économiques et sociales ; au point qu'on ait pu avoir l'impression que du statut d'exception ils étaient passés à l'état de principe* »[1021]. En matière mobilière, l'altération du subjectivisme du droit de propriété découle des limitations qui sont imposées au propriétaire dans l'exercice de ses prérogatives sur les animaux en raison de leur qualité d'être vivant et sensible. De même, les prérogatives du titulaire du droit de propriété intellectuelle, en occurrence le droit d'auteur, ont non seulement des caractères particuliers qui leur donnent moins de consistance en comparaison des caractères traditionnels du droit de propriété notamment la perpétuité, mais aussi l'usage de ce droit fait l'objet de nombreuses exceptions légales. En matière immobilière, l'altération du subjectivisme du droit de propriété est encore plus prononcée. Elle se décline sous la forme de limitations légales et jurisprudentielles à la liberté du propriétaire.

320. En second lieu, l'altération du subjectivisme du droit de propriété à travers les limitations à son exercice traduit une réalité plus profonde à savoir l'orientation sociale de sa finalité. L'encadrement de l'exercice du droit de propriété n'est que la face cachée de l'iceberg. En effet, il n'est pas neutre : il milite pour l'orientation sociale du droit de propriété. Cette réalité inéluctable est bien visible dans la gouvernance sociale des biens qui s'opère par une articulation du subjectivisme du droit de propriété avec certaines valeurs socio-économiques ou environnementales fondamentales ou d'intérêt général. Sans conteste, cette tendance constante a pour effet de limiter le pouvoir du subjectivisme dans lequel le droit du propriétaire est pétri. Le bien-fondé de cette orientation réaliste se dégage de l'analyse

---

1021 F. ZENATI, « Pour une rénovation de la théorie de la propriété », *RTD Civ.* 1993, p. 305.

d'autres concepts de propriété qui ne partagent pas la même histoire, la même idéologie ou la même philosophie que le droit de propriété d'inspiration française, en occurrence du concept coutumier africain de propriété, les droits chinois et japonais, la *common law* et le droit européen. Ces derniers donnent des exemples de conceptions et de formulations d'une propriété moins subjectiviste par la prise en compte d'autres intérêts tant privés que publics.

En tout état de cause, au regard de l'importance du droit de propriété dans la vie sociale, sa règlementation « *ne reste qu'un hommage à son expansion* »[1022]. En d'autres termes, la garantie sociale du droit de propriété exige au préalable que les prérogatives reconnues au propriétaire soient compatibles avec la vie sociale et qu'en ce sens des limites puissent lui être apportées.

321. Ainsi, l'altération du subjectivisme du droit de propriété est certaine dans sa mise en œuvre. Comme le souligne le doyen Carbonnier : « *A l'absolutisme consacré par l'article 544 du Code civil on oppose volontiers aujourd'hui un relativisme ; un fonctionnalisme du droit de propriété. La propriété est un droit fonction, où les pouvoirs sont conditionnés par des devoirs* » [1023]. Et cette altération constante fait du droit de propriété « *un droit sous contrôle social* »[1024].

Toutefois, cette altération ne se produit pas au mépris total des prérogatives du propriétaire. Le subjectivisme du droit de propriété semble posséder dans son principe certains caractères qui le protègent, le font résister et le font survivre aux limitations dont il est l'objet, limitations qui ne sont que l'expression de son orientation sociale.

[1022] J. CARBONNIER, *Flexible droit*, *op.cit.*, p. 315 et s.

[1023] *Ibid.*

[1024] M.-H. RENAUT, *op. cit.*, p. 161.

PARTIE II

LE MAINTIEN DU SUBJECTIVISME DANS LE PRINCIPE DU DROIT DE PROPRIETE

322. Entre le principe d'un droit et sa mise en œuvre, la formulation théorique et abstraite d'un droit et son application concrète, il y a souvent un fossé constitué par les réalités sociales qui font subir aux normes abstraites un processus d'historicisation dans le sens du ramollissement ou au contraire de la rigidité de ce principe. L'expression de cette historicisation des normes émane du législateur ou du juge. Il en est ainsi du droit de propriété qui, depuis sa formulation abstraite dans l'euphorie de la révolution de 1789, a subi des transformations dans son contenu et dans sa finalité, lesquels ont altéré notamment le caractère absolu de son subjectivisme.

323. Mais, dans le principe, on peut aisément constater le maintien du subjectivisme du droit de propriété, qui est un des piliers de la société[1025]. En effet, il occupe une place centrale dans l'organisation sociale et le déroulement de la vie quotidienne. En dépit des restrictions dont il fait l'objet, le droit de propriété maintient toujours son charme. Ce rôle important conduit à s'interroger sur ce qui dans le droit de propriété assure sa survie nonobstant les limitations de plus en plus nombreuses qu'il subit. En d'autres termes, « *Il est [...] utile de rechercher comment, même d'une limitation qui lui est applicable, la propriété s'accommode, et peut ressortir fraîche là où on l'attendait écrasée* »[1026].

324. La vérité implacable à relever est que dans son principe même le droit de propriété possède des caractères qui font sa

[1025] J. CARBONNIER, *Flexible droit : pour une sociologie du droit sans rigueur, op. cit.*, p. 345.
[1026] J. CARBONNIER, *préc.*, p. 356.

singularité et suscitent des convoitises surtout dans une société capitaliste fondée sur une économie libérale de marché. En fait, le droit de propriété, nonobstant ses limitations, est le droit subjectif qui parait s'accommoder au mieux avec l'aspiration naturelle de l'homme à la liberté. À l'analyse de toutes les choses sur lesquelles l'être humain peut avoir un pouvoir, la propriété, par sa nature et ses caractères, satisfait au mieux le subjectivisme du genre humain, en dépit de ses limitations. Ce subjectivisme est protégé. Il se trouve dans l'essence même du droit de propriété et il survit malgré les assauts répétés dans le sens de son altération.

325. En outre, le droit de propriété se caractérise par le fait qu'il crée des liens d'appartenance particuliers. En effet, il confère, en principe, la maitrise exclusive de la chose à son titulaire et ce, à perpétuité. Ces liens confortent le subjectivisme du droit de propriété et lui assurent un maintien en dépit des limitations dans sa mise en œuvre.

326. Ainsi, le subjectivisme du droit de propriété se maintient par la liberté de principe dans la relation à la chose qui permet à son titulaire, en principe, de pouvoir tout faire sur la chose sous réserve des lois et règlements (Titre I).

Ensuite, cette survie est également assurée par les caractères des liens d'appartenance créés par le droit de propriété dans la vie sociale, c'est-à-dire dans la relation aux autres, et qui se traduisent par l'attribution, en principe, au propriétaire seul, de la maitrise exclusive des prérogatives de la chose et à perpétuité (Titre II).

TITRE I

LE MAINTIEN DU SUBJECTIVISME DU DROIT DE PROPRIETE PAR LA LIBERTE DE PRINCIPE DANS LA RELATION A LA CHOSE

327. Le droit de propriété est consubstantiel à la nature humaine. En effet, « *Si nous découvrons le berceau des nations, nous demeurerons convaincus qu'il y a des propriétaires depuis qu'il y a des hommes. Le sauvage n'est-il pas maitre des fruits qu'il a cueillis pour sa nourriture, de la fourrure ou du feuillage dont il se couvre pour se prémunir contre les injures de l'air, de l'arme qu'il porte pour sa défense, et de l'espace dans lequel il construit sa modeste chaumière ? On trouve, dans tous les temps et partout, des traces du droit individuel de propriété... En un mot, c'est la propriété qui a fondé les sociétés humaines. C'est elle qui a vivifié, étendu, agrandi notre propre existence. C'est par elle que l'industrie de l'homme, cet esprit de mouvement et de vie qui anime tout, a été portée sur les eaux, et a fait éclore sous divers climats tous les germes de richesse et de puissance* »[1027]. Cette aspiration naturelle à la propriété satisfait un désir de liberté. Cette liberté postule une relation directe et immédiate entre le propriétaire et la chose, c'est-à-dire l'absence d'intermédiaire. Cette relation directe et immédiate laisse apparaitre alors un sujet actif, le propriétaire, qui domine un objet passif, la chose. Propriété et liberté paraissent donc aller de pair.

328. Cette indissociabilité du couple propriété et liberté est bien remarquable dans l'histoire des biens. Certes, le conflit est permanent entre la liberté du propriétaire d'une part, sa responsabilité sociale, d'autres intérêts privés et publics d'autre part. Mais la notion de propriété est inséparable de l'idée de liberté. Mieux si cette idée de liberté est bien présente dans tous les droits subjectifs, elle est encore plus grande dans celle du droit de propriété en raison de ses prérogatives, de sa nature et de ses caractères. Il en résulte que malgré les limitations continues dans sa mise en œuvre et dans ses finalités, le droit de propriété apparait encore comme celui qui confère le plus de

[1027] J.-M. E. PORTALIS, *op.cit.*, p.112-113.

liberté à son titulaire parmi les droits subjectifs. En fait, le propriétaire a la liberté d'user, de jouir et de disposer de la chose. Il a la plénitude des pouvoirs. Ce degré particulier de liberté est de l'essence même de ce droit. Il se présente comme ce qu'il y a d'universel dans les diverses conceptions de la propriété. Dans le droit positif d'inspiration française, le droit de propriété trouve ses fondements juridiques originels dans les articles 17 de la Déclaration des droits de l'homme et du citoyen, laquelle qui insiste beaucoup sur la liberté, et 544 du Code civil.

329. Ainsi, l'aspiration naturelle de l'homme à la liberté semble se traduire dans sa relation aux choses par l'affirmation, à travers le droit de propriété, de sa liberté fondamentale de pouvoir dominer celles-ci. Cette réalité garantit le maintien du subjectivisme du droit de propriété. En effet, le droit de propriété apparaît comme un droit fondamental, hiérarchiquement supérieur aux autres droits subjectifs patrimoniaux. Cette réalité explique l'affirmation du caractère fondamental du droit de propriété (Chapitre I).

En outre, le droit de propriété confère, en principe, au propriétaire la liberté de pouvoir dominer la chose. Cette seconde réalité est variable en fonction de la nature réelle ou personnelle de l'objet du droit de propriété, (Chapitre II).

CHAPITRE 1

LE MAINTIEN DU SUBJECTIVISME DU DROIT DE PROPRIETE PAR SON CARACTERE FONDAMENTAL

330. La relation aux choses revêt un caractère fondamental pour l'homme. Plus précisément, la propriété est un prolongement de l'homme et un moyen de conservation de sa personne par la perception des fruits de son travail selon Locke. Dans la logique de cette pensée, le droit de propriété est conçu comme un droit de l'homme. Toutes les déclarations des droits l'admettent comme tel, qu'il s'agisse des déclarations des premiers Etats d'Amérique ou de la déclaration française[1028]. De même, en dépit de l'oralité qui prévalait dans les sociétés traditionnelles africaines, elles ont toujours connu un concept coutumier de propriété[1029]. Or, ce concept ne pouvait être reconnu qu'à l'être humain, même s'il convient de faire une distinction entre la propriété mobilière et la propriété immobilière[1030]. Le droit de propriété est un pouvoir de l'homme, une relation non seulement avec les choses mais aussi avec les autres êtres humains. Ainsi, ce pouvoir existe dans presque toutes les sociétés.

331. Le droit de propriété apparait comme un droit lié à la nature de l'homme et à ses aspirations profondes. « *En tant que droit de l'homme, le droit de propriété est avant tout pensé comme une liberté. Il s'agit même d'une double liberté : la liberté de devenir propriétaire, puis pour le titulaire du droit de propriété, la liberté d'exercer son droit. Il existe donc une double dimension de la liberté : la liberté de devenir propriétaire et la liberté d'user de son bien* »[1031]. Cette liberté est fondamentale pour l'ordre social lui-même : le droit de propriété étant un des piliers de la société[1032]. On peut donc

---

1028 R. LIBCHABER, « La propriété, droit fondamental », *op. cit.*, n°1022, p. 812.
1029 Cf. *Supra* n°255 et s.
1030 Cf. *Supra* n°271 et s.
1031 D. FALLON, « Le droit de propriété : des droits de l'homme aux droits fondamentaux », M. BOUDOT et D. VEILLON (dir.), *op. cit.*, p. 51.
1032 J. CARBONNIER, *Flexible droit : pour une sociologie du droit sans rigueur*, *op. cit.*, p. 345.

convenir avec Strickler que « *le droit de propriété est fondamentalement un droit politique et par voie de conséquence forme un espace de liberté* »[1033].

332. Mieux dans son développement progressif, le droit de propriété s'étend de la notion de droit de l'homme à celle de droit fondamental. En effet, progressivement « *Aux concepts de libertés et droits de l'homme-ceux-ci étant sous-tendus par la notion de droit subjectif-, s'en est ajouté un autre, à notre époque, sous l'influence grandissante du droit constitutionnel. Il s'agit de ce qu'il est convenu d'appeler les droits fondamentaux* »[1034]. Il existe, en réalité, une nuance entre les notions de « droit de l'homme » et de « droit fondamental ». En effet, comme l'expression l'indique, les « droits de l'homme » sont reconnus seulement au genre humain, humanoïde, être de chair. En ce sens, la propriété est un droit de l'homme. Alors que les droits fondamentaux ont vocation à s'appliquer de manière égalitaire tant aux personnes physiques qu'aux personnes morales[1035]. Or, le droit de propriété peut avoir pour titulaires aussi bien les personnes physiques que celles morales. Donc, le droit de propriété est également un droit fondamental[1036] ou en tout cas il l'est devenu.

333. Ainsi, qu'il soit appelé droit de l'homme ou droit fondamental, le droit de propriété continue d'être pensé avant tout comme une liberté. C'est en réalité cette grande idée de liberté qui fonde le subjectivisme du droit de propriété et qui lui permet de se maintenir malgré les nombreuses limitations qu'il subit. Ce subjectivisme se maintient grâce à la consécration de son caractère fondamental. Cette consécration se traduit d'une part par une large défintion de son champ spatial d'où le caractère universel du droit de propriété et une large définition de son champ personnel et matériel (Section I), d'autre part elle confère au droit de propriété une protection contre d'éventuelles atteintes (Section II).

[1033] Y. STRICKLER, *op. cit.*, n°219, p. 299.

[1034] F. TERRE, « Sur la notion de droits et libertés fondamentaux », R. CABRILLAC, (dir.) *Libertés et droits fondamentaux*, 21e éd., *op.cit.*, n°15, p. 6.

[1035] F. TERRE, *préc.*, n°16, p. 8 ; G. LOISEAU, «La nature des droits fondamentaux : être et/ou avoir ?», *RDLF* 2019 chron. n°21 (www.revuedlf.com).

[1036] La distinction prend également en compte un critère organique si l'on en juge par la distinction faite entre les droits fondamentaux et les libertés publiques. V. note de bas de page 177.

Section 1- Le maintien du subjectivisme du droit de propriété par la consécration d'une large définition de son domaine

334. L'idée de nécessaire liberté de la personne dans l'appropriation des choses contenue dans la notion de droit fondamental est constante et assure le maintien du subjectivisme du droit de propriété à travers une large définition de son champ spatial, personnel et matériel. Sur le plan spatial, elle se manifeste d'une part par une garantie du droit de propriété par des instruments juridiques de portée constitutionnelle, continentale ou internationale ; d'autre part, à travers un élargissement des titulaires et de l'objet du droit de propriété. Ainsi, le droit subjectif de propriété a une consécration universelle (§ 1) et fait l'objet d'une large définition en ce qui concerne ses titulaires et son objet (§ 2).

§ 1- Le maintien du subjectivisme du droit de propriété par la consécration de son caractère universel

335. Le subjectivisme du droit de propriété puise sa source dans le caractère fondamental de ce droit en ce sens que la liberté dans l'appropriation des choses est une nécessité pour la personne voire un prolongement de cette personne. Cette vérité se traduit par une consécration universelle du droit de propriété. Cette consécration universelle fait que ce subjectivisme est une valeur commune à l'humanité même s'il peut varier de degré dans sa mise en œuvre. Le maintien du subjectivisme du droit de propriété est assuré par la nature fondamentale du droit de propriété qui conduit ce subjectivisme à avoir une assisse non seulement constitutionnelle (A), mais aussi internationale (B).

A- La consécration constitutionnelle du droit de propriété

336. L'article 544 du Code civil prévoit que : « *La propriété est le droit de jouir et disposer des choses de la manière la plus absolue, pourvu qu'on n'en fasse pas un usage prohibé par les lois ou par les règlements* ». Matériellement, cette disposition ne fait ressortir

« *qu'une partie du droit de propriété conçu comme liberté* »[1037]. Il s'agit de l'*usus*, du *fructus* et de l'*abusus*. Il ne dit rien sur la liberté ou non de devenir propriétaire, ni sur le titulaire du droit de propriété : est-il une personne physique ou une personne morale par exemple ? Cette disposition a vocation à désigner le contenu des prérogatives du propriétaire seulement lorsque la relation de propriété est déjà née. À telle enseigne que « *Formellement, cet article ne peut consacrer un droit fondamental, du simple fait qu'il est de nature législative* »[1038]. Ainsi, il ne constitue pas le fondement du caractère fondamental du droit de propriété.

337. Pour trouver ce fondement, il faut chercher dans les normes de valeur hiérarchiquement supérieure à la loi, en occurrence dans les normes de nature constitutionnelle. Autrement dit, le droit de propriété doit avoir une assise constitutionnelle. À ce propos, l'article 15 de la Constitution proclame : « *Le droit de propriété est garanti. Il ne saurait être exercé contrairement à l'utilité sociale de manière à porter préjudice à la sûreté, à la liberté, à l'existence ou à la propriété d'autrui. Il ne peut y être porté atteinte que dans les cas de nécessité publique constatés dans les formes légales. Nul ne saurait être privé de sa jouissance si ce n'est pour cause d'utilité publique et sous la condition d'une juste indemnisation fixée conformément à la loi. Cette indemnisation doit être préalable à l'expropriation sauf cas d'urgence ou de force majeure* ». Cette assise constitutionnelle protège mieux le droit de propriété. De même, cette protection constitutionnelle du droit de propriété emporte une garantie de même nature pour le subjectivisme ancré dans ce droit. Ainsi, le subjectivisme du droit de propriété a une reconnaissance constitutionnelle.

338. L'assise constitutionnelle est un particularisme du droit de propriété ; puisque les autres types de droits subjectifs qui peuvent exister sur un bien n'ont pas cette valeur constitutionnelle. Pour comprendre cette singularité du droit de propriété, « *l'épine dorsale du régime des biens* »[1039], il faut avoir à l'idée qu'elle est intimement liée à la protection de la personne et de sa liberté. En effet, « *La*

[1037] D. FALLON, *op. cit.*, p. 52.
[1038] *Ibid.*
[1039] R. LIBCHABER, « La propriété, droit fondamental », *op. cit.*, n°1031, p. 819.

propriété privée fait corps avec la personne et avec sa liberté »[1040]. En ce sens, elle se présente comme un droit inhérent à la nature de l'Homme, un droit naturel.

339. En droit français, à ses origines, l'idée de droit naturel de propriété apparait avec la Révolution française de 1789 qui « *a proclamé que la propriété individuelle était un droit de l'homme, complément indispensable du droit à la liberté* »[1041]. Cette conception est confirmée par la Déclaration des droits de l'homme et du citoyen en son article 2 qui dispose que : « *Le but de toute association politique est la conservation des droits naturels et imprescriptibles de l'homme. Ces droits sont la liberté, la propriété et la résistance à l'oppression* ». Du point de vue de la hiérarchisation des valeurs, « *Liberté et propriété sont ainsi mises sur le même plan. Tout l'effort du législateur révolutionnaire tendra à organiser, dans le domaine civil, à côté de la liberté des personnes, celle des propriétés* »[1042]. En effet, pour le législateur révolutionnaire, il n'y a « *Pas de liberté individuelle sans propriété individuelle* »[1043]. L'article 17 de la Déclaration parachève cette vision en proclamant : « *La propriété étant un droit inviolable et sacré, nul ne peut en être privé, si ce n'est lorsque la nécessité publique, légalement constatée, l'exige évidemment et sous la condition d'une juste et préalable indemnité* ». Ainsi, dans le principe, le droit révolutionnaire a marqué son attachement à une « *propriété individuelle [qui] prolonge la liberté individuelle* »[1044] et « *participe de la nature de l'Homme en ce qu'elle est le mode même de l'épanouissement des désirs individuels* »[1045].

340. Cette conception est restée fortement ancrée dans la tradition juridique française durant des siècles. En effet, près de deux siècles après, alors que « *les affaiblissements du statut idéologique de la propriété depuis la deuxième guerre mondiale conspiraient à ce qu'il soit tenu pour quantité presque négligeable : une prérogative de*

[1040] F. TERRE et Ph. SIMLER, *Droit civil. Les biens*, coll. « Précis », 9e éd., *op. cit.*, n°114, p. 126.
[1041] F. TERRE et Ph. SIMLER, *prec.*, n°80, p. 999.
[1042] *Ibid.*
[1043] F. TERRE et Ph. SIMLER, *préc.*, n°116, p. 127.
[1044] F. TERRE et Ph. SIMLER, *préc.*, n°117, p. 128.
[1045] R. LIBCHABER, « La propriété, droit fondamental », *op. cit.*, n°1031, p. 818.

possédant, davantage qu'un besoin individuel »[1046], le Conseil constitutionnel français s'est montré attaché à cette tradition du fondement libéral du droit de propriété lorsqu'il était appelé à se prononcer sur la conformité de la loi sur les nationalisations à la Constitution de 1958, ce qui impliquait celle du préambule de la Constitution de 1946 et de la Déclaration des droits de l'homme et du citoyen de 1789. Dans sa décision rendue le 16 janvier 1982, il a déclaré en substance « *que, si postérieurement à 1789 et jusqu'à nos jours, les finalités et les conditions d'exercice du droit de propriété ont subi une évolution caractérisée à la fois par une notable extension de son champ d'application à des domaines individuels nouveaux et par des limitations exigées par l'intérêt général, les principes mêmes énoncés par la Déclaration des droits de l'homme ont pleine valeur constitutionnelle tant en ce qui concerne le caractère fondamental du droit de propriété dont la conservation constitue l'un des buts de la société politique, et qui est mis au même rang que la liberté, la sûreté et la résistance à l'oppression, qu'en ce qui concerne les garanties données aux titulaires de ce droit et les prérogatives de la puissance publique* »[1047]. À l'analyse, on s'aperçoit que le Conseil constitutionnel français « *distingue bien le principe du droit de propriété comme droit fondamental et les prérogatives conférées aux titulaires de ce droit. Le droit de propriété est clairement envisagé comme une liberté* »[1048]. Cette décision « *témoigne bien de la vigueur maintenue de ce droit fondamental qu'est la propriété : si la volonté de nationaliser a été reconnue, la propriété a pesé de tout son poids de principe dans la décision du Conseil, au point de susciter la naissance d'une sorte de droit constitutionnel de la propriété* »[1049].

341. En outre, cette fidélité du juge constitutionnel français aux principes des idéaux révolutionnaires traduit « *le rôle fondateur de la propriété pour l'ordre social qui est le nôtre* »[1050]. En réalité, elle garantit dans les faits la protection judiciaire du caractère fondamental du droit de propriété parce que les décisions du Conseil

---

[1046] R. LIBCHABER, *préc.*, n°1032, p. 819.

[1047] C. const. fr., n°81-132 du 16 janvier 1982, *Rec.*, p. 18 ; *D.* 1983, 169 note L. HAMON, *JCP* 1982, II, 19 788 note Nguyen Quoc Vinh et Franck ; *Gaz. Pal.* 1982, 1, 67, note A. PIEDELIEVRE et J. DUPICHOT.

[1048] D. FALLON, *op. cit.*, p. 53.

[1049] R. LIBCHABER, « La propriété, droit fondamental », *op. cit.*, n°1032, p. 819.

[1050] *Ibid.*

constitutionnel s'imposent à toutes les juridictions de l'ordre administratif et de l'ordre judiciaire[1051]. En conséquence, son attachement au caractère fondamental du droit de propriété lie toutes les juridictions et assure concrètement la permanence de ce caractère fondamental. Il en résulte que logiquement la Cour de cassation française, la plus haute juridiction de l'ordre judiciaire, se conforme à cette position du juge constitutionnel en affirmant sans ambages que « *le droit de propriété est un droit fondamental de valeur constitutionnelle* »[1052] ou encore que « *le libre accès à sa propriété constitue un accessoire du droit de propriété, droit fondamental à valeur constitutionnelle* »[1053]. Il en est de même pour le Conseil d'Etat français pour qui le droit de propriété est une liberté fondamentale si bien qu'une atteinte à ce droit peut faire l'objet d'un référé-sauvegarde ou d'un référé-liberté[1054]. Dans cet ordre d'idées, cette juridiction supérieure de l'ordre administratif a pu juger, dans une ordonnance rendue le 23 février 2013, *Commune de Chirongui*, que : « *[...] sous réserve que la condition d'urgence soit remplie, il appartient au juge administratif des référés, [...], d'enjoindre à l'administration de faire cesser une atteinte grave et manifestement illégale au droit de propriété, lequel a le caractère d'une liberté fondamentale, quand bien même cette atteinte aurait le caractère d'une voie de fait* »[1055]. Ainsi, non seulement, le caractère fondamental du subjectivisme du droit de propriété a une assise constitutionnelle formelle, mais également une concrétisation judiciaire réelle. De la sorte, le subjectivisme de ce droit jouit d'une protection constitutionnelle.

342. Toutefois, le caractère fondamental, tel qu'il ressort de la constitution et de la jurisprudence, couvre seulement, dans son étendue, le principe de la propriété. Elle ne s'étend pas à la mise en œuvre des prérogatives du propriétaire. En d'autres termes, le caractère fondamental s'attache seulement aux caractères naturel et

---

1051 J.-E. GICQUEL, « La dimension constitutionnelle des libertés et droits fondamentaux », CABRILLAC R., (dir.), *Libertés et droits fondamentaux*, 21e éd., Paris, Dalloz, 2015, n°199 et s., p. 111 et s.

1052 C. cass. fr. civ. 1re, 4 janvier 1995, *Bull. civ.* I, n°3 ; *D.* 1995. Somm. 328, obs. M. GRIMALDI, *JCP* 1995, II, 1468, obs. Ph. SIMLER.

1053 Cass. fr. Civ. 1re, 28 novembre 2006, *JCP*, I, p. 117, n°2, obs. H. PERINET-MARQUET

1054 D. FALLON, *op. cit.*, p. 53.

1055 Cité par D. FALLON, *op. cit.*, p. 53.

imprescriptible du droit de propriété[1056] en tant qu'il est le corollaire de la liberté de la personne et nécessaire à son épanouissement. Ce caractère fondamental ne couvre pas l'absoluité de l'usage du droit de propriété dont l'effectivité au sens strict ne serait rien d'autre qu'une négation d'autres libertés fondamentales constitutionnellement garanties telles que la liberté d'aller et venir, le respect de la vie privée, l'inviolabilité du domicile, la liberté d'entreprendre *etc.*[1057] C'est pourquoi en réalité *« le Conseil [constitutionnel] protège bien davantage la propriété dans son principe, que les droits du propriétaire, à la vérité sacrifiés sans scrupules en cas de besoin »*[1058]. Pour cette raison également, l'orientation sociale du droit de propriété dans sa mise en œuvre ne remet pas en cause son caractère fondamental.

343. Néanmoins, la distinction entre le principe du droit de propriété qui a un caractère fondamental et les prérogatives du propriétaire qui n'auraient pas ce caractère peut priver le droit de propriété de l'intérêt de ce caractère fondamental si les atteintes aux prérogatives sont trop importantes. En réalité, les prérogatives et le principe du droit de propriété doivent évoluer en symbiose et non en vase clos. La protection des premières donnent son intérêt au second. C'est pourquoi, il parait judicieux que ces prérogatives jouissent d'un certain degré de protection. Et la première des protections résulte de la constitution elle-même qui encadre le droit de propriété et détermine les cas dans lesquels il peut y être porté atteinte[1059]. Cette protection est assurée judiciairement par le juge constitutionnel qui détermine par ses décisions l'orientation des juges judiciaire et administratif.

Mais, l'assise du droit de propriété dépasse le seul cadre constitutionnel et semble avoir une consolidation internationale[1060].

[1056] D. FALLON, *op. cit.*, p. 52.

[1057] Toutefois, ces libertés n'ont pas révolutionné le droit civil patrimonial en général et le droit de propriété en particulier. V. MILLEVILLE S., «Droit civil patrimonial et libertés : influences réciproques», *RDLF* 2017, Chron. n° 03 (www.revuedlf.com).

[1058] R. LIBCHABER, « La propriété, droit fondamental », *op. cit.*, n°1032, p. 820.

[1059] Art. 15 de la Constitution.

[1060] N. REBOUL-MAUPIN, *op. cit.*, n°225 et s., p. 164 et s.

B- La consécration internationale du droit de propriété

344. En tant que droit fondamental attaché à la personne, le droit de propriété est l'un des rares droits subjectifs à figurer dans les déclarations de droits fondamentaux ou dans les constitutions. Ce constat se confirme à l'analyse des dispositions des conventions sous régionales ou internationales. Cette singularité montre bien que le subjectivisme du droit de propriété jouit d'une portée ou d'une protection internationale. Cette particularité semble viser indirectement la protection de la personne en ce qu'elle a besoin pour s'épanouir d'une certaine liberté de principe dans sa relation aux choses, preuve de sa liberté personnelle. La consécration internationale du droit de propriété tient compte de cette vérité à la fois historique[1061] et universelle. De manière non exhaustive, la consécration de l'assise internationale du droit de propriété tire son fondement de plusieurs instruments.

345. Au plan africain, il faut rappeler qu'il n'y a pas si longtemps encore le droit de propriété était un concept coutumier eu égard à l'oralité et à l'absence d'écrit. Ce concept était caractérisé par la distinction entre les biens meubles sur lesquels la propriété privée individuelle ou collective était admise et les choses immobilières sur lesquelles la propriété collective semblait seule concevable[1062]. Mais, ni cette dépendance de la titularité du droit de propriété à la nature de son objet, ni les autres caractéristiques de ce concept ne remettent en cause le fait que dans son principe la propriété semblait à la portée de tous. Dès lors, au regard du mode de vie des sociétés traditionnelles africaines en communautés, familles, tribus ou villages, on comprend que la propriété individuelle des biens meubles soit conçue comme fondamentale à la vie de l'individu pour son épanouissement personnel. Par contre, les modes de production ou d'exploitation de la terre en collectivités ou comme moyen de subsistance rendaient inefficaces ou inopportuns la propriété individuelle de la terre et justifiaient le caractère fondamental de son appropriation collective par le groupe. Ce caractère fondamental et l'originalité de ce concept coutumier de propriété résultaient également du régime juridique de la terre. En effet, « *C'est surtout au sujet du régime juridique de la terre*

[1061] J.-M. E. PORTALIS, *op. cit.*, p.112-113.
[1062] Cf. *Supra* n°271 et s.

que se manifeste l'originalité des droits africains. Traditionnellement la terre africaine n'est pas considérée comme étant susceptible d'appropriation privée »[1063]. Toutefois, l'introduction des cultures de rente s'accommodait mal avec le concept coutumier de propriété[1064]. Ainsi, le droit de propriété avait bien un caractère fondamental pour les sociétés traditionnelles africaines.

Le contexte contemporain est bien différent. En effet, il est marqué par l'individualisme et la recherche du profit personnel présentés comme des besoins fondamentaux auxquels le discours du droit répond par la reconnaissance de la nature fondamentale du droit de propriété individuel. La consolidation de la nature fondamentale du droit de propriété résulte de l'article 14 de la Charte africaine des droits de l'homme et des peuples qui dispose : « *Le droit de propriété est garanti. Il ne peut y être porté atteinte que par nécessité publique ou dans l'intérêt général de la collectivité, ce, conformément aux dispositions des lois appropriées* ». Cette charte tient compte de la singularité du contexte africain caractérisée par la primauté de l'idée de communauté[1065] d'une part, déjà par son titre évocateur qui lie les droits de l'individu à ceux des peuples, d'autre part par l'affirmation expresse des devoirs de l'individu concomitamment à la reconnaissance de ses droits[1066].

346. Au plan européen, si dans la tradition juridique française le caractère fondamental du droit de propriété est une évidence qui a valeur constitutionnelle et jouit d'une protection judiciaire appropriée, la conception ne semble pas homogène au niveau continental. En effet, le droit de propriété n'est pas consacré par la Convention européenne des droits de l'homme. Mais, elle trouve sa source dans le Protocole additionnel n°1 à ladite Convention dont l'article 1er prévoit que : « *Toute personne physique ou morale a droit au respect de ses biens. Nul ne peut être privé de sa propriété que pour cause d'utilité*

1063 F. TERRE et Ph. SIMLER, *Droit civil. Les biens*, coll. « Précis », 9e éd., *op. cit.*, n°90, p. 107.
1064 A. A. MAZRUI et Ch. WONDJI, (dir.), *op. cit.*, p. 710-711.
1065 Cf. *Supra* n°255 et s.
1066 Art. 27 et suivants de la Charte. Ainsi, à titre illustratif, on peut lire à l'article 27 « 1. *Chaque individu a des devoirs envers la famille et la société, envers l'Etat et les autres collectivités légalement reconnues et envers la Communauté internationale.*
2. Les droits et les libertés de chaque personne s'exercent dans le respect du droit d'autrui, de la sécurité collective, de la morale et de l'intérêt commun ».

publique et dans les conditions prévues par la loi et les principes généraux du droit international ». C'est en réalité l'absence de conception homogène relativement au caractère fondamental du droit de propriété qui a conduit à ce que l'instrument utilisé soit le Protocole, comme une sorte de concession finalement acceptée après moult débats, et non la Convention elle-même. En fait, certains Etats parties craignaient que la consécration du droit de propriété dans la Convention lui confère une nature fondamentale, à l'instar de la conception française, susceptible d'entraver leur volonté de mise en œuvre de politiques sociales. Ainsi, l'article 1er du Protocole additionnel n°1 à Convention européenne des droits de l'homme « *résulte d'un compromis. Le Royaume-Uni et la Suède, en particulier, ont craint que consacrer le droit de propriété dans la Convention ne limite trop la possibilité pour les Etats de mettre en œuvre des programmes de nationalisation des industries à des fins politiques et sociales* »[1067].

De même, sur le fondement des mêmes craintes, cet article n'utilise pas expressément la notion de droit de propriété mais plutôt celle de biens. Cependant, la Cour européenne des droits de l'homme a précisé qu'il s'agissait bien du droit de propriété. En effet, dans son arrêt rendu le 13 juin 1979, Marckx c/ Belgique, elle a précisé que « *le droit de disposer de ses biens constitue un élément traditionnel fondamental du droit de propriété* »[1068]. Ainsi, nonobstant quelques résistances ou prudences observées dans un premier temps, il est désormais aisé d'affirmer qu'au plan européen, le droit subjectif de propriété a également un caractère fondamental.

347. Par ailleurs, plus globalement, à l'échelle internationale, le droit subjectif de propriété figure dans la Déclaration universelle des droits de l'homme de 1948. En effet, l'article 17 de cette Déclaration énonce que : « *1. Toute personne, aussi bien seule qu'en collectivité, a droit à la propriété. 2. Nul ne peut être arbitrairement privé de sa propriété* ». Il en résulte que pour la communauté internationale, le droit à la propriété et corrélativement la protection de cette propriété contre toute privation arbitraire ont un caractère universel et fondamental tant pour la personne que pour la collectivité. L'effectivité de ce caractère est favorisé par le particularisme de la règle internationale protectrice des droits de l'homme en ce qu'elle

---

[1067] D. FALLON, *op. cit.*, p. 54.
[1068] Cité par D. FALLON, *op. cit.*, p. 54.

n'est pas une règle comme les autres puisque « *elle n'est pas soumise au principe de réciprocité et elle bénéficie d'une présomption d'applicabilité directe* »[1069]. « *La neutralisation de cette condition de réciprocité illustre ainsi ce que l'on appelle parfois le caractère objectif des droits de l'homme* »[1070]. Cette dimension de droit de l'homme de la propriété, dont l'affirmation parait chronologiquement antérieure à certaines conventions continentales comme la Charte africaine des droits de l'homme et des peuples[1071], traduit le caractère fondamental de la propriété pour la communauté internationale.

348. Ainsi, le droit subjectif de propriété n'a pas seulement une portée fondamentale nationale ou constitutionnelle : il a également une portée internationale. Ce caractère découle de la nature des instruments qui le garantissent. En effet, le simple fait que le droit de propriété figure dans une norme de valeur constitutionnelle ou dans une convention continentale ou internationale exprime, sans conteste, l'importance qu'il représente ou son caractère fondamental pour l'épanouissement de la personne. Cette consécration universelle constitue une singularité du droit de propriété qui fait que dans l'imaginaire collectif sa protection va de pair avec la protection de la personne ce qui lui confère une force de maintien, nonobstant les nombreuses limitations dont il fait l'objet.

Ce maintien du subjectivisme du droit de propriété par la consécration universelle de son caractère fondamental se manifeste également par une large définition de son étendue quant aux biens et aux titulaires.

§ 2- Le maintien du subjectivisme du droit de propriété par une large définition de ses domaines personnel et matériel

349. Le droit subjectif de propriété a la particularité de faire l'objet d'une consécration universelle, preuve sans doute de son

---

[1069] F. SUDRE, « La dimension internationale et européenne des libertés et droits fondamentaux », R. CABRILLAC, M.-A. FRISON-ROCHE et Th. REVET, (dir.) *Libertés et droits fondamentaux*, 6e éd., *op.cit.*, n°75, p. 39.

[1070] F. MARCHANDIER et J.-P.MARGUENAUD, « La dimension internationale et européenne des libertés et droits fondamentaux », CABRILLAC R., (dir.), *Libertés et droits fondamentaux*, 21e éd., *op.cit.*, n°94, p. 43.

[1071] La Charte africaine des droits de l'homme et des peuples est de 1982 alors que la Déclaration universelle est de 1948.

caractère fondamental. Ce caractère fondamental se révèle également par une large définition des titulaires du droit de propriété (A) et une extension des biens que ce droit peut avoir pour objet (B). Autrement dit, les domaines personnel et matériel du subjectivisme du droit de propriété sont définis assez largement.

A- Une large définition des titulaires du droit de propriété

350. De son évolution d'un droit de l'homme à un droit fondamental[1072], le droit de propriété a élargi le champ des personnes qui peuvent en être titulaires. En effet, il s'applique aussi bien aux personnes physiques qu'aux personnes morales. Toutefois, le droit de propriété n'est pas reconnu à l'animal étant donné que celui-ci n'a pas de personnalité juridique même s'il jouit d'une protection grandissante.

351. Concernant les personnes physiques, la notion de propriété entendue comme un droit naturel ou un droit de l'homme convient bien[1073]. En effet, sous cet angle, le droit de propriété est un attribut de la personne humaine, être de chair doté de la personnalité juridique et titulaire de droits et d'obligations. La référence à l'homme, en tant qu'être de chair, dans cette notion exclut les personnes morales. Si bien que pour les inclure, il convient de trouver un terme dont l'usage serait commode tant aux personnes physiques qu'aux personnes morales. À cette fin, la conception de la propriété non pas seulement en tant que droit de l'homme, mais aussi en tant que droit fondamental parait appropriée. Ainsi, la notion de droit fondamental autorise sans difficulté d'attribuer aux personnes morales la faculté d'être titulaires de droit de propriété sans remettre en cause la notion de droit de propriété en tant que droit de l'homme lorsqu'il s'agit d'évoquer la propriété d'une personne physique.

352. S'agissant justement des personnes morales, c'est à leur égard que la notion de droit fondamental convient le mieux. Elles poursuivent un but et sont titulaires en principe d'une personnalité juridique[1074]. De ce fait, le droit de propriété parait fondamental pour

---

[1072] D. FALLON, *op. cit.*, p. 51 et s.

[1073] D. FALLON, *op. cit.*, p. 51.

[1074] Cass. fr. 2e civ., 28 janvier 1954 : *D.* 1954, p. 217, note G. LEVASSEUR : « *La personnalité civile n'est pas une création de la loi ; elle appartient, en principe, à*

les personnes morales afin de leur permettre de réaliser leur objet. Mais, sur ce plan, une distinction s'avère indispensable entre les personnes morales de droit privée et les personnes morales de droit public. En effet, si la reconnaissance de la propriété des personnes morales de droit privé ne semble pas souffrir de contestations, il en est autrement pour celles de droit public. En effet, la propriété des personnes publiques sur les biens de leur domaine privé est quasiment admise. Par contre, elle fait l'objet de controverse lorsqu'il s'agit des biens de leur domaine public. Certains auteurs notamment ceux du XIXe siècle rejettent l'idée d'une telle propriété, tandis d'autres l'admettent[1075].

Les thèses hostiles à l'idée d'une propriété des personnes publiques sur leur domaine public avancent l'idée que ce domaine ne peut être conçu comme un objet de propriété pour l'administration qui n'a ni l'*usus* lequel revient au public, ni le *fructus* lequel n'existe pas, ni l'*abusus* en raison du fait que les biens de ce domaine sont inaliénables. D'une part, ces thèses puisent leur argument dans la rédaction du code civil de 1804, notamment ses articles 538 à 541 qui prévoient que certaines dépendances du domaine public « *ne sont pas susceptibles d'une propriété privée* »[1076]. D'autre part, elles estiment que l'idée de propriété sur le domaine public est inutile et serait une transposition de concepts civilistes dans le droit public. Elles suggèrent plutôt l'idée d'affectation et de patrimoine-but, car pour elles il suffit « *d'énoncer la norme selon laquelle les agents publics sont compétents, et uniquement compétents, pour accomplir à l'égard du domaine tous les actes conformes à son affectation*»[1077].

La thèse de la propriété des personnes publiques sur leur domaine public, développée par Hauriou, postule d'une part, que les différences entre la propriété privée individualiste et la domanialité publique ne sont pas absolues et que la première évolue vers un

---

tout groupement pourvu d'une possibilité d'expression collective pour la défense d'intérêts licites, dignes, par suite, d'être juridiquement reconnus et protégés ».

[1075] Y. GAUDEMET, *Traité de droit administratif. t. 2, Droit administratif des biens*, *op. cit.*, n°10, p. 16.

[1076] Art. 538 C. civ. : « *Les chemins, routes et rues à la charge de l'Etat, les fleuves et rivières navigables ou flottables, les rivages, lais et relais de la mer, les ports, les havres, les rades, et généralement les portions du territoire [...]qui ne sont pas susceptibles d'une propriété privée, sont considérés comme des dépendances du domaine public* ».

[1077] Y. GAUDEMET, *Traité de droit administratif. t. 2, Droit administratif des biens*, *op. cit.*, n°12, p. 17.

régime moins individualiste et moins absolu. En effet, les attributs classiques du droit de propriété ne sont pas totalement absents dans la domanialité publique. L'*usus* existe pour le domaine affecté aux services publics, le *fructus* est perceptible dans les revenus et utilités diverses que tirent ces personnes publiques de leur domaine public et l'inaliénabilité, qui est la preuve de la propriété, se révèle lors de la désaffectation du domaine public permettant ainsi l'aliénation et le transfert d'une propriété qui en réalité préexistait[1078]. En outre, pour cette thèse, cette idée de propriété du domaine public est utile et permet de répondre à de nombreuses questions pouvant se poser à l'occasion de sa gestion. Ces questions sont notamment relatives à la charge de l'entretien, à la charge des dommages et à l'attribution des revenus[1079]. Par ailleurs, les partisans de cette thèse font remarquer que la jurisprudence administrative fait référence à la notion de propriété ou applique au domaine public des règles et techniques empruntées à cette institution en général. Il s'agit à titre illustratif de l'action en revendication[1080], des actions possessoires[1081], de la mitoyenneté au bénéfice du domaine public[1082], de l'acquisition des alluvions[1083], de la théorie de l'accession[1084], de la perception des fruits naturels[1085] ou encore de l'appropriation du trésor trouvé[1086]. Ainsi, pour cette thèse, l'application de la propriété aux personnes publiques est possible en ce que les différences avec la propriété privée ne sont pas absolues et qu'en plus la notion est utile[1087]. En ce sens, il existe même en France un Code général de la propriété des personnes publiques.

353. Toutefois, la propriété publique ne peut occulter le particularisme des personnes publiques[1088]. Avec ses particularités, la « *propriété administrative* » peut exister à côté de la propriété privée

---

[1078] Y. GAUDEMET, *préc.*, n°14, p. 18.
[1079] Y. GAUDEMET, *préc.*, n°14, p. 19.
[1080] C. cass. fr. 11 juillet 1892, *S.* 1893. I, p. 39.
[1081] C. cass. fr. 6 juillet 1896, *D.* 1896. I, p. 252.
[1082] C. cass. fr. 14 février 1900, *D.*, 1896. I, p. 593.
[1083] C. cass. fr. 12 décembre 1832, *S.*, 1833, I, p. 35.
[1084] C. E. fr. 7 mai 1931, *Compagnie nouvelle des chalets de commodité*, *Rec. Lebon*, p. 491.
[1085] C. E. fr., 24 février 1911, *Jacquemin*, *S.* 1912. II, p. 73.
[1086] C. E. fr., 17 janvier 1923, *Piccioli*, *S.* 1925. II, p. 17.
[1087] Y. GAUDEMET, *préc.*, n°14 et s., p. 19 et s.
[1088] J.-F. GIACUZZO, « Le particularisme de la propriété publique », M. BOUDOT et D. VEILLON (dir.), *op.cit.*, p. 103 et s.

comme le contrat administratif existe à côte du contrat privé[1089]. Le particularisme de la propriété des personnes publiques tient en deux éléments portés vers l'objectivisme et qui réduisent en conséquence le subjectivisme de la propriété publique.

Tout d'abord, la propriété publique est caractérisée par son insaisissabilité et son imprescriptibilité. En effet, la règle de l'insaisissabilité signifie qu'il est impossible de recourir aux procédures et voies d'exécution civiles ou de droit privé contre les personnes publiques[1090]. L'imprescriptibilité indique que la propriété des biens du domaine public ne peut pas se perdre par l'écoulement du temps. Si cette dernière règle n'est pas propre au domaine public, elle y trouve cependant une spécificité d'application lorsqu'elle se couple à la règle de l'inaliénabilité. En effet, elle fait obstacle à l'application de la maxime « *en fait de meuble, la possession vaut titre* ». Le Conseil Constitutionnel français estime que l'inapplication de cette maxime aux biens mobiliers du domaine public est conforme à la Constitution[1091]. Ces règles placent le bien du domaine public dans une situation privilégiée ce qui peut paraitre critiquable surtout lorsqu'est en cause l'activité économique des personnes publiques. Cette règle a un fondement organique plutôt que fonctionnel[1092]. Mais, la notion d'insaisissabilité n'est pas propre aux biens du domaine public puisque certains biens du domaine privé ou des personnes privées peuvent également être insaisissables soit de manière involontaire par une prescription de la loi, soit de manière volontaire par une permission de la loi[1093].

Ensuite, le particularisme de la propriété publique réside dans la règle de l'incessibilité à vil prix[1094]. En vertu de cette règle un bien

---

1089 Y. GAUDEMET, *Traité de droit administratif. t. 2, Droit administratif des biens*, *op. cit.*, n°22, p. 22.

1090 J.-F. GIACUZZO, *op. cit.*, p. 113.

1091 W. DROSS, « L'application de la maxime « en fait de meuble, la possession vaut titre » aux biens du domaine public mobilier », note sous Cons. Const. fr., 26 octobre 2018, n°2018-743, QPC, Sté Brimo de Laroussilhe, *RTD Civ.* 2019, p. 145-148. L'auteur reproche à l'inaliénabilité et à l'imprescriptibilité de priver l'acquéreur de bonne foi d'un meuble domanial du bénéfice de cette maxime et d'attenter à la sécurité des transactions tout en méconnaissant le droit à la protection des situations légalement acquises.

1092 J.-F. GIACUZZO, *op. cit.*, p. 113.

1093 S. MILLEVILLE, *Les restrictions au droit de disposer*, *op. cit*, n°629 et s., p.387 et s.

1094 Y. GAUDEMET, *préc.*, n°24 et s., p. 23 et s.

du domaine public ne peut pas quitter le patrimoine de la personne publique sans une contrepartie suffisante[1095]. Selon le juge constitutionnel français, cette règle a une valeur constitutionnelle. Il l'a affirmée à l'occasion du contrôle de la « *Loi autorisant le gouvernement à prendre diverses mesures d'ordre économique et social* » en ces termes : « *la Constitution s'oppose à ce que des biens ou des entreprises faisant partie de patrimoines publics soient cédés à des personnes poursuivant des fins d'intérêt privé pour des prix inférieurs à leur valeur ; que cette règle découle du principe d'égalité invoqué par les députés auteurs de la saisine ; qu'elle ne trouve pas moins un fondement dans les dispositions de la Déclaration des Droits de l'Homme de 1789 relatives au droit de propriété et à la protection qui lui est due ; que cette protection ne concerne pas seulement la propriété privée des particuliers mais aussi, à un titre égal, la propriété de l'Etat et des autres personnes publiques* »[1096].

On peut remarquer également que cette règle de l'incessibilité à vil prix n'est pas strictement propre au domaine public puisque « *le juge judiciaire ne fait pas autre chose lorsqu'il apprécie les cessions de biens de personnes morales à un prix inférieur à leur valeur. Menée sur le terrain du droit des obligations, son appréciation le pousse peut-être à rechercher l'absence de cause du contrat de vente* »[1097]. En ce sens, « *la propriété publique ne présente pas de particularisme fondamental. Comme la propriété privée, elle est une maitrise exercée sur des biens dans le cadre des lois et règlements* »[1098]. Néanmoins, si la propriété publique ne présente pas fondamentalement une différence avec la propriété privée, il faut reconnaitre que les limitations des lois et règlements qui lui sont soumises paraissent encore plus exigeantes que celles qui frappent la propriété privée. Cela dit, le subjectivisme de la propriété publique est beaucoup plus limité que celui de la propriété privée. Le bien-fondé de cette particularité réside sans doute dans l'action administrative soumises à des sujétions particulières et bénéficiant corrélativement de prérogatives exorbitantes du droit commun.

354. Enfin, une précision s'impose : le droit de propriété s'applique seulement aux personnes. Il ne s'applique pas aux

---

[1095] J.-F. GIACUZZO, *op. cit.*, p. 115.
[1096] C. const. Fr. déc. 86-207 DC, 26 juin 1986, *Rec.* 1986 p. 61.
[1097] J.-F. GIACUZZO, *op. cit.*, p. 117.
[1098] J.-F. GIACUZZO, *op. cit.*, p. 128.

animaux. En effet, n'ayant pas de personnalité juridique, les animaux ne sont pas aptes à être titulaires de droit et d'obligation[1099]. En conséquence, ils ne peuvent pas être titulaires d'un droit de propriété. Ils sont plutôt objets de propriété[1100].

355. Ainsi, le droit de propriété n'est pas seulement l'apanage des personnes physiques. Il n'est pas seulement un droit de l'homme. Il est également un droit fondamental pour les personnes morales tant de droit privé que de droit public. Ce caractère fondamental du droit de propriété est lié à la liberté de ces personnes indispensable à l'expression de leur personnalité juridique. Cela dit, le subjectivisme du droit de propriété lui est intimement lié et est commun tant à la propriété des personnes physiques que des personnes morales. Toutefois, au regard de la spécificité ou du particularisme de la propriété des personnes publiques, ce subjectivisme est plus réduit.

L'étendue du droit de propriété n'est pas que personnelle. En tant que droit fondamental, il a également connu une extension de son champ d'application matériel.

B- Une large définition des biens protégés par le droit de propriété

356. En tant que droit fondamental, le droit de propriété a connu un élargissement de son champ matériel d'application. En effet, si traditionnellement il s'appliquait à des biens ayant pour la plupart une nature corporelle, le droit de propriété s'est étendu à des biens nouveaux. Ces derniers sont dotés d'une nature immatérielle[1101]. La liberté du propriétaire a ainsi gagné des terrains nouveaux, preuve de son maintien en dépit des limitations (1). Ce subjectivisme, tout comme le régime juridique, varie en fonction de la nature de l'objet du droit de propriété. En revanche, le droit de propriété ne s'applique pas au corps humain et aux choses dépourvues de valeur (2).

1) L'élargissement des biens susceptibles d'appropriation

357. La notion de bien est difficile à définir[1102] au regard de la diversité des valeurs qu'elle peut embrasser et des relations qu'elle

---

[1099] Cf. *Supra* n°47 et s.
[1100] F. MARCHADIER, « L'animal, objet de propriété ? », *op. cit.*, p. 97 et s.
[1101] F. ZENATI, « Pour une rénovation de la théorie de la propriété », *op. cit.*, p. 305 et s.
[1102] C. GRZEGORCZYK, « Le concept de bien juridique : l'impossible définition ? », *APD*, t. 24, *Les biens et les choses*, Sirey 1979, p. 259-272.

entretient à la fois avec la propriété et le patrimoine. Classiquement, les biens sont définis comme « *toutes les choses qui, pouvant procurer à l'homme une certaine utilité, sont susceptibles d'appropriation privée* »[1103]. Aujourd'hui, le lien avec l'appropriation ne semble pas trop exigé au regard des controverses sur la théorie de la propriété[1104]. En effet, la caractéristique des biens semble être leur patrimonialité et leur cessibilité même si la frontière entre le patrimonial et l'extrapatrimonial est fluctuant[1105]. Ainsi, « *Sont biens, [...], toutes choses, corporelles ou incorporelles, qui, dans un ordre juridique doté d'un système normatif, représentent une valeur estimable et sont dans le commerce juridique. Le propre des biens est leur patrimonialité et leur cessibilité* »[1106].

De même, si classiquement, une distinction est faite entre les choses ou les biens et les droits, cette distinction semble s'estomper, l'intérêt étant davantage porté sur les droits considérés comme des biens. En fait, « *ordinairement, les « biens » désignent en premier lieu des choses, c'est-à-dire surtout les choses matérielles. Mais tout lien entre des personnes et des choses implique une idée d'attribution, ou d'appropriation et de pouvoirs. Les choses ne sont utiles à l'homme que lorsqu'il peut s'en servir, en profiter et exercer sur elles certaines prérogatives. Elles ne sont des biens que si elles sont objets de droits exprimant les pouvoirs que des personnes détiennent sur elles. Ce sont donc les droits portant sur les choses qui leur confèrent leur utilité et leur valeur économique, leur aptitude à des échanges au sens économique, autrement dit leur prix. La notion de « biens » est ainsi dominée par celle de droits relatifs aux choses et désigne en réalité surtout les droits qui portent sur les choses, plutôt que les choses elles-mêmes. Autrement dit, les droits ne seraient plus les choses elles-mêmes, mais les droits portant sur les choses car il y a nécessairement des droits qui relient les choses à leurs titulaires et qui semblent plus importants que les choses sur lesquels ils portent [...] Les biens, au sens large, sont dès lors essentiellement des droits ayant une valeur économique, mais qui ne supposent pas nécessairement le support matériel d'une chose corporelle. Ainsi entendu, le concept de « bien »*

1103 G. BAUDRY-LACANTINERIE, *Précis de droit civil*, Paris, Sirey, 1922, n°1269.
1104 Cf. *Infra* n°397 et s.
1105 Ph. SIMLER, « Propos conclusifs », L. LEVENEUR (dir.), *Les « nouveaux » biens. Nouvelles qualifications ou nouveaux régimes* ?, *op.cit*., p. 127.
1106 Ph. SIMLER, *préc*., p. 129.

s'applique à des droits portant sur des choses comme à des droits de créance qu'une personne peut avoir à l'encontre d'une autre»[1107].

La définition classique du bien s'accommode aisément avec les biens classiques, lesquels sont essentiellement des choses, et la définition classique du droit de propriété en tant que droit réel. Cependant, la multiplication des biens immatériels comme les créances, droits personnels, emmènent à s'interroger sur la théorie de la propriété : droit réel ou relation d'appartenance d'un bien au patrimoine d'une personne ?[1108]

358. Traditionnellement, le droit de propriété est conçu comme un droit sur des biens corporels. « *Les biens corporels ont une réalité physique. Ce sont l'ensemble des biens tangibles ceux qui peuvent être saisis par l'homme, par la vue et par le toucher. Ils sont susceptibles d'appréhension physique. Une particularité majeure des biens corporels réside dans ce qu'ils incluent les choses de la nature, alors que les biens incorporels sont nécessairement des biens de création humaine* »[1109]. Les biens corporels peuvent être meubles ou immeubles. Parmi, les biens meubles corporels, on compte les meubles par nature, les meubles par anticipation, les biens sans maitre ou *res nullius*, les biens abandonnés ou *res derelictae* et le trésor défini par l'alinéa 2 de l'article 716 du Code civil comme *« toute chose cachée ou enfouie sur laquelle personne ne peut justifier sa propriété, et qui est découverte par le pur effet du hasard »*. Dans la catégorie des biens immeubles corporels, on cite les immeubles par nature et les immeubles par destination. L'exercice du droit de propriété sur ces biens corporels traditionnels s'opère d'une manière plus concrète, d'une manière réelle. En effet, ces biens ont l'avantage de mettre directement et physiquement en relation le propriétaire et le bien de manière plus ou moins visible ou sensible. L'exercice de la liberté du propriétaire sur la chose est réel et mieux perceptible par les sens. Le propriétaire est directement en contact avec ces biens corporels. Il en a, à la fois, la maitrise physique et juridique si bien qu'ils lui offrent un cadre plus sensible à l'expression de sa liberté[1110] dans la limite bien sûr des lois et règlements.

[1107] J.-L. BERGEL, S. CIMAMONTI, J.-M. ROUX, L. TRANCHANT, *Les biens*, coll. « Traités », 3e éd., Paris, LGDJ, 2019, n°1, p. 7-8.

[1108] Cf. *Infra* n°397 et s.

[1109] N. REBOUL-MAUPIN, *op. cit.*, n°95, p. 59.

[1110] Cf. *Infra* n°490 et s.

359. Relativement aux biens immatériels, ce sont ceux qui « *ne peuvent être concrètement et matériellement appréhendés* »[1111]. Le code civil a prévu dès 1804, certains biens incorporels comme les immeubles par l'objet auquel ils s'appliquent[1112]. La doctrine semble mettre également dans cette catégorie d'immeubles, les créances immobilières qui sont pourtant inconnues de l'article 526 du Code civil[1113]. De plus, comme biens incorporels, le Code civil a prévu aux articles 529[1114] et 530[1115] les meubles par détermination de la loi. Par ailleurs, sous l'impulsion des activités économiques, le droit de propriété a connu une évolution au cours de laquelle il a vu son champ de l'incorporel s'agrandit considérablement allant du vivant[1116] aux quotas d'émission de gaz à effet de serre[1117]. En effet, la propriété industrielle, la propriété littéraire et artistique, en un mot les propriétés

---

[1111] N. REBOUL-MAUPIN, *op. cit.*, n°105, p. 61.

[1112] Art. 526 C. civ. « *Sont immeubles, par l'objet auquel ils s'appliquent :*
- l'usufruit des choses immobilières ;
- les servitudes ou services fonciers ;
- les actions qui tendent à revendiquer un immeuble ».

[1113] N. REBOUL-MAUPIN, *op. cit.*, n°65, p. 52.

[1114] Art. 529 C. civ. « *Sont meubles par la détermination de la loi les obligations et actions qui ont pour objet des sommes exigibles ou des effets mobiliers, les actions ou intérêts dans les compagnies de finance, de commerce ou d'industrie, encore que des immeubles dépendant de ces entreprises appartiennent aux compagnies. Ces actions ou intérêts sont réputés meubles à l'égard de chaque associé seulement, tant que dure la société.*
Sont aussi meubles par la détermination de la loi, les rentes perpétuelles ».

[1115] Art. 530 C. civ. « *Toute rente établie à perpétuité pour le prix de la vente d'un immeuble, ou comme condition de la cession à titre onéreux ou gratuit d'un fonds immobilier, est essentiellement rachetable.*
Il est néanmoins permis au créancier de régler les clauses et conditions du rachat.
Il lui est aussi permis de stipuler que la rente ne pourra lui être remboursée qu'après un certain terme, lequel ne peut jamais excéder trente ans : toute stipulation contraire est nulle ».

[1116] Ainsi en est-il, en France, de l'appropriation du vivant à travers le brevet et le droit de la propriété industrielle : J.-Ch. GALLOUX, « Les ressources naturelles appropriées : l'exemple du vivant breveté », L. LEVENEUR (dir.), *op. cit.*, p. 93-100.

[1117] « *Les titres incarnés par les quotas correspondent bien à des biens incorporels* [...] *susceptibles d'appropriation* » : Ch. HUGLO, « Les ressources naturelles valorisées : l'exemple des quotas d'émission de gaz à effet de serre », L. LEVENEUR (dir.), *op. cit.*, p. 106.

intellectuelles se présentant sous la forme de monopoles d'exploitations, se sont multipliées[1118].

360. Cette extension du champ d'application du droit de propriété et donc de son subjectivisme n'a pas échappé au Conseil Constitutionnel français. En effet, dans sa décision du 16 janvier 1982, il a souligné que « *postérieurement à 1789 et jusqu'à nos jours, les finalités et les conditions d'exercice du droit de propriété ont subi une évolution caractérisée à la fois par une notable extension de son champ d'application à des domaines individuels nouveaux et par des limitations exigées par l'intérêt général* »[1119]. Cette « *notable extension* » du droit de propriété a justifié parallèlement une extension de sa protection constitutionnelle[1120]. Ainsi, le Conseil constitutionnel français a reconnu une protection constitutionnelle de la propriété industrielle et de la propriété commerciale, du droit d'auteur et des droits voisins[1121]. Mais cette extension a des limites. En effet, ce Conseil n'étend pas la protection de l'article 17 de la Déclaration des droits de l'homme et du citoyen aux autorisations d'exploiter des services de transport public de personnes, à certains droits à pension de retraite ou au monopole des offices ministériels[1122]. Il n'est pas, par ailleurs, très explicite sur la question de la propriété des créances[1123].

En revanche, la Cour européenne de droits de l'homme qualifie les créances de biens et y voit un droit de propriété[1124]. Mais, les incertitudes des décisions de cette dernière juridiction sont également à relever au regard d'une part de l'autonomie des concepts qu'elle utilise par rapport à celui du système juridique dans lequel le conflit qui lui est porté a pris naissance, d'autre part de l'absence de définition qu'elle donne aux concepts qu'elle utilise[1125], voire de sa

---

[1118] N. REBOUL-MAUPIN, *op. cit.*, n°224 p. 164 ; F. ZENATI, « Le droit des biens dans l'œuvre du doyen SAVATIER », *op. cit.*, p. 19.

[1119] C. const. Fr., n°81-132 du 16 janvier 1982, *Rec.*, p. 18 ; *D.* 1983, p. 169 note L. HAMON, *JCP* 1982, II, 19 788 note Nguyen Quoc Vinh et Franck ; *Gaz. Pal.* 1982, 1, p. 67, note A. PIEDELIEVRE et J. DUPICHOT.

[1120] D. FALLON, *op. cit.*, p. 56.

[1121] *Ibid.*

[1122] D. FALLON, *op. cit.*, p. 57.

[1123] *Ibid.*

[1124] D. FALLON, *op. cit.*, p. 58.

[1125] W. DROSS, « L'extension de la notion de bien à l'intérêt économique substantiel », LEVENEUR L. (dir.), *op. cit.*, n°15 p. 22-23.

« tendance nette à déformer les catégories »[1126] ou encore à les instrumentaliser[1127]. Aussi, Simler estime-t-il que la Cour européenne des droits de l'homme va souvent trop loin dans la protection de certaines valeurs comme l'intérêt économique substantiel ou l'espérance légitime. Il soutient que la protection dont bénéficie ces valeurs ne suffisent pas pour leur donner la qualification de biens encore moins de propriétés. Il a admet cependant la propriété des droits ou la propriété des créances en précisant que cette reconnaissance ne remet nullement en cause le concept de propriété. Bien au contraire, ce faisant, la jurisprudence lui « *reconnait [...] de nouveaux territoires* »[1128] souligne-t-il.

361. Au regard de la particularité de la forme immatérielle de ces biens nouveaux, on a assisté à des législations particulières. À l'analyse, il ressort justement que la maitrise du propriétaire essentiellement juridique limite davantage sa liberté. En effet, le lien qui unit le propriétaire à sa chose, essentiellement juridique[1129], appelle davantage l'intervention des autorités publiques pour sa protection. Surtout, certains de ces biens comme les créances se présentent comme des droits personnels mettant directement en contact non pas un propriétaire et une chose, mais deux libertés, celle du créancier et celle du débiteur, ce qui postule que la liberté du propriétaire est davantage limitée en ce qu'elle s'exerce directement à

1126 P.Y. GAUTIER, « L'extension de la notion de créance à l'espérance légitime », L. LEVENEUR (dir.), *op. cit.*, p. 35. Cette tendance a également une répercussion auprès des juridictions internes et a pour conséquence « *d'introduire de la case-law et des considérations économiques qui ne sont pas cohérentes avec nos valeurs* » : *Ibid.* p. 36.

1127 « *On peut avoir le sentiment, au fils des exposés entendus, que règne une certaine improvisation dans les réponses proposées, tant en doctrine qu'en jurisprudence, et notamment, en dernier lieu, dans celle de la Cour européenne des droits de l'homme. La notion de bien parait parfois instrumentalisée pour la défense d'une cause.* » : Ph. SIMLER, « Propos conclusifs », L. LEVENEUR (dir.), *op. cit.*, p. 126.

1128 « *La propriété des droits est de plus en plus clairement reconnue comme telle, tant par la jurisprudence nationale que par la Cour européenne de Strasbourg, qui a été pionnière à cet égard. Remet-elle en cause, pour autant, le concept de propriété ? Nullement. Elle lui reconnait, au contraire, de nouveaux territoires [...] Peut-être va-t-elle parfois trop loin, d'ailleurs.* » : Ph. SIMLER, « Propos conclusifs », *op. cit.*, p. 130.

1129 *Cf. Infra* n°500 et s.

l'encontre d'une personne et non sur une chose par nature insensible à l'exception des animaux.

2) L'exclusion de la personne humaine et des choses dépourvues de valeur

362. La propriété ne peut pas avoir pour objet une personne humaine[1130]. En effet, le droit de propriété est un droit subjectif de nature patrimoniale. Autrement dit, l'objet du droit de propriété est soumis à la liberté de son propriétaire et peut être évalué en argent. Comme tel, cet objet a vocation non seulement à être sous la maitrise matérielle et juridique du propriétaire, mais aussi à être dans le commerce juridique. Or, en vertu du principe de l'inviolabilité du corps humain qui signifie que le corps humain est protégé contre les atteintes perpétrées sans le consentement de la victime ou dans certains cas nonobstant ce consentement[1131] si bien que, étant en butte à cette protection, le subjectivisme du droit de propriété est manifestement privé de fondement juridique sur le terrain du corps humain. En outre, l'indisponibilité du corps humain implique que le corps humain « *ne peut faire l'objet de convention : selon la formule consacrée, le corps humain est hors du commerce juridique* »[1132]. Il en découle que la nature patrimoniale du droit de propriété est incompatible avec l'indisponibilité du corps humain. On peut ajouter à ce fondement strictement juridique un autre à connotation morale à savoir la dignité de la personne humaine[1133]. En effet, le principe de dignité a une valeur supérieure au droit de propriété[1134], droit par essence conçu et soumis à la personne humaine et qui comme tel est un inférieur à la dignité de cette personne humaine. En conséquence, le corps humain n'est pas une chose[1135] si bien que les actes à titre gratuit et *a fortiori* ceux à titre onéreux l'ayant pour objet sont en principe interdits[1136].

[1130] Cf. *Supra* n°214 et s. ; v. ég. G. LOISEAU, «La nature des droits fondamentaux : être et/ou avoir?», *RDLF* 2019 chron. n°21 (www.revuedlf.com).

[1131] R. CABRILLAC, « Le corps humain », *op. cit.,* n°313 et s., p. 208 et s.

[1132] R. CABRILLAC, « Le corps humain », *op. cit.,* n°321, p. 214.

[1133] M.-L. PAVIA, « La dignité de la personne humaine », *op. cit.*, n°304, p. 216.

[1134] Cf. *Supra* n°214 et s.

[1135] F. TERRE et Ph. SIMLER, *Droit civil. Les biens*, coll. « Précis », 9e éd., *op. cit.*, n°14, p. 20.

[1136] M. FABRE-MAGNAN, «Et si les droits de l'homme étaient pris en compte dans le contrat ?», *RDLF* 2019 chron. n°34 (www.revuedlf.com). De manière générale,

363. Mais une distinction est souvent faite entre la personne ou le sujet et le corps qui serait le « *signal concret* » de la personnalité juridique, avec la possibilité d'une appropriation par la personne de son corps[1137]. L'utilité d'une telle distinction parait catastrophique[1138] au regard de la sacralité du corps humain et des principes d'indisponibilité et d'inviolabilité.

364. Ces raisons qui conduisent à placer la personne humaine hors de la sphère des choses objets de propriété sont également valables pour l'embryon humain[1139].

365. Cependant des dérogations sont souvent admises en ce qui concerne la circulation juridique de certains organes ou parties du corps humain. Mais cette convoitise du droit des biens à saisir les éléments et organes du corps humain peut être dangereuse pour la dignité et la sacralité de l'espèce humaine. Labée nous prévient que « *la confusion des personnes et des choses (vers laquelle nous roulons à tombeau ouvert) est mortelle pour l'humanité. Le jour où le corps deviendra l'élément primant la personne, laquelle notion sera devenue son accessoire, inversant la règle « accessorium ... » nous pourrions célébrer l'entrée dans le post-humanisme. C'est-à-dire l'entrée dans le monde qui ne sera plus humain puisqu'il sera par définition post-humain* »[1140]. D'où la nécessité d'encadrer rigoureusement ces dérogations. Au Burkina Faso, cette circulation est soumise à des conditions strictes. En effet, elle exige un consentement renforcé, un intérêt médical, l'anonymat et est subordonnée à la gratuité[1141]. Cette dérogation peut s'expliquer « *par l'idée que, dans*

---

l'auteur appelle à une plus grande prise en compte des droits de l'homme dans le contrat.

[1137] T. REVET, « Le corps humain est-il une chose appropriée ? », *RTD Civ.* 2017, n°10, p. 591-592 : « *A la question de savoir si le corps humain est une chose appropriée, on ne voit donc pas quelle autre réponse apporter qu'affirmative* ».

[1138] M.-A. FRISON-ROCHE, « La disparition de la distinction de jure entre la personne et les choses : gain fabuleux, gain catastrophique », *D.* 2017, p. 2386 et s.

[1139] D. FENOUILLET, « L'embryon, source nouvelle de convoitise ? », L. LEVENEUR (dir.), *op.cit.*, p. 75-90.

[1140] X. LABEE, « Le corps humain, ses organes et ses produits, source renouvelée de convoitise », L. LEVENEUR (dir.), *op. cit.*, p. 74.

[1141] V. la récente loi n°038-2020/AN du 18 décembre 2020 relative au don, au prélèvement, à la transplantation et aux greffes d'organes, de tissus et de cellules humains.

des conditions rigoureuses, on peut alors être autorisé à admettre, dans un premier temps, l'existence de choses par anticipation »[1142].

366. De même, en l'état actuel du droit positif, la propriété ne peut pas avoir pour objet des choses dépourvues de valeur en raison de la difficile accessibilité de ces choses à la qualification de biens[1143]. Il en est autrement pour les œuvres libres qui ont cette faculté même si elles se caractérisent pour l'essentiel par le fait qu'elles permettent un usage libre[1144].

367. Ainsi, le droit de propriété a certes conquis des territoires nouveaux, surtout dans le domaine de l'immatériel, qui ont étendu le champ d'exercice de la liberté du propriétaire. Mais il reste qu'il ne s'applique pas au corps humain, en tant que support de la personne, être doté de la personnalité juridique et d'une liberté naturelle... à acquérir et dompter la propriété ! Le caractère fondamental du droit de propriété pour la personne vaut bien qu'il bénéficie de la plus haute protection. C'est dans ce cadre que s'inscrit sa consécration constitutionnelle et internationale. Aussi, ce caractère fondamental justifie-t-il que le droit de propriété gagne des terrains nouveaux en fonction de l'évolution de la société. Ce faisant, le caractère fondamental du droit de propriété ne montre pas seulement sa capacité d'adaptation à l'évolution de la société. En réalité, ses accommodements aux spécificités des biens nouveaux qu'il conquiert démontrent, sans doute, le bien-fondé de son caractère fondamental à savoir sa nécessité pour le genre humain ou pour la personne. En définitive, il résulte de ce qui précède que pragmatiquement la liberté pour la personne physique ou morale, publique ou privée d'être propriétaire, sa liberté aussi dans l'usage des biens corporels ou incorporels est fondamentale.

La protection dont cette liberté naturelle et imprescriptible du propriétaire bénéficie contre les atteintes montre encore le caractère fondamental de ce subjectivisme.

[1142] F. TERRE et Ph. SIMLER, *Droit civil. Les biens*, coll. « Précis », 9e éd., *op. cit.*, n°14, p. 21.

[1143] D. CHILSTEIN, « La notion de bien confrontée aux choses dépourvues de valeur : l'exemple des biens à valeur vénale négative », L. LEVENEUR (dir.), *op. cit.*, p. 39-48.

[1144] Ch. CARON, « La notion de bien confrontée aux choses exclues d'appropriation : l'exemple des œuvres libres », L. LEVENEUR (dir.), *op.cit.*, p. 49-60.

Section 2- Le maintien du subjectivisme du droit de propriété par l'encadrement judiciaire de ses limitations

368. Le caractère fondamental du droit de propriété a pour conséquence que les limitations qui lui sont portées sont minutieusement encadrées à des degrés divers. En effet, ce caractère fondamental du droit de propriété semble créer une présomption de préjudice toutes les fois qu'il y a une atteinte[1145]. Les limitations du droit de propriété se présentent sous plusieurs formes de gravité différente. La privation de propriété qui semble être l'atteinte la plus grave à la liberté du propriétaire de conserver son bien est compensée par une valeur patrimoniale ou indemnisation. À côté, il existe de simples restrictions dans l'exercice du droit de propriété qui altèrent la liberté de jouissance. Les limitations de ces libertés sont encadrées. Ainsi, l'encadrement de la privation du droit de propriété parait naturellement plus exigeant (§ 1) que l'encadrement des atteintes aux conditions d'exercice (§ 2).

§1- Le maintien du subjectivisme du droit de propriété par l'encadrement de sa privation

369. La protection constitutionnelle du droit de propriété s'opère à deux niveaux. Elle consiste d'abord à contrôler le motif de la privation du droit de propriété (A), ensuite, à vérifier les conditions d'indemnisation (B).

A- Le contrôle du motif de la privation du droit de propriété

370. La privation de propriété ou expropriation peut prendre plusieurs formes. L'expropriation quelle que soit sa forme ne peut porter que sur un bien immeuble[1146]. Il peut s'agir d'une privation

---

[1145] X. DUPRE DE BOULOIS, «Droits fondamentaux et présomption de préjudice », *RDLF* 2012, chron. n°10 (www.revuedlf.com) ; Ch. PAILLARD, «Droits fondamentaux et présomption de préjudice en droit de la responsabilité administrative », *RDLF* 2013, chron. n°16 (www.revuedlf.com).

[1146] Y. GAUDEMET, *Traité de droit administratif. t. 2, Droit administratif des biens*, *op. cit.*, n°598, p. 296 ; F. TERRE et Ph. SIMLER, *Droit civil. Les biens*, coll. « Précis », 9e éd., *op. cit.*, n°502, p. 394. La réquisition par contre peut avoir pour objet un bien meuble ou immeuble.

proprement dite. Cette hypothèse suppose que la procédure a été respectée, c'est-à-dire que l'expropriation est formelle ou expresse. Mais, il se peut aussi que les autorités publiques sans déclarer expressément leur intention d'exproprier prennent des mesures qui produisent des résultats similaires à une expropriation. Il s'agit alors d'une expropriation de fait. Ainsi, « *la privation désigne les hypothèses d'expropriation ou de dépossession pure et simple* »[1147].

371. La privation proprement dite du droit de propriété se manifeste par une procédure d'expropriation qui est un mode de perte forcée de la propriété au profit des personnes morales publiques ou des personnes privées[1148]. L'expropriation constitue une atteinte au subjectivisme du droit de propriété en ce qu'elle ôte au propriétaire sa liberté de conservation de son bien. Plus précisément, il n'y a pas véritablement atteinte à la valeur patrimoniale du bien. En effet, cette valeur fait, en principe, l'objet d'une indemnisation[1149]. Mais, c'est plutôt la liberté du propriétaire désireux de conserver son bien en nature qui est atteinte. Il en est autrement dans l'hypothèse, par exemple, d'une vente où le propriétaire lui-même cède librement le bien pour le prix qu'il fixe. Théoriquement, dans cette hypothèse de la vente, ce prix peut même est plus faible que celui qu'il aurait pu obtenir en cas d'expropriation. Mieux, il peut même céder son bien à titre gratuit. En revanche, sa liberté est préservée. Dans ces situations, le subjectivisme de son droit de propriété est sauf. Par contre, dans le cas de l'expropriation même s'il est indemnisé, sa liberté de conservation du bien en nature est atteinte.

Pour protéger ce subjectivisme du droit de propriété, la Constitution proclame en son article 15 : « *[...] Il ne peut y être porté atteinte que dans les cas de nécessité publique constatés dans les formes légales. Nul ne saurait être privé de sa jouissance si ce n'est pour cause d'utilité publique et sous la condition d'une juste indemnisation fixée conformément à la loi. Cette indemnisation doit être préalable à l'expropriation sauf cas d'urgence ou de force*

[1147] D. FALLON, *op. cit.*, p. 59.

[1148] Art. 3 de la loi n°009-2018/AN du 3 mai 2018 portant expropriation pour cause d'utilité publique et indemnisation des personnes affectées par les aménagements et projets d'utilité publique et d'intérêt général au Burkina Faso : « *Les personnes qui initient les opérations dont la réalisation nécessite l'expropriation pour cause d'utilité publique sont l'Etat, les collectivités territoriales et les investisseurs privés* ».

[1149] Cf. *Infra* n°375 et s.

majeure ». À l'analyse, « *la nécessité publique* » à laquelle la constitution se réfère a trait à l'hypothèse de la privation. En effet, la privation est l'atteinte la plus grave au droit de propriété si bien que corrélativement les conditions pour y procéder doivent être plus sévères ou plus stricts que celles relatives à la jouissance ou aux conditions d'exercice. En ce sens, la notion de nécessité publique, plus exigeante que celle d'utilité publique ou d'intérêt général[1150], se révèle être la condition la plus appropriée ou le moindre mal pour le propriétaire lorsqu'il s'agit de prévoir une possibilité dans laquelle sa liberté de conservation du bien en nature peut être limitée. Du reste, l'article 15 de la Constitution suscité se réfère à la notion d'utilité publique pour parler de la jouissance du droit de propriété. Cela renforce bien l'idée selon laquelle la nécessité publique est la condition pour procéder à l'expropriation. Ainsi, le motif de la privation du droit de propriété est la nécessité publique.

Toutefois, en rappel, les notions de nécessité publique ou d'utilité publique sont souvent utilisées comme synonymes[1151]. En effet, peu de temps après que l'article 17 de la Déclaration française des droits de l'homme et du citoyen a subordonné la privation de la propriété à la nécessité publique, l'article 545 du Code civil se contentait d'énoncer que : « *Nul ne peut être contraint de céder sa propriété, si ce n'est pour cause d'utilité publique, et moyennant une juste et préalable indemnité* ». Depuis lors la notion d'utilité publique semble être restée dans les textes.

La notion de nécessité publique n'est pas définie par la Constitution. En revanche, l'article 7 de la loi n°009-2018/AN du 3 mai 2018 portant expropriation pour cause d'utilité publique et indemnisation des personnes affectées par les aménagements et projets d'utilité publique et d'intérêt général au Burkina Faso définit l'utilité publique comme « *la déclaration de l'autorité publique par laquelle une opération est reconnue comme présentant un intérêt pour la communauté* ». Cette définition semble considérer l'utilité publique comme un intérêt général particulier déterminé par l'autorité publique.

A ce propos, le législateur burkinabè a défini une liste large et non exhaustive des activités pouvant revêtir un caractère d'utilité publique et susceptibles de justifier l'expropriation. En effet, aux termes de l'article 2 de la loi n°009-2018/AN du 3 mai 2018 portant

[1150] Cf. *Supra* n°198 et s.

[1151] G. MERLAND, *op. cit.*, p. 163.

expropriation pour cause d'utilité publique et indemnisation des personnes affectées par les aménagements et projets d'utilité publique et d'intérêt général au Burkina Faso : « *Les opérations dont la réalisation nécessite l'expropriation pour cause d'utilité publique sont : les infrastructures de transport notamment les routes, la voirie urbaine, les chemins de fer, les aérogares ; les travaux et aménagements urbains, agricoles, forestiers, pastoraux, fonciers ou miniers ; les travaux militaires ; la conservation de la nature ; la protection de sites ou de monuments historiques ; les aménagements hydrauliques ; les installations de production et de distribution d'énergie ; les infrastructures sociales et culturelles ; l'installation de services publics ; la création ou l'entretien de biens ou ouvrages d'usage public ; les travaux d'assainissement ; les travaux et aménagements piscicoles ; toute opération destinée à satisfaire ou préserver l'intérêt général* ».

Du point de vue de l'autorité compétente, la détermination de l'existence ou non de la nécessité ou de l'utilité publique semble revenir au législateur plutôt qu'au Conseil constitutionnel. En tout cas, « *le Conseil [constitutionnel] exerce un contrôle restreint de la nécessité publique* »[1152]. En effet, la constitution se réfère aux « *cas de nécessité publique constatés dans les formes légales* »[1153]. Cette formulation implique que ces cas de nécessité publique sont déterminés dans la loi. En conséquence, « *il appartient au législateur de déterminer s'il y a ou non nécessité publique, ou de fixer les conditions pour que la nécessité publique puisse être légalement constatée* »[1154]. En réalité, cette situation peut se comprendre par le fait que le parlement au regard de son émanation du suffrage universel dispose mieux d'un pouvoir légal et légitime d'appréciation et d'expression de la volonté générale par rapport au Conseil constitutionnel. Ainsi, la notion de nécessité publique semble avoir un contenu davantage politique que juridique.

Cependant, le caractère fondamental du droit de propriété fait que le rôle confié au législateur de déterminer le contenu de la nécessité publique ne constitue pas un blanc-seing. En effet, ce caractère fondamental du droit de propriété « *dont la conservation constitue un des buts de la société politique et qui est mise au même*

[1152] D. FALLON, *op. cit.*, p. 64.
[1153] Art. 15 de la Constitution.
[1154] D. FALLON, *op. cit.*, p. 64.

rang que la liberté, la sûreté et la résistance à l'oppression »[1155] a une valeur constitutionnelle, qui comme telle s'impose au législateur. De ce fait, si le Conseil constitutionnel ne peut définir la nécessité publique, il doit s'assurer néanmoins que le législateur n'a pas commis « *une erreur manifeste d'appréciation quant à l'existence de la nécessité publique* »[1156]. Sous cette expression d'erreur manifeste, on entend une « *erreur grossière* », qui, en raison de ce caractère même, peut être reconnue par un esprit avisé, voire par un profane[1157]. Cela dit ce n'est pas n'importe quel intérêt général que la privation de propriété doit poursuivre. La nécessité publique ou l'utilité publique diffère de ce point de vue de l'intérêt général quelconque[1158] ; même si, les notions d'utilité publique et d'intérêt général ont parfois tendance à être assimilées.

372. En plus de la privation de propriété proprement dite, le Conseil constitutionnel français contrôle aussi la dénaturation du droit de propriété. En effet, « *la dénaturation du droit de propriété désigne les limitations ayant un caractère de gravité telle que le sens et la portée du droit de propriété s'en trouvent dénaturés. Elle s'analyse comme une privation au titre de l'article 17* »[1159] de la Déclaration des droits de l'homme et du citoyen. Ainsi, pour le Conseil constitutionnel français, une mesure d'autorisation préalable de transfert de propriété immobilière qui ne repose sur aucun motif d'intérêt général constitue une dénaturation du droit de propriété[1160]. Cependant, il considère la peine de la confiscation comme étant exclu de la protection de l'article 17 parce que sa « *conformité s'apprécie au regard du principe de nécessité des peines* »[1161]. De même, il estime que la réquisition de logement n'est pas une véritable privation bien qu'elle limite de manière importante l'usage et la jouissance de l'immeuble[1162]. En conséquence, le juge constitutionnel français semble circonscrire

---

[1155] C. const. Fr., n°81-132 du 16 janvier 1982, *Rec.*, p. 18 ; *D.* 1983, 169 note L. HAMON, *JCP* 1982, II, 19 788 note Nguyen Quoc Vinh et Franck ; *Gaz. Pal.* 1982, 1, 67, note A. PIEDELIEVRE et J. DUPICHOT.

[1156] D. FALLON, *op. cit.*, p. 64.

[1157] J.-M. PONTIER, *Contrôle de l'action administrative*, UNJF, 2011, leçon 9, p. 26.

[1158] Cf. *Supra* n°198 et s.

[1159] D. FALLON, *op. cit.*, p. 59.

[1160] *Ibid.*

[1161] *Ibid.*

[1162] D. FALLON, *op. cit.*, p. 60.

l'expropriation proprement dite à l'hypothèse dans laquelle il y a un transfert de propriété à l'exclusion de simples atteintes à la jouissance ; la dénaturation étant réservée aux cas dans lesquels les limitations du droit de propriété sont si graves qu'elles s'assimilent à une privation. L'appréciation des conditions d'existence de la seconde hypothèse s'effectue au cas par cas. Il s'agit donc d'un contrôle *in concreto*.

Par ailleurs, le juge européen semble dans la même dynamique que le juge constitutionnel français pour effectuer un contrôle *in concreto*. Il considère alors qu'il y a privation de propriété aussi bien lorsqu'il y a une expropriation formelle, c'est-à-dire un transfert de propriété qu'en cas d'expropriation de fait. En effet, il ressort du paragraphe 63 de sa décision Sporrong et Lonnroth contre la Suède de 1982 qu' « *En l'absence d'une expropriation formelle, c'est-à-dire d'un transfert de propriété, la Cour s'estime tenue de regarder au-delà des apparences et d'analyser les réalités de la situation litigieuse... La Convention visant à protéger des droits « concrets et effectifs »..., il importe de rechercher si ladite situation n'équivalait pas à une expropriation de fait comme le prétendent les intéressés* »[1163]. En l'espèce, les demandeurs avaient obtenu en 1983 en Grèce un terrain en bordure de la mer. Courant l'année 1967, dans le cours de la dictature militaire, une loi intervint pour céder la plage y compris le terrain des demandeurs à la marine nationale qui y construisit une base navale ainsi que des infrastructures hôtelières. La Cour européenne des droits de l'homme a constaté que la marine nationale avait pris physiquement possession des biens des demandeurs qui ne pouvaient plus exercer un quelconque attribut du droit de propriété alors qu'aucune procédure d'expropriation n'avait formellement été engagée. En conséquence, en l'absence d'une procédure formelle d'expropriation, la Cour a néanmoins noté qu'il y avait une expropriation de fait.

373. Enfin, la privation du droit de propriété ne fait pas qu'intervenir le juge constitutionnel, le juge administratif y intervient également tout comme le juge judiciaire[1164]. En plus du contrôle de l'erreur manifeste d'appréciation, le juge administratif vérifie également que la valeur poursuivie par la privation de propriété a un

---

[1163] Cité par D. FALLON, *op. cit.*, p. 61.

[1164] W. DROSS, « L'expropriation de fait est-elle encore de droit positif ? », note sous Civ. fr. 3e, 15 juin 2016, n°15-21.628, *RTD Civ*. 2016, p. 889-894

fondement constitutionnel. Ainsi, une expropriation de propriété en vue de construire des logements sociaux peut répondre à l'objectif à valeur constitutionnelle du droit à un logement. En outre, le juge de l'expropriation notamment s'assure qu'au regard du bilan général de l'opération l'avantage est plus élevé. Il s'assure concrètement que « *les atteintes à la propriété privée, le coût financier de l'opération, les inconvénients d'ordre social, la mise en cause de la protection et de la valorisation de l'environnement, et l'atteinte éventuelle à d'autres intérêts publics qu'elle comporte ne sont pas excessifs eu égard à l'intérêt qu'elle présente* »[1165]. Il s'agit du contrôle dit du bilan coût-avantages[1166].

374. Ainsi, il en découle que la privation de propriété est l'atteinte la plus grave au droit de propriété si bien qu'elle doit être justifiée par la nécessité ou l'utilité publique, cette dernière notion étant assimilée à la nécessité publique. C'est au législateur qu'il revient de définir le contenu de la nécessité publique, et par voie de conséquence, les cas de privation. Sur cet aspect, cette compétence fait l'objet d'un contrôle minimum réduit à l'erreur manifeste d'appréciation de la part du Conseil constitutionnel.

Mais, le contrôle ne concerne pas seulement le motif de la privation : il s'étend aussi aux conditions d'indemnisation.

B- Le contrôle des conditions d'indemnisation de la privation du droit de propriété

375. A la condition de nécessité ou d'utilité publique, la Constitution ajoute que la privation du droit de propriété ne peut être faite que *« sous la condition d'une juste indemnisation fixée conformément à la loi. Cette indemnisation doit être préalable à l'expropriation sauf cas d'urgence ou de force majeure »*[1167]. Dans des termes similaires, l'article 545 du Code civil prévoit que : « *Nul ne peut être contraint de céder sa propriété, si ce n'est pour cause d'utilité publique, et moyennant une juste et préalable indemnité* ». On retrouve la même idée à l'article 40 de la loi n°009-2018/AN du 3 mai

[1165] C.E. fr., 17 mars 2010, Association Alsace Nature Environnement, *RJE* 2010, p. 485, note R. HOSTIOU.
[1166] R. HOSTIOU, *Droit de l'expropriation pour cause d'utilité publique*, UNJF, 2011, leçon 2, p. 4 et s.
[1167] Art. 15 de la Constitution.

2018 portant expropriation pour cause d'utilité publique et indemnisation des personnes affectées par les aménagements et projets d'utilité publique et d'intérêt général qui dispose que : « *L'expropriation pour cause d'utilité publique s'effectue moyennant une juste et préalable indemnisation* ». Ainsi, cette indemnisation juste et préalable représente, pour le propriétaire, la contrepartie nécessaire de la perte forcée de son droit. Elle est encadrée par la loi. De ce fait, la loi constitue une protection minimale pour le propriétaire contre l'arbitraire. De même, cette indemnisation peut faire l'objet d'un contrôle juridictionnel.

376. De prime abord, les indemnisations résultant de l'expropriation pour cause d'utilité publique obéissent à certains principes généraux visant une protection de la procédure contre l'arbitraire. Au nombre de ces principes, l'article 6 de la loi n°009-2018/AN du 3 mai 2018 portant expropriation pour cause d'utilité publique et indemnisation des personnes affectées par les aménagements et projets d'utilité publique et d'intérêt général énumère « *le respect du droit de propriété des personnes affectées ; le respect des droits humains ; le respect des valeurs culturelles et de l'organisation socio-spatiale initiale des populations affectées ; la promotion socio-économique des zones affectées ; l'implication de tous les acteurs concernés dans les processus d'indemnisation ; le respect du genre ; le respect du développement durable ; la bonne gouvernance ; le dialogue et la concertation avec les personnes affectées ; la compensation terre contre terre aussi bien pour les terres urbaines que rurales* ».

377. En outre, l'indemnisation concerne tous les titulaires aussi bien d'un droit réel que d'un droit personnel portant sur l'immeuble. En effet, aux termes de l'article 4 de la loi précitée : « *Les droits et matières objet d'indemnisation ou de compensation visés sont les droits réels immobiliers, à savoir la propriété, le droit de superficie, l'usufruit, l'emphytéose, les droits d'usage, les droits d'habitation, les servitudes, l'antichrèse ou nantissement immobilier, les privilèges, les hypothèques et les possessions foncières rurales* ». À cet effet, l'information de toutes les personnes intéressées s'avère indispensable. *A priori*, l'autorité expropriante ne peut connaitre tous les titulaires de droits réels ou personnels sur l'immeuble. Il lui appartient alors de notifier au propriétaire le décret ou l'arrêté de déclaration d'utilité publique[1168] et de lui faire parvenir l'offre pour une cession amiable. Il revient ensuite au propriétaire d'informer tous les titulaires de droits réels ou personnels sur l'immeuble dans un délai de huit jours et de les faire connaitre à l'autorité expropriante[1169]. Cette notification intervient avant la prise de possession de l'immeuble par l'autorité expropriante[1170]. Il en est de même de l'arrêté de cessibilité qui doit être porté à la connaissance des titulaires de droits personnels ou de droits de toute autre nature par les propriétaires et titulaires de droits réels immobiliers[1171].

378. La notion d'indemnisation est entendue comme « *la réparation intégrale en espèce et/ou en nature du préjudice subi par la personne affectée du fait de la réalisation d'un projet d'utilité publique et d'intérêt général* »[1172]. De même, les caractères juste et préalable de l'indemnisation sont définis comme étant « *la réparation intégrale du préjudice direct, matériel, moral et certain causé par la privation du droit de propriété avant toute expropriation* »[1173]. L'exigence d'une indemnisation juste et préalable trouve son fondement dans l'égalité des citoyens devant les charges publiques[1174].

[1168] Art.15 de la loi n°009-2018/AN du 3 mai 2018 portant expropriation pour cause d'utilité publique et indemnisation des personnes affectées par les aménagements et projets d'utilité publique et d'intérêt général au Burkina Faso : « *L'utilité publique est déclarée par décret pris en Conseil des Ministres ou par arrêté du président du conseil de la collectivité territoriale après délibération dudit conseil* ».

[1169] F. TERRE et Ph. SIMLER, *Droit civil. Les biens*, coll. « Précis », 9e éd., *op. cit.*, n°505, p. 397 ; D. FALLON, *op. cit.*, p. 65.

[1170] Art.17 de la loi n°009-2018/AN du 3 mai 2018 : « *La prise de possession ne peut être effectuée qu'après : notification du décret ou de l'arrêté visé à l'article 15 ci-dessus aux propriétaires et titulaires de droits réels qui sont tenus de le faire connaître aux titulaires de droits sur leur immeuble ou droit immobilier sous huitaine* ».

[1171] Art.29 de la loi n°009-2018/AN du 3 mai 2018 précitée : « *Les propriétaires et titulaires de droits réels immobiliers intéressés sont tenus, dans un délai de quinze jours francs à compter de la notification de l'arrêté de cessibilité, de faire connaître ledit arrêté aux titulaires des droits personnels ou réels de toute nature faute de quoi, ils restent seuls chargés envers ces derniers des droits que ceux-ci pourraient réclamer* ».

[1172] Art. 7 de la loi n°009-2018/AN du 3 mai 2018 précitée.

[1173] *Ibid.*

[1174] D. FALLON, *op. cit.*, p. 65.

379. Concernant le caractère juste de l'indemnité, il implique que le montant de l'indemnité correspond au prix normal et entier de l'immeuble ou du bien à exproprier, ou pour reprendre les termes de la loi à « *la réparation intégrale du préjudice direct, matériel, moral et certain causé par la privation du droit de propriété* »[1175]. En vertu de l'article 38 de la même loi, l'indemnisation peut se faire suivant plusieurs modes. Elle est soit en espèces, soit en nature soit encore mixte c'est-à-dire pour partie en espèces et pour partie en nature. Pour le calcul de cette indemnité, la loi permet qu'il soit déterminé amiablement par l'expropriant et l'exproprié. En cas d'accord à l'issue des négociations, des protocoles d'accord sont établis à cet effet[1176]. Si au contraire, il y a un désaccord, il est procédé à une tentative de conciliation devant une commission de conciliation à l'initiative de l'expropriant[1177]. Conformément à l'article 41, la fixation de l'indemnité d'expropriation par cette commission tient compte de « *la consistance des biens à la date du procès-verbal de constat ou d'évaluation des investissements ; le préjudice matériel et moral ; l'état de la valeur actuelle des biens ; la plus-value ou de la moins-value qui résulte, pour la partie, desdits biens non expropriés, de l'exécution de l'ouvrage projeté* ». Toutefois, relativement à la consistance des biens pour éviter que certaines personnes touchées par l'expropriation ne posent des actes frauduleux dans le seul but de surévaluer leurs droits, il est prévu dans le même article que « *les améliorations de toute nature qui auraient été apportées aux biens postérieurement au procès-verbal ne donnent lieu à aucune indemnité si, en raison de l'époque, elles ont été réalisées dans le but d'obtenir une indemnité plus élevée* ».

Lorsque la commission parvient à un accord avec les personnes à exproprier, elle dresse un accord de conciliation. Dans le cas contraire, elle établit un procès-verbal de non conciliation. Dans cette dernière hypothèse et « *A défaut d'accord amiable, la partie la plus diligente saisit le juge compétent du lieu de situation de l'immeuble qui prononce l'expropriation et fixe les indemnités* »[1178]. Le juge de l'expropriation est le juge administratif eu égard à la nature administrative des actes qui interviennent dans la procédure

---

[1175] Art. 7 de la loi n°009-2018/AN du 3 mai 2018 précitée.
[1176] Art. 34 de la loi n°009-2018/AN du 3 mai 2018 précitée.
[1177] Art. 32 de la loi n°009-2018/AN du 3 mai 2018 précitée.
[1178] Art. 33 al. 2 de la loi n°009-2018/AN du 3 mai 2018 précitée.

d'expropriation telle que la déclaration d'utilité publique[1179], l'arrêté de cessibilité *etc.* Le Conseil constitutionnel n'a compétence que pour apprécier la constitutionnalité des lois, en occurrence de celles relatives à la nationalisation. La décision du juge administratif peut faire l'objet d'appel. Nonobstant ce recours, « *L'expropriant peut, moyennant paiement ou consignation des indemnités provisoires fixées par le jugement d'expropriation, prendre possession de l'immeuble immédiatement après décision du juge* »[1180]. Toutefois, il est possible que l'indemnité fixée par le premier juge soit revue à la hausse en barre d'appel. De ce fait, selon l'article 35, « *Lorsque les indemnités définitives sont supérieures aux indemnités provisoires, le complément doit être payé dans les deux mois suivant la décision en dernier ressort sous peine d'intérêts moratoires. Cette décision prescrit le versement aux intéressés de tout ou partie de la somme consignée* ». La liberté a une étendue particulière dans le droit subjectif de propriété. Cette liberté est également fondamentale pour le propriétaire.

En conséquencc, la fixation du montant de l'indemnisation est entourée de garanties suffisantes pour compenser la privation de propriété dans son double aspect patrimonial et moral. Ces garanties visent à assurer l'égalité des citoyens devant les charges publiques. Plus précisément, elles ont pour objet de rétablir la valeur économique et morale du préjudice subi par le propriétaire. Certes, il est vrai que tous les droits subjectifs patrimoniaux peuvent être évalués en argent, mais la particularité du subjectivisme du droit de propriété, révélée par son caractère fondamental, démontre bien qu'au-delà de son caractère patrimonial, il est un droit naturel de la personne avec qui il entretient parfois des liens affectifs quand il ne se présente pas comme le prolongement de cette personne. Il en résulte que l'indemnisation tient compte de la valeur morale de cette liberté de principe[1181], de nature fondamentale, qui git par essence au sein du droit de propriété. En effet, à titre de droit comparé, la loi burkinabè tient expressément compte du préjudice moral alors que le Code de l'expropriation français semble se limiter au préjudice matériel. Le premier texte

---

[1179] Art.21 de la loi n°009-2018/AN du 3 mai 2018 précitée « *La déclaration d'utilité publique peut faire l'objet de recours devant le juge administratif dans un délai de un mois à compter de la date de publication du décret au Journal officiel du Faso ou de l'arrêté du président du conseil de la collectivité territoriale* ».

[1180] Art. 34 de la loi n°009-2018/AN du 3 mai 2018 précitée.

[1181] M. DE VAREILLES-SOMMIERES, *op. cit.*, n°1, p. 444

traite de « *la réparation intégrale du préjudice direct, matériel, moral et certain causé par la privation du droit de propriété* »[1182]. Tandis que le second prévoit que les indemnités « *doivent couvrir l'intégralité du préjudice direct, matériel et certain, causé par l'expropriation* »[1183]. Il en découle que le subjectivisme du droit de propriété parait davantage protégé en droit burkinabè, plus précisément dans son aspect moral.

380. S'agissant du caractère préalable, il exige que l'indemnisation du propriétaire précède la prise de possession de l'immeuble. Autrement dit, ce caractère n'est pas apprécié par rapport au moment du transfert de propriété, mais à celui de la prise de possession de l'immeuble ou de sa jouissance[1184]. En effet, selon l'article 17 de la loi n°009-2018/AN du 3 mai 2018 : « *La prise de possession ne peut être effectuée qu'après : [...] paiement aux ayants-droit ou consignation à leur profit, d'une provision représentant l'indemnité éventuelle d'expropriation et correspondant à l'estimation arrêtée par la commission d'enquête d'utilité publique* ». En conséquence, le propriétaire et les autres titulaires de droits réels ou personnels peuvent continuer à jouir du bien aussi longtemps que l'indemnité n'est pas versée. C'est seulement le paiement effectif qui éteint tous les droits des personnes expropriées selon l'article 36 qui dispose que : « *Le protocole d'accord, l'acte de cession amiable et le jugement d'expropriation éteignent à leur date tous les droits réels ou personnels dès lors qu'il y a paiement des indemnités définitives* ».

381. Ainsi, en vertu du caractère fondamental du droit de propriété, les limitations à la privation sont strictement encadrées ce qui lui assure une meilleure protection. Cette privation exige une indemnité juste couvrant tout le préjudice matériel et moral. De même, cette indemnité est fixée amiablement et en cas de désaccord le recours au juge est toujours possible. En plus, cette indemnisation doit être faite avant toute prise de possession par l'expropriant.

A côté de l'expropriation ou de la perte forcée du droit de propriété, une protection est aussi accordée aux simples atteintes aux conditions d'exercice du droit de propriété.

[1182] Art. 7 de la loi n°009-2018/AN du 3 mai 2018 précitée.

[1183] Art. L.13-13 du Code de l'expropriation français.

[1184] F. TERRE et Ph. SIMLER, *Droit civil. Les biens*, coll. « Précis », 9e éd., *op. cit.*, n°505, p. 397.

§ 2- Le maintien du subjectivisme du droit de propriété par l'encadrement des limitations à ses conditions d'exercice

382. L'article 544 du Code civil prévoit que : « *La propriété est le droit de jouir et disposer des choses de la manière la plus absolue, pourvu qu'on n'en fasse pas un usage prohibé par les lois ou par les règlements* ». Il en résulte que les lois et règlements peuvent limiter les conditions d'exercice du droit de propriété. Toutefois, ces limites légales sont encadrées pour assurer une protection du droit subjectif de propriété. Ainsi, le Conseil constitutionnel et les juridictions administratives contrôlent respectivement les lois et règlements qui limitent les conditions d'exercice du droit de propriété. Ce contrôle porte sur le respect de deux conditions à savoir l'existence d'un motif d'intérêt général (A) et l'existence d'un rapport de proportion avec l'objectif poursuivi (B).

A- Le contrôle du motif d'intérêt général

383. En rappel, l'intérêt général peut être défini comme une notion fonctionnelle ou « *la finalité des actions, projets ou aménagements entrepris par l'Etat ou la collectivité territoriale qui présentent une valeur ou une utilité pour l'ensemble de la communauté considérée* »[1185] dont le contenu est laissé à l'appréciation des autorités publiques et soumis au contrôle du juge. Selon une définition stricte, l'intérêt général se distingue des notions voisines d'utilité publique et de nécessité publique. Il est, en effet, une notion moins contraignante que la nécessité publique et l'utilité publique quoique ces notions renvoient à cette idée[1186]. Mais, selon une conception large, l'intérêt général englobe toutes ces notions. Autant l'intérêt général est nécessaire pour justifier la privation du droit de propriété, autant il l'est pour les simples limitations à son exercice. Toutefois, dans ce dernier cas, l'ampleur de l'atteinte n'étant pas de même degré que dans l'hypothèse de la privation, l'intérêt poursuivi est plus large en comparaison des conditions plus strictes de la nécessité ou de l'utilité publiques. En effet, le but ici de la

[1185] Art. 7 de la loi n°009-2018/AN du 3 mai 2018 portant expropriation pour cause d'utilité publique et indemnisation des personnes affectées au Burkina Faso.
[1186] Cf. *Supra* n°199 et s.

règlementation n'est pas d'exproprier, d'entrainer un transfert de propriété ou une perte forcée du droit de propriété. Il est plutôt question d'organiser les conditions de son exercice à travers des lois ou des règlements.

384. Concernant les limitations aux conditions d'exercice du droit de propriété fixées par une loi au sens strict, elles relèvent de la compétence du Conseil constitutionnel. Son contrôle, qui consiste naturellement à apprécier la conformité de la loi à la Constitution, revient alors à s'assurer que l'intérêt général énoncé par la loi a un fondement constitutionnel. Ainsi, en est-il selon le Conseil constitutionnel français d'une réquisition de logement, mesure temporaire, qui, parce qu'elle répond à la finalité de satisfaire à l'objectif à valeur constitutionnelle du droit au logement, droit fondamental[1187], est d'intérêt général[1188]. Il estime aussi que la cession forcée de mitoyenneté satisfait à un objectif d'intérêt général[1189].

Tout comme dans le cadre du contrôle de la nécessité publique pour les nationalisations, le Conseil constitutionnel ne substitue pas son appréciation du but d'intérêt général à celle du législateur[1190]. Cette notion a en effet une connotation politique et volontariste car elle fait écho à l'expression de la volonté générale[1191] ; ce qui fait que le législateur par son émanation populaire parait mieux placé pour déterminer son but. Néanmoins, le Conseil constitutionnel s'assure que la loi précise les motifs d'intérêt général justifiant les atteintes au droit de propriété[1192]. Il censure les dispositions portant atteinte au droit de propriété lorsque « *ni les termes de la disposition critiquée, ni les débats parlementaires ne [précisent] les motifs d'intérêt général justifiant* » les atteintes[1193].

De plus, même lorsque le motif d'intérêt général est précisé, il fait l'objet d'un contrôle minimum réduit à l'erreur manifeste d'appréciation. Le Conseil constitutionnel français admet que l'intérêt général constitue un motif de limitation ou en tout cas de

---

[1187] Ch. ALBIGES, « Le droit au logement », R. CABRILLAC, (dir.) *Libertés et droits fondamentaux*, 21e éd., *op.cit.*, n°1264, p. 976.
[1188] C. const. Fr., décision n°94-359 DC du 19 janvier 1995, *JO* fr. du 21 janvier 1995, p. 1166.
[1189] C. Const. Fr., 12 novembre 2010, QPC 2010-60.
[1190] D. FALLON, *op. cit.*, p. 66.
[1191] Cf. *Supra* n°208 et s.
[1192] D. FALLON, *op. cit.*, p. 66.
[1193] *Ibid.*

règlementation de l'usage du droit de propriété, bien qu'il s'agisse d'un droit fondamental. Il s'agit en apparence d'une exception[1194] à la règle jurisprudentielle formulée par cette juridiction selon laquelle « *s'agissant d'une liberté fondamentale [...] la loi ne peut en réglementer l'exercice qu'en vue de le rendre effectif ou de le concilier avec celui d'autres règles ou principes de valeur constitutionnelle* »[1195]. Or, en matière de droit de propriété la règlementation a parfois pour conséquence de limiter l'exercice du droit de propriété. Mais il semble plutôt que la règlementation tend surtout à concilier le droit de propriété avec d'autres droits fondamentaux. À titre illustratif, c'est le cas en matière de réquisition qui a pour effet de priver le propriétaire de son bien de manière temporaire en vue de satisfaire à l'objectif à valeur constitutionnelle du droit au logement. En conséquence, l'admission même du principe des limitations du droit de propriété, liberté fondamentale, fait que l'on peut ranger ce droit subjectif parmi les principes constitutionnels à protection atténuée[1196].

385. S'agissant des limitations puisant leur source dans un règlement, elles peuvent être fondées sur l'intérêt général compris dans son sens strict ou restreint[1197] distinct de la nécessité publique et de l'utilité publique. La nature règlementaire de l'acte qui exprime cet intérêt général indique que son appréciation relève de la compétence des autorités exécutives. En conséquence, son contrôle échoit au juge administratif. À l'instar du juge constitutionnel, le juge administratif ne peut suppléer son appréciation à celle des autorités administratives quant à l'existence de l'intérêt général.

Mais, à la différence du législateur, les autorités administratives ont compétence pour prendre des actes règlementaires d'application des lois. Dans ce cas, le contrôle du juge administratif visera à s'assurer que l'acte qui prévoit des dispositions règlementant l'usage du droit de propriété est bien conforme au but d'intérêt général énoncé dans la loi. Les autorités administratives ont, en outre, un domaine propre. Dans cette hypothèse, le contrôle peut consister à

[1194] G. MERLAND, *op. cit.*, p. 156.
[1195] C. const. Fr. n°84-181 DC des 10 et 11 octobre 1984, *Rec.*, p. 78 ; n°93-325 DC du 13 août 1993, *Rec.*, p. 224 ; n° 94-345 DC du 29 juillet, *Rec.*, p. 106.
[1196] G. MERLAND, *op. cit.*, p. 156.
[1197] Cf. *Supra* n°199 et s.

vérifier que la finalité d'intérêt général poursuivie est conforme aux principes généraux de droit ou à la Constitution.

En tout état de cause, dans l'un ou l'autre cas, le juge administratif effectue un contrôle minimum relativement à l'existence de l'intérêt général. Ce contrôle minimum ou restreint repose d'une part sur le contrôle de la légalité externe, c'est-à-dire de la compétence et de la forme ou de la procédure ; d'autre part, sur le contrôle de la légalité interne, mais seulement, pour cet aspect de la légalité, le contrôle est limité à l'erreur de fait. Autrement dit, « *ce que le juge ne contrôle pas, dans le contrôle minimum, c'est la qualification juridique des faits* »[1198]. Cela revient, en occurrence, à vérifier que les limitations aux conditions d'exercice du droit de propriété ont été prises dans l'intérêt de la communauté, qu'elles sont fondées sur un motif juridiquement correct et matériellement exact. Le juge administratif ne peut substituer son appréciation de l'intérêt général à celle de l'administration. Ainsi, en vertu de la séparation des pouvoirs, il appartient à l'administration de déterminer le but de la mesure règlementant l'usage des biens ou du droit de propriété. Le juge administratif ne peut lui substituer une autre mesure. Il ne peut que se contenter d'effectuer un contrôle minimum réduit à l'erreur manifeste d'appréciation.

386. Ainsi, qu'il s'agisse du juge constitutionnel ou du juge administratif, ils effectuent un contrôle du motif d'intérêt général invoqué pour justifier les limitations aux conditions d'exercice du droit de propriété. Le premier contrôle ce motif pour les lois règlementant l'usage des biens ; tandis que le second vérifie ce fondement pour les actes règlementaires ayant la même finalité. Tous deux se contentent d'un contrôle minimum. Ils ne sont pas juges de l'opportunité des décisions des autorités publiques. Ce contrôle parait judicieux car il permet au juge de se cantonner à son rôle de juger et lui évite de gouverner. Autrement, il y aurait violation du principe de la séparation des pouvoirs. En réalité, l'intervention des juges constitutionnel et administratif se justifie au regard du fait que le droit de propriété est un droit fondamental si bien que les limitations qui lui sont apportées doivent être suffisamment justifiées. Les limitations au subjectivisme du propriétaire touchent en réalité à sa liberté laquelle a un caractère fondamental et très protégée à ce titre. Il en résulte que

---

1198 J.-M. PONTIER, *op. cit.*, leçon 9, p. 26.

les juges constitutionnel et administratif sont fondés à annuler respectivement les lois et règlements limitant les conditions d'exercice du droit de propriété lorsque ces textes ne reposent pas sur un intérêt général.

En plus, de l'existence du but d'intérêt général, les atteintes aux conditions d'exercice du droit de propriété sont soumises à un contrôle dit du bilan.

B- Le contrôle du rapport de proportion de l'atteinte avec l'objectif poursuivi

387. Les atteintes aux conditions d'exercice du droit de propriété constituent une limite à la liberté du propriétaire. Or, en tant que droit fondamental, ce droit a vocation à bénéficier d'une protection dans le sens d'une plus grande facilité dans sa mise en œuvre. Il parait sans doute légitime que la liberté du propriétaire cède le pas devant l'intérêt général. Toutefois, limiter seulement le contrôle à l'existence d'un intérêt général impliquerait qu'au nom de cet intérêt on peut tout se permettre. D'où la nécessité d'ajouter un contrôle de proportionnalité à celui de l'existence de l'intérêt général. En effet, l'existence de l'intérêt général à lui seul ne suffit pas pour justifier les limitations au droit de propriété. Il faut en outre que les inconvénients que ces limitations engendrent soient moins importants que les bénéfices ou avantages qui en résultent. En d'autres termes, le contrôle tient compte de l'importance du motif d'intérêt général par rapport aux limitations ou aux inconvénients qui en découlent. Une mesure bien qu'ayant une finalité d'intérêt général ne peut pas tout se permettre. En réalité, qu'il s'agisse de la privation du droit de propriété ou des atteintes aux conditions d'exercice, « *le juge fait la balance entre les avantages que la collectivité est susceptible de retirer de l'opération et les inconvénients qui en résultent* »[1199].

388. Initialement, ce contrôle était limité au détournement de pouvoir avant d'être étendu, sur le fondement de la théorie du « bilan coût-avantages »[1200]. Dans l'un ou l'autre, ce contrôle révèle bien que la liberté du propriétaire, en tant que droit fondamental, est bien protégée relativement à l'usage et à la jouissance. Cette liberté survit à

[1199] J.-M. PONTIER, *op. cit.*, leçon 9, p. 25.
[1200] R. HOSTIOU, *op. cit.*, leçon 2, p. 4 et s.

l'occasion des limitations dont elle peut faire l'objet sous la forme d'un encadrement des conditions de celles-ci.

389. En effet, à l'occasion notamment du contrôle de la déclaration d'utilité publique dans la procédure de l'expropriation, le juge administratif analysait le but poursuivi par les autorités publiques et concluait au défaut d'intérêt général lorsque les mobiles de ces autorités laissaient apparaitre qu'ils étaient étrangers à toute considération d'intérêt général. Il estimait ainsi qu'il y avait un détournement de pouvoir de l'administration dès lors que l'opération déclarée d'utilité publique avait été présentée comme ayant pour finalité l'intérêt général alors qu'en réalité elle visait à faire échec à l'acquisition par une personne étrangère à la région d'une propriété privée[1201], ou à favoriser les intérêts d'une personne privée[1202] ou encore à créer une voie en vue du désenclavement d'une seule propriété privée[1203]. Cela dit, les juridictions ne se limitent pas à une appréciation abstraite de l'intérêt général. Elles procèdent *in concreto*, au cas par cas, selon les circonstances de chaque espèce en vue de s'assurer que le motif d'intérêt général présenté par l'administration est bien réel. Toutefois, le détournement de pouvoir pose de sérieuses difficultés de preuves à celui qui l'invoque puisque ce motif repose essentiellement sur les mobiles de l'opération. En effet, il appartient à celui qui soutient l'existence d'un détournement de pouvoir commis par l'administration d'en apporter la preuve. Or, cette preuve s'avère difficile en pratique puisqu'elle invite à sonder le cœur et les intentions de l'administration. En réalité, le motif apparent peut bien être d'intérêt général, ce qui, du reste, est généralement le cas. Il devient alors difficile pour le juge de motiver sa décision sur des faits ou des éléments qui ne figurent pas au dossier ou sur des éléments qui ne sont pas objectifs. C'est pourquoi, le motif de détournement de pouvoir est très rarement retenu par les juridictions[1204].

1201 C.E. fr., 6 janvier 1967, Ministre de l'intérieur c/Boucher, *JCP* 1967, II, 15121, note A. HOMONT.

1202 C.E. fr. 19 janvier 1994, Commune de Challey et autres, *Gaz. Pal.* 1994, 2, panorama droit administratif, p. 126.

1203 C.E. fr., 17 septembre 1999, Delle Nasica et autres, *Gaz. Pal.* 28-29 juillet 2000, p. 13.

1204 R. HOSTIOU, *op. cit.*, leçon 2, p. 6.

390. De ce fait, les juridictions ont dû procéder davantage par une analyse comparée des avantages et des inconvénients de l'opération d'intérêt général à l'origine des atteintes au droit de propriété. Elles ont dû mettre en balance l'intérêt de l'opération et ses inconvénients. Dans ce cadre, la nature de ces inconvénients a progressivement été étendue par la jurisprudence. En effet, au début, la formule initiale du juge français de l'excès de pouvoir était qu'« *une opération ne peut être déclarée d'utilité publique que si les atteintes à la propriété privée, le coût financier et éventuellement les inconvénients d'ordre social qu'elle comporte ne sont pas excessifs eu égard à l'intérêt qu'elle présente* »[1205]. Ensuite, le juge administratif a ajouté à ces inconvénients traditionnels, l'éventuelle « *atteinte à d'autres intérêts publics* »[1206]. Puis, il a confirmé la nécessité de prendre en compte les inconvénients d'ordre social et les autres intérêts publics en rappelant qu'« *une opération ne peut être déclarée d'utilité publique que si les atteintes à la propriété privée, le coût financier et, éventuellement, les inconvénients d'ordre social et les atteintes à d'autres intérêts publics* »[1207] qu'elle comporte ne sont pas excessifs eu égard à l'intérêt qu'elle présente. Enfin, aux termes de cette jurisprudence de la théorie dite du bilan, le juge administratif ratisse large en tenant compte de tous les intérêts y compris celui écologique. À cet effet, il décide qu' « *une opération d'expropriation ne peut être légalement déclarée d'utilité publique que si les atteintes à la propriété privée, le coût financier de l'opération, les inconvénients d'ordre social, la mise en cause de la protection et de la valorisation de l'environnement, et l'atteinte éventuelle à d'autres intérêts publics qu'elle comporte ne sont pas excessifs eu égard à l'intérêt qu'elle présente* »[1208].

391. Ainsi, le juge administratif semble se montrer de plus en plus strict dans l'appréciation des limitations au droit de propriété.

1205 C.E. Ass. fr., 28 mai 1971, Ministre de l'Equipement et du logement c/ Fédération de défense des personnes concernées par le projet actuellement dénommé "Ville nouvelle Est", *D.* 1972, p. 174, note J. LEMASURIER ; *JCP* 1971, II, 16873, note A. HOMONT.

1206 C.E. fr., 20 octobre 1972, Société civile Sainte Marie de l'Assomption, *JCP* 1973, II, 17410, note B. ODENT.

1207 C.E. fr., 28 mars 1997, Association contre le projet de l'autoroute transchablaisienne, *JCP* 1997, II, 22909 note G. IACONO.

1208 C.E. fr., 17 mars 2010, Association Alsace Nature Environnement, *RJE* 2010, p. 485, note R. HOSTIOU.

Au-delà de la subjectivité qui peut parfois apparaitre dans ses décisions en raison de son appréciation *in concreto*, son contrôle a le mérite de préserver le caractère fondamental du droit de propriété en le mettant à l'abri des limitations arbitraires. Ce contrôle à partir de l'analyse concrète des situations a surtout l'avantage de tenir compte du degré de gravité de l'atteinte au droit de propriété en comparaison de l'importance de l'intérêt poursuivi. Plus ces atteintes sont graves plus les conditions doivent être exigeantes ; leur totale satisfaction étant la preuve que l'intérêt poursuivi est bien plus important. Autant les atteintes au droit de propriété sont minimes autant le contrôle est moins sévère. De ce fait, il se dégage d'une part l'idée de la distinction entre la nécessité publique, l'utilité publique et l'intérêt général ; d'autre part la distinction entre la privation de propriété et les simples atteintes aux conditions de son exercice.

392. Cela dit, la théorie du bilan est en réalité à géométrie variable. Elle est appréciée selon les circonstances. Si pour l'essentiel, elle a été élaborée à l'occasion de l'expropriation pour cause d'utilité publique, elle trouve également à s'appliquer dans l'hypothèse des limitations aux conditions d'exercice du droit de propriété. Seulement, ces dernières étant moins graves que la privation de propriété, il va de soi que leur appréciation, du point de vue de cette théorie soit en principe moins exigeante. En tout état de cause, pour le juge administratif, l'existence d'un intérêt général ne suffit pas pour porter atteinte à l'exercice du droit de propriété. Autrement, ce serait mettre à rude épreuve le caractère fondamental de ce droit subjectif. Il est impérieux également que l'importance de la mesure d'intérêt général soit supérieure aux atteintes qui en résultent notamment pour la propriété.

393. Par ailleurs, ce contrôle n'est pas l'apanage du juge de l'excès de pouvoir, il est également effectué par le Conseil constitutionnel dans le cadre du contrôle des lois portant atteinte aux conditions d'exercice du droit de propriété. En effet, « *le Conseil procède à l'examen du rapport entre, d'une part, la gravité de l'atteinte au droit de propriété et, d'autre part, l'importance du motif d'intérêt général poursuivi ainsi que les conditions et garanties qui entourent la réalisation de l'atteinte à l'exercice du droit de propriété* »[1209]. À l'instar du juge administratif, il ajuste son contrôle à

[1209] D. FALLON, *op. cit.*, p. 66.

l'importance du motif d'intérêt général. Sans se substituer au législateur pour indiquer ce qu'est l'intérêt général, il semble apporter un jugement de valeur sur l'intérêt général présenté par le législateur[1210]. C'est le cas pour des atteintes plus importantes en occurrence pour des interdictions de construire à l'intérieur du périmètre d'un projet global d'aménagement. Dans cette affaire, le Conseil constitutionnel français a admis, dans sa décision n°2000-436 DC que cette mesure est nécessaire pour la mise en œuvre de certains projets d'urbanisme et qu'elle est rigoureusement encadrée[1211]. Ainsi, tout comme le juge administratif, le juge constitutionnel apprécie les atteintes aux conditions d'exercice du droit de propriété *in concreto* en mettant en rapport l'importance de la finalité recherchée et la gravité des inconvénients qui en résultent. Cela l'emmène à effectuer un contrôle à géométrie variable assurant dans les faits, de manière concrète, la protection du caractère fondamental du droit subjectif de propriété.

394. Ainsi, qu'il s'agisse du juge administratif ou du juge constitutionnel, le contrôle qu'ils effectuent sur les mesures qui portent atteinte aux conditions d'exercice du droit de propriété a pour effet de protéger la liberté de principe du propriétaire dans l'exercice de son droit. Sans conteste, ce contrôle vise en conséquence à protéger par ricochet le subjectivisme du droit de propriété, droit fondamental. Ainsi, à travers son caractère fondamental, le subjectivisme du droit de propriété survit et est protégé en dépit des limitations qu'il subit.

CONCLUSION DU CHAPITRE 1

395. Toute somme considérée, le droit subjectif de propriété a un caractère fondamental. Ce caractère découle d'une part de ce que dans les faits, il se présente comme un droit tellement important pour la « *conservation* » de la personne qu'elle ne semble pas pouvoir s'en défaire. Les faits historiques militent également dans ce sens[1212]. D'autre part, cette aspiration naturelle de la personne à la propriété a été consacrée dans presque toutes les déclarations de droit et les textes juridiques énonçant les droits fondamentaux de la personne qu'il

---

[1210] D. FALLON, *op. cit.*, p. 66.
[1211] Cité par D. FALLON. *Ibid.*
[1212] J.-M. E. PORTALIS, *op. cit.*, p. 112-113.

s'agisse de la Constitution, des conventions continentales ou internationales. Ce caractère fondamental se révèle aussi à travers l'importance que le droit de propriété représente tant pour les personnes physiques que pour les personnes morales. D'où son extension d'un droit de l'homme à un droit fondamental[1213]. Dans cette évolution, le droit de propriété a également montré son caractère fondamental en s'adaptant à des biens nouveaux qui représentant une importance capitale pour la personne.

396. Certes, en dépit de ce caractère fondamental, le droit de propriété peut faire l'objet de limitations[1214] si bien qu'on le range parmi les droits fondamentaux à protection constitutionnelle atténuée[1215]. En effet, il convient de reconnaitre que le droit de propriété « *est au fondement de nos sociétés et que le juge doit au cas par cas s'efforcer de le concilier avec d'autres valeurs également essentielles* »[1216]. Cette conciliation des intérêts essentiels est prise en compte aussi bien dans la protection du propriétaire contre les privations que dans sa protection contre les limitations aux conditions d'exercice de son droit. Cette protection consiste pour les juges constitutionnel et administratif à s'assurer que les conditions strictes de la nécessité ou de l'utilité publiques et de l'indemnisation juste et préalable ont été satisfaites dans le premier cas ; ou qu'il existe un intérêt général plus important que les inconvénients engendrés par les limitations aux conditions d'exercice du droit de propriété. Il ressort de ce contrôle que les conditions pour porter atteinte à la liberté de conservation du droit de propriété ou aux conditions de son exercice sont strictes ce qui assure la survie du subjectivisme du droit de propriété même dans les procédures ou processus de limitations.

Tout comme le caractère fondamental du droit de propriété révèle l'importance de la liberté du propriétaire dans la relation à la chose dans les textes et à l'occasion des procédés de limitations, sa nature réelle démontre davantage et concrètement l'étendue de sa liberté dans son rapport à la chose.

1213 D. FALLON, *op. cit.*, p. 51 et s.

1214 Cf. *Supra* 1ère partie.

1215 G. MERLAND, *op. cit.*, p. 156.

1216 W. DROSS, « Que l'article 544 du code civil nous dit-il de la propriété ? », *RTD Civ.* 2015, p. 42.

CHAPITRE II

LE MAINTIEN D'UN SUBJECTIVISME VARIABLE SELON L'OBJET DU DROIT DE PROPRIETE

397. L'aspiration naturelle de la personne à la liberté se traduit sur un double plan : la liberté dans les relations avec les autres personnes et la liberté dans les relations aux choses.

398. Sur le premier plan, la liberté de la personne a vocation à être limitée par celle des autres. L'adage populaire enseigne en ce sens que « *la liberté des uns s'arrêtent là où commence celle des autres* ». En effet, comme dans la loi de la physique, deux sujets actifs, étant du « même signe », ont tendance à se repousser ou en occurrence à s'autolimiter. Par contre, sur le second plan, la liberté de la personne, sujet actif, s'exerce sur la matière, objet passif. Dans cette hypothèse, les deux corps étant de « signes contraires », la force d'attraction de cette liberté est très forte ce qui est de nature à assurer à la personne une « *maitrise souveraine* » de la chose[1217]. Ainsi, dans cette relation aux choses, le droit de propriété apparait comme le droit subjectif qui satisfait au mieux l'aspiration à la liberté de son titulaire.

399. Toutefois, les relations d'une part entre le propriétaire et les autres personnes, d'autre part celles du propriétaire aux choses ne se déroulent pas en vase clos. En effet, elles ne peuvent pas s'ignorer. Elles se heurtent parfois, se télescopent souvent et s'interpénètrent toujours. Limitée dans ses relations aux personnes, la liberté du propriétaire semble avoir vocation à la totalité dans ses rapports aux choses. Or, ces deux relations se déroulent dans le même univers. Au regard de ces deux dimensions du droit de propriété, il importe donc de savoir qu'elle est la nature essentielle de la relation qui se crée dans le phénomène d'appropriation. Autrement dit, est-ce la relation à la personne qui prime ou au contraire est-ce la relation aux choses qui domine ? En termes plus classiques, la propriété est-elle un droit personnel, c'est-à-dire qui crée des obligations dans les relations

[1217] M. XIFARAS, *La propriété - Etude de philosophie du droit*, Coll. « Fondements de la politique », Paris, PUF, 2004, p. 23 et s.

interpersonnelles ; ou est-elle un droit réel, c'est-à-dire un droit qui s'exerce sur une chose ?

400. La doctrine est divisée relativement à cette question. En effet, la conception classique du droit de propriété comme un droit réel ne fait pas l'unanimité. Au sein de la *summa divisio* des droits subjectifs patrimoniaux[1218], entre la thèse du droit réel et celle du droit personnel, il y a non seulement une différence de conception de la théorie de la propriété, mais aussi une variation de conception du degré de la liberté ou de la subjectivité du propriétaire. La critique des thèses personnalistes se dégage de l'analyse des thèses réalistes.

401. En tout état de cause, le subjectivisme du droit de propriété parait plus original et énergique lorsqu'il porte sur un droit réel (Section II) que lorsqu'il il a pour objet un droit personnel (Section I).

Section 1- Le maintien d'un subjectivisme peu énergique selon les théories personnalistes

402. Même si une doctrine majoritaire a pendant longtemps admis que le droit de propriété est un droit réel[1219], il a existé à côté une doctrine minoritaire qui a milité pour l'élargissement de l'objet de la propriété au droit personnel. Cela dit, la personnalisation du droit de propriété a d'abord fait l'objet d'un plaidoyer de la doctrine dite personnaliste pour qui le droit de propriété peut avoir pour objet un droit réel tout comme un droit personnel. Elle rejette l'idée que la propriété n'est qu'un droit réel ou n'a pour objet qu'une chose réelle

---

[1218] Ch. LARROUMET, *Droit civil. Les biens. Droits réels principaux*, t. 2, 5e éd., Paris, Economica, 2006, n°11, p.11.

[1219] J.-L. BERGEL, M. BRUSCHI et S. CIMAMONTI, *op. cit.*, n°47, p. 41 ; J. CARBONNIER, *Droit civil. Les biens*, coll. « Thémis », t. 3, 18e éd., Paris, PUF, 1998, p. 119 ; A. CHEYNET DE BEAUPRE, *Droit des biens*, coll. « Dyna Sup'droit », Paris, Vuibert, 2011, n°187, n°98, p. 55 ; F. TERRE et Ph. SIMLER, *Droit civil. Les biens, op. cit.*, n°75, p. 95 ; Y. STRICKLER, *Les biens*, coll. « Thémis Droit », Paris, PUF, 2006, n°12, p. 25 ; Ch. ATIAS, *Droit civil. Les biens*, 9e éd., Paris, Litec, 2007, n°69. p. 50 ; N. REBOUL-MAUPIN, *op. cit.*, n°154, p. 122 ; M.-L. MATHIEU, *Droit civil. Les biens*, coll. « Université », 3e éd., Paris, Sirey, 2013, n°34, p. 10 ; Ph. MALAURIE et L. AYNES, *Les biens*, coll. « Droit civil », 3e éd., Paris, Defrenois, 2007, n°351, p. 86 ; G. CORNU, *Droit civil. Les biens,* coll. « Domat », 13e éd., Paris, Montchrestien, 2007, n°26, p. 66.

telle que soutenue par les la doctrine réaliste[1220] (§1). Ensuite, séduite par cette doctrine, le législateur OHADA a consacré des formes de propriété ayant pour objets des droits personnels (§2).

§ 1- Le plaidoyer de la doctrine personnaliste

403. Pour les théories personnalistes, l'idée de l'absence d'intermédiaire entre le propriétaire et sa chose soutenue par les théories réalistes est fausse. Elles plaident pour que le droit de propriété soit conçu comme pouvant avoir pour objets des droits personnels. Ce plaidoyer est caractérisé par deux étapes dans la progression du raisonnement. La première étape a consisté à remettre en cause le caractère fondamental de la distinction qui existe le droit réel et le droit personnel. Elle est l'œuvre de Planiol (A). La seconde est un prolongement de la première. Elle en déduit que puisqu'il n'y a pas de différence fondamentale entre le droit réel et le droit personnel donc la propriété des droits personnels est admissible. Elle est dite néo personnaliste et est l'œuvre essentiellement de Ginossar (B).

A- Le rôle précurseur de Planiol

404. La théorie personnaliste de Planiol renvoie, pour une bonne part, tous les droits réels à des droits personnels. Lui-même inspiré par l'auteur suisse Ernest Roguin, Planiol critique la notion classique de droit réel et tente d'assimiler les droits réels et les droits personnels du point de vue des rapports juridiques qu'ils créent. En effet, pour lui « *l'analyse du droit réel sur laquelle repose la définition classique est erronée* »[1221]. Critiquant cette conception classique du droit réel comme celui qui met directement et immédiatement une personne au contact d'une chose, Planiol fait remarquer que cette définition fortifie l'image du propriétaire seul en présence d'une chose qu'il domine. Ce qui n'est pas exact selon lui. En effet, cette conception « *a l'air simple et elle plait, [...], parce qu'elle donne en quelque sorte une vue concrète du droit de propriété et des autres droits réels : elle montre le propriétaire ou l'usufruitier seul en possession de son bien, que tout le monde laisse en jouir paisiblement, et qui ne demande rien à personne. Au fond cependant elle est fausse. Il n'est pas exact de dire que le droit réel, la propriété*

[1220] Cf. *Infra.* Section 2.

[1221] M. PLANIOL et G. RIPERT, *op. cit.*, n°37, p. 42.

par exemple, consiste à établir un rapport direct entre une personne et une chose. Ce rapport direct n'est qu'un fait, et il a un nom : c'est la possession, c'est-à-dire la possibilité de détenir la chose et de s'en servir en maitre. Un rapport d'ordre juridique ne peut pas exister entre une personne et une chose : ce serait un non-sens. Par définition, tout droit est un rapport entre les personnes. C'est la vérité élémentaire sur laquelle est fondée toute la science du droit, et cet axiome est inébranlable »[1222]. Plus précisément, admet-il, sous l'angle de sa structure, le droit de propriété est un rapport entre les personnes et comporte un lien d'obligation. Ainsi, selon lui, le droit de propriété, à l'instar des droits personnels, comprend un sujet actif et un sujet passif.

405. Pour Planiol, le droit réel se rapproche du droit personnel parce qu'il crée une « *obligation passivement universelle* »[1223]. En ce sens, écrit-il « *Le droit réel doit donc être conçu sous la forme d'un rapport obligatoire, dans lequel le sujet actif est simple et représenté par une seule personne, tandis que le sujet passif est illimité en nombre et comprend toutes les personnes qui entrent en relation avec le sujet actif* »[1224]. Autrement dit, le droit réel, à l'instar du droit personnel, crée également un lien de droit de nature obligatoire entre un sujet actif, le propriétaire par exemple et des sujets passifs en nombre illimité tenus de respecter ce droit. Dans ce rapport obligatoire, le propriétaire ou le titulaire du droit réel est le créancier ou sujet actif et les débiteurs ou sujets passifs sont potentiellement constitués par tout le reste du monde. En effet, le fondement essentiel de sa pensée est que tout droit est avant tout un lien social qui met en relation plusieurs personnes, créant de ce fait une relation d'obligation entre elles. Cette relation d'obligation lie le propriétaire et la société ou le monde entier, le premier étant le créancier et le second le débiteur. Planiol qualifie cette relation par sa formule célèbre d' « *obligation passive universelle* ». Elle est passive en ce sens qu'elle oblige la société à ne rien faire pour troubler l'exercice du droit de propriété. Il s'agit d'une obligation de ne pas faire si bien que l'existence de ce lien obligatoire est imperceptible. Néanmoins, cette existence du lien obligatoire est bien réelle et se constate lorsque cette

---

1222 *Ibid.*
1223 M. PLANIOL et G. RIPERT, *op. cit.*, n°38, p. 42.
1224 *Ibid.*

obligation de ne pas faire est violée par les sujets passifs : « *le contrevenant est condamné à une réparation, ce qui ne se comprendrait pas s'il n'était obligé à rien auparavant* »[1225]. Ainsi, ce rapport obligatoire, qui consiste en une abstention de ne pas troubler le titulaire du droit réel, existe bien.

406. Cette conception, au regard de l'idée d'obligation qu'elle propose, relativise la liberté du propriétaire puisqu'elle fait intervenir la société dans la conceptualisation du droit de propriété. Ce qu'elle critique parait davantage être le fait que la définition classique du droit réel, et par ricochet du droit de propriété, met seulement en relation le propriétaire et sa chose en occultant la société. Planiol relativise donc l'absolutisme du droit de propriété fondée sur son caractère réel, en faisant intervenir la société à travers l'idée de sa célèbre obligation passive universelle.

407. Cependant, Planiol reconnait qu'il existe une différence entre le droit réel et le droit personnel. Il estime seulement que cette différence n'est pas aussi fondamentale que la conception classique la laisse entrevoir. Pour lui, cette différence se situe seulement au niveau de la détermination des sujets passifs en nombre illimité dans le droit réel, c'est-à-dire tout le monde sauf le propriétaire lui-même, mais individuellement dénommé dans le droit personnel. Ce nombre indéterminé des sujets passifs s'explique par le caractère de l'obligation ainsi créée qui, étant passive et universelle, permet au créancier, en occurrence le titulaire du droit réel d'exiger de toute personne une prestation négative consistant à s'abstenir de tout acte contraire à son droit. Planiol en conclut : « *On peut donc définir le droit réel : celui qui impose à toute personne l'obligation de respecter le pouvoir juridique que la loi confère à une personne déterminée de retirer de biens extérieurs tout ou partie des avantages que confère leur possession ou, si l'on préfère, celui qui, donnant à une personne un pouvoir juridique direct et immédiat sur une chose, est par cela même susceptible d'être exercé, non pas seulement contre telle personne déterminée, mais envers et contre tous* »[1226]. Ainsi, cette définition met l'accent sur le lien d'obligation qui existe plutôt que sur le rapport direct et immédiat entre le titulaire du droit réel et la chose.

[1225] *Ibid.*

[1226] M. PLANIOL et G. RIPERT, *op. cit.*, n°40, p. 46.

408. A l'analyse, Planiol a le mérite de souligner l'importance du droit en tant que lien social et le caractère absurde d'une relation juridique entre une personne et une chose sans personnalité juridique. En effet, il fait remonter à la surface le lien caché en apparence qui se double au pouvoir du titulaire du droit réel sur la chose, rapport qui ne ressort pas explicitement de la définition classique, elle, qui met plutôt en lumière les pouvoirs du titulaire du droit réel sur la chose. De ce point de vue, la théorie de Planiol a le mérite de souligner ce rapport social.

409. Toutefois, l'analyse de Planiol, qui se fonde essentiellement sur l'obligation passive universelle, d'une part, a la propension de réduire le droit personnel à la simple existence d'un sujet actif ou créancier et d'un ou plusieurs sujets passifs ou débiteur(s). D'autre part, elle a la faiblesse de confondre deux notions considérées aujourd'hui comme distinctes : l'obligation au sens technique et l'opposabilité à autrui[1227]. En effet, l'obligation passive universelle de Planiol qui consiste pour toute personne confrontée au droit réel du titulaire à s'abstenir d'y porter atteinte n'est rien d'autre que l'opposabilité à autrui, dénominateur commun à tous les droits subjectifs réels comme personnels. De ce point de vue, elle ne permet de caractériser ni le droit réel ni le droit personnel. En réalité, d'un point de vue technique « *le droit personnel, outre la pseudo-obligation résultant de son opposabilité aux tiers, suppose l'établissement dans les rapports entre le créancier et le débiteur d'un effet obligation- d'une obligation au sens technique du terme cette fois- et relatif en vertu duquel le second, et lui seul, est tenu envers le premier à l'exécution d'une prestation* »[1228]. En conséquence, l'obligation passive universelle cache la différence qui existe entre le droit réel et le droit personnel.

La théorie de Planiol a également paru séduisante à certains auteurs qui en partagent l'idée directrice.

B- L'affinement du plaidoyer par Ginossar et Zenati

410. Les théories néo-personnalistes ne se contentent pas de relativiser la distinction fondamentale entre le droit réel et le droit

---

[1227] J.-L. BERGEL, M. BRUSCHI et S. CIMAMONTI, *op. cit.*, n°41, p. 36.
[1228] *Ibid.*

personnel, elles tentent de renouveler la notion de propriété en étendant son objet aux droits personnels notamment aux créances. En effet, posant le postulat que la différence entre le droit réel et le droit personnel n'est pas aussi fondamentale, ces théories se proposent alors de redéfinir le droit de propriété en l'envisageant comme une technique par laquelle aussi bien les droits réels que les droits personnels se rattachent au patrimoine. L'admission de la propriété des droits en occurrence des droits personnels a pour effet de relativiser le subjectivisme du propriétaire en ce sens que le rapport direct et immédiat avec la chose n'est plus de mise. En effet, si la propriété peut avoir pour objet un droit personnel, il s'ensuit que le droit de propriété, par son objet, peut mettre directement en relation deux personnes « de même signe », ce qui limite davantage la liberté du propriétaire. Ce courant a pour initiateur Serge Ginossar (1). Il a été suivi par d'autres auteurs notamment Fréderic Zenati (2).

1) La conception néo-personnaliste de la propriété de Ginossar

411. La théorie objective ou néo personnaliste de Ginossar tend à ériger tous les droits en particulier les droits de créance en des droits de propriété. En effet, Ginossar, dans sa thèse[1229], élabore un système des droits patrimoniaux qu'il juge rationnel en ce qu'il permet l'application de la notion de propriété à tous les droits patrimoniaux tant réels que personnels. De ce fait, il bouscule la distinction classique qui n'applique le concept de propriété qu'au droit réel à l'exclusion du droit personnel. Ses propositions pour une reconstruction générale des droits subjectifs s'articulent autour de deux propositions fortes : la contestation du caractère fondamental de la distinction des droits réels et des droits personnels et le postulat que tous les droits ont une même structure de type obligationnel.

412. Pour relativiser le caractère fondamental de la distinction entre le droit réel et le droit personnel, Ginossar observe *primo* que les droits réels sur la chose d'autrui notamment l'usufruit ou la servitude sont aussi relatifs que les droits personnels. La raison est qu'il y existe un double rapport : tout d'abord une opposabilité absolue liée au fait que ces droits réels ont pour objet un bien ou une chose qui est la

---

[1229] S. GINOSSAR, *Droit réel, propriété et créance. Elaboration d'un système rationnel des droits patrimoniaux*, Paris, LGDJ, 1960.

propriété d'autrui tout comme ce droit de propriété d'autrui lui-même qui bénéficie d'une opposabilité absolue. En plus de ce premier rapport, il existe aussi un effet relatif, un lien d'obligation tout comme dans les droits personnels, entre un sujet actif, en occurrence l'usufruitier ou le propriétaire du fonds dominant, et un sujet passif, le nu propriétaire ou le propriétaire du fonds servant[1230], tenu de subir la jouissance du bien en s'abstenant de tout acte contraire au droit réel du sujet actif. En raison de ce lien relatif obligatoire, le droit réel portant sur la chose d'autrui est donc aussi relatif que le droit personnel. En définitive, Ginossar en déduit que, puisqu'il existe des droits réels qui créent un lien relatif d'obligation, alors la définition classique selon laquelle l'opposabilité *erga omnes* serait la caractéristique propre de tous les droits réels n'est pas exacte.

Secundo, Ginossar relativise l'idée selon laquelle le droit de suite et le droit de préférence seraient des attributs du droit réel. En fait, il estime que le droit de suite ne se conçoit pas pour tous les droits réels plus précisément pour le droit de propriété puisque le propriétaire n'a pas à suivre sa chose entre toutes les mains. De même, le droit de préférence n'a de sens que pour les droits réels accessoires lesquels renvoient à l'idée d'obligation principale et non pour les droits réels principaux en occurrence le droit de propriété.

Pour Ginossar, qu'il s'agisse du droit réel ou du droit personnel, il existe toujours un lien d'obligation. Le droit est réel ou personnel tout simplement parce que l'obligation qui lui correspond est réelle (*propter rem*) ou personnelle.

413. Ainsi, ayant relativisé la distinction entre le droit réel et le droit personnel, Ginossar estime que le droit de propriété peut avoir pour objet aussi bien un droit réel qu'un droit personnel, d'où l'admission de la propriété des créances. Il réfute la conception classique de la propriété comme le pouvoir d'une personne sur une chose, ce qui met davantage en exergue sa subjectivité. Il rejette également l'obligation passive universelle en ce qu'elle est le propre de tous les droits subjectifs et ne permet pas de caractériser le droit réel. Il définit le droit de propriété comme la relation par laquelle une chose appartient à une personne. Plus précisément selon lui, cette relation d'appartenance peut s'établir non seulement entre une personne et un droit réel, comme le conçoit la doctrine classique ;

1230 S. GINOSSAR, « Pour une meilleure définition du droit réel et du droit personnel », *RTD Civ. 1962*, n°9 et s., p. 582 et s.

mais également entre une personne et un droit personnel, originalité de sa thèse. Le droit de propriété peut donc s'appliquer au droit réel comme au droit personnel. En effet, pour lui, il faut concevoir le droit personnel[1231] et le droit réel comme des biens objets de propriété. En conséquence, il admet, contrairement à la doctrine classique, la notion de propriété des créances. En ce sens, écrit-il « *pour se rallier à la théorie de la propriété des créances, il suffit, à l'exemple de tant de textes légaux, de traiter la créance comme un bien incorporel, objet de propriété au même titre que les biens corporels* »[1232]. En conséquencc, pour lui, la créance à l'instar de la chose corporelle est un bien appartenant au créancier et qui est rattaché à son patrimoine par un lien de propriété. De la sorte, la propriété est applicable au droit réel comme au droit personnel.

414. Mais Ginossar fait une triple distinction comme l'indique déjà le titre de sa thèse. Il distingue le droit de propriété portant sur sa propre chose, le droit réel et le droit personnel ou droit de créance. En effet, si le droit de propriété est opposable à tous, les autres droits réels ne le sont pas. Ces derniers à l'instar des droits de créances sont aussi relatifs. En d'autres termes, tous les droits subjectifs patrimoniaux sont relatifs à l'exception de la propriété qui a un caractère absolu en ce que les sujets passifs sont à tout moment, on pourrait dire, le monde entier. Ainsi, Ginossar distingue le droit de propriété, le droit réel et le droit personnel.

415. Ginossar prétend de ce fait enrichir la distinction classique par une nouvelle conception de la propriété dont l'application peut être élargie au droit personnel. En effet, précise-t-il « *la théorie critiquée n'enlève pas un iota à la notion classique de droit de créance ; elle se contente de suppléer à son insuffisance en y ajoutant la notion de propriété ; et, ainsi enrichie, la nouvelle définition ne peut a fortiori être moins adéquate que l'ancienne, dont on prétend la satisfaire* »[1233]. Il se défend, en outre, de remettre en cause la structure spécifique du droit réel et du droit de propriété. À l'instar de Planiol, pour lui « *le lien entre propriété et droit réel n'est*

[1231] V. ég. J. HENRIOT, « De l'obligation comme chose », *APD*, t. 24, *Les biens et les choses*, Sirey 1979, p. 235 et s.

[1232] S. GINOSSAR, « Pour une meilleure définition du droit réel et du droit personnel », *RTD Civ.* 1962, n°3, p. 576.

[1233] S. GINOSSAR, *préc.*, n°4, p. 578.

pas celui d'une illusoire identité de structure, mais de double rapport juridique »[1234]. Cela dit, les droits réels et le droit de propriété sont fondés sur un double rapport juridique tout comme dans les droits personnels : d'une part, un rapport étroit ou relatif entre le propriétaire ou le titulaire du droit réel et l'objet du droit, c'est-à-dire la substance ou la chose ; d'autre part, un rapport absolu ou opposabilité absolue entre le propriétaire ou le titulaire du droit réel et les tiers tenus de s'abstenir de troubler le premier lien étroit ou relatif. Ainsi, le droit de propriété, entendue comme la relation par laquelle une chose appartient à autrui, peut bien avoir pour objet le droit réel tout comme le droit personnel.

416. Dès lors, d'inspiration personnaliste, la thèse de Ginossar tend à rappeler le lien social à prendre en compte par tout droit, en occurrence la propriété : d'une part, un lien relatif ou étroit entre le propriétaire et l'objet du droit ; d'autre part, un lien absolu entre le propriétaire et les tiers tenus de s'abstenir de troubler le lien étroit. Autrement dit, qu'il s'agisse du droit réel ou du droit personnel, il y a toujours un lien personnel, c'est-à-dire un intermédiaire entre le titulaire et l'objet de son droit. Pour cette raison, « *Il n'est pas vrai, sinon par métaphore, que le droit de propriété (droit réel) soit un rapport immédiat entre une personne (le propriétaire) et une chose* »[1235]. Pour Ginossar, il s'agit d'un rapport entre des personnes. Au regard de ce double rapport, la distinction du droit réel et du droit personnel n'est pas aussi étanche que veut le laisser croire la distinction classique. Mieux, la propriété, droit réel par excellence, perd ce privilège pour ne devenir qu'une relation qui unit le patrimoine d'une personne et ses droits tant réels que personnels. De ce fait, si la propriété peut être appliquée à un droit personnel, il en résulte que par essence la propriété ne peut se soustraire de tout rapport d'obligation, caractéristique du droit personnel. De même, si dans ce rapport le propriétaire a la qualité de créancier, il n'en demeure pas moins débiteur de tous les autres propriétaires relativement à leurs biens. En conséquence, il s'établit entre l'ensemble des propriétaires ou entre le propriétaire et la société un rapport d'obligations passives réciproques limitant le subjectivisme du

---

[1234] S. GINOSSAR, *préc.*, n°13, p. 588.

[1235] R. MARTIN, « De l'usage des droits et particulièrement du droit de propriété », *RTD civ*. 1975, p. 58.

droit de chacun d'eux. Ainsi, cette théorie, dans son principe, s'accommode bien avec les limitations au droit de propriété.

417. A l'analyse, cette conception bouleverse la distinction entre le droit réel et le droit personnel. En effet, en rappel, dans la conception classique le droit réel est défini comme *« le droit qui met directement, sans intermédiaire, et immédiatement une personne au contact d'une chose »*[1236] ; et le droit personnel ou droit de créance comme celui qui crée un lien entre un créancier, sujet actif, et un débiteur, sujet passif[1237]. Le premier, auquel appartient le droit de propriété, met directement une chose au pouvoir d'une personne ; tandis que le second est un lien de droit entre le créancier et le débiteur, entre deux personnes. Dès lors, au sens classique, admettre la propriété des créances revient à admettre la propriété d'un lien de droit ce qui parait absurde puisque le propriétaire ne peut pas exercer son pouvoir sur un lien de droit comme il le pourrait sur une chose : sa liberté est réduite. Il en découle que si la conception de Ginossar prétend enrichir[1238] la distinction entre le droit réel et le droit personnel, en élevant le droit personnel au rang de bien appropriable, d'un autre point de vue, elle peut être perçue, notamment lorsqu'elle soutient que la propriété peut avoir pour objet un droit personnel, comme ayant pour effet d'affaiblir le subjectivisme du droit de propriété par sa propension à réduire la liberté du propriétaire en le mettant non plus en relation avec une chose, objet passif, mais en rapport avec une personne douée de liberté, avec un autre sujet actif. Elle s'inscrit donc dans le mouvement d'altération du subjectivisme du droit de propriété. Elle semble s'accommoder avec une certaine vision pragmatique du droit si bien qu'elle a séduit le droit positif[1239]. En effet, la propriété des droits personnels est consacrée par le droit OHADA, plus précisément par les articles 71 et suivants de l'Acte uniforme relatif aux sûretés. Cette consécration légale s'observe surtout dans la propriété cédée à titre de garantie et dans une moindre

---

[1236] J.-L. BERGEL, M. BRUSCHI et S. CIMAMONTI, *op. cit.*, n°36, p. 32.
[1237] J. ROCHFELD, *op. cit.*, p. 157.
[1238] S. GINOSSAR, « Pour une meilleure définition du droit réel et du droit personnel », *op. cit.*, n°4, p. 578.
[1239] Cf. *Infra* n°428 et s.

mesure dans la propriété réservée. En conséquence, il faut admettre que le droit de porpriété a un objet pluriel[1240].

418. Epousant les idées de Ginossar, Henriot insiste sur la nature de la chose qui ne doit pas seulement être perçue en droit comme étant corporelle, mais aussi comme étant incorporelle. Il estime que la chose est un concept abstrait, « *tout mode d'être susceptible de se traduire par un substantif* »[1241]. Dès lors, corporelle ou incorporelle, tangible ou immatérielle sont des figures possibles de la choséité. Il en déduit que l'obligation elle-même peut bien être une chose et en conséquence objet de convention. Se ralliant à Ginossar, il affirme que l'obligation en tant que chose renvoie à l'obligation en tant que acte. Il fait la distinction entre l'obligation constituante qui est le contrat, l'obligation constituée qui est le titre de créance et la créance elle-même, objet du droit. Le titre de créance est un bien meuble corporel. Par contre, la créance elle-même est un bien incorporel qui peut être objet de propriété. Cette distinction permet, selon lui, de satisfaire aux dispositions du code civil qui prévoient que l'obligation est un meuble incorporel[1242]. Il fait remarquer également que dans l'obligation dite réelle l'effet relatif qui se crée entre le créancier et le débiteur résulte d'une obligation contractée. En effet, la publicité des charges réelles d'un bien hypothéqué ou soumis à servitude fait que l'acquéreur est censé connaitre les obligations auxquelles il s'expose. De ce fait, il s'engage en connaissance de cause ce qui l'oblige en vertu du contrat ainsi formé[1243]. Par ailleurs, l'auteur va même plus loin en postulant que même dans les engagements qui se forment sans convention, l'obligation résulte d'un contrat. Parce que dit-il « *dans un système juridique digne de ce nom, c'est-à-dire fondé sur l'idée du juste, c'est le consentement de tous qui rend la loi valide et fonde l'obligation de chacun* », c'est le consentement seul qui fonde l'obligation d'où la maxime « *Nul n'est censé ignorer la loi* »[1244]. En conséquence, dans les obligations personnelles comme réelles, l'obligation est contractée. Il en découle que le droit de propriété, qui peut porter sur des choses corporelles ou

---

[1240] J.-P. CHAZAL, « La propriété : dogme ou instrument politique, ou comment la doctrine s'interdit de penser le réel », *op.cit.*, p. 788 et s.
[1241] J. HENRIOT, *op.cit.*, p. 237.
[1242] J. HENRIOT, *op.cit.*, p. 238.
[1243] J. HENRIOT, *op. cit.*, p. 240.
[1244] J. HENRIOT, *op. cit.*, p. 242.

incorporelles comme des créances, est susceptible de créer des obligations entre le propriétaire et les tiers.

419. En définitive, dans la même logique que la conception de Planiol, l'analyse de Ginossar tend à relativiser la toute-puissance du propriétaire ou plus généralement du titulaire du droit réel qui est mise en exergue dans la définition classique du droit réel, en faisant remarquer l'existence d'obligation dans le droit réel et le lien social qui existe dans tout droit. À partir de ce postulat, la conception néo personnaliste définit le droit de propriété comme la relation par laquelle une chose appartient à une personne. De même, pour Henriot, qui semble souscrire à la pensée de Ginossar, cette obligation est même contractée et peut être perçue comme une chose objet de propriété.

La conception de Ginossar est également partagée par Zenati.

2) La conception néo personnaliste de la propriété de Zenati

420. La pensée de Ginossar a également reçu un accueil favorable de la part de Frédéric Zenati[1245]. Ce dernier estime que la propriété n'est pas un droit réel. Pour ce faire, il se fonde sur l'examen du droit romain qui révèle que le *dominium* portait aussi bien sur les choses corporelles que sur les choses incorporelles[1246]. En effet, la propriété de la terre appartenait au seigneur mais les terres étaient exploitées par les tenanciers plus nombreux. La pratique courante des inféodations et des sous-inféodations avait pour conséquence la rareté de la propriété complète de la terre et une abondance des tenures[1247]. Il était reconnu au tenancier le droit de revendiquer la propriété de la terre à titre « utile », c'est-à-dire que le tenancier empruntait l'action du propriétaire, en occurrence le seigneur, de manière « utile ». Lorsque l'action était exercée par le propriétaire lui-même, elle était qualifiée de directe. Se fondant sur l'idée que toute propriété repose sur un pouvoir, les glossateurs ont émis l'idée que l'action du tenancier trouvait sa justification dans l'existence d'une propriété originale, une propriété « utile », la propriété de la chose, une

---

[1245] F. ZENATI, *La nature juridique de la propriété. Contribution à la théorie du droit subjectif*, th. Lyon, 1981.

[1246] F. ZENATI, « Pour une rénovation de la théorie de la propriété », *op. cit.*, p. 307.

[1247] Cf. *Supra* n°183 et s.

propriété secondaire et inférieure à celle du propriétaire de la terre, la propriété du droit. Il y avait donc une juxtaposition de deux droits de propriété : celle du propriétaire de la terre, propriétaire du droit et celle du tenancier, propriétaire « utile », propriétaire de la chose[1248]. Par la suite, une autre transformation majeure s'est opérée : l'abolition de la féodalité. Conjuguée au paradigme de la propriété « utile » ou propriété de la chose, l'abolition de la féodalité a fait apparaitre son corollaire la propriété du droit comme étant une anomalie. La véritable propriété qui était ancrée dans les esprits, notamment de Bartole, était celle de la propriété de la chose corporelle. L'objet du droit de propriété ne pouvait pas être un droit[1249].

421. Il rappelle ensuite que Bartole et ses disciples ont joué un rôle déterminant dans la conception de la définition classique de la propriété. Ils y voyaient « *le droit de disposer complètement de la chose sans autre contrainte que ce que prohibe de faire la loi* »[1250]. Au XVIe siècle, une célèbre formule, inspirée de la définition bartonienne, est apparue. Selon celle-ci, le droit de propriété est le droit d'user et le droit de disposer des choses. Le droit de disposer étant propre au propriétaire alors que celui d'user pouvait être conféré à autrui. Egalement séduit par cet aphorisme, le Code civil a défini la propriété comme étant le « *droit de jouir et de disposer des choses de la manière la plus absolue pourvu qu'on ne fasse pas un usage prohibé par les lois ou les règlements* ». Pour l'auteur, c'est cette manipulation scolastique qui est à l'origine de la théorie classique des biens. Il estime cependant que le code civil de 1804, contrairement au code allemand, ne limite pas l'objet de la propriété aux choses corporelles. La propriété des choses incorporelles est implicitement, mais clairement reconnue dans le code civil. À titre illustratif, on peut citer les immeubles par l'objet auxquels ils s'appliquent, les meubles par détermination de la loi, l'usufruit d'une rente viagère. « *Il est donc clair que la nature corporelle de l'objet de la propriété constitue un dogme purement doctrinal qui résulte de l'interprétation de la loi, voire de sa dénaturation. Non seulement l'histoire ne peut servir de*

1248 F. ZENATI, « Pour une rénovation de la théorie de la propriété », *op. cit.*, p. 308.

1249 *Ibid.*

1250 F. ZENATI, *préc.*, p. 313.

justification à la théorie classique de la propriété, mais en outre elle lui apporte un désaveu »[1251].

422. Dans le même sens, Zenati fait remarquer que les servitudes considérées comme des droits réels sur le fonds d'autrui et ne mettant à sa charge qu'une obligation de ne pas faire ne sont parfois rien d'autre que des obligations personnelles actives ou de faire mais formulées autrement. En d'autres termes, la notion de servitude constitue le plus souvent un cadre large qui « *permet de conférer un caractère réel à n'importe quelle obligation* »[1252] personnelle. C'est le cas à titre illustratif, des prestations négatives camouflées en servitude d'architecture[1253], de l'obligation de construire d'une certaine manière qualifiée comme une interdiction de construire autrement, ou de la servitude d'habitation bourgeoise[1254] déguisée en une interdiction d'habiter de manière non bourgeoise, ou encore de l'obligation de fournir des matériaux qui est énoncée comme un droit de prélever des matériaux[1255]. Ainsi, convient-il de relativiser la distinction entre les droits réels et les droits personnels.

423. En outre, il souligne que les autres techniques constitutives du régime de la propriété comme les modes d'acquisition sont pour l'essentiel susceptibles de s'appliquer aux choses immatérielles[1256]. Mieux, il cite le Conseil constitutionnel français qui, dans le cadre du contrôle de la nationalisation des entreprises, a jugé, sur le fondement de l'article 2 de la Déclaration des droits de l'homme de 1789, que les titres constitutifs de leur capital sont protégés par le droit de propriété. Or, ces titres sont des biens incorporels. Ainsi, la propriété des droits incorporels a un fondement constitutionnel en France[1257].

424. Il en résulte que pour l'auteur, il est possible de donner une lecture moderne de la définition de la propriété en tenant compte à

[1251] F. ZENATI, « Pour une rénovation de la théorie de la propriété », *op. cit.*, p. 309.

[1252] F. ZENATI, « Propriétés et droit réels », *RTD Civ.* 1989, p. 580.

[1253] Civ. fr. 3e, 5 janv. 1970, *JCP* 1970. II. 16332.

[1254] Civ. fr. 30 juin 1936, *D.* 1936. 1. p. 65.

[1255] Civ. fr. 9 janv. 1901, *D.P.* 1901. 1. P. 450.

[1256] F. ZENATI, « Pour une rénovation de la théorie de la propriété », *op. cit.*, p. 310 et s.

[1257] F. ZENATI, *préc.*, p. 312.

la fois de l'héritage romain et des avancées de la théorie juridique postérieure au Code civil. À cette fin, il estime que « *il ne faut pas alors définir la propriété par les usages qu'elle procure mais par le mécanisme qui permet ces usages : l'exclusivité* »[1258]. Pour lui, la propriété romaine s'est construite à partir de la possession[1259]. Mais, cette définition romaniste médiévale de la propriété est inexacte. « *Si être propriétaire se limitait au droit d'user d'une chose et d'en acquérir les fruits, il suffirait que la chose ne fût pas frugifère ou que son usage fût accordé à un tiers pour que la propriété fût exclue ou retirée. Or, il n'en est rien* »[1260]. De même, privé de toutes les utilités de la chose, comme en cas de constitution d'un usufruit, le nu propriétaire demeure propriétaire. « *Il est donc nécessaire de renoncer au triptyque légué par la tradition pour comprendre la propriété dans son cadre juridique contemporain. Ce qui rend techniquement propriétaire, ce n'est rien d'autre aujourd'hui que les procédés par lesquels l'ordre juridique permet à une personne d'imposer à autrui une relation privative aux choses [...] et de protéger cette relation* »[1261]. En définitive, conclut-il « *Le caractère absolu des attributs de la propriété apparait à première vue comme la traduction de la vocation spécifiquement illimitée de la propriété, vocation mise en valeur par le contrepoids des lois et règlements [...] Mais il est plus que cela. La propriété du code civil est, comme celle de la Révolution, une propriété opposable erga omnes, contrairement à la propriété féodale qui, du fait des tenures, pouvait exister à l'égard des uns et être inopposable aux autres [...] C'est la théorie de l'opposabilité qui peut donner à l'absolutisme de la propriété toute sa force de développement et trouver en elle le fondement technique qui lui fait défaut. [...] L'opposabilité du droit réel n'est rien d'autres [...] qu'une obligation, en sorte que l'obligation est l'atome autant du droit réel que du droit personnel. Il s'agit d'une obligation de ne pas faire qui incombe à toutes les personnes autres que le titulaire du droit réel* »[1262]. Ainsi, même si le droit réel se distingue du droit personnel, tous deux établissent un double rapport, notamment un rapport d'obligation entre un sujet actif et un sujet actif. Ils se

---

1258 F. ZENATI, *préc.*, p. 314.

1259 *Ibid.*

1260 F. ZENATI, *préc.*, p. 315.

1261 F. ZENATI, *préc.*, p. 316.

1262 F. ZENATI, « Pour une rénovation de la théorie de la propriété », *op. cit.*, p. 320.

différencient seulement au niveau du mode de détermination du sujet passif qui est plus ou moins nommément connu dans le droit personnel.

425. En réalité, toutes ces théories personnalistes mettent l'accent sur les points communs entre les droits subjectifs patrimoniaux, en occurrence le lien social que constitue le droit de propriété et l'atténuation des pouvoirs du propriétaire par l'existence d'un intermédiaire entre lui et l'objet de son droit. Elles ont ce mérite de faire remarquer que le droit de propriété s'accommode de certaines obligations. Assurément, cette remise en cause s'inscrit dans un mouvement d'altération du subjectivisme du droit de propriété. Après avoir atteint la mise en œuvre du droit de propriété[1263], ce mouvement semble couvrir aussi, dans une certaine mesure, à travers la théorie de la propriété des droits, le principe même du droit de propriété, la liberté spécifique qui constituait son essence[1264]. En conséquence, elles ont pour effet d'atténuer la liberté du propriétaire.

426. Elles ont aussi le mérite d'élargir le territoire du droit de propriété à d'autres biens comme les créances en trouvant dans le droit de propriété le lien par lequel ces biens se rattachent au patrimoine. En ce sens, ce plaidoyer de la doctrine personnaliste a conduit à la consécration de la propriété des créances en droit positif.

427. Toutefois, ces théories personnalistes semblent avoir la faiblesse d'assimiler de façon excessive les droits réels et les droits personnels, de ne pas définir clairement la notion de chose ou de bien, de confondre souvent les notions d'obligation et d'opposabilité, surtout celles de chose incorporelle et de droit.

§ 2- La consécration légale en droit OHADA

428. Le législateur OHADA, dans l'objectif général d'harmonisation du droit des affaires, a adopté plusieurs actes uniformes dont celui relatif aux suretés (AUS). En matière de suretés, il a consacré la propriété des créances et la possibilité de l'utiliser comme une garantie. En effet, aux termes de l'article 71 de l'AUS, « *La propriété d'un bien mobilier peut être retenue en garantie*

[1263] Cf. *Supra* Première partie.
[1264] Cf. *Infra* Section II de ce chapitre.

d'une obligation par l'effet d'une clause de réserve de propriété. Elle peut aussi être cédée en garantie d'une obligation [...] ». Certes, l'AUS utilise l'expression « *la propriété d'un bien* », mais implicitement, le législateur admet la notion de propriété des créances puisque dans les dispositions qui suivent[1265] il considère la cession de créance comme une propriété cédée à titre de garantie. Ainsi, les créances sont reconnues par le législateur OHADA comme étant des biens et pouvant être objets de propriété. Ce faisant le législateur consacre la personnalisation du droit de propriété. Cette consécration légale s'observe surtout dans la propriété cédée à titre de garantie (A) et dans une moindre mesure dans la propriété réservée (B).

A- La propriété cédée à titre de garantie

429. L'article 79 de l'AUS prévoit que « *La propriété d'un bien, actuel ou futur, ou d'un ensemble de biens, peut être cédée en garantie du paiement d'une dette, actuelle ou future, ou d'un ensemble de dettes [...]* ». Cette disposition consacre une nouvelle fonction de garantie du droit de propriété dans le droit positif. En effet, elle permet à la propriété de jouer le rôle d'un droit accessoire à une créance principale. L'AUS admet la créance comme un bien objet de propriété. La propriété cédée à titre de garantie regroupe le transfert fiduciaire d'une somme d'argent et la cession de créance à titre de garantie. Ces opérations mettent en relation deux personnes. Plus précisément, la propriété cédée à titre de garantie est une forme de propriété qui a pour objet des droits personnels. C'est surtout à son sujet que l'on observe la personnalisation du droit de propriété.

430. Concernant le transfert fiduciaire d'une somme d'argent à titre de garantie, il est selon l'article 80 de l'AUS, « *la convention par laquelle un constituant cède des fonds en garantie de l'exécution d'une obligation. Ces fonds doivent être inscrits sur un compte bloqué, ouvert au nom du créancier de cette obligation, dans les livres d'un établissement de crédit habilité à les recevoir* ». Il s'agit d'une application très limitée de la fiducie. Le transfert fiduciaire d'une somme d'argent à l'instar de la fiducie-sûreté, peut

---

[1265] Art. 80 et s. AUS

garantir des obligations ne résultant pas nécessairement d'une vente à la différence de la clause de réserve de propriété[1266].

431. A l'analyse, dans le transfert fiduciaire d'une somme d'argent, la somme transférée appartient en premier au constituant, créancier de l'établissement de crédit qui garde ses fonds et qui est débiteur d'une obligation de restitution. Le constituant est donc initialement titulaire d'un droit personnel, d'une créance contre l'établissement de crédit. De même, les relations entre le constituant et le bénéficiaire sont fondées sur une convention et la garantie prévue par cette convention des parties est un droit de créance. Le mécanisme de la propriété opère précisément en cas d'inexécution du constituant dans ses rapports avec le bénéficiaire. En effet, dans cette hypothèse, ce dernier devient propriétaire des fonds et peut en quelque sorte les revendiquer. Il y a ainsi une personnalisation du droit de propriété dans le mécanisme du transfert fiduciaire d'une somme d'argent. Dans cette opération, la somme d'argent est considérée comme un objet de propriété.

432. L'intérêt de cette opération est de transférer la propriété de cette somme bloquée du patrimoine du constituant au profit du créancier en cas d'inexécution du constituant « *dans la limite du montant des créances garanties demeurant impayées* »[1267]. Autrement dit, le bénéficiaire réalise la sûreté en conservant définitivement la somme transférée à titre de garantie[1268]. Le débiteur de l'obligation de remise des fonds au créancier en cas de non-paiement à l'échéance est l'établissement de crédit. C'est ce que laisse entendre l'alinéa 2 de l'article 91 de l'AUS qui énonce qu'« *En cas de défaillance du débiteur et huit jours après que le constituant en ait été dûment averti, le créancier peut se faire remettre les fonds cédés dans la limite du montant des créances garanties demeurant impayées* ». Toutefois, en cas de complet paiement de la créance garantie à l'échéance « *les fonds inscrits sur le compte sont restitués au constituant* »[1269]. De même, dans cette hypothèse, le débiteur de cette restitution est

[1266] C. WITZ, *La fiducie en droit privé français*, Préf. D. SCHMIDT, Paris, Economica, 1981, p. 142-143.
[1267] Article 91 de l'AUS.
[1268] Article 91 AUS. V. ég. A. ARSAC, *La propriété fiduciaire : nature et régime*, th. Paris I, 2013, p. 153 et s. ; C. WITZ, *op. cit.*, n°313 et s., p. 296 et s.
[1269] Article 91 de l'AUS.

l'établissement de crédit. En conséquence, pour le créancier, l'opération de transfert fiduciaire d'une somme d'argent peut être appréhendée comme une propriété sous condition suspensive. Pour le constituant, elle peut s'analyser comme une propriété sous condition résolutoire. La rétroactivité de la condition s'aperçoit dans le fait qu'en principe « *Si les fonds cédés produisent intérêts, ces derniers sont portés au crédit du compte* »[1270].

433. S'agissant de la cession de créances, elle est la seconde forme de propriété cédée à titre de garantie retenue par l'AUS. Son article 80 alinéa 1 dispose qu'« *Une créance détenue sur un tiers peut être cédée à titre de garantie de tout crédit consenti par une personne morale nationale ou étrangère, faisant à titre de profession habituelle et pour son compte des opérations de banque ou de crédit* ». Comme le transfert fiduciaire, l'opération met en fait en relation trois personnes. Mais, elle s'en distingue en ce qu'elle oblige le tiers à payer définitivement sa dette envers le créancier initial au cessionnaire ; tandis que dans le transfert fiduciaire d'une somme d'argent, le transfert de la somme au bénéficiaire est conditionné au non-paiement complet à l'échéance. À l'instar du transfert fiduciaire d'une somme d'argent, la cession de créance a initialement pour objet un droit personnel, un droit de créance, et fait naitre également entre le débiteur cédé et le cessionnaire un droit personnel[1271]. En effet, dans la cession de créance, on a le créancier cédant dont l'objet du droit, la créance, est entre les mains du débiteur cédé. De même, à la suite de l'opération de cession, le cessionnaire ne peut jouir de son droit qu'après une prestation du débiteur cédé qui est l'intermédiaire entre le titulaire du droit et l'objet de ce droit. Il s'agit sans conteste d'un droit personnel comme dans le transfert fiduciaire d'une somme d'argent.

434. Ainsi, dans les deux hypothèses de propriété cédée à titre de garantie que sont le transfert fiduciaire d'une somme d'argent et la cession de créance, l'objet de la sûreté est donc initialement un droit personnel et de ce fait, ces « propriétés-sûretés » ne correspondent pas à la nature réelle traditionnelle du droit de

---

[1270] Article 90 de l'AUS.

[1271] F. ZENATI-CASTAING et Th. REVET, *Cours de droit civil. Obligations. Régime*, coll. « Droit fondamental », Paris, PUF, 2013, n°141 et s., p. 257 et s.

propriété. La situation est quelque similaire dans la propriété réservée également consacrée par l'AUS.

B- La propriété reservée

435. Aux termes de l'article 72 de l'AUS : « *La propriété d'un bien mobilier peut être retenue en garantie par l'effet d'une clause de réserve de propriété qui suspend l'effet translatif d'un contrat jusqu'au complet paiement de l'obligation qui en constitue la contrepartie*». *A priori*, la propriété réservée porte sur un bien mobilier corporel, un droit réel. Cette consécration de la propriété réservée ne semble pas poser de difficultés qu'il s'agisse du mécanisme de la propriété réservée ou des droits réels accessoires. La consécration de la personnalisation du droit de propriété ne se constate ici que dans une moindre mesure notamment à l'occasion de la destruction ou de la perte du bien par l'acquéreur et du droit corrélatif du propriétaire-vendeur de revendiquer « *la créance du débiteur à l'égard du sous-acquéreur ou [...] l'indemnité d'assurance subrogée au bien* ».

436. De prime abord, la consécration de la réserve de propriété a trait à des droits réels. Mais elle se distingue des droits réels accessoires. Les droits réels accessoires existent bien à côté des droits réels principaux. Les premiers viennent renforcer un droit personnel dont ils ne sont que l'accessoire et à la garantie duquel ils sont affectés. En tant que sûretés réelles[1272], ils ont pour originalité de combiner deux éléments à savoir une rupture d'égalité entre les créanciers et l'affectation du bien à la garantie d'une créance. Par contre, les seconds existent indépendamment de l'existence d'une créance. En outre, l'intérêt du titulaire d'un droit réel accessoire est davantage éventuel qu'actuel. En effet, c'est moins le bien en lui-même qui intéresse le titulaire que sa valeur pécuniaire mise en réserve pour sa satisfaction le cas échéant[1273]. Le régime juridique du droit réel accessoire entretient un lien privilégié avec celui de la

---

[1272] La sûreté réelle est définie comme « *la technique spécifique de sûreté visant cumulativement, d'une part, la rupture d'égalité, qui est réalisée par le droit de préférence, et, d'autre part, l'affectation de biens au paiement de la dette, qui est réalisée corrélativement, par le droit de prélèvement prioritaire sur la valeur du bien* » : J. MESTRE, E. PUTMAN et M. BILLIAU, *Traité de droit civil. Droit commun des sûretés réelles*, Paris, L.G.D.J., 1996, n°12, p. 10.

[1273] J.-L. BERGEL, M. BRUSCHI et S. CIMAMONTI, *op. cit.*, n°49, p. 42.

créance[1274]. Dans cette hypothèse, le droit réel est donc sous la dépendance du droit personnel. Bien que le droit de propriété soit *a priori* un droit réel principal, il conserve la faculté d'être accessoire à la garantie d'une créance. Cette faculté prouve bien que les droits réels et les droits personnels ont certes chacun des spécificités, mais ils sont appelés à s'interpénétrer dans la vie sociale notamment dans le monde des affaires. Ainsi, le fait que la propriété ait pour objet un bien mobilier qui soit un droit réel et qu'elle soit affectée à la garantie d'une créance ne parait pas nouveau.

437. La particularité de la propriété retenue à titre de garantie est que la garantie n'est pas fournie directement par le débiteur mais retenue par le créancier. Elle permet au vendeur d'objets mobiliers corporels de conserver la propriété des biens immédiatement livrés jusqu'au paiement du prix total par l'acheteur. Elle a pour effet de suspendre le transfert de propriété *solo consensus* dans la vente[1275]. En d'autres termes, il s'agit d'une vente sans transfert immédiat de propriété. La suspension de ce transfert de propriété est la garantie que le vendeur se ménage en cas de non-paiement, laquelle lui permet à défaut de complet paiement à l'échéance de « *demander la restitution du bien afin de recouvrer le droit d'en disposer* »[1276], soustrayant ainsi l'objet mobilier vendu du concours des créanciers de l'acheteur. Il en résulte que dans la réserve de propriété ou propriété retenue à titre de garantie, il y a initialement un objet mobilier corporel qui appartient au créancier ou vendeur et sur lequel il exerce directement et immédiatement ses prérogatives. Autrement dit, il s'agit d'un droit réel. De ce fait, l'existence d'un droit de propriété du vendeur portant sur une chose réelle est quelque peu « conforme » à la propriété classique.

438. C'est lorsque le bien est revendu par l'acquéreur, qu'une sorte de personnalisation du droit de propriété apparait. En effet, les techniques utilisées notamment la « revendication des créances » ne cadrent pas toujours avec le concept de propriété-droit réel. À ce propos, l'article 78 de l'AUS dispose que « *Lorsque le bien est vendu ou détruit, le droit de propriété se reporte, selon le cas, sur la créance du débiteur à l'égard du sous-acquéreur ou sur l'indemnité*

[1274] J. MESTRE, E. PUTMAN et M. BILLIAU, *op. cit.*, n°326 et s., p. 303 et s.

[1275] Art. 1583 Code civil.

[1276] Art. 77 AUS.

d'assurance subrogée au bien ». Cette disposition semble admettre que le propriétaire du bien mobilier corporel vendu ou détruit est propriétaire de la « *créance du débiteur à l'égard du sous-acquéreur ou [de] l'indemnité d'assurance subrogée au bien* » si bien qu'il peut la revendiquer. Or, à l'analyse, dans cette vente, le bien est remis à l'acheteur sous réserve qu'il le restitue en cas de non-paiement du prix. Il n'en acquiert la propriété qu'après ce paiement. Le transfert de propriété ne s'opère pas avant le paiement du prix. De ce fait, l'action du vendeur contre son acheteur est une action personnelle fondée sur la détention précaire et l'obligation corrélative de restitution de l'acheteur ou, si la chose n'a pas changé de nature, une action en revendication[1277]. Il suffit alors au vendeur de faire la preuve de la remise de la chose. La preuve de sa propriété n'est pas nécessaire lorsqu'il exerce l'action en restitution[1278]. Le vendeur dispose ainsi d'une action en restitution et/ou en dommages et intérêts contre l'acheteur. Cela dit, le vendeur initial ne dispose pas d'une action en revendication contre le sous acquéreur notamment lorsqu'il s'agit d'une chose mobilière et que ce dernier est de bonne foi puisque ce dernier devient immédiatement propriétaire conformément à la règle de l'article 2279 du Code civil selon laquelle « *en fait de meuble possession vaut titre* » sauf si le bien a été volé ou perdu. En vertu de l'article 78 de l'AUS sus cité, en cas de revente du bien par l'acheteur à un sous acquéreur, le vendeur peut exercer une sorte d'action en revendication de créances fondée sur la subrogation de son droit de propriété à la créance de l'acheteur-revendeur. Cette subrogation ne parait pas suffisante pour justifier la revendication des créances. En effet, traditionnellement pour que la subrogation puisse jouer, il faut que la chose subrogée et la chose subrogeante soient dans le même patrimoine[1279]. Or, lorsqu'un bien est vendu sous réserve de propriété, sa propriété appartient en principe toujours au vendeur, sauf lorsque l'article 2279 du Code civil trouve à s'appliquer ; alors que le prix de revente est la créance de l'acquéreur-revendeur[1280]. De ce fait, le droit de propriété et la créance ne sont pas à proprement parler dans le même patrimoine si bien qu'en principe les règles de la subrogation ne

---

[1277] W. DROSS, « A quelles conditions le meuble vendu sous réserve de propriété, indispensable à l'activité du débiteur failli, peut-il être revendiqué ? », note sous Com. fr. 10 mars 2015, n°13-23.424, *RTD Civ.* 2015, p. 648-652

[1278] W. DROSS, « Une approche structurale de la propriété », *RTD Civ.*, 2012, n°35.

[1279] W. DROSS, *préc.*, n°35

[1280] *Ibid.*

devraient pas s'appliquer. C'est justement pour pallier cette situation que l'AUS précise que la « *réserve de propriété n'est opposable aux tiers que si celle-ci a été régulièrement publiée au Registre du Commerce et du Crédit Mobilier* »[1281].

Ainsi, cette consécration de la revendication de créances implique l'idée d'appropriation des droits personnels.

439. L'admission de la propriété des droits semble remettre en cause le concept de propriété tel qu'enseigné jusque-là. Mais, à vrai dire, elle ne le remet pas en cause, elle ne fait que étendre son objet au droit personnel. En effet, comme le note Simler « « *La propriété des droits est de plus en plus clairement reconnue comme telle, tant par la jurisprudence nationale que par la Cour européenne de Strasbourg, qui a été pionnière à cet égard. Remet-elle en cause, pour autant, le concept de propriété ? Nullement. Elle lui reconnait, au contraire, de nouveaux territoires [...]. Peut-être va-t-elle parfois trop loin, d'ailleurs* »[1282]. Cette consécration légale témoigne bien de l'importance acquise par les théories personnalistes de la propriété dans le droit positif contemporain.

440. Elle suscite toutefois des controverses. En effet, elle laisse certains auteurs perplexes voire elle crée un doute sur la qualification même de « propriété » attribuée à la propriété de créances. En outre, des incohérences et des incertitudes sont souvent reprochées aux décisions qui semblent admettre la propriété des créances[1283]. Le Conseil constitutionnel français ne serait pas très explicite sur la question[1284]. En revanche, la Cour européenne de droits de l'homme qualifie les créances de biens et y voit un droit de propriété[1285]. Mais, les incertitudes des décisions de cette dernière juridiction sont également relevées au regard d'une part de l'autonomie des concepts qu'elle utilise par rapport à celui du système juridique dans lequel le conflit qui lui est porté a pris naissance,

---

[1281] Article 74.

[1282] Ph. SIMLER, « Propos conclusifs », *op. cit.*, p. 130.

[1283] W. DROSS, « L'extension de la notion de bien à l'intérêt économique substantiel », *op. cit.*, n°15 p. 22-23 ; P.Y. GAUTIER, « L'extension de la notion de créance à l'espérance légitime », L. LEVENEUR (dir.), *op. cit.*, p. 35 et s.

[1284] D. FALLON, « Le droit de propriété : des droits de l'homme aux droits fondamentaux », M. BOUDOT et D. VEILLON (dir.), *op.cit.*, p. 57.

[1285] D. FALLON, *précité*, p. 58.

d'autre part de l'absence de définition qu'elle donne aux concepts qu'elle utilise[1286], voire de sa *« tendance nette à déformer les catégories »*[1287] ou encore à les instrumentaliser[1288].

441. La consécration de la propriété des droits semble viser davantage à satisfaire au pragmatisme ou aux exigences du monde des affaires[1289]. C'est également en ce sens que pour certains le législateur a accepté de *« sacrifier sur l'autel de la nécessaire efficacité économique des concepts juridiques »*[1290].

442. Sous l'angle de l'enseignement traditionnel sur le droit de propriété, la relation directe et immédiate entre le propriétaire et la chose est très caractéristique du droit de propriété en ce qu'elle présente la nature très subjectiviste du droit de propriété et la liberté du propriétaire. En effet, l'appropriation des liens de droits n'est pas sans évoquer l'idée de personnes. Or, le caractère réel, en ce qu'il met en rapport un sujet actif et une chose, exclut l'idée de propriété d'un sujet actif sur un autre. De ce fait, il semble expliquer plus aisément le fait que la personne humaine ne soit pas une chose appropriable. En effet, *« peut-on imaginer qu'un sujet détienne sur une personne un droit direct et immédiat, opposable erga omnes ? La réponse est non, parce que ce rapport imposerait à l'objet une passivité substantielle qui contredirait la définition de la personne comme capacité d'action. Non seulement, parce qu'elle est libre, la personne ne devra donc être*

[1286] W. DROSS, « L'extension de la notion de bien à l'intérêt économique substantiel », *op. cit.*, n°15 p. 22-23.

[1287] P.Y. GAUTIER, « L'extension de la notion de créance à l'espérance légitime », *op. cit.*, p. 35. Cette tendance a également une répercussion auprès des juridictions internes et a pour conséquence « *d'introduire de la case-law et des considérations économiques qui ne sont pas cohérentes avec nos valeurs* » : *Ibid.* p. 36.

[1288] « *On peut avoir le sentiment, au fils des exposés entendus, que règne une certaine improvisation dans les réponses proposées, tant en doctrine qu'en jurisprudence, et notamment, en dernier lieu, dans celle de la Cour européenne des droits de l'homme. La notion de bien parait parfois instrumentalisée pour la défense d'une cause.* » : Ph. SIMLER, « Propos conclusifs », L. LEVENEUR (dir.), *op. cit.*, p. 126.

[1289] J. FOMETEAU, « L'OHADA : l'idéologie et le système », *De l'esprit du droit africain*, Mél. P. G. POUGOUE, éd. CREDIJ, 2014, p. 304-327.

[1290] B. MALLET-BRICOUT, « Fiducie et propriété », S. BROS et B. MALLET-BRICOUT, *Liber amicorum Ch. LARROUMET*, Paris, Economica, 2009, n°4, p. 301.

soumise qu'à des obligations librement consenties, mais ces obligations devront être telles qu'elles ne remettent pas en cause durablement le principe de sa liberté, ce qui serait bien évidemment le cas si la personne elle-même était la propriété d'un tiers. On dira donc que la liberté de la personne est inaliénable »[1291]. Ainsi, l'idée de personne ou d'intermédiaire qui ressort de la définition du droit personnel, n'est pas sans rappeler que dans ce type de droit subjectif, la liberté du créancier se heurte à une autre liberté inaliénable, celle du débiteur, limitant de ce fait la liberté du créancier ; alors que dans le droit réel, la liberté du titulaire s'exerce directement sur une chose passive, exprimant de ce fait la liberté absolue du sujet sur la chose ou l'objet. Comme dans la loi de la physique, on dira, dans la première hypothèse, que deux corps de « même signe » se repoussent et dans la seconde que deux corps de « signes contraires » s'attirent.

443. Ainsi, sur un plan pratique, admettre la propriété des droits ou des créances apporte peut-être une dose de pragmatisme au droit de propriété ou du moins à son adaptation à des fins économiques, en occurrence à des fins de garantie. Sur un plan théorique, la différence de degré existant entre la liberté du titulaire d'un droit réel et celle du titulaire d'un droit personnel est appelée à subsister entre la propriété d'une chose et la propriété d'un droit, entre la propriété directe et immédiate et la propriété médiate ou intermédiaire, entre la propriété réelle et la propriété personnelle, tant il est évident qu'il existe une différence de degré de l'idée de liberté entre le droit réel et le droit personnel.

Cela dit, il existe, à côté des thèses personnalistes, des théories réalistes qui, elles, s'attèlent plus à faire ressortir la spécificité du droit réel ou de la propriété en comparaison du droit personnel. La critique des théories personnalistes se déduit donc de l'analyse des théories réalistes en ce que les unes semblent s'être élaborées en opposition aux autres.

Section 2- Le maintien d'un subjectivisme plus énergique selon les thèses réalistes

444. Classiquement, « *Le droit réel est le droit qui met directement, sans intermédiaire, et immédiatement une personne au contact d'une chose* »[1292]. Cela dit, les thèses réalistes privilégient le

[1291] M. XIFARAS, *op. cit.*, p. 35.
[1292] J.-L. BERGEL, M. BRUSCHI et S. CIMAMONTI, *op. cit.*, n°36, p. 32.

lien qui existe entre le propriétaire, qui a un rôle actif, et la chose, qui a un rôle passif. De la sorte, elles mettent en exergue les pouvoirs subjectifs du propriétaire. En effet, « *portant directement sur la chose, le droit réel a une énergie beaucoup plus forte que le droit personnel dont l'exécution dépend du débiteur, notamment de sa solvabilité* »[1293]. Les théories réalistes sont aussi variées notamment en raison de la définition qu'elles donnent de la chose (§ 1). Mais la spécificité du subjectivisme du droit de propriété portant sur un droit réel ne se déduit pas seulement de sa distinction avec les droits de créances. Il faut aussi le distinguer des autres droits réels (§ 2).

§ 1- La diversité des thèses réalistes

445. Si les théories réalistes conçoivent le droit de propriété comme un droit sur la chose, pour les unes cette chose est restreinte à la chose corporelle (A), alors que pour d'autres, elle s'étend à la chose incorporelle (B).

A- La conception de la chose restreinte à la corporéité

446. Au contraire des théories dites modernes ou personnalistes, les théories des droits réels tendent à définir le droit réel avec précision d'une part en mettant l'accent sur le lien direct et immédiat entre le propriétaire et la chose objet de son droit, d'autre part en restituant au droit personnel sa spécificité. Pour ce faire, cette conception, qui considère le droit de propriété comme un droit réel, met en exergue les pouvoirs du propriétaire sur sa chose, lesquels pouvoirs sont plus caractéristiques de sa liberté en comparaison de ceux qui prévalent pour le créancier dans le droit personnel.

447. En premier lieu, ces théories font remarquer que tous les droits sont opposables aux tiers et que le rapport constitué par l'obligation passive universelle, considérée par la théorie personnaliste de Planiol comme rapprochant le droit réel et le droit personnel, n'est pas suffisante pour caractériser le droit réel. « *Mais qu'est-ce qu'un droit qui ne s'impose pas au respect des tiers, soit du seul fait qu'il existe, sans autre condition, soit en fonction de l'accomplissement de mesures de publicité destinées à porter l'existence du droit à la*

[1293] Ph. MALAURIE et L. AYNES, *op. cit.*, n°370, p. 97.

connaissance des tiers ? » se demande Larroumet[1294]. Il poursuit en estimant que « *en réalité, l'obligation passive universelle n'est rien d'autre que l'obligation qui pèse sur chacun de nous de respecter les droits d'autrui, quels qu'ils soient. Tous les droits doivent être opposables aux tiers, sous peine d'être inexistants* »[1295]. Il s'ensuit que l'obligation passive universelle est imprécise et ne fait pas ressortir voire cache la spécificité du droit réel.

Il est aussi reproché à Planiol de confondre l'effet relatif du droit et l'opposabilité absolue du droit. En effet, dans le droit personnel, le créancier ne peut exiger l'accomplissement de la prestation que du seul débiteur : il s'agit de l'effet relatif du droit prévu à l'article 1165 du Code civil[1296]. Mais, en plus de cet effet relatif, en vertu de l'opposabilité absolue ou *erga omnes*, tous les tiers sont tenus de respecter ce droit du créancier, « *ce qui ne saurait signifier qu'ils sont tenus d'exécuter l'obligation, auquel cas il n'y aurait plus d'effet relatif* »[1297]. Or, la théorie de Planiol oppose le droit réel opposable *erga omnes* au droit personnel opposable au seul débiteur. En conséquence, « *la personnalisation du droit réel est une conception qui est fausse par les résultats auxquels elle conduit* »[1298]. Elle a néanmoins le mérite de faire comprendre que les droits n'ont de sens que dans les rapports sociaux.

448. En deuxième lieu, depuis l'analyse de Ginossar, il parait difficile d'assimiler les droits réels et le droit de propriété. En effet, le droit de propriété peut être perçu comme un droit sur sa propre chose et le droit réel analysé comme un droit sur la chose d'autrui. De même, le droit de propriété peut avoir pour objet une chose corporelle ou une chose incorporelle ou immatérielle. En ce sens, Hage-Chahine propose une nouvelle classification[1299] fondée non sur l'objet du droit, chose corporelle ou incorporelle, mais sur le mode de réalisation. Il

---

1294 Ch. LARROUMET, *Droit civil. Les biens. Droits réels principaux*, *op. cit.*, n°15, p. 13.

1295 *Ibid.*

1296 Art. 1165 C. civ. : « *Les conventions n'ont d'effet qu'entre les parties contractantes ; elles ne nuisent point au tiers, et elles ne lui profitent que dans le cas prévu par l'article 1121* ».

1297 Ch. LARROUMET, *Droit civil. Les biens. Droits réels principaux*, *op. cit.*, n°16, p. 14.

1298 *Ibid.*

1299 F. HAGE-CHAHINE, « Essai d'une nouvelle classification des droits privés », *RTD Civ.* 1982, p. 705 et s.

distingue à cet effet la propriété qui est un droit à réalisation immédiate qui ne nécessite le concours de personne, des autres droits réels démembrés comme la servitude ou l'usufruit, lesquels à l'instar des droits de créance sont des droits à réalisation médiate puisqu'ils exigent l'intervention d'un sujet passif intermédiaire. Pour lui, le droit subjectif reste donc un rapport qui existe entre le titulaire et autrui. Mais, « *les rapports de droit entre les hommes se répartissent en deux grandes catégories : les rapports de droit qui existent entre le titulaire et tout le monde et les rapports de droits qui existent entre le titulaire et une personne déterminée. À la première catégorie correspondent les droits à réalisation immédiate caractérisés, du côté passif, par le devoir universel de ne pas empiéter sur la sphère juridique d'autrui, à la deuxième correspondent les droits à réalisation médiate caractérisés, du côté passif, par le lien particulier de donner, de faire, de ne pas faire ou de laisser faire* »[1300].

Dans le même ordre d'idées, tout en reconnaissant à Ginossar son mérite de distinguer les droits réels sur la chose d'autrui et la propriété, Larroumet tente de nuancer l'affirmation classique selon laquelle « *l'opposition fondamentale entre le droit réel et le droit personnel consisterait en ce que le droit réel conférerait à son titulaire un pouvoir direct et immédiat sur une chose corporelle, sans qu'il soit nécessaire de passer par l'intermédiaire d'autrui pour exercer des prérogatives sur la chose, tandis que le droit personnel serait un droit envers une autre personne tenue de l'accomplissement d'une prestation au profit du créancier, lequel n'aurait aucune prérogative directe et immédiate sur la chose corporelle qui fait l'objet de la prestation. Ainsi, le propriétaire jouit de sa chose sans passer par quiconque, tandis que le preneur à bail ne peut jouir de la chose que si le bailleur exécute les obligations qui sont mises à sa charge par le bail. Le premier a un droit sur une chose et le second a un droit envers autrui* »[1301]. Il soutient volontiers que « *le pouvoir direct et immédiat sur une chose corporelle n'est pas l'apanage de tous les droits réels* »[1302]. En effet, dans tous les droits réels autres que la propriété, il existe un rapport d'obligation comparable au droit personnel. Qu'il s'agisse des rapports entre l'usufruitier et le nu propriétaire, entre le fonds dominant et le fonds servant ou dans

---

1300 F. HAGE-CHAHINE, *op. cit.*, n°57, p. 741.

1301 Ch. LARROUMET, *Droit civil. Les biens. Droits réels principaux*, *op. cit.*, n°26, p. 18-19.

1302 Ch. LARROUMET, *préc.*, n°26, p. 18.

l'emphytéose entre le preneur à bail, à qui un droit réel est reconnu, et le bailleur, il existe dans ces différentes hypothèses un rapport dans lequel chacune des parties est débitrice de l'autre[1303].

En revanche, Larroumet admet bien que le droit réel est distinct du droit personnel. Il estime que l'opposition fondamentale entre le droit réel et le droit personnel se situe au niveau du régime juridique. Il écrit en effet que « *en fin de compte, on peut définir le droit réel comme constituant une prérogative qui concerne une chose corporelle, soit d'une façon directe et immédiate, comme dans la propriété, soit par l'établissement d'un rapport entre deux patrimoines, comme dans les autres droits réels, lesquels ne se confondent pas pour autant avec les droits personnels en raison de ce que, d'une part, l'obligation dont ils sont la contrepartie est une obligation réelle dont le régime juridique n'est pas le même que celui de l'obligation personnelle et, d'autre part, le droit réel lui-même n'est pas soumis au même régime juridique que le droit personnel en ce qu'il n'attribue pas à son titulaire le droit de gage général sur le patrimoine du débiteur de l'obligation réelle* »[1304].

449. En troisième lieu, cette théorie réaliste circonscrit, toutefois, les notions de droit réel et de propriété seulement aux choses corporelles : « *ce qui est vrai, c'est que les droits réels, même lorsqu'ils ne confèrent pas un pouvoir immédiat, ne portent que sur des choses corporelles ou plus exactement ne concernent que l'utilisation ou la jouissance d'une chose corporelle* »[1305]. Il en est de même de la propriété que l'auteur ne conçoit pas pour les choses incorporelles, préférant parler à leur égard de la titularité des droits. Sur ce plan, Dabin est du même avis que Larroumet lorsqu'il affirme qu'« *il est manifeste que, dans la propriété corporelle (qui est la propriété au sens technique), le titulaire du droit, propriétaire, est en présence d'une chose (res) dont il peut tirer tous services quelconques, du moins en principe (d'où le nom de droit réel, plena in re potestas), tandis que, dans le cas de la créance, le créancier est en présence d'une personne, le débiteur, tenu envers lui d'une prestation déterminée, active ou passive, susceptible d'exécution au besoin par*

1303 Ch. LARROUMET, *Droit civil. Les biens. Droits réels principaux*, *op. cit.*, n°26, p. 19.
1304 Ch. LARROUMET, *Droit civil. Les biens. Droits réels principaux*, *op. cit.*, n°27, p. 21.
1305 *Ibid.*

la force (d'où le nom de droit personnel). Qu'on le veuille ou non, il est impossible d'échapper à cette constatation que le droit de propriété a pour objet une chose, que le droit de créance a pour objet (il ne faut pas hésiter sur le vocable) une personne. Dans la propriété, l'assujettissement de la chose est matériel ; dans la créance, l'assujettissement de la personne est juridique : il s'exprime par une obligation »[1306].

450. Ainsi, ces auteurs considèrent le droit de propriété comme un droit absolu portant sur une chose corporelle à l'exclusion des choses incorporelles.

D'autres auteurs partagent également la définition du droit de propriété comme un rapport direct et immédiat entre le propriétaire et la chose, mais ils adoptent une conception extensive de la chose. Ils soutiennent que la chose n'est pas seulement corporelle : elle peut aussi être incorporelle.

B- La conception de la chose élargie à l'incorporéité

451. Selon cette conception extensive, la chose est un donné qui peut être corporel ou incorporel. Tout d'abord, au nombre de ses auteurs, on peut citer Fabre-Magnan (1) et Dross qui propose une analyse structurale de la propriété en faisant la distinction entre une chose incorporelle et un droit (2).

1) La conception élargie de la chose selon FABRE-MAGNAN

452. Pour Fabre-Magnan la propriété est par essence, comme tout droit, un lien social[1307]. Mais, elle se particularise en ce qu'elle est un pouvoir sur une chose, plus précisément un pouvoir juridiquement protégé sur une chose[1308]. Et, il revient au droit positif de déterminer les choses pouvant être appropriées. Certes, la théorie classique énonce les trois types de pouvoir sur une chose : l'*usus*, le *fructus* et l'*abusus*. Cependant, ces trois pouvoirs ne contribuent pas de la même façon à la définition de la propriété. On peut accorder à un tiers l'*usus*

[1306] J. DABIN, « Une nouvelle définition des droits réels », *RTD Civ*. 1962, p. 28.

[1307] M. FABRE-MAGNAN, « Propriété, patrimoine et lien social », *RTD Civ. 1997*, p. 583 et s.

[1308] M. FABRE-MAGNAN, *préc.*, n°7 et 8.

et le *fructus* d'un bien en demeurant propriétaire ou mieux en ayant le bien à l'actif de son patrimoine. Mais la difficulté de la théorie classique est qu'elle ne définit pas ce qu'est une chose.

453. Pour lui, le pouvoir de disposer, « *l'accessibilité à l'échange* » de la chose est le critère de la propriété[1309]. Il faut une accessibilité matérielle à l'échange, c'est-à-dire une circulation possible de la chose. Elle implique une séparation entre le sujet et la chose. C'est pourquoi, les éléments de la personnalité ne peuvent être appropriés. Sauf leurs fruits détachables. Il en est de même pour les aspects de la personne qui ne sont pas matériellement détachables ou des éléments du corps humain[1310]. En plus de cette accessibilité matérielle à l'échange, il faut également ajoute-t-il une accessibilité juridique de la chose à l'échange. Sans cette seconde condition, les éléments du corps humain par exemple seraient objets de propriété[1311]. Elle est définie comme une autorisation du droit positif ou du droit objectif et une protection accordée par celui-ci[1312]. Il appartient au droit de définir le domaine de la propriété. Donc, il peut retirer du domaine de l'appropriation privée certaines choses qui en principe auraient pu être appropriées. Ou au contraire, le droit positif peut aussi créer de nouveaux objets de propriété comme les créations intellectuelles[1313]. À ce propos, le code civil ne semble pas avoir prévu ces droits intellectuels. Mais, les créations intellectuelles ont été reconnues par le droit positif comme objets de propriété[1314]. Néanmoins, cette reconnaissance par le droit de la propriété incorporelle ne signifie pas que cette propriété a un régime juridique identique à la propriété corporelle. Cette reconnaissance se fait de manière exceptionnelle[1315].

454. Par ailleurs, pour définir complètement la propriété, il estime qu'il faut aussi la rattacher au patrimoine[1316]. En effet, la

---

[1309] M. FABRE-MAGNAN, *préc.*, n°10.
[1310] M. FABRE-MAGNAN, *préc.*, n°12.
[1311] M. FABRE-MAGNAN, *préc.*, n°13.
[1312] M. FABRE-MAGNAN, *préc.*, n°14.
[1313] M. FABRE-MAGNAN, *préc.*, n°15 et s.
[1314] Cf. la loi n°048-2019/AN portant protection de la propriété littéraire et artistique ou l'Accord portant révision de l'Accord de Bangui du 02 mars 1977.
[1315] M. FABRE-MAGNAN, « Propriété, patrimoine et lien social », *op. cit.*, n°19.
[1316] M. FABRE-MAGNAN, *préc.*, n°20 et s.

consistance de l'actif du patrimoine est intimement liée à la propriété. L'actif du patrimoine est un « *ensemble de biens composé de choses (corporelles et incorporelles) et de l'objet attendu de la réalisation des droits (réels et personnels)* »[1317]. De ce fait, tous les éléments de l'actif sont des objets de propriété[1318]. L'actif contient des choses corporelles ou incorporelles. Il est composé également *a priori* des droits réels et des droits personnels. Les premiers sont des droits directs sur la chose d'autrui. Quant aux seconds, les droits de créances, étant donné qu'un bien est une chose susceptible d'appropriation et que le patrimoine est un ensemble de biens dont les droits, on doit les admettre comme objets de propriété[1319]. Mais, précise-t-il « *ce n'est pas le droit-réel ou personnel- qui figure dans le patrimoine mais uniquement le produit potentiel, le résultat escompté, de l'exercice de ces droits* »[1320]. Pour l'auteur, il faut distinguer le droit de propriété de son objet. Le droit de propriété est un lien de droit. Il n'est pas un élément du patrimoine. « *Il indique le pouvoir juridiquement protégé d'une personne sur l'actif de son patrimoine. Il entre en revanche certainement dans la définition juridique du patrimoine puisque, sans droit de propriété, un bien ne pourrait pas figurer dans un patrimoine* »[1321]. Cette définition du droit de propriété permet d'adapter la consistance de ce pouvoir aux choses sur lesquelles il porte. L'auteur pense qu'il ne faut pas opposer radicalement droit de propriété et droit personnel car « *tout droit, au sens d'un droit subjectif, est un lien social, un lien entre des personnes, et implique donc qu'autrui soit mis en cause* ». De ce fait, « *La propriété (et donc aussi le patrimoine) contient en soi, de façon indissociable et tout aussi essentielle, un rapport aux choses et un rapport aux autres* »[1322].

455. En définitive, pour Fabre-Magnan, à l'instar de Ginossar, « *la propriété est un droit subjectif patrimonial, à côté des droits réels et des droits personnels* »[1323]. Il admet certes la propriété des choses incorporelles, mais à la différence de Ginossar et de Zenati, il réfute la

---

1317 M. FABRE-MAGNAN, *préc.*, n°22.
1318 *Ibid.*
1319 M. FABRE-MAGNAN, *préc.*,. n°24.
1320 M. FABRE-MAGNAN, *préc.*,. n°25.
1321 M. FABRE-MAGNAN, *préc.*, n°26.
1322 M. FABRE-MAGNAN, *préc.*, n°32.
1323 M. FABRE-MAGNAN, *préc.*, n°34.

théorie de la propriété des droits notamment des droits de créances. En effet, pense-t-il « *Un droit n'est jamais un bien : seul le résultat que l'on peut obtenir par l'exercice de ce droit peut l'être. Un droit est un lien entre des personnes, et on ne peut être propriétaire du lien lui-même. On ne peut donc avoir de droit sur un droit mais uniquement sur une chose, laquelle chose peut éventuellement être le produit de l'exercice d'un droit : on pourrait résumer la formule ainsi : « droit sur droit ne vaut »* »[1324]. En ce sens, les droits sont différents des choses[1325]. La propriété protège seulement les choses patrimoniales[1326]. Ainsi, « *La propriété est le pouvoir juridiquement protégé d'une personne sur ses choses patrimoniales* »[1327].

2) La conception élargie de la chose selon DROSS

456. Dans la même optique, William Dross[1328] prolonge l'analyse de Fabre-Magnan. Il note d'emblée que « *La propriété est malade de sa doctrine. De sa doctrine classique autant que de sa doctrine moderne. Ce sont les faiblesses théoriques de la première qui ont ouvert la voie aux excès conceptuels de la seconde. Ecartelée entre deux dogmatiques antithétiques, la propriété aujourd'hui se perd* »[1329]. En effet, dans la théorie classique, la propriété est définie à partir des prérogatives qu'elle confère au propriétaire sur la chose corporelle. En outre, l'*abusus* y est vu comme étant la prérogative essentielle du propriétaire sur la chose. Or, cet *abusus* n'est pas propre au droit de propriété. En réalité, l'usufruitier peut aussi disposer de son droit. Le nu-propriétaire peut également disposer de son droit. De même, le propriétaire peut céder certaines prérogatives de son droit tout en demeurant propriétaire. Ainsi, logiquement, la définition classique du droit de propriété comme la somme du triptyque *usus*, *fructus* et *abusus* n'est pas satisfaisante puisqu'on retrouve ces trois attributs également chez l'usufruitier par exemple. Cette définition de

---

[1324] M. FABRE-MAGNAN, *préc.*, n°35.

[1325] M. FABRE-MAGNAN, *préc.*, n°37.

[1326] M. FABRE-MAGNAN, *préc.*, n°39.

[1327] M. FABRE-MAGNAN, *préc.*, n°36.

[1328] W. DROSS, *Droit des biens*, *op. cit.*, n°426 et s., p. 353 et s. ; W. DROSS, « Une approche structurale de la propriété », *RTD Civ. 2012*, p. 419 et s. W. DROSS, « Que l'article 544 du code civil nous dit-il de la propriété ? », *RTD Civ.* 2015, p. 27 et s..

[1329] W. DROSS, « Une approche structurale de la propriété », *op.cit.*, n°1, p. 419.

la propriété parait incongrue en ce que sa conceptualisation se bâtit essentiellement sur le fondement des prérogatives pouvant exister sur une chose corporelle. En conséquence, la doctrine classique est imparfaite parce qu'elle accorde trop d'importance à la chose corporelle.

De même, la théorie moderne ou néo-personnaliste, qui est l'œuvre de Ginossar, s'inspire de la critique de Vareilles-Sommières[1330]. Ses propositions pour une reconstruction générale des droits subjectifs s'articulent autour de deux propositions fortes : la contestation du caractère fondamental de la distinction des droits réels et des droits personnels et le postulat que tous les droits ont une même structure de type obligationnel. Plus précisément, selon cette théorie moderne la propriété des créances est admissible. Or, ces créances sont des droits entre un créancier et un débiteur. Ils ne sont pas des pouvoirs sur une chose. Il en résulte que cette théorie moderne accorde une trop grande importance aux droits.

457. Pour Dross, ces théories pêchent par la place qu'elles accordent à l'objet de la propriété. En effet, le défaut de la théorie classique est la trop grande place accordée à la chose. Celui de la théorie moderne est, à l'inverse, de perdre de vue les choses pour accorder une trop grande place aux droits[1331]. Pour remédier à ces excès, il propose une approche structurale de la propriété. « *L'approche structurale de la propriété propose de considérer la propriété à travers l'analyse de la dépendance qu'elle entretient avec les choses qui en sont l'objet. Ce qui tend, en d'autres mots, à une proposition si simple qu'on pourrait la penser parée d'une évidence qu'elle n'a pourtant jamais eue : la propriété est un droit qui porte sur les choses. La propriété n'est pas une chose. La propriété n'est pas un droit qui porte sur les droits. Elle se distingue des choses. Elle se cantonne aux choses* »[1332]. En effet, les philosophies nominaliste, puis individualiste prévalaient au moment de l'adoption du code civil. Elles étaient centrées sur le sujet. Elles ont eu une influence sur les juristes. Il en résulte que les codificateurs du code civil ont mis en exergue les prérogatives que la propriété conférait au sujet. Or, ce faisant, ils ont prétendu rendre compte de la propriété elle-même alors

---

[1330] M. DE VAREILLES-SOMMIERES, *op. cit.*, p. 444 et s.
[1331] W. DROSS, « Une approche structurale de la propriété », *op. cit.*, n°4.
[1332] *Ibid.*

qu'ils décrivaient en réalité son objet et les pouvoirs du propriétaire[1333]. Ainsi, pour Dross, l'article 544 du code civil distingue, en réalité, la valeur d'usage et la valeur d'échange de la chose, lesquelles « *ne font sens que dans la relation entre la chose et l'individu* »[1334] si bien que la valeur « *ne doit pas être comprise comme constituant l'être des choses saisies par la propriété* » d'un point de vue ontologique[1335]. Cet article « *décrit l'objet du droit de propriété et non la propriété elle-même en tant que relation qu'établit le sujet à propos des choses* »[1336]. Pour décrire le droit de propriété lui-même, cet article aurait pu se contenter de dire « *la propriété est un droit absolu sur les choses* »[1337]. C'est ce qualificatif qui exprime l'essence même de la propriété. C'est de lui que découlent l'exclusivité et la perpétuité de la propriété. En effet, la propriété est la relation de l'homme à la chose. Elle est indifférente aux qualités de son objet. Elle demeure intègre même si son objet est amputé d'une qualité comme l'*usus*, le *fructus* ou l'*abusus* « *sitôt que l'on voit dans l'usus, le fructus et l'abusus non l'énoncé des prérogatives du propriétaire, mais une description schématique des utilités des choses* »[1338]. La même analyse s'applique au démembrement qui a pour objet non la propriété mais la chose. Il s'agit du démembrement de la chose et non du démembrement de la propriété[1339].

458. Selon l'auteur, la propriété doit être cantonnée aux choses, lesquelles peuvent être corporelles ou incorporelles. Les choses corporelles ont une matière ce qui les distingue des choses incorporelles. Les choses incorporelles sont différentes des droits. Elles ne se confondent pas aux droits. Sur ce plan, Dross offre une distinction claire du droit et de la chose incorporelle. En effet, précise-t-il, « *Une profonde différence de nature oppose les droits aux choses incorporelles : tandis que les premiers sont construits par le système juridique et n'ont aucune existence en dehors de celui-ci, les choses sont un donné de la réalité qui, en tant que tel, est inconditionné à un*

1333 W. DROSS, « Une approche structurale de la propriété », *op. cit.*, n°6.

1334 W. DROSS, « L'extension de la notion de bien à l'intérêt économique substantiel », L. LEVENEUR (dir.), *op. cit.*, n°4, p. 16-17.

1335 *Ibid.*

1336 W. DROSS, « Une approche structurale de la propriété », *op. cit.*, n°8.

1337 *Ibid.*

1338 W. DROSS, « Une approche structurale de la propriété », *op. cit.*, n°9.

1339 W. DROSS, *préc.*, n°10.

quelconque système juridique. Ainsi, alors que le droit de propriété ne peut exister en dehors du système juridique qui le consacre, il n'en va pas de même de la chose qui en est l'objet. Et cela est vrai tant des choses corporelles que des choses incorporelles »[1340]. La confusion entre le droit et la chose incorporelle est souvent facilitée par le fait que presque toujours, le législateur, pour préciser les pouvoirs de l'auteur d'une œuvre intellectuelle, procède par une énumération de ses droits[1341]. Mais, il s'agit de deux notions distinctes. Si une création intellectuelle comme la chanson, en ce qu'elle est un donné de la réalité, peut exister et être appréhendée en dehors du système juridique, il en est autrement du droit de l'auteur sur son œuvre qui, lui au contraire, est construit par le système juridique et n'est reconnu que par lui. Ainsi, la chose incorporelle relève du donné alors que le droit relève du construit : la chose incorporelle est distincte du droit. De ce fait, la propriété peut porter tant sur des choses corporelles qu'incorporelles.

459. Cependant, Dross réfute la théorie de la propriété des droits développée notamment par Ginossar et Zenati. En effet, soutient-il « *Un droit, qu'il soit réel ou personnel, parce qu'il est une relation et non une chose, n'est propre qu'au dénouement et au renouement : à proprement parler, il ne se transmet pas* »[1342]. Dans le droit personnel ou droit de créances, « *la prestation promise ne ressortit pas à l'ordre des choses, mais à celui des personnes et partant ne saurait être objet de propriété et circuler comme une chose peut circuler* »[1343]. Pour les mêmes raisons, il n'admet pas l'extension de la notion de bien à l'intérêt économique. Il soutient en ce sens qu'il faut « *lever une constante ambiguïté dans le discours des juristes et qui consiste à tenir que l'extension du droit des biens à l'incorporel porterait nécessairement en elle l'admission de la propriété des droits. La confusion doit être dénoncée. Le droit des biens a pour fonction d'appréhender la relation de l'homme aux choses, lesquelles sont de deux ordres, celles que l'on peut toucher parce qu'elles ont un corps, et celles qui n'en ayant pas, participent néanmoins pleinement de la réalité du monde. L'œuvre, l'invention, sitôt qu'on y parvient, par un effort d'abstraction suffisant, à les concevoir en dehors du*

[1340] W. DROSS, *préc.*, n°21.
[1341] W. DROSS, *préc.*, n°22.
[1342] W. DROSS, *préc.*, n°33.
[1343] *Ibid.*

support ou de l'outil qui les incarne, ont une existence qui ne doit rien au système juridique. Bien qu'incorporelles, elles existent en dehors de lui. Rien de tel à propos des droits subjectifs qui en sont de pures émanations. En tant que tels, ils n'ont pas de vocation naturelle à devenir l'objet du droit des biens en général et de la propriété en particulier qui est le donné du monde, non le construit des juristes. Un système qui se prendrait lui-même pour objet participerait d'une mise en abîme dont l'utilité reste à démontrer »[1344]. Il précise que d'un point de vue pratique « *étendre la propriété aux intérêts économiques en les identifiant aux droits subjectifs ajoute à la protection inhérente au droit subjectif en cause la protection offerte par le droit de propriété. Ainsi, alors que le droit du créancier est garanti par les sanctions déclinées par l'article 1217 [du Code civil français] (exception d'inexécution, exécution forcée, réduction du prix, résolution du contrat ou allocation de dommages-intérêts), faire l'hypothèse d'une propriété des créances permet d'y ajouter la revendication [...]. De ce point de vue, les choses sont assez simples. La thèse de la propriété des droits repose sur une assimilation fondamentale de la propriété avec l'opposabilité, si bien que la revendication de la créance s'occupe, pour parler avec Rigaud, de l'aspect externe du droit tandis que les sanctions énumérées par l'article 1217 envisagent l'aspect interne du droit, lequel est de nature obligationnelle* »[1345].

§ 2- La spécificité du subjectivisme du droit de propriété

460. Parmi les droits réels, le droit de propriété se distingue par la spécificité de son subjectivisme. En effet, il fait partie des droits réels principaux. « *Les droits réels principaux sont des droits réels qui existent indépendamment de tout droit de créance au profit de leur titulaire* »[1346]. Il s'agit habituellement de la propriété et de ses démembrements notamment l'usufruit, la servitude, l'emphytéose[1347]. Ces droits réels principaux offrent à leur titulaire une maitrise à la fois matérielle et juridique. Cependant, à la différence de la propriété qui a vocation à être libre de toute charge, dans les autres droits réels dits

---

[1344] W. DROSS, « L'extension de la notion de bien à l'intérêt économique substantiel », *op. cit.*, n°6, p. 17-18.
[1345] W. DROSS, *préc.*, n°7, p. 18.
[1346] Ch. LARROUMET, *préc.*, n°30, p. 22.
[1347] Ch. LARROUMET, *préc.*, n°31, p. 23.

principaux, il semble exister un rapport d'obligation (A). Ce rapport d'obligation varie plus ou moins en fonction des droits réels principaux. À l'analyse, l'usufruit semble se présenter comme le droit réel le plus proche de la propriété. Il va sans dire que l'étude des droits réels principaux se refera davantage à l'usufruit lorsque le besoin se fera de comparer le droit de propriété aux autres droits réels principaux.

L'observation empirique semble laisser apparaitre que le droit de propriété se distingue des autres droits réels principaux par sa vocation spécifique à conférer la liberté la plus large à son titulaire lui permettant en principe d'exercer, de manière très subjective, une maitrise matérielle et juridique la plus large possible de la chose dans la limite des lois et règlements (B).

A- L'existence d'un rapport d'obligations dans les autres droits réels principaux

461. La caractéristique essentielle des droits réels principaux est d'exister «*indépendamment de tout droit de créance au profit de leur titulaire* »[1348]. En d'autres termes, ils se particularisent par une relation directe et immédiate sur la chose et l'absence d'un droit personnel envers autrui. Le droit de propriété rassemble la plénitude des pouvoirs qu'une personne peut avoir sur une chose. C'est la *plena in re potestas* qui fait du droit de propriété le droit le plus complet et le plus important. Cette plénitude des pouvoirs sur la chose n'existe pas à proprement parler dans les autres droits réels principaux. En effet, ces autres droits réels principaux sont en réalité des démembrements du droit de propriété. « *Le démembrement de la propriété consiste à en détacher les droits réels et à en concéder certains attributs à d'autres que le propriétaire, sans pour autant modifier l'unité de la propriété elle-même* »[1349]. Ces droits réels démembrés créent un rapport entre au moins deux personnes engendrant des obligations dites réelles. Il s'agit principalement de l'usufruit, de la servitude, de l'emphytéose, du droit d'usage et d'habitation, du droit de superficie *etc*. L'usufruit sera essentiellement

---

[1348] Ch. LARROUMET, *Droit civil. Les biens. Droits réels principaux*, *op. cit.*, n°30, p. 22.
[1349] J.-L. BERGEL, M. BRUSCHI et S. CIMAMONTI, *op. cit.*, n°242, p. 253.

analysée au regard de sa plus grande proximité avec le droit de propriété. On le qualifie souvent de « *propriété temporaire* »[1350].

462. L'article 578 du Code civil dispose que « *L'usufruit est le droit de jouir des choses dont un autre a la propriété, comme le propriétaire lui-même, mais à la charge d'en conserver la substance* ». Cette définition légale est insuffisante et imprécise. En effet, le droit de jouissance n'est pas propre au droit réel. Il existe d'autres droits de jouissance qui ne sont pas des usufruits ou des droits réels. À titre illustratif, le locataire jouit des locaux comme le bailleur et est tenu d'en garder la substance. Mais, son droit est différent de celui de l'usufruitier. Le locataire a un droit personnel dont le bailleur est débiteur, tandis que l'usufruitier a un droit réel dont la chose est « débitrice ». Le premier a le droit que le bailleur l'en fasse jouir, alors que le second peut exercer certaines prérogatives qui sont celles du propriétaire. L'usufruitier peut utiliser la chose et en percevoir les fruits. Cette jouissance se réalise directement et immédiatement sur la chose sans passer par le nu propriétaire. Ses prérogatives diminuent les pouvoirs du propriétaire sur la chose. Ce dernier n'a plus l'*usus* et le *fructus*, il ne lui reste plus que l'*abusus*. Il est un propriétaire nu d'où le nom de nue-propriété attribué à son droit. C'est pourquoi, l'usufruit est traditionnellement admis comme un démembrement du droit de propriété. En conséquence, dans la pensée traditionnelle d'origine romaine qui a inspiré le Code civil, les droits de l'usufruitier ont été conçus sur le modèle du droit de propriété. Cette idée directrice ne doit cependant pas conduire à perdre de vue qu'« *Une telle conception est tout à fait artificielle, car les droits réels sur la chose d'autrui sont très différents du droit de propriété* »[1351].

Il en résulte, tout d'abord, que la nature réelle de l'usufruit est très discutée tout comme le droit de propriété. Elle est aisée à admettre lorsqu'il porte sur des choses corporelles. Il en est autrement quand il a pour objet les choses immatérielles notamment les créances et les choses fongibles sur lesquelles on préfère l'expression de « *quasi-usufruit* »[1352]. La nature personnelle de ces créances se déteint en effet sur l'usufruit[1353]. En tout état de cause, la conception du caractère réel

---

[1350] W. DROSS, *Droit des biens*, *op. cit.*, n°86, p. 81.
[1351] Ch. LARROUMET, *Droit civil. Les biens. Droits réels principaux*, *op. cit.*, n°442, p. 252.
[1352] W. DROSS, *Droit des biens*, *op. cit.*, n°86, p. 81.
[1353] Cf. *Supra* Section 1 de ce chapitre.

met en exergue une trop grande indépendance de la situation de l'usufruitier et du nu-propriétaire, toute chose qui nie la dépendance des relations personnelles et ne reflète pas exactement la réalité[1354].

En outre, certains auteurs proposent d'analyser l'usufruit comme une limitation du droit de propriété plutôt qu'un démembrement[1355]. D'autres, se fondant principalement sur la nature temporaire de l'usufruit, estiment qu'il constitue l'archétype de la propriété temporaire[1356]. D'autres encore préfèrent adopter « *une position intermédiaire et plus unitaire [qui] pourrait consister à reconnaitre que l'usufruit emporte toujours une altération de l'exercice d'un droit patrimonial existant auparavant entièrement sur une chose au profit d'un propriétaire ou sur un droit au profit d'un créancier. Cette altération, par essence temporaire, provoque en effet un exercice concurrent des droits entre l'usufruitier d'une part, et le propriétaire ou le créancier d'autre part* »[1357].

463. Pour l'essentiel, il importe de reconnaitre qu'il existe donc un rapport personnel entre l'usufruitier et le propriétaire en vue d'équilibrer l'exercice concurrent qui résulte des droits différents sur une même chose. Ce rapport est plus réducteur du subjectivisme de l'usufruit. En réalité, l'usufruitier ne peut pas jouir de la chose selon son bon vouloir en ignorant qu'il n'est pas propriétaire. Il est astreint à des obligations réelles qui limitent le subjectivisme de son droit dans l'intérêt de la nue-propriété. En effet, l'usufruitier a des obligations au moment de l'entrée en jouissance, pendant la durée de l'usufruit et à la cessation de l'usufruit. Ces obligations de l'usufruitier n'existent qu'en raison de sa qualité de titulaire d'un droit réel sur la chose d'autrui. En fait, les limites apportées à ses prérogatives sont justifiées dès lors que la chose a vocation à revenir un jour en pleine propriété dans le patrimoine du nu-propriétaire[1358]. Elles visent à garantir ce dernier contre tout risque de détérioration du bien par l'usufruitier. De

---

[1354] J.-L. BERGEL, M. BRUSCHI et S. CIMAMONTI, *op. cit.*, n°250, p. 261.

[1355] J. CARBONNIER, *Droit civil. Les biens*, *op. cit.*. n°104, p. 170 ; Ch. LARROUMET, *Droit civil. Les biens. Droits réels principaux*, *op. cit.*, n°454, p. 258.

[1356] W. DROSS, *Droit des biens*, *op. cit.*, n°80 et s., p. 76 et s.

[1357] J.-L. BERGEL, M. BRUSCHI et S. CIMAMONTI, *op. cit.*, n°250, p. 261.

[1358] Ch. LARROUMET, *Droit civil. Les biens. Droits réels principaux*, *op. cit.*, n°545, p. 302.

ce fait, la responsabilité de l'usufruitier peut être engagée en cas notamment d'abus de jouissance.

Ainsi, au moment de l'entrée en jouissance, l'usufruitier doit dresser l'inventaire des meubles et l'état des immeubles[1359]. Le non-respect de cette obligation permet au nu-propriétaire de s'opposer à l'entrée en jouissance de l'usufruitier ou de prouver plus tard par tous moyens la consistance des biens et leur état au moment de cette entrée en jouissance[1360]. En outre, l'usufruitier doit fournir une sûreté pour garantir le nu-propriétaire contre le risque d'inexécution de ses obligations pendant la durée de son droit et à la cessation[1361].

Pendant la durée de l'usufruit, l'usufruitier, puisqu'il doit exercer son droit dans l'intérêt de la nue-propriété, a un droit de jouissance limité et peut voir sa responsabilité engagée envers le nu-propriétaire par le paiement de dommages et intérêts ou la déchéance pour abus de jouissance. Autrement dit, il a l'obligation de jouir de son droit en bon père de famille selon l'article 601 du Code civil, soucieux de la conservation du bien, de sa substance[1362] et conformément à la destination de la chose[1363]. De même, l'usufruitier

---

[1359] Art. 600 C. civ: « *L'usufruitier prend les choses dans l'état où elles sont ; mais il ne peut entrer en jouissance qu'après avoir fait dresser, en présence du propriétaire, ou lui dûment appelé un inventaire des meubles et un état des immeubles sujets à l'usufruit* ».

[1360] CA Paris, 15 septembre 1993, *D. 1994*, Somm., p. 162, obs. ROBERT.

[1361] Art. 601 C. civ. : « *Il donne caution de jouir en bon père de famille, s'il n'en est dispensé par l'acte constitutif de l'usufruit ; cependant les père et mère ayant l'usufruit légal du bien de leurs enfants, le vendeur ou le donateur, sous réserve d'usufruit, ne sont pas tenus de donner caution* ».

[1362] Art. 578 C. civ. « *L'usufruit est le droit de jouir des choses dont un autre a la propriété, comme le propriétaire lui-même, mais à la charge d'en conserver la substance* ».

[1363] Art. 591 C. civ. : « *L'usufruitier profite encore, toujours en se conformant aux époques et à l'usage des anciens propriétaires des parties de bois de haute futaie qui ont été mises en coupes réglées, soit que ces coupes se fassent périodiquement sur une certaine étendue de terrain soit qu'elles se fassent d'une certaine quantité d'arbres pris indistinctement sur toute la surface du domaine* ».

Art. 592 C. civ. : « *Dans tous les autres cas, l'usufruitier ne peut toucher aux arbres de haute futaie : il peut seulement employer, pour faire les réparations dont il est tenu, les arbres arrachés ou brisés par accident ; il peut même, pour cet objet, en faire abattre s'il est nécessaire mais à la charge d'en faire constater la nécessité avec le propriétaire* ».

a l'obligation de supporter les charges usufructuaires[1364] et les réparations d'entretien [1365].

A la cessation de l'usufruit, l'obligation essentielle de l'usufruitier est de restituer la chose en nature ou par équivalent lorsqu'il s'agit d'un quasi-usufruit[1366].

Au contraire, le nu-propriétaire n'a pas d'obligation positive envers l'usufruitier. Ce dernier ne peut pas le contraindre à exécuter les grosses réparations nécessaires à la conservation du bien[1367]. Il ne peut que laisser le bien en l'état ou exécuter ces travaux lui-même. Dans cette dernière hypothèse, il est fondé à en demander remboursement à la fin de l'usufruit.

De ce fait, la liberté du propriétaire est sans commune mesure avec celle de l'usufruitier. Bien que l'usufruit soit un droit réel principal comme la propriété, il a une structure différente de la propriété. En effet, en premier lieu, en plus du lien réel entre l'usufruitier et la chose, l'usufruit crée un rapport de droit entre l'usufruitier et le nu propriétaire qui oblige le premier à exercer ses prérogatives dans l'intérêt de la nue-propriété. Les obligations positives de l'usufruitier existent à l'entrée en jouissance de son droit, durant cette jouissance et à l'extinction de son droit. « *Cette relation crée autant de prérogatives au profit du nu-propriétaire, qui apparait comme un créancier de l'usufruitier. Cette créance est inhérente à la nature même de l'usufruit, puisque les droits d'un usufruitier sur la chose d'autrui n'ont pas le caractère absolu et la plénitude de ceux d'un propriétaire. Au contraire, dans le droit de propriété, aucune relation de droit, inhérente à la propriété, ne va lier le propriétaire envers autrui lorsque la chose n'est pas grevée d'un droit réel au profit d'autrui. Il n'y a que la contrainte sociale en vertu de laquelle*

[1364] Art. 608 C. civ. : « *L'usufruitier est tenu pendant sa jouissance, de toutes les charges annuelles de l'héritage, telles que les contributions et autres qui dans l'usage sont censées charges des fruits* ».

[1365] Art. 605 C. civ. : « *L'usufruitier n'est tenu qu'aux réparations d'entretien.*
Les grosses réparations demeurent à la charge du propriétaire, à moins qu'elles n'aient été occasionnées par le défaut de réparation d'entretien, depuis l'ouverture de l'usufruit ; auquel cas l'usufruitier en est aussi tenu ».

[1366] Art. 587 C. civ. : « *Si l'usufruit comprend des choses dont on ne peut faire usage sans les consommer, comme l'argent, les grains, les liqueurs, l'usufruitier a le droit de s'en servir, mais à la charge d'en rendre de pareille quantité, qualité et valeur, ou leur estimation, à la fin de l'usufruit* ».

[1367] H. CAPITANT, F. TERRE et Y. LEQUETTE, *Les grands arrêts de la jurisprudence civile*, t.1, 13e éd., Paris, Dalloz, 2015, n°76-77, p. 454.

on ne peut nuire à autrui en exerçant son droit »[1368]. Ainsi, le rapport d'obligations positives entre l'usufruitier et le nu-propriétaire fait apparaitre l'idée d'une créance du nu-propriétaire contre l'usufruitier. C'est justement cette image de droit personnel dans le droit réel principal que constitue l'usufruit qui est moins nette dans le droit de propriété pour lequel la contrainte sociale ou la gouvernance sociale des biens n'engendre pas des obligations positives de principe[1369].

464. En outre, le rapport qui se crée entre l'usufruitier et le nu-propriétaire dépasse largement l'effet produit par l'opposabilité à l'égard de tout droit. En effet, ce rapport entraine une diminution des prérogatives du propriétaire sur la chose. C'est en ce sens qu'il s'agit d'une obligation réelle. « *Elle est la manifestation de la transformation de son droit que doit subir le propriétaire. Ce qui est vrai, c'est qu'il s'agit d'une obligation passive. Il y a toujours au moins une obligation passive dans un démembrement de la propriété* »[1370]. En d'autres termes, le rapport de droit qui lie l'usufruitier au nu-propriétaire n'est pas le reflet de l'opposabilité. Il a une portée plus profonde en raison du fait qu'il démembre les attributs de la propriété et crée un effet-obligation relatif. Toutefois, ce lien de droit n'existe entre les parties qu'en raison de leur qualité de titulaires de droit réel sur une même chose. Ainsi, si le droit de propriété ne crée pas expressément un droit de créance au profit de son titulaire, il en est autrement pour l'usufruit dans les rapports entre le nu-propriétaire et l'usufruitier. En effet, « *le caractère de droit réel de l'usufruit, non seulement n'empêche pas l'établissement d'une relation de droit entre l'usufruitier et le nu-propriétaire, en ce sens que l'usufruitier est tenu d'obligations positives envers le nu-propriétaire, mais encore ce dernier est tenu d'une obligation réelle, liée à sa qualité de propriétaire de droit, qui est démembré au profit d'autrui* »[1371]. Cela dit, si un droit réel principal est un droit réel qui n'engendre pas de droit de créance au profit de son titulaire[1372], on peut en dire

---

[1368] Ch. LARROUMET, *Droit civil. Les biens. Droits réels principaux*, *op. cit.*, n°453, p. 257.
[1369] Cf. *Infra* n°466 et s.
[1370] Ch. LARROUMET, *Droit civil. Les biens. Droits réels principaux*, *op. cit.*, n°454, p. 258.
[1371] Ch. LARROUMET, *préc.*, n°454, p. 258.
[1372] Ch. LARROUMET, *préc.*, n°30, p. 22.

difficilement pour les droits réels principaux autres que le droit de propriété, en occurrence pour l'usufruit.

465. En définitive, il semble que la qualification que l'on attribue à ces autres droits réels principaux semble davantage justifiée par le rapprochement de leur régime juridique de celui du droit de propriété plutôt que de celui des droits personnels[1373] et non sur l'absence de créance qu'ils créeraient au profit de leur titulaire. Même si les droits réels mettent directement et immédiatement une personne en relation avec une chose, le subjectivisme de ces titulaires de droit réel est bien plus réduit que celui du propriétaire. Cet avantage de la propriété non seulement assure son succès, mais aussi explique pourquoi les autres droits réels principaux, à l'instar de l'usufruit, sont plus ou moins méconnus[1374]. Le subjectivisme du droit de propriété lui donne vocation à être exempte d'obligation expresse.

B- La liberté de principe du propriétaire

466. La vocation particulière du droit de propriété à être, de principe, exempte d'obligation expresse lorsqu'elle porte sur une chose découle de sa nature de liberté fondamentale[1375]. En vertu de cette liberté qui caractérise le droit de propriété, le titulaire jouit d'une plus grande subjectivité dans l'exercice de son droit. En effet, à la différence des autres droits réels sur la chose d'autrui, le propriétaire jouit de toute la liberté parce que la chose est à lui, elle lui est soumise. Sa jouissance n'est pas limitée par la vocation juridique de la chose à revenir en pleine propriété à autrui comme dans l'usufruit. C'est pourquoi, il peut procéder à la destruction juridique ou matérielle de la chose, se moquer de l'entretien ou de la conservation de la chose toutes les fois que cela ne porte préjudice aux droits d'autrui, à l'ordre public ou aux bonnes mœurs. Ainsi, la propriété est le droit subjectif qui confère la liberté la plus large à son titulaire et qui a naturellement vocation à être exempte d'obligation. « *Il faut et il*

[1373] Ch. LARROUMET, *Droit civil. Les biens. Droits réels principaux*, *op. cit.*, n°27, p. 20.
[1374] J. BALLAND, *L'usufruit. Un outil méconnu de gestion et de transmission de patrimoine des particuliers*, Paris, Maxima, 2008.
[1375] Cf. *Supra* chapitre I de ce titre.

suffit, pour qu'un droit réel s'appelle et soit la propriété, que, pour son titulaire, sur la chose, la liberté d'agir soit le principe »[1376].

467. Avoir vocation à être exempte d'obligation ne signifie pas que le droit de propriété ne puisse pas être plus ou moins limité dans certaines hypothèses. Cela signifie que par sa nature même le droit de propriété est en principe libre de charge s'il n'en est pas expressément prescrit par la loi ou la jurisprudence. La liberté est consubstantielle même à la propriété. Elle est de son essence. Il s'ensuit que si de temps en temps certaines obligations sont mises à la charge du propriétaire, celui-ci a toujours vocation à réunir la totalité des pouvoirs et à retrouver la liberté d'agir une fois que ces obligations disparaissent[1377]. C'est en cela que le subjectivisme du droit de propriété est particulièrement considérable. Vareilles-Sommières résume bien cette situation comme suit : « *Tout autre droit réel consiste à tirer d'une chose ou bien un groupe déterminé de services, ou bien un ou plusieurs services individuellement déterminés. La différence essentielle entre la propriété et tout autre droit réel, c'est donc que le droit de se servir de la chose est d'un côté la règle et de l'autre l'exception. Ce qui est déterminé pour le propriétaire, ce sont les services qu'il n'a pas le droit de tirer de la chose, et aussi ceux qu'il a le devoir d'en tirer. Ce qui est déterminé pour l'usufruitier, le créancier hypothécaire, etc., ce sont les services qu'ils ont le droit de tirer de la chose. Sur la chose, le propriétaire peut tout excepté certains actes ; le titulaire d'un autre droit réel ne peut rien excepté certains actes. Rien de ce qui est défendu au propriétaire ne résulte de ce qui lui est permis; c'est au contraire ce qui lui est ou reste permis qui résulte de ce qui lui est défendu. Tout ce qui est défendu au titulaire d'un autre droit réel, ou du moins le gros de ce qui lui est défendu, résulte de ce qui lui est permis*». En effet, à la différence des autres droits réels qui sont des droits sur la chose d'autrui, et qui par ce fait sont limités, le droit de propriété est l'expression de la plus grande liberté de l'individu sur une chose sur laquelle lui seul a, en principe, des droits. De ce fait, le droit de propriété est le seul droit réel qui a vocation à réunir toutes les utilités de la chose entre les mains d'une seule personne. Par analogie, la différence qui existe entre le droit du propriétaire et celui du titulaire

---

[1376] M. DE VAREILLES-SOMMIERES, *op. cit.*, n°1, p. 444.
[1377] M. DE VAREILLES-SOMMIERES, *op. cit.*, n°3, p. 444.

d'un autre droit réel est comparable à celle qui existe entre un legs universel et les autres legs ou entre la compétence d'un tribunal de droit commun et celle d'un tribunal d'exception[1378].

468. En outre, cette vocation singulière du droit de propriété à conquérir la liberté la plus large se traduit également sur le plan patrimonial[1379]. En effet, le propriétaire jouit d'une plus grande liberté dans la gestion et l'administration de la chose objet de son droit. Il n'a pas de concurrent sur la chose contrairement aux autres droits réels qui s'analysent comme des démembrements de la propriété.

469. Certes, même s'il est perçu comme le prolongement de la liberté individuelle, le subjectivisme du droit de propriété s'exerce néanmoins dans le cadre des lois et règlements. En effet, le droit de propriété s'exerce dans la société où il trouve son sens et sa mesure. Son essence « *comme l'essence de tout droit, doit aussi se trouver dans le lien social qu'il contribue à tisser* »[1380]. Pour cette raison, le droit de propriété subit des limitations[1381]. Si le propriétaire n'est pas, en principe, obligé, il a néanmoins le devoir de savoir vivre en société. Le droit de propriété n'est pas une liberté immuable. Il épouse les contraintes sociales et s'y adapte en conséquence. Il en résulte que son subjectivisme peut être plus ou moins altéré. «*Mais, chose remarquable, la propriété incomplète, tout autant que la propriété complète, est la propriété et la propriété entière »*[1382]. Elle a toujours vocation à élargir l'espace de liberté de son titulaire dans son principe, à la différence des autres droits réels. Il s'agit d'une vocation du droit de propriété. Ce terme doit être bien compris. Il ne s'agit pas d'une nécessité du propriétaire d'être entièrement libre de charge. Mais, le droit de propriété est le seul droit réel qui aspire à cette liberté. Peu importe que le droit de propriété, en tant que lien social, soit plus ou moins limité. Cette circonstance n'enlève rien à son principe qui demeure la liberté. « *La propriété étant, par définition, non pas le droit de tirer d'une chose tous ses services sans exception, mais tous ses services sauf exceptions, elle n'a point de lacune, si l'on peut dire,*

1378 M. DE VAREILLES-SOMMIERES, *op. cit.*, n°4 et 5, p. 445.

1379 M. XIFARAS, *op. cit.*, p. 280 et s.

1380 M. FABRE-MAGNAN, « Propriété, patrimoine et lien social », *op. cit.*, n°3, p. 584.

1381 Cf. *Supra* Partie I.

1382 M. DE VAREILLES-SOMMIERES, *op. cit.*, n°7, p. 446.

dans sa structure, elle reste conforme à sa définition, elle ne cesse donc pas d'être entière, lorsque des lois ou des conventions la rétrécissent par de telles exceptions. Seulement elle est alors, bien qu'entière, incomplète, imparfaite, car elle n'a pas toute l'étendue dont elle est susceptible »[1383].

470. Ainsi, le caractère réel principal du droit de propriété est sans commune mesure avec celui des autres droits réels principaux. Ces autres droits réels principaux sont enlacés dans un lacis d'obligations lesquelles, quoique réelles en ce qu'elles pèsent non pas sur la personne mais sur la chose, à travers les choses établissent un rapport entre les personnes qui sont titulaires de droits réels sur elles. Ce rapport entre des personnes titulaires de droits concurrents sur une même chose est, en réalité, à l'origine d'une relation qui ressemble beaucoup à une relation de type personnel entre un créancier et un débiteur. Assurément, les limitations au droit de propriété peuvent souvent refléter l'image d'une créance entre le propriétaire et la société. Toutefois, cette image est très variable et contingente à la différence de celle qui s'observe dans les autres droits réels principaux. En conséquence, au regard de la définition des droits réels principaux qui suppose l'absence d'une créance vis-à-vis de leur titulaire, il est beaucoup plus aisé de parler de la nature principale du droit de propriété que de celle des autres droits réels principaux. En ce sens, le subjectivisme du droit de propriété est spécifique en comparaison de celui des autres droits réels principaux[1384].

471. Dans le cadre de cette liberté qu'il confère, le droit de propriété offre, outre la faculté de pouvoir adopter un caractère accessoire tel qu'illustré par les propriétés-sûretés[1385], la faculté au propriétaire de créer un droit réel *sui generis*. Lorsque cette faculté du propriétaire est mise en œuvre, elle le place alors en situation de concurrence contre un titulaire d'un droit réel sur la chose d'autrui[1386]. Cette liberté remet en cause le *numerus clausus* traditionnel des droits réels, règle tirée de l'article 543 du Code civil[1387]. Surtout, elle

---

[1383] M. DE VAREILLES-SOMMIERES, *op. cit.*, n°7, p. 446-447.

[1384] J.-L. BERGEL, M. BRUSCHI et S. CIMAMONTI, *op. cit.*, n°46, p. 41.

[1385] Cf. *Supra*. n°428 et s.

[1386] Cf. *Supra* n°461 et s.

[1387] Art. 543 C. civ. : « *On peut avoir sur les biens, ou un droit de propriété, ou un simple droit de jouissance, ou seulement des services fonciers à prétendre* ».

témoigne de la portée du subjectivisme du droit de propriété. En effet, en vertu de ce subjectivisme le droit de propriété peut être très malléable conformément à la liberté de son titulaire. En d'autres termes, la volonté et la liberté du propriétaire militent pour le caractère non limitatif des droits réels. Deux décisions de la jurisprudence française, rendues à 170 ans de distance respective, confirment cette vérité.

La première de ces décisions est l'arrêt *Caquelard*[1388] qui a admis la possibilité de diverses modifications et décompositions du droit ordinaire de propriété. À cette fin, la Cour de cassation a motivé sa décision en ces termes : « *les articles 544, 546 et 552 du Code civil, sont déclaratifs du droit commun relativement à la nature et aux effets de la propriété, mais ne sont pas prohibitifs ; que ni ces articles, ni aucune autre loi, n'excluent les diverses modifications et décompositions dont le droit ordinaire de propriété est susceptible* ».

La seconde décision est plus récente et plus expressive de la liberté du propriétaire de créer un droit réel de jouissance spéciale. Il s'agit de l'arrêt *La Maison de Poésie*[1389]. La Cour de cassation

---

[1388] Req. Fr. 13 février 1824, Caquelard c/ Lemoine, H. CAPITANT, F. TERRE et Y. LEQUETTE, *Les grands arrêts de la jurisprudence civile*, t.1, 13e éd., Paris, Dalloz, 2015, n°66-67, p. 66-67. Dans cette espèce, un différend était né entre messieurs Caquelard et Lemoine au sujet de la délimitation de leurs droits respectifs sur une berge herbue clairsemée d'arbres. Se fondant sur un faisceau d'indices, les juges du fond ont reconnu de manière originale d'une part, un droit de copropriété aux deux parties sur la berge, d'autre part, un droit aux herbes au premier et au second, un droit à la jouissance des arbres. Estimant sa part dérisoire et cette délimitation contraire notamment aux dispositions relatives à la propriété, en occurrence les articles 544 et suivants du Code civil, monsieur Caquelard s'est pourvu en cassation. L'avocat général a souligné que de nombreux exemples de décomposition de la propriété existaient dans certaines localités de la France pour conclure au rejet du pourvoi. Il a été suivi par la Cour de cassation.

[1389] Civ. fr. 3e, 31 octobre 2012, *La Maison de poésie c/ Société des auteurs et compositeurs dramatiques*, H. CAPITANT, F. TERRE et Y. LEQUETTE, *op. cit.*, n°76-77, p. 405 et s. Des faits de l'espèce, il résulte que par acte notarié des 7 avril et 30 juin 1932, la fondation la Maison de Poésie avait vendu à la Société des auteurs et compositeurs dramatiques (SACD) un hôtel particulier. Une clause de l'acte de vente mentionnait que « *n'est toutefois pas comprise dans la présente vente et en est au contraire formellement exclue la jouissance ou l'occupation par La Maison de Poésie et par elle seule des locaux où elle est installée actuellement et qui dépendent dudit immeuble* » et « *au cas où la SACD le jugerait nécessaire, elle aurait le droit de demander que le deuxième étage et les autres locaux occupés par la Maison de Poésie soient mis à sa disposition, à charge par elle d'édifier dans la propriété présentement vendue et de mettre gratuitement à la disposition de la*

française a relevé au visa des articles 544 et 1134 du Code civil qu'« *il résulte de ces textes que le propriétaire peut consentir, sous réserve des règles d'ordre public, un droit réel conférant le bénéfice d'une jouissance spéciale de son bien* ».

472. Ainsi, ces arrêts révèlent un aspect particulier du subjectivisme du droit de propriété : la liberté du propriétaire de manipuler son droit comme bon lui semble s'étend à la faculté de modifier son droit, de le décomposer ou de conférer un droit réel de jouissance spéciale. En effet, à la question de savoir si à l'instar des droits personnels, on peut créer des droits réels en dehors de ceux prévus par la loi, la réponse est affirmative. Aucune loi ne l'interdit. En conséquence, conformément à la liberté contractuelle, le propriétaire, sous réserve de l'ordre public et des bonnes mœurs, peut opérer les modifications, décompositions qu'il souhaite ou créer un droit réel de jouissance spéciale. Autrement dit, il peut créer un droit réel *sui generis*[1390]. Ce droit réel de jouissance spéciale est attaché à la personne et non à un fond à l'instar de la servitude[1391]. Cette

---

Maison de Poésie et pour toute la durée de la fondation, une construction de même importance, qualité, cube et surface pour surface [...] en conséquence de tout ce qui précède, la Maison de Poésie ne sera appelé à quitter les locaux qu'elle occupe actuellement que lorsque les locaux de remplacement seront complètement aménagés et prêts à recevoir les meubles, livres et objets d'art et tous les accessoires utiles à son fonctionnement, nouveaux locaux qu'elle occupera gratuitement et durant toute la durée de son existence ». Cette clause a régi paisiblement les relations des parties durant 75 ans. Cependant, le 7 mai 2007, le propriétaire de l'immeuble, la SACD, a exercé une action en expulsion et en paiement d'une indemnité d'occupation contre la Maison de Poésie au motif que le droit dont cette dernière est titulaire est à ranger dans l'un des droits réels prévus par la loi, *le numerus clausus*, en occurrence un simple droit d'usage et d'habitation dont le régime juridique est analogue à celui de l'usufruit. Ainsi, étant concédé à une personne morale, ce droit d'usage et d'habitation a une durée trentenaire. Les juges du fond ont fait droit à la demande de la SACD en qualifiant le droit conféré par cette clause de l'acte de vente de droit d'usage et d'habitation. Sur pourvoi de la Maison de Poésie, la Cour de cassation, au visa des articles 544 et 1134 du Code civil a cassé l'arrêt d'appel.

[1390] H. CAPITANT, F. TERRE et Y. LEQUETTE, *op. cit.*, n°66-67, p. 407.

[1391] W. DROSS, « Droit réel de jouissance spéciale ou servitude : est-il toujours utile de choisir ? » note sous Civ. fr. 3e, 6 juin 2019, nos 18-14.547 et 18-15.386, *RTD Civ.* 2019, p. 622-626. Cependant la Cour de cassation française semble admettre l'existence d'un droit réel de jouissance *sui generis* entre deux lots de copropriété en lieu et place de la servitude ce qui ne confère pas à un tel droit une vocation à perpétuité : W. DROSS, « La perpétuité du droit réel de jouissance spéciale : une

consécration jurisprudentielle est bien la preuve que les droits réels ne sont pas limités à ceux prévus par la loi. Le pouvoir de la volonté du propriétaire n'a pour seules limites que la loi, l'ordre public, les bonnes mœurs ou la jurisprudence. L'admission de la faculté du propriétaire de créer des droits réels *sui generis* sur son bien atteste que cette création ou cette liberté n'est ni contraire à l'ordre public ni aux bonnes mœurs.

473. Certes, une telle liberté du propriétaire est susceptible de créer des situations où les prérogatives sur un bien seront partagées entre plusieurs personnes, ce qui peut dénaturer la propriété. En effet, l'affirmation du caractère absolu du droit de propriété procède historiquement de l'abolition des droits partagés sur une même chose[1392]. Or, cette consécration jurisprudentielle de la libre création de droits réels *sui generis* semble être une réminiscence des droits féodaux, ou de l'existence sur une même chose d'une propriété éminente et d'une propriété directe. En outre, elle est source de complexité juridique dans la gestion des biens et dans la protection des droits des tiers titulaires d'un droit réel accessoire sur le bien.

474. Mais, le dynamisme du droit des biens cadre bien avec la liberté du propriétaire. Ces deux éléments justifient amplement cette possibilité de créer des droits réels *sui generis* conformément à la volonté du propriétaire. De même, quoique à l'origine d'une complexité juridique, cette faculté permet néanmoins une bonne exploitation du potentiel économique des biens.

Du reste, l'article 543 du Code civil qui constitue le fondement légal du *numerus clausus* des droits réels ne prend pas en compte les droits de superficie et de tréfonds qui sont des droits réels que nul ne conteste[1393]. Il en résulte qu'indépendamment de la liberté de modification, de décomposition ou de création d'un droit réel de jouissance spéciale, cet article n'a pas un caractère limitatif.

Par ailleurs, la majorité de la doctrine est favorable à cette liberté de création des droits réels[1394], ce qui implique la

---

réponse en trompe-l'œil » note sous Civ. fr. 1re, 7 juin 2018, n° 17-17.240, *RTD Civ.* 2018, p. 712-715.

1392 Cf. *Supra* n°183 et s.

1393 M. BRUSCHI et S. CIMAMONTI, *op. cit.*, n°53, p. 47.

1394 Ch. LARROUMET, *Droit civil. Les biens. Droits réels principaux*, *op. cit.*, n°s52 et s, p. 33 et s. ; F. TERRE et Ph. SIMLER, *Droit civil. Les biens*, coll.

reconnaissance d'une grande liberté du pouvoir de la volonté du propriétaire notamment[1395]. Toutefois, pour tenir compte du droit des tiers, cette liberté suppose que soient organisées les conditions de l'opposabilité du droit réel *sui generis* ainsi crée[1396].

475. Ainsi, dans la relation à la chose, la liberté du propriétaire d'une chose corporelle ou incorporelle est moins assujettie à la dépendance d'un tiers que le « propriétaire » d'un droit ou d'une créance au débiteur. En outre, Dross le rappelle, il parait absurde pour un droit, qui relève du construit, d'avoir pour objet un autre droit plutôt qu'une chose[1397].

Nonobstant ces critiques, il faut bien admettre que la propriété des droits est consacrée en droit positif OHADA.

CONCLUSION DU CHAPITRE II

476. Au total, l'examen du droit positif OHADA permet d'affirmer que la personnalisation du droit de propriété est une réalité quoique controversée. En effet, c'est le concept même de propriété d'un bien qu'il s'agit de définir. Dans cette optique, il convient d'affirmer avec Simler que « *Si, comme on l'a toujours enseigné, la propriété est le premier des droits réels, qu'il est par essence un droit réel, il est évident qu'il ne peut être appliqué aux droits personnels et donc qu'il ne peut caractériser le droit sur les biens de cette nature. Pourtant si, c'est la propriété qui constitue, en droit, le titre par lequel les biens susceptibles d'appropriation se rattachent et s'inscrivent dans un patrimoine, quel est le titre qui puise rendre compte du même rattachement pour les droits personnels patrimoniaux, qui sont reconnus comme des biens ? Une réponse est proposée en doctrine : le titre recherché serait, précisément, la « titularité ». En somme, on serait propriétaire des choses, mais*

« Précis », 9e éd., *op. cit.*, n°52, p. 65 ; J.-L. BERGEL, M. BRUSCHI et S. CIMAMONTI, *op. cit.*, n°53, p. 47 ; Ph. MALAURIE et L. AYNES, *op. cit.*, n°s355 et s., p. 87 et s. ; Ch. ATIAS, *Droit des biens, op. cit.*, n°75, p. 51.

[1395] F. TERRE et Ph. SIMLER, *Droit civil. Les biens*, coll. « Précis », 9e éd., *op. cit.*, n°52, p. 65 .

[1396] Ch. LARROUMET, *Droit civil. Les biens. Droits réels principaux*, *op. cit.*, n°54, p. 35.

[1397] Cf. *Supra*. n°456 et s.

titulaires des droits »[1398]. Cependant, poursuit Simler « *qu'est-ce, alors, que la « titularité » ? Ce néologisme, qu'on ne trouve, soit dit en passant, dans aucun dictionnaire, est censé répondre à la question du titre permettant de rattacher un droit à une personne, et s'agissant d'un droit patrimonial, à un patrimoine. Mais telle est aussi précisément la fonction de la propriété, qui est le titre justifiant le même rattachement. Si la fonction de ces deux titres est la même, la différentiation peut –elle du moins se justifier par une différenciation des effets ? En d'autres termes, la propriété, en tant que droit réel, confère-t-elle des prérogatives différentes de celles attachées à la « titularité » d'un droit patrimonial ? Il semble bien que non. On retrouve dans les deux hypothèses les trois éléments dont la réunion définit, traditionnellement, la propriété : usus, fructus et abusus. Les prérogatives correspondantes peuvent certes varier, dans le détail selon que l'objet du droit est un bien immobilier ou mobilier, un bien corporel ou incorporel, un bien corporel ou un droit de créance. Mais leurs caractères déterminants et communs sont leur patrimonialité et leur « commercialité », si l'on peut utiliser ce terme pour exprimer qu'ils sont dans le commerce juridique. Le recours usuel au concept de propriété pour les droits patrimoniaux personnels n'est donc pas seulement une métaphore, une analogie. La prétendue « titularité » n'est qu'un artifice de langage permettant de ne pas remettre en cause le lien entre propriété et droit réel* »[1399]. Cette analyse semble en phase avec l'état du droit positif OHADA. En plus, il est difficile d'admettre que « *l'usufruit que l'on cite très généralement, immédiatement après la propriété dans la liste des droits réels principaux, puise avoir pour objet – ce que nul ne peut contester – tant des droits réels que des droits personnels, et même des universalités* »[1400] et refuser qu'il en soit de même pour la propriété.

477. Cette consécration des droits personnels maintient certes le subjectivisme du droit de propriété. Mais, elle remet théoriquement en cause le caractère absolu du droit de propriété. En effet, elle fait varier le dégré de liberté du propriétaire en fonction de l'objet du droit de propriété. Cette liberté est plus énergique lorsque la propriété porte sur une chose que lorsqu'elle a pour objet un droit. La

---

[1398] Ph. SIMLER, « Propos conclusifs », *op. cit.*, p. 129-130.
[1399] Ph. SIMLER, « Propos conclusifs », *op. cit.*, p. 130.
[1400] *Ibid.*

liberté spécifique qui caractérisait le droit de propriété au sein même des droits réels principaux ou qui fondait son caractère absolu voire qui constituait son essence est à relativiser. Plus précisément, cette consécration étend désormais la notion de propriété.

CONCLUSION DU TITRE I

478. En résumé, en dépit des limitations des prérogatives du droit de propriété, le subjectivisme de ce droit se maintient à travers sa nature fondamentale. Cette nature met en exergue la liberté du propriétaire dans sa relation à la chose. En effet, le subjectivisme du droit de propriété a une nature fondamentale. Cette nature est consubstantielle à l'importance de la propriété pour la conservation de la personne. À ce titre, le droit de propriété fait l'objet d'une consécration internationale et connait un élargissement des objets sur lesquels il peut s'appliquer. En conséquence, les limitations au droit de propriété sont encadrées. Le Conseil constitutionnel et les juridictions administrative et judiciaire en assurent la protection par un contrôle des conditions de la privation et des atteintes.

479. En outre, le subjectivisme du droit de propriété n'a plus exclusivement un caractère réel ; il a aussi un caractère personnel. En effet, si traditionnellement le droit de propriété était considéré comme le droit réel par excellence ou l'archétype du droit réel, la consécration de la propriété des droits personnels en droit positif OHADA permet de relativiser cette conception classique. Ce faisant, le dégré de liberté qui particularisait le droit de propriété varie désormais en fonction de son objet. On doit plus exactement conclure à une extension de la notion de propriété.

Les caractères exclusif et perpétuel permettent également de mieux comprendre la spécificité du subjectivisme du droit de propriété notamment dans la relation aux personnes.

TITRE II

LE MAINTIEN DU SUBJECTIVISME DU DROIT DE PROPRIETE PAR LA LIBERTE DE PRINCIPE DANS LA RELATION AUX PERSONNES

480. La propriété est certes un rapport fondamental aux choses à telle enseigne que dans la relation du propriétaire à la chose, la liberté demeure le principe ce qui permet à celui-ci de pouvoir en principe tout faire sur la chose[1401]. Mais, à côté de cette liberté sur la chose, le droit de propriété crée parallèlement une relation d'appartenance par rapport aux autres personnes du corps social. C'est concernant cette relation aux autres que le droit de propriété subit justement de nombreuses limitations et une altération de son subjectivisme[1402]. Néanmoins, dans la relation aux personnes, la propriété engendre également des liens d'appartenance marqués par la liberté de principe du propriétaire. Ces rapports ont des caractères spécifiques. En effet, au sein du corps social, ils confèrent au propriétaire seul la maitrise exclusive de la chose et à perpétuité. Cela dit, ces liens d'appartenance caractérisent essentiellement les rapports du propriétaire au corps social. Ils sont en principe marqués par l'exclusivité et la perpétuité. Ainsi, dans sa relation aux autres, le droit de propriété se caractérise par des liens d'appartenance exclusive et perpétuelle.

481. L'appartenance de la chose au seul propriétaire est un prolongement de la liberté de principe de celui-ci. Elle trouve son fondement de manière elliptique dans l'idée d'absolutisme exprimée à l'article 544 du Code civil, voire dans l'idée même de propriété. En effet, comme le remarquait le doyen Carbonnier, « *On critique toujours la définition de l'article 544 comme incomplète, parce qu'elle ne mentionnait pas l'exclusivité comme caractère essentiel de la propriété, côté de l'absolutisme. À la vérité, ce trait est impliqué dans le mot même de propriété* »[1403]. Cet exclusivisme du droit de

---

[1401] Cf. *Supra* Titre I de cette partie.
[1402] Cf. *Supra* Partie.
[1403] J. CARBONNIER, *Droit civil*, *Les biens*, *op. cit.*, n° 68, p. 140.

propriété traduit l'appartenance de toutes les prérogatives, c'est-à-dire de l'*usus*, du *fructus* et de l'*abusus*, au seul propriétaire à l'exclusion des autres. Ainsi, cette appartenance exclusive assure le maintien du subjectivisme du droit de propriété puisque le propriétaire est sans concurrent relativement à la maitrise de la chose.

482. En outre, cette appartenance a vocation à la perpétuité. Autrement dit, la maitrise souveraine du propriétaire est appelée, en principe, à se prolonger dans le temps durant toute sa vie et à se transmettre à sa mort. Seule la volonté du propriétaire est susceptible d'aliéner le bien en principe, mettant, de ce fait, fin à toutes ses prérogatives sur la chose. Ce faisant, la vocation à perpétuité de l'appartenance créée par le droit de propriété renforce son subjectivisme et le distingue de celui des autres droits subjectifs.

483. De ce fait, les caractères des liens d'appartenance créés par le droit de propriété permettent le maintien de son subjectivisme. Il convient d'examiner l'exclusivisme du droit de propriété (chapitre I) avant de se pencher sur sa vocation à la perpétuité (chapitre II).

CHAPITRE I

LE MAINTIEN DU SUBJECTIVISME DU DROIT DE PROPRIETE PAR SON EXCLUSIVISME

484. Le droit de propriété se distingue des autres droits subjectifs par la liberté de principe très spécifique qui git en lui[1404]. Cette liberté se manifeste aussi bien dans la relation du propriétaire à la chose[1405] que dans son rapport aux autres. L'exclusivisme du droit de propriété révèle un pan important de la liberté du propriétaire vis-à-vis des autres. En effet, en vertu de cet exclusivisme, le propriétaire a le droit d'exclure toutes autres personnes de toutes les prérogatives de la chose, ce qui le rend seul maitre de cette chose. Les utilisations et exploitations de la chose sont alors, en principe, soumises à sa seule volonté. En conséquence, l'exclusivisme du droit de propriété apparait, en réalité, comme une autre expression du subjectivisme de ce droit dans la relation aux autres.

485. Mais, la spécificité de l'exclusivisme du droit de propriété est discutée en doctrine. En effet, si pour les uns, cette exclusivité est de l'essence même de la propriété dans son acception moderne[1406] ; pour les autres, elle est le propre de tous les droits subjectifs[1407] et pas spécifiquement un caractère du droit de propriété.

[1404] Cf. *Supra* chapitre I du Titre I de cette partie.

[1405] Cf. *Supra* chapitre II du Titre I de cette partie.

[1406] Ainsi pour F. ZENATI : « *l'essence de la propriété gît dans l'exclusivité* », « Pour une rénovation de la théorie de la propriété », *op. cit.*, p. 314. Plus loin renonçant au triptyque traditionnel du droit de propriété, l'auteur estime que dans le cadre juridique contemporain « *Ce qui rend techniquement propriétaire, ce n'est rien d'autre aujourd'hui que les procédés par lesquels l'ordre juridique permet à une personne d'imposer à autrui une relation privative aux choses [...] et de protéger cette relation* ». p. 316.

[1407] Pour M. FABRE-MAGNAN, « *si la propriété permet bien de conférer à une personne une exclusivité sur une chose, cette exclusivité se retrouve également dans tous les autres droits subjectifs [...]. L'exclusivité est ainsi la caractéristique commune de tous les droits subjectifs et elle ne permet pas de distinguer la propriété des autres droits.* », « *Propriété, patrimoine et lien social* », *op. cit.*, n°7.

W. DROSS abonde dans le même sens. Selon lui en effet, « *cette idée selon laquelle l'exclusivisme serait la marque originale du droit de propriété est discutable. Ce*

À l'analyse des différentes positions, il apparait que l'exclusivité ne semble pas être une originalité du droit de propriété. Toutefois, le caractère fondamental de la liberté dans laquelle gît le droit de propriété concourt à une protection particulière, laquelle donne une dimension également particulière de l'exclusivisme de ce droit[1408].

486. Par ailleurs, au regard des différentes formes de propriétés, il semble que l'exclusivité est à géométrie variable suivant que la propriété est individuelle ou collective, inconditionnelle ou conditionnelle, corporelle ou incorporelle *etc*.

487. En tout état de cause, l'exclusivité est bien présente dans le droit de propriété. Elle se manifeste par l'action en revendication qui permet au propriétaire de revendiquer son droit de propriété sur une chose lorsqu'une autre personne prétend y exercer les prérogatives dont il est le seul titulaire. Cette action vise donc à faire prévaloir le respect de la volonté du propriétaire sur la chose par autrui lorsque ce dernier veut usurper des prérogatives du premier. En ce sens, « *la propriété est essentiellement la protection juridique contre autrui d'un pouvoir sur une chose* »[1409].

Ainsi, le subjectivisme du droit de propriété se maintient à travers le contenu même de l'exclusivisme de ce droit (Section I), et plus concrètement dans la mise en œuvre de cet exclusivisme, c'est-à-dire dans l'exercice des moyens de défense (Section II).

---

sont en effet tous les droits réels, et pas seulement la propriété, qui portent l'exclusion... celui qui ne peut prétendre qu'à une utilité démembrée de la chose peut interdire à quiconque d'en jouir à sa place : il en a pareillement l'exclusivité. Les droits réels s'opposent en cela aux droits personnels, car celui qui a un droit de créance contre autrui ne peut en principe prétendre être seul à avoir cette qualité. Les droits personnels sont marqués du sceau de la concurrence, au contraire des droits réels », *Droit des biens*, *op. cit.*, n°42, p.46.

V. également toujours dans le même sens J.-L. BERGEL, M. BRUSCHI et S. CIMAMONTI, *op. cit.*, n°95, p. 99.

[1408] J.-L. BERGEL, M. BRUSCHI et S. CIMAMONTI, *op. cit.*, n°95, p. 99 : « *Certes, l'exclusivisme n'est pas propre à la propriété : c'est l'expression privilégiée de tout droit subjectif, parce que seul le titulaire d'un tel droit peut se prévaloir des prérogatives qui y sont attachées. Mais il revêt une intensité particulière dans le droit de propriété, parce qu'il y est protégé, non seulement par une action en responsabilité civile, mais de manière spécifique, par l'action en revendication qui permet au propriétaire de se faire restituer ses biens en nature, s'ils sont accaparés par un tiers, pour y exercer pleinement tous ses droits* »

[1409] M. FABRE-MAGNAN, « *Propriété, patrimoine et lien social* », *op. cit.*, n°7.

Section 1- Le maintien du subjectivisme à travers le contenu de l'exclusivisme du droit de propriété

488. L'exclusivisme du droit de propriété a un contenu qui peut varier en fonction des formes de propriété. La liberté du propriétaire est plus ou moins importante selon que la propriété est inconditionnelle (§ 1) ou conditionnelle (§ 2).

§1- Le maintien de l'exclusivisme dans la propriété inconditionnelle

489. La propriété inconditionnelle est celle dans laquelle le droit du propriétaire n'est pas menacé par un terme ou une condition à la différence de la propriété conditionnelle. Toutefois, dans ce type de propriété, l'exclusivisme du droit de propriété ne s'exprime pas de la même manière suivant que la propriété à un objet corporel ou incorporel. Si dans la propriété corporelle, l'exclusivité concerne à la fois la maitrise matérielle et juridique de la chose (A), dans la propriété incorporelle l'exclusivité porte essentiellement sur la réservation économique de la chose (B). Il s'ensuit que dans la première hypothèse, le subjectivisme du droit de propriété semble beaucoup plus important que dans la seconde.

A- L'exclusivité de la maitrise à la fois matérielle et juridique dans la propriété corporelle

490. La propriété corporelle est celle qui a pour objet une chose qui est un donné de la réalité[1410], mais qui a un corpus à la différence de la chose incorporelle. Elle est susceptible de se présenter dans la propriété privée individuelle (1) ou dans la propriété privée collective (2). Dans chacun de ces cas, l'exclusivité n'a pas la même portée ou la même étendue.

1) L'exclusivité dans la propriété corporelle privée individuelle

491. Dans la propriété corporelle privée individuelle, la titularité du droit échoit à une seule personne et non pas à plusieurs, à la différence de la propriété collective. Cette appropriation individuelle facilite *a priori* la gestion de la chose et sa jouissance exclusive. Il en découle que le maintien du subjectivisme parait plus

---

[1410] W. DROSS, « Une approche structurale de la propriété », *op. cit.*, n°21.

significative surtout lorsque le droit de propriété a un objet corporel. En effet, la corporéité de la chose fait que celle-ci confère au propriétaire individuel à la fois la maitrise juridique et matérielle de la chose.

492. La maitrise matérielle se distingue de la maitrise juridique essentiellement par le fait qu'elle consiste en l'accomplissement d'actes matériels sur la chose, tandis que la maitrise juridique correspond à des actes juridiques sur la chose. La somme de ces maitrises donne un monopole au propriétaire sur son bien. Il est investi de droits complets sur la chose lorsque cette chose est corporelle. La maitrise matérielle se définit essentiellement comme des actes d'usage matériel, de jouissance matérielle ou de destruction matérielle de la chose par le propriétaire lui-même ou en son nom et pour son compte. La maitrise matérielle exclusive est une spécificité de la chose corporelle. En effet, non seulement, elle suppose que la chose a un corpus et peut être touchée à la différence de la chose immatérielle[1411], mais aussi elle implique que la chose ne peut pas être reproduite comme une chanson ou un livre et utilisée par toute personne. Elle admet que la chose soit entre les mains du propriétaire, en sa possession. L'exclusivité se manifeste sous forme de la réservation de toutes les utilités de la chose au profit du seul propriétaire. Elle est perceptible à travers les actes matériels posés sur la chose. Ces actes sont en principe soumis à la volonté du propriétaire qui peut les accomplir lui-même ou par autrui. Ainsi, dans la propriété inconditionnelle et individuelle d'une chose corporelle, la maitrise matérielle de la chose donne une liberté considérable au propriétaire qui se manifeste essentiellement par des actes d'usage matériel, de jouissance matérielle et de disposition matérielle de la chose.

493. A la différence de la maitrise matérielle, la maitrise juridique de la chose peut conduire au transfert par acte juridique de l'une des prérogatives du propriétaire à un tiers. Il peut s'agir d'un acte juridique d'usage, de jouissance comme la location ou de disposition de la chose à l'exemple de la vente. L'exclusivisme se manifeste par le monopole du propriétaire de consentir ou non un tel transfert de ses prérogatives sur son bien. Ce transfert prend alors la forme d'un acte juridique opérant l'attribution de l'une des

[1411] Cf. *Infra* n°500 et s.

prérogatives du propriétaire à autrui, en cas d'acceptation. Ainsi, ce transfert ne peut s'opérer que s'il est accepté par le propriétaire par un contrat. Lui seul peut consentir des restrictions à son droit. Toutefois, par exception, ce transfert peut également résulter de la loi comme les servitudes, les règles du droit de l'environnement ou de l'urbanisme[1412].

2) L'exclusivité dans la propriété corporelle commune

494. S'agissant de la propriété commune ou collective, l'exclusivisme du droit de propriété est plus ou moins atténué en raison de la forme collective de l'appropriation qui fait intervenir plusieurs personnes au titre de la titularité du droit en commun, comme en cas de communauté conjugale ou d'indivision dans laquelle chacun des coïndivisaires a une quote-part idéale ou non matérialisée de la propriété sur le même bien. Cette forme plurale de la titularité engendre *a priori* des limites au subjectivisme de la propriété pour chacune des personnes titulaires en commun prise individuellement. En effet, qu'il s'agisse de la maitrise matérielle ou juridique, elle est exercée en tenant compte des droits des autres propriétaires communs et de la destination de la chose[1413]. En outre, l'accord ou non de tous ou presque, selon la nature conservatoire, d'administration ou de disposition des actes, a pour conséquence que la volonté de chacun des cotitulaires du droit de propriété n'est pas en elle-même suffisante. Elle est susceptible d'être contrariée par celle des autres. La nécessité de la concertation permanente pour certains actes réduit le subjectivisme et l'exclusivisme de chacun des propriétaires en commun et complexifie leur opérationnalisation pour l'ensemble de la propriété commune. Mais, pour y remédier et faciliter la gestion du bien commun, les propriétaires en commun peuvent désigner un des leurs pour lui attribuer un droit exclusif de gestion[1414].

[1412] Cf. *Supra* n°228 et s.
[1413] Art. 816 du CPF : *« Chaque indivisaire peut user et jouir des biens indivis conformément à leur destination, dans la mesure compatible avec les droits des autres indivisaires et avec les actes valablement passés par le gérant… »*
[1414] Art. 813 du CPF.

495. Toutefois, il ne s'agit, dans cette hypothèse, que d'une situation dérogatoire[1415] au mode normal de gestion qui est la concertation permanente. Ce mode normal de gestion se traduit par une réduction de la liberté de chacun des cotitulaires du droit de propriété. En effet, si l'on entend par l'exclusivisme, un monopole, compris comme l'appartenance de la chose appropriée à un seul propriétaire, personne physique ou morale, on peut être conduit à penser qu'en l'absence de propriétaire unique, il n'y a pas de propriété privée[1416] tant la propriété collective réduit le subjectivisme de chaque cotitulaire. En fait, « *l'on est porté à observer que, dans les rapports entre les membres d'une indivision, disons aussi entre des copropriétaires titulaires de droits identiques mais conjoints, les prérogatives de l'un s'arrêtent, dans une certaine mesure, là où commencent celles de l'autre. Et c'est à ce titre qu'il y a alors atteinte au monopole reconnu normalement au propriétaire unique* »[1417]. Ainsi, l'accomplissement des actes matériels de maitrise et des actes juridiques n'est pas aussi aisé dans la propriété commune à l'instar de la propriété individuelle. Il exige une concertation et une entente pour certains actes, en occurrence ceux de disposition.

496. Or, il est incontestable qu'historiquement et philosophiquement[1418], la liberté gît au sein de la conception de la propriété selon le Code civil. C'est ce qui explique, en réalité, de manière générale que « *Toute personne en situation d'appartenance collective peut imposer à ses copropriétaires la division de la chose commune en lots privatifs. Le droit au partage est la première prérogative et celle-ci est à ce point fondamentale que la loi lui confère un caractère d'ordre public* »[1419]. Dans cet ordre d'idées, le Code des personnes et de la famille[1420] analyse les situations d'appartenance collective telle que l'indivision comme une situation anormale. En effet, il considère

---

[1415] F. MASSON, *La propriété commune*, th. Panthéon-Sorbonne - Paris I, 2016, n°580, p. 384.
[1416] F. TERRE et Ph. SIMLER, *Droit civil. Les biens*, coll. « Précis », 9e éd., *op. cit.*, n°144, p. 150.
[1417] *Ibid.*
[1418] Cf. *Supra* n°2 et s.
[1419] F. ZENATI, « Pour une rénovation de la théorie de la propriété », *op. cit.*, p. 316.
[1420] Art. 812 du CPF : « *En l'absence d'une convention expresse et sauf dispositions légales particulières, nul ne peut être contraint à demeurer dans l'indivision et le partage peut toujours être provoqué* ».

non seulement que le droit au partage est une prérogative de chaque indivisaire, mais surtout que ce droit à un caractère d'ordre public. Ainsi, la liberté du propriétaire et partant son droit d'exclure, dans sa relation aux autres, s'accommode mal de la propriété commune. Cette conception de l'exclusivisme, en rappel, est moins marquée dans le concept coutumier africain de la propriété[1421].

497. En revanche, la propriété commune confère des droits de maitrise matérielle et juridique à chacun des propriétaires communs. Chacun d'eux a un droit privatif de maitrise juridique et matérielle réglé soit par une convention, soit à la majorité, soit encore par une décision judiciaire[1422]. En d'autres termes, les prérogatives générales de la chose formant la propriété commune, une indivision par exemple, peuvent être réparties en des droits privatifs entre les propriétaires communs assurant à chacun d'eux un *usus*, un *fructus* et un *abusus* matériels et juridiques. Mais, à la différence de la propriété privée individuelle, cet exclusivisme privatif ne peut nier la situation générale de la chose qui constitue en réalité une propriété commune. Il en résulte à titre illustratif que dans le cas de l'indivision chaque propriétaire commun « *peut user et jouir des biens indivis conformément à leur destination, dans la mesure compatible avec les droits des autres indivisaires et avec les actes valablement passés par le gérant* »[1423]. Ainsi, la portée de cette exclusivité ne parait plus grande pour chaque propriétaire en commun que relativement à la maitrise matérielle et juridique des fruits déjà repartis tels que les loyers ou les fruits en nature d'un verger et, dans une moindre mesure, la maitrise juridique de la quote-part de propriété qui ne peut être cédée à titre onéreux à une personne étrangère à l'indivision que dans le respect du droit de préemption des autres propriétaires communs[1424].

498. Par ailleurs, la propriété collective n'est pas à confondre avec la situation dans laquelle plusieurs personnes sont titulaires de

---

[1421] Cf. *Supra* n°255 et s.

[1422] Pour ce qui est de l'indivision héréditaire, Art. 816 al. 2 du CPF : « *Le droit privatif de chaque indivisaire est réglé, sauf convention contraire, par une décision des indivisaires prise à la majorité en nombre et en parts et, à défaut, par le président du tribunal* ».

[1423] Art. 816 al. 1 du CPF.

[1424] Art. 818 du CPF.

droits réels de nature différente sur une même chose. C'est notamment le cas de l'usufruit. En effet, dans une telle hypothèse, le droit de propriété est reparti entre divers titulaires des démembrements de ce droit. Ainsi, dans l'usufruit, l'usage et la jouissance appartiennent à l'usufruitier, tandis que l'*abusus* revient au nu-propriétaire. Il s'ensuit que dans les relations entre ces différents titulaires de droits de nature également différente, l'exclusivisme porte sur des droits réels de nature différente de la propriété. De ce fait, il ne s'agit plus du droit de propriété, mais de droits réels de nature différente.

499. Ainsi, dans l'hypothèse de la propriété inconditionnelle, l'exclusivité a une portée très large lorsqu'elle porte sur une chose corporelle. Elle assure en effet une maitrise matérielle et juridique de la chose au seul propriétaire. Toutefois, elle revêt une consistance plus profonde dans la propriété privée individuelle que dans la propriété commune. L'exclusivité de la maitrise qui se manifeste sur un double plan matériel et juridique dans la propriété corporelle se rétrécit du point de vue de son étendue lorsqu'elle porte sur une chose incorporelle. Dans ce cas, elle se limite essentiellement à la maitrise juridique à l'exclusion de la maitrise matérielle.

B- L'exclusivité de la maitrise juridique dans la propriété incorporelle

500. L'époque contemporaine est marquée par le développement prodigieux des biens nouveaux caractérisés par leur immatérialité[1425]. Certes, s'il semble que l'apparition de l'immatériel est presque concomitante à la naissance du droit[1426], il est en revanche plus aisé aujourd'hui plus qu'hier d'affirmer que les biens immatériels sont une source considérable de richesse, « *la plus précieuse des ressources économiques* »[1427]. Cette spécificité immatérielle du point de vue de la forme justifie que l'appropriation de ces biens soit appelée « la propriété incorporelle » singularisée par l'absence de corpus de la chose. Il est vrai que les biens incorporels sont ceux qui n'ont pas de corpus, qui ne peuvent pas être maitrisés matériellement

[1425] P. CATALA, « Exposé de synthèse » *op. cit*, p. 181-190.
[1426] F. ZENATI, « L'immatériel et les choses », *APD*, t. 43, *Le droit et l'immatériel*, Sirey, 1999, p. 80.
[1427] P. TABATONI, « L'incorporel comme ressource économique. Propos introductifs », *APD*, t. 43, *Le droit et l'immatériel*, Sirey, 1999, p. 149.

de manière exclusive. Toutefois, cela ne veut pas dire qu'ils n'ont aucun lien avec les biens corporels. Bien au contraire, ils entretiennent des liens avec les biens corporels. C'est le cas particulièrement de la photographie qui peut avoir un lien avec un bien corporel ou le représenter.

501. Ce n'est fondamentalement que par l'intervention de règles juridiques que le propriétaire d'une chose incorporelle jouit de l'exclusivité de celle-ci. La spécificité de cette chose a presque révélé l'inadaptation du Code civil à les régir. Elle a suscité l'intervention de lois spéciales[1428]. En effet, l'incorporalité d'un bien le réduit naturellement à une maitrise essentiellement juridique. La maitrise matérielle ou la possession du bien incorporel n'est pas aussi évidente que pour les biens corporels. Il est difficile de maitriser matériellement un bien incorporel. Sa nature le rend susceptible d'être simultanément entre des mains de personnes qui n'en sont pas propriétaires.

502. L'évolution des nouvelles technologies de l'information et de la communication participe du développement de ce don d'ubiquité de la chose incorporelle surtout dans le domaine des propriétés intellectuelles, plus précisément le droit d'auteur. À titre illustratif, un livre ou une chanson peut se retrouver entre plusieurs mains à la fois qui en ont une maitrise matérielle du corpus ou du support sans en avoir la maitrise juridique qui appartient exclusivement en principe à l'auteur de l'œuvre. En raison de l'autonomie de la maitrise juridique de l'auteur vis-à-vis de la maitrise de la matière ou du support[1429], ce dernier n'a certes pas l'exclusivité de la maitrise matérielle de la chose, mais il en a la maitrise juridique. Lui seul peut, en vertu de cette exclusivité, jouir des prérogatives patrimoniales et/ou morales[1430] de sa création intellectuelle. À la différence d'une maison, d'une voiture *etc.* dont la maitrise à la fois

---

[1428] V. notamment la loi n°048-2019/AN portant protection de la propriété littéraire et artistique et l'Annexe I relative aux brevets d'invention de l'Accord portant révision de l'accord de Bangui du 02 mars 1977 instituant une organisation africaine de la propriété intellectuelle.

[1429] Art. 6 *in fine* de la loi n°048-2019/AN portant protection de la propriété littéraire et artistique « *La propriété incorporelle [...] est indépendante de la propriété de l'objet matériel* » ; W. DROSS, *Droit des biens, op. cit.*, n°441 et s., p. 364 et s.

[1430] Cf. *Supra* n°53 et s.

matérielle et juridique revient exclusivement au propriétaire, unique à l'exception des hypothèses de propriétés communes, dans les propriétés intellectuelles, la chose est matériellement susceptible de se retrouver entre les mains de plusieurs personnes propriétaires du support matériel de l'œuvre, mais non de son contenu intellectuel, propriété exclusive de l'inventeur ou de l'auteur[1431]. L'intérêt de cette exclusivité pour l'auteur est la réservation des utilités économiques de son œuvre ou de sa propriété. Il a le monopole de l'exploitation de cette œuvre. Toute exploitation des prérogatives patrimoniales et/ou morales de l'œuvre nécessite son autorisation durant la période de protection de celle-ci. Ainsi, cette exclusivité est essentiellement juridique et porte sur la valeur économique de l'œuvre.

503. A tous égards, la spécificité des biens incorporels a une conséquence sur la nature de la maitrise qui peut être exercée sur ces biens. Cette maitrise est essentiellement juridique et elle porte sur la valeur économique de ces biens. Elle n'est pas matérielle. Le pouvoir d'évincer les tiers de la maitrise matérielle de la chose incorporelle est pratiquement une chimère. Le propriétaire d'une œuvre de l'esprit, chose incorporelle, ne peut évincer les tiers de la maitrise matérielle de la chose comme le propriétaire d'un immeuble par nature, chose corporelle. Ce pouvoir d'évincer les tiers de la maitrise matérielle de la chose revêt un caractère politique et est quasi-inexistant dans la propriété incorporelle au profit d'un pouvoir financier à travers l'action en contrefaçon notamment. « *En effet, le droit d'exclure est un droit fondamentalement politique, permettant à chacun de repousser autrui, si puissant soit celui-ci, et d'assurer par-là, la liberté individuelle. Un tel droit de propriété contribue à une société d'individus libres, à l'égal de l'assurance de sécurité que la société doit produire à leur bénéfice. Dans le nouveau système, plus pragmatique et plus trivial, le propriétaire ne peut plus exclure le tiers, il ne peut plus qu'exiger de lui de l'argent. La définition financière de la propriété a remplacé sa définition politique* »[1432].

[1431] Ph. GAUDRAT, « La structure juridique des propriétés intellectuelles », *op. cit.*, p. 176 ; M. VIVANT (dir.), *Les créations immatérielles et le droit*, *op. cit.*, p. 13.

[1432] M.-A. FRISON-ROCHE, « Le droit d'accès à l'information, ou le nouvel équilibre de la propriété », *Le droit privé français à la fin du XXe siècle,* Mél. CATALA, Litec, 2001, p. 763.

504. La portée de cette exclusivité juridique des biens immatériels dans la caractérisation du phénomène de l'appropriation est à préciser. Quelle est l'étendue de l'exclusivité susceptible de conférer la qualification de propriété à une chose incorporelle ? La question se pose notamment relativement à l'appropriation de l'information. En effet, pour que la propriété ait un sens, il faut que l'exclusivité qui lui est attachée dans la relation d'appartenance aux autres puisse permettre au propriétaire de se réserver toutes les utilités de la chose ou au moins celles économiques, d'autant plus que le droit de propriété est un droit subjectif patrimonial. Or, en ce qui concerne l'information, non seulement la maitrise matérielle exclusive de la chose n'est pas possible, mais encore l'exclusivité de son exploitation économique est largement contrecarrée par le droit à l'information. Et en vertu de ce droit à l'information, le consentement de l'auteur de l'information n'est pas nécessaire avant son utilisation. Il n'a donc pas un droit exclusif sur l'information.

En outre, à la différence des propriétés intellectuelles qui sont des créations, l'information n'est pas en tant que telle une innovation, elle « *est avant tout un fait objectif envisagé de manière subjective, [...] un fait et non une création de l'esprit, [...] une réalité à la disposition de tous* »[1433] à l'exception, bien entendu, de celle relevant de la vie privée des personnes. Cela dit, même si le détenteur d'une information la garde secrète, cette information, en tant que fait objectif, est potentiellement susceptible d'être découverte par tous, et par suite n'est pas le reflet original de la personnalité de celui-ci ou de sa créativité. En conséquence, il nous semble que la notion de propriété de l'information n'est pas adéquate : il semble généralement manquer à l'information une bonne dose d'exclusivité au moins juridique et parfois d'originalité ou de personnalité de l'auteur[1434].

Toutefois, sous l'emprise des intérêts économiques, certaines informations bénéficient d'une protection juridique même si elles ne remplissent pas les canons traditionnels de la propriété intellectuelle[1435]. C'est en ce sens que dans une nouvelle optique de conceptualisation du droit de propriété, en assurant un équilibre entre

---

[1433] W. DROSS, *Droit des biens*, *op. cit.*, n°483, p. 393.

[1434] L. GRYNBAUM, C. LE GOFFIC, L. MORLET-HAIDARA, *Droit des activités numériques*, coll. « Précis », 1re éd., Paris, Dalloz, 2014, 371 et s., p. 270 et s.

[1435] Ch. GEIGER, « La privatisation de l'information par la propriété intellectuelle. Quels remèdes pour la propriété littéraire et artistique ? », *Revue internationale de droit économique, 2006/4* t. XX, 4, p. 389- 432.

les prérogatives du propriétaire et le droit d'accès des tiers, le Professeur Frison-Roche penche pour une propriété de l'information. Pour elle, « *En effet, on a défini la propriété essentiellement comme le pouvoir d'exclure autrui, avançant l'idée que l'homme seul sur une île déserte ne peut en être propriétaire parce qu'il n'a pas de tiers à repousser, justifiant l'importance que le Code civil a accordé au droit de se clore, droit corrélatif au droit de propriété (...). Or l'accès des tiers au bien est la dénégation pure et simple du droit du propriétaire de se clore ; le nouveau droit subjectif des tiers contredit à terme l'ancien droit subjectif du propriétaire. Ce n'est pas une évolution du droit de propriété mais son bouleversement puisque le droit de propriété tel que posé par le Code civil repose entièrement sur l'idée d'exclusivité. L'articulation du droit de l'un sur l'information et du droit de l'autre à l'information est nécessairement révolutionnaire* »[1436].

505. Par ailleurs, pour ce qui est du cas spécifique de la photographie, plusieurs distinctions s'imposent. Tout d'abord, la photographie peut être la reproduction d'une œuvre de l'esprit. Dans cette hypothèse, en vertu du droit exclusif de propriété intellectuelle attribué à l'auteur d'une œuvre de l'esprit par la loi, ce dernier a l'exclusivité de cette reproduction sauf dans certaines situations[1437]. Il en résulte qu'en dehors de quelques dérogations, toute reproduction de l'œuvre exige l'autorisation de l'auteur. De ce fait, pour l'œuvre de l'esprit l'exclusivité demeure et exige le consentement de l'auteur avant toute reproduction.

Ensuite, la photographie peut être la reproduction d'éléments relatifs à la vie privée. En effet, elle peut mettre en exergue des éléments qui concernent l'intimité de la vie privée d'une personne. Or, chacun a droit au respect de sa vie privée. De ce fait, dans une telle hypothèse, cette reproduction viole le droit au respect de l'intimité de la vie privée notamment lorsqu'elle indique une résidence accompagnée du nom du propriétaire et de la localisation[1438]. Ainsi, l'exclusivité de l'image d'un bien est protégée indirectement à travers le droit au respect de l'intimité de la vie privée.

[1436] M.-A. FRISON-ROCHE, « Le droit d'accès à l'information, ou le nouvel équilibre de la propriété », *op. cit.*, p. 763.
[1437] Cf. *Supra* n°53 et s.
[1438] Cass. civ. fr. 2ème, 5 juin 2003, *Bull. civ.*, II, n°175.

Enfin, la photographie peut n'être que la reproduction d'un bien corporel, c'est-à-dire qu'elle n'est ni la reproduction d'un bien incorporel ni la reproduction d'éléments de la vie privée. Cela dit, le postulat de départ est que le bien en lui-même est une chose corporelle et que sa photographie est faite sans l'accord de son propriétaire. Il s'agit de la protection directe de l'image d'un bien corporel. Dans cette situation, la question se pose de savoir si le propriétaire dispose d'un droit exclusif sur l'image de son bien corporel. Ce dernier dispose-t-il, en vertu de l'exclusivité de la propriété, du droit d'en interdire la photographie ? En d'autres termes, l'exclusivité du droit de propriété sur le bien corporel lui-même s'étend t-elle à son image ? L'analyse de la jurisprudence française enseigne que la solution a connu une évolution notable qu'il convient de relever. Traditionnellement, l'absolutisme du droit de propriété semblait justifier que le propriétaire puisse s'opposer à l'utilisation de l'image de son bien à des fins commerciales. En effet, le principe de l'exclusivité du propriétaire a été affirmé par la Cour de cassation française en ces termes : « *le propriétaire a seul le droit d'exploiter son bien sous quelque forme que ce soit* »[1439]. Plus précisément, selon cette haute juridiction, les conditions d'application de cette solution sont au nombre de deux et cumulatives : que le bien soit clairement identifiable et que l'exploitation de l'image soit faite à des fins commerciales. Il convient de souligner que bien avant cette décision de la Cour de cassation, certaines cours d'appel appliquaient déjà cette solution[1440] qui traduit avec l'éloquence l'analyse financière de l'exclusivité du droit de propriété. Par la suite, la solution a été modérée. En effet, l'exclusivité du propriétaire du bien est devenue inopérante lorsque la photographie faite sans autorisation visait seulement à informer le public[1441]. Puis, la solution traditionnelle a été abandonnée depuis l'arrêt « Hôtel Girancourd ». Dans cette décision, il est affirmé le principe selon lequel « *le propriétaire d'une chose ne dispose pas d'un droit exclusif sur l'image de celle-ci ; il peut toutefois s'opposer à l'utilisation de cette image par un tiers*

[1439] Affaire dite du « café Gondrée », Cass. fr. 1re civ., 10 mars 1999, *Bull. civ.* I, n°87.

[1440] CA Metz, 26 novembre 1992, *D.* 1994, Somm. 161, obs. A. Robert ; CA Paris, 12 avril 1995, *JCP* 1997, II, 22806, note COMBREZ.

[1441] CA Paris, 31 mars 2000, *D.* 2001, p. 770.

lorsqu'elle lui cause un trouble anormal » [1442]. Ainsi, il n'est pas nécessaire de requérir l'autorisation du propriétaire d'un bien corporel pour obtenir une photographie de celle-ci. L'exclusivité matérielle et juridique du propriétaire sur la chose ne s'étend pas à l'image de celle-ci. Mais, il peut s'opposer à l'utilisation de cette image par un tiers s'il établit l'existence d'un trouble anormal[1443], en occurrence un trouble anormal de voisinage[1444] ou une atteinte à la vie privée. En conséquence, la protection directe de l'image d'un bien n'est plus de principe, elle n'intervient que si le propriétaire parvient à établir l'existence d'un trouble anormal. C'est donc davantage le droit de la responsabilité civile qui est au cœur de cette question relative à l'image d'un bien que le droit de propriété[1445].

506. Ainsi, l'exclusivité de la propriété incorporelle se manifeste essentiellement sous une forme juridique par la maitrise exclusive de l'exploitation économique du bien. À la différence de la chose corporelle, la forme du bien incorporel l'accommode mal d'une maitrise matérielle. La maitrise juridique parait de mise. Toutefois, cette protection de la maitrise juridique ne s'étend pas à la possibilité d'interdire l'utilisation de l'image d'un bien sauf lorsque celle-ci cause un trouble anormal au propriétaire. De ce fait, il y a un monopole du propriétaire du bien corporel et un monopole de l'auteur de l'image. La jurisprudence française tend à assurer l'équilibre entre la propriété corporelle et la propriété intellectuelle en relativisant la portée de l'exclusivité de la première. Autrement, maintenir le monopole du propriétaire sur l'exploitation de l'image de son bien « *ébranlerait l'édifice de la propriété littéraire et artistique* »[1446], la liberté de création.

L'exclusivité de la propriété conditionnelle ne se heurte pas aux modalités de terme ou de condition que l'on peut trouver dans la propriété conditionnelle.

[1442] Cass. fr. ass. plén., 7 mai 2004, n°02-10450, *D.* 2004. 1545 note J.-M. BRUGUIERE, 1547 note E. DREYER, 2406, obs. N. REBOUL-MAUPIN ; *JCP.* 2004. II. 10085 note C. CARON ; *Bull. civ.* n°810 ; H. CAPITANT, F. TERRE et Y. LEQUETTE, *op. cit.*, n°70-71, p. 425.

[1443] Cass. fr. 1re civ. 28 juin 2012, *Bull. civ.* n°10-28716.

[1444] H. CAPITANT, F. TERRE et Y. LEQUETTE, *op. cit.*, n°70-71, p. 431.

[1445] A. CHEYNET DE BEAUPRE, *op. cit.*, n°136, p. 77.

[1446] H. CAPITANT, F. TERRE et Y. LEQUETTE, *op. cit.*, n°70-71, p. 432.

§ 2- Le maintien de l'exclusivisme dans la propriété conditionnelle

507. « *La condition se définit comme un événement futur mais incertain, à la différence du terme, et dont dépend l'existence même de l'obligation* »[1447]. Selon le Code civil, « *L'obligation est conditionnelle lorsqu'on la fait dépendre d'un événement futur et incertain, soit en la résiliant, selon que l'événement arrivera ou n'arrivera pas* »[1448]. La condition admet deux modalités : la condition suspensive et la condition résolutoire. La propriété conditionnelle est donc celle qui est affectée d'une condition résolutoire ou suspensive. Elle peut être entre vifs ou à cause de mort.

Les conditions suspensive et résolutoire constituent des faces d'une même pièce[1449] ; c'est-à-dire à titre illustratif, qu'entre deux parties à une vente conditionnelle, l'une est propriétaire sous condition suspensive et l'autre sous condition résolutoire. La difficulté que la propriété conditionnelle soulève a trait à l'impact de la rétroactivité de la condition. En dépit de cette rétroactivité, la condition ne porte pas atteinte à l'exclusivité de la propriété même si elle l'affecte. La situation est plus complexe dans la propriété sous condition suspensive (A) que dans la propriété sous condition résolutoire (B).

A- L'exclusivisme dans la propriété sous condition suspensive

508. La propriété est dite sous condition suspensive lorsque son transfert est subordonné à la réalisation d'une condition. Autrement dit, l'obligation de transférer le droit de propriété n'existera que si la condition stipulée dans le contrat se réalise. La condition suspensive crée une apparence de l'existence de deux propriétaires, l'un sous condition suspensive qui n'a pas la maitrise de la chose et l'autre propriétaire seul détenteur de l'exclusivité de la chose tant que la situation est pendante. Celui qui jouit de l'exclusivité de la propriété dans la situation *pendente conditione*, c'est le propriétaire dont le droit disparaitra si la condition se réalise. L'exclusivité du bénéficiaire de la probable réalisation de la condition

---

[1447] F. M. SAWADOGO et D. W. KABRE, *op. cit.*, p. 313.
[1448] Art. 1168 *C. civ.*
[1449] F. TERRE et Ph. SIMLER, *Droit civil. Les biens*, coll. « Précis », 9e éd., *op. cit.*, n°146, p. 151.

est, comme son droit, simplement suspendue à la réalisation de cette condition. Elle ne produit aucun effet sérieux sur l'exclusivité du véritable propriétaire qui continue de jouir du monopole des utilités de la chose durant la situation *pendente conditione*.

Cependant, ce dernier non plus n'ignore pas que son droit ou les actes juridiques qu'il accomplit sur la chose peuvent être remis en cause par le propriétaire sous condition suspensive par l'effet de la rétroactivité de la condition. Cela dit, du simple fait de l'existence de la condition, le détenteur actuel du monopole des utilités de la chose ne semble pas, du moins en apparence, un propriétaire simple et entier.

509. Mais en réalité, la condition suspensive ne remet pas en cause l'exclusivisme du droit de propriété[1450]. Bien au contraire, il semble que cette exclusivité survit même si elle est affectée par la condition suspensive. À l'analyse, la confusion nait de l'anticipation des effets de la condition[1451]. Sinon quelle que soit la condition, l'exclusivité du droit de propriété n'est pas atteinte. Plusieurs situations peuvent se présenter. En effet, la condition étant un évènement futur et incertain, il convient d'analyser l'exclusivité du droit de propriété suivant les différentes hypothèses susceptibles de se nouer.

510. Avant la réalisation de la condition suspensive, c'est-à-dire lorsqu'elle est pendante, on a d'un côté un propriétaire plein et un autre dont le droit est suspendu à la réalisation de la condition. En effet, l'exclusivité du droit de propriété appartient au propriétaire unique : celui qui jouit de la non réalisation de la condition. Lui seul a la maitrise matérielle et juridique de la chose. L'*usus*, le *fructus* et l'*abusus* de la chose lui appartiennent. Toutes les utilités de la chose lui reviennent tant que la condition ne se réalise pas. Même dans sa relation au propriétaire sous condition suspensive, il a le monopole sur la chose. Ainsi, la probabilité que la condition se réalise et opère un transfert de propriété n'efface pas l'exclusivité de son droit dans la situation *pendente conditione*.

[1450] F. TERRE et Ph. SIMLER, *Droit civil. Les biens*, coll. « Précis », 9e éd., *op. cit.*, n°146, p. 151.

[1451] W. DROSS, *Droit des biens*, *op. cit.*, n°103, p. 94.

Toutefois, si la condition suspensive n'efface pas l'exclusivité du droit du propriétaire unique, elle l'affecte quelque peu. En effet, le propriétaire sous condition suspensive dispose de certains droits qui sont cependant inopposables au propriétaire de la chose[1452]. Son droit sur la chose n'est pas seulement éventuel. Il existe[1453]. Seulement c'est son efficacité qui est dépendante de la réalisation de la condition. Il en résulte tout d'abord qu'en raison de la perspective que la condition se réalise, le propriétaire sous condition suspensive peut prendre des mesures conservatoires. Cette possibilité découle de l'extension de l'application de l'article 1180 du Code civil[1454], applicable au créancier sous condition suspensive, au propriétaire sous condition suspensive[1455]. À ce titre la prescription semble suspendue à son encontre[1456]. En outre, bien que son droit soit conditionnel, le propriétaire sous condition suspensive peut accomplir des actes juridiques portant sur son droit. Il lui est même loisible de disposer de son droit conditionnel[1457]. Dans une telle hypothèse, le propriétaire sous condition suspensive ne transmet qu'un droit de même nature que le sien : un droit conditionnel. La substance réelle du droit de propriété de la chose demeure en la maitrise exclusive du propriétaire bénéficiaire de la situation *pendente conditione*. Il est le propriétaire unique de la chose[1458]. L'apparence de l'existence de deux propriétaires ne porte donc pas atteinte à l'exclusivité de la propriété et au subjectivisme du propriétaire en réalité unique.

511. Au moment du dénouement de la situation, deux hypothèses sont envisageables : soit la condition se réalise, soit elle ne réalise pas.

Lorsque la condition se réalise, le propriétaire sous condition suspensive devient propriétaire pur et simple : la réalisation de la condition opère un transfert de propriété dans son patrimoine et c'est désormais lui qui détient le monopole des utilités de la chose, toutes

---

1452 W. DROSS, *préc.*, n°104, p. 94.

1453 F. TERRE et Ph. SIMLER, *Droit civil. Les biens*, coll. « Précis », 9e éd., *op. cit.*, n°146, p. 152.

1454 Art. 1180 *C. civ.* : « *Le créancier peut, avant que la condition soit accomplie, exercer tous les actes conservatoires de son droit* ».

1455 F. TERRE et Ph. SIMLER, *Droit civil. Les biens*, coll. « Précis », 9e éd., *op. cit.*, n°146, p. 152.

1456 *Ibid.*

1457 *Ibid.*

1458 W. DROSS, *Droit des biens*, *op. cit.*, n°104, p. 94.

les maitrises juridique et matérielle. Mieux, ce transfert de l'exclusivité au propriétaire sous condition suspensive opère rétroactivement conformément à l'article 1179 du Code civil qui dispose que « *La condition accomplie a un effet rétroactif au jour duquel l'engagement a été contracté. Si le créancier est mort avant l'accomplissement de la condition, ses droits passent à son hériter* ». Ainsi, dans une vente sous condition suspensive, l'acheteur est réputé propriétaire depuis le jour de la vente. En d'autres termes, le propriétaire auparavant sous condition suspensive est supposé avoir été propriétaire durant tout le temps où la condition était pendante. En conséquence, tous les actes juridiques qu'il a accomplis durant cette période de manière conditionnelle se trouvent consolidés par l'effet de la rétroactivité de la condition. De même, cette rétroactivité met fin à la dualité des droits, reflet d'une apparente atteinte à l'exclusivité du droit de propriété. En réalité, il n'y a pas atteinte à l'exclusivité du droit de propriété[1459]. Cette exclusivité est seulement affectée par la modalité de la condition. Ainsi, durant la situation *pendente conditione*, l'un peut jouir pleinement de l'exclusivité de la chose ; si la condition se réalise l'autre peut, en vertu de la rétroactivité que le premier du reste n'est pas censé ignoré ce qui l'oblige à poser des actes juridiques sous condition résolutoire, consolider les actes juridiques qu'il a passés sur la chose.

Enfin, la condition peut ne pas se réaliser. Il faut souligner qu'elle est censée avoir été réalisée lorsque c'est par le fait du propriétaire sous condition suspensive qu'elle n'a pu s'accomplir conformément aux termes de l'article 1178 du Code civil selon lequel « *La condition est réputée accomplie lorsque c'est le débiteur, obligé sous cette condition, qui en a empêché l'accomplissement* ». Dans cette hypothèse où la condition ne se réalise pas, en vertu de la rétroactivité[1460], cette condition est censée n'avoir jamais existée. Tous les actes juridiques passés par le propriétaire sous condition suspensive ne seront jamais efficaces. Corrélativement, la rétroactivité est sans effet pour les actes passés par le propriétaire ou le vendeur sous condition résolutoire qui sont purement et simplement validés. Ainsi, l'exclusivité du droit de propriété est plus ou moins sauve dans cette hypothèse et à l'abri d'une remise en cause des actes passés par l'effet de la rétroactivité.

[1459] W. DROSS, *Droit des biens*, *op. cit.*, n°104, p. 94.

[1460] Art. 1179 *C. civ.*

512. Ainsi, en dépit de l'apparence, la dualité des droits dans la propriété sous condition suspensive ne porte pas véritablement atteinte à l'exclusivisme de ce droit. Il faut toutefois reconnaitre que la rétroactivité de la condition, du fait qu'elle est susceptible de remettre en cause certains actes passés dans l'hypothèse où la condition se réalise, laisse entrevoir une atteinte à l'exclusivité de la propriété. Mais, il faut avoir à l'idée que la propriété est affectée d'une condition et qu'on n'est pas en présence d'une propriété inconditionnelle. De ce fait, l'exclusivité du droit de propriété est affectée par cette condition. Mais, elle n'empêche pas le titulaire de cette exclusivité de poser tous les actes juridiques qu'il entend accomplir relativement à la chose. C'est en cela que cette exclusivité n'est pas véritablement atteinte. La situation se présente de manière similaire dans la propriété sous condition résolutoire.

B- L'exclusivisme dans la propriété sous condition résolutoire

513. « *La condition résolutoire est celle qui, lorsqu'elle s'accomplit, opère la révocation de l'obligation et qui remet les choses au même état que si l'obligation n'avait pas existé. Elle ne suspend point l'exécution de l'obligation ; elle oblige seulement le créancier à restituer ce qu'il a reçu, dans le cas où l'événement prévu par la condition arrive* »[1461]. Il en résulte que la propriété est sous condition résolutoire lorsque le transfert du droit de propriété est susceptible d'être annulé par la réalisation d'une condition. À titre d'exemple dans une vente sous condition résolutoire, l'acquéreur demeure propriétaire tant que la condition stipulée ne se réalise pas. De ce fait, durant cette période, il peut accomplir les différents actes juridiques sur la chose. Mais, ces actes peuvent être rétroactivement annulés au cas où la condition prévue se réalise. L'exclusivité du droit de propriété de l'acquéreur semble donc remise en cause par la rétroactivité de la condition.

514. Mais en réalité, cette rétroactivité est la conséquence directe de la réalisation de la condition et n'efface pas l'exclusivité du

---

[1461] Art. 1183 du Code civil.

droit de propriété[1462]. En effet, l'acquéreur, ici, peut toujours accomplir les actes de maitrise exclusive. Toutefois, en raison de cette condition, il n'ignore pas que ses actes sont susceptibles d'être rétroactivement annulés, ou au contraire, être à l'abri d'aléas et consolidés. Il convient également d'envisager les deux situations susceptibles de se présenter : la situation avant la réalisation de la condition et la situation lorsque la condition se dénoue.

515. Lorsque la condition est pendante, le propriétaire sous condition résolutoire bénéficie seul de l'exclusivité de la propriété. Il a le monopole des utilités de la chose. Eu égard à cette exclusivité, il jouit de toutes les prérogatives et de la maitrise juridique et matérielle de la chose. En conséquence, il peut passer des actes de disposition sur la chose. Toutefois, il pèse sur les différents actes que le propriétaire sous condition résolutoire passe l'incertitude de la pérennité de son droit[1463]. Il transfère le poids de cette incertitude à l'acquéreur.

516. Lorsque la situation se dénoue, il faut distinguer également comme dans la condition suspensive selon que la condition se réalise ou non.

Si la condition résolutoire ne se réalise pas ou s'il apparait qu'elle ne se réalisera pas, la situation du propriétaire sous condition résolutoire est consolidée. En conséquence, tous les actes juridiques qu'il a pu accomplir sont consolidés. En ce sens, la condition résolutoire n'a pas eu d'effet particulier sur l'exclusivité du droit du propriétaire. Elle ne porte pas atteinte à son droit de quelque manière que ce soit.

Si par contre, la condition résolutoire se réalise, elle opère rétroactivement[1464]. Cela signifie que le droit du propriétaire sous condition résolutoire est rétroactivement annulé. Ce dernier est remis dans l'état où il était avant la conclusion du contrat stipulant la condition. En conséquence, tous les actes juridiques qu'il a passés, de manière conditionnelle, sont rétroactivement annulés. C'est sous cet angle que l'exclusivité du droit du propriétaire sous condition résolutoire parait manquer de consistance voire de réalité. Mais, plus

---

[1462] W. DROSS, *Droit des biens*, *op. cit.*, n°104, p. 94 ; F. TERRE et Ph. SIMLER, *Droit civil. Les biens*, coll. « Précis », 9e éd., *op. cit.*, n°146, p. 152.

[1463] F. TERRE et Ph. SIMLER, *Droit civil. Les biens*, coll. « Précis », 9e éd., *op. cit.*, n°146, p. 152.

[1464] Art. 1183 C. civ.

exactement l'exclusivité ne disparait pas, elle est simplement teintée d'une condition résolutoire qui peut se réaliser ou non. Le propriétaire sous condition résolutoire jouit réellement de l'exclusivité de son droit par l'accomplissement de divers actes juridiques qu'il peut seul poser et en conséquence en interdire toutes les utilités de la chose à autrui ou au contraire lui en autoriser la jouissance. Ainsi, il a le monopole sur la chose. Que cette exclusivité du droit de propriété soit affectée d'une condition résolutoire ou suspensive n'en change pas son étendue ou son contenu, elle en modifie seulement la pérennité. Or, tout droit n'est pas nécessairement pérenne ou statique, il est dynamique.

517. Par ailleurs, la rétroactivité de la condition résolutoire est susceptible d'avoir un effet sur le droit des tiers avec qui le propriétaire sous cette condition a passé des actes juridiques. En effet, étant donné que ce dernier est censé n'avoir jamais eu de droit sur la chose, il doit en principe restituer les fruits de la chose perçus au moment où la condition était encore pendante. Il ne peut les garder ni comme propriétaire ni comme possesseur de bonne foi, connaissant la menace qui planait sur son droit. Il en est de même pour le sort des plantations qu'il a faites sur le terrain.

C'est surtout au sujet des actes d'aliénation que les conséquences pour les tiers sont les plus considérables. En effet, en vertu de la maxime *Resoluto jure dantis resolvitur jus accipientis*[1465], les tiers verront rétroactivement les actes conclus avec le propriétaire sous condition résolutoire résolus corrélativement avec la résolution du droit de ce dernier. Toutefois, la portée de la rétroactivité ne semble pas atteindre les actes d'administration en raison du fait que durant la situation *pendente conditione*, la chose doit être administrée[1466]. En outre, cette portée est très relative en matière mobilière du fait de la règle de l'article 2279 du Code civil[1467]. En

---

[1465] H. ROLAND et L. BOYER, *Adages du droit français*, 4e éd., Paris, Litec, 1998, n°399, p. 805 : *Résolu le droit du cédant, résolu le droit du cessionnaire*. Ou encore le droit de celui qui a transféré étant résolu, le droit de celui auquel il a été transféré l'est aussi.

[1466] F. TERRE et Ph. SIMLER, *Droit civil. Les biens*, coll. « Précis », 9e éd., *op. cit.*, n°147, p. 154.

[1467] Art. 2279 C. civ. « *En fait de meubles, la possession vaut titre.*
Néanmoins celui qui a perdu ou auquel il a été volé une chose peut la revendiquer pendant trois ans, à compter du jour de la perte ou du vol, contre celui dans les mains duquel il la trouve ; sauf à celui-ci son recours contre celui duquel il la tient ».

matière immobilière, eu égard à la publicité à la fois de l'acte de transfert et de la condition, l'acquéreur est censé avoir été informé de la menace qui plane sur l'immeuble ou des conséquences de la réalisation de la condition.

518. Ainsi, la situation du propriétaire sous condition conserve *a priori* l'exclusivité du droit de propriété. En effet, même dans cette circonstance, la relation d'appartenance du propriétaire est empreinte d'une grande liberté sur la chose par rapport aux autres personnes du corps social. La propriété semble vraiment inséparable de la liberté non seulement sur la chose, mais aussi par rapport aux autres. L'exclusivité du droit de propriété confirme bien cette liberté dans la relation aux autres. En effet, elle reste intacte quelle que soit la modalité affectant le droit de propriété. Elle ne perd ni son contenu ni son étendue que la propriété soit conditionnelle ou inconditionnelle. Elle est seulement susceptible de perdre sa pérennité ou sa consolidation lorsque la propriété est conditionnelle. Cette menace ne limite pas les actes que le propriétaire peut accomplir sur la chose. Il les accomplit de manière similaire que la propriété soit conditionnelle ou inconditionnelle. Dans l'un et l'autre cas, il dispose pareillement de l'*usus*, du *fructus* et de l'*abus* à lui seul, ce qui lui permet d'exclure toute personne des utilités de la chose. Le contenu et l'étendue de l'exclusivisme du droit de propriété sont donc constants que la propriété soit conditionnelle ou inconditionnelle. Cette exclusivité traduit la liberté du propriétaire dans sa relation d'appartenance à l'égard des autres personnes du corps social. Elle assure alors le maintien du subjectivisme du droit de propriété.

Jusqu'à présent l'hypothèse envisagée est celle dans laquelle le propriétaire peut exclure les autres dans sa relation à la chose. Il convient maintenant d'analyser les moyens dont dispose le propriétaire pour faire respecter l'exclusivité de son droit lorsqu'elle est remise en cause. Autrement dit, comment le propriétaire met-il en œuvre l'exclusivité de son droit lorsqu'elle est contestée ?

Section 2- Le maintien du subjectivisme à travers l'existence de moyens de défense de l'exclusivisme du droit de propriété

519. Dans sa relation directe à la chose, le propriétaire dispose de la liberté sur celle-ci. Dans sa relation au corps social, il dispose également de cette liberté. Dans cette dernière hypothèse, il n'est pas exclu que la prétention du propriétaire soit contestée ou mise à mal par d'autres personnes. Il dispose alors d'une action spécifique qu'il peut exercer pour défendre sa propriété. Cette action ne vise en réalité qu'à faire prévaloir la liberté de ses prérogatives sur la chose par rapport aux autres. De manière générale la défense du droit de propriété ne peut dégénérer en abus quelle que soit le degré de l'emprise ou de l'usurpation du tiers[1468]. Les moyens de défense du droit de propriété présentent des traits particuliers selon que ce droit a pour objet une chose corporelle (§ 1) ou une chose incorporelle (§ 2).

§ 1- La défense de l'exclusivité de la propriété corporelle

520. Il s'agit de l'action en revendication. Elle « *est celle qu'exerce le propriétaire, en cette qualité, contre le tiers qui détient indûment son bien et refuse de le restituer en contestant son droit* »[1469]. La spécificité de l'action en revendication réside dans le fait qu'elle vise la reconnaissance du droit de propriété et la restitution du bien. Elle se distingue de l'action en restitution qui s'exerce dans l'hypothèse où le droit de propriété n'est pas contesté[1470]. Mais, l'action en revendication et celle en restitution sont des actions réelles qui ont pour finalité de protéger le droit de propriété. Il faut toutefois distinguer l'action réelle en restitution et l'action personnelle en restitution qui, elle, est fondée sur un contrat opérant une remise précaire de la chose à un détenteur tenu en vertu de ce contrat à la restitution[1471].

L'action en revendication se présente souvent au demandeur comme le dernier recours lorsqu'il ne remplit pas les conditions de l'action possessoire[1472]. Dans son principe, elle est la manifestation de la mise en œuvre concrète ou de la restauration de la liberté du propriétaire relativement à la chose dans ses rapports avec les tiers, en occurrence les usurpateurs de son droit d'exclure, de son monopole sur la chose. Les règles varient suivant la nature mobilière (A) ou immobilière (B) de la revendication.

1468 Cass. civ. fr. 3ème, 7 juin 1990, *Bull. civ.* n°140.

1469 F. TERRE et Ph. SIMLER, *Droit civil. Les biens*, coll. « Précis », 9e éd., *op. cit.*, n°520, p. 409.

1470 D. GANTSCHNIG, « L'action en revendication du créancier sur la chose d'autrui », M. BOUDOT et D. VEILLON (dir.), *op. cit.*, p. 287.

1471 *Ibid.*

1472 W. DROSS, *Droit des biens*, *op. cit.*, n°43, p. 47.

A- La revendication de la propriété mobilière

521. La nature mobilière d'une chose la rend plus aisée à la circulation économique et juridique. L'adage traditionnel *res mobilis res vilis* ne contribue pas non plus à envisager minutieusement les modes de preuve en matière mobilière. En pratique, la possession joue un rôle crucial dans la rareté de l'exercice de l'action en revendication mobilière en raison de la règle de l'article 2279 alinéa 1 du Code civil qui dispose que : « *En fait de meubles, la possession vaut titre* ». Cette disposition joue à la fois comme une règle de preuve et une règle de fond selon que le possesseur du meuble l'a acquis directement du propriétaire ou d'un tiers non propriétaire. En effet, en vertu de cette disposition, l'action en revendication mobilière ne peut être exercée que dans certains cas précis[1473]. La revendication peut avoir pour objet un corps certain ou une chose de genre.

522. Tout d'abord, dans l'hypothèse de l'acquisition *a domino*, c'est-à-dire lorsque le possesseur a acquis le meuble du véritable propriétaire lui-même, la revendication mobilière de ce dernier est susceptible de prospérer s'il prouve que celui qui détient le meuble n'est qu'un détenteur précaire. Autrement dit, s'il établit que le défendeur détient le meuble sur son autorisation et est donc tenu de le lui restituer au moment convenu. En effet, l'établissement de cette preuve est suffisant pour déduire à la fois la mauvaise foi du détenteur et son obligation de restituer la chose. La preuve de l'existence d'un titre non translatif de propriété en vertu duquel le défendeur exerce une certaine maitrise sur le meuble atteste que cette maitrise est temporaire et n'opère pas un transfert de propriété. Toutefois, en vertu de l'article 2230 du Code civil « *On est toujours présumé posséder pour soi, et à titre de propriétaire, s'il n'est prouvé qu'on a commencé à posséder pour un autre* ». Il appartient en conséquence à celui qui se réclame le véritable propriétaire de faire la preuve de sa qualité étant donné que la possession vaut titre. Cette preuve est parfois difficile. Il est alors plus facile pour le demandeur de fonder son action non sur la propriété, mais sur le titre ou le contrat qui atteste la précarité de la détention et l'obligation corrélative de restitution : prêt, dépôt, louage *etc*. Ainsi, l'article 2279 alinéa 1 n'est qu'une règle de preuve qui présume que le meuble a été régulièrement acquis par le défendeur, le possesseur, en vertu d'un contrat translatif de propriété si bien qu'il

---

[1473] M. GIRER, *op. cit.*, support n°5, p. 15.

revient au demandeur qui se réclame comme étant le véritable propriétaire de la chose d'apporter la preuve contraire[1474].

523. Cependant, il se peut aussi que la maitrise ou le pouvoir exercé par le possesseur sur le meuble ne procède d'aucun titre juridique translatif ou non de propriété, mais d'une voie de fait, d'un fait juridique en occurrence la possession. La possession est une relation de fait entre une personne et une chose à la différence de la propriété qui est une véritable relation de droit entre une personne et un bien. Dans cette hypothèse, le possesseur n'a pas acquis le meuble du véritable propriétaire, il s'agit d'une acquisition *a non domino*. Il peut alors invoquer à l'encontre de l'action en revendication du véritable propriétaire les effets de la possession utile, plus précisément l'acquisition de la propriété par prescription. Il faut pour que la prescription puisse être opérante que le meuble dont il s'agit soit de nature corporelle, non immatriculé[1475] et susceptible d'appropriation. De plus, il doit s'agir d'une véritable possession non d'une détention précaire et il est nécessaire que le possesseur soit de bonne foi[1476]. Enfin, la possession doit être utile ; c'est-à-dire qu'elle doit remplir les conditions permettant d'aboutir à l'acquisition de la propriété par prescription. À ce titre, « *Pour pouvoir prescrire, il faut une possession continue et non interrompue, paisible, publique, non équivoque, et à titre de propriétaire* »[1477]. En conséquence, le fait juridique que constitue la possession peut bien conduire à l'acquisition de la propriété. Ainsi, l'article 2279 du Code civil constitue de ce point de vue une règle de fond puisque la possession utile peut être invoquée contre le revendicant.

524. Il en découle que pour que la revendication du véritable propriétaire soit opérante, il faut que ce dernier établisse que la possession est viciée. En d'autres termes, le demandeur doit prouver

---

1474 Cass. civ. fr., 1re, 21 mai 1951, *Bull. civ.* I, n°150 ; 13 novembre 1962, *Bull. civ.* I, n°478 ; Cass. civ. fr. 1ère, 20 octobre 1982, *Bull. civ. I* n°298 ; *RTD Civ.* 1983, p. 559, obs. C. GIVERDON : en l'absence de preuve d'un contrat de dépôt par le demandeur, la possession vaut titre.

1475 La possession ne peut pas conduire à l'appropriation d'un meuble incorporel : Cass. com. fr., 7 mars 2006, *Bull. IV* n°62 ; *D.*2006, juris. p. 2897, note C. KUHN; *RTD Civ.* 2006, p.3 48, obs. Th. REVET.

1476 La mauvaise foi s'apprécie au jour de l'entrée en possession : Cass. civ. fr. 1ère, 27 novembre 2001, *Bull. civ. I* n°295 ; *D.* 2002, juris. p. 671, note J.-P. GRIDEL ; *D.*2002, somm. p. 2505, obs. B. MALLET-BRICOUT.

1477 Art. 2229 C. civ.

que les conditions de la possession utile ne sont pas réunies. La possession utile est celle qui permet d'obtenir la propriété par prescription. En effet, cela revient à apporter la preuve d'une « *possession continue et non interrompue, paisible, publique, non équivoque, et à titre de propriétaire* »[1478]. Cela dit, l'élément matériel de la possession, le corpus ou encore la maitrise de fait de la chose et l'élément psychologique, l'animus ou l'intention de se comporter comme étant le véritable propriétaire doivent remplir des conditions cumulatives pour prétendre à la protection possessoire et notamment à l'acquisition de la propriété par voie de prescription. Si ces conditions cumulatives ne sont pas satisfaites, le possesseur ne peut pas acquérir la propriété de la chose. En conséquence, le véritable propriétaire ou celui qui se réclame comme tel est potentiellement propriétaire de la chose si bien que son action peut connaitre un succès.

Plus concrètement, la continuité de la possession signifie que les actes de maitrise exercés sur le bien s'effectuent de manière régulière, sans intervalles anormaux assez prolongés[1479] comme le ferait un véritable propriétaire. Elle constitue une question de fond laissée à l'appréciation souveraine des juges du fond qui analysent au cas par cas en fonction de la nature de la chose. Toutefois, la règle de la continuité doit être conjuguée avec le principe selon lequel la possession se conserve *solo animo*, autrement dit par la seule intention[1480]. Le vice de discontinuité est temporaire, mais absolu : il peut être invoqué par toute personne qui a intérêt à contester la qualité de la possession.

La qualité paisible de la possession traduit le fait que la jouissance du possesseur ou l'entrée en possession ne résulte pas d'actes de violences matérielles ou morales. En effet, l'article 2233 du Code civil est sans équivoque : « *Les actes de violence ne peuvent fonder non plus une possession capable d'opérer la prescription. La possession utile ne commence que lorsque la violence a cessé* ». Le vice de violence est apprécié non seulement au moment de l'entrée en possession, mais aussi pendant son cours[1481]. En outre, les actes de violence commis pour défendre une possession déjà paisible ne vicient

---

[1478] Art. 2229 *C. civ.*

[1479] Cass. civ. fr., 11 janvier 1950, *D.* 1950, p. 125, note R. LENOAN ; Cass. civ. 1re fr., 3 mai 1960, *Bull. civ. I* n°230 ; *D.* 1960, somm. p. 113 ; *RTD Civ.* 1960, p. 689, obs. H. SOLUS.

[1480] M. GIRER, *op. cit.*, support n°4, p. 15.

[1481] Cass. civ. fr. 3ème, 15 février 1995, *Bull. civ. III,* n°53.

pas cette possession[1482]. Mais, la violence est un vice temporaire si bien que la prescription commence à courir dès l'instant où elle a cessé. Elle est également un vice relatif qui ne peut être invoqué que par la victime[1483].

La qualité publique de la possession correspond au fait que la maitrise exercée par le possesseur doit être vue et connue de tous, du moins de ceux qui y prêtent attention. Le possesseur ne doit pas exercer son pouvoir sur la chose dans la clandestinité qu'il s'agisse des actes de maitrise matérielle ou juridique[1484]. Le vice de clandestinité est temporaire et relatif[1485].

La qualité non équivoque de la possession a trait à l'animus, à l'intention. Pour qu'elle soit satisfaite, il faut que le possesseur se comporte en propriétaire de la chose[1486]. L'équivoque est un vice temporaire et absolu[1487].

525. Ainsi, lorsque toutes ces conditions de la possession utile sont réunies, qu'en outre le possesseur est de bonne foi et n'a pas acquis le meuble corporel du véritable propriétaire, il en devient immédiatement propriétaire. S'il est de mauvaise foi et que la possession est néanmoins utile, il peut toujours acquérir la propriété mais au terme d'un délai de trente ans par la prescription acquisitive.

526. Dans l'hypothèse où le meuble sur lequel le possesseur invoque les effets de la possession utile a été perdu ou volé, c'est-à-dire lorsque le véritable propriétaire a été involontairement dépossédé par négligence ou par un événement de force majeure, ce dernier, par exception, peut toujours revendiquer la propriété. L'action lui est ouverte pendant trois ans. En effet, l'alinéa 2 de l'article 2279 du Code civil prévoit que : «*néanmoins, celui qui a perdu ou auquel il a été volé une chose peut la revendiquer pendant trois ans, à compter du jour de la perte ou du vol, contre celui dans les mains duquel il la trouve ; sauf à celui-ci son recours contre celui duquel il la tient* ». Cela dit, le véritable propriétaire n'a pas à indemniser le possesseur.

[1482] Cass. civ. fr. 3ème, 15 février 1968, *Bull. civ. III* n°54 ; *D.* 1968, p. 453 ; *RTD Civ.* 1968, p. 74, note J.-D. BREDIN.
[1483] M. GIRER, *op. cit.*, support n°4, p. 15.
[1484] Cass. civ. fr., 1ère , 8 mars 2005, *Bull. civ. I* n°123.
[1485] M. GIRER, *op. cit.*, support n°4, p. 15.
[1486] Cass. civ. fr. 1ère, 14 mai 1996, *Bull. civ. I* n°199 ; *RTD Civ.* 1998, p. 408, obs. F. ZENATI.
[1487] M. GIRER, *op. cit.*, support n°4, p. 17.

Par contre, il doit rembourser à l'acquéreur le prix que le meuble lui a coûté, si la chose a été acquise dans un marché, une foire ou une vente publique conformément à l'alinéa 1 de l'article 2280 du Code civil[1488].

527. Par ailleurs, la revendication mobilière exige quelques précisions lorsqu'elle porte sur des choses fongibles. Il est généralement admis que « *deux choses sont déclarées fongibles lorsque le débiteur peut les fournir indifféremment à son créancier pour sa libération* »[1489] ou encore que les choses fongibles sont « *des choses qui, n'étant déterminées que par leur nombre, leur poids ou leur mesure, peuvent être employées indifféremment dans un paiement* »[1490]. En effet, dans ce cas, l'acquéreur peut les mélanger avec d'autres choses de même nature voire les consommer s'il s'agit de choses consomptibles. Sur quoi portera alors la revendication du véritable propriétaire ?

De prime abord, la revendication du droit de propriété porte en principe sur une chose déterminée. Or, dans le cas d'espèce, « *quand bien même le revendicant prouverait qu'un tiers détient la même quantité de la même qualité et espèce de choses qu'il réclame, il ne prouverait pas, par là-même, que ce sont « ses » choses qui sont détenues par le tiers* »[1491]. En fait, on considère que la perte d'individualisation de la chose entraine un transfert de propriété au profit du détenteur, du possesseur ou de l'acquéreur. « *La revendication des choses fongibles est donc tenue, pour la doctrine classique, et à juste titre, pour impossible* »[1492]. En effet, comment le véritable propriétaire « *peut-il encore exercer son action en revendication alors même qu'à l'instant où ses choses se sont mélangées à d'autres choses semblables, il en a perdu la propriété ?* »[1493].

Dans le cadre des procédures collectives d'apurement du passif, l'article 103 de l'Acte uniforme portant organisation des

---

[1488] Art. 2280 C. civ. : « *Si le possesseur actuel de la chose volée ou perdue l'a achetée dans une foire ou dans un marché, ou dans une vente publique, ou d'un marchand vendant des choses pareilles, le propriétaire originaire ne peut se la faire rendre qu'en remboursant au possesseur le prix qu'elle lui a coûté* ».

[1489] W. DROSS, *Droit des biens*, *op. cit.*, n°50, p. 53.

[1490] G. CORNU, (dir.), *Vocabulaire juridique,* PUF, 2007, v. Choses fongibles.

[1491] D. GANTSCHNIG, « L'action en revendication du créancier sur la chose d'autrui », *op. cit.*, p. 288.

[1492] W. DROSS, *Droit des biens*, *op. cit.*, n°51, p. 53.

[1493] D. GANTSCHNIG, *op. cit.*, p. 290.

procédures collectives d'apurement du passif prévoit que les marchandises et objets mobiliers dont le débiteur est détenteur précaire en vertu d'un contrat de prêt, de dépôt, de mandat ou de location *etc.* peuvent être revendiqués par le créancier tout comme pour ceux qui font l'objet d'une clause de réserve de propriété[1494]. À l'analyse des termes très généraux de cette disposition, il semble que la revendication de choses fongibles est donc admissible. Cette déduction est corroborée par l'article 75 de l'Acte uniforme portant organisation des suretés qui souligne que « *La propriété réservée d'un bien fongible peut s'exercer*[1495]*, à concurrence de la créance restant due, sur des biens de même espèce et de même qualité détenus par le débiteur ou pour son compte* ». En conséquence, le propriétaire n'a pas à prouver son droit de propriété sur les choses fongibles qu'il revendique. Il est dispensé de cette preuve sur les marchandises réclamées[1496].

En France, l'article L. 624-16 du Code de commerce dispose que « *la revendication en nature peut également s'exercer sur des biens fongibles lorsque des biens de même nature et de même qualité se trouvent entre les mains du débiteur ou de toute personne les détenant pour son compte* ». De même, pour la Cour de cassation française, l'action en revendication mobilière « *peut s'exercer sur toutes les catégories de choses, et notamment sur les choses fongibles* »[1497]. Mieux, la revendication peut aboutir alors même que les biens se trouvant entre les mains du défendeur ne sont pas exactement ceux sur lesquels porte l'action du demandeur car l'article L. 624-16 suscité « *énonce une règle de fond, attribuant au revendicant la propriété des biens fongibles qui se trouvent entre les mains de l'acheteur dès lors que ceux-ci sont de même espèce et de même qualité que ceux qu'il a livrés* »[1498].

Toutefois, il en est autrement pour les sommes d'argent pour lesquelles l'action en revendication n'est pas admise. Le propriétaire

---

1494 W. DROOS, « A quelles conditions le meuble vendu sous réserve de propriété, indispensable à l'activité du débiteur failli, peut-il être revendiqué ? », note sous Com. fr. 10 mars 2015, n°13-23.424, *RTD Civ.* 2015, p. 648-652.

1495 Ce droit exercé est au sens de ce texte une revendication. V. également W. DROSS, *Droit des biens*, *op. cit.*, n°52, p. 54.

1496 W. DROSS, *Droit des biens*, *op. cit.*, n°52, p. 54.

1497 Cass. civ. fr. 3ème, 7 février 1989, n°85-17531 ; *Bull. civ. III* n°57 ; *RTD civ.* 1990, p. 109, obs. F. ZENATI.

1498 Cass. com. fr. 5 mars 2002, n°98-17585 ; *Bull. civ. IV* n°48 ; *RTD civ.* 2002, p. 327, obs. Th. REVET et p. 339 obs. P. CROCQ.

devient simplement créancier de celui qui les détient ou les possède lequel devient simplement un débiteur. Une solution critiquée dans certaines hypothèses notamment lorsque le détenteur précaire a déposé les fonds dans un compte affecté par exemple[1499].

528. Ainsi, le droit d'exclure du propriétaire d'un bien mobilier lui permet de revendiquer le meuble qu'il s'agisse d'un corps certain ou d'une chose de genre. Néanmoins, en fonction de la nature de la chose, la mise en œuvre de l'exclusivité face à un usurpateur du droit de propriété obéit à des exigences qui tiennent compte des circonstances dans lesquelles, le propriétaire a perdu la maitrise de la chose. Particulièrement, en matière mobilière, la possession joue un rôle capital dans la revendication.

La revendication est un moyen de défense du droit de propriété, elle peut donc être exercée en matière immobilière.

B- La revendication de la propriété immobilière

529. La mise en œuvre de la revendication de la propriété immobilière est souvent freinée ou retardée par l'existence d'une alternative moins contraignante à savoir les actions possessoires[1500] qui permettent au véritable propriétaire de mettre fin à tout trouble liée à sa possession de l'immeuble. Pour éviter les difficultés de preuve qui peuvent se poser, ce n'est vraiment que dans l'hypothèse où il n'a pas la possession ou la détention paisible de l'immeuble que le propriétaire agira au pétitoire. Son action est alors intentée contre le possesseur ou le détenteur de l'immeuble. L'action en revendication est formée exclusivement devant le Tribunal de grande instance[1501] du

---

[1499] D. GANTSCHNIG, *op. cit.*, p. 290.

[1500] L'action possessoire peut être définie comme « *l'action en justice ouverte devant le Tribunal de grande instance, pendant l'année du trouble possessoire, en vue d'obtenir la protection possessoire, à toute personne qui possède paisiblement un immeuble et au simple détenteur précaire* », N. REBOUL-MAUPIN, *op. cit.*, p. 210.

[1501] Art. 39 de la loi n°015-2019/AN portant organisation judiciaire au Burkina Faso : « *Le tribunal de grande instance a compétence exclusive dans les matières déterminées par la loi, notamment : [..] - les actions en matière immobilière ;* ».

lieu de situation de l'immeuble[1502]. En pratique, l'action en revendication est imprescriptible[1503].

Lorsque l'action est favorablement accueillie, elle produit des effets importants non seulement à l'égard des parties, mais aussi à l'égard des tiers. La décision rendue à l'issue de l'action en revendication a une autorité de chose jugée absolue entre les parties et relative à l'égard des tiers. Elle est cependant opposable aux tiers. Mais, une nouvelle action en revendication peut être exercée par un tiers. Autrement dit, la décision rendue ne constitue pas une preuve irréfutable de la propriété, même si elle est une preuve importante. Si un tiers fait état du droit le meilleur et le plus probable, il peut être déclaré comme le propriétaire le plus vraisemblable[1504].

Le véritable propriétaire reconnu, le possesseur doit lui restituer l'immeuble avec ses produits et ses accessoires. En retour, ce dernier a pu faire des dépenses sur l'immeuble pour le conserver ou l'améliorer : le véritable propriétaire devra l'indemniser, sinon il y aurait enrichissement sans cause. Il s'établit donc une opération appelée « *règlement des comptes* »[1505] entre le propriétaire nouvellement reconnu et le possesseur évincé. Cet inventaire récapitule ce qui est dû de part et d'autre, opère une compensation, avant de dégager le solde global et de déterminer le débiteur définitif.

530. Concernant le propriétaire nouvellement reconnu, il a d'abord droit aux produits de la chose ; les produits étant ceux qui altèrent la substance de la chose à la différence des fruits. Le possesseur évincé est donc obligé de restituer les produits. Sa bonne ou mauvaise foi est sans incidence sur l'obligation de restitution. Cette restitution doit être faite, en principe, en nature. En cas d'impossibilité, elle peut être faite en valeur[1506].

[1502] Art. 44 du Code de procédure civile : « *En matière réelle immobilière, le tribunal du lieu où est situé l'immeuble est seul compétent* ».

[1503] Cass. civ. fr. 3ème, 5 juin 2002, *Bull. civ. III* n°129 ; *D.* 2003, juris. p.1461, note G. Pillet ; *JCP éd. G.* 2002, II, 10190, note M. DU RUSQUEC : « *la propriété ne se perdant pas par le non-usage, l'action en revendication n'est pas susceptible de prescription extinctive* ».

[1504] M. GIRER, *op. cit.*, support n°5, p. 16.

[1505] F. TERRE et Ph. SIMLER, *Droit civil. Les biens*, coll. « Précis », 9e éd., *op. cit.*, n°523, p. 410.

[1506] F. TERRE et Ph. SIMLER, *Droit civil. Les biens*, coll. « Précis », 9e éd., *op. cit.*, n°524, p. 411.

En outre, le propriétaire nouvellement reconnu a droit aux fruits de la chose. À l'inverse des produits, la bonne ou mauvaise foi du possesseur évincé a une incidence significative sur la restitution des fruits. En effet, selon l'article 549 du Code civil, « *Le simple possesseur ne fait les fruits siens que dans le cas où il possède de bonne foi : dans le cas contraire, il est tenu de rendre les produits avec la chose au propriétaire qui la revendique* ». L'article 550 continue en précisant que « *Le possesseur est de bonne foi quand il possède comme propriétaire, en vertu d'un titre translatif de propriété dont il ignore les vices. Il cesse d'être de bonne foi du moment où ces vices lui sont connus*[1507] ». Il en résulte que si le possesseur évincé est de bonne foi, cette bonne foi lui confère tous les fruits de la chose. En contrepartie, lorsqu'il est de bonne foi, le possesseur évincé, en conservant les fruits, est néanmoins obligé de contribuer aux dépenses qu'il a faites pour les obtenir. Par contre, si le possesseur évincé est de mauvaise foi, il est obligé de restituer tous les fruits sans pouvoir opposer la prescription[1508]. Corrélativement, cette obligation de restitution, en cas de mauvaise foi, le rend créancier du propriétaire pour les dépenses effectuées en vue de l'obtention desdits fruits[1509] conformément à l'article 548 qui énonce que « *Les fruits produits par la chose n'appartiennent au propriétaire qu'à la charge de rembourser les frais des labours, travaux et semences faits par des tiers* ». Autrement, il y aurait enrichissement sans cause du véritable propriétaire. À l'instar des produits, les fruits doivent en principe être restitués en nature, à défaut par une créance équivalente. La bonne foi est toujours présumée[1510]. En conséquence, il appartient au propriétaire revendiquant d'apporter la preuve de la mauvaise foi du possesseur pour prétendre à la restitution de tous les fruits.

Par ailleurs, le propriétaire a droit à des indemnités lorsque l'immeuble a subi des détériorations ou si des meubles accessoires à l'immeuble ont été aliénés. L'obligation d'indemnisation du

---

[1507] Il est censé les avoir connus dès l'assignation : Cass. fr. civ. 3ème, 28 juin 1983, *Bull. civ.* III, n°148, *D.* 1983. IR, p. 356.

[1508] En effet, dans cette hypothèse la possession n'est pas utile pour pouvoir prescrire. La prescription dont il s'agit est celle quinquennale de l'article 2277 du Code civil.

[1509] Cass. fr. civ., 1re, 8 mai 1973, *D.* 1973. Somm., p. 119 ; Cass. fr. civ. 3ème, 12 février 2003, *Bull. civ. III* n°36 ; *D.* 2003, somm. p.2040, obs. B. MALLET-BRICOUT.

[1510] Art. 2268 C. civ. « *La bonne foi est toujours présumée, et c'est à celui qui allègue la mauvaise foi à la prouver* ».

possesseur évincé est fonction de sa bonne ou mauvaise foi. Si le possesseur est de bonne foi, il n'est tenu d'indemniser le propriétaire que du prix qu'il a perçu de l'aliénation des objets mobiliers accessoires à l'immeuble. Il est dispensé de l'indemnisation des détériorations même celles survenues de son fait. Il en est de même des aliénations à titre gratuit des meubles accessoires, au moins jusqu'à la demande en justice[1511]. Si par contre, le possesseur est de mauvaise foi, il est tenu d'indemniser le propriétaire de toutes les détériorations quelle que soit leur origine[1512]. Toutefois, il est dispensé de cette indemnisation s'il établit que ces détériorations seraient survenues même si l'immeuble avait été en la possession du propriétaire[1513]. S'il y a eu aliénation d'objets mobiliers corporels, il doit restituer la valeur intégrale desdits objets même en cas d'aliénation à titre gratuit ou pour un prix inférieur à la valeur réelle.

531. S'agissant du possesseur évincé, il a droit à une indemnisation fondée sur la théorie de l'enrichissement sans cause pour les dépenses effectuées pour l'amélioration de l'immeuble. Cette indemnisation d'origine jurisprudentielle est indifférente à sa bonne ou mauvaise foi[1514] puisqu'il est question de rétablir un équilibre entre les patrimoines et non de sanctionner un comportement[1515]. Trois types de situations sont à distinguer en fonction de la qualification des dépenses.

Tout d'abord, pour les dépenses nécessaires ou indispensables à la conservation du bien, le possesseur évincé a droit à une

---

[1511] M. GIRER, *op. cit.*, support n°5, p. 18.

[1512] Art. 1379 C. civ. : « *Si la chose indûment reçue est un immeuble ou un meuble corporel, celui qui l'a reçue s'oblige à la restituer en nature, si elle existe, ou sa valeur, si elle est périe ou détériorée par sa faute ; il est même garant de sa perte par cas fortuit, s'il l'a reçue de mauvaise foi* ».

[1513] Art. 1302 C. civ. : « *Lorsque le corps certain et déterminé qui était l'objet de l'obligation vient à périr, est mis hors du commerce, ou se perd de manière qu'on en ignore absolument l'existence, l'obligation est éteinte si la chose a péri ou a été perdue sans la faute du débiteur et avant qu'il fût en demeure.*
Lors même que le débiteur est en demeure, et s'il ne s'est pas chargé des cas fortuits, l'obligation est éteinte dans le cas où la chose fût également périe chez le créancier si elle lui eût été livrée.
Le débiteur est tenu de prouver le cas fortuit qu'il allègue.
De quelque manière que la chose volée ait péri ou ait été perdue, sa perte ne dispense pas celui qui l'a soustraite de la restitution du prix ».

[1514] Cass. civ. fr., 1re, 17 janvier 1990, *D.* 1990, IR, p. 37.

[1515] M. GIRER, *op. cit.*, support n°5, p. 18.

indemnisation intégrale du coût des travaux[1516]. Toutefois, si ces dépenses correspondent à des dépenses d'entretien, elles ne sont pas remboursées, mais se déduisent, en fonction de leur usage, des revenus de l'immeuble[1517]. En effet, pour les dépenses de cette nature, le possesseur de bonne foi les supporte et en contrepartie il conserve les fruits. À l'inverse, celui de mauvaise foi les restitue et est indemnisé à concurrence du profit net.

Ensuite, les dépenses utiles à l'immeuble sont celles qui, sans être nécessaire, lui apporte une plus-value. Elles sont remboursées au possesseur évincé dans la limite de la plus-value conférée à l'immeuble. Ces dépenses sont celles relatives aux travaux effectués sur des constructions déjà existantes. Si au contraire, il s'agit de nouvelles constructions, elles donnent lieu à l'application des dispositions spécifiques de l'article 555 du Code civil[1518]. Cette plus-value est appréciée au jour de la revendication.

Enfin, les dépenses somptuaires ou voluptuaires, c'est-à-dire les dépenses de luxe, de prestige ou de pur agrément ne sont pas remboursables au possesseur évincé. Il dispose en revanche de la latitude de les enlever de l'immeuble à condition que cela n'entraine pas une dégradation de celui-ci[1519].

532. A l'issue de l'inventaire, si le compte est débiteur pour le possesseur évincé, il doit restituer l'immeuble avec les sommes qui résultent du solde après compensation des créances et obligations. Par contre, si ce compte est débiteur pour le propriétaire, il doit régler sa dette au possesseur évincé. Ce dernier peut même exercer un droit de rétention sur l'immeuble. En effet, la jurisprudence admet ce droit de

---

[1516] Art. 1381 C. civ. : « *Celui auquel la chose est restituée doit tenir compte, même au possesseur de mauvaise foi, de toutes les dépenses nécessaires et utiles qui ont été faites pour la conservation de la chose* ».

[1517] F. TERRE et Ph. SIMLER, *Droit civil. Les biens*, coll. « Précis », 9e éd., *op. cit.*, n°527, p. 413.

[1518] Ainsi pour les plantations faites sur le terrain d'autrui, l'article 555 *in fine* dispose : « *Néanmoins, si les plantations, constructions et ouvrages ont été faits par un tiers évincé, qui n'aurait pas été condamné à la restitution des fruits, attendu sa bonne foi, le propriétaire ne pourra demander la suppression desdits ouvrages, plantations et constructions ; mais il aura le choix, ou de rembourser la valeur des matériaux et du prix de la main-d'œuvre, ou de rembourser une somme égale à celle dont le fonds a augmenté de valeur* ». V. ég. les articles 1973 à propos de l'héritage et 1381 du même code.

[1519] Art. 599 al. 3 C. civ. relatif à la cessation de l'usufruit et à la restitution des biens au propriétaire.

rétention à condition que le possesseur soit de bonne foi[1520]. Cependant, l'article 67 de l'Acte uniforme portant organisation des sûretés ne reconnait le droit de rétention que sur les objets mobiliers à l'exclusion des immeubles. Il dispose précisément que « *Le créancier qui détient légitimement un bien mobilier de son débiteur peut le retenir jusqu'au complet paiement de ce qui lui est dû, indépendamment de toute autre sûreté, sous réserve de l'application de l'article 107 alinéa 2, du présent Acte uniforme* ».

533. Ainsi, l'exercice de l'action en revendication permet de mettre en œuvre concrètement l'exclusivité du droit de propriété contre tout usurpateur de bonne ou de mauvaise foi d'un bien corporel. La liberté du propriétaire tant sur la chose qu'à l'égard des autres n'aurait pas de sens en l'absence d'un mécanisme de protection de ses prérogatives à même de le restaurer toutes les fois que sa maitrise exclusive de la chose est menacée sans son consentement ou violée. La revendication est la traduction concrète de ce mécanisme. À travers elle, le subjectivisme du droit de propriété est également protégé puisqu'elle a pour finalité de restaurer la volonté et la liberté du propriétaire sur la chose non seulement corporelle, mais aussi sur celle incorporelle.

§ 2- La défense de l'exclusivité de la propriété incorporelle

534. A l'instar de la propriété corporelle, l'exclusivité de la propriété incorporelle[1521], en occurrence la propriété intellectuelle, jouit également d'une protection contre les usurpateurs. Le particularisme des biens intellectuels leur confère le don d'ubiquité d'être à la fois entre les mains de plusieurs personnes simultanément. Leur maitrise matérielle est hors de la sphère de l'exclusivité. Cette maitrise matérielle plurielle repartie dans l'espace peut être facilement une source de reproduction et d'exploitation économique de la création ou de l'invention sans aucune autorisation. C'est pourquoi la loi reconnait au créateur et à lui seul une exclusivité juridique[1522], un monopole de l'exploitation économique et corrélativement elle organise les moyens de défense de cette exclusivité. Ainsi, la défense

[1520] Cass. civ. fr. 1re, 5 octobre 1966, *Bull. civ.* I, n°454, *D.* 1966. Somm., p. 121.
[1521] Il ne faut pas confondre la propriété incorporelle et les biens incorporels notamment ceux qui ont la nature d'une créance. W. DROSS, *Droit des biens*, *op. cit.*, n°488 et s., p. 397 et s.
[1522] Cf. *Supra* n°500 et s.

de la propriété incorporelle prend la forme d'une action en contrefaçon en vue de mettre fin à l'atteinte portée à la propriété (A) et/ou d'une action en responsabilité afin de réparer le préjudice causé à l'exclusivité de l'exploitation économique du propriétaire (B).

A- L'action en contrefaçon

535. L'action en contrefaçon a pour but de mettre fin à une atteinte au droit de propriété intellectuelle. Elle a précisément pour finalité de contrecarrer la contrefaçon des œuvres de l'esprit. L'esprit de cette action est de protéger les droits privatifs des auteurs et des inventeurs contre les usurpateurs qui ne sont pas à l'origine de la création intellectuelle, mais qui la reproduisent ou la représentent notamment à des fins économiques, ou en tout cas plus largement en dehors des exceptions prévues par la loi, sans autorisation des titulaires de l'exclusivité de l'exploitation économique de ces œuvres, en occurrence les créateurs et les inventeurs. Elle est l'équivalente en droit de la propriété intellectuelle de l'action en revendication de la propriété corporelle[1523].

536. En raison du particularisme de la propriété incorporelle, les règles de la revendication de la propriété corporelle s'accommodent mal. En rappel, la possession joue un rôle fondamental dans les règles de la revendication de la propriété corporelle[1524]. Cette possession n'est rien d'autre que la maitrise matérielle de la chose. Cette situation se comprend car la même chose corporelle n'est pas susceptible de faire l'objet d'une maitrise matérielle exclusive complète de plusieurs personnes à la fois. Il s'ensuit que celui qui en a la maitrise matérielle exerce de fait les prérogatives du propriétaire ; d'où les présomptions de propriété tirée de la qualité de la possession. Or, il est hasardeux de tirer les mêmes déductions de la possession d'une création intellectuelle pour la simple raison que celle-ci a le don d'ubiquité de se retrouver de la même manière entre les mains de plusieurs personnes simultanément. À titre, illustratif, un livre constitue le support du droit de l'auteur. Ce droit constitue un sous groupe du droit de propriété littéraire et artistique. Ce livre contient le même contenu et plusieurs personnes

---

[1523] Cette assimilation n'est aussi évidente en raison du particularisme de la propriété intellectuelle. V. relativement à la nature juridique de l'action en revendication : M. XIFARAS, *op. cit.*, p. 420 et s.

[1524] Cf. *Supra* n°520 et s.

peuvent l'avoir à l'identique. La maitrise matérielle du support, en occurrence le livre, assure une maitrise matérielle du contenu. Ce qui explique que ce même livre vendu par l'auteur peut être photocopié et vendu sans son autorisation. Le monopole de l'auteur ici réside justement dans l'exclusivité de l'exploitation économique. Celui qui photocopie le livre et le vend sans son autorisation porte atteinte à l'exclusivité du droit de ce dernier. En conséquence, l'auteur est fondé à agir en contrefaçon contre cet usurpateur. Ainsi, l'impossibilité d'une maitrise matérielle exclusive de la propriété intellectuelle justifie l'inapplication des règles de l'action en revendication de la propriété corporelle. Contre l'atteinte à l'exclusivité de son droit, l'auteur ou l'inventeur dispose d'une action en contrefaçon. L'action en contrefaçon suppose l'existence d'une contrefaçon. Elle relève de la compétence exclusive du Tribunal de grande instance[1525].

537. La contrefaçon est une atteinte à un droit de propriété intellectuelle, c'est-à-dire un droit de propriété littéraire ou artistique ou un droit de propriété industrielle, en contradiction du droit privatif de l'auteur, de l'inventeur ou du cessionnaire. Plus précisément, elle est une atteinte aux prérogatives patrimoniales et/ou morales de l'auteur ou du créateur même si classiquement c'est l'atteinte aux prérogatives patrimoniales qui semble former l'essentiel du contentieux. La contrefaçon est assimilable au vol dans le domaine de la propriété corporelle. Quoiqu'impropre, cette assimilation frappe les esprits[1526].

538. La contrefaçon est à la fois un délit civil et pénal. Au plan pénal, elle est sanctionnée par des peines aussi bien en matière de propriété littéraire et artistique[1527] qu'en matière de la propriété

[1525] Art. 39 de la loi 015-2019 portant organisation judiciaire au Burkina Faso.

[1526] X. DAVERAT, *Droit de la propriété littéraire et artistique*, UNJF, 2011, leçon n°12, p. 3.

[1527] Art. 116 de la loi portant protection de la propriété littéraire et artistique : « *Constitue le délit de contrefaçon :*
- toute édition d'écrit, de composition musicale, de dessin, de peinture ou de toute autre production, imprimée ou gravée en entier ou en partie, au mépris des lois et règlements relatifs à la propriété des auteurs ;
- toute reproduction, traduction, adaptation, représentation, diffusion par quelque moyen que ce soit, d'une œuvre de l'esprit en violation des droits de l'auteur, tels qu'ils sont définis et réglementés par la présente loi ;
- l'exportation et l'importation des ouvrages contrefaisants ;
- toute fixation, reproduction, communication ou mise à disposition du public, à titre onéreux ou gratuit, ou toute radiodiffusion d'une prestation, d'un phonogramme,

industrielle[1528]. Au plan civil, elle est sanctionnée par le paiement de dommages et intérêts.

---

d'un vidéogramme ou fixation audiovisuelle ou d'un programme, réalisée sans l'autorisation, lorsqu'elle est exigée, de l'artiste interprète, du producteur de phonogrammes ou de vidéogrammes ou fixation audiovisuelle ou de l'organisme de radiodiffusion.
- toute importation ou exportation de phonogrammes ou de vidéogrammes ou fixations audiovisuelles réalisée sans l'autorisation du producteur ou de l'artiste interprète, lorsqu'elle est exigée ;
- le défaut de versement de la rémunération due au titre de la copie privée ou de la communication publique et de la radiodiffusion des phonogrammes du commerce ;
- le fait de laisser reproduire ou communiquer au public dans son établissement ou sur les installations placées sous sa responsabilité des œuvres protégées au sens de la présente loi ».
Article 117 : *« Sont assimilées au délit de contrefaçon :*
- la fabrication ou l'importation, pour la vente ou la location, d'un dispositif ou moyen spécialement conçu ou adapté pour rendre inopérant tout dispositif ou moyen de protection contre la copie ou de régulation de la copie ;
- la neutralisation frauduleuse des mesures techniques efficaces dont les titulaires de droits d'auteur et de droits voisins se servent pour la protection de leurs productions contre les actes non autorisés ;
- la fabrication ou l'importation, pour la vente ou la location, d'un dispositif ou moyen de nature à permettre ou à faciliter la réception d'un programme codé radiodiffusé ou communiqué de toute autre manière au public, par des personnes qui ne sont pas habilitées à le recevoir ;
- la suppression ou modification, sans y être habilitée, de toute information relative au régime des droits se présentant sous forme électronique ;
- la distribution ou l'importation aux fins de distribution au public ou la mise à disposition du public, sans y être habilité, d'œuvres, d'interprétations ou d'exécutions, de phonogrammes, de vidéogrammes ou fixations audiovisuelles ou d'émissions de radiodiffusion, en sachant que des informations relatives au régime des droits se présentant sous forme électronique ont été supprimées ou modifiées sans autorisation ;
- la distribution ou l'importation aux fins de distribution, la radiodiffusion, la communication au public ou la mise à disposition du public, sans y être habilitée, d'œuvres, d'interprétations ou exécutions, de phonogrammes, de vidéogrammes ou d'émissions de radiodiffusion en sachant que des informations relatives au régime des droits se présentant sous forme électronique ont été supprimées ou modifiées sans autorisation ».
Article 118 : *« La contrefaçon et les actes assimilés sont punis d'un emprisonnement de deux mois à un an et d'une amende de deux cent cinquante mille (250 000) francs CFA à deux millions (2 000 000) de francs CFA ou de l'une de ces deux peines seulement sans préjudice de la réparation des dommages subis par les victimes ».*
[1528] Concernant le brevet l'article 58 de l'Annexe I relative aux brevets d'invention de l'Accord portant révision de l'accord de Bangui du 02 mars 1977 instituant une

539. Pour que la contrefaçon soit caractérisée, il faut la réunion de deux éléments : un élément matériel et un élément moral.

L'élément matériel de la contrefaçon est constitué par les atteintes aux prérogatives patrimoniales et/ou morales du créateur[1529]. En effet, il s'agit tout d'abord de la remise en cause de l'exclusivité du créateur sur ses prérogatives patrimoniales, en occurrence le droit de reproduction et le droit de représentation. Dans son appréciation, la jurisprudence s'attache davantage aux ressemblances des œuvres qu'à leurs différences[1530]. Il y a contrefaçon quel que soit le support utilisé pour la reproduction de l'œuvre et peu importe que cette reproduction soit totale ou partielle. Il en est de même de la représentation. L'élément matériel de la contrefaçon par représentation est également caractérisé quel que soit le support utilisé[1531]. Il suffit que l'œuvre soit mise à la disposition du public sans autorisation quel que soit le moyen. En outre, les atteintes au droit moral de l'auteur semblent susceptibles également de caractériser l'élément matériel de la contrefaçon[1532].

L'élément moral de la contrefaçon varie selon que l'action exercée est relative à l'aspect pénal ou civil puisque la contrefaçon est à la fois un délit pénal et civil. Tout d'abord, concernant la matière pénale, l'existence de l'élément matériel de la contrefaçon présume l'existence de l'élément moral[1533]. Le contrefacteur est présumé avoir

---

organisation africaine de la propriété intellectuelle prévoit que « *Sous réserve des dispositions des articles 8 et 46 à 56, toute atteinte portée aux droits du breveté, soit par l'emploi de moyens faisant l'objet de son brevet, soit par le recel, soit par la vente ou l'exposition en vente ou soit par l'introduction sur le territoire national de l'un des États membres, d'un ou plusieurs objets, constitue le délit de contrefaçon. Ce délit est puni d'une amende 1.000.000 à 3.000.000 francs CFA sans préjudice des réparations civiles* ».

[1529] Cf. *Supra* n°55 et s.

[1530] Cass. civ. fr. 1re, 4 février 1992, *La bicyclette bleue : JCP* 1992, II, 21930, note X. DAVERAT ; *D.* 1992, jur. p. 182, note P.-Y. GAUTIER. – Civ. fr. 1re, 25 mai 1992, Y. BOISSET *: D.* 1993, 2, p. 184, note X. DAVERAT.

[1531] Cass. crim., fr. 5 mai 1981 : *D.* 1982, IR p. 48, obs. C. COLOMBET. En l'espèce, une diffusion de disques.

[1532] CA Paris, 14 avril 1960 : *D.* 1960, 2, p. 535, note H. DESBOIS ; CA Paris, 17 février 1988, *De Staël : JCP* 1989, II, 3376, note B. EDELMAN : *D.* 1989, somm. p. 50 obs. C. COLOMBET.

[1533] Cass. crim. fr., 1er février 1912 : *Gaz. Pal.* 1912, 1, p. 437 ; X. DUPRE DE BOULOIS, «Droits fondamentaux et présomption de préjudice », *RDLF* 2012, chron. n°10 (www.revuedlf.com).

agi en connaissance de cause[1534]. Sa mauvaise foi est présumée. C'est à lui qu'il revient d'apporter la preuve contraire[1535]. Il y a donc inversion de la charge de la preuve. Cependant, dans l'application de cette présomption, une distinction est faite entre celui qui est à l'origine de la contrefaçon et celui qui ne fait qu'utiliser ou commercialiser un produit contrefait. Pour ce dernier seulement qui n'agit qu'en aval, à la différence du premier, la preuve de la mauvaise foi est exigée[1536]. Ensuite, s'agissant de l'action civile, la mauvaise foi est indifférente. En effet, «*La mauvaise foi des personnes qui ont participé à une contrefaçon n'est pas une condition de l'action civile exercée par l'auteur en vue d'obtenir réparation de la perte pécuniaire que lui a causé l'usurpation de son droit de propriété intellectuelle*»[1537]. En conséquence, à la différence de l'action pénale, pour l'exercice de l'action civile en contrefaçon, il n'est pas nécessaire d'établir la preuve de la mauvaise foi de la personne poursuivie pour des faits de contrefaçon.

540. Lorsque l'action en contrefaçon est accueillie favorablement, elle aura pour effet de mettre fin aux agissements du contrefacteur. Ainsi, l'action en contrefaçon assure la défense de l'exclusivité de la propriété intellectuelle en protégeant l'exclusivité du propriétaire sur sa chose des atteintes. Cette défense est également prévue pas seulement pour mettre fin aux agissements contrefaisants, mais aussi pour réparer le préjudice subi par le propriétaire ou le cessionnaire.

B- L'action en responsabilité

541. La responsabilité a pour rôle normal de sanctionner des fautes[1538]. En droit de la propriété intellectuelle, l'exclusivité de

---

1534 Cass. crim., fr., 5 mai 1981 : *D.* 1982, IR, p. 48, obs. C. COLOMBET.

1535 Cass. crim., fr., 7 décembre 1900 : *DP* 1901, 1, p. 339. En l'espèce, la preuve d'une rencontre fortuite avec les œuvres querellées.

1536 G. RIPERT, R. ROBLOT et L. VOGEL, *op. cit.*, n°660, p. 502 ; W. DROSS, *Droit des biens*, *op. cit.*, n°477, p. 389.

1537 Cass. civ. fr., 1re, 6 juin 1990 : *JCP* E, II, p. 151, note G. PARLEANI. Solution constante : Cass. civ. fr. 1re, 16 février 1999, n°96-20194, *Bull. civ.* I n°56 : « *La contrefaçon existe indépendamment de toute faute, ou mauvaise foi, du contrefacteur* ». Cass. Civ. fr. 1re, 16 mai 2006, *D.* 2006, p. 596, obs. F. POLLAUD-DULIAN ; *D.* 2006, p. 2999, obs. P. SIRINELLI. Cass. Civ. fr. 1re, 13 novembre 2008, n°06-19021, *Bull. civ.* I n°258.

1538 Ph. DELEBECQUE, *La responsabilité civile : le délit et le quasi-délit, op.cit.*, leçon n°1, p. 6.

l'exploitation économique de la chose reconnue à l'auteur ou à l'inventeur est opposable à tous. Les tiers doivent s'abstenir de troubler cette exclusivité. Il en découle qu'ils pourront voir leur responsabilité engagée toutes les fois qu'ils violeront l'exclusivité des prérogatives patrimoniales et/ou morales du créateur. En effet, ces agissements, qui portent atteinte à l'exclusivité de l'exploitation économique du créateur, réduisent le gain économique que celle-ci est susceptible de lui procurer. Dans l'exemple du livre pris ci-dessus, lorsqu'il est acheté auprès d'une personne acceptée par lui, l'auteur peut bénéficier d'unc partie du prix ; par contre, quand il est photocopié et vendu sans l'accord de l'auteur, le prix de vente est entièrement conservé par le contrefacteur qui s'enrichit sur les créations de l'auteur. L'action en responsabilité vise spécifiquement à réparer le préjudice subi par l'auteur par la condamnation du contrefacteur à lui payer des dommages et intérêts. Ainsi, non seulement le contrefacteur devra mettre fin à ses agissements contrefaisants, mais en outre il aura à dédommager l'auteur de l'étendue du préjudice économique qu'il lui a causé. Il s'ensuit qu'à la différence de la contrefaçon, l'action en responsabilité est subordonnée à la preuve d'un préjudice[1539]. En pratique, les deux actions peuvent être intentées simultanément devant la juridiction répressive. Elles peuvent également être exercées séparément : l'action pénale en contrefaçon devant la juridiction répressive et l'action civile en responsabilité devant la juridiction civile. Dans cette dernière hypothèse, en vertu de la règle traditionnelle selon laquelle « *le criminel tient le civil en l'état* », la juridiction civile est tenue de surseoir à statuer jusqu'à ce que la décision au pénal soit définitive.

542. L'action en responsabilité civile exige la réunion de trois éléments[1540] : une faute, un dommage et un lien de causalité entre la faute et le dommage.

543. Concernant la faute, il convient de préciser que dans le cadre du droit d'auteur par exemple, elle consiste dans les atteintes aux prérogatives patrimoniales et/ou morales du créateur. Elle se caractérise par des actes de reproduction, de représentation *etc.* effectués sans l'autorisation du créateur. Si l'action pénale est également exercée et favorablement accueillie, la faute sera aisée à

[1539] W. DROSS, *Droit des biens*, *op. cit.*, n°478 et s., p. 389 et s.

[1540] Art. 1382 C. civ. : « *Tout fait quelconque de l'homme, qui cause à autrui un dommage, oblige celui par la faute duquel il est arrivé à le réparer* ».

établir puisqu'elle sera constituée essentiellement de l'élément matériel du délit de contrefaçon[1541].

544. S'agissant du dommage, il est caractérisé par la perte économique subie par l'auteur du fait des agissements du contrefacteur. C'est le cœur de la responsabilité civile du contrefacteur. En effet, le dommage permet de distinguer l'action civile en responsabilité pour cause de contrefaçon de l'action en concurrence déloyale ou du parasitisme.

En premier, le dommage de l'action en responsabilité fondée sur la contrefaçon est différent de celui qui fonde l'action en concurrence déloyale. En effet, l'action en concurrence déloyale sanctionne des dommages causés par un commerçant posant des actes contraires aux usages honnêtes en matière commerciale ou industrielle ; c'est-à-dire que les actes de ce dernier ne rentrent pas dans le cadre de l'exercice normal de la liberté du commerce et de l'industrie. Il s'agit du mauvais exercice d'un principe de liberté. Or, l'action en responsabilité civile fondée sur la contrefaçon vise la sanction du dommage causé par l'atteinte à un droit privatif ou exclusif. Il en résulte que l'action en responsabilité fondée sur la contrefaçon et l'action en concurrence déloyale ne sanctionnent pas les mêmes droits ni les mêmes dommages. Elles n'ont ni le même fondement ni la même finalité : « *la première a pour fondement l'atteinte à un droit privatif tandis que la seconde sanctionne une faute commise à l'encontre d'une personne qui ne peut justifier d'un droit privatif ou en tout cas qui peut justifier d'une faute distincte de l'atteinte portée à un tel droit* »[1542]. Autrement dit, « *contrefaçon et concurrence déloyale sont deux actions bien distinctes qui reposent sur des fondements différents : l'une sur un principe d'interdiction, l'autre sur un principe de liberté* »[1543]. Il faut comprendre que l'action en concurrence déloyale « *n'est qu'une application particulière de la responsabilité civile au commerçant qui ne se sera pas conduit, dans l'exercice de son activité, comme un commerçant normalement respectueux des usages de la profession et aura ce faisant causé un préjudice à un concurrent : c'est le mauvais usage de la liberté du*

[1541] Cf. *Supra* n°539.

[1542] CA. Paris, 14 mai 2003 : *JCP* E 2003, 1627, obs. C. CARON. V. également : Cass. com. fr., 6 novembre 1984, *Bull. civ.* IV, n°297 ; 13 février 1992, *Bull. civ.*, IV, n°66, 21 octobre 1997, *Bull. civ.*, IV, n°278.

[1543] G. RIPERT, R. ROBLOT et L. VOGEL, *op. cit.*, n°725, p. 592.

commerce et de l'industrie qui est sanctionné »[1544]. Ainsi, le dommage qui fonde l'action en responsabilité pour contrefaçon est à distinguer de celui de l'action en concurrence déloyale[1545]. Dans le premier cas le dommage est fondé sur la violation d'un droit privatif, en occurrence la propriété, alors que dans le second cas, le dommage résulte du mauvais usage du principe de la liberté du commerce et de l'industrie.

En second lieu, le dommage qui fonde l'action en contrefaçon n'est pas non plus à confondre avec celui à l'origine du parasitisme économique. En effet, « *le parasitisme économique consiste à se placer dans le sillage d'autrui, à s'appuyer sur les efforts et les initiatives d'un opérateur économique, concurrent ou non, pour conquérir une clientèle* »[1546]. Pour la Cour de cassation française, « *le parasitisme économique se définit comme l'ensemble des comportements par lesquels un agent économique s'immisce dans le sillage d'un autre afin de tirer profit, sans rien dépenser, de ses efforts et de son savoir-faire* »[1547]. Le parasite suit un opérateur économique et profite des éléments qui ont contribué à son succès en les imitant sans fournir des efforts sur les plans financier, économique ou intellectuel. Le dommage que sanctionne la théorie des agissements parasitaires est proche de celui de la concurrence déloyale. Il ne s'agit pas de la violation ou de l'atteinte d'un droit privatif à l'instar de l'objet de l'action en contrefaçon. Il s'agit plutôt du mauvais usage du principe de la liberté du commerce et de l'industrie. À la différence de la concurrence déloyale, le parasitisme économique ne nécessite pas l'existence d'un acte de concurrence ou la captation de la clientèle d'un concurrent. La victime peut n'être pas un concurrent de l'auteur du parasitisme économique si bien qu'il n'est pas nécessaire pour elle de faire la preuve d'un dommage[1548] à la différence de la concurrence déloyale[1549] qui repose sur l'idée de dommage engendré par une confusion créée. Mais l'acte parasitaire n'en demeure pas moins déloyal. En définitive, le parasitisme tout comme la concurrence déloyale ne sanctionne pas l'atteinte d'un droit privatif, *a fortiori* un droit de propriété intellectuelle.

[1544] W. DROSS, *Droit des biens*, *op. cit.*, n°478, p. 389.
[1545] G. RIPERT, R. ROBLOT et L. VOGEL, *op. cit.*, n°728, p. 594.
[1546] G. RIPERT, R. ROBLOT et L. VOGEL, *op. cit.*, n°752, p. 613.
[1547] Cass. com. fr., 26 janvier 1999, n°96-22.457, *D.*, 2000, p. 87. Note SERRA.
[1548] Cass. com. fr., 9 février 1993, *Bull. civ.*, IV, n°53.
[1549] G. RIPERT, R. ROBLOT et L. VOGEL, *op. cit.*, n°753, p. 615.

545. Quant au lien de causalité en la faute et le dommage pour la mise en œuvre de la responsabilité civile fondée sur la contrefaçon, elle ne comporte pas de particularité en comparaison du droit commun[1550].

546. Enfin, si l'action en responsabilité a un lien avec la contrefaçon, ce lien n'est pas nécessaire. En effet, le licencié, c'est-à-dire le titulaire d'une licence concédée par un créateur peut agir en responsabilité si le droit privatif qui lui est concédé est violé. Par contre ce dernier ne dispose pas de l'action en contrefaçon[1551] réservée au créateur, au cessionnaire et à leurs ayants droits[1552]. En outre, l'action en responsabilité civile demeure ouverte pour des créations qui ne sont pas ou ne sont plus protégées[1553], c'est-à-dire qui sont hors de tout droit privatif, à la différence de l'action en contrefaçon.

547. Ainsi, malgré le particularisme de la propriété intellectuelle, la défense de l'exclusivité de l'exploitation économique que la loi confère au créateur est garantie par l'existence de deux mécanismes que sont l'action en contrefaçon qui le protège pénalement contre le contrefacteur et l'action en responsabilité qui sanctionne les atteintes au plan civil par la condamnation du contrefacteur ou de l'usurpateur au paiement de dommages et intérêts. Ces deux moyens de protection demeurent limités en raison de l'absence de maitrise matérielle exclusive du créateur. En tout état de cause, elles protègent la volonté du propriétaire intellectuel contre les violations de son exclusivité de l'exploitation économique du bien intellectuel.

CONCLUSION DU CHAPITRE I

548. En résumé, l'exclusivité est toujours présente dans la propriété. Elle est consubstantielle à l'idée même de propriété. Elle caractérise le subjectivisme du propriétaire dans sa relation d'appartenance de la chose vis-à-vis des autres. En effet, en vertu de l'exclusivité de son droit, le propriétaire peut, en principe, exclure

---

[1550] Ph. DELEBECQUE, *La responsabilité civile : le délit et le quasi-délit*, *op.cit.*, leçon n°4.
[1551] Cass. com. fr., 31 mars 2004 : *JCP* E 2006, 1739, obs. C. CARON.
[1552] J.-P. CLAVIER, *Droit de la propriété industrielle*, UNJF, 2011, leçon n°8, p. 5.
[1553] Cass. com. fr., 26 mai 2004 : *JCP* E 2004, 1739, obs. C. CARON ; Cass. com. fr., 10 mai 2006 : *JCP* E 2006, 2405, n° 3, obs. C. CARON.

autrui de toutes les utilités de la chose. À l'analyse, le droit de propriété a vocation à l'exclusivité. C'est cette exclusivité qui fait de l'objet du droit de propriété, une chose propre à son titulaire. Cette vocation est cependant plus ou moins altérée suivant la nature de l'objet de la propriété et les modalités qui affectent ce droit.

549. Concernant les modalités qui peuvent, en apparence, porter atteinte à l'exclusivité du droit de propriété, il a été observé que, contrairement à la propriété inconditionnelle, la propriété conditionnelle fait apparaitre un risque de remise en cause de l'exclusivité de ce droit en cas de réalisation de la condition. Mais, même dans cette hypothèse de propriété conditionnelle, l'exclusivité produit tous ses effets tant que la condition ne se réalise pas. Et c'est justement ce qui prévaut à l'affirmation du maintien de l'exclusivité.

550. S'agissant de la nature de l'objet du droit de propriété, elle impose le type de maitrise susceptible de s'exercer sur le droit et corrélativement la nature de l'exclusivité. En effet, il est loisible d'affirmer que la maitrise de la chose corporelle est à la fois matérielle et juridique, tandis que celle de la chose immatérielle est essentiellement juridique. L'exclusivité a donc un champ plus étendu en matière corporelle. L'exclusion d'autrui de la chose matérielle est double alors que pour la chose incorporelle ou immatérielle elle ne porte fondamentalement que sur l'exploitation économique. Les tiers semblent donc avoir une plus grande part dans la chose incorporelle en comparaison de la chose corporelle.

551. En tout état de cause, les tiers sont tenus au respect de l'exclusivité du droit de propriété. Le cas échéant, l'exclusivité du droit de propriété peut être mise en œuvre lorsqu'elle fait l'objet d'atteinte. La défense de l'exclusivité du droit de propriété se manifeste concrètement par l'exercice de l'action en revendication notamment pour les choses corporelles et par l'exercice de l'action en contrefaçon et/ou de l'action en responsabilité pour les choses incorporelles. Au regard de l'effet de l'exclusivité, qui a la vertu de préserver la liberté et la volonté du propriétaire, cette défense de l'exclusivité n'apparait rien d'autre que comme une mesure de sauvegarde de cette liberté et de cette volonté dans la relation d'appartenance de la chose entre le propriétaire et les autres, même si quelques limitations sont admises dans l'exercice du droit de propriété[1554].

Cette relation d'appartenance est renforcée sur le plan temporel par la vocation à la perpétuité du droit de propriété.

[1554] Cf. *Supra* Première partie

CHAPITRE II

LE MAINTIEN DU SUBJECTIVISME DU DROIT DE PROPRIETE PAR SA VOCATION A LA PERPETUITE

552. Le droit de propriété établit un lien intime entre le propriétaire et la chose, une relation singulière entre l'être et l'avoir. Ce rapport consiste en « *une imprégnation de la chose par l'homme* » et « *une certaine imprégnation de l'homme par la chose* »[1555]. Cette relation particulière n'est pas sans rapport avec la nature fondamentale du droit de propriété[1556]. En effet, elle explique pourquoi dans l'analyse ou la conception du droit de propriété, il soit presque toujours perçu en filigrane ou en arrière-plan la liberté dans la relation aux choses ou la personne tout court. C'est en ce sens que le superlatif grammaticalement incorrect le « *plus absolu* » forgé à dessein à propos du droit de propriété traduit le degré de protection de la liberté voulue pour le propriétaire.

553. Dans l'ordre temporel, l'absolutisme du droit de propriété signifie, dans la tradition juridique d'inspiration française, que la relation d'appartenance de la chose au propriétaire a vocation à la perpétuité[1557]. Déjà, la Déclaration française des droits de l'homme et du citoyen du 26 août 1789 affirmait que la propriété est un des droits naturels et imprescriptibles de l'homme[1558]. En dehors de ce texte, aucun autre de droit positif ne précise que la propriété est imprescriptible ou perpétuelle. Cependant, cette Déclaration laisse entendre que l'acquisition de la propriété par voie de prescription acquisitive est impossible contrairement à l'état du droit positif[1559] et

---

[1555] J. CARBONNIER, *Flexible droit : pour une sociologie du droit sans rigueur*, *op. cit.*, p. 244.

[1556] Cf. *Supra* chapitre I du Titre I de cette partie.

[1557] Ch. LARROUMET, *Droit civil. Les biens. Droits réels principaux*, *op. cit.*, n°250, p. 132 ; dans un sens plus ou moins nuancé v. S. PIERACCINI, *La "propriété temporaire", essai d'analyse des droits de jouissance à temps partagé*, th., Sud Toulon Var, 2008, n°197 et s., p. 191 et s.

[1558] Art. 2.

[1559] Il convient de préciser à titre de droit comparé qu'en France l'imprescriptibilité a d'abord été consacrée par la jurisprudence et ce n'est qu'en 2008 qu'elle a été mentionnée à l'article 2227 du Code civil en ces termes : « *le droit de propriété est*

l'opinion quasi-unanime de la doctrine. Pour cette raison également, on préfère parler de la vocation à perpétuité plutôt que de la perpétuité du droit de propriété. Etant un texte de droit public, la Déclaration conçoit le droit de propriété davantage comme un droit fondamental qu'une technique de droit civil[1560]. Il en résulte qu'elle ne peut constituer à proprement parler le fondement de la vocation à perpétuité du droit de propriété. Or, en écartant la Déclaration, c'est seulement dans les développements de l'absolutisme du droit de propriété qu'on peut trouver le fondement de sa vocation à perpétuité.

554. La vocation à perpétuité du droit de propriété relève tout d'abord de l'intérêt du propriétaire qui, en vertu de ce caractère, dispose d'une liberté durable dans l'usage et la transmissibilité de son droit, mais aussi elle revêt une importance pour l'intérêt général notamment pour situer la responsabilité du fait d'une chose et pour la fiscalité. Le fait qu'une chose appartienne toujours à une personne a donc un double intérêt privé et général[1561].

555. La vocation à perpétuité du droit de propriété implique que dans la relation aux autres, l'exclusivité du propriétaire se prolonge dans le temps. Elle traduit la vocation de la liberté et de la volonté du propriétaire à s'exercer sur la chose vis-à-vis des autres aussi longtemps que la chose existe. Elle veut dire que ce droit est imprescriptible et qu'il ne peut se perdre que dans des conditions très restreintes comme la disparition de son objet notamment dans les propriétés intellectuelles.

556. Ainsi, le subjectivisme du droit de propriété se maintient par son imprescriptibilité (section I) et par l'encadrement des conditions relatives à sa disparition par l'écoulement du temps (section II).

---

imprescriptible ». Au Burkina Faso, la vocation à perpétuité du droit de propriété peut être tirée de son caractère absolu comme ce fut le cas en France avant 2008.

[1560] Ch. LARROUMET, *Droit civil. Les biens. Droits réels principaux*, *op. cit.*, n°251, p. 133.

[1561] W. DROSS, *Droit des biens*, *op. cit.*, n°78, p. 75 ; J.-L. BERGEL, M. BRUSCHI et S. CIMAMONTI, *op. cit.*, n°97, p. 102 ; Ch. LARROUMET, *Droit civil. Les biens. Droits réels principaux*, *op. cit.*, n°253 et s., p. 133 et s.

Section 1- Le maintien du subjectivisme du droit de propriété par son imprescriptibilité

557. Le subjectivisme du droit de propriété se traduit dans le temps par le maintien de la liberté du propriétaire non seulement sur la chose, mais également dans la relation d'appartenance aux autres aussi longtemps que la chose existe même si elle n'est pas utilisée. En effet, cette liberté exprime l'indépendance de l'existence du droit de propriété et de son usage. L'imprescriptibilité du droit de propriété est un pan important de sa vocation à perpétuité. La Cour de cassation française admet même que cette vocation à perpétuité du droit de propriété entraine également l'imprescriptibilité des atteintes aux biens objets de propriété[1562], toute chose qui renforce le subjectivisme de ce droit. Autrement dit, le droit de propriété est un droit subjectif, il n'est pas un droit-fonction. Il a vocation à survivre à un non-usage (§ 1) et à durer autant que la chose sur laquelle il porte (§ 2).

§ 1-La vocation du droit de propriété à survivre à un non usage

558. Le droit de propriété est protégé indépendamment de son usage. En effet, le propriétaire peut défendre son droit de propriété portant sur une chose même s'il ne l'utilise pas puisque la liberté dont il jouit en vertu de la propriété même consiste aussi à ne pas utiliser la chose. Ce pan de ses prérogatives est protégé de la même manière que lorsqu'il utilise la chose. En rappel, toutes les prérogatives du droit de propriété que sont l'*usus*, le *fructus* et l'*abusus* ont un aspect positif qui consiste en la liberté de les mettre en œuvre et un aspect négatif qui est la liberté de ne pas les exercer. Le propriétaire peut défendre à tout moment cette liberté par une action en revendication ou moins énergiquement il peut opter pour une action possessoire[1563] s'il en a la

---

[1562] W. DROSS, « Le champ de l'imprescriptibilité du droit de propriété », note sous Civ. fr. 1re, 21 février 2019, n°17-25.733, *RTD Civ.* 2019, p. 372-375. L'auteur note à la page 372 que « *en faisant de ce dernier attribut du droit de propriété une lecture excessive, la Cour de cassation contribue à ce vaste mouvement d'expansion incontrôlée de la propriété, non plus alors du point de vue des objets corporels ou incorporels dont elle se saisit, mais quant à la protection qu'elle offre au maitre de la chose contre les atteintes dont elle peut faire l'objet* »

[1563] Il s'agit de la complainte, de la dénonciation de nouvel œuvre et de la réintégrande.

possession également lorsque cette liberté est troublée. Mais, l'hypothèse du non-usage postule que le propriétaire n'a pas la possession de son bien. Il nait donc un conflit entre lui et le possesseur qu'il faut aussi protéger. Ainsi, la vocation du droit de propriété à survivre à un non usage se concrétise d'une part, par la protection directe du propriétaire qui n'utilise pas son bien à travers l'action en revendication qui demeure ouverte tant qu'il n'a pas transmis son droit (A), d'autre part par une protection indirecte lorsque le propriétaire a également la possession de son bien au moyen des règles protectrices de l'état de possesseur (B).

A- La protection directe du non usage par l'ouverture de l'action en revendication

559. La vocation du droit de propriété à survivre à un non usage traduit aisément un trait du subjectivisme de ce droit. Elle signifie non seulement qu'aucune fonction n'est assignée au droit de propriété, mais encore que la faculté de laisser la chose inutilisée est une prérogative inhérente au droit de propriété. Ce pouvoir du propriétaire de ne pas utiliser la chose n'a pas de limite dans le temps à l'instar de celui d'utiliser la chose, de celui d'en tirer profit et de celui d'en disposer. Toutes ces prérogatives du droit de propriété sont protégées par l'action en revendication tant que le propriétaire n'a pas transmis son droit. En effet, la propriété se conserve « *par le seul fait de l'intention* »[1564], « *Le propriétaire, quelle que soit l'ancienneté de son titre, conserve, par l'intention seule, sa possession primitive* »[1565]. La jurisprudence en déduit que la propriété ne se perd pas par le non-usage[1566] et que l'action en revendication de biens dont le propriétaire a été dépossédé est également imprescriptible[1567] à moins que le possesseur n'ait acquis la propriété par la prescription acquisitive ou usucapion[1568].

[1564] CA Besançon, 12 décembre 1864, *DP* 1865, 2. 1.

[1565] CA Pau, 29 juin 1970, *DP* 1872. 2. 6.

[1566] Cass. fr. req. 28 juillet 1974, DP 1875. 1. 317 ; Cass. fr. req., 12 juillet 1905, *D.* 1907, 1, p. 141 ; Cass. civ. fr., 3ème, 9 juillet 1970, *Bull. civ.* III, n°479 ; Cass. civ. fr., 3ème, 22 juin 1983, *Gaz. Pal.* 1983, 2, 309, obs. PIEDELIEVRE ; Cass. civ. fr., 3ème, 4 février 1998, *Bull. civ.* III, n°27 ; Cass. civ. fr., 3ème, 9 juillet 2003, *Bull. civ.* III, n°156.

[1567] Cass. fr. civ. 1re , 2 juin 1993, *Bull. civ.* I, n°197, D. 1993, somm. 306 obs. A. ROBERT ; Cass. civ. fr. 3ème, 5 juin 2002, *D.* 2002, IR 2102.

[1568] Cass. civ. fr. 1re, 7 octobre 1964, *Bull. civ.* I, n°430.

560. A ce titre, le non-usage se distingue de l'abandon de la chose. Le non-usage est caractérisé par l'intention du propriétaire de maintenir son droit sur la chose ; tandis que l'abandon de la chose se singularise par l'intention de se défaire de son droit de propriété sur la chose[1569]. La distinction pratique de ces deux hypothèses n'est certainement pas aisée. Néanmoins, il existe des critères de différentiation. En effet, l'abandon est caractérisé par des faits non équivoques ou non contestés par celui qui abandonne. De même, les règles de la possession utile peuvent également permettre d'établir cette distinction. En fait, la possession lorsqu'elle est utile, c'est-à-dire lorsqu'elle permet d'acquérir le droit de propriété par prescription[1570], l'écoulement du temps allié aux caractères de cette possession sont susceptibles de traduire également l'intention du propriétaire d'abandonner son droit de propriété, permettant ainsi au possesseur de l'acquérir. Par contre, l'intention du propriétaire de maintenir son droit de propriété même par un non-usage peut se traduire par des faits qui peuvent avoir pour conséquence de ne pas rendre la possession utile, soit qu'elle sera équivoque, émaillée de violence, discontinue, ou encore non publique.

De même, l'idée de protection de la propriété même par un non-usage fait qu'il revient au possesseur qui veut acquérir la propriété au motif d'un abandon ou d'une prescription de prouver soit des faits non équivoques ou non contestés de nature à établir l'abandon soit qu'il remplit les conditions de la prescription acquisitive. C'est seulement à cette condition, qu'il pourra acquérir le droit de propriété en raison d'un non-usage. Ainsi, le non-usage du droit de propriété se distingue de l'abandon du droit de propriété par l'obligation incombant à celui qui réclame la propriété, en raison d'un abandon, d'en faire la preuve face au propriétaire qui fait montre d'un non-usage.

561. Par ailleurs, toutes les prérogatives du droit de propriété bénéficient d'une égale protection tant au plan civil que pénal destinée à défendre le propriétaire contre l'usurpation de tiers. Ainsi en est-il notamment de l'action en revendication, en contrefaçon, en responsabilité civile *etc.*[1571] Dans cet ordre d'idées, la protection du

---

[1569] M. XIFARAS, *op. cit.*, p. 132.
[1570] Art. 2229 C. civ. « *Pour pouvoir prescrire, il faut une possession continue et non interrompue, paisible, publique, non équivoque, et à titre de propriétaire* ».
[1571] Cf. *Supra* n°534 et s.

droit de propriété emporte également celle de toutes ses prérogatives, en occurrence le maintien du droit de propriété même dans l'hypothèse d'un non-usage prolongé. Il en résulte que le simple écoulement du temps ne suffit pas à faire perdre le droit de propriété sur une chose même non utilisée. En d'autres termes, la prescription extinctive, qui consiste en la perte d'un droit en raison de l'inaction de son titulaire, du non-exercice du droit et de l'écoulement du temps, ne joue pas en matière du droit de propriété. En effet, pour qu'il en soit ainsi, il faut que cet écoulement conjugué à cette inaction s'accompagne de la réunion de certaines conditions chez la personne qui utilise la chose du propriétaire sans son autorisation, c'est-à-dire le possesseur. Alors dans cette hypothèse, ce n'est pas l'écoulement du temps qui entraine la perte du droit de propriété, mais plutôt la satisfaction de certaines conditions par une autre personne, en occurrence le possesseur qui lui permet d'acquérir le droit de propriété en vertu de la prescription acquisitive. C'est donc davantage la prescription acquisitive qui opère que la prescription extinctive en matière de droit de propriété. La première maintient l'existence du droit de propriété ; tandis que la seconde l'éteint.

562. Toutefois, relativement aux droits de propriété intellectuelle, il peut arriver que l'absence d'usage sérieux d'un des éléments de la propriété industrielle, en occurrence dans l'hypothèse de la marque, entraine la déchéance du droit de propriété ou l'attribution de licences non volontaires[1572]. En dehors de ces exceptions, en principe, la propriété ne se perd pas par le non usage. Du reste, dans le domaine de la propriété industrielle, l'évolution rapide des techniques rend souvent l'utilité de la protection propriétaire de certaines inventions sans objet. De même, la déchéance n'est pas nécessairement liée à l'absence d'usage, mais plutôt au défaut d'accomplissement des formalités nécessaires au renouvellement de la protection[1573].

563. Assurément, la vocation à la perpétuité du droit de propriété correspond à l'idée que ce droit ne peut pas s'éteindre par un non-usage. Mais, il peut se transmettre. Si l'idée d'extinction du droit de propriété est exprimée par la prescription extinctive, c'est au

---

[1572] J.-P. CLAVIER, *op. cit.*, leçon n°5, p. 24.
[1573] Cf. *Infra* n°593 et s.

contraire l'idée de transmission qui se dégage de la prescription acquisitive. Or, l'extinction du droit de propriété est différente de la transmission du droit de propriété.

En vertu de l'imprescriptibilité du droit de propriété, c'est seulement cette dernière idée qui est admissible en la matière. En effet, il découle de l'idée d'imprescriptibilité que le droit de propriété ne peut pas se perdre même par un non-usage. En revanche, il peut se transmettre par contrat, testament, succession ou par prescription acquisitive *etc.* En conséquence, le droit de propriété ne s'éteint pas par le non-usage ou la prescription extinctive. « *La prescription extinctive est, ainsi que son nom l'indique, un mode d'extinction des droits, contrairement à la prescription acquisitive qui n'a pas d'effet sur leur existence, puisqu'ils passent d'un titulaire à un autre. Grâce à la prescription extinctive il y a libération du débiteur ; c'est pourquoi elle est souvent qualifiée de prescription libératoire. Elle résulte du non-exercice des droits par leurs titulaires, pendant un certain délai. L'extinction du droit se manifeste par la perte de l'action en justice contre laquelle une exception peut alors être opposée* »[1574].

564. Conformément à l'imprescriptibilité du droit de propriété, l'action en justice pour sa défense ne peut justement pas être contrecarrée par une exception tirée d'un non-usage prolongé. En effet, ce non-usage même prolongé n'est qu'un mode d'exercice d'une prérogative du propriétaire, en occurrence l'*usus*. C'est dans cette logique que l'exercice de l'action en revendication du droit de propriété n'est pas enfermé dans un délai. Certes, l'article 2262 du Code civil prévoit que « *Toutes les actions, tant réelles que personnelles, sont prescrites par trente ans, sans que celui qui allègue cette prescription soit obligé d'en rapporter un titre, ou qu'on puisse lui opposer l'exception déduite de la mauvaise foi* ». Cette disposition semble aller à l'encontre de l'imprescriptibilité du droit de propriété. Plus exactement, elle tend à consacrer la prescription extinctive du droit de propriété. En effet, appliquée au droit de propriété, l'article 2262 du Code civil implique que l'action en revendication est prescrite par trente ans et que passé ce délai, le propriétaire ne pourrait plus agir en justice. Mise en parallèle avec l'imprescriptibilité du droit de propriété qui n'est qu'un prolongement plus ou moins implicite de

[1574] *Encyclopédie Dalloz, Civil, VIII, 2003*, « La prescription extinctive », n°1.

l'absolutisme du droit de propriété, cette disposition tend à assurer sa primauté ou l'application de la prescription extinctive en matière de revendication du droit de propriété[1575].

Les discussions sur les rapports entre le droit de propriété et l'action en revendication[1576] ont trouvé une réponse en jurisprudence française depuis l'arrêt de principe[1577] du 12 juillet 1905 qui énonça clairement que « *malgré la généralité des termes de l'article 2262 du Code civil, qui décide que toutes les actions, tant réelles que personnelles, sont prescriptibles par trente ans, ce texte ne s'applique pas à l'action en revendication intentée par le propriétaire dépossédé de son immeuble ; la propriété ne se perdant pas par le non-usage, l'action en revendication, qui sanctionne et protège ce droit, peut être exercée aussi longtemps que le défendeur ne justifie pas être lui-même devenu propriétaire de l'immeuble revendiqué par le résultat d'une possession contraire, réunissant tous les caractères exigés pour la prescription acquisitive* ». Cette solution est certaine[1578]. Ainsi, l'action en revendication est toujours ouverte au propriétaire tant que son droit de propriété n'a pas été transmis à une autre personne par l'effet d'une possession remplissant les conditions prévues à cet effet. Cela dit, si le non-usage ne peut éteindre le droit de propriété, il peut dans certaines conditions conduire à la transmission du droit de propriété au possesseur. La situation de fait de ce dernier est donc quelque peu protégée par le droit.

B- La protection indirecte du non usage au moyen des règles de la possession

[1575] A préciser qu'à titre de droit comparé, en France, depuis la réforme de la prescription civile opérée par la loi n°2008-561 du 17 juin 2008, le législateur semble avoir clairement mis fin à l'interprétation divergente. En effet, l'article 2227 c. civ. dispose en ce sens que « *Le droit de propriété est imprescriptible. Sous cette réserve, les actions réelles immobilières se prescrivent par trente ans à compter du jour où le titulaire d'un droit a connu ou aurait dû connaître les faits lui permettant de l'exercer* ». À l'heure actuelle, l'action en revendication de la propriété immobilière est donc enfermée dans un délai de prescription de trente ans.

[1576] Th. LAMARCHE, « L'imprescriptibilité et le droit des biens », *RTD. Civ*. 2004, p. 403-427.

[1577] Cass. fr. req., 12 juillet 1905, *D.* 1907, 1, p. 141 rapport POITIER ; *S.* 1908, 1, p. 273, note WAHL.

[1578] Cass. fr. req., 12 juillet 1905, *D.* 1907, 1, p. 141 ; Cass. civ. fr., 3ème, 9 juillet 1970, *Bull. civ.* III, n°479 ; Cass. civ. fr., 3ème, 22 juin 1983, *Gaz. Pal.* 1983, 2, 309, obs. PIEDELIEVRE ; Cass. civ. fr., 3ème, 4 février 1998, *Bull. civ.* III, n°27 ; Cass. civ. fr., 3ème, 9 juillet 2003, *Bull. civ.* III, n°156.

565. Il est de la vocation du droit à ordonner le fait. Mais, il arrive que le fait soit tellement « têtu », suffisamment plus proche de la réalité ou de la vérité pour que le droit se rallie à lui. C'est le cas de la possession. « *La possession est un état de fait, qui consiste à détenir une chose de façon exclusive et à accomplir sur cette chose les mêmes actes matériels d'usage ou de jouissance que si on était propriétaire* »[1579]. Selon l'article 2228 du Code civil, « *La possession est la détention ou la jouissance d'une chose ou d'un droit que nous tenons ou que nous exerçons par nous-mêmes, ou par un autre qui la tient ou qui l'exerce en notre nom* ». La possession n'existe juridiquement et n'est susceptible de produire ses effets que si deux éléments constitutifs sont cumulativement réunis : un élément matériel et un élément psychologique.

566. L'élément matériel ou corpus est la maitrise de fait exercée sur la chose matérielle ou immatérielle. Il s'agit des mêmes prérogatives que le droit de propriété : l'*usus*, le *fructus* et l'*abusus*. Par cet élément matériel, le possesseur emprunte au propriétaire son comportement extérieur[1580]. Pour la Cour de cassation française, les actes matériels de la possession relèvent de l'appréciation souveraine des juges du fond[1581] qui sont néanmoins tenus de relever l'existence de ces actes[1582]. Cet élément matériel doit être combiné à un second élément psychologique, subjectif ou intellectuel encore appelé *animus*.

567. L'*animus* caractérise l'esprit du possesseur de s'affirmer délibérément en maitre de la chose. « *Empruntant au propriétaire son comportement extérieur, le possesseur épouse aussi son attitude psychologique. Etre possesseur, c'est avoir une mentalité de propriétaire ; une âme de maitre (animus domini). Ce n'est pas seulement se conduire comme propriétaire, mais s'affirmer comme propriétaire, agir en tant que tel* »[1583]. L'élément intentionnel se

---

[1579] M. PLANIOL et G. RIPERT, *Traité pratique de droit civil français*, *Les biens*, t. III, 2e éd., par M. PICARD, *op. cit.*, n°143, p. 158-159.
[1580] G. CORNU, *Droit civil. Les biens*, *op. cit.*, n°43, p. 105.
[1581] Cass. Civ. fr. 3ème, 13 janvier 1999, *Bull. civ.* III, n°12.
[1582] Cass. Civ. fr. 3ème, 30 juin 1999, *Bull. civ. III* n°159 ; *JCP éd. G.* 2000, II, 10399, note L. CELERIEN & I, 211, n°2, obs. H. PERINET-MARQUET ; Cass. Civ. fr. 3ème, 4 mai 2011, n°09-10831, *JCP éd. G.*2011, 1298, n°5, obs. H. PERINET-MARQUET.
[1583] G. CORNU, *Droit civil. Les biens*, *op. cit.*, n°43, p. 105.

distingue de la bonne ou de la mauvaise foi[1584]. En effet, qu'il soit de bonne ou de mauvaise foi, le possesseur peut se comporter en propriétaire de la chose. Toutefois, la bonne ou la mauvaise foi n'est pas indifférente. Elle imprime à la possession sa qualité. Or la qualité de la possession influe sur son caractère utile et, par ricochet, sur ses effets juridiques[1585].

L'élément psychologique, étant un fait intentionnel, est plus difficile à prouver que l'élément matériel qui, lui, est un comportement extérieur ou apparent. Le législateur a donc voulu faciliter la preuve de cet élément en prévoyant des présomptions. En effet, aux termes de l'article 2230 du Code civil, « *On est toujours présumé posséder pour soi, et à titre de propriétaire, s'il n'est prouvé qu'on a commencé à posséder pour un autre* ». La loi énonce ainsi d'une part qu'on est présumé posséder pour soi, d'autre part qu'on est présumé posséder à titre de propriétaire. Il en résulte que la preuve de l'élément matériel suffit à présumer l'existence de l'élément intentionnel. Il faut toutefois mettre en rapport cette disposition avec l'article 2231 du Code civil qui prescrit que : « *Quand on a commencé à posséder pour autrui, on est toujours présumé posséder au même titre, s'il n'y a preuve du contraire* ». C'est l'hypothèse du détenteur qui tient la chose d'autrui en vertu d'un acte juridique. « *La détention consiste à posséder une chose avec la permission et pour le compte de son propriétaire* » [1586]. Les actes de pure faculté et de simple tolérance sont assimilables à la détention[1587] puisqu'ils laissent subsister un doute sur l'intention de se comporter en propriétaire[1588]. À la différence de la possession qui est un rapport de fait, la détention est un rapport de droit à l'instar de la propriété.

568. Le propriétaire qui fait preuve d'un non-usage sur son bien exerce certes une prérogative de son droit de propriété. Il reste toutefois que ce bien n'est pas exploité ou utilisé voire mis en valeur. Il n'est donc pas exclu qu'un tiers s'accapare de ce bien et l'exploite

---

[1584] W. DROSS, « L'aveu du droit du véritable propriétaire par le possesseur : quels effets ? » note sous Civ. fr. 3e, 11 avril 2019, n°17-17.766, *RTD Civ.* 2019, p. 610-613.

[1585] Art. 2229 *C. civ.*

[1586] M. PLANIOL et G. RIPERT, *Traité pratique de droit civil français*, *Les biens*, t. III, 2e éd., par M. PICARD, *op. cit.*, n°158, p. 175.

[1587] Art. 2232 « *Les actes de pure faculté et ceux de simple tolérance ne peuvent fonder ni possession ni prescription* ».

[1588] *Encyclopédie Dalloz, Civil*, VIII, 2003, « La possession », n°8.

comme s'il en était le propriétaire. Ce dernier peut aussi être de bonne ou de mauvaise foi[1589]. Sa situation, qui au début était une situation de fait, peut bénéficier non seulement d'une protection juridique, mais surtout elle peut se transformer en une situation de droit ou en tout cas prouver une situation de droit en occurrence la propriété[1590]. On peut se demander pourquoi le législateur accorde une protection à un pouvoir de fait au risque de protéger le simple possesseur, l'usurpateur, ou le voleur[1591].

569. D'une manière générale, les raisons avancées pour protéger la possession sont diverses. Tout d'abord, protéger la possession, c'est également protéger indirectement la propriété. Mais, cette hypothèse suppose que le véritable propriétaire soit lui-même le possesseur de la chose. En ce moment, la possession lui permet de bénéficier d'une protection notamment les actions possessoires plus souples, en principe, à mettre en œuvre que l'action pétitoire. En effet, dans cette situation, le possesseur, même véritable propriétaire, n'a pas besoin d'établir son droit de propriété. Son état de possesseur est protégé en lui-même. Ainsi, la protection possessoire a pu être regardée comme « *le premier système de sauvegarde, le premier glacis, la défense économique et avancée de la propriété : sans entamer la réserve-et sans assumer la lourdeur- de l'action pétitoire* »[1592].

En outre, indépendamment de la coïncidence avec le droit de propriété, la possession en elle-même mérite une protection. C'est dans cette hypothèse surtout que le droit protège des situations de fait ou se rallie au fait dans l'intérêt de l'ordre public. En effet, « *la possession a une valeur en soi indépendamment de sa coïncidence avec la propriété. Elle correspond à l'état apparent des choses, à l'ordre établi. C'est ce qui existe, ce qui est vécu, l'état des choses. Paix aux situations acquises. Qui change l'ordre trouble. [...] Dans cette perspective, la loi voit la possession avec faveur, au moins lorsqu'elle est paisible, publique, continue. Le possesseur est un*

1589 « *Celui qui découvre, par le pur effet du hasard une chose cachée ou enfouie a nécessairement conscience, au moment de la découverte, qu'il n'est pas le propriétaire de cette chose, et ne peut être considéré comme un possesseur de bonne foi ;* » : Civ. fr. 3e, 6 juin 2018, n°17-16.091, *RTD civ.* 2018, p. 940-944, note sous W. DROSS, « A qui appartiennent les lingots d'or découverts sur le fonds vendu ? ».
1590 M. XIFARAS, *op. cit.*, p. 131.
1591 G. CORNU, *Droit civil. Les biens, op. cit.*, n°46, p. 113.
1592 *Ibid.*

citoyen tranquille à protéger lorsqu'il est troublé par un tiers »[1593]. En conséquence, « *s'il convient en principe que le droit contraigne le fait, il est nécessaire que le droit s'incline devant le fait lorsque celui-ci le dément trop durablement cela afin que la paix sociale, même établie contrairement au droit, soit préservée. Plus fondamentalement, la règle [de l'usucapion] est juste car les faits démontrent que le bien n'avait pas été attribué par la société à qui en avait véritablement besoin. [...] La solution est qui plus est économiquement opportune en permettant que le bien soit définitivement soustrait à celui qui l'a délaissé pour être attribué à qui assure sa mise en valeur*»[1594].

570. Dans le même ordre d'idées que les limitations au droit de propriété, ces raisons tendent à objectiver le subjectivisme du droit de propriété. Elles ne sont pas sans incidence sur le sens de l'absolutisme du droit de propriété et sa nature subjective. En effet, « *absolu signifie bien suprême, mais pas tout à fait illimité, puisqu'il faut encore que le propriétaire fasse usage de son domaine – que cet usage soit minimal, condamnable, fou, peu importe, pourvu qu'il en use. Une autre manière de présenter ce résultat est de dire que le droit de propriété n'est pas un droit subjectif, si par subjectif on entend que son titulaire est une volonté purement subjective. C'est certainement un droit subjectif si, par cette expression, on entend que son titulaire est un sujet, c'est-à-dire une personne dotée de volonté et de la faculté de gouverner ses biens, et l'on aperçoit ici le lien constitutif entre cette faculté et la pure capacité juridique : la volonté du sujet propriétaire n'est pas seulement subjective, elle est objective ou, plus exactement, elle doit s'objectiver dans ses actes. C'est pourquoi la capacité de réaliser ces actes est un élément essentiel de la détermination du sujet propriétaire* »[1595].

571. L'hypothèse dans laquelle un possesseur s'empare d'une chose sur laquelle le droit de propriété du véritable propriétaire est caractérisé par un non-usage, est susceptible d'avoir des effets variables selon la qualité de la possession, sa durée et la nature mobilière ou immobilière de la chose[1596]. Mais, c'est surtout l'effet translatif ou acquisitif de propriété de la possession qui suscite un intérêt au regard de la vocation à perpétuité du droit de propriété. Cet

---

[1593] *Ibid.*
[1594] W. DROSS, *Droit des biens*, *op. cit.*, n°268, p. 225-226.
[1595] M. XIFARAS, *op. cit.*, p. 134.
[1596] Cf. *Supra* Section 2 du chapitre précédent.

effet, qui peut être perçu comme une expropriation sans indemnisation[1597], apporte un tempérament à la vocation du droit de propriété à survivre à un non-usage. En effet, lorsque certaines conditions sont réunies[1598], le possesseur peut acquérir le droit de propriété par prescription acquisitive. En ce sens, l'article 2219 du Code civil présente la prescription comme « *un moyen d'acquérir* » un bien.

Toutefois, il convient de préciser qu'au Burkina Faso, le domaine de l'acquisition des droits réels immobiliers par l'effet de la prescription acquisitive a été considérablement réduit par la loi n°034-2012/AN portant réorganisation agraire et foncière. En effet, l'article 210 de cette loi dispose que « *La prescription ne peut en aucun cas constituer un mode d'acquisition ou de libération des droits ou charges réels immobiliers, sauf pour les possessions foncières rurales dans les conditions prévues par les textes en vigueur* ». Selon l'article 209 de cette loi, les différents types de droits réels immobiliers sont : « *la propriété ; le droit de superficie ; l'usufruit ; l'emphytéose ou bail de longue durée ; les droits d'usage et d'habitation ; les servitudes ou services fonciers ; l'antichrèse ou le nantissement immobilier ; les privilèges ; les hypothèques ; la possession foncière rurale* » et « *les actions tendant à la revendication desdits droits* ». Conformément à l'article 237 de la même loi, « *La possession foncière rurale est le pouvoir de fait légitimement exercé sur une terre rurale en référence aux us et coutumes fonciers locaux. La possession foncière rurale est établie et reconnue conformément aux textes en vigueur. Elle confère un droit de jouissance à son titulaire* ». Ainsi, la prescription acquisitive est inopérante en matière de propriété immobilière au Burkina Faso *« sauf pour les possessions foncières rurales dans les conditions prévues par les textes en vigueur »*, toute chose qui renforce davantage la vocation à perpétuité d'un tel droit de propriété et sa vocation à survivre à un non usage.

572. Lorsque la prescription acquisitive opère notamment en matière mobilière le pouvoir de fait du possesseur se transforme alors en un pouvoir de droit. Le mécanisme par lequel cette transformation s'opère résulte d'une action en justice[1599]. En ce sens, la Cour de

---

[1597] W. DROSS, *Droit des biens*, *op. cit.*, n°268, p. 225 ; *Encyclopédie Dalloz, Civil*, VIII, 2003, « La prescription extinctive », n°1.
[1598] Art. 2229 *C. civ.*
[1599] W. DROSS, *Droit des biens*, *op. cit.*, n°269, p. 226.

cassation française a pu affirmer, à propos de la règle selon laquelle « *en fait de meuble, possession vaut titre* », que pour empêcher l'acquisition de la propriété par le possesseur, cette règle « *suppose que le propriétaire véritable revendique le meuble dont il a perdu la possession entre les mains d'un tiers, défendeur au procès en revendication* »[1600]. Toutefois, cette acquisition par voie de prescription n'est pas automatique[1601]. Ainsi, elle ne peut s'opérer contre le gré du possesseur[1602]. Enfin, cette acquisition de la propriété par prescription acquisitive a un effet rétroactif : le possesseur est censé être propriétaire depuis le jour de l'entrée en possession et non à l'expiration du délai de prescription[1603].

573. Ainsi, le non-usage prolongé du véritable propriétaire maintient certes son droit de propriété sur la chose mobilière, mais cette inaction peut avoir pour effet l'acquisition de la propriété par le possesseur si certaines conditions tenant à la qualité de la possession, à la durée *etc.* sont satisfaites dans le but de protéger la situation de fait du possesseur.

§ 2-La vocation du droit de propriété à durer autant que la chose

574. La vocation du droit de propriété à durer autant que la chose signifie que tant que la chose existe, le droit de propriété qui porte sur elle n'est pas assujetti à la mortalité du propriétaire. Autrement dit, le droit de propriété n'est pas un droit viager comme certains droits réels tel l'usufruit (A), il se transmet (B). Cette vocation distingue le droit de propriété de bien d'autres droits subjectifs réels.

A- Le caractère non-viager du droit de propriété

575. A la différence de certains droits réels, le droit de propriété a vocation à exister durant toute la vie du propriétaire même s'il n'est pas utilisé et surtout à se transmettre au décès de celui-ci à moins que par l'effet de la possession elle n'ait été transmise à autrui.

[1600] Cass. civ. fr. 1re, 20 février 1996, n°93-18799, *Bull. civ.* I, n°96.
[1601] W. DROSS, « Propriété et droit réel », *RTD Civ.* 2019, p. 613.
[1602] En matière mobilière : Civ. fr. 1re 20 février 1996, *Bull. civ.* n°93-18799 ; *JCP* 1996, I. 3972, n°5 obs. H. PERINET-MARQUET. En matière immobilière : Civ. fr. 3e, 5 novembre 2015, *Bull. civ*, n°14-20.845 ; *RTD civ.* 2016. 150, obs. W. DROSS.
[1603] W. DROSS, *Droit des biens*, *op. cit.*, n°269, p. 226.

En d'autres termes, tant que la chose existe, le droit de propriété n'a pas vocation à disparaitre du seul fait de l'écoulement du temps ou à être assujetti à la mortalité du propriétaire.

Assurément, la prescription extinctive qui est un moyen de se libérer n'est pas propre au domaine des droits personnels. En effet, elle s'applique également aux droits réels à l'exception toutefois du droit de propriété. Cette particularité du droit de propriété trouve son fondement dans la liberté de principe du propriétaire[1604] de pouvoir soumettre la chose à sa volonté, en ce comprise la volonté de ne pas utiliser la chose, laquelle volonté n'est qu'une facette de l'*usus*.

La protection juridique de l'imprescriptibilité du droit de propriété est une preuve de la spécificité de son subjectivisme qui, en référence à la dimension temporelle, parait absolu-perpétuel. Comment en serait-il autrement ? La propriété étant « *la situation normale de l'homme à la chose, la situation d'équilibre de ses biens, leur condition ordinaire et naturelle, [...]* »[1605], on comprend dès lors que « *son imprescriptibilité se combine à la prescriptibilité des droits réels démembrés pour assurer le retour à la pleine propriété* »[1606]. Ainsi, l'idée que véhicule le caractère non viager du droit de propriété est qu'en filigrane il est de la nature de ce droit de ne pas être assujetti au facteur temps ou à un non-usage et plus précisément que la mortalité du propriétaire n'éteint pas le droit de propriété.

576. Concernant le facteur temps, il se rapproche de la prescription acquisitive pour non-usage du droit de propriété. Sur ce plan, les dispositions du Code civil semblent avoir été remises en cause en matière immobilière par la loi n°034-2012/AN portant réorganisation agraire et foncière au Burkina Faso. Toutefois, une analyse des dispositions de cette loi et du Code civil permet de se faire une idée de l'évolution de la conception du droit de propriété par rapport au critère temporel. En effet, lorsqu'on se référait au Code civil, l'analyse permettait de faire ressortir qu'à l'inverse du droit de propriété, les autres droits réels pouvaient s'éteindre par prescription ou un non-usage prolongé. À titre illustratif, l'article 617 du Code civil dispose que « *l'usufruit s'éteint [...] par le non-usage du droit pendant trente ans* ». Ensuite, selon l'article 625 du même code, « *Les droits d'usage et d'habitation s'établissent et se perdent de la même*

[1604] M. DE VAREILLES-SOMMIERES, *op. cit.*, p. 444 et s.
[1605] Ch. ATIAS, *Droit des biens, op. cit.*, n°123, p. 98.
[1606] *Ibid.*

manière que l'usufruit ». Puis, l'article 706 du même code encore énonce que « *La servitude est éteinte par le non-usage pendant trente ans* ». Ainsi, à la différence du droit de propriété, ces droits réels pouvaient s'éteindre par un non-usage pendant trente ans. Cette période trentenaire correspond à la durée de la prescription de droit commun[1607]. Or en rappel, la jurisprudence estime que cette durée ne s'applique pas au droit de propriété[1608]. Il en résulte que selon ces dispositions du Code civil, excepté le droit de propriété, ces droits réels peuvent s'éteindre en raison du facteur temps combiné à un non-usage.

Le domaine de la prescription acquisitive des droits réels immobiliers a donc été sensiblement réduit par la loi n°034-2012/AN portant réorganisation agraire et foncière au Burkina Faso. En effet, après avoir énuméré à son article 209 les différents types de droits réels immobiliers que sont la propriété, le droit de superficie, l'usufruit, l'emphytéose ou bail de longue durée, les droits d'usage et d'habitation, les servitudes ou services fonciers, l'antichrèse ou le nantissement immobilier, les privilèges, les hypothèques, la possession foncière rurale et « *les actions tendant à la revendication desdits droits* », l'article 210 exclut la prescription comme « *un mode d'acquisition ou de libération des droits ou charges réels immobiliers, sauf pour les possessions foncières rurales* ». Ainsi, à l'inverse du Code civil, en vertu de cette loi, la prescription est inopérante en matière de propriété immobilière au Burkina Faso « *sauf pour les possessions foncières rurales* ». Etant postérieure, elle abroge donc sur ces points les dispositions du Code civil.

577. S'agissant du non-assujettissement du droit de propriété, tant que la chose existe, à la mortalité de son titulaire, il touche au caractère non-viager à proprement parler. En effet, il laisse entendre que la mort du propriétaire n'est pas une cause d'extinction du droit de propriété pour autant que la chose existe toujours. S'il se situe également dans l'ordre temporel, il constitue cependant une cause distincte de la prescription ou du non-usage. En effet, il implique l'extinction du droit en cause même s'il était régulièrement exercé.

[1607] Art. 2262 C. civ. « *Toutes les actions, tant réelles que personnelles, sont prescrites par trente ans, sans que celui qui allègue cette prescription soit obligé d'en rapporter un titre, ou qu'on puisse lui opposer l'exception déduite de la mauvaise foi* ».

[1608] Cf. *Supra* n°559 et s.

C'est fondamentalement sur ce plan, que le droit de propriété se distingue des autres droits réels. En effet, le Code civil prévoit des causes d'extinction de certains droits réels autres que le droit de propriété sans être contrarié par un autre texte postérieur ou supérieur. A titre illustratif, tout d'abord, l'article 617 du Code civil dispose que « *l'usufruit s'éteint [...] par la mort naturelle et par la mort civile*[1609] *de l'usufruitier* ». Ensuite, l'article 625 du même code prévoit que « *Les droits d'usage et d'habitation s'établissent et se perdent de la même manière que l'usufruit* ». Il s'ensuit que ces droits d'usage et d'habitation s'étcignent à la mort du bénéficiaire. Du reste, la nature viagère de ces droits résulte de leur définition. Ils sont conférés dans les limites des besoins du bénéficiaire et de sa famille. En effet, aux termes de l'article 229 de la loi portant réorganisation agraire et foncière, « *Le droit d'usage est le droit de se servir d'un bien immeuble et d'en percevoir les fruits dans les limites de ses besoins et de ceux de sa famille*». Et en vertu de l'article 230 de la même loi, « *Le droit d'habitation est le droit d'occuper des locaux pour y demeurer avec sa famille* ». Enfin, la servitude est établie pour le bénéficie d'un fond et non d'une personne. Il en découle qu'elle ne peut pas s'éteindre par la mort d'une personne. Ainsi, dans ces différentes hypothèses, à la différence de ces droits réels qui s'éteignent par la mort du titulaire, le droit de propriété n'est pas assujetti à la mortalité du propriétaire. Il survit à son propriétaire et peut se transmettre à ses héritiers ou ayant droits.

B- La transmissibilité du droit de propriété

578. La transmissibilité du droit de propriété est le corollaire de son caractère non-viager. Puisqu'il ne s'éteint pas à la mort du propriétaire, le droit de propriété se transmet pour autant que la chose existe toujours. Autrement dit, « *la propriété est en effet un droit qui peut, qui doit normalement durer autant que la chose. À la mort du propriétaire, elle ne s'éteint pas, mais est transmise par lui-même ou par la loi au légataire ou à l'héritier* »[1610]. Par cette transmissibilité, le droit de propriété ne fait que changer de mains ; il quitte le patrimoine

---

[1609] La mort civile a été abolie par la loi du 31 mai 1854 rendue exécutoire aux colonies par décret du 10 mars 1855.
[1610] M. DE VAREILLES-SOMMIERES, *op. cit.*, n°24, p. 457.

d'une personne pour celui d'une autre à qui il est désormais juridiquement relié.

579. D'une manière générale, le droit de propriété peut se transmettre entre vifs ou à cause de mort, par contrat, par succession, par testament *etc*. La transmission entre vifs s'opère généralement par contrat ou par possession. La transmission à cause de mort se réalise notamment par succession ou testament. Quel que soit le mode de transmission, le problème qui se pose essentiellement est de savoir si c'est le même droit qui se transmet ou si au contraire le droit de propriété du précédent s'éteint et un nouveau droit nait au profit de l'acquéreur, du possesseur, de l'héritier ou plus généralement de l'ayant droit du défunt propriétaire.

L'analyse de l'hypothèse de l'acquisition de la propriété à cause de mort constitue une situation plus complexe. En effet, en raison du décès du précédent propriétaire, le problème de la survie de sa volonté en son absence se pose. Cette hypothèse permet alors de mieux comprendre l'ensemble de la question puisqu'à partir d'elle, il est aisé de déduire la réponse relativement aux autres hypothèses.

La question de la transmission du droit de propriété au décès du propriétaire par succession ou par testament renvoie elle-même au problème de la survie du droit et de la production de ses effets indépendamment de l'existence de son titulaire notamment dans le cas du testament. En d'autres termes, comment est-ce que la volonté du propriétaire lui survit-elle ? La liberté testamentaire ne porte pas seulement sur les droits patrimoniaux[1611], elle peut également toucher des droits extrapatrimoniaux. Ainsi, en est-il de l'autorité parentale : le tuteur de l'enfant mineur peut être désigné par le dernier mourant des père et mère par testament[1612].

Mais, le problème fondamental que soulève la liberté testamentaire sur le droit de propriété n'est pas du même ordre que celui de la liberté testamentaire des droits extrapatrimoniaux. En réalité, la liberté testamentaire du droit de propriété s'insère dans une analyse plus générale de l'éternité ou non du droit de propriété, de sa continuité ou de sa discontinuité. Autrement dit, est-ce le même droit

---

[1611] Art. 876 et s. du CPF.

[1612] Art. 562 du C.P.F : « *Le droit de choisir par testament un tuteur, parent ou non, n'appartient qu'au dernier mourant des père et mère, s'il a conservé au jour de sa mort l'exercice de l'administration légale. Le tuteur ainsi désigné n'est pas tenu d'accepter la tutelle* ».

qui continue ou bien est-ce qu'il s'éteint en même temps que son propriétaire pour être ensuite acquis par une autre personne ?

Pour certains, se référant à une certaine conception subjective de la propriété, le droit de propriété est différent de son objet. Si son objet à vocation à la perpétuité, le droit de propriété est lié à la personne du propriétaire conformément à la théorie du patrimoine d'Aubry et Rau. Selon cette conception, ce sont les biens du défunt qui se transmettent à sa mort, mais non son droit de propriété. Cette théorie est un parfait exemple de la conception individualiste de la propriété. Elle se rapproche de la théorie de Saleilles et celle de Kant, selon lesquelles le bien ou la propriété pour exister doit toujours reposer sur un sujet juridique[1613]. Ce faisant, le droit de propriété est appelé, en vertu de la théorie du patrimoine d'Aubry et Rau, à s'éteindre à la mort de ce dernier, faisant naitre un nouveau droit dans le patrimoine des héritiers ou des ayants droits. Ainsi, «*Il n'y a pas de droit de propriété transmis, mais une extinction du droit de l'auteur, suivie de la constitution du droit de l'acquéreur, double mécanisme qui permet la transmission du bien*» [1614]. Mais cette conception ne semble pas cohérente avec la théorie de la continuation de la personne du défunt. En effet, elle pourrait aller à l'encontre des intérêts des créanciers du défunt[1615]. En outre, elle est impuissante à expliquer l'imprescriptibilité du droit de propriété[1616] et le fait que le droit de propriété ne se perde pas par un non-usage.

Ces problèmes sont susceptibles de trouver une réponse dans une conception objective de la propriété selon laquelle la durée du droit de propriété est liée à celle de son objet[1617]. De ce fait, si la chose à vocation à la perpétuité, le droit de propriété qui porte sur elle a également cette vocation. Il s'ensuit que le droit de propriété doit être séparé du sujet. À cet effet, il est aisé de souscrire à ce raisonnement de Xifaras : « *le principe même de la liberté de tester présuppose que, sous un rapport donné, le droit de propriété et le domaine qu'il*

[1613] R. SEVE, *Déterminations philosophiques d'une théorie juridique : La théorie du patrimoine d'Aubry et Rau, APD*, t. 24, *Les biens et les choses*, Sirey 1979, p. 251.

[1614] F. ZENATI et Th. REVET, *Droit des biens*, n°121 et s., p. 150 et s., spéc. n°130, p. 157.

[1615] B. BALIVET, *Les techniques de gestion des biens d'autrui*, th. Jean Moulin Lyon III, 2004, n°256, p. 193.

[1616] DROSS, par exemple, conteste « *le dogme de la perpétuité de la propriété* ». Il donne un sens restreint à cette perpétuité. W. DROSS, *Droit des biens*, *op. cit.*, n°79, p. 75 : « *La perpétuité de la propriété s'arrête à son imprescriptibilité* » écrit-il.

[1617] G. CORNU, *Droit civil. Les biens, op. cit.*, n°32, p. 76 et s.

confère puissent être considérés comme séparés du sujet défunt. En effet, la liberté de tester se prolonge, au moins quant à ses effets, par-delà la mort du propriétaire, et pose donc avec force le vieux problème de la continuité du droit en l'absence de son titulaire. Son traitement a été le lieu privilégié de vertigineuses constructions doctrinales, qui touchent aux fondements mêmes du droit civil. Aucune n'échappe cependant à l'alternative de la continuité ou de la discontinuité : soit le droit de propriété meurt avec son propriétaire et le droit des successeurs est sans rapport avec celui du de cujus, soit c'est le même droit qui change de mains. Les commentateurs du Code civil abordent cette question du point de vue de la nature du droit de propriété, et l'opinion largement majoritaire penche vers la seconde solution, considérée comme une conséquence naturelle du caractère absolu du domaine »[1618]. Ainsi, la plénitude du droit de propriété postule qu'il peut se transmettre, changer de mains, que le propriétaire peut en disposer, qu'il peut lui retrancher certains attributs par le moyen d'une inaliénabilité. En ce sens, la perpétuité du droit de propriété signifie que c'est le même droit qui subsiste en dépit de la mutabilité de ses sujets ou propriétaires[1619].

580. L'absolutisme du droit de propriété étale ses effets dans l'ordre temporel par la vocation à la perpétuité pour autant que la chose existe toujours. Tant que cette chose n'est pas matériellement détruite, la liberté et la volonté du propriétaire ont vocation à la régir même après sa mort. En effet, poursuit Xifaras, « *La souveraineté propriétaire peut se perdre en devenant au sens propre sans objet par la dépense de la chose, mais elle est juridiquement irrévocable, ce qui suppose la perpétuité du droit au-delà des limites temporelles de la vie du souverain. Cette extension de la signification du mot absolu est au demeurant contenue a contrario dans la nature viagère de l'usufruit, qui fait ressortir l'illimitation temporelle du pouvoir suprême que conserve le nu-propriétaire. Dans son rapport au temps, le droit de propriété n'est, bien sûr, pas absolument absolu, si l'on ose dire : il reste relatif à l'existence du corpus, et la destruction de la chose met un terme au droit qui porte sur elle ; mais il est par contre absolument absolu dans son rapport au sujet, à la mortalité duquel il n'est pas assujetti : la perpétuité du droit de propriété est une*

[1618] M. XIFARAS, *op. cit.*, p. 125.
[1619] *Ibid.*

garantie contre la mortalité humaine, pas contre la corruption des choses »[1620].

581. Il en résulte que, du point de vue de la technique juridique, la perpétuité de la propriété permet, à travers sa transmissibilité, de transcender la mortalité humaine, d'assurer la stabilité de certaines situations et d'accéder ainsi quelque peu à l'immortalité. Du reste, ce désir est affirmé par nombre de vivants qui ne cherchent pas seulement à vivre pour le temps présent, mais aussi pour le futur. Un tel désir trouve le moyen de sa réalisation dans la perpétuité du droit de propriété. Ainsi, « *la propriété est – ni plus ni moins – l'institution qui établit et organise la postérité [...] c'est le moyen d'imposer la stabilité de l'être dans un monde où tout coule, de transcender le devenir des hommes et des choses en conférant à leurs rapports une immortalité artificielle, produite par la technique juridique via la perpétuité des droits* »[1621].

582. En définitive, l'imprescriptibilité du droit de propriété se décline en un double aspect : la vocation du droit de propriété à survivre à un non-usage et sa vocation à durer autant que la chose sur laquelle il porte. À côté de la nature réelle et exclusive, ces deux volets révèlent bien la particularité du subjectivisme de ce droit qui prolonge la volonté et concrétise les effets de la capacité du propriétaire après sa mort.

Il existe toutefois des hypothèses dans lesquelles la durée de la protection propriétaire parait temporaire car affectée d'un terme.

Section 2- Le maintien du subjectivisme du droit de propriété par l'encadrement des conditions relatives à sa disparition par l'écoulement du temps

583. Toutes les choses objets de propriété n'ont pas vocation à la même durée. Certaines ont une durée plus longue que d'autres. En effet, le droit de propriété porte toujours sur une chose. Or, cette chose peut disparaitre d'une manière ou d'une autre matériellement ou juridiquement. Accessoirement, le droit de propriété s'éteint également. La perpétuité du droit de propriété signifie que le droit de propriété dure autant que la chose sur laquelle il porte. La disparition de la chose éteint donc le droit de propriété. Toutefois, il existe des

---

[1620] M. XIFARAS, *op. cit.*, p. 126.
[1621] M. XIFARAS, *op. cit.*, p. 126-127.

exceptions dans lesquelles la chose continue d'exister alors que le droit de propriété sur cette chose n'existe plus. Ces exceptions se rencontrent surtout dans les propriétés intellectuelles. Si le phénomène est aisé à comprendre en ce qui concerne la disparition matérielle de la chose, la disparition juridique de la chose parait plus complexe. Dans cette dernière hypothèse, la durée du droit de propriété semble liée à un terme légal (§ 1) ou aux clauses d'une convention (§ 2) dont l'échéance met fin à la protection de l'exclusivité dont bénéficie le propriétaire tout en laissant subsister la chose. Mais, même dans ces cas exceptionnels où la protection du droit de propriété est assujettie à une durée, les conditions de cette disparition du droit de propriété sont assez « alourdies ».

§ 1- La possible disparition de l'objet du droit de propriété par l'échéance d'un terme légal

584. Il semble que c'est surtout dans les propriétés intellectuelles qu'on trouve des exemples de disparition du droit de propriété par l'échéance d'un terme légal[1622]. Le droit positif protège un travail naturel, une invention, une création et confère au créateur une exclusivité de l'exploitation économique. Autrement dit, c'est un effort humain particulier que la loi protège par cette exclusivité dans les propriétés intellectuelles : il ne s'agit pas d'une protection arbitraire. La protection de cette exclusivité de l'exploitation économique de la chose n'est pas un simple privilège, elle est un droit réel[1623].

Cependant, cette protection propriétaire a une durée déterminée. À l'expiration de cette durée, la chose continue d'exister, mais elle fait désormais partie d'un patrimoine public car son exploitation économique est ouverte à toute personne et pas seulement à l'auteur ou l'inventeur ou encore leur ayant droit. La durée de jouissance de la protection propriétaire est donc temporaire. Cela dit, dans cette hypothèse, la protection juridique de l'exclusivité dont jouissait l'inventeur, l'auteur ou le créateur a cessé même si la chose continue d'exister. En ce sens, il s'agit d'une véritable atteinte à la

---

[1622] Cependant, remettant en cause « *le dogme de la perpétuité de la propriété* », DROSS estime que l'usufruit est l'archétype de la propriété temporaire. V. W. DROSS, *Droit des biens*, *op. cit.*, n°79 et s., p. 75 et s. W. DROSS, « L'abusus peut-il être démembré ? Toulouse-Lautrec, Renoir, Giacometti et les autres… », *op. cit.*, p. 153-158.

[1623] M. XIFARAS, *op. cit.*, p. 412 et s.

perpétuité du droit de propriété. Toutefois, dans la plupart de ces cas, cette durée est assez longue et s'étend au-delà de la vie du créateur notamment en matière de droit d'auteur (A) à la différence de la propriété industrielle (B). C'est au regard de cette durée qu'on peut penser que, même dans les hypothèses où le droit de propriété disparait alors que la chose continue d'exister, les conditions de cette disparition du droit de propriété sont « alourdies ».

A- Dans le droit d'auteur

585. Sous catégorie de la propriété littéraire et artistique, le droit d'auteur confère des prérogatives patrimoniales et morales. La durée de protection varie en fonction de la nature de la prérogative. Si les prérogatives patrimoniales sont temporaires, celles morales sont au contraire perpétuelles. Il s'ensuit que la protection des premières peut cesser à l'échéance d'un terme, tandis que celle des secondes se poursuit à perpétuité. La continuité de la protection des prérogatives morales est bien la preuve que la chose existe, néanmoins elle ne fait plus l'objet d'une protection propriétaire. Cette discrimination dans la protection s'explique par le fait que les prérogatives morales sont attachées à la personne de l'auteur à l'inverse des prérogatives patrimoniales qui sont destinées à procurer des ressources économiques à l'auteur, à rentabiliser son œuvre, lui rendre justice [1624] et à encourager la création. Ainsi, cette distinction, ajoutée à la durée de protection plus ou moins longue des prérogatives patrimoniales, traduit la restriction des conditions temporelles de disparition du droit de propriété et de la protection qui en découle.

586. Concernant les droits moraux de l'auteur, ils sont attachés à la personne de l'auteur et ont un caractère extrapatrimonial. À l'inverse des droits patrimoniaux, les droits moraux de l'auteur s'accommodent mal de la nature patrimoniale du droit de propriété. Ils confèrent aux propriétés intellectuelles une nature hybride tenue en tenaille entre la protection de la personnalité de l'auteur et la protection de la liberté de création[1625]. Cette nature se perçoit dans les caractéristiques distinctes de chaque catégorie de ces droits quoique portant sur un même objet. Il en est ainsi de la perpétuité des droits

---

[1624] M. XIFARAS, *op. cit.*, p. 407 et s.

[1625] Ph. MOURON, « La propriété littéraire et artistique en 2016-De la liberté de création à la République numérique », *Revue de Propriété Intellectuelle du Sud-Est*, n° 2017-1, p. 20-21.

moraux et de l'affectation d'un terme pour les droits patrimoniaux de l'auteur. En effet, après avoir énuméré les droits moraux de l'auteur[1626], l'alinéa 2 de l'article 11 de la loi portant protection de la propriété littéraire et artistique prévoit que « *Le droit moral est attaché à la personne de l'auteur. Il est perpétuel, inaliénable, imprescriptible et insaisissable. Il est transmissible à cause de mort aux héritiers de l'auteur et son exercice peut être conféré à un tiers en vertu de dispositions testamentaires* ». Ainsi, les prérogatives morales de l'auteur peuvent donc être exercées même après son décès par ses ayants droits à qui elles sont transmises. Toutefois, « *Par dérogation au caractère perpétuel du droit moral, le droit de retrait ou de repentir ne peut être exercé que par l'auteur lui-même, sauf lorsque la volonté de le faire a été explicitement exprimée de son vivant* »[1627].

587. S'agissant des droits patrimoniaux, ils sont affectés d'un terme légal à l'issue duquel ils entrent dans le domaine public et ne bénéficient plus de l'exclusivité de la protection accordée au droit de propriété en général. En effet, selon l'article 39 alinéa 1 de la loi précitée « *Sauf dispositions contraires, les droits patrimoniaux sur une œuvre de l'esprit sont protégés durant la vie de l'auteur et soixante-dix ans après sa mort* ». S'il s'agit d'une œuvre de collaboration, la protection des droits patrimoniaux dure jusqu'à soixante-dix ans après la mort du dernier auteur survivant[1628], jusqu'à l'expiration d'une période de soixante-dix ans à compter de la fin de l'année civile où une telle œuvre a été publiée licitement pour la première fois pour une œuvre publiée de manière anonyme ou sous un pseudonyme[1629] ou encore une œuvre audiovisuelle ou radiophonique[1630], jusqu'à l'expiration d'une période de trente ans à partir de la date de réalisation de l'œuvre des arts appliqués[1631].

[1626] Art. 11 al. 1 : « *L'auteur jouit sur son œuvre d'un droit moral dont les prérogatives sont les suivantes :*
- le droit de divulguer son œuvre, de déterminer le procédé et les conditions de cette divulgation ;
- le droit de revendiquer la paternité de son œuvre;
- le droit au respect de son œuvre ;
- le droit de retrait ou de repentir ».

[1627] Art. 15 *in fine* loi n°048-2019/AN portant protection de la propriété littéraire et artistique.

[1628] Art. 40 de la loi précitée.

[1629] Art. 41 de la loi précitée.

[1630] Art. 42 de la loi précitée.

[1631] Art. 43 de la loi précitée.

588. Il en résulte que les droits patrimoniaux de l'auteur, à la différence des droits moraux, ne sont pas perpétuels. Ils ont une durée de protection qui est temporaire. Au-delà de cette durée, l'œuvre subsiste, mais les droits patrimoniaux ou l'exploitation économique de l'œuvre ne sont plus l'apanage des ayants droits de l'auteur. L'œuvre ne jouit plus d'une protection exclusive. Ainsi, cette exclusivité de l'exploitation économique est temporaire pour le droit d'auteur.

589. En revanche, la durée de la protection des droits patrimoniaux parait assez suffisante pour faire du droit d'auteur un droit plus que viager en comparaison de certains autres droits réels tels que l'usufruit ou le droit d'usage ou d'habitation. En effet, le droit d'auteur s'il n'est pas perpétuel, ne s'éteint cependant pas à la mort de l'auteur. Elle lui survit bien longtemps encore soixante-dix (70) après sa mort. En ce sens, même si la chose continue d'exister et que le droit de propriété s'éteint partiellement, même si la durée n'est pas égale à celle du droit de propriété en général, non seulement les conditions temporelles de cette disparition du droit de propriété littéraire et artistique sont assez restreintes, mais en outre cette disparition ne concerne que les prérogatives patrimoniales à l'exclusion de celles morales. Ainsi, les conditions temporelles de la disparition du droit de propriété paraissent assez « exigeantes ».

590. Du reste, plusieurs raisons plus ou moins pertinentes permettent d'expliquer cet état de fait[1632]. En effet, les idées sont de libre parcours. C'est l'utilité de la création de l'auteur pour la collectivité qui est protégée et encouragée sous la forme de monopole. Or, ce monopole lui-même tend à contredire le principe de la liberté du commerce et de l'industrie ou la libre concurrence. Pour à la fois protéger ces libertés sans perdre de vue la nécessité de stimuler la création[1633], la limitation de la durée des droits patrimoniaux s'impose. À cette fin, la durée légale de la protection semble suffisante pour rentabiliser l'œuvre non seulement au profit de l'auteur durant sa vie, mais aussi au profit de ses ayants droits à sa mort. Si on ajoute également à toutes ces raisons, le fait qu'avec le

---

[1632] S. HADDADIN, *Essai sur une théorie générale en droit d'auteur,* th. Poitiers, 2008, n°383, p. 364.

[1633] Ph. MOURON note à ce propos que « *la propriété littéraire et artistique est plus considérée comme l'instrument d'une politique culturelle qu'un régime spécial de propriété* », « La propriété littéraire et artistique en 2016-De la liberté de création à la République numérique », *op. cit.*, p. 20.

temps l'œuvre pourrait devenir de plus en plus publique voire démodé et sa protection plus difficile, l'absence de protection des droits patrimoniaux tend en réalité à conformer le droit au fait.

591. Par ailleurs, il faut rappeler que le droit d'auteur est composé de deux catégories de droits : ceux moraux de nature perpétuelle et ceux patrimoniaux de nature temporaire. Il se pose donc la question de savoir laquelle de ces deux catégories de prérogatives confère au droit de propriété le caractère perpétuel ou temporaire de sa durée. En effet, si les prérogatives patrimoniales sont temporaires, considérer que le droit d'auteur n'est pas perpétuel, c'est accorder la primauté à ces prérogatives patrimoniales. Si on contraire, on estime que le droit de propriété est perpétuel, c'est qu'on attribue la primauté aux prérogatives morales qui apparaissent pour certains comme étant de l'essence du droit d'auteur[1634]. Toutefois, adhérer à une telle conception revient à remettre en cause la nature patrimoniale du droit de propriété. En effet, le droit de propriété par nature est un droit patrimonial et perpétuel. En conséquence, il semble qu'il faut admettre la durée temporaire des droits patrimoniaux de l'auteur comme une légère dérogation à la vocation à perpétuité du droit de propriété, en ce qu'ils ne sont pas viagers et subsistent longtemps après la mort de l'auteur à la différence de certains droits réels tels l'usufruit, le droit d'usage et d'habitation *etc.*

592. Ainsi, la conciliation de divers impératifs conduit à observer que dans le droit d'auteur, deux types de prérogatives existent : les droits patrimoniaux qui ont une durée temporaire et les droits moraux qui sont perpétuels et continuent d'être protégés après l'expiration des droits patrimoniaux. La nature patrimoniale du droit de propriété[1635] milite pour que la nature de la durée des droits patrimoniaux emporte sur celle des droits moraux. Cette durée n'est certes pas perpétuelle, mais elle s'étend longtemps après la mort de l'auteur. Elle se rapproche davantage du droit de propriété que de certains autres droits réels de nature viagère ou qui s'éteignent par le non-usage. La nécessité de prendre en compte certaines autres considérations au regard de l'objet du droit d'auteur se traduit par le fait de prévoir le principe de sa disparition, mais d' « alourdir » les

---

1634 *Ibid.*

1635 Ph. SIMLER, « Propos conclusifs », *op. cit.*, p. 126.

conditions temporelles de cette disparition du droit de propriété. La propriété industrielle est assez proche du droit d'auteur sur ce plan.

B- Dans la propriété industrielle

593. Le droit de la propriété industrielle comprend d'une part le droit des créations industrielles notamment le brevet d'invention et les autres titres, d'autre part le droit des signes distinctifs dont les marques de fabrique, de commerce et de service et les autres signes distinctifs[1636]. Ces droits de propriété industrielle ne bénéficient pas d'une protection perpétuelle à l'instar de la propriété classique telle qu'elle est définie par l'article 544 du Code civil. Ils sont affectés d'un terme légal à l'expiration duquel ils tombent dans le domaine public, perdant ainsi la protection propriétaire dont ils faisaient l'objet. Cette durée est relativement plus courte que dans le droit d'auteur en raison du caractère technique des éléments de la propriété industrielle et de leur évolution encore plus rapide[1637]. À son expiration, la chose subsiste toujours. Néanmoins, la protection de l'exclusivité de l'exploitation économique cesse. Mieux, bien avant le terme légal, des déchéances sont prévues en cas de non exploitation de la chose. En revanche, la protection des droits exclusifs se renouvelle annuellement à certaines conditions dans la limite de la durée maximale.

594. Concernant le brevet d'invention, l'Annexe I relative aux brevets d'invention de l'Accord portant révision de l'accord de Bangui du 02 mars 1977 instituant une organisation africaine de la propriété intellectuelle prévoit que « *Le brevet expire au terme de la 20ème année civile à compter de la date de dépôt de la demande, sous réserve des dispositions de l'article 40* »[1638]. Il s'agit de la durée maximale de protection du brevet. Cette durée est conditionnée au paiement d'annuité par le titulaire du brevet. À défaut, il peut être déchu de ses droits. La déchéance entraine une perte prématurée de la protection des droits exclusifs. Elle résulte du non-paiement des annuités par le breveté. En effet, selon la même annexe « *Est déchu de tous ses droits le breveté qui n'a pas acquitté son annuité à la date*

[1636] J.-P. CLAVIER, *op. cit.*, leçon n°1, p. 4 et s. En France, au titre des autres créations industrielles, on note le droit des obtentions végétales, les schémas de configuration (topographies) de circuits intégrés, les dessins et modèles. Relativement aux autres signes distinctifs, on peut citer les indications géographiques, la dénomination sociale, le nom commercial, l'enseigne, *etc.*

[1637] J.-P. CLAVIER, *op. cit.*, leçon n°3, p. 10.

[1638] Art. 9.

anniversaire du dépôt de sa demande de brevet »[1639]. Autrement dit, la durée maximale prévue doit faire l'objet de renouvellements annuels à travers le paiement des annuités à chaque date anniversaire. Cependant, poursuit le même article « *L'intéressé bénéficie toutefois d'un délai de six mois pour effectuer valablement le paiement de son annuité. Dans ce cas, il doit verser, en outre, une taxe supplémentaire* ». De même, les droits du breveté peuvent être restaurés lorsque le non-renouvellement est indépendant de sa volonté. À ce propos, l'article 41 de l'annexe précitée dispose que : « *1) Sans préjudice des dispositions des articles 39 et 40 précédents, lorsque la protection conférée par un brevet n'a pas été renouvelée en raison de circonstances indépendantes de la volonté du titulaire dudit brevet, ce titulaire ou ses ayants droit peuvent, moyennant paiement de la taxe annuelle requise, ainsi que le paiement d'une surtaxe dont le montant est fixé par la voie réglementaire, en demander la restauration, dans un délai de six mois à partir de la date où les circonstances susmentionnées ont cessé d'exister et, au plus tard dans le délai de deux ans à partir de la date où le renouvellement était dû* ». Cette demande doit être accompagnée des éléments justifiant à la fois les circonstances alléguées et les frais dus. Selon la même disposition, même lorsque la demande de restauration est fondée « *La restauration n'entraîne pas une prolongation de la durée maximale du brevet. Les tiers qui ont commencé d'exploiter l'invention après l'expiration du brevet ont le droit de continuer leur exploitation* ». Enfin, aux termes de l'article 43 du même texte « *L'action en nullité et l'action en déchéance peuvent être exercées par toute personne y ayant intérêt* ».

Ainsi, la soumission de la durée de protection du brevet à vingt ans maximum assortis d'une obligation de renouvellement annuel moyennant le versement d'annuités sous peine de déchéance s'accommode mal de la perpétuité du droit de propriété classique[1640]. Cette particularité semble trouver son fondement dans l'évolution rapide des techniques et l'incitation à l'innovation qui rendent leur protection indéfinie sans utilité. Elle s'observe également dans la durée de protection de la marque de produit ou de service.

595. S'agissant de la marque de produit ou de service, elle confère à son titulaire, à compter de son enregistrement, « *le droit exclusif d'utiliser la marque, ou un signe lui ressemblant, pour les*

[1639] Art. 40.

[1640] A. JONHSON-ANSAH, *op. cit.*, n°40, p. 47.

produits ou services pour lesquels elle a été enregistrée, ainsi que pour les produits ou services similaires »[1641] et également « *le droit exclusif d'empêcher tous les tiers agissant sans son consentement de faire usage au cours d'opérations commerciales de signes identiques ou similaires pour des produits ou services qui sont similaires à ceux pour lesquels la marque de produits ou de services est enregistrée dans le cas où un tel usage entraînerait un risque de confusion. En cas d'usage d'un signe identique pour des produits et services identiques, un risque de confusion sera présumé exister* »[1642]. Toutefois, ce droit exclusif ne s'étend pas à l'usage de bonne foi par les tiers « *de leur nom, de leur adresse, d'un pseudonyme, d'un nom géographique, ou d'indications exactes relatives à l'espèce, la qualité, la quantité, la destination, la valeur, le lieu d'origine ou l'époque de la production de leurs produits ou de la présentation de leurs services, pour autant qu'il s'agisse d'un usage limité à des fins de simple identification ou d'information et qui ne puisse induire le public en erreur sur la provenance des produits ou services* »[1643]. De même, il ne fait pas obstacle à la théorie de l'épuisement des droits.

A l'instar du brevet, la durée de protection des droits exclusifs du titulaire d'une marque est également limitée. Elle n'est pas perpétuelle à l'image de la propriété classique. Toutefois, à la différence du brevet, elle peut être renouvelée indéfiniment, sans limitation de durée, à perpétuité, néanmoins sous certaines conditions, à la différence de la propriété classique. En effet, en vertu de l'article 19 de l'Annexe III relative aux marques de produits ou de services de l'Accord portant révision de l'accord de Bangui du 02 mars 1977 instituant une organisation africaine de la propriété intellectuelle « *L'enregistrement d'une marque n'a d'effet que pour dix ans, à compter de la date de dépôt de la demande d'enregistrement ; toutefois, la propriété de la marque peut être conservée sans limitation de durée par des renouvellements successifs pouvant être effectués tous les dix ans* ». Autrement dit, à l'expiration de cette durée, la protection cesse à moins que le titulaire ne demande un renouvellement. Ce renouvellement est soumis au paiement d'une

---

[1641] Art. 7 de l'Annexe III relative aux marques de produits ou de services de l'Accord portant révision de l'accord de Bangui du 02 mars 1977.

[1642] *Ibid.*

[1643] *Ibid.*

taxe[1644]. Enfin, comme pour le brevet, la limitation de la durée de protection exclusive du titulaire de la marque parait trouver sa source dans l'utilité de la protection. Seulement, l'appréciation de cette utilité est laissée au titulaire qui, dans l'affirmative, peut demander le renouvellement jusqu'à ce qu'il en juge autrement.

596. Quant aux dessins et modèles, leur régime est sensiblement analogue à celui du brevet. Ils confèrent au titulaire un droit exclusif d'une durée limitée. En effet, aux termes de l'article 3 de l'Annexe IV, « *Tout créateur d'un dessin ou modèle industriel et ses ayants cause ont le droit exclusif d'exploiter ce dessin ou modèle et de vendre ou faire vendre à des fins industrielles ou commerciales les produits dans lesquels ce dessin ou modèle est incorporé, dans les conditions prévues par la présente Annexe, sans préjudice des droits qu'ils tiendraient d'autres dispositions légales* ». En outre, l'article 12 de la même Annexe prescrit que « *Sous réserve des dispositions de l'alinéa 2) ci-après, la durée de la protection conférée par le certificat d'enregistrement d'un dessin ou modèle industriel, expire au terme de la cinquième année, à compter de la date du dépôt de la demande d'enregistrement* ». L'alinéa 2 de cet article précise toutefois que « *L'enregistrement d'un dessin ou modèle peut être prolongé pour deux nouvelles périodes consécutives de cinq années, par le simple paiement d'une taxe de prolongation dont le montant est fixé par voie réglementaire* »[1645]. Enfin, en vertu de l'article 13 de la même Annexe[1646], à l'image du régime de la marque, la restauration est

---

[1644] Conformément à l'article 21 de l'annexe III qui énonce que « *1) Le titulaire d'une marque ne peut obtenir le renouvellement visé à l'article 19 ci-dessus que s'il a acquitté le montant des taxes prescrites par voie réglementaire* »

[1645] Selon l'alinéa 3 : « *La taxe de prolongation du dessin ou modèle est payée dans les douze mois précédant l'expiration de la durée de l'enregistrement. Toutefois, un délai de grâce de six mois est accordé pour le paiement de ladite taxe après cette expiration, moyennant le paiement d'une surtaxe fixée par voie réglementaire* ».

[1646] Article 13 : « *1) Lorsque la protection conférée à un dessin ou modèle industriel n'a pas été prolongée pour des raisons indépendantes de la volonté du titulaire dudit dessin ou modèle, ce titulaire ou ses ayants droit peuvent, moyennant paiement de la taxe de prolongation requise ainsi que le paiement d'une surtaxe dont le montant est fixé par voie réglementaire, en demander la restauration, dans un délai de six mois à partir de la date à laquelle les circonstances susmentionnées ont cessé d'exister et, au plus dans le délai d'un an à partir de la date où la prolongation était due.*
2) La demande de restauration du dessin ou modèle susvisé, accompagnée des pièces justificatives du paiement de la taxe et de la surtaxe visées à l'alinéa 1)

également possible lorsque le défaut de renouvellement est indépendant de la volonté du titulaire d'un dessin ou modèle industriel.

597. Ainsi, si le droit d'auteur est assez proche de la perpétuité du droit de propriété par la durée de la protection accordée aux droits patrimoniaux, les droits moraux étant perpétuels, les droits de propriété industrielle le sont encore moins en raison non seulement de la durée de protection, mais aussi des conditions requises pour le renouvellement. Le terme légal est plus long pour la première catégorie, mais plus courte pour la seconde.

A côté du terme légal, il se pose en outre la question du terme conventionnel du droit de propriété.

§ 2-La problématique de la disparition temporaire du droit de propriété en vertu d'une convention

598. « *Rien ne s'oppose à l'organisation volontaire d'une propriété temporaire* »[1647]. Le subjectivisme du droit de propriété permettrait au propriétaire de consentir une cession de son droit pour une durée temporaire. Autrement dit, le droit de propriété pourrait être affecté d'un terme conventionnel. En rappel, concernant la condition, le principe de son affectation au droit de propriété a déjà été analysé relativement à l'exclusivité du droit de propriété, en occurrence la condition suspensive et la condition résolutoire[1648]. S'agissant précisément du terme, il peut être envisagé sous l'angle de la durée du droit de propriété. À ce titre, on parle souvent de propriétés temporaires ou d'avatars de propriétés temporaires[1649]. Au regard des liens que peuvent entretenir le terme et la condition, deux situations peuvent être analysées à savoir l'hypothèse de la vente sous condition résolutoire (A) et celle de la vente à réméré (B).

A- La vente sous condition résolutoire

599. La vente crée normalement des obligations pures et simples : les obligations qu'elle met à la charge du vendeur et de

---

précédent, est adressée à l'Organisation et contient l'exposé des motifs qui, pour le titulaire ou pour ses ayants droit, justifie la restauration ».

[1647] F. ZENATI, Th. REVET, *op. cit.*, n°117, p. 145-146.

[1648] Cf. *Supra* n°507 et s.

[1649] W. DROSS, *Droit des biens*, *op. cit.*, n°80 et s., p. 76 et s.W. DROSS, « L'abusus peut-il être démembré ? Toulouse-Lautrec, Renoir, Giacometti et les autres… », *op. cit.*, p. 153-158.

l'acheteur se forment dès qu'ils sont convenus de la chose et du prix, dès l'échange des consentements qui opère le transfert de droit de la propriété du vendeur à l'acheteur quoique la chose n'ait pas encore été livrée ni le prix payé[1650]. De même, elle prend fin dès la fin de l'exécution des obligations des parties. Toutefois, en vertu de la liberté contractuelle, les parties peuvent conventionnellement modifier le début ou la fin de leurs obligations au moyen de deux modalités à savoir le terme et la condition. Ces deux modalités sont différentes au regard du caractère certain ou non de l'événement prévu. En effet, selon l'article 1168 du Code civil, « *L'obligation est conditionnelle lorsqu'on la fait dépendre d'un événement futur et incertain, soit en la résiliant, selon que l'événement arrivera ou n'arrivera pas* ». Aux termes de l'article 1185 du même Code, « *Le terme diffère de la condition, en ce qu'il ne suspend point l'engagement, dont il retarde seulement l'exécution* ». Autrement dit, « *Alors que le terme est un évènement futur et certain dont dépend l'exigibilité d'une obligation (terme suspensif) ou son extinction (terme extinctif), la condition est également un événement futur, mais, cette fois, incertain dont dépend la naissance d'une obligation (condition suspensive) ou sa résolution (condition résolutoire)* »[1651]. Ainsi, la caractéristique essentielle de la condition est son caractère incertain à l'inverse du terme qui est événement certain.

600. L'événement incertain qui affecte l'obligation conditionnelle doit être objectif. Il ne peut dépendre de la seule volonté de l'une des parties. Toutefois, c'est seulement la condition purement potestative de la part du débiteur qui n'est pas valable[1652]. En effet, en vertu de l'article 1174 du Code civil, « *Toute obligation est nulle lorsqu'elle a été contractée sous une condition potestative de la part de celui qui s'oblige* ».

601. L'obligation conditionnelle elle-même peut être suspensive ou résolutoire. Concernant la condition suspensive, l'article 1181 du Code civil prévoit que « *L'obligation contractée sous une condition suspensive est celle qui dépend ou d'un événement futur et incertain, ou d'un événement actuellement arrivé, mais encore*

1650 Art. 1583 C. civ.

1651 *Encyclopédie Dalloz*, Civil, III, 2003, « La condition », n°1.

1652 Il en est autrement dans l'hypothèse de la vente à réméré qui s'analyse comme une condition résolutoire potestative de la part du créancier. Cf. *Infra* n°607 et s.

inconnu des parties ». S'agissant de la condition résolutoire, elle est définie à l'article 1183 du Code civil comme « *celle qui, lorsqu'elle s'accomplit, opère la révocation de l'obligation et qui remet les choses au même état que si l'obligation n'avait pas existé. Elle ne suspend point l'exécution de l'obligation ; elle oblige seulement le créancier à restituer ce qu'il a reçu, dans le cas où l'événement prévu par la condition arrive* ». L'article 1184 du Code civil présume son existence tacite « *dans les contrats synallagmatiques, pour le cas où l'une des deux parties ne satisfera point à son engagement* ». Toutefois, pour ce dernier cas, « *la doctrine moderne préfère fonder le droit de résolution en cas d'inexécution sur la théorie de la cause plutôt que de la rattacher à une prétendue condition résolutoire. Les obligations des différentes parties étant interdépendantes dans un contrat synallagmatique, l'inexécution par l'une des parties de son obligation entraine la disparition de la cause de l'obligation de l'autre* »[1653].

Ainsi, qu'elle soit suspensive ou résolutoire, l'obligation conditionnelle demeure assujettie à un événement incertain qui soit la suspend soit la résout. Dans le premier cas, on dit que l'obligation est suspensive et dans la seconde, on parle d'obligation conditionnelle résolutoire.

602. Relativement à la vente sous condition résolutoire à proprement parler, selon l'article 1584 alinéa 1er du Code civil, « *La vente peut être faite purement et simplement, ou sous une condition soit suspensive, soit résolutoire* ». En rapprochant ce texte des articles 1168 suscités relatifs aux obligations conditionnelles plus précisément résolutoires, il se déduit que la vente sous condition résolutoire est celle qui, bien qu'étant formée par la rencontre des volontés, fait dépendre ses effets, notamment le transfert de la propriété et des risques, de la survenance d'un événement futur et incertain qui aura pour effet de résoudre lesdits effets. Autrement dit, le transfert de la propriété et des risques est certes réalisé dès l'échange du consentement du vendeur et de l'acheteur, cependant ces effets sont affectés par un événement incertain prévu par les parties et dont la réalisation entrainera rétroactivement leur résolution. Ainsi, ladite vente est susceptible, en cas de réalisation de la condition résolutoire, de voir les effets qu'elle a produits effacés.

[1653] *Encyclopédie Dalloz*, Civil, III, 2003, « La condition », n°3.

603. En apparence, la condition résolutoire apparait d'une part comme une modalité conventionnelle qui a pour effet de prévoir une propriété temporaire pour le vendeur. Ce caractère temporaire serait consubstantiel à la nature des effets que la condition résolutoire induit en occurrence le fait que l'acquéreur est informé que la propriété acquise est susceptible d'être remise en cause si la condition se réalise. Elle produit l'impression que les parties ont donc l'intention de conférer un droit de propriété en quelque sorte aléatoire, c'est-à-dire qui peut rétroactivement devenir pur et simple si la condition ne se réalise pas, mais aussi qui peut potentiellement être rétroactivement résolue si la condition survient. En raison de cette dernière éventualité, le droit de propriété acquis par l'acheteur semble potentiellement temporaire entre la date du transfert de propriété et celle de la réalisation de la condition.

Mais, en réalité, en droit, il s'agit moins d'une propriété temporaire que d'une propriété conditionnelle[1654]. En effet, l'effet rétroactif de la condition résolutoire lorsqu'elle se réalise fait que tout se passe comme si l'acheteur dont le droit est résolu n'avait jamais été propriétaire : le transfert de propriété est censé n'avoir jamais eu lieu et la chose est censée demeurer depuis longtemps la propriété du vendeur. C'est exactement ce que prévoit l'article 1183 du Code civil qui définit la condition comme « *celle qui, lorsqu'elle s'accomplit, opère la révocation de l'obligation et qui remet les choses au même état que si l'obligation n'avait pas existé. Elle ne suspend point l'exécution de l'obligation ; elle oblige seulement le créancier à restituer ce qu'il a reçu, dans le cas où l'événement prévu par la condition arrive* ». Parallèlement, lorsque la condition ne se réalise pas tout se passe comme si la vente était pure et simple depuis sa conclusion.

604. Attribuer le caractère temporaire à la propriété sous condition résolutoire suppose que, lorsque la condition se réalise, le transfert de propriété au vendeur ne soit pas rétroactif et qu'il prenne naissance au jour de la réalisation de la condition et non à celui de la conclusion du contrat. Dans cette hypothèse, en effet, l'acheteur serait acquéreur d'un droit de propriété qu'il ne peut céder dans un délai et en raison d'éléments objectifs. Or, tel n'est pas le cas : le propriétaire sous condition résolutoire dispose de tous les attributs d'un propriétaire notamment de l'exclusivité de la maitrise juridique et

---

[1654] W. DROSS, *Droit des biens*, *op. cit.*, n°105, p. 95.

matérielle de la chose[1655]. En effet, il n'est pas juste de limiter le droit d'un acquéreur au motif qu'il est simplement incertain : l'événement peut se réaliser tout comme il peut ne pas se réaliser. Il n'y a donc aucun motif sérieux de limiter le droit de l'acheteur. Il en est autrement dans des hypothèses comme l'usufruit dans lequel l'usufruitier est certain que son droit n'est pas perpétuel si bien qu'il ne peut pas porter atteinte à la substance du bien qui à coup sûr reviendra au nu-propriétaire ou à ses ayants droit. C'est en ce sens que Dross estime que l'usufruit est l'archétype de la propriété temporaire[1656].

605. La maitrise qu'exerce le propriétaire sous condition résolutoire sur la chose est toutefois affectée d'une modalité conditionnelle qui selon qu'elle se réalise ou pas consolide ou au contraire supprime rétroactivement son droit. Cette situation n'est pas sans conséquence sur le cocontractant du propriétaire sous condition résolutoire dont la situation est semblable à celle de celui qui « *accomplit simplement des actes sur la chose d'autrui, lesquels n'encourent aucune nullité dans la mesure où ils ne troublent pas le propriétaire. Leur inopposabilité au propriétaire suffit à assurer la protection de ce dernier* »[1657].

606. Ainsi, si dans les faits, tout se passe comme si la vente sous condition résolutoire crée une propriété temporaire pour l'acheteur au cas où la condition se réaliserait, la rétroactivité fait qu'en droit, cette propriété n'est pas temporaire mais simplement conditionnelle. La situation de la vente à réméré se rapproche de la vente sous condition résolutoire, tout en s'en distinguant quelque peu.

B- La vente à réméré

607. Le pouvoir de disposition du propriétaire est un principe à valeur constitutionnelle. Le Conseil constitutionnel français veille au respect de ce principe[1658]. Il en est de même de la Cour de cassation

---

[1655] Cf. *Supra* n°490 et s.

[1656] W. DROSS, *Droit des biens*, *op. cit.*, n°86, p. 81.

[1657] W. DROSS, *Droit des biens*, *op. cit.*, n°104, p. 94.

[1658] Cons. const. Fr., 4 juillet 1989, *D.* 1990, p. 209, note F. LUCHAIRE ; *RTD civ.* 1990, p. 519, obs. F. ZENATI : « *le fait pour la loi de rétablir au profit des titulaires d'actions de sociétés qui ont été privatisées [...], nonobstant toute clause contractuelle antérieure et sous réserve des limitations sus analysées, ne saurait être regardé comme contraire à la libre disposition de son bien par tout propriétaire* » ;

française qui veille au strict respect de la libre disposition des biens[1659]. Toutefois, le Conseil constitutionnel français admet que des limitations peuvent être apportées par le législateur aux prérogatives du propriétaire à condition que ces limitations ne dénaturent pas le droit de propriété[1660]. Dans cette hypothèse, les limitations au droit de propriété ont généralement une source légale[1661].

608. A côté de ces limitations légales, le propriétaire lui-même peut-il limiter temporairement, par sa volonté, son pouvoir sur la chose ? Autrement dit, peut-il disposer de son droit temporairement en affectant cette disposition d'un terme, de telle sorte qu'à l'échéance, son pouvoir soit rétabli sur la chose ? Il semble qu'on peut répondre par l'affirmative. En effet, il semble qu'on peut percevoir cette possibilité non comme une limitation du droit de propriété, mais plutôt comme une preuve supplémentaire de la liberté du propriétaire. Le droit de propriété est plus qu'une simple addition de l'*usus*, du *fructus* et de l'*abusus*[1662]. En vertu de la liberté contractuelle, il est aisé d'affirmer que le propriétaire demeure souverain de limiter ou non ses prérogatives, de disposer ou non de ses biens, selon les modalités qui lui conviennent sous la seule limite du respect de l'ordre public et des bonnes mœurs conformément à l'article 6 du Code civil qui dispose : « *On ne peut déroger, par des conventions particulières, aux lois qui intéressent l'ordre public et les bonnes mœurs* ». Or, à l'examen du droit positif, aucune règle d'ordre public n'impose au

---

J. FOYER, « De l'influence de la Constitution sur le droit privé de la France », *RTD civ.* 1981, n°spéc., vol. 3, p. 549.

[1659] Cass. Ass. Plén., 6 janvier 1994, *Bull. civ. Ass. Plén.*, n°1, p.1 ; *D.* 1994. II. 153, concl. M. JEOL ; *JCP* 1994. II. 22. p. 207.

[1660] Cons. const. Fr., 29 juillet 1998, *J.O. fr.* 31 juillet 1998, p. 11710 ; *JCP* 1998, I, 171, n°3, obs. H. PERINET MARQUET ; *RTD civ.* 1998, p. 799, obs. N. MOLFESSIS ; *RTD civ.* 1999, p. 132 et s., obs. F. ZENATI. Le Conseil constitutionnel français clarifie suffisamment sa position en ces termes : « *S'il appartient au législateur de mettre en œuvre l'objectif de valeur constitutionnelle que constitue la possibilité pour toute personne de disposer d'un logement décent et s'il lui est loisible, à cette fin, d'apporter au droit de propriété des limitations qu'il estime nécessaire, c'est à condition que celles-ci n'aient pas un caractère de gravité tel que le sens et la portée de ce droit soient dénaturés* ».

[1661] Cf. *Supra* Titre I de la 1ère partie.

[1662] F. ZENATI, « Pour une rénovation de la théorie de la propriété », *op. cit.*, p. 314.

propriétaire d'user de toutes ses prérogatives pour demeurer propriétaire[1663].

609. Mieux des exemples de limitations du droit de propriété par la volonté du propriétaire existent. C'est le cas des clauses d'inaliénabilité. Elles ont pour effet de limiter la disposition du bien. Elles sont cependant susceptibles d'entraver la circulation des richesses et de contrarier l'ordre public économique. C'est pourquoi leur validité est soumise à certaines conditions. En effet, elles sont valables à condition d'être temporaires[1664] et justifiées par un intérêt légitime[1665].

610. Mais, le cas de la clause d'inaliénabilité ne permet pas d'illustrer aisément l'affectation d'un terme conventionnel à la durée de la propriété, puisque généralement cette clause accompagne des donations faites à autrui, en occurrence un proche du propriétaire d'où la nécessité d'un intérêt légitime. De même, à l'expiration de la durée de la clause, le bien reste la propriété du bénéficiaire, elle ne revient pas au donataire : la clause avait juste pour objectif d'entraver la

---

[1663] B. BALIVET, *Les techniques de gestion des biens d'autrui*, *op. cit.*, n°258, p. 195.

[1664] Cass. civ. 1re, fr., 8 janvier 1975, *JCP* 1976.II. 18240, obs. H. THUILLIER.

[1665] Preuve de l'intérêt sérieux et légitime : Cass. civ. 1re, fr., 15 juin 1994, *D.* 1995, JP, p. 342, note A. LEBORGNE, *D.* 1995, Som. p. 50, obs. M. GRIMALDI, *RTD Civ.* 1995, p. 919, obs. F. ZENATI ; l'intérêt est conçu au sens large : Cass. civ. 1re, fr., 20 novembre 1985, *Bull. civ.* I, n°313, *RTD Civ.* 1986, p. 620, obs. J. PATARIN. ; sur l'inscription d'une hypothèque et l'existence de cette clause : Cass. civ. 1re, fr., 9 octobre 1985, *Bull. civ.* I, n° 252 ; *RTD Civ.* 1986, p. 622, obs. J. PATARIN ; Cass. civ. 2e, fr, 30 juin 1993, *Bull. civ.* II, n° 241, *D.* 1995, Somm. p. 50, obs. M. GRIMALDI ; sur l'opposabilité : Cass. civ. 2e, fr, 8 octobre 1997, *D.* 1997, IR, p. 225. ; effet de la disparition de l'intérêt sérieux et légitime du donateur : Cass. civ. 1re, fr, 8 décembre 1998, *D.* 1999, IR, p. 26. ; intérêt personnel du bénéficiaire et mainlevée : Cass. civ. 1re, fr., 25 juin 1980, *Bull. civ.* I, n°198 ; 10 juillet 1990, *Bull. civ.* I, n° 192, *JCP* éd. N 1991.II.197, note P. SALVAGE, *RTD Civ.* 1991, p. 141, obs. F. ZENATI et 580, obs. J. PATARIN. ; intérêt du créancier du bénéficiaire (non) : C. appel Nancy, 2 septembre 1997, *JCP éd. G.* 1998, IV, n° 2354, p. 1133 ; sur la recevabilité de l'action oblique : TGI Cherbourg, 13 février 1974, *Gaz. Pal.* 1974, 1, p. 383, note L. BARBIER, *JCP éd. G.* 1974.II.17861, note M. DAGOT ; *RTD Civ.* 1974, p. 646, obs. R. SAVATIER ; en sens contraire : TGI Coutances, 31 janvier 1974, Gaz. Pal. 1974, 2, p. 859 ; *RTD Civ.* 1974, p. 443, obs. R. SAVATIER ; TGI Bressuire, 1er juin 1976, *Gaz. Pal.* 1977, 1, p. 297, note L.C., *RTD Civ.* 1997, p. 804, obs. R. SAVATIER. ; en faveur finalement d'une action personnelle au donataire : 30 juin 1998, p. 1, *JCP éd. G.* 1998.II.10167, note J. CASEY, *RTD Civ.* 1998, p. 677 et p. 963, obs. J. PATARIN.

disposition du bien par le bénéficiaire durant un temps déterminé, le temps pour le bénéficiaire de s'assagir ou de grandir s'il s'agit d'un prodigue ou d'un mineur par exemple.

611. L'illustration qui convient le mieux à l'affectation d'un terme conventionnel au droit de propriété est la vente à réméré ou avec faculté de rachat. En effet, dans cette vente, le bien est vendu et la propriété transférée à l'acheteur, avec toutefois la faculté pour le vendeur de racheter le bien vendu. Selon l'article 1659 du Code civil, « *La faculté de rachat ou de réméré est un pacte par lequel le vendeur se réserve de reprendre la chose vendue, moyennant la restitution du prix principal, et le remboursement dont il est parlé à l'article 1673*». Ainsi, le vendeur propriétaire de la chose la cède avec la possibilité de la reprendre dans un délai qui ne saurait excéder cinq ans en vertu de l'article 1660 du même code qui prescrit que « *La faculté de rachat ne peut être stipulée pour un terme excédant cinq années. Si elle a été stipulée pour un terme plus long, elle est réduite à ce terme* ». Ce délai est un délai de rigueur insusceptible d'être prolongé par le juge[1666].

612. Techniquement, la vente à réméré ou avec faculté de rachat crée un transfert de propriété révocable dans un certain délai. La faculté de rachat affecte la vente et le transfert de propriété qui s'ensuit d'un terme extinctif susceptible de mettre fin aux prérogatives de l'acheteur et de rétablir celles du vendeur. En effet, le vendeur conserve la faculté de recouvrer ses prérogatives sur le bien dans un certain délai. Avant l'expiration de ce délai, sa faculté de recouvrer sa propriété sur la chose demeure. Il en résulte d'une part, que le pacte de réméré comporte à la fois un évènement certain qui constitue un terme connu qui ne peut excéder cinq années ; d'autre part, un évènement incertain qui est une condition résolutoire extinctive du droit de propriété de l'acheteur, la faculté de reprendre le bien vendu.

En outre, à la différence de la condition, son exercice dépend presqu'exclusivement de la volonté du vendeur. Si la vente à réméré peut produire les mêmes effets que la propriété sous condition résolutoire, elle s'en distingue par le fait que dans la vente à réméré, il y a un évènement connu et une condition qui dépend de la volonté du

---

[1666] Art. 1661 C. civ. : « *Le terme fixé est de rigueur, et ne peut être prolongé par le juge* ».

vendeur, une condition potestative[1667] mais de la part du vendeur ou créancier[1668]. Ainsi, la vente à réméré est une modalité de la vente sous condition résolutoire. Plus précisément, « *elle a la nature d'une vente sous condition résolutoire potestative au profit du vendeur* »[1669].

613. Si le vendeur n'exerce pas sa faculté de rachat dans le délai prescrit, la propriété de l'acquéreur devient irrévocable[1670]. Mais, le délai de l'action en réméré du vendeur court contre toutes personnes, même contre le mineur, sauf, s'il y a lieu, le recours contre qui de droit[1671], en occurrence son représentant légal. Le vendeur propriétaire peut même exercer son action contre un second acquéreur, quand même la faculté de réméré n'aurait pas été déclarée dans le second contrat[1672].

614. Si le vendeur use de sa faculté de rachat, il est tenu de rembourser à l'acquéreur non seulement le prix principal, mais aussi les frais et loyaux coûts de la vente, les réparations nécessaires, et celles qui ont augmenté la valeur du bien, jusqu'à concurrence de cette augmentation. C'est seulement après avoir satisfait à ces remboursements que le vendeur peut entrer en possession du bien. De même, dans cette hypothèse, le vendeur reprend son bien exempt de toutes les charges et hypothèques dont l'acquéreur l'aurait grevé. Il est aussi tenu d'exécuter les baux faits sans fraude par l'acquéreur[1673]. À l'analyse de cette disposition, dans le délai stipulé, il semble que l'acquéreur peut accomplir des actes conservatoires et d'administration sur le bien acquis, mais il ne peut poser des actes de disposition sur la chose. Le cas échéant, ces derniers actes sont inopposables au vendeur pour autant que le délai ne soit pas expiré.

[1667] Art. 1170 C. civ. : « *La condition potestative est celle qui fait dépendre l'exécution de la convention d'un événement qu'il est au pouvoir de l'une ou de l'autre des parties contractantes de faire arriver ou d'empêcher* ».

[1668] Art. 1174 C. civ. : « *Toute obligation est nulle lorsqu'elle a été contractée sous une condition potestative de la part de celui qui s'oblige* ».

[1669] *Encyclopédie Dalloz, Civil, X*, 2003, « La vente », n°958. En conséquence, les développements consacrés aux effets de la vente sous condition résolutoire s'appliquent à la vente à réméré. Les effets de la situation *pendente conditione* s'appliquent tant que le vendeur n'a pas exercé sa faculté de réméré, et les effets en cas de défaillance de la condition dans l'hypothèse où le vendeur renonce à l'exercice de la faculté de rachat. V. *Supra* n°599 et s..

[1670] Art. 1662 C. civ.

[1671] Art. 1663 C. civ.

[1672] Art. 1664 C. civ.

[1673] Art. 1673 C. civ.

615. Il en découle que la faculté de réméré, à la différence de la condition résolutoire à proprement parler limite les pouvoirs de l'acquéreur sur la chose. En effet, les règles qui lui sont applicables, avant l'échéance du terme, sont semblables à celles de celui qui pose des actes sur la chose d'autrui ou encore à celui de l'usufruitier qui ne peut disposer du produit de la chose. La stipulation du terme réduit les pouvoirs de l'acheteur sur la chose. En ce sens, le pacte de rachat peut se présenter comme un mécanisme de garantie.

616. A l'instar de la propriété sous condition résolutoire, il demeure également difficile d'attribuer le qualificatif de propriété temporaire à la vente à réméré tant la liberté essentielle de l'acheteur est gravement entamée par une condition résolutoire potestative de la part du vendeur, le créancier et par les limites corrélatives des pouvoirs de l'acquéreur. Toutefois, cette limitation étant volontaire, elle s'accommode bien avec la liberté contractuelle des parties dont le propriétaire.

Mais, c'est surtout le caractère rétroactif de la condition qui pose problème. En effet, comme dans la vente sous condition résolutoire dont la vente à réméré est une modalité, l'effet rétroactif de la condition fait qu'il est difficile de parler de propriété temporaire d'un point de vue juridique[1674] : soit la condition se réalise et l'acheteur est censé n'avoir jamais été propriétaire, soit elle ne se réalise point et il est censé avoir été toujours propriétaire.

617. Ainsi, qu'il s'agisse de la vente sous condition résolutoire ou de la vente à réméré, le droit de propriété n'a pas un caractère temporaire : la condition a un effet rétroactif qui nie les prérogatives dont l'acheteur a pu un temps s'en prévaloir[1675]. En vérité, les véritables effets de la propriété temporaire d'origine conventionnelle pourraient être caractérisés par une vente pure et simple suivie de la revente du bien au vendeur initial de plein gré par l'acheteur initial. Mais, en réalité, même dans cette hypothèse, ce n'est pas la propriété elle-même qui est temporaire, ce sont les effets produits par la double opération juridique des parties qui engendrent les conséquences assimilables à une propriété temporaire : la propriété acquise par l'acheteur initial a vocation à la perpétuité tout comme celle acquise de nouveau par le vendeur initial.

[1674] Cf. *Supra* n°599 et s.
[1675] J.-L. BERGEL, M. BRUSCHI et S. CIMAMONTI, *op. cit.*, n°100, p. 105.

CONCLUSION DU CHAPITRE II

618. Au total, par sa vocation à la perpétuité, le droit subjectif de propriété révèle l'un de ses caractères qui le rendent unique parmi l'ensemble des droits réels et personnels. La vocation à perpétuité du droit de propriété signifie d'abord que le droit de propriété est imprescriptible. En premier lieu, il ne peut pas se perdre en raison d'un non usage : son existence est indépendante de son exercice. Son existence unit l'avoir à l'être en préservant la liberté d'action de l'être. De ce point de vue, le droit de propriété assure la liberté du sujet dans le temps. En second lieu, le droit de propriété a vocation à durer autant que la chose sur laquelle il porte. Cette vocation à perpétuité induit que le droit de propriété n'est pas assujetti à la mortalité de son sujet. En effet, à la mort du propriétaire, son droit de propriété se transmet à ses héritiers ou ayants droit. Ce droit n'a pas un caractère viager.

Toutefois, cette vocation à perpétuité est naturellement tributaire de la nature de l'objet du droit de propriété. En effet, la durée du droit de propriété d'un immeuble n'est pas pareille à celle d'un bien consomptible, d'où l'intérêt du vocable « vocation à perpétuité » plutôt que la « perpétuité ». Dans cette optique, « *rien n'est moins perpétuel que la propriété des choses qui se consomment par le premier usage : denrées, fluides, hydrocarbures, électricité... Tous les produits de première consommation, c'est-à-dire les achats d'énergie ne procurent que des étincelles de propriété* »[1676]. De ce fait, la perpétuité du droit de propriété doit s'entendre surtout dans un sens juridique. Il s'infère que la vocation à perpétuité du droit de propriété traduit l'idée que le droit de propriété à vocation à disparaitre en même temps que son objet.

619. C'est en ce sens qu'on observe que les propriétés intellectuelles constituent une exception à la perpétuité du droit de propriété. En effet, la propriété de ces créations est assujettie à un terme légal dont l'expiration a pour conséquence de mettre fin à la protection propriétaire dont bénéficie le créateur, tout en laissant subsister la chose, qui dès lors, ne bénéficiant plus d'une protection exclusive, entre dans le domaine public. L'exception réside donc dans le fait que la chose existe toujours, mais ne bénéficie plus de

---

[1676] P. CATALA, « Exposé de synthèse » *L'évolution contemporaine du droit des biens*, t. 19, Paris, PUF, 1991, p. 186.

protection par un droit de propriété. Cette situation est contraire à l'idée qui veut que le droit de propriété disparaisse en même temps que son objet. C'est pourquoi, elle constitue une exception. On note toutefois que cette durée légale est plus ou moins longue selon l'objet de la création. Dans l'hypothèse où elle est longue, elle atteste de la particularité du subjectivisme du droit de propriété. Enfin, l'examen du droit positif ne permet pas de conclure à l'existence d'une hypothèse de propriété temporaire à proprement dit d'origine conventionnelle. Il existe seulement des situations dans lesquels les effets produits créent en apparence l'image d'une propriété temporaire.

CONCLUSION DU TITRE II

620. Le subjectivisme du droit de propriété se caractérise par le principe de liberté qui prévaut dans la relation d'appartenance qu'il crée dans les rapports du propriétaire aux autres. Ce rapport est marqué par l'exclusivité ou le droit d'exclure les autres. Cette exclusivité ne connait presque pas de limite dans son principe. Elle existe que la propriété soit pure et simple ou conditionnelle : elle est consubstantielle à l'essence de la propriété qui étymologiquement renvoie à ce qui est propre. Cette exclusivité serait un vain mot si elle ne faisait pas l'objet de protection. Sa protection est donc assurée à travers des mécanismes de défense de la propriété à savoir l'action en revendication pour la propriété corporelle et celle en contrefaçon pour la propriété intellectuelle. Ainsi, à travers l'existence de l'exclusivité et ses mécanismes de protection, la liberté du propriétaire est sauvegardée en droit.

621. La relation entre le propriétaire et les autres personnes du corps social est aussi singularisée par la vocation à perpétuité du droit de propriété. En vertu de cette vocation à la perpétuité, le droit d'exclure du propriétaire ne se limite pas dans sa durée : il se prolonge dans le temps. Il acquiert une dimension temporelle, ou plutôt intemporelle, qui consolide la liberté du propriétaire et le projette dans l'avenir. Ce trait particularise le subjectivisme du droit de propriété en comparaison notamment des autres droits réels, lesquels sont temporaires ou viagers.

Ainsi, l'exclusivité et la vocation à perpétuité du droit de propriété sont les deux traits caractéristiques du droit de propriété dans la relation du propriétaire aux autres.

CONCLUSION DE LA DEUXIEME PARTIE

622. En dépit des limitations que subit le droit de propriété, son subjectivisme se maintient par le principe de liberté dans sa nature juridique. En effet, l'analyse de la nature juridique du droit de propriété révèle que la relation à la chose a pour le propriétaire un caractère fondamental. Ce caractère fondamental est lié à la nature de l'homme et à son destin qui est de dompter la nature[1677] : sa survie en dépend. Ce caractère fondamental du droit de propriété est consacré pour toutes les personnes physiques et morales. En effet, qu'elles soient physiques ou morales, la relation aux choses est nécessairement un besoin pour toute personne. C'est justement l'extension de ce caractère à la personne morale qui fait que le droit de propriété n'est pas simplement un droit de l'homme, mais est aussi un droit fondamental. Ainsi, la relation aux choses constitue une liberté fondamentale qui particularise le droit de propriété.

623. La liberté dans la relation aux choses caractérise également le droit de propriété qu'il ait pour objet un droit réel ou un droit personnel. Toutefois, le dégré de liberté semble plus grand lorsque la propriété porte sur une chose réelle.

624. Cependant, le droit de propriété ne serait qu'un simple fait juridique s'il n'impliquait pas la dimension sociale, s'il ne prenait pas en compte autrui dans son exercice non pas seulement pour limiter cet exercice[1678], mais pour revêtir la nature d'un droit. Sous cet angle, le droit de propriété brille d'abord par son caractère exclusif. En effet, le propriétaire peut exclure toute personne sans sa relation à la chose. Ce trait indique que la liberté du propriétaire qui s'exerce sur la chose n'est pas qu'un simple fait juridique : elle doit être respectée par les autres membres du corps social. De ce fait, dans sa relation aux autres le propriétaire a bien le droit d'exclure. Ce droit donne une dimension juridique à sa relation à la chose.

625. Ensuite, ce droit d'exclure se double d'une dimension temporelle qui en quelque sorte « sanctuarise » le droit de propriété : il a vocation à la perpétuité. Il en résulte que tant que le propriétaire n'a

---

[1677] Au sens de la maitriser, de l'assujettir, mais non de la détruire.
[1678] Cf. *Supra* Titre II de la seconde partie.

pas fait l'objet d'une mesure de cession forcée du droit de propriété[1679] ou s'il n'a pas volontairement cédé son droit ou si son objet n'a pas disparu, sa propriété demeure à perpétuité. Elle ne s'éteint pas à sa mort, elle se transmet à ses héritiers. Cette dimension temporelle conforte, dans la durée, la liberté du propriétaire et singularise le subjectivisme du droit de propriété.

1679 Cf. *Supra* n°102 et s.

CONCLUSION GENERALE

626. Au terme de cette étude, le droit des biens offre différents droits subjectifs et divers modes d'appartenance aux personnes. Le droit de propriété, « *par la conjonction de ses attributs et de ses caractères qu'il est le seul à réunir, [...] s'avère unique parmi tous les droits réels et personnels. C'est ce qui permet de définir sa véritable nature* »[1680]. L'étude approfondie du droit de propriété a permis d'appréhender de manière précise les caractéristiques particulières de la liberté du propriétaire.

627. Le principal résultat conceptuel auquel l'on parvient est que le droit de propriété, longtemps considéré comme un droit réel voire le droit réel par excellence, subit de plus en plus une sorte de socialisation voire de « personnalisation » qui se caractérise, notamment sous l'impulsion de l'intérêt général et de certains droits fondamentaux, par la prise en compte de plus en plus marquée des tiers dans sa mise en œuvre, ce qui altère corrélativement le caractère absolu des prérogatives ou de la liberté du propriétaire. Analysant cette dynamique du subjectivisme du droit de propriété, il a paru impérieux tout d'abord de constater l'altération progressive du caractère absolu du subjectivisme du droit de propriété dans sa mise en œuvre. Certes le droit subjectif est le droit du sujet ou de l'individu, une prérogative. Il suppose donc un sujet conscient et capable d'où l'existence des incapacités d'exercice en général. Toutefois, la seule référence à la conscience de l'individu s'avère insuffisante pour contrôler l'exercice du droit de propriété. Ainsi, l'absolutisme du droit de propriété prôné aux temps forts de la Révolution française a dû se heurter, d'abord dans le texte même de la Déclaration française des droits de l'homme et du citoyen tout comme dans le Code civil, à la nécessité publique, aux lois et règlements *etc*. Mieux, ces réserves, doublées de la nature du droit subjectif qui exige pour sa mise en œuvre un sujet conscient, n'ont pas été en mesure d'assurer un exercice toujours satisfaisant du droit de propriété.

628. De ce fait, très vite, la jurisprudence a tenté de combler certaines lacunes que l'exercice absolu du droit de propriété pouvait occasionner. Plus tard, les lois et règlements encadrant l'exercice du

[1680] J.-L. BERGEL, M. BRUSCHI et S. CIMAMONTI, *op. cit.*, n°100, p. 106.

droit de propriété se sont multipliés limitant l'absolutisme du droit de propriété. Au Burkina Faso, ces lois sont nombreuses et certaines sont récentes. On peut citer : la loi n°048-2019/AN portant protection de la propriété littéraire et artistique, la loi n°025-2018/AN portant Code pénal, la loi n°009-2018/AN portant expropriation pour cause d'utilité publique et indemnisation des personnes affectées par les aménagements et projets d'utilité publique et d'intérêt général, la loi n°103-2015/CNT portant bail d'habitation privée au Burkina Faso, la loi n°006-2013/AN du 02 avril 2013 portant code de l'environnement au Burkina Faso, la loi n° 017-2006/AN portant code de l'urbanisme et de la construction au Burkina Faso, la loi portant code de la santé publique, le code de l'hygiène publique, la loi portant protection du patrimoine culturel *etc*. Les limitations à l'exercice des prérogatives du propriétaire se sont ainsi multipliées tant en matière mobilière qu'en matière immobilière. En matière mobilière, ces limitations touchent aussi bien les biens corporels, que les biens immatériels. En matière immobilière, elles frappent tantôt la liberté d'usage, de jouissance ou de disposition du propriétaire, tantôt sa souveraineté à travers la découverte jurisprudentielle de la théorie de l'abus de droit et celle des troubles anormaux de voisinage. Toutes ces limitations qui traduisent certes une évolution ou une adaptation du droit de propriété impliquent également une altération du subjectivisme de ce droit. C'est précisément le caractère absolu de ce droit subjectif qui semble le moins en phase avec la vie sociale notamment en milieu urbain. Ainsi, le caractère absolu du droit de propriété tend inexorablement à devenir l'ombre de lui-même en ce qui concerne son exercice dans la vie sociale.

629. Ces différentes limitations qui affectent le caractère absolu du droit subjectif de propriété trouvent leur légitimité dans la promotion de nouvelles valeurs fondamentales ou d'intérêt général qui doivent s'articuler avec la liberté du propriétaire. Elles tendent donc en réalité à orienter la liberté absolue reconnue au propriétaire pour rendre son exercice plus en phase avec elles. Ces limitations n'imposent ni n'indiquent directement ce que le propriétaire doit faire. Le droit de propriété n'est pas affecté à une fonction sociale prédéterminée. Autrement dit, il n'est pas un droit fonction. Toutefois, son exercice a de plus en plus incontestablement une orientation sociale. Cette orientation n'est pas propre à l'époque contemporaine marquée par l'articulation ou l'équilibre entre le droit de propriété et la protection de certaines valeurs fondamentales ou d'intérêt général ayant trait notamment à des aspects socio-économiques et environnementaux. En effet, l'analyse historique nous enseigne que cette orientation sociale, que le caractère absolu semblait nier, a toujours été conjuguée avec le droit de propriété même si elle semble accrue à l'époque contemporaine. Cette vérité n'est pas propre à une contrée donnée, elle semble presqu'universelle. C'est ainsi que dans la période antérieure à la Révolution française, on trouve des exemples d'appropriations qui allient liberté du propriétaire et solidarité sociale. De même, les recherches sur d'autres concepts de propriété notamment sur le concept coutumier de propriété africain prouvent qu'il était caractérisé par des modes d'appropriations qui mettent en exergue des valeurs collectivistes surtout pour ce qui concerne la propriété immobilière à la différence de la propriété mobilière. De même, l'examen des concepts de propriété en droit chinois, japonais, en *common law* et en droit européen atteste que dans ces systèmes juridiques la conceptualisation du droit de propriété allie des intérêts publics, privés ou multiples accordant ainsi une plus grande place à la société en générale. Ce recours à d'autres concepts de propriété a permis de mieux comprendre l'orientation sociale du concept de propriété de droit positif.

630. Si l'absolutisme du droit subjectif de propriété devrait être entendu comme une négation de son orientation sociale, il faudrait alors en conclure que cette affirmation n'est pas vraie. Elle est ineffective. Bien au contraire, on assiste incontestablement au retour des valeurs sociales dans l'exercice du droit de propriété. Ce retour prend certes la forme des limitations à l'exercice du droit de propriété. Mais, en réalité ces limitations se fondent d'une part sur l'intérêt général qui est même de plus en plus dilué et élargi, d'autre part sur le nécessaire équilibre entre le subjectivisme du droit de propriété et certains droits fondamentaux. Tous ces phénomènes d'altération du caractère absolu du droit de propriété interpellent et rappellent, s'il en était encore besoin, qu'il n'y a pas de propriété sans responsabilité tout comme il n'y a pas de liberté sans responsabilité et qu'en tant que droit fondamental, le droit de propriété est aussi appelé à s'articuler, à trouver un équilibre avec d'autres droits fondamentaux et l'intérêt général. Ainsi, la capacité d'exercice du sujet propriétaire à défaut de pouvoir le responsabiliser, justifie en réalité l'intervention du législateur et du juge pour encadrer l'exercice de son droit dans l'intérêt général et le respect d'autres droits fondamentaux.

631. Néanmoins si toutes ces limitations traduisent une altération de la volonté ou de la liberté du sujet propriétaire, dans la mise en œuvre de son droit, à travers l'altération du caractère absolu de ce droit subjectif, il reste que les grands principes du droit de propriété demeurent encore solidement ancrés dans les textes et dans la jurisprudence. En effet, le subjectivisme du droit de propriété se maintient au moyen du principe de liberté qui git dans son essence aussi bien dans la relation à la chose que dans la relation au corps social.

632. En premier lieu, dans la relation à la chose, le subjectivisme du droit de propriété revêt un caractère fondamental consacré par divers instruments nationaux et internationaux qui rangent ce droit parmi les droits fondamentaux de la personne. À ce titre, le droit de propriété parait bien être le seul sinon l'un des rares droits subjectifs patrimoniaux qui jouit d'un tel rang ou d'une telle considération. Ce caractère implique une plus grande protection du droit de propriété par l'encadrement des atteintes qui peuvent lui être portées tant en ce qui concerne la privation que pour ce qui est des simples atteintes.

633. En outre, si classiquement, le droit subjectif de propriété avait un caractère réel, cette affirmation n'est plus de mise. En effet, le droit de propriété a connu une expansion du point de vue de son objet : il peut aussi porter sur des droits personnels. Cette personnalisation du droit de propriété est une réalité en droit OHADA. Cette consécration relativise donc le dégré de la liberté du propriétaire en fonction de son objet et contribue donc en définitive à relativiser le dégré de liberté qui particularise le subjectivisme du droit de propriété. Mais, en vérité, ce dégré de liberté constitue encore l'essence de la propriété. Il varie seulement avec l'adaptation de la propriété à de nouveaux objets.

634. En second lieu, si le droit subjectif de propriété se limitait à l'existence d'une liberté de principe entre le propriétaire et la chose, il n'en serait pas un : il serait un fait. Pour que la propriété soit un droit, il faut qu'elle ait une dimension sociale. Cette dimension est la relation d'appartenance que le droit de propriété établit entre le propriétaire et les autres personnes du corps social. Elle est aussi caractérisée par une idée de liberté de principe nonobstant les limitations que l'on constate. Cette idée de liberté de principe qui est le trait singulier du droit de propriété dans la relation du propriétaire aux autres s'observe dans le caractère exclusif du droit de propriété et dans sa vocation à perpétuité.

635. Le caractère exclusif du droit subjectif de propriété traduit bien son essence qui est de rendre la chose propre au propriétaire. La propriété implique donc de manière consubstantielle le droit ou la liberté du propriétaire d'exclure les autres dans sa relation à la chose. C'est en effet, à travers cette exclusion qu'il peut rendre la chose propre à lui en exerçant toutes les maitrises juridiques et matérielles auxquelles la chose se prête. Etant inhérente au droit de propriété, l'exclusivité se manifeste dans toutes les propriétés : les propriétés corporelles et incorporelles, les propriétés pures et simples et les propriétés conditionnelles. Ce caractère du subjectivisme jouit de l'existence de moyens de défense, en occurrence, l'action en revendication pour la propriété corporelle et l'action en contrefaçon pour la propriété incorporelle. Ainsi, à travers le caractère exclusif du droit subjectif de propriété, le propriétaire demeure souverain en son domaine, du moins en principe, si l'intérêt général ou les droits fondamentaux ne justifient pas qu'il y soit porté atteinte.

636. Par ailleurs, la liberté de principe dans la relation aux autres, qui découle du caractère exclusif du droit subjectif de propriété, est renforcée par le prolongement dans le temps à travers sa vocation à perpétuité. Ce trait singulier du subjectivisme du droit de propriété garantit la protection des prérogatives du propriétaire pour autant que la chose existe, qu'il n'ait pas cédé son droit volontairement ou involontairement à travers une expropriation par exemple. Toutefois, il existe des exceptions au principe de la vocation à perpétuité du droit subjectif de propriété. Il s'agit des hypothèses dans lesquelles la chose existe toujours, mais elle ne bénéficie plus d'une protection propriétaire, notamment de l'exclusivité. C'est l'exemple des propriétés intellectuelles qui sont protégées durant une période déterminée à l'expiration de laquelle, ne bénéficiant plus de protection, les créations tombent dans le domaine public.

637. Pour conclure, nous pensons que la liberté du propriétaire est beaucoup altérée, mais l'essence de la propriété demeure encore dans le dégré de liberté le plus élévé parmi les droits subjectifs. La propriété réussit à s'adapter à de nouveaux biens, aux nouveaux défis de la société, en diluant ou en « dégonlant » le dégré particulier de liberté qui la caractérise, mais paradoxalement ce dégré de liberté demeure encore son essence. Le subjectivisme du droit de propriété accompagne bien la nature de l'homme.

BIBLIOGRAPHIE GENERALE

I- OUVRAGES

AJAYI J. F. A, (dir.), *Histoire générale de l'Afrique. Afrique du XIXe jusque vers les années 1880,* Vol. VI, Paris, UNESCO, 1996, 915 p.

AUBERT B., LETURMY L. et MASSE M., *Droit pénal général,* UNJF, 2011.

ARNAUD A.-J., (dir.), *Dictionnaire encyclopédique de théorie et de sociologie du droit,* coll. « Droit et société », 2e éd., Paris, LGDJ, 1993, 800 p.

ATIAS Ch., *Droit civil. Les biens*, 9e éd., Paris, Litec, 2007, 392 p.

AUBERT J.-L. et SAVAUX E., *Introduction au droit et thèmes fondamentaux du droit civil,* coll. « Université », 14e éd., Paris, Sirey, 2012, 366 p.

AYNES L., *Sûretés, publicité foncière*, Paris, CUJAS, 1998, 9e édition, 319 p.

BALLAND J., *L'usufruit. Un outil méconnu de gestion et de transmission de patrimoine des particuliers*, Paris, Maxima, 2008, 238 p.

BASDEVANT-GAUDEMET B. et GAUDEMET J., *Introduction historique au droit. XIII-XXe siècle*, coll. « Manuel », 3e éd., Paris, L.G.D.J., 2010, 481 p.

BAUDRY-LACANTINERIE G., *Précis de droit civil*, Paris, Sirey, 1922, 830 p.

BAVIKATTE K. S., *Stewarding the Earth: rethinking property and the emergence of biocultural rights*, Oxford University Press, New Delhi, 2014, 267 p.

BEAUD M., *L'art de la thèse*, Paris, La Découverte, 2006, 202 p.

BECANE J.-C. et COURDEC M., *La loi*, coll. « Méthodes du droit », Paris, Dalloz, 1994, 301 p.

BERGEL J.-L., BRUSCHI M. et CIMAMONTI S., *Traité de droit civil. Les biens,* Paris, L.G.D.J., 2000, 694 p.

BERGEL J.-L., CIMAMONTI S., ROUX J.-M., TRANCHANT L., *Les biens*, coll. « Traités », 3e éd., Paris, LGDJ, 2019, 804 p.

BILLIER J.-C. et MARYIOLI A., *Histoire de la philosophie du droit*, coll. « U », Paris, Armand Colin, 2001, 328 p.

BOAHEN A. A., (dir.), *Histoire générale de l'Afrique. L'Afrique sous domination coloniale, 1880-1935,* Vol. VII, Paris, UNESCO, 1996, 916 p.

BOURJOL M., *Les biens communaux*, coll. « Décentralisation et développement », Paris, LGDJ, 1989, 452 p.

BREGI J.-F., *Droit romain. Les biens et la propriété*, coll. « Universités », Paris, Ellipses, 2009, 234 p.

BRUGUIERE J.-M., *Droit des propriétés intellectuelles*, coll. « Mise au point », Paris, Ellipses, 2005, 141 p.

BULLIER A. J., *La common law*, coll. « Connaissance du droit », 3e éd., Paris, Dalloz, 2012, 161 p.

BURGAT F. et DANTZER R. (dir.), *Les animaux d'élevage ont-ils droit au bien-être ?,* Paris, INRA, 2001, 291 p.

CABRILLAC R., *Introduction générale au droit*, 9e éd., Paris, Dalloz, 2011, 272 p.

CABRILLAC M., MOULY C., CABRILLAC S. et PETEL Ph., *Droit des sûretés*, coll. « Manuel », Paris, LexisNexis/Litec, 2015, 10ème édition, 852 p.

CAPITANT H., TERRE F. et LEQUETTE Y., *Les grands arrêts de la jurisprudence civile*, t.1, 13e éd., Paris, Dalloz, 2015, 749 p.

CARBASSE J.-M., *Histoire du droit*, coll. « Que sais-je », Paris, PUF, 2008, 127 p.

CARBONNIER J.,

- *Droit civil. Les biens*, coll. « Thémis », t. 3, 18e éd., Paris, PUF, 1998, 384 p.
- *Flexible droit. Pour une sociologie du droit sans rigueur*, coll. « Anthologie du droit », 10e éd., Paris, LGDJ, 2014, 493 p.
- *Sociologie juridique*, 2ème éd, Paris, Quadrige, 2004, 415 p.

CASTALDO A., *Introduction historique au droit*, coll. « Précis », 3e éd, Paris, Dalloz, 2006, 435 p.

CHAMOULAUD-TRAPIERS A.,

- *Droit des affaires*, coll. « lexifac Droit », 2e éd., Limoges, Ed. Bréal, 2007, 223 p.
- *Droit des biens*, coll. « lexifac Droit », Limoges, Ed. Bréal, 2007, 222 p.

CHEYNET DE BEAUPRE A., *Droit des biens*, coll. « Dyna Sup'droit », Paris, Vuibert, 2011, 350 p.

CLAVIER J.-P., *Droit de la propriété industrielle*, UNJF, 2011.

CORNU G.,

- *Droit civil. Les biens*, coll. « Domat », 13e éd., Paris, Montchrestien, 2007, 377 p.
- (dir.), *Vocabulaire juridique*, PUF, 2007.

COZIAN M., VIANDIER A. et DEBOISSY F., *Droit des sociétés*, coll. « Manuel », 28e éd., Paris, LexisNexis, 2015, 863 p.

CROCQ P., (dir.), *Le nouvel acte uniforme portant organisation des sûretés*, coll. « Lamy Axe droit », Paris, éd. Lamy, 2012, 406 p.

DABIN J., *Le droit subjectif*, coll. « Philosophie du droit », Paris, Dalloz, 1952, 313 p.

DAVERAT X., *Droit de la propriété littéraire et artistique*, UNJF, 2011.

DELEBECQUE Ph., *La responsabilité civile : le délit et le quasi-délit*, UNJF, 2011.

DELEBECQUE Ph. et PANSIER F.-J., *Droit des obligations. Régime général*, coll. « Objectif Droit-Cours », 7e éd., Paris, LexisNexis, 2015, 423 p.

DELESSALLE Th. et MONNOT J.-L., *Marchand de biens. Statut juridique et pratiques professionnelles*, coll. « Delmas », 6e éd., Paris, Dalloz, 2005, 368 p.

DEUMIER P., *Introduction générale au droit*, coll. « Manuel », 2e éd., Paris, L.G.D.J., 2013, 357 p.

DROSS W., *Droit des biens*, coll. « Domat. Droit privé », Paris, Montchrestien, 2012, 460 p.

DRUFFIN-BRICCA S. et HENRY L.-C., *Introduction générale au droit*, coll. « Mémentos LMD », 7e éd., Paris, Gualino, 2013, 254 p.

DUGUIT L., *L'Etat, le droit objectif et la loi positive*, préf. MODERNE F., coll. « Bibliothèque Dalloz », Paris, Dalloz, 1901, reéd. 2003, 636 p.

DUTILLEUL F. C. et DELEBECQUE Ph., *Contrats civils et commerciaux*, 11e éd., Paris, Dalloz, 2019, 1084 p.

Editions LEFEBVRE F., *Memento Pratique. Patrimoine 2011-2012*, Paris, 2011, 1515 p.

EL FASI M. et HRBECK I., (dir.), *Histoire générale de l'Afrique. Afrique du VIIe au XIe siècle,* Vol. III, Paris, UNESCO, 1990, 932 p.

ELIAS O. T., *La nature du droit coutumier africain*, Trad. DECOULFLE ET DESSAU, Dakar, Présence africaine, 1961, 325 p.

FABRE-MAGNAN M., *Introduction générale au droit. Cours et méthodologie*, coll. « Licence », Paris, PUF, 2009, 285 p.

FRANCOIS J., *Droit civil. Les obligations. Régime général*, 1ère éd., Paris, Economica, t. 4, 2000, 415 p.

GARANE A. et ZAKANE V., *Droit de l'environnement burkinabè*, Ouagadougou, coll. « Précis de droit burkinabè », Presses africaines, 2008, 881 p.
GARE Th. (dir.), *Introduction au droit et au droit civil*, coll. « Annales », Paris, Dalloz, 2011, 215 p.
GASPARINI E. et GOJOSSO E., *Introduction historique au Droit et Histoire des Institutions*, coll. « Master », 5e éd., Paris, Gualino, 2013, 407 p.
GAUDEMET Y., *Traité de droit administratif. Droit administratif des biens*, t. 2, 12e éd., Paris, L.G.D.J., 2002, 543 p.
GAUMONT-PRAT H., *Droit de la propriété industrielle*, coll. « Objectif Droit-Cours », 2e éd., Paris, Litec, 2009, 263 p.
GHESTIN J., JAMIN Ch. et BILLIAU M., *Traité de droit civil. Les effets du contrat*, 3e éd., Paris, L.G.D.J., 2001, 1340 p.
GIRER M., *Droit des biens*, UNJF, 2011 ;
GRIMALDI M., (dir), *Droit patrimonial de la famille*, coll. « Dalloz action 2001-2002 », Paris, Dalloz, 2002, 957 p.
GRUA F. et CAYROL N., *Méthode des études de droit*, coll. « Méthodes du droit », 3e éd., Paris, Dalloz, 2014, 125 p.
GRYNBAUM L., LE GOFFIC C., MORLET-HAIDARA L., *Droit des activités numériques*, coll. « Précis », 1re éd., Paris, Dalloz, 2014, 1003 p.
GUYON Y., *Traité des contrats. Les sociétés*, 5e éd., Paris, L.G.D.J., 2000, 462 p.
HEUZE V., *Traité des contrats. La vente internationale de marchandises. Droit uniforme*, Paris, L.G.D.J., 2000, 604 p.
HILAIRE J., *Histoire du droit*, 11e éd, Paris, Dalloz, 2007, 169 p.
HOBBES T., *Léviathan. Traité de la matière, de la forme et du pouvoir de la république ecclésiastique et civile*, trad. TRICAUD F., coll. « Bibliothèque Dalloz », Paris, Dalloz, 2008, 780 p.
HOSTIOU R., *Droit de l'expropriation pour cause d'utilité publique*, UNJF, 2011.
HUET J., *Traité de droit civil. Les principaux contrats spéciaux*, 2e éd., Paris, L.G.D.J., 2001, 1697 p.
HUMBERT M., *Institutions politiques et sociales de l'Antiquité*, coll. « Précis », 9e éd., Paris, Dalloz, 2007, 731 p.
JOSSERAND L., *De l'esprit des droits et de leur relativité. Théorie dite de l'abus des droits*, préf. D. DEROUSSIN, coll. « Bibliothèque Dalloz », 2e éd., Paris, Dalloz, 1963, rééd. 2006, 454 p.

KELSEN H., *Théorie générale des normes*, coll. « Léviathan », Paris, PUF, 1996, 604 p.
KI-ZERBO J. (dir.), *Histoire générale de l'Afrique. Méthodologie et préhistoire africaine,* Vol. I, Paris, UNESCO, 1980, 847 p.
LARROUMET Ch.,
- *Droit civil. Les biens. Droits réels principaux*, t. 2, 5e éd., Paris, Economica, 2006, 634 p.
- *Droit civil. Les obligations. Le contrat*, t. 3, 5e éd., Paris, Economica, 2003, 1017 p.

LAVILLE C., LEVENEUR L., ROUGIER A., (dir.), *Construire son parcours de thèse. Manuel réflexif et pratique*, coll. « Communication et Civilisation », Paris, L'Harmattan, 2008, 227 p.
LE TOURNEAU Ph. et CADIET L., *Droit de la responsabilité et des contrats*, coll. « Dalloz action 2002-2003 », Paris, Dalloz, 2003, 1590 p.
LIBCHABER R., *L'ordre juridique et le discours du droit. Essai sur les limites de la connaissance du droit*, Paris, LGDJ, 2013, 431 p.
MALAURIE Ph. et AYNES L., *Les biens*, coll. « Droit civil », 3e éd., Paris, Defrenois, 2007, 397 p.
MALJEAN-DUBOIS S., *Droit de l'environnement*, UNJF, 2011.
MAKOWIAK J., *Droit de l'urbanisme*, UNJF, 2011.
MATHIEU M.-L.,
- *Droit civil. Les biens*, coll. « Université », 3e éd., Paris, Sirey, 2013, 382 p.
- *Droit civil. Les biens*, coll. « Université », 2e éd., Paris, Sirey, 2010, 398 p.

MAZRUI A. A., et Wondji C., (dir.), *Histoire générale de l'Afrique. L'Afrique depuis 1935,* Vol. VIII., Paris, UNESCO, 1998, 1970 p.
MERLAND G., *L'intérêt général dans la jurisprudence du conseil constitutionnel,* préf. D. ROUSSEAU, coll. « Bibliothèque constitutionnelle et de science politique », Paris, LGDJ, 2004, 390 p.
MESTRE J., PUTMAN E. et BILLIAU M.,
- *Traité de droit civil. Droit commun des sûretés réelles*, Paris, L.G.D.J., 1996, 525 p.
- *Traité de droit civil. Droit spécial des sûretés réelles*, Paris, L.G.D.J., 1996, 964 p.

MOKHTAR G., (dir.), *Histoire générale de l'Afrique. Afrique ancienne,* Vol. II, Paris, UNESCO, 1980, 887 p.
MUNAGORRI R. E. D., *Introduction générale au droit*, coll. « Champs Université », Paris, Flammarion, 2002, 371 p.

NGUIDJOL A., *Histoire des idées politiques. De Platon à Rousseau*, coll. « Pensée africaine », Paris, L'Harmattan, 2009, 206 p.
NIANE D. T., (dir.), *Histoire générale de l'Afrique. Afrique du XIIe au XVIe siècle,* Vol. IV, Paris, UNESCO, 1985, 797 p.
NIKIEMA K., *Droit des biens et droit foncier*, coll. « Précis de droit burkinabè », Ouagadougou, Presses africaines, 2008, 338 p.
OGOT B. A., (dir.), *Histoire générale de l'Afrique. Afrique du XVIe au XVIIIe siècle,* Vol. V, Paris, UNESCO, 1999, 1089 p.
OLIVIER-MARTIN F., *Histoire du droit français. Des origines à la Révolution*, Paris, CNRS éd., 2010, 758 p.
OSTROM E., *Gouvernance des biens communs. Pour une nouvelle approche des ressources naturelles*, coll. « Planète en jeu », Bruxelles, éd. De Boeck, 2010, 301 p.
PATAULT A.-M., *Introduction historique au droit des biens*, coll. « Droit fondamental », Paris, PUF, 1989, 336 p.
PERELMAN C., *Ethique et droit*, Bruxelles, éd. de l'Université de Bruxelles, 1990, 825 p.
PFISTER L., *Introduction historique au droit privé*, coll. « Que sais-je », Paris, PUF, 2004, 127 p.
PIEDELIEVRE S., *Traité de droit civil. La publicité foncière*, Paris, L.G.D.J., 2000, 297 p.
PLANIOL M. et RIPERT G., *Traité pratique de droit civil français, Les biens*, t. III, 2e éd., par PICARD Maurice, Paris, L.G.D.J., 1952, 1035 p.
PONTIER J.-M., *Contrôle de l'action administrative*, UNJF, 2011.
PORTALIS J.-M.-E.,
- *Discours préliminaire du premier projet de Code civil*, préf. M. MASSENET, coll. « Voix de la cité », Bordeaux, éd. Confluences, 2004, 78 p., accessible sur le site Les classiques des sciences sociales.
- *Ecrits et discours juridiques et politiques*, Coll. des publications du Centre de Philosophie du Droit, Aix-en-Provence, PUAM, 1988, 406 p.
POUMAREDE J., *Histoire du droit privé : la propriété*, UNJF, 2011.
PROUDHON P.-J.,
- *Théorie de la propriété*, accessible sur le site Les classiques des sciences sociales.
- *Qu'est-ce que la propriété ?*, accessible sur le site Les classiques des sciences sociales.
RARIJAONA R., *Le concept de propriété en droit foncier de Madagascar*, préf. J. CARBONNIER, Paris, Cujas, 1967, 306 p.

REBOUL-MAUPIN N., *Droit des biens*, coll. « HyperCours », 4e éd., Paris, Dalloz, 2012, 608 p.
RENAUT M.-H., *Histoire du droit privé. Personnes et biens*, coll. « Mise au point », Paris, Ellipses, 2008, 175 p.
REVET S., MARTIN B. et VERFAILLIE B., *Droits de l'homme et responsabilité*, Casablanca, Ed. Tarik, Paris, Ed. Charles Léopold Payer, 2007, 140 p.
RIPERT G. et ROBLOT R., *Traité de droit commercial*, 18e éd, Paris, L.G.D.J., VOGEL L., t. 2, vol. 1, 2001, 905 p.
ROCHFELD J., *Les grandes notions du droit privé*, coll. « Thémis », Paris, PUF, 2011, 576 p.
RODIERE R., (dir.), *La responsabilité délictuelle dans la jurisprudence*, Paris, Librairies Techniques, 1978, 438 p.
ROLAND H. et BOYER L., *Adages du droit français*, 4e éd., Paris, Litec, 1999, 1021 p.
ROLAND H. et BOYER L., *Locutions latines du droit français*, 4e éd., Paris, Litec, 1998, 566 p.
ROMELAER P. et KALIKA M., *Comment réussir sa thèse. La conduite du projet de doctorat*, 2e éd, Paris, Dunod, 2011, 222 p.
ROUBIER P., *Droits subjectifs et situations juridiques*, préf. de D. DEROUSSIN, Coll. « Bibliothèque Dalloz », Paris, Dalloz, 1963, rééd. 2005, 451 p.
ROUSSEAU J.-J., *Discours sur l'origine et les fondements de l'inégalité parmi les hommes* accessible sur le site Les classiques des sciences sociales.
SAVATIER R., *Les métamorphoses économiques et sociales du droit civil d'aujourd'hui*, 3e éd., Paris, Dalloz, 1964, 454 p.
SAWADOGO F. M. et BOUGOUMA O., *Contrats spéciaux*, Ouagadougou, Maison du droit, 2015, 211 p.
SAWADOGO F. M. et KABRE W. D., *Théorie générale des obligations*, Ouagadougou, Maison du droit, 2015, 404 p.
SCHRILLER S., *Droit des biens*, coll. « cours dalloz », 7e éd., Paris, Dalloz, 2013, 338 p.
SIMLER Ph. et DELEBECQUE Ph., *Droit civil. Les sûretés. La publicité foncière*, 3e éd., Paris, Dalloz, 2000, 727 p.
SOLEIL S., *Introduction historique aux institutions. IV-XVIIIe siècle*, coll. « Champs Université », 2e éd., Paris, Flammarion, 2002, 382 p.
STRICKLER Y., *Les biens*, coll. « Thémis Droit », Paris, PUF, 2006, 536 p.
TERRE F. et SIMLER Ph.,

- *Droit civil. Les biens*, coll. « Précis », 9e éd., Paris, Dalloz, 2014, 870 p.
- *Droit civil. Les biens*, coll. « Précis », 8e éd., Paris, Dalloz, 2010, 868 p.
- *Droit civil. Les biens*, coll. « Précis », 6e éd., Paris, Dalloz, 2002, 793 p.

TOE S., *Droit commercial général, sociétés commerciales et G.I.E.*, coll. « Précis de droit burkinabè », 1re éd., Ouagadougou, Maison du droit, 2014, 335 p.

VILLEY M.,
- *La formation de la pensée juridique moderne*, coll. « Quadrige », Paris, PUF, 2013, 624 p.
- *Philosophie du droit. Définitions et fins du droit. Les moyens du droit*, Paris, Dalloz, 2001, 339 p.

VIVANT M., (dir.), *Les créations immatérielles et le droit*, coll. « Le droit en question », Paris, Ellipses, 1997, 127 p.

WALINE M., *L'individualisme et le Droit*, préf. de F. MELIN-SOUCRAMANIEN, coll. « Bibliothèque Dalloz », 2e éd., Paris, Dalloz, 2007, 436 p.

WITZ C., *La fiducie en droit privé français*, Préf. SCHMIDT D., Paris, Economica, 1981, 351 p.

XIFARAS M., *La propriété - Etude de philosophie du droit*, Coll. « Fondements de la politique », Paris, PUF, 2004, 539 p.

ZENATI- CASTAING F., *La jurisprudence*, coll. « Méthodes du droit », Paris, Dalloz, 1991, 281 p.

ZENATI-CASTAING F. et REVET Th.,
- *Cours de droit civil. Obligations. Régime*, coll. « Droit fondamental », Paris, PUF, 2013, 303 p.
- *Les biens*, Coll. « Droit fondamental », 3e éd, Paris, PUF, 2008, 759 p.

II- THESES ET MEMOIRES

ARSAC A., *La propriété fiduciaire : nature et régime*, thèse de doctorat en Droit, Université Panthéon-Sorbonne Paris I, 2013, 411 p.

BALIVET B., *Les techniques de gestion des biens d'autrui*, thèse de doctorat en Droit, Université Jean Moulin Lyon III, 2004, 628 p.

BALSAN L., *Les sociétés de gestion collective : contribution à l'étude du lien entre sociétés et auteurs ou artistes-interprètes* *adhérents*, thèse de doctorat en Droit, Université Jean Moulin Lyon III, 2007, 537 p.

BOLLON N., *Etude critique de la notion de patrimoine en droit des régimes matrimoniaux et des successions*, thèse de doctorat en Droit, Université Jean Moulin Lyon III, 2008, 386 p.

BZOWSKI G., *L'instrumentalisation fiscale du droit de propriété*, thèse de doctorat en Droit, Université Panthéon-Assas, 2011, 564 p.

COCHEZ C., *La participation du droit des biens au mouvement de socialisation du droit*, thèse de doctorat en Droit, Université Lille Nord de France, 2013, 451 p.

COUDERT S., *La mise à disposition d'une chose*, thèse de doctorat en Droit, Université Montpellier, 2016, 334 p.

DROSS W., *Le mécanisme de l'accession. Eléments pour une théorie de la revendication en valeur*, thèse de doctorat en Droit, Université Nancy II, 2000, 571 p.

DUPEND A., *L'argument jusnaturaliste en droit privé patrimonial français*, thèse de doctorat en Droit, Université de Bordeaux, 2014, 525 p.

GUDEFIN J., *Le statut juridique de l'eau à l'épreuve des exigences environnementales*, thèse de doctorat en Droit, Université Jean Moulin Lyon III, 2013, 751 p.

HADDADIN S., *Essai sur une théorie générale en droit d'auteur*, thèse de doctorat en Droit, Université de Poitiers, 2008, 433 p.

HANOUILLE N., *Intérêt particulier et intérêt général à l'époque des Lumières*, thèse de doctorat en Philosophie, Université Paul Valéry - Montpellier III, 2012, 542 p.

IBARRA GARZA R., *La protection du patrimoine fiduciaire-trust fund (étude comparée : droit français-droit anglais)*, thèse de doctorat en Droit, Université Panthéon-Assas, 2013, 565 p.

JACOB T., *Cession de créances et opposabilité*, thèse de doctorat en Droit, Université de Strasbourg, 2015, 504 p.

JONHSON-ANSAH A., *L'épuisement des droits de propriété industrielle dans l'espace O.A.P.I. (Organisation africaine de propriété intellectuelle)*, thèse de doctorat en Droit, Université de Strasbourg, 2013, 468 p.

LALLEMENT A., *Travail, création et propriétés*, thèse de doctorat en Droit, Université de Poitiers, 2012, 849 p.

LI B., *La protection de la propriété en chine : transformation du droit interne et influence du droit international*, thèse de doctorat en Droit, Université Paris I Panthéon-Sorbonne, 2009, 806 p.

MASSON F., *La propriété commune*, thèse de doctorat en Droit, Université Panthéon-Sorbonne - Paris I, 2016, 678 p.

MBALA MBALA F., *La notion philosophique de dignité à l'épreuve de sa consécration juridique*, thèse de doctorat en Droit, Université Lille II, 2007, 466 p.

MILLET L., *Contribution à l'étude des fonctions sociale et écologique du droit de propriété : enquête sur le caractère sacré de ce droit énoncé dans la Déclaration des droits de l'homme et du citoyen du 26 août 1789*, thèse de doctorat en Droit, Université Panthéon-Sorbonne - Paris I, 2015, 1113 p.

MILLEVILLE S., *Les restrictions au droit de disposer*, thèse de doctorat en Droit, Université Panthéon-Assas Paris II, 2008, 684 p.

OESTERLE O., *Comparaison de la notion et de la protection de la propriété des biens meubles en France et en Angleterre,* Master de droit européen comparé, Paris Panthéon-Assas, 2014, 121 p.

PAQUET Y., *Le lot de copropriété, entre complexité et illusion : analyse de la nature juridique du lot de copropriété*, thèse de doctorat en Droit, Université Grenoble Alpes, 2016, 336 p.

PERROT X., *La restitution internationale des biens culturels aux XIXe et XXe siècles. Espace d'origine, intégrité et droit*, thèse de doctorat en Droit, Université de Limoges, 2005, 381 p.

PIERACCINI S., *La "propriété temporaire", essai d'analyse des droits de jouissance à temps partagé*, thèse de doctorat en Droit, Université du Sud Toulon Var, 2008, 379 p.

PIGNARD I., *La liberté de création*, thèse de doctorat en Droit, Université Nice Sophia-Antipolis, 2013, 587 p.

PINTO HANIA V., *Les biens immatériels saisis par le droit des suretés réelles mobilières conventionnelles*, thèse de doctorat en Droit, Université Paris-Est Créteil, 2011, 391 p.

PLANÇON C., *La représentation dans la production et l'application du droit. Etudes de cas dans le droit de propriété foncière au Canada/Québec, en France et au Sénégal*, thèse de doctorat en Droit, Université Panthéon-Sorbonne - Paris I, 2006, 660 p.

RICHARD D., *De la propriété du sol en volume*, thèse de doctorat en Droit, Université Panthéon-Assas Paris II, 2015, 928 p.

ROLAIN M., *Les limitations au droit de propriété en matière immobilière*, thèse de doctorat en Droit, Université Nice Sophia Antipolis, 2015, 595 p.

SAUGEZ H., *L'affectation des biens à l'utilité publique : Contribution à la théorie générale du domaine public*, thèse de doctorat en Droit, Université d'Orléans, 2012, 441 p.
SECHIER-DECHEVRENS J., *Essai sur la notion d'immobilisation par destination,* thèse de doctorat en Droit, Université Jean Moulin Lyon III, 2005, 420 p.

III- ARTICLES ET MONOGRAPHIES

ADELLE J.-F., MERIL E., « L'évolution récente du droit chinois : ouverture ou protectionnisme ? », *RIS*, 2011, Vol. 1 n°81, p. 139-147 ;
AGBENOTO K. M., « La constitutionnalisation du droit privé », *De l'esprit du droit africain*, Mél. P. G. POUGOUE, éd. CREDIJ, 2014, p. 57-86.
ALBIGES Ch., « Le droit au logement », CABRILLAC R., (dir.), *Libertés et droits fondamentaux*, 21e éd., Paris, Dalloz, 2015, p. 973-1001.
AMATO S., « « Rien qui soit » : présences juridiques de l'immatériel », *APD*, t. 43, *Le droit et l'immatériel*, Sirey, 1999, p. 45-59.
ARMENGAUD F., « L'anthropomorphisme : vraie question ou faux débat ? », BURGAT F. et DANTZER R. (dir.), *Les animaux d'élevage ont-ils droit au bien-être ?*, Paris, INRA, 2001, p. 165-187.
ARNAUD A.-J., « Le droit français des biens entre jeu et providence », *APD*, t. 24, *Les biens et les choses*, Sirey 1979, p. 213-234.
ATIAS Ch. et LINOTTE D., *Le mythe de l'adaptation du droit au fait*, *D.* 1977, chron. p. 251-258.
BATIFFOL H., « Problèmes contemporains de la notion de biens », *APD*, t. 24, *Les biens et les choses*, Sirey 1979, p. 9-16
BEAUCHARD R., « La propriété : fondement matériel de la vertu civique américaine », BOUDOT M. et VEILLON D. (dir.), *Les propriétés*, Poitiers, Presses universitaires juridiques de Poitiers, Paris, L.G.D.J., 2016, p. 35-47.
BENABENT A., « La personne », *Droit et grands enjeux du monde contemporain*, Paris, La documentation française, 2012, p. 61-65.
BERRY E. et FAVREAU D., « La propriété du logement du couple, aspects théoriques et pratiques », BOUDOT M. et VEILLON D. (dir.), *Les propriétés*, Poitiers, Presses universitaires juridiques de Poitiers, Paris, L.G.D.J., 2016, p. 231-266.

BINGZHI Z., YUANHUANG Z. et JUNMIN R., « La contrefaçon en droit chinois de la propriété intellectuelle », *RIDC*, Vol. 59 n°2, 2007, p. 361-382 ;
BIOY X., « Le droit à la personnalité juridique », *RDLF* 2012, chron. n°12 (www.revuedlf.com).
BLONDEEL J., « La Common Law et le droit civil », *RIDC*, Vol. 3 n°4, Octobre-décembre 1951, p. 585-598.
BONNIN V., « Travail et propriété », BOUDOT M. et VEILLON D. (dir.), *Les propriétés*, Poitiers, Presses universitaires juridiques de Poitiers, Paris, L.G.D.J., 2016, p. 155-169.
BOSSAN J., « Les infractions contre les biens immatériels », BOUDOT M. et VEILLON D. (dir.), *Les propriétés*, Poitiers, Presses universitaires juridiques de Poitiers, Paris, L.G.D.J., 2016, p. 187-196.
BOUDOT M., « Les représentations concurrentes de la propriété en droit civil français », BOUDOT M. et VEILLON D. (dir.), *Les propriétés*, Poitiers, Presses universitaires juridiques de Poitiers, Paris, L.G.D.J., 2016, p. 21-34.
BOUDREAU-OUELLET A., « Aspects conceptuels et juridiques du « droit de propriété» », *Revue générale de droit*, Vol. 21, n°1, mars 1990, p. 169–180.
BOUKONGOU J. D., « L'esprit des droits africains », *De l'esprit du droit africain*, Mél. P. G. POUGOUE, éd. CREDIJ, 2014, p. 165-178.
BRUGUIERE J.-M.,
- « Internet et le droit », *Droit et grands enjeux du monde contemporain*, Paris, La documentation française, 2012, p. 157-166.
- « Le propriétaire. L'exemple du droit d'auteur », *Droit et grands enjeux du monde contemporain*, Paris, La documentation française, 2012, p. 83-92.

BURGAT F.,
- « Les revendications des associations de protection des animaux d'élevage », BURGAT F. et DANTZER R. (dir.), *Les animaux d'élevage ont-ils droit au bien-être ?*, Paris, INRA, 2001, p. 65-84.
- « Bien-être animal : la réponse des scientifiques », BURGAT F. et DANTZER R. (dir.), *Les animaux d'élevage ont-ils droit au bien-être ?*, Paris, INRA, 2001, p. 105-133.

BURGAT F., GARAPON A., HERMITTE M.-A., « L'animal sujet de droit? », BURGAT F. et DANTZER R. (dir.), *Les animaux d'élevage ont-ils droit au bien-être ?*, Paris, INRA, 2001, p. 134-147.

CABRILLAC R., « Le corps humain », CABRILLAC R., (dir.) *Libertés et droits fondamentaux*, 21e éd., Paris, Dalloz, 2015, p. 205-220.
CAPELLER W., « Un net pas très net. Réflexions sur la criminalité virtuelle », *APD*, t. 43, *Le droit et l'immatériel*, Sirey, 1999, p. 167-185.
CARON Ch., « La notion de bien confrontée aux choses exclues d'appropriation : l'exemple des œuvres libres », LEVENEUR L. (dir.), *Les « nouveaux » biens. Nouvelles qualifications ou nouveaux régimes* ?, Coll. « Thèmes & Commentaires », Paris, Dalloz, 2020, p. 49-60.
CATALA P.,
- « Exposé de synthèse », *L'évolution contemporaine du droit des biens*, t. 19, Paris, PUF, 1991, p. 181-190.
- « L'immatériel et la propriété », *APD*, t. 43, *Le droit et l'immatériel*, Sirey, 1999, p. 61-63.
CAYE P., « La condition immatérielle du monde et la question du droit », *APD*, t. 43, *Le droit et l'immatériel*, Sirey, 1999, p. 225-232.
CHAIGNEAU A.,
- « La fonction des communs en droit contemporain. Une introduction », CHAIGNEAU A. (dir.), *Fonctions de la propriété et commun. Regards comparatistes*, Droit comparé et européen, Vol. 27, Paris, Société de législation comparée, 2016, p. 7-14.
- « Une propriété affectée au commun », CHAIGNEAU A. (dir.), *Fonctions de la propriété et commun. Regards comparatistes*, Droit comparé et européen, Vol. 27, Paris, Société de législation comparée, 2016, p. 57-67.
CHAMPEIL-DESPLATS V., « Droits et/ou normes. Les droits et libertés par-delà les énoncés : significations et structures normatives», *RDLF* 2019 chron. n°24 (www.revuedlf.com).
CHARMONT J., « L'abus de droit », *RTD Civ.* 1902, t. 1, p. 113-125.
CHATEAU B., « L'évolution de la propriété littéraire et artistique », Faculté de Droit et des sciences sociales de Poitiers, *L'évolution contemporaine du droit des biens*, t. 19, Paris, PUF, 1991, p. 167-180.
CHAZAL J.-P.,
- « Le propriétaire souverain : archéologie d'une idole doctrinale », *RTD Civ.* 2020, p. 1-34.
- « La propriété : dogme ou instrument politique, ou comment la doctrine s'interdit de penser le réel », *RTD Civ.*, 2014, p. 763-794.

CHEVALIER E., « Propriété, Données personnelles et publiques », BOUDOT M. et VEILLON D. (dir.), *Les propriétés*, Poitiers, Presses universitaires juridiques de Poitiers, Paris, L.G.D.J., 2016, p. 69-83.

CHILSTEIN D., « La notion de bien confrontée aux choses dépourvues de valeur : l'exemple des biens à valeur vénale négative », LEVENEUR L. (dir.), *Les « nouveaux » biens. Nouvelles qualifications ou nouveaux régimes* ?, Coll. « Thèmes & Commentaires », Paris, Dalloz, 2020, p. 39-48.

CISSE A., « Pour une approche plurale du droit africain », *De l'esprit du droit africain*, Mél. P. G. POUGOUE, éd. CREDIJ, 2014, p. 1-23.

COHEN D., « La liberté de créer », CABRILLAC R., (dir.), *Libertés et droits fondamentaux,* 21e éd., Paris, Dalloz, 2015, p. 561-583.

COSTA De OLIVEIRA C. et GARCIA B. LIMA G., « La mise en œuvre des obligations environnementales dans les propriétés privées au Brésil », CHAIGNEAU A. (dir.), *Fonctions de la propriété et commun. Regards comparatistes*, Droit comparé et européen, Vol. 27, Paris, Société de législation comparée, 2016, p. 127-152.

DABIN J., « Une nouvelle définition des droits réels », *RTD Civ.* 1962, p. 20-44.

DANTZER R., « Comment les recherches sur la biologie du bien-être animal se sont-elles construites ? », BURGAT F. et DANTZER R. (dir.), *Les animaux d'élevage ont-ils droit au bien-être ?*, Paris, INRA, 2001, p. 85-104.

DECOCQ G., « Abus de droit de la propriété intellectuelle et abus de position dominante », *Droit et technique* : Mél. X. LINANT DE BELLEFONDS, Paris, Litec, 2007, p. 143-159.

DECKON F. K., « La nature du droit de l'exploitant irrégulier du domaine foncier national togolais (de lege feranda) », *De l'esprit du droit africain*, Mél. P. G. POUGOUE, éd. CREDIJ, 2014, p. 179-198.

DIFFO TCHUNKAM J., « La dématérialisation au service de l'attractivité économique du droit OHADA : enjeux économiques et défis sécuritaires », *De l'esprit du droit africain*, Mél. P. G. POUGOUE, éd. CREDIJ, 2014, p. 225-244.

DROSS W.,

- « L'extension de la notion de bien à l'intérêt économique substantiel », LEVENEUR L. (dir.), *Les « nouveaux » biens. Nouvelles qualifications ou nouveaux régimes* ?, Coll. « Thèmes & Commentaires », Paris, Dalloz, 2020, p. 15-30.

- « La théorie des troubles anormaux de voisinage a-t-elle encore quelque chose à voir avec le droit des biens ? » note sous Civ. fr. 3e, 8 novembre 2018, n°17-24.333, *RTD Civ.* 2019, p. 140-144.
- « Droit réel de jouissance spéciale ou servitude : est-il toujours utile de choisir ? » note sous Civ. fr. 3e, 6 juin 2019, nos 18-14.547 et 18-15.386, *RTD Civ.* 2019, p. 622-626.
- « L'application de la maxime « en fait de meuble, la possession vaut titre » aux biens du domaine public mobilier », note sous Cons. Const. fr., 26 octobre 2018, n°2018-743, QPC, Sté Brimo de Laroussilhe, *RTD Civ.* 2019, p. 145-148.
- « L'aveu du droit du véritable propriétaire par le possesseur : quels effets ? » note sous Civ. fr. 3e, 11 avril 2019, n°17-17.766, *RTD Civ.* 2019, p. 610-613.
- « Le champ de l'imprescriptibilité du droit de propriété », note sous Civ. fr. 1re, 21 février 2019, n°17-25.733, *RTD Civ.* 2019, p. 372-375.
- « Propriétaire *versus* créanciers sociaux : où est l'équilibre » note sous Com. fr., 3 avril 2019, n°18-11.247, *RTD Civ.* 2019, p. 617-622.
- « A qui appartiennent les lingots d'or découverts sur le fonds vendu ? » note sous Civ. 3e, 6 juin 2018, n°17-16.091, *RTD civ.* 2018, p. 940-944.
- « La perpétuité du droit réel de jouissance spéciale : une réponse en trompe-l'œil » note sous Civ. fr. 1re, 7 juin 2018, n° 17-17.240, *RTD Civ.* 2018, p. 712-715.
- « La prescription de l'action pour troubles anormaux de voisinage : divergences de la Cour de cassation », note sous Civ. 2e, 13 septembre 2018, 17-22.474, *RTD Civ.* 2018, p. 948-952.
- « L'article 8 de la Convention EDH et la construction entièrement édifiée sur le sol d'autrui », note sous Civ. fr. 17 mai 2018, n°16-15.992, *RTD Civ.* 2018, p. 708-711.
- « L'abusus peut-il être démembré ? Toulouse-Lautrec, Renoir, Giacometti et les autres… », note sous Civ. fr. 1re, 27 septembre 2017, n°16-14.196, *RTD Civ.* 2017, p. 153-158.
- « Propriété et proportionnalité : nouveaux épisodes », note sous Civ. fr. 1re, 21 décembre 2017, n°16-25.469 ; Civ. fr. 1re, 21 décembre 2017, n°15-21.403, *RTD Civ.* 2017, p. 158-163.
- « Empiètement et abus de droit : de la propriété à la responsabilité », note sous Civ. fr. 3e, 14 janvier 2016, n°14-24.703, *RTD Civ.* 2016, p. 410-413.
- « L'expropriation de fait est-elle encore de droit positif ? », note sous Civ. fr. 3e, 15 juin 2016, n°15-21.628, *RTD Civ.* 2016, p. 889-894.

- « A quelles conditions le meuble vendu sous réserve de propriété, indispensable à l'activité du débiteur failli, peut-il être revendiqué ? », note sous Com. fr. 10 mars 2015, n°13-23.424, *RTD Civ.* 2015, p. 648-652.
- « Que l'article 544 du code civil nous dit-il de la propriété ? », *RTD Civ.*. 2015, p. 27-43.
- « Une approche structurale de la propriété », *RTD Civ.*, 2012, p. 419-437.
DUFOUR A., « Notion et division des choses en droit germanique », *APD*, t. 24, *Les biens et les choses*, Sirey 1979, p. 95-125.
DURKHEIM E.,
- *Le « contrat social » de ROUSSEAU*, accessible sur le site Les classiques des sciences sociales.
- *Leçons de Sociologie. Physique des mœurs et du droit*, accessible sur le site Les classiques des sciences sociales.
DUPRE DE BOULOIS X., « Droits fondamentaux et présomption de préjudice », *RDLF* 2012, chron. n°10 (www.revuedlf.com).
DUPUY P.-M., « Bioéthique et droit international. Elaboration progressive d'un cadre juridique pour la définition d'une morale universelle », *Droit et technique* : Mél. X. LINANT DE BELLEFONDS, Paris, Litec, 2007, p. 167-179.
EMERICH, Y., « Regard civiliste sur le droit des biens de la common law : pour une conception transsystémique de la propriété », *Revue générale de droit*, 2008, vol. 38, n°2, p. 339–377.
FABRE-MAGNAN M.,
- «Et si les droits de l'homme étaient pris en compte dans le contrat ? », *RDLF* 2019 chron. n°34 (www.revuedlf.com).
- « Propriété, patrimoine et lien social », *RTD Civ.*, 1997, p. 583-613.
FALLON D., « Le droit de propriété : des droits de l'homme aux droits fondamentaux », BOUDOT M. et VEILLON D. (dir.), *Les propriétés*, Poitiers, Presses universitaires juridiques de Poitiers, Paris, L.G.D.J., 2016, p. 51-67.
FAURE-ABBAD M., « La propriété d'un volume », BOUDOT M. et VEILLON D. (dir.), *Les propriétés*, Poitiers, Presses universitaires juridiques de Poitiers, Paris, L.G.D.J., 2016, p. 199-216.
FENOUILLET D., « L'embryon, source nouvelle de convoitise ? », LEVENEUR L. (dir.), *Les « nouveaux » biens. Nouvelles qualifications ou nouveaux régimes* ?, Coll. « Thèmes & Commentaires », Paris, Dalloz, 2020, p. 75-90.

FERNANDEZ FERNANDEZ E., « Les évolutions du droit de propriété à la lumière du droit de l'environnement au Costa Rica. Quelle place pour le partage des utilités écologiques des biens ? », CHAIGNEAU A. (dir.), *Fonctions de la propriété et commun. Regards comparatistes*, Droit comparé et européen, Vol. 27, Paris, Société de législation comparée, 2016, p. 153-170.
FERRIE S.-M., «Le droit à l'autodétermination de la personne humaine. Essai en faveur du renouvellement des pouvoirs de la personne sur son corps», *RDLF* 2016, chron. n°10 (www.revuedlf.com).
FERRIER D., « La liberté du commerce et de l'industrie », CABRILLAC R., (dir.), *Libertés et droits fondamentaux*, 21e éd., Paris, Dalloz, 2015, p. 859-876.
FOMETEAU J., « L'OHADA : l'idéologie et le système », *De l'esprit du droit africain*, Mél. P. G. POUGOUE, éd. CREDIJ, 2014, p. 304-327.
FRISON-ROCHE M.-A.,
- « La disparition de la distinction de jure entre la personne et les choses : gain fabuleux, gain catastrophique », *D.* 2017, p. 2386-2389.
- « Le droit d'accès à l'information, ou le nouvel équilibre de la propriété », *Le droit privé français à la fin du XXe siècle,* Mél. CATALA, Litec, 2001, p. 759-770.
- « L'immatériel à travers la virtualité », *APD*, t. 43, *Le droit et l'immatériel*, Sirey, 1999, p. 139-148.
GALLOUX J.-Ch., « Les ressources naturelles appropriées : l'exemple du vivant breveté », LEVENEUR L. (dir.), *Les « nouveaux » biens. Nouvelles qualifications ou nouveaux régimes* ?, Coll. « Thèmes & Commentaires », Paris, Dalloz, 2020, p. 93-100.
GANTSCHNIG D., « L'action en revendication du créancier sur la chose d'autrui », BOUDOT M. et VEILLON D. (dir.), *Les propriétés*, Poitiers, Presses universitaires juridiques de Poitiers, Paris, L.G.D.J., 2016, p. 287-306.
GARDIES J.-L., « La chose et le droit sur la chose dans la doctrine du droit de Kant », *APD*, t. 24, *Les biens et les choses*, Sirey 1979, p. 139-149.
GAUDEMET Y., « Les constructions en volume sur le domaine public », Faculté de Droit et des sciences sociales de Poitiers, *L'évolution contemporaine du droit des biens*, t. 19, Paris, PUF, 1991, p. 135-154.

GAUDRAT P., « La structure juridique des propriétés intellectuelles », BOUDOT M. et VEILLON D. (dir.), *Les propriétés*, Poitiers, Presses universitaires juridiques de Poitiers, Paris, L.G.D.J., 2016, p. 171-185.

GAUTIER P.-Y.,

- « L'extension de la notion de créance à l'espérance légitime », LEVENEUR L. (dir.), *Les « nouveaux » biens. Nouvelles qualifications ou nouveaux régimes* ?, Coll. « Thèmes & Commentaires », Paris, Dalloz, 2020, p. 31-36.
- « Rapport de synthèse », *APD*, t. 43, *Le droit et l'immatériel*, Sirey, 1999, p. 233-240.

GAZZANIGA J.-L., « La dimension historique des libertés et droits fondamentaux », CABRILLAC R., FRISON-ROCHE M.-A et REVET Th., (dir.) *Libertés et droits fondamentaux*, 6e éd., Paris, Dalloz, 2000, p. 11-25.

GEIGER Ch., « La privatisation de l'information par la propriété intellectuelle. Quels remèdes pour la propriété littéraire et artistique ? », *Revue internationale de droit économique, 2006/4* t. XX, 4, p. 389- 432.

GIACUZZO J.-F., « Le particularisme de la propriété publique », BOUDOT M. et VEILLON D. (dir.), *Les propriétés*, Poitiers, Presses universitaires juridiques de Poitiers, Paris, L.G.D.J., 2016, p. 103-127.

GICQUEL J. E., « La dimension constitutionnelle des libertés et droits fondamentaux », CABRILLAC R., (dir.), *Libertés et droits fondamentaux*, 21e éd., Paris, Dalloz, 2015, p. 99-128.

GINOSSAR S., « Pour une meilleure définition du droit réel et du droit personnel », *RTD Civ* 1962, p. 573-589.

GIRARD F., «Communs et droits fondamentaux : la catégorie naissante des droits bioculturels», *RDLF* 2019 chron. n°28 (www.revuedlf.com).

GOFFI J.-Y., « L'utilitarisme, les droits et le bien-être animal », BURGAT F. et DANTZER R. (dir.), *Les animaux d'élevage ont-ils droit au bien-être ?*, Paris, INRA, 2001, p. 149-163.

GOYARD-FABRE S.,

- « La chose dans « La prose de la vie » selon HEGEL », *APD*, t. 24, *Les biens et les choses*, Sirey 1979, p. 175-181.
- « La chose juridique dans l'idéalisme moderne », *APD*, t. 24, *Les biens et les choses*, Sirey 1979, p. 151-171.

GRIMONPREZ B., « La fonction environnementale de la propriété », *RTD Civ. 2015*, p. 539-550.

GRZEGORCZYK C., « Le concept de bien juridique : l'impossible définition ? », *APD*, t. 24, *Les biens et les choses*, Sirey 1979, p. 259-272.
GUTMANN D., « Du matériel à l'immatériel dans le droit des biens. Les ressources du langage juridique », *APD*, t. 43, *Le droit et l'immatériel*, Sirey, 1999, p. 65-78.
HAGE-CHAHINE F., « Essai d'une nouvelle classification des droits privés », *RTD Civ.* 1982, p. 705-743.
HAUTEREAU-BOUTONNET M., « Le modèle du « commun » pour l'environnement : regard vers les droits étrangers », CHAIGNEAU A. (dir.), *Fonctions de la propriété et commun. Regards comparatistes*, Droit comparé et européen, Vol. 27, Paris, Société de législation comparée, 2016, p. 107-125.
HENRIOT J., « De l'obligation comme chose », *APD*, t. 24, *Les biens et les choses*, Sirey 1979, p. 235-245.
HUET J., « Preuve et sécurité juridique en cause dans l'immatériel », *APD*, t. 43, *Le droit et l'immatériel*, Sirey, 1999, p. 163-166.
HUGLO Ch., « Les ressources naturelles valorisées : l'exemple des quotas d'émission de gaz à effet de serre », LEVENEUR L. (dir.), *Les « nouveaux » biens. Nouvelles qualifications ou nouveaux régimes* ?, Coll. « Thèmes & Commentaires », Paris, Dalloz, 2020, p. 101-108.
JULIENNE M., « Premières vues sur les crypto-actifs », LEVENEUR L. (dir.), *Les « nouveaux » biens. Nouvelles qualifications ou nouveaux régimes* ?, Coll. « Thèmes & Commentaires », Paris, Dalloz, 2020, p. 109-124.
KATZUMI Y., « Une notion à la japonaise de la propriété foncière », *RIDC*, Vol. 51 n°3, Juillet-septembre 1999. p. 435-447.
KOM J., « Le droit au bail à usage professionnel d'une entreprise en difficulté : une application en droit OHADA », *De l'esprit du droit africain*, Mél. P. G. POUGOUE, éd. CREDIJ, 2014, p. 405-420.
KOTT S., « La propriété face à la comptabilité », BOUDOT M. et VEILLON D. (dir.), *Les propriétés*, Poitiers, Presses universitaires juridiques de Poitiers, Paris, L.G.D.J., 2016, p. 145-153.
KOUASSIGAN G. A.,
- « La nature juridique des droits fonciers coutumiers », G. A. KOUASSIGAN (dir.), *Encyclopédie juridique d'Afrique, t. 5 « Droit des biens »*, Abidjan, Dakar, Lomé, NEA, 1982, p. 49-58.
- « Objet et évolution des droits fonciers coutumiers » *in* KOUASSIGAN G. A. (dir.), *Encyclopédie juridique d'Afrique, t. 5 « Droit des biens »*, Abidjan, Dakar, Lomé, NEA, 1982, p. 29-37.

LABEE X., « Le corps humain, ses organes et ses produits, source renouvelée de convoitise », LEVENEUR L. (dir.), *Les « nouveaux » biens. Nouvelles qualifications ou nouveaux régimes* ?, Coll. « Thèmes & Commentaires », Paris, Dalloz, 2020, p. 63-74.

LACHAUME J.-F., « L'évolution de la propriété publique », Faculté de Droit et des sciences sociales de Poitiers, *L'évolution contemporaine du droit des biens*, t. 19, Paris, PUF, 1991, p. 105-114.

LAMARCHE Th., « L'imprescriptibilité et le droit des biens », *RTD. Civ.* 2004, p. 403-427.

LAN Y. et HERRMANN H.-G., « Un nouveau concept de propriété en République populaire de Chine ? », *Revue internationale de droit comparé*, Vol. 49 n°3, Juillet-septembre 1997, p. 593-603.

LARRERE R. et C., « L'animal, machine à produire : la rupture du contrat domestique », BURGAT F. et DANTZER R. (dir.), *Les animaux d'élévage ont-ils droit au bien-être ?*, Paris, INRA, 2001, p. 9-24.

LAWSON F. H., « Pour une étude comparative de la propriété », *RIDC*, Vol. 19 n°2, Avril-juin 1967, p. 419-420.

Le ROY E.,

- « Les modes d'acquisition et les preuves des droits fonciers coutumiers », G. A. KOUASSIGAN (dir.), *Encyclopédie juridique d'Afrique, t. 5 « Droit des biens »*, Abidjan, Dakar, Lomé, NEA, 1982, p. 71-80.
- « Les objectifs de la colonisation française ou belge », G. A. KOUASSIGAN (dir.), *Encyclopédie juridique d'Afrique, t. 5 « Droit des biens »*, Abidjan, Dakar, Lomé, NEA, 1982, p. 85-95.

Le TOURNEAU Ph., « Le droit et l'éthique », *Droit et technique* : Mél. X. LINANT DE BELLEFONDS, Paris, Litec, 2007, p. 291-312.

LEMIEUX T., « L'équilibre du droit d'auteur à la lumière des droits fondamentaux », *RDLF 2018* chron. n°10 (www.revuedlf.com).

LEVENEUR L., « Propos introductifs », LEVENEUR L. (dir.), *Les « nouveaux » biens. Nouvelles qualifications ou nouveaux régimes* ?, Coll. « Thèmes & Commentaires », Paris, Dalloz, 2020, p. 2-3.

LI B., « La propriété en Chine : évolution et adaptation », *Petites affiches*, 04 janvier 2012 n° 3, p. 5.

LIBCHABER R., « La propriété, droit fondamental », CABRILLAC R., (dir.) *Libertés et droits fondamentaux*, 21e éd., Paris, Dalloz, 2015, p. 811-836.

LOISEAU G., « La nature des droits fondamentaux : être et/ou avoir ? », *RDLF* 2019 chron. n°21 (www.revuedlf.com).

LOWITZSCH J., « Pour une fonction de durabilité dérivée de la fonction sociale de la propriété- l'exemple allemand », CHAIGNEAU A. (dir.), *Fonctions de la propriété et commun. Regards comparatistes*, Droit comparé et européen, Vol. 27, Paris, Société de législation comparée, 2016, p. 171-193.
MALLET-BRICOUT B., « *Fiducie et propriété* », BROS S. et MALLET-BRICOUT B., *Liber amicorum Christian LARROUMET*, Paris, Economica, 2009, p. 297-327.
MARCHADIER F.,
- « L'animal, objet de propriété ? », BOUDOT M. et VEILLON D. (dir.), *Les propriétés*, Poitiers, Presses universitaires juridiques de Poitiers, Paris, L.G.D.J., 2016, p. 85-100.
- « L'appropriation publique des vestiges archéologiques et la Convention européenne de sauvegarde des droits de l'homme », BOUDOT M. et VEILLON D. (dir.), *Les propriétés*, Poitiers, Presses universitaires juridiques de Poitiers, Paris, L.G.D.J., 2016, p. 129-144.
MARCHANDIER F. et MARGUENAUD J. P.., « La dimension internationale et européenne des libertés et droits fondamentaux », CABRILLAC R., (dir.), *Libertés et droits fondamentaux*, 21e éd., Paris, Dalloz, 2015, p. 39-70.
MARTIN R., « De l'usage des droits et particulièrement du droit de propriété », *RTD civ.* 1975, p. 58.
MATHIEU M.-L., « La liberté contractuelle », R. CABRILLAC, (dir.), *Libertés et droits fondamentaux*, 21e éd., Paris, Dalloz, 2015, p. 837-858.
MILLEVILLE S.,
- «Droit civil patrimonial et libertés : influences réciproques», *RDLF* 2017, Chron. n°03 (www.revuedlf.com).
- «L'article 544 du Code civil est conforme à la Constitution : Ouf !? », *RDLF* 2011, chron. n°02 (www.revuedlf.com).
MILLET L., « Mieux comprendre la fonction sociale du droit de propriété : un enjeu pédagogique », CHAIGNEAU A. (dir.), *Fonctions de la propriété et commun. Regards comparatistes*, Droit comparé et européen, Vol. 27, Paris, Société de législation comparée, 2016, p. 71-86.
MOREAU J.-P., « L'évolution de la propriété foncière », Faculté de Droit et des sciences sociales de Poitiers, *L'évolution contemporaine du droit des biens*, t. 19, Paris, PUF, 1991, p. 31-46.

MOURON Ph., « La propriété littéraire et artistique en 2016-De la liberté de création à la République numérique », *Revue de Propriété Intellectuelle du Sud-Est*, n° 2017-1, p. 20-21.
MOUSSERON J. M., « L'évolution de la propriété industrielle », Faculté de Droit et des sciences sociales de Poitiers, *L'évolution contemporaine du droit des biens*, t. 19, Paris, PUF, 1991, p. 157-165.
NICHOLAS B., « Le langage des biens dans la Common Law », *APD*, t. 24, *Les biens et les choses*, Sirey 1979, p. 55-66.
PAILLARD Ch., « Droits fondamentaux et présomption de préjudice en droit de la responsabilité administrative », *RDLF* 2013, chron. n°16 (www.revuedlf.com).
PAQUEROT S., « Commun et bien commun : entre droit et politique, le regard socio-anthropologique au soutien de la comparaison », CHAIGNEAU A. (dir.), *Fonctions de la propriété et commun. Regards comparatistes*, Droit comparé et européen, Vol. 27, Paris, Société de législation comparée, 2016, p. 17-35.
PARAIN-VIAL J., « La catégorie de l'avoir chez Gabriel Marcel et la notion de biens », *APD*, t. 24, *Les biens et les choses*, Sirey 1979, p. 183-195.
PATAULT A.-M., « Regard historique sur l'évolution du droit des biens. Histoire de l'immeuble corporel », Faculté de Droit et des sciences sociales de Poitiers, *L'évolution contemporaine du droit des biens*, t. 19, Paris, PUF, 1991, p. 3-12.
PAVIA M.-L., « La dignité de la personne humaine », CABRILLAC R., FRISON-ROCHE M.-A. et REVET Th., (dir.) *Libertés et droits fondamentaux*, 6e éd., Paris, Dalloz, 2000, p. 121-139.
PETEV V., « Virtualité et construction de la réalité sociale et juridique », *APD*, t. 43, *Le droit et l'immatériel*, Sirey, 1999, p. 27-34.
PEYRET J., « L'évolution du droit des servitudes », Faculté de Droit et des sciences sociales de Poitiers, *L'évolution contemporaine du droit des biens*, t. 19, Paris, PUF, 1991, p. 69-81.
PFISTER L., « Domaine, propriété, droit de propriété. Notes sur l'évolution du vocabulaire du droit français des biens. », *Revue générale de droit*, vol. 38, n°2, 2008, p. 303-338.
PIMBERT A., « Propriété et assurances », BOUDOT M. et VEILLON D. (dir.), *Les propriétés*, Poitiers, Presses universitaires juridiques de Poitiers, Paris, L.G.D.J., 2016, p. 269- 286.
PISANI C., « L'acte dématérialisé », *APD*, t. 43, *Le droit et l'immatériel*, Sirey, 1999, p. 153-161.

POLLAUD-DULIAN F., « Le langage du droit d'auteur français », *Droit et technique* : Mél. X. LINANT DE BELLEFONDS, Paris, Litec, 2007, p. 413-426.

PORCHER J., « Le travail dans l'élevage industriel des porcs. Souffrance des animaux, souffrance des hommes », BURGAT F. et DANTZER R. (dir.), *Les animaux d'élevage ont-ils droit au bien-être ?*, Paris, INRA, 2001, p. 25-64.

RAMPELBERG R.-M., « Pérennité et évolution des *res incorporales* après le droit romain », *APD*, t. 43, *Le droit et l'immatériel*, Sirey, 1999, p. 35-43.

REVET T., « Le corps humain est-il une chose appropriée ? », *RTD Civ*. 2017, p. 587-592.

REYE F., « Les propriétés immatérielles de l'entreprise », BOUDOT M. et VEILLON D. (dir.), *Les propriétés*, Poitiers, Presses universitaires juridiques de Poitiers, Paris, L.G.D.J., 2016, p. 307-316.

ROCHARD D., « La propriété agricole : la terre, le matériel et l'immatériel », BOUDOT M. et VEILLON D. (dir.), *Les propriétés*, Poitiers, Presses universitaires juridiques de Poitiers, Paris, L.G.D.J., 2016, p. 217-230.

ROLAIN M., « Les mécanismes de la propriété instrumentale ou comment repenser le droit de propriété par ses limitations », CHAIGNEAU A. (dir.), *Fonctions de la propriété et commun. Regards comparatistes*, Droit comparé et européen, Vol. 27, Paris, Société de législation comparée, 2016, p. 87-103.

ROMEYER-DHERBEY G., « Chose, cause et œuvre chez ARISTOTE », *APD*, t. 24, *les biens et les choses*, Sirey 1979, p. 127-137.

ROUBIER P., « Droits intellectuels et droits de la clientèle », *RTD civ*. 1935, p. 251-304.

RUIZ FABRI H., « Immatériel, territorialité et Etat », *APD*, t. 43, *Le droit et l'immatériel*, Sirey, 1999, p. 187-212.

SABLIERE P., « Les servitudes sur le domaine public », Faculté de Droit et des sciences sociales de Poitiers, *L'évolution contemporaine du droit des biens*, t. 19, Paris, PUF, 1991, p. 115-134.

SAINT MARC R. D., « Les animaux ont-ils des droits », *Faune sauvage*, n°292, 3ème trimestre 2011, p. 37-41.

SANCHEZ DE LA TORRE A., « Qu'en est-il de la réalité du droit ? », *APD*, t. 43, *Le droit et l'immatériel*, Sirey, 1999, p. 13-25.

SCHWARZ-LIEBERMANN VON WAHLENDORF H. A., « Le droit et les choses, les biens, Matière et matérialité, « objectivité » et

« réalité » dans la perspective du droit », *APD*, t. 24, *Les biens et les choses*, Sirey 1979, p. 273-281.

SEGUR Ph., « La dimension historique des libertés et droits fondamentaux », CABRILLAC R., (dir.) *Libertés et droits fondamentaux*, 21e éd., Paris, Dalloz, 2015, p. 7-28.

SERIAUX A., « L'espace public », *Droit et technique* : Mél. X. LINANT DE BELLEFONDS, Paris, Litec, 2007, p. 433-442.

SEVE R.,

- « La philosophie des droits de la personne humaine », CABRILLAC R, (dir.), *Libertés et droits fondamentaux*, 21e éd., Paris, Dalloz, 2015, p. 29-38.
- « Déterminations philosophiques d'une théorie juridique : La théorie du patrimoine d'Aubry et Rau », *APD*, t. 24, *Les biens et les choses*, Sirey 1979, p. 247-257.
- « Les libertés et droits fondamentaux et la philosophie », CABRILLAC R., FRISON-ROCHE M.-A. et REVET Th., (dir.), *Libertés et droits fondamentaux*, 6e éd., Paris, Dalloz, 2000, p. 27-35.

SIMLER Ph., « Propos conclusifs », LEVENEUR L. (dir.), *Les « nouveaux » biens. Nouvelles qualifications ou nouveaux régimes* ?, Coll. « Thèmes & Commentaires », Paris, Dalloz, 2020, p. 125-131.

STAYANOVITCH K., « Les biens selon MARX », *APD*, t. 24, *Les biens et les choses*, Sirey 1979, p. 197-211.

STRUYCKEN A. V. M., « L'évolution du droit des biens à travers le nouveau code civil néerlandais », Faculté de Droit et des sciences sociales de Poitiers, *L'évolution contemporaine du droit des biens*, t. 19, Paris, PUF, 1991, p. 83-102.

SUDRE F., « La dimension internationale et européenne des libertés et droits fondamentaux », CABRILLAC R., FRISON-ROCHE M.-A. et REVET Th., (dir.), *Libertés et droits fondamentaux*, 6e éd., Paris, Dalloz, 2000, p. 35-55.

SUMITAKA H., « Notion de propriété traits caractéristiques en droit japonais », *RIDC*, Vol. 51 n°3, Juillet-septembre 1999, p. 449-455.

TABATONI P., « L'incorporel comme ressource économique. Propos introductifs », *APD*, t. 43, *Le droit et l'immatériel*, Sirey, 1999, p. 149-152.

TOMASSIN D., « L'évolution de la propriété immobilière », Faculté de Droit et des sciences sociales de Poitiers, *L'évolution contemporaine du droit des biens*, t. 19, Paris, PUF, 1991, p. 47-68.

TERRE F., « Sur la notion de droits et libertés fondamentaux », CABRILLAC R., (dir.), *Libertés et droits fondamentaux*, 21e éd., Paris, Dalloz, 2015, p. 3-6.
TERRE F., « Variation de sociologie juridique sur les biens », *APD*, t. 24, *Les biens et les choses*, Sirey 1979, p. 17-30.
VAREILLES-SOMMIERES M. D., « La définition et la notion juridique de la propriété », *RTD civ.* 1905, p. 443-495.
VEILLON D., « Approche historique de la propriété : la théorie du double domaine », BOUDOT M. et VEILLON D. (dir.), *Les propriétés*, Poitiers, Presses universitaires juridiques de Poitiers, Paris, L.G.D.J., 2016, p. 9-19.
VERKINDT P.Y., « La liberté du travail », CABRILLAC R., (dir.), *Libertés et droits fondamentaux*, 21e éd., Paris, Dalloz, 2015, p. 901-922.
VERMELLE G., « L'immatériel et la répression », *APD*, t. 43, *Le droit et l'immatériel*, Sirey, 1999, p. 213-223.
VISSER'T HOOFT H. Ph., « Les actes de disposition concernant le corps humain : quelques remarques philosophiques », *APD*, t. 24, *Les biens et les choses*, Sirey 1979, p. 87-94.
VULLIERME J. L., « La chose, le bien et la métaphysique », *APD*, t. 24, *Les biens et les choses*, Sirey 1979 p. 31-53.
WACHSMANN P., « La liberté d'expression », CABRILLAC R., (dir.), *Libertés et droits fondamentaux*, 21e éd., Paris, Dalloz, 2015, p. 493-536.
WAHL A., « La propriété commerciale », *RTD Civ.* 1921, p. 691-696.
ZENATI F.,
- « L'immatériel et les choses », *APD*, t. 43, *Le droit et l'immatériel*, Sirey, 1999, p. 79-95.
- « Pour une rénovation de la théorie de la propriété », *RTD Civ.* 1993, p. 305-323.
- « Le droit des biens dans l'œuvre du doyen SAVATIER », Faculté de Droit et des sciences sociales de Poitiers, *L'évolution contemporaine du droit des biens*, t. 19, Paris, PUF, 1991, p. 13-27.
- « Propriétés et droit réels », *RTD Civ.* 1989, p. 577-598.

ZOU W. et LU L., « La protection du droit d'auteur en Chine », *Les cahiers de la propriété intellectuelle*, Vol. 25, n°2, 2013, p. 793-801.

[illegible]

[illegible] *Politique et droit* [illegible]

INDEX ALPHABETIQUE

(Les chiffres renvoient aux numéros des paragraphes)

-F-

-I-

-J-

-L-

-N-

-O-

-P-

-R-

-S-

-T-

-U-

-V-

TABLE DES MATIERES

(Les chiffres renvoient aux pages)

Structures éditoriales du groupe L'Harmattan

L'Harmattan Italie
Via degli Artisti, 15
10124 Torino
harmattan.italia@gmail.com

L'Harmattan Hongrie
Kossuth l. u. 14-16.
1053 Budapest
harmattan@harmattan.hu

L'Harmattan Sénégal
10 VDN en face Mermoz
BP 45034 Dakar-Fann
senharmattan@gmail.com

L'Harmattan Cameroun
TSINGA/FECAFOOT
BP 11486 Yaoundé
inkoukam@gmail.com

L'Harmattan Burkina Faso
Achille Somé – tengnule@hotmail.fr

L'Harmattan Guinée
Almamya, rue KA 028 OKB Agency
BP 3470 Conakry
harmattanguinee@yahoo.fr

L'Harmattan RDC
185, avenue Nyangwe
Commune de Lingwala – Kinshasa
matangilamusadila@yahoo.fr

L'Harmattan Congo
67, boulevard Denis-Sassou-N'Guesso
BP 2874 Brazzaville
harmattan.congo@yahoo.fr

L'Harmattan Mali
ACI 2000 - Immeuble Mgr Jean Marie Cisse
Bureau 10
BP 145 Bamako-Mali
mali@harmattan.fr

L'Harmattan Togo
Djidjole – Lomé
Maison Amela
face EPP BATOME
ddamela@aol.com

L'Harmattan Côte d'Ivoire
Résidence Karl – Cité des Arts
Abidjan-Cocody
03 BP 1588 Abidjan
espace_harmattan.ci@hotmail.fr

Nos librairies en France

Librairie internationale
16, rue des Écoles
75005 Paris
librairie.internationale@harmattan.fr
01 40 46 79 11
www.librairieharmattan.com

Librairie des savoirs
21, rue des Écoles
75005 Paris
librairie.sh@harmattan.fr
01 46 34 13 71
www.librairieharmattansh.com

Librairie Le Lucernaire
53, rue Notre-Dame-des-Champs
75006 Paris
librairie@lucernaire.fr
01 42 22 67 13

Made in United States
North Haven, CT
05 November 2026

21764889R00278